정책연구와 실천

나의 학문과 삶

남궁 근

法 文 社

남궁 근 교수
정년기념

정년을 맞이한 분들은 공감하겠지만 인생에서 정년은 특별한 의미를 가진다. 나는 교직에 계셨던 아버님께서 정년퇴임 이전에 작고하셔서 일찍부터 정년퇴임은 삶의 진정한 축복이라고 생각하였다. 정년퇴임을 계기로 나의 학문과 삶을 기록하고자 그 동안 저술한 책, 논문, 신문 기고, 수필 형태의 글을 모아 보았다. 왜 그 시기에 그런 글들을 썼는지, 배경에 관한 설명이 필요해 보여 어린 시절부터 어떻게 살아왔고, 어떤 생각을 하였는지 기록하게 되었다.

이 책은 4부로 구성되었다. 제1부는 학창생활을 거쳐 경제기획원에서 짧은 공무원 생활을 마칠 때까지의 기록이다. 제2부는 경상대 교수와 서울과기대 교수로 재직시 대학에서의 경험, 시민단체 참여와 정부자문활동을 다루었다. 제3부는 서울과기대 총장 시절의 경험을 소개하였다. 제4부 저술활동은 저서와 역서, 논문과 신문 기고를 모은 것이다.

학자로서 나는 주로 정책을 연구하면서 보냈다. 나의 학문적 관심사는 국가(정부) 역할의 적정범위, 정부가 정책을 왜, 누구와, 어떻게 만들며, 그 효과는 무엇인지, 정부가 보다 나은 정책을 만드는데 도움이 되는 방법에 관한 연구이다. 이데올로기보다는 증거에 기반을 두고 정책(evidence-based policy)을 수립하려면, 정보와 자료의 체계적인 수집과 분석을 기반으로 조언해야 하므로 연구방법 및 분석기법에도 관심을 가졌다.

경상대에 재직하던 소장학자 시절에 학문으로서 정책연구에 집중하였다면, 서울과기대 전입 이후에는 이를 실천하는 쪽에 더욱 힘을 기울였던 것 같다. 정부자문활동이 많아지면서 응용연구가 많아졌다. 정부자문활동이 실천을 조언하는 정도였다면 총장 재임 4년 동안은 전적으로 실천에 매달렸다. 연구논문은 한편도 쓰지 못하였고 정부당국과 사회에 실천을 촉구하는 신문 기고가 많았다. 나의 삶에서 정책연구와 실천을 병행하였다는 의미에서 책의 제목을 '정책연구와 실천'으로 정하였다.

학자로서 나는 단독으로 「행정조사방법론」, 「비교정책연구」, 「정책학」이라는 세 권의 전공서적밖에 쓰지 못 했고 학술논문의 숫자도 많지 않았다. 그런데도 저서와 논문을 구상하고 이를 실천하는 과정에서 끊임없이 고민하고 사소한 부분까지 신경써야 했다. 나는 한국행정학회장과 우리 대학 총장의 선출직에 도전하였는데 다소 무리한 공약을 내걸기도 하였다. 공약은 무엇보다도 자신과의 약속이었으므로 나는 당선 후에 구체적인 실행계획을 세워 이를 실천하려고 노력하였다. 돌이켜 보면 자신과의 약속을 실천하려고 노력하였다는 점에서 학자로서의 삶과 행정가로서의 삶에 공통점이 있었다.

이 책을 쓰면서 새삼 느끼게 되는 것은 나에게 부족한 점이 많다는 것이다. 부족한 내가 성장하여 교수가 된 후 정년퇴임까지 할 수 있도록 도와준 많은 분들에게 진심으로 감사드린다. 어렸을 때는 부모님과 누나와 동생들이, 학교에 입학한 후에는 선생님과 친구들이 큰 힘이 되었다. 교수님들의 가르침을 토대로 대학교수가 될 수 있었다. 교수가 된 후에는 재직대학 동료교수들과 행정학계의 은사님, 동료와 후배 교수, 그리고 학생들로부터 배웠다. 고등교육분야의 격동기에 총장으로 재직하면서 보직교수들과 직원들의 많은 도움을 받았다. 이 책을 포함하여 저서와 개정판을 출판할 때마다 편집에 애써준 예상현 과장의 노고에도 감사드린다.

마지막으로 1979년 결혼하여 40년 가깝게 든든한 동반자로 함께 해온 아내 한정옥, 삶에 큰 활력이 되는 두 딸 선과 현 내외와 손주들, 아들 휴에게 고마운 마음을 전한다.

2018년 12월 1일

남궁 근 씀

| 차 례 |

제1부 | 성장과정

어린 시절 /1

유년시절의 기억

시골의 작은 마을에서 출생　내가 태어난 곳은 전북 익산시 삼기 면 연동리 채산이라는 시골의 작은 마을이다. 40가구 정도가 사는 마을인데 함열(咸悅) 남궁(南宮)씨의 집성촌으로 주민의 대략 1/3 정도 가 일가 및 친척이었다. 선대가 조선시대 후기에 서울에서 낙향하여 공주와 부여를 거쳐 이 마을에 자리잡았다고 한다. 어렸을 때 우리 마을에 남궁씨가 압도적으로 많았기 때문에 우리나라 전체에서도 남 궁씨가 상당히 많을 것으로 생각한 적도 있다.

어머니는 딸을 내리 셋이나 낳은 후, 1954년 1월 30일에 나를 낳 으셨다. 음력으로는 음력설을 바로 앞둔 1953년 12월 26일이다. 양력 과 음력의 출생년도가 다르기 때문에 나이를 말할 때 우리나라 식의 나이와 서양식의 나이가 두 살이나 차이가 나는 경우가 있다. 내가 태어나자 할아버지께서 가장 좋아하셨다고 한다. 어머니께서 딸 셋을 낳고 힘든 시집살이를 하시다가 아들을 낳은 후 비로소 기를 펴고 사 시게 되었다. 할아버지께서는 손주 자랑삼아 나를 데리고 자주 동네

나들이를 다니셨다고 한다. 할아버지는 당시 매우 귀하였던 손가락과 자를 항상 주머니에 가지고 다니며 나에게 주셨다는 것이다. 할아버지께서는 바로 밑의 동생이 태어나기 전에 돌아가셨다. 아쉽게도 나의 기억에는 할아버지 모습이 하나도 없다. 내가 태어난 후 어머니께서는 아들을 넷이나 더 낳으셨다. 집안 어른들은 "할아버지께서 오래 사셨으면 더욱 기뻐하셨을 텐데"라고 말씀하시곤 하셨다.

아버지께서는 집근처 초등학교에서 교사로 근무하셨다. 일제 강점기에 소학교를 마친 후에 공부하겠다는 일념으로 일본 동경으로 혼자 가셔서 동경상업고등학교를 졸업하셨다. 고교 졸업후 일본에서 군복무하시다가 해방되자 우리나라로 돌아오셔서 교사가 되셨다. 당시 할아버지께서 열심히 일하신 덕분에 집안 살림이 제법 넉넉한 편이었다고 한다. 아버지께서는 대학에 진학하고 싶어 하셨는데, 할아버지께서 반대하셔서 뜻을 이루지 못하셨다. 삼형제 가운데 둘째인 할아버지께서는 큰 할아버지와 함께 자기 동생, 즉 막내 할아버지를 공부시키려고 서울의 한 고등학교에 유학 보냈는데 막내 할아버지는 그 돈으로 친구 등록금을 대주는 등 다 써버리고 자신의 공부는 소홀히 하여, 결과적으로는 집안 살림만 축냈다는 것이다. 그 일 때문에 할아버지는 공부하는 것이 살아가는 데 큰 도움이 되지 않는다는 확고한 믿음을 가지게 되셨다. 그런 까닭에 할아버지께서는 아버지가 필요한 학자금을 지원해 달라는 요청을 완강하게 거부하셨다. 할아버지를 설득하는 데 실패한 아버지께서 한번은 소를 팔아서 대학등록금을 마련하시겠다고 소를 몰고 우시장에 가시기도 하셨는데 성공하지는 못하셨다.

교육에 투자하는 데 회의적인 할아버지와는 정반대로 아버지께서는 교육이 인생을 바꿀 수 있다는 확고한 신념을 가지고 계셨다. 아버지께서는 살림을 쪼개어 동생인 작은 아버지를 고등학교는 물론이고 서울에 있는 중앙대학교에 진학시키고 학비를 대주시기도 하셨다.

　어머니는 우리 동네에서 북쪽으로 삼십리 쯤 떨어진 강경 근처에서 시집오셨다. 유학자인 외할아버지께서는 동의보감에 따라 직접 한약재를 구하여 약도 달여 드시기도 하셨고, 동네 서당의 훈장도 겸하셨다고 한다. 완고하신 분이라서 딸에게 신식교육은 시키지 않았고 집에서 한문교육을 시키셨던 것 같다.

　우리 집에는 할아버지께서 물려주신 논농사와 밭농사가 제법 많았다. 농사일을 돕는 머슴도 두고 농사를 지었다. 어머님께서 대가족인 집안의 부엌일과 빨래 등 집안일은 물론이고 농사일을 주관하느라 일이 늘 끊이지 않았다. 나의 기억에는 어머니께서 아침 일찍부터 저녁 늦게까지 부지런하고 바쁘게 일하셨던 모습이 남아 있다.

　돌이켜 보면, 나를 포함한 8남매가 모두 정상적으로 성장하여 잘 살고 있게 된 것은 모두 아버님의 높은 교육열과 어머님께서 부지런하게 살림을 잘 해주신 덕분이라고 생각한다. 1985년에 일찍 돌아가신 아버님과 2018년 현재 우리 나이로 93세(만 91세)인 어머님께 늘 감사하는 마음을 가지고 있다.

　왼손잡이의 비애　　어렸을 적 왼손잡이라서 스트레스를 많이 받았던 기억이 떠오른다. 왼손잡이로 태어났지만 나는 오른손으로 수저와 젓가락을 사용한다. 기억이 잘 나지는 않지만 집안 어른들이 식사할 때 왼손 사용을 엄격하게 금지시켰다고 한다. 초등학교에 입학하여 글씨를 쓰게 되었을 때에도 오른손을 사용하도록 훈련을 받았다. 아직까지도 식사와 글쓰기는 오른손을 사용하며, 운동할 때는 왼손과 왼발을 주로 사용한다.

　당시 시골에서는 어린아이들이 연날리기를 하거나 썰매를 탈 때, 연이나 썰매를 마땅하게 구입할 곳이 없었다. 요즘과 같이 부모가 직접 챙겨주시는 경우는 거의 없었으므로 아이들이 스스로 연이나 썰매를 직접 만들곤 하였다. 이럴 경우 부엌에서 쓰는 칼이나 농기구인

낫, 톱, 망치와 같은 도구를 능숙하게 사용할 수 있어야 한다. 그런데 모든 도구들이 오른손잡이에 맞도록 제작되어 있으므로 왼손잡이들은 사용하기도 어렵거니와 일처리가 매우 느리다. 왼손잡이인 나의 경우에는 도구를 사용하는데 매우 서툴렀기 때문에 엄청난 스트레스를 받았고 상당한 열등감도 가지게 되었다. 바로 밑의 동생은 이런 일에 매우 능수능란하여 심지어는 형인 나에게 튼튼한 연을 만들어 주기도 하였다. 그 과정에서 칼날이나 낫이 무디어지기 일쑤이므로 내 동생은 어머니의 꾸지람도 많이 들었다. 한편 시골에서는 집과 학교에서 어린 아이들이 농사일을 도와야 할 경우도 있었다. 예를 들어, 호미를 사용하여 밭을 매거나 낫을 사용하여 풀을 베기도 하였다. 초등학교에서는 여름방학 과제로 풀을 베어 가져오게 하기도 하였다. 왼손잡이인 나로서는 이런 일을 잘하기 어려워 무척 괴로워했던 기억이 난다.

어린 시절의 독서 취미   어린 시절 나는 아이들과 밖에서 어울려 노는 것보다는 집안에 틀어박혀 책을 읽는 것을 더욱 편안하게 생각했다. 초등학교 저학년 시절로 기억되는데 따뜻한 봄날 마당의 볏단 쌓아놓은 곳에서 책을 읽다가 잠이 들었는데, 저녁식사 때 식구들이 나를 찾느라 요란을 떨었던 일도 있었다. 그렇다고 어린이용 읽을거리가 많았던 것은 아니다. 당시에 집에 어린이용 전집 도서는 없었던 것으로 기억되며, 요즘처럼 집근처에 도서관이 있었던 것도 아니다. 아버지께서 구입해 놓은 한국역사 전집, 세계사 전집, 한국문학전집 등과 함께 5권짜리 삼국지가 읽을 거리였다. 그 가운데 삼국지는 여러 번 읽어 내용을 거의 암기하다시피 하였다. 나 뿐 아니라 내 동생들도 초등학교 저학년 때 삼국지를 여러 번 읽었다. 아버지께서 정기구독하신 신문도 많이 보았다. 우편으로 배달되는 신문은 발행일자보다 3~4일 늦게 도착하였다. 당시 신문기사는 한자를 제법 많이 사용하였는데, 어릴 때부터 신문을 읽은 덕분에 초등학교를 졸업할 때쯤에는 한자에 거의 막히지 않고 읽을 수 있었다. 공휴일에는 아버님이 근무하시는 학교에 데리고 가시기도 하셨는데, 아버지가 보시는 교사지침서를 읽어 보기도 하였다.

삼국지를 읽을 때와 같이 책을 여러 번 반복하여 읽어보는 학습방식은 후일 내가 행정고시 공부를 준비할 때 효과를 톡톡하게 보았다. 요즘도 공무원 시험공부를 준비하는 학생들에게 기본서를 10번 이상 읽으면 반드시 합격한다고 조언한다. 나의 조언을 따르다 보니 신기하게도 시험에 합격했다고 고마워하는 학생들도 더러 있다.

1960년 3월 15일 사랑채의 불 어렸을 때 뚜렷하게 남아있는 기억 가운데 하나가 내가 만 6세이던 1960년 3월 15일 아침에 우리 집 사랑채에 난 불이다. 당시 동네 어른들은 모두 투표하려고 십리 정도 떨어진 면사무소 소재지에 가셨다. 당시 우리 집 사랑채에는 먼 친척이 잠시 살고 있었는데, 나보다 한 살 성노 어린 아이도 살고 있었다. 어린 아이들끼리 남향의 양지바른 우리 집 담장 앞에 옹기종기 모여 봄볕을 쬐며 놀고 있었는데, 사랑채에 살던 아이가 성냥불로 장난하다가 불이 초가담장에 옮겨 붙었다. 때마침 불어온 봄바람에 불이 사랑채의 초가지붕으로 번졌다. 나는 그야말로 속수무책으로 지켜볼 수밖에 없었다. 마침 투표를 마치고 돌아오던 어른들이 불이 난 것을 보고 빨리 오셔서 사랑채 지붕만 태우고 불길은 잡았다.

조그만 성냥불에서 시작되어 순식간에 사랑채까지 번진 화재는 내 기억에 선명하게 각인되었다. 이는 화재 예방은 물론 화재 진압은 여럿이 협력하여야 성공할 수 있다는 것을 깨우치는 계기가 되었다. 나는 학자가 된 이후에도 소방 및 재난관리 정책에 계속 관심을 가지고 이에 관한 학술논문, 보고서, 컬럼을 쓰기도 하였다.

나중에 알게 된 것이지만 1960년 3월 15일은 정·부통령선거가

치러졌고, 이때 자유당 정권이 사전에 기획하여 대대적인 부정행위가 자행되었던 날이다. 유례없는 부정선거를 통하여 이승만 후보와 이기붕 후보가 각각 대통령과 부통령에 당선되기는 하였지만 마산에서 일어난 부정선거 항의 시위에 이어 전국적으로 부정선거 규탄데모가 벌어짐으로써 4·19혁명이 성공하여 결국 이승만 대통령은 하야하게 되었다.

미륵산과 미륵사지 석탑의 기억　　우리 마을에서 동쪽으로 가까운 곳에 익산에서 제일 높은 미륵산이 자리잡고 있다. 미륵산은 삼기면, 금마면, 낭산면에 걸쳐 있는 높이 430m의 산이다. 미륵산은 남서쪽으로는 멀리 호남평야와 만경평야가 바라보이는 평지에 우뚝 솟아 있으며, 북으로는 황산벌이 보인다. 이 산의 최고봉은 운제봉이며 조금 낮은 앞 산봉을 장군봉이라 부르는데, 장군봉에는 마치 장군이 투구를 쓴 것 같은 모양으로 생긴 까닭에 투구 바위라고 부르는 바위가 있다.

미륵산은 보는 방향에 따라서 산의 모습이 매우 달라지는데, 우리 마을에서 바라보면 운제봉과 장군봉을 포함한 여러 봉우리들이 활짝 펼쳐진 병풍처럼 장방형으로 배치되어 있다. 어렸을 때부터 아침에 일어나면 미륵산 봉우리 너머로 힘차게 떠오르는 태양을 바라볼 수 있었다. 나는 지금도 우리 마을에서 보는 미륵산이 가장 웅장하고 아름답다고 생각한다.

미륵산에는 집안의 선산이 자리 잡고 있어 더욱 친숙하게 다가온다. 나는 초등학교에 입학하기 전부터 추석과 설에는 집안 어른들이 성묘하는데 따라 다녀야 했다. 아침 일찍 차례를 지낸 후 가장 먼저 동네 뒷동산에 자리 잡은 산소부터 들렀다. 이어서 미륵산 중턱에 자리잡은 고조할아버지와 할아버지 산소에 성묘하러 갔다. 상당히 높은 곳에 자리잡은 고조 할아버지의 산소에서 서쪽을 보면 끝없이 펼쳐진 만경평야가 보이고 멀리 군산 앞바다까지 보이곤 하는데 그 때문인지 후손이 훌륭한 사람이 될 수 있는 명당이라고 한다. 성묘를 다니면서 집안 어른들은 나와 형제들에게 훌륭한 사람이 되어 집안을 일으켜야 한다고 말씀하시곤 하셨다. 1985년 아버님께서 돌아가신 후에 산소를 미륵산 선산에 모셨다. 요즈음에도 형제들과 봄과 가을에 한 차례씩 벌초도 하면서 성묘하러 미륵산에 다녀오면서 그 때 집안 어르신의 말씀을 되새기곤 한다.

초등학교에 입학한 후에는 미륵산을 다녀온 뒤에도 상당히 먼 거리인 성당면 갈산리 목사동에 자리잡은 선조묘역(부제학공 휘 찬의 묘석상은 1999년 전라북도 유형문화재로 지정됨)과 웅포면 맹산리에 자리잡은 증조할아버지 산소에도 다녀왔다. 삼형제인 할아버지들께서 자손들이 융성하라는 뜻에서 집에서 꽤 멀리 떨어져 있지만 눈앞에 금강이 펼쳐진 웅포의 산소에 증조할아버지를 모셨다고 한다. 당시 자동차가 보급되기 이전이므로 그 곳까지 걸어서 다녔는데 어린 나이의 나로서는 하루에 소화하기 빅찬 일징이있다.

미륵산 자락에는 미륵사지를 비롯하여 사자암, 심곡사, 석불사, 태봉사와 같은 절이 지금까지 남아 있다. 그 가운데 백제 30대 무왕이 639년 창건한 것으로 알려진 미륵사 터는 우리 집에서 남쪽으로 대략 2km 정도 떨어진 금마면에 자리잡고 있다. 금마는 삼한시대 마한의 도읍지로 알려져 있는 곳이다. 초등학교 시절에 그쪽으로 학년 전체가 소풍을 간적도 있고, 가끔 그쪽 동네에 사는 친구들과 함께 미륵사지에 놀러가기도 하였다. 미륵사지에는 우리나라에서 가장 오래된 석탑(국보 11호·서탑)이 남아 있다. 미륵사지 석탑은 국내에 현존하는 석탑 가운데 가장 규모가 크고, 창건 시기가 명확하게 밝혀진 석탑 가운데 가장 이른 시기에 건립되었다. 내가 어렸을 때에는 서탑만 남아 있었는데 고려 시대에 벼락이 떨어져 파손된 것을 일제 강점기인 1915년 무너진 부분을 콘크리트로 덧씌운 채로 전해졌다. 당시에는 오늘날과 같이 문화재 보존의 개념이 없었던 터라 나와 친구들은 미륵탑에 올라가서 숨바꼭질도 하고 뛰어내리기도 하면서 놀았다. 미륵사지는 삼국유사에 기록된 선화공주와 서동, 즉 백제 무왕의 사랑 이야기가 얽혀 있는 곳이기도 하다.

문화재 보존과 복원의 중요성이 인식되면서 1992년에는 9층 높이로 미륵사지 동탑이 복원되었다. 서탑의 경우 1999년에 해체 및 보수가 결정되었고, 2001년 10월부터 본격적인 해체보수정비 작업을 시작하여 2018년에 복원이 완료되었으며, 2019년 봄부터 일반에 개방될 예정이라고 한다.

미륵산 자락의 사찰인 태봉사와 석불사는 우리 동네와 매우 가까운 곳에 있다. 태봉사는 백제시대 왕족들의 태를 모신 곳이라는 이야기가 전해지고 있는데 확인된 것은 아니다. 할머니께서는 집 근처의 태봉사에 다니셨는데, 어렸을 적에 할머니를 따라 절에 몇 차례 가 보았다. 내가 중학교 1학년 때 돌아가신 할머니 장례를 태봉사 주관으로 불교식을 치렀다. 한편 어렸을 때 우리 동네의 밭에서도 옛날 기왓장이 출토되는 것을 보기도 하였다. 고향 마을 일대가 백제 말기에 상당히 융성했던 지역이었던 것으로 생각한다.

요즘 회상해 보면 내가 어렸을 때 아침마다 웅장하면서도 아름다운 미륵산을 바라보며 미륵산의 정기를 받은 것이 아닌가 생각된다. 또한 끝없이 펼쳐진 평야 지대에서 가장 높은 산인 미륵산에서 자주 올라가서 서쪽으로는 만경평야와 북쪽으로는 황산벌과 같이 세상을 넓게 보면서 호연지기를 길렀던 것이 큰 도움이 되었다고 생각한다.

아버지의 가르침–넓은 세상을 보라　　아버지께서는 집에서 출·퇴근하셨지만 의도적으로 나를 포함한 자식들이 다녔던 초등학교에서는 근무하지 않으셨다. 자식들에게 국어와 산수 등 구체적 교과과목에 관하여도 말씀을 많이 하지는 않으셨다. 아버지께서는 앞으로 장성하면 넓은 세상에 나가 살아야 한다는 점을 강조하셨다.

아버지께서는 어린 자식들에게 세상이 넓다는 것을 몸소 보여 주시기 위해 노력하셨다. 내가 어렸을 적에 비교적 멀리 떨어진 고모님 댁과 외갓집을 함께 방문하기도 하고, 당시에는 꽤 번화한 도읍이었던 강경에도 데려가셨다. 초등학교 저학년 때 멀리 군산과 장항까지 다녀온 적도 있다. 당시 교통이 몹시 불편한 때라 장항까지 다녀오려면 상당히 번거롭고 시간도 많이 소요되었다. 집에서 꽤 먼 거리에 있는 버스정류장까지 걸어가서 미니버스로 익산까지 가서, 익산에서 기차를 타고 군산까지 갔다. 당시에는 군산과 장항이 다리로 연결되어 있지 않았기 때문에 장항에 가려면 군산에서 배를 타야 했다. 어린 나에게 처음 타보는 기차와 배는 무척 신기하였다. 아버지께서는 교통의 중심지인 익산, 항구도시인 군산, 제련소가 있는 장항에 관하여 설명해 주셨는데 구체적인 내용은 기억나지 않지만 작은 시골 마을에 살고 있었던 나에게 익산이나 군산, 그리고 장항과 같이 사람들이 많이 사는 도시의 존재를 알게 된 것 자체가 값진 경험이 되었다.

요즘 확인해 보니 내 동생들도 각자 아버지와 함께 장항까지 다녀온 일을 소중한 추억으로 간직하고 있었다. 어느 날은 서울에서 유명한 명창들과 국악인들이 전주에 와서 펼치는 공연을 당일치기로 보고 돌아온 일도 있었다. 국악을 이해 못하는 나는 당시에 너무 지루하여 짜증이 나기도 하였지만, 돌이켜 보면 아버지 나름대로 계획을 가지고 넓은 세상을 보여주기 위하여 실행에 옮기셨던 일이었다.

아버지께서는 어렸을 때 당시 살고 있는 시골마을은 태어난 장소일 뿐이고, 네가 중학교에 들어가면서 고향 집을 떠나야 하며, 고향 집은 앞으로 살아야 할 곳은 아니라고 말씀하시곤 하셨다. 즉, 보다 큰 곳으로 가서 중고등학교와 대학을 다니고 중앙무대에서 활동해야 한다는 것을 어렸을 때부터 심어주신 것이다. 아버지께서는 당신이 대학에 진학하여 이루고자 하셨던 꿈을 자식들이 이어가기를 바라셨다. 이러한 아버지의 가르침은 내가 인생의 고비에서 어려운 결정을 내릴 때 늘 진취적이고 전향적인 결정을 내릴 수 있게 하였다.

삼기초등학교 십리길 통학　나는 삼기면 소재지에 자리잡은 삼기초등학교에 다녔다. 학교는 집에서 상당히 멀리 떨어져 십리 정도 걸어가야 했다. 아침마다 동네 친구들이 함께 모여 학교에 다녔다. 작은 시골 마을이었지만 동급생이 나를 포함하여 남학생 다섯, 여학생 셋이나 되었다.

동네에서 학교에 가는 지름길은 마을 앞 밭길과 논길을 거쳐 상당히 넓은 저수지를 사이에 둔 야산을 지나서, 다른 마을을 경유한 후에 다시 논길과 밭길을 거치는 길이다. 오후에 집으로 돌아오는 길에는 저수지에서 헤엄을 치거나, 논두렁에서 물고기를 잡기도 하였다. 옷을 물에 적시고 돌아오면 어머니께서 야단치시기도 하셨다. 등하굣길에는 야산의 무덤들을 지나야 하고, 이웃마을의 상여를 보관하는 외딴 곳도 지나야 했다. 학년이 높아지면서 학교에서 혼자서 돌아오는 경우도 종종 있었다. 날씨가 을씨년스럽거나 저녁에 어두워지면 야산을 거쳐서 오는 길이 무섭기도 하여 뛰어오는 경우도 있었다.

겨울에는 눈이 많이 와서 쌓였다. 북서쪽에서 불어오는 습한 바람이 노령산맥과 소백산맥에 막히는 푀엔 현상 때문에 눈이 많이 내린 것이다. 산과 들에 눈이 소복하게 쌓인 겨울에 학교에 다닌 것은 상당히 낭만적인 추억으로 남아 있다. 지금은 예전에 학교에 다니던 오솔길이 대부분 익산 제3 산업단지에 포함되어 흔적을 찾을 수 없게 되었다.

도회지와는 달리 과외공부는 생각하기도 어려웠던 상황에서 방과 후에도 책임감을 가지고 지도해 주신 선생님들께 늘 감사드린다. 특히 4학년 담임선생님이셨던 국승권 선생님은 교대를 졸업한 후 부임하셔서 우리 반 담임을 맡으셨는데 20대 초반의 젊은 나이에 교과목은 물론 방과 후에도 열정적으로 체육 분야를 지도해 주셨다. 특히 기억에 남는 분은 5학년 담임 선생님이셨던 황정규 선생님이다. 20대 중반이셨던 황정규 선생님은 학생 하나하나에 관심을 가지고 열정적으로 지도하셨다. 나는 집에서 학교가 상당히 멀었을 뿐 아니라 몸이 아파서 가끔 결석하기도 하였고, 때로는 지각하는 날도 있었다. 선생님께서는 나에게 신경이 많이 쓰이셨던 것 같다. 최근에 선생님께서 해 주신 이야기인데 특별히 우리 집에 가정방문을 오셔서 아버님에게 나의 결석과 지각 문제에 관하여 심각하게 우려하는 말씀을 하셨다고 한다. 황 선생님께서는 6학년 초까지도 우리 반을 열성적으로 지도하시다가 갑자기 다른 학교로 영전차(?) 전근을 가시게 되었다. 황 선생님은 그 당시 갑작스런 전근이 몹시 섭섭하셨던지 요즈음에 만나서도 당시 상황을 말씀을 하신다. 우리 반에는 인재들이 많아서 중학교 입시에서 뛰어난 성적을 낼 수 있도록 열성적으로 가르치셨는데 갑자기 타교로 전출발령이 났다는 것이다. 최근에 황정규 선생님께서 자신이 타 학교로 전근가게 된 전후사정을 다음과 같이 말씀하셨다. 5학년 때 선생님께서 우리 반에서 연구수업으로 음악과목의 화음을 가르쳤는데, 매우 우수한 연구수업이라는 평가를 받았다는 것을 이유로 교육청에서 좋은 학교로 전근시켰다는 것이다. 그 배경에는 고향의 초등학교로 전입하고 싶어 하신 선생님이 계셨다. 선생님이 전근 가신 후에 우리 반은 한동안 담임선생님이 안 계시다가 고길록 선생님이 담임을 맡으셨다.

당시에는 중학교에 시험을 쳐서 입학하였으므로 6학년이 되면서 중학교에 진학하는 학생과 그렇지 못한 학생이 나누어지게 되었다. 아버님께서 교육에 유난히 관심이 많으셨고, 누나들도 모두 진학했으므로 나는 당연히 진학하는 쪽에 속하였다. 6학년이 되면 진학반 학생들은 방과 후에도 학교에 남아 학교 교실에서 저녁 늦게까지 공부하였다. 각자 침구를 가져와 잠도 학교 교실에서 잤다. 아침에 집에 들러 아침밥을 먹은 후에 도시락 두 개를 싸가지고 다시 학교에 가는 방식으로 생활하였다. 나의 경우에는 학교와 집 사이의 거리가 멀기 때문에 아침에 집에 갔다가 학교에 오는 것이 상당히 힘들어 지각하는 경우도 있었다. 겨울이 다가오자 교실에 난로를 피워놓고 공부했던 기억도 새롭다. 커다란 무쇠난로에 땔감으로 사용할 솔방울이나 나뭇가지를 주워 오기도 하였는데, 주된 연료는 학교에서 조달한 조개탄이었다. 점심과 저녁에 난로 위에 도시락을 데워 먹었던 것도 나름대로 재미있었던 추억이다.

학교에서 숙식을 함께 하며 집중적으로 공부한 것이 꽤 효과가 있었던 것 같다. 초등학교 6학년 가을에 이리중학교에서 익산 시내와 군지역 초등학교 상위권 학생들이 대부분 참여하는 모의고사를 주관하였는데, 내가 3등으로 입상한 것으로 기억한다. 이리중학교에서는 나에게 장학생으로 입학할 것을 제안하였으나, 당시 익산지역의 명문학교인 남성중학교에 지원하기로 하였다. 1966년 남성중학교 입학시험에서 나는 전교 7등으로 입학하였다(남성 60년사, 284쪽). 내 기억으로는 기본 과목에서는 거의 만점을 맞았지만 음악과목에서 상당히 많은 문제를 틀렸고, 턱걸이와 던지기 등 체력테스트에서 감점 받았는데도 그만한 성적을 거두었다. 아마도 황정규 선생님께서 끝까지 6학년 담임을 맡으셨다면 내가 음악에서 그렇게 많은 문제를 틀리지 않았을 것이고 더 좋은 성적을 거두었을 수도 있었을 것이다. 한편 우리 반에서 이병태라는 친구는 공립학교인 이리동중학교에 수석으로 입학하였고, 김정환이라는 친구는 원광중학교에 수석으로 입학하여 시골학교인 삼기초교에서 이리 시내의 중학교 입시에서 매우 뛰어난 성적을 거두었다. 모두 선생님들께서 열성적으로 지도해 주신 덕분이라고 생각한다.

남성중학교 시절

집을 떠난 생활   내가 다녔던 남성중·고등학교는 사립학교이다. 우리 학교는 해방 직후인 1945년 설립자 이윤성 여사가 선부(先夫) 백인기 씨의 유지를 받들어 내놓은 토지 1백여만 평과 손자 백윤승씨 토지를 토대로 설립되었다(남성 60년사, 20쪽). 1945년 12월 15일에 입학식을 가진 제1회 입학생은 전국에서 응시한 1,200명 가운데 합격한 129명이었다고 한다. 개교할 때부터 명문학교로 도약한 남성중· 고 때문에 전북 익산은 특수목적고를 제외한다면 전국에서 유일하게 사립학교가 공립학교보다 더 좋은 학교인 지역으로 알려져 있다. 요즘음에는 남성고가 자율형 사립고로 지정되어 명문사학의 전통을 이어 가고 있다.

익산 시내의 중학교는 시골집에서 통학하기에는 먼 거리였다. 누나 셋이서 익산에서 고등학교와 중학교를 다니고 있었으므로 학교 근처에 방을 얻어서 누나와 함께 자취하면서 학교를 다녔다. 누나들이 밥하고 빨래하는 것을 도맡아 하였다. 당시 고등학교와 중학교에 재학하는 누나들이 부모님 대신에 동생을 뒷바라지하느라 고생이 많았다. 큰 누나와 둘째 누나가 고등학교를 졸업한 후에는 고등학교를 마칠 때까지 하숙 생활을 하였다. 대학과 대학원 석사과정에 재학할 때에도 주로 하숙하며 공부하였다. 부모님께서 나를 포함한 자식들의 하숙비와 등록금을 대 주시느라 헌신적으로 뒷바라지 해 주셨기에 가능한 일이었다.

중학교 때부터 부모를 떠나 살다보니 학교에서 가까운 곳에서 다닐 수 있다는 장점도 있었지만 어려운 점도 있었다. 특히 몸이 아플 때에는 부모님이 너무 보고 싶었고, 자기 집에서 학교에 다니는 친구들이 매우 부럽기도 하였다. 이러한 경험 때문에 나는 자녀들이 사춘

기인 학장시절에는 부모와 함께 사는 섯이 바람직하다고 확신하게 되었다. 청소년기에는 부모와 함께 지내야 한다는 생각에 나는 1996년 Berkeley대학에 연구년 차 방문하였다가 귀국할 때 그곳에 남아서 공부를 계속하고 싶어한 딸들을 남겨 두지 않고 데리고 돌아 왔다.

기차 통학생 친구들의 애환　　남성중학교 입학생 중에는 익산 시내(1995년 도농 시·군 통합으로 익산군과 이리시가 통합하기 전에는 이리시)의 이리초등학교, 중앙초등학교 등 시내 초등학교 졸업생들이 많은 가운데, 근처 군산, 옥구, 김제, 부안, 고창 그리고 충남 강경에 이르는 상당히 넓은 지역의 초등학교 졸업생들이 몰려 들었다.

먼 곳에서 입학한 학생 가운데 집안이 넉넉한 친구는 하숙하기도 했지만 익산은 철도교통의 요충지라서 기차통학생이 많았다. 이리와 군산을 잇는 군산선, 위로는 황등, 함열, 강경, 아래로는 김제, 신태인, 정읍을 잇는 호남선, 그리고 삼례와 전주를 잇는 전라선을 이용하여 기차로 통학하였다. 기차가 연착하는 날에는 무더기로 지각생이 발생하기도 하였다.

당시 기차로 통학했던 학생들의 애환을 잘 그려낸 것이 가수 나훈아가 부른 고향역이라는 노래의 가사이다. 이 곡을 작사·작곡한 분은 남성중·고 11년 선배인 임종수(남성고 11회) 님이다. 전북 순창이 고향인 임종수 선배는 남성중학교에 입학한 후 삼기면 소재지에 직장을 잡게 된 둘째 형님 댁에서 기차로 통학하였다. 임 선배님이 중학시절 삼기면 형님 집에서 아침밥을 먹고 이십리 산길을 넘어 열차 시간에 맞추느라 뛰다시피 해서 황등역에서 겨우 통학열차에 타면 발판에 걸터앉아 이리역(현재 익산역)에 도착할 때까지 숨을 몰아쉬곤 했다고 한다. 그때 기찻길 옆에 핀 코스모스를 보면서 고향의 어머니가 생각나 많이 울었다는 것이다. 이러한 기억을 되살려 "코스모스 피어 있는 정든 고향역"으로 시작되는 '고향역'의 가사를 쓰게 되었다고 한다. 내가 알기로는 행정학계의 원로이신 노화준 교수님은 군산에서 익산으로 통학하셨고, 고등학교 3년 선배인 소설가 박범신 님은 강경에서 익산까지 기차로 통학하였다.

　장학생이 됨　　1학년 1학기 첫 중간시험에서 전교생 가운데 상위권인 2등을 차지하였다. 첫 시험에서 상위권을 차지한 것이 자신감을 갖게 하여 중학교 3년 동안 꾸준히 상위권의 학업성적을 유지하였다. 당시 학급에서 1명씩, 전교에서 6등 이내인 학생은 장학생으로 등록금을 전액 면제하였는데 중학교 2~3학년에 장학금을 받았다. 1969년 중학교 졸업할 때에는 전교 2등으로 이사장 상을 받았다(남성 60년사, 316쪽).

　학교 당국에서는 중학교 2학년부터 성적으로 상위권인 학생들 가운데 한 학급을 특수반으로 편성하여 운영하였는데 고등학교 1학년까지 3년 동안이나 같은 반에서 공부한 친구들이 꽤 있다. 이런 친구들 가운데에는 서울대 외교학과를 졸업하고 외교관이 되어 한반도 평화교섭본부장과 주러시아 대사를 역임한 위성락, 서울법대를 졸업하고 서울고등법원장을 역임한 김용균, 서울대 사회복지학과를 졸업하고 전북대 사회복지학과 교수로 재직중인 백종만 교수, 순천향대 경제학과에 재직하다가 정년퇴임한 이춘세 교수, KBS 스포츠국장을 역임한 황왕규가 있다.

　단축 마라톤 3위 입상의 기억　　남성중학교에서는 매년 봄 전교생이 참가하는 단축마라톤대회를 개최하였다. 중학교 때에는 시내 중심부를 한 바퀴 도는 4~5km 정도의 코스를 달린 것으로 기억한다. 중1때에는 열심히 달렸더니 1학년 전체에서 3등을 하는 좋은 성적을 거두었다. 아마도 초등학교 6년 동안 등·하교때 매일 십리 길을 걸었던 것이 큰 도움이 되었던 것 같다. 그 이후에는 3등이라는 좋은 성적까지는 내지 못하였지만 +순히 상위권에는 포함되었다.

남성고등학교 생활

교우의 폭을 넓힘　1년 선배들까지도 고등학교 입학시험을 치르고 입학하였는데, 내가 중학교 3학년이 되면서 정부의 정책이 바뀌어 동일계 고등학교에 진학할 경우에는 무시험으로 진학할 수 있게 되었다. 나는 동일계인 남성고등학교 진학이 당연한 것으로 생각하고 입학하였다. 동일계가 아닌 고교에 진학하려면 진학시험을 거쳐야 했는데, 각 고교에서 한 학급 또는 두 학급 정도를 별도로 모집하였다. 남성고등학교는 한 학급 학생들을 타 학교에서 받아들였는데, 전주에서 유학온 학생들이 많았다.

중학교 때와는 달리 고등학교에 진학하면서 여러 가지로 생각이 많아졌다. 선생님들께서 특히 공부 잘하는 학생들이 "사고의 폭을 넓혀야 한다." 또는 "지나치게 이기적이어서는 안 된다."와 같은 조언을 하시는 경우가 많았다. 이러한 조언을 어떻게 받아들여야 하는가?

나의 경우에는 공부 이외에 다른 것에도 관심을 가져야 한다고 받아 들였다. 그 가운데 하나가 고등학교 1학년 때 태권도 선수인 친구를 따라 태권도를 배우기로 한 것이다. 고향에 계신 부모님께는 말씀드리지 않고 태권도장에 다니는 비용을 용돈에서 충당하였는데, 승단심사를 받을 때 당시로서는 상당한 거액이 필요하여 아버님께 말씀드렸다가 야단맞고 그만 두게 되었다. 사실 남성중・고에서는 체육의 중요성을 강조하여 유도를 중3부터 매주 1시간씩 정규 교과목에 편성하여 고1 때까지 배웠다. 그러므로 나는 유도와 태권도를 어느 정도 몸에 익힌 셈이다. 공부 잘하는 친구들뿐 아니라, 전국 체전에 유도와 태권도 선수로 나가는 친구들과도 가깝게 사귀었다.

중학교 때부터 시작한 것이지만 방과 후에는 친구들과 축구, 농구,

핸드볼과 같은 운동시합을 즐겨하기도 하였다. 내가 운동을 썩 잘하는 편은 아니었지만, 친구들과 어울려서 운동시합도 하는 과정에서 어렸을 때 왼손잡이라서 운동을 잘못한다는 트라우마는 어느 정도는 해소되었다. 시간이 남을 때에는 취미로 바둑과 장기를 가끔 두기도 하였다.

아버님 근무지 장수군 천천초교 방문　내가 고등학교 1학년때 아버지께서 평교사에서 교감 선생님으로 승진하셨다. 교감 선생님으로 첫 발령지가 장수군 천천초등학교이다. 아버지는 그곳에서 하숙을 하면서 주말에는 집에 오셨다. 나는 1학년 봄 어느 토요일에 아버님이 근무하는 천천초등학교의 숙소로 찾아가 뵈었다. 장수군은 전라북도 서쪽 산악지대에 위치하고 있는데, 동쪽은 소백산맥의 주능선을 경계로 육십령고개를 넘어 경상남도 함양군로 이어진다. 장수군에는 진주 의기 논개로 알려져 있는 의암 주논개를 모신 논개사당도 있다.

익산에서 장수에 가려면 전주에 가서 버스를 갈아타고 진안을 거쳐 가야 하는데, 산악지대의 꾸불꾸불한 도로를 통과하여야 하였다. 넓은 평야지대에서 자란 나에게는 또 하나의 경험이 되었다. 아버님과 함께 이런 저런 이야기를 나누었는데, 다음 이야기가 기억에 남는다. 아버지께서 그 동네 분들에게 딸들은 익산에서 명문학교인 이리여고에 다니고 큰 아들은 남성고등학교, 작은 아들은 남성중학교에 다닌다고 자식자랑을 하셨는데, 그 동네사람들은 익산의 명문학교에 관하여는 거의 모르고 있으며, 전주의 전주고등학교와 전주여고가 최고 명문학교라고 인식하고 있다는 것이다. 아버지께서는 그곳에 1년여 근무하시다가 고향으로 돌아오셨다. 그러나 그곳 사람들의 영향을 받아 내 동생들은 전주에 있는 고등학교로 보내셨다.

고2 총학생회 부회장　고등학교 2학년에 총학생회 부회장이 되었다(남싱 60년사, 335쪽). 초등학교와 중학교 때까지는 스스로 내성적인 성격이라고 생각하여 학급 반장과 같은 역할을 맡은 적이 없었다. 사실 학급 반장이나 대의원을 맡았던 친구들은 주로 성적도 상위권이면서 적극적이고 활발한 친구들이었다. 돌이켜 보면 내가 고등학교에 입학한 후 교우 폭을 넓혔고, 여러 친구들이 부회장으로 나를 추천하였는데, 내가 어느 정도 자신감을 갖게 되어 받아들인 것 같다. 부회장의 역할은 제한적이었지만 리더의 역할이 무엇인지 생각하는 계기가 되었다.

부회장의 역할 가운데 생각나는 것은 1970년 11월 28일에 교장실에서 "자아실현과 성공의 묘약"이라는 주제로 졸업을 앞둔 고등학교 3학년 선배님 20분과, 고3 담임선생님과 함께 좌담회를 가졌는데, 내가 좌담회의 사회를 본 것이다(남성 60년사, 343쪽). 부회장으로서 역할은 3학년 선배들의 졸업식장에서 송사를 낭독하는 것으로 마무리되었다.

한편 나는 중학교 때부터 교회에 다녔다. 친구를 따라 기독학생회 모임인 SCF에 가끔 나가기도 하였다. 이런 저런 인연이 겹쳐 학교 밖에서 조그만 음악회를 기획하여 개최하기도 하였다. 고등학생들 가운데 성악을 잘하는 학생들이 출연할 수 있도록 조그만 공연장을 섭외한 후, 몇몇 가게의 후원을 받아 공연장 대여료와 팜플렛 인쇄비용을 충당하고 공연을 하도록 한 것이다. 당시 유행했던 록밴드를 결성한 후배들이 공연할 수 있도록 주선한 일도 기억에 남는다.

고3 입시준비에 매진　　고2 때까지는 이런 저런 일로 관심이 분산되어 공부에 매진하기 어려웠던 것으로 기억된다. 고3에 접어 들어 입시준비에 매진하기로 하였다. 3학년 때 총학생회장은 절친한 친구인 한상오, 부회장은 정영진이 맡았다. 한상오는 졸업후에 전남의대를 졸업하고 익산에 내과를 개업하였다.

　부회장인 정영진의 집에서는 나와 친구들이 하숙하였었는데, 봄 학기에 부정선거 규탄데모를 주도하여 곤혹을 치르기도 하였다. 봄 학기에 거행한 부정선거 규탄데모는 우리 동기들 기억에 뚜렷하게 남아 있는 사건이다. 다음에 첨부한 글은 2002년에 고교동창들이 졸업 30주년 기념문집을 발간할 때 내가 학창시절을 회고하는 글의 주제로 게재한 것인데, 2006년도 남성 60년사에도 그대로 실렸다(남성 60년사, 353-354).

　봄 학기 중반에 규탄데모 사태로 상당한 동요가 있었으나, 곧 진정되었고 입시준비는 나름대로 순조롭게 진행되었다. 학교에서는 고3 수험생들이 공부할 수 있도록 20여명의 학생들이 공부할 수 있는 아늑한 교실을 배정해 주었다. 원래 용도는 생물실이라 동물과 식물 표본들도 있었지만 공부하는 데에는 지장이 없었다. 나는 진급반 교실의 실장이 되었는데 특별히 하는 일은 없었던 것으로 기억된다. 겨울에 접어들면서 초등학교 6학년 때와 비슷하게 커다란 무쇠 난로를 피워 난방 하였다. 밤이 깊어지면 각자 준비한 간식을 먹기도 하였다. 나는 난로를 이용하여 라면을 맛있게 끓여 먹었던 것이 기억난다.

　당시 우리 학교에는 서울사대와 공주사대를 졸업한 동문 선생님들이 많이 계셨다. 과목별로 실력도 출중하시고 후배인 제자들을 열성적으로 지도해 주신 선생님들 덕분에 과외공부도 하지 않고 전 과목을 골고루 공부할 수 있었다. 선생님들께서는 교과목 수업뿐 아니라 자신감을 가질 수 있도록 말씀도 많이 해 주셨다. 특히 고등학교 1학년 때 담임선생님이시자 지리과목을 담당하셨던 정봉화 선생님은 고교 후배이자 제자들에게 보다 큰 꿈을 가지고 이를 펼칠 수 있도록 틈나는 대로 당부하셨는데 큰 도움이 되었다. 정봉화 선생님은 고1때 당시로는 조금 늦은 나이에 결혼하셨는데 사모님께서 서예가로 명성이 높은 강암 송성용 선생님의 따님이다. 댁에서 전통 혼례 방식으로 치른 결혼식에 내가 영광스럽게도 학생대표로 참석한 것이 기억에 새롭다.

대학 입시에서 서울대학교 정치학과에 지원하였다. 그해 20명을 모집하는 정치학과에 지원자가 195명이나 되어 경쟁률이 유례없이 높았다. 동숭동 문리대 부근의 동성고등학교 교실에서 시험을 치렀는데 한 교실에 20명이 함께 시험을 치렀다. 경기고등학교를 비롯한 명문고 졸업생들은 교복을 입은 채 수험장에 들어왔는데, 매 시간이 끝날 때마다 함께 모여 시험문제가 쉽다는 등 수다를 떨었다. 시험문제가 어려워 전전긍긍하고 있던 나로서는 매우 위축될 수 밖에 없었다. 그런 상황에서 합격통지를 받았으니 운이 무척 좋았던 것 같다.

고3 시절 부정선거규탄데모 회고
출처: 「삼남의 으뜸이라 – 남성중 19회·남성고 22회 졸업 30주년 기념문집」, 도서출판 대학사, 2002.5.12, 92-94쪽.

2002년은 우리 22회 졸업생들의 졸업 30주년이 되는 뜻 깊은 해이면서 또한 김대중 대통령의 후임을 선출하는 대통령 선거의 해이다. 돌이켜 보면 우리 22회가 고3이었던 1971년 봄에 대통령 선거가 있었다. 그 때 우리는 입시를 눈 앞에 둔 고 3학생들이었지만 관권과 금권을 동원한 부정선거를 규탄하는 데모를 주도했던 경험을 나누어 가지고 있다.

당시 여당에서는 3선 개헌을 통하여 박정희 대통령이 후보로 나섰고, 야당에서는 우여곡절 끝에 김영삼 전 대통령을 결선투표에서 극적으로 물리치고 현 김대중 대통령이 후보로 나섰다. 김대중 후보의 이리·익산지역 유세는 당시 남중동 남성고등학교 교정에서 열렸고, 당시 고3이었던 많은 친구들이 수업을 빠지고 유세를 참관하였다. 당시 젊은 김대중 후보가 무개차를 타고 손을 흔들며 히말라야시다가 늘어진 교문에서 들어오는 모습은 매우 인상적이었다. 김대중 후보의 인기가 하늘 높은 줄 모르고 치솟게 되자, 당황한 당시 박정희 대통령은 관권을 동원하고, 금품을 살포하는 등 부정선거를 자행하고 있는 상태였다. 서울의 대학가에서는 선거규탄 데모가 연일 계속되었다.

수험준비를 명분으로 당시 일간신문을 빠짐없이 구독하고 있었던 일부 친구들을 중심으로 우리 22회 대표들은 논의에 논의를 거듭한 결과 공부보다는 나라를 구하는 것이 더욱 중요하다는 결론(?)에 도달하여 거사를 감행하기로 결정하였다. 당시 학생회 부회장을 맡았던 정영진 군을 중심으로 방과후 긴급 반장회의를 소집하였고, 거사에 관련된 논의를 여러 차례 진행하였다. 보안 문제도 있었기 때문에 최종 점검을 위한 회의는 소라단 소나무밭에서 가졌는데, 이 곳이 현재 남성학원이 이사를 간 곳이어서 우리에게는 아주 감회가 남다르다고 할 수 있겠다.

D데이를 정한 다음, 선생님들의 조회가 열리는 아침시간을 택하여 거사하기로 하였다. 역할분담을 생각 나는대로 정리해 보면 다음과 같다. 반대표들은 각각 1학년과 2학년의 교실에 들어가 학생동원을 맡는다. 유도부는 정문 수위실을 담당하고, 태권도부는 교무실을 담당한다. 플래카드도 여러 장 준비하였는데, 당시 정영진 군의 집에 하숙을 하였던 몇몇 친구들을 중심으로 중앙시장에서 천을 사다가 직접 쓴 것이었고, 대나무도 구하여 제법 구색을 맞추었다.

거사는 완벽하게 준비되었으며 집행에서도 거의 차질이 없었다. 교무회의를 하고 있던 선생님들은 교무실 밖에서 자물쇠를 채웠기 때문이 상당시간 동안 꼼짝도 하지 못하였다. 그러나 교문으로 진출하여 시가로 행진하려던 순간에 교무실 창문을 넘어서 뛰어나왔던 체육선생님의 불호령 때문에 거사는 실패로 돌아가고 말았다. 그 일로 인하여 4명의 친구들이 학교에서 처벌을 받았고, 그대로 파문은 가라앉았다. 당시 선거는 관권과 금권을 동원한 박정희 대통령의 승리로 막을 내렸다. 만약 원래 계획대로 우리 22회가 주도한 데모대가 이리역까지 진출하였더라면 결과가 뒤바뀔 수 있었을까?

그 사건이 우리 22회 친구들의 가슴속에 남겨놓은 교훈은 각각 다를 것이다. 나에게도 그 사건을 포함한 고3 시절 대통령 선거의 기억은 대학진학에서 시작하여 현재까지 생활하는데 여러 가지로 영향을 미쳤다. 우선 내가 진로를 "정치학과"로 변경하는데 결정적인 계기가 되었다. 대학에 들어가자마자 박정희는 유신체제를 선포하였는데, 나는 유신체제를 반대하는 최초의 데모에 앞장서서 참여하였다. 현재에는 틈틈히 행정개혁시민연합(www.ccbg.org)이라는 시민단체의 일에 관여하면서, 정치와 행정의 개혁을 주장하고 있다. 정치와 행정의 개혁에서 무엇보다도 중요한 것은 대통령을 정점으로 하는 정치권의 개혁인데, 정치권의 개혁이 어려운 이유는 선거전을 치르면서 천문학적인 선거자금이 들어가기 때문이다. 이

제 우리가 졸업한지 30여년이 흐른 현 시점에서 다시 한번 대통령선거를 앞에 두고 있다. 이번 선거는 그야말로 공정하고 투명하게 진행되었으면 한다. 한편 당시 우리 모두를 대신하여 학교에서 처벌을 받았던 4명의 친구들에게 미안한 마음을 전하고 싶다. 그리고 우리 아들과 딸들에게는 우리 남성 22회가 일찍부터 개인의 이익보다는 사회정의 실현에 관심을 가졌었노라는 점을 자랑스럽게 이야기하고 싶다.

대학생활 /2

서울대학교 정치학과

학교생활　　1972년에 서울대학교 문리과대학 정치학과에 입학하였는데 1학년 교양과정부는 공과대학이 있던 공릉동에서 공부하게 되었다. 교양과정부의 반편성은 학과 동기들끼리가 아니라 문리대와 사범대 학생들을 골고루 혼합하여 편성하였다. 나는 제2외국어로 불어를 선택한 반 가운데 LA 12반에 편성되었다. 가을에는 소위 '10월 유신'이 선포되면서 강제휴교조치가 내려졌다. 교양과정부에서 독서모임을 가지면서 친밀하게 지냈던 친구들이 대부분 소위 '운동권'이 되면서 나는 유신체제에 저항하는 학생운동에 과감하게 몸을 던진 학우들과 그렇게 하기에는 확신이 없는 자신 사이에 끊임없는 마음의 갈등을 겪었다. 그런데 나는 여름방학과 겨울방학 중에는 고향에 내려와서 지냈으므로 운동권의 학생들과는 지속적으로 교류하기 어려웠다.

　　2학년에 진입하면서 동숭동(오늘날 대학로)의 문리과대학 캠퍼스에서 전공수업을 듣게 되었다. 3학년까지 동숭동에서 수업을 들었고, 4학년 때에는 현재의 관악캠퍼스에서 수업을 들었다. 관악캠퍼스로 이전하면서 대학편제가 변경되었는데 문리과대학은 학문성격에 따라 인문대학, 사회과학대학, 자연과학대학으로 분할되었다. 정치학과는 사회과학대학에 소속되었는데 여기에는 상과대학에 있던 경제학과도 함께 소속되었고, 경영학과와 무역학과는 경영대학으로 독립하였다. 그러므로 나는 문리과대학에 입학하였지만 사회과학대학을 졸업하게 되었다.

당시 정치학과 입학생은 20명이었는데, 학생 수가 많지 않았던 만큼 모두 절친하게 지냈다. 정치학과에는 훌륭한 교수님들이 많이 계셨다. 지금은 고인이 되셨지만 원로교수님으로 존경을 받으시던 김영국 교수님을 비롯하여 국무총리를 역임하신 이홍구 교수님, 비교정치를 가르쳤던 최명 교수님, 국제정치를 담당하였던 구영록 교수님, 신임교수로 막 부임하신 김학준 교수님도 계셨고, 정계로 진출하신 배성동 교수님과 최창규 교수님도 계셨다. 그러나 당시 정치상황하에서 자유롭게 학문을 토론을 할 수 있는 분위기는 아니었다.

1972년 10월 유신이 선포된 이후, 학생데모와 강제휴교 조치가 반복되면서 4년의 학부생활 가운데 정상적으로 학기를 마치지 못하는 경우가 많았다. 이러한 곤혹스러운 상황은 학생들이나 교수님에게나 마찬가지였을 것이다. 기말고사를 보지 못하고 갑자기 휴교조치가 이루어지면 담당교수님께서는 리포트를 제출하게 하여 이를 근거로 학점을 매기곤 하였다. 그런데 1985년에 미국으로 유학하기 위하여 영문성적표를 발급받고 내가 정치학과 1976학년 졸업생 17명 가운데 1등으로 졸업했다고 기록된 뜻밖의 사실을 발견하게 되었다. 당시 어지러운 정치상황에서 동급생들이 요즈음 학생들처럼 학점에 거의 신경을 쓰지 않았던 터라 내가 성적이 별로 좋지 않았음에도 1등으로 졸업하게 된 것이어서 쑥스럽게 생각한다.

당시의 시대상황과 맞물려 입학동기들의 학부생활은 순탄치 않았지만 졸업 후에는 각자 자리를 잡았다. 학자가 된 동기동창은 네 사람인데 공교롭게도 정치학자가 두 명, 행정학자가 두 명이다. 정치학자로는 모교 정치학과 교수가 된 박찬욱 교수(한국정치학회장, 모교 부총장 겸 총장권한대행 역임), 충북대 교수를 거쳐 한국정신문화원 교수가 된 정윤재 교수(한국정치학회장 역임)가 있으며 행정학자로는 장건춘 교수(전남대)와 내가 있다. 공직에 진출한 동기는 3명(행정고시 2명, 외무고시 1명), 신문기자 3명(동아일보, 조선일보, 한국경제신문)이며 다른 동기들은 민간부문에 진출하였다.

대학시절에 관한 구체적인 이야기는 2002년에 발간된 서울대 문리대 72학번들의 입학 30주년 기념 에세이 모음집, "30년 뒤 그 캠퍼스", 「새벽을 엿본 마로니에 나무」, 나눔사, 2002.11.30.에 게재된 글로 대신하기로 한다.

대학시절의 회고

출처: "30년 뒤 그 캠퍼스", 「새벽을 엿본 마로니에 나무」, 나눔사, 2002.11.30.

책소개　서울대 문리대 72학번들의 입학 30주년 기념 에세이 모음집. 유신과 긴급조치라는 서슬퍼런 독재의 만행 앞에 재적생 300명 중 구속된 사람만 50명이 넘고 모두의 구속기간을 통산하면 100년이 넘을 정도로 맹렬히 저항했으며 지금은 정치계, 학계, 언론 등 사회 각계에서 활동하고 있는 43명의 '마당' 회원들이 괴롭고 한편으로는 찬란했던 당시의 나날들과 이후 30여 년간에 대한 성찰을 담은 에세이들을 모아 책으로 묶었다.

옛동산의 그 숲길

내가 근무하는 직장은 옛날 우리가 교양과정부를 다녔던 공릉동 캠퍼스이다. 교양과정부를 마친 후 이 공릉동 캠퍼스를 한번도 다시 찾지 않은 친구들이 대부분일 것이다. 나는 2001년 8월부터, 그러니까 거의 30년만에 그 캠퍼스에 위치한 서울산업대학교의 행정학과 교수로 전입하게 되었다. 캠퍼스 주변의 황량했던 논과 배밭은 전부 개발되어 아파트촌으로 변하였다. 그러나 여전히 6층 짜리 거대한 교양과정부 건물과 운동장이 남아 있고, 운동장과 건물을 이어주는 플라타너스 가로수길, 그리고 주변에는 소나무, 은행나무, 아카시아 나무가 뒤덮힌 숲이 여전히 건재하다. 이 숲 속의 길은 내가 가끔 산책하는데, 인근주민들의 산책로로도 이용되고 있다. 내가 근무하는 행정학과는 예전 교양과정부 건물에 위치하고 있는데, 예전에 우리들이 공부하던 곳이라 감회가 새롭다.

입학 당시 우리 동기들은 당연히 문리대 캠퍼스에서의 학창생활을 기대했던 터라, 주변이 황량한 공릉동 공대 캠퍼스에서 교양과정부를 보내게 되어 무척 실망했던 기억이 난다. 시골 중소도시에서 고등학교를 졸업하고 대학에 온 나는 두 달 동안 학교 앞에서 하숙을 정했다가 황량한 주변환경에 싫증이 나서 홍릉 쪽으로 거처를 옮겨서 교양과정부를 마쳤다. 그렇지만 험난한 대학생활 때문에 2학년 때부터 사상자(?)가 나기 시작했던 72학번들에게는 교양과정부의 생활에 공통적으로 얽힌 추억도 많은 것 같다. 당시 교양과정부는 학생회와 대의원회를 독립적으로 구성하는 등 하나의 단과대학으로 취급되었다. 학교에 입학하자마자 지금 민주당 최고위원으로 맹활약하고 있는 정동영 의원이 교양과정부 학생회장이 출마했던 기억이 눈에 선하다. 교양과정부는 문리대학생과 사범대 학생들을 함께 편성하여 교우의 폭을 상당히 넓힐 수 있었다. 당시 나는 LA 12반이었는데 제2외국어로 불어를 선택한 학생들로 구성되었다. 여기에는 소위 사회계열뿐만 아니라 인문계열의 학생들이 뒤섞여 있었다. 초등학교를 졸업하고 남학생들만 우글거리는 학교에 다니다가 적지만 여학생들이 있어서 분위기도 부드러웠고, 매우 친하게 지냈던 기억이 난다. 그런데 요즘 서울산업대에는 여학생들이 과반수를 넘어서서 마치 여학교가 된 듯한 느낌이다.

축제와 불온 서적과 배밭

입학하자마자 나는 운동권 "독서모임"에 참여하여 문제성 있는 책을 읽기도 하였다. 그런데 당시의 독서모임은 80년대의 본격적인 운동권과는 달라서 상당히 낭만적이고 고전적인 면이 있었다. 예를 들면 에리히 프롬의 「자유에서의 도피」

라는 책을 가지고 모임을 하는 것으로 게시판에 공고를 냈는데, 학생과 직원이 웬 불온서적을 읽느냐고 조사를 하는 식이었다.

공릉동 캠퍼스에서 "횃불제"라는 축제도 했었고, 반별 체육대회를 했던 기억이 난다. 당시 시골 출신인 나는 대부분 약골로 구성된 다른 학생들과 비교하면 그래도 운동을 잘하는 편이어서 축구, 씨름, 달리기 등 몇 개 종목에 겹치기 출전했었다. 씨름 단체전에서는 은메달을 받았던 것으로 기억된다. 당시 나의 달리기 실력은 수준급(?)이어서 뒤에 언급하겠지만 내 인생항로를 결정적으로 바꾸게 된다. 요즘 캠퍼스에는 가을 학생들의 축제인 "횃불제" 포스터가 요란하게 붙어 있는데, 어떻게 예전 이름이 계승되었는지는 자세히 모른다. 작년 가을에는 학생들 체육대회가 바로 그 운동장에서 열려서 나도 교수로 참여하게 되었다. 예전에는 여러 종목에 겹치기 출전하여도 전혀 문제가 전혀 없었는데, 지금은 축구시합의 전반전만 어슬렁거려도 체력이 무척 떨어지는 처지가 되어 버렸다.

가을에는 마음 약한 교수님들을 꼬드겨서 먹골배 과수원에서 야외수업을 하는 일도 있었다. 야외수업이라는 것은 핑계일 뿐 배밭에 가서는 강의과목 공부보다는 인생과 세상 돌아가는 이야기를 나누는 것이었는데 나름대로 재미가 있었다. 요즘 학교주변의 배밭은 없어졌지만 남양주 쪽으로 조금만 나아가면 그린벨트 지역으로 배밭이 아직도 남아있는데, 학교 동료들과 어울려 가끔 배밭에 놀러간다. 그런데 배를 먹으러 가기보다는 닭도리탕, 오리찜, 보신탕 등을 먹으러 가는 것이다. 요즈음은 배밭들이 전부 가든을 겸하고 있는데, 배는 덤으로 준다. 언제 우리 친구들이 원하면 마당모임을 한번쯤 이 쪽에서 했으면 하는 생각을 가지고 있다.

눈덮힌 캠퍼스

73년부터는 동숭동에서 학교생활을 시작했는데, 아마도 나를 비롯하여 우리 동기들이 가장 많이 정든 캠퍼스가 동숭동 캠퍼스일 것이다. 동숭동 시절 2년 동안 나는 학교 근처에 거처를 정하고 있었으므로, 밤낮으로 학교 근처를 어슬렁거렸다. '문리대 체질'을 딱 꼬집어 말하라면 말하기는 쉽지 않을 것이다. 그러나 법대, 상대, 의대, 공대생들이 출세하는 것이 목적이라면 문리대생은 개인의 이익보다는 나라의 장래를 걱정해야 되고, 배고프더라도 학문을 해야 한다는 등의 '문리대 체질'론을 폈던 것 같다. 72년 10월 박정희 정권의 유신선포 이후 우리 동기들의 진로에 거대란 편치기 생기게 되었다. 돌이켜 보면, 권위주의 정권 시절에 소모임들이 더욱 비밀을 유지해야 되니, 가까운 친구들에게도 말하지 않고 여러 가지 음모(?)를 꾸미는 일들도 있었던 것 같다. 73년 10월 2일 소위 "유신체제 반대"를 내건 최초의 데모가 있었다. 나는 당시 그 데모를 주동하는 위치에 있지는 않았지만, 데모대의 맨 앞줄에서 우렁차게 구호를 외쳤다. 정치학과의 반대표를 맡고 있었던 정윤재가 열기를 참지 못하고 데모대를 진두지휘하다가 바로 군입대 했던 것으로 기억된다. 그러나 데모가 시작된지 얼마 지나지 않아 데모대보다 더 많은 경찰이 캠퍼스로 진입하여 화장실, 교수연구실 등을 철저하게 수색하여 남아 있던 학생들을 한 사람도 빼지 않고 잡아갔었다. 나는 본능적으로 도망을 갔는데, 멱살을 잡는 경찰을 뿌리치고 법대로 통하는 구름다리를 넘어서 피신하였다. 그 과정에서 나의 빠른 달리기 실력이 도움이 되었음은 말할 것도 없다. 내가 잡혀 갔으면 최소 30일 구류였을 것이고, 그 이후 내 인생이 많이 달라졌을 것이라는 생각을 해 본다. 그 사건으로 신대균, 이종구, 송운학 군 등 절친하게 지냈던 운동권 친구들과는 강제로 격리되게 되었다. 74년 3학년 가을 정치학과에서는 설악산으로 졸업여행을 다녀왔는데, 다녀오니 학교는 긴급조치로 문이 닫혀버렸다. 장기간 휴교조치 이후 겨울방학 중에 문리대 캠퍼스에서 짧은 기간 보충수업이 있었는데, 당시 소복이 눈이 덮힌 문리대 캠퍼스, 미라보 다리, 마로니에는 여전히 내 기억에 선명하게 남아 있다.

술과 죄의식

동숭동 시절에는 술 마실 기회가 많았었고, 술을 마시면 황당한 토론과 더불어 끝까지 가야한다는 문리대 체질론의 전통 때문에 주변 술집에서 막걸리를 먹든, 진아춘 또는 공락춘에서 짜장 안주에 배갈을 먹던 종국에는 사상자가 속출하기 마련이었다. 당시에는 통금이 있던 시절이라 그 근처에서 하숙 또는 자취를 했던 친구들 집이 아지트가 되기도 하였다. 당시에는 술 마실 때 술값을 절약하느라 안주를 거의 시키지 않고 술을 마셨는데 친구들 중에는 술은 마시지 않으면서 안주만 축내는 소위 "비주류-안주파"가 있어서 미움을 많이 받았음은 물론이다. 기억이 아물거리기는 하지만 나는 3학년 2학기 학교문이 닫히고 나서 거의 한달 간 매일 술을 먹었던 것 같다. 개인적으로 그 기간처럼 방황했던 적은 없었다. 운동권 친구들은 감옥에 가 있고, 나는 앞으로 무엇을 해야 할 것인가에 대한 고민이었다. 늘 감옥에 간 친구들에게 원죄(?)의식을 가지고 살았지만, 언젠가는 이들에게 도움이 될 수 있는 일을 할 수 있으리라고 생각하면서 나는 개인적으로 행정고시를 준비하기로 마음을 굳혔다. 문리대 캠퍼스에 대한 기억은 이렇게 아픈 기억과 낭만적인 기억이 교차되면서 남아있다.

관악캠퍼스에서는 고시공부를 했었기 때문에 캠퍼스에 대한 애틋한 정은 크게 남아있지 않는 것 같다. 다행히도 행정대학원 1년 재학시절에 행정고시에 합격하였다. 행정대학원에서 석사를 마친 후 3년 동안의 군대 생활을 경북 영천의 3사관학교 교관으로 근무하게 되었다. 여기에서는 사관생도들에게 정치학과 행정학 과목을 가르쳤다. 당시 정치학은 유신체제를 정당화하는 내용을 가르쳐야 했던 터라 마음이 썩 내키지 않았음은 물론이다. 당시 3사관학교에서는 강의를 시작하려면 반드시 50분 짜리 강의 테스트를 통과하여야 했다. 강의 테스트 주제는 시범강의 3일 전에 준장계급의 교수부장이 지정하였는데, 나에게는 '군과 정치'라는 주제가 주어졌다. 나는 후진국에서는 군대가 정치에 개입하는데, 민주화가 이루어지고 선진국이 되려면 문민통치가 이루어져야 한다는 등의 강의내용을 준비하여 발표하였다. 그런데 강의 도중 교수부장의 얼굴을 보니 벌레 씹은 표정이 아닌가? 결국은 시범강의에서 떨어지고 상당히 혹독한 정신교육을 받은 후에야 정식으로 강의를 할 수 있었다. 전두환 정부가 들어서면서 5공화국 헌법이 한국실정에 맞는 민주적인 헌법이라고 강의해야 하는 처지가 되었다. 당시에는 전 강의실에 모니터링 시스템이 되어 있어서 강의내용이 도청될 수 있었다. 나는 다음 번 대통령을 이 헌법에 의하여 뽑게 될 수 있는지 의심스럽다는 내용의 강의를 했었던 것으로 기억한다. 그런데 3사관학교에는 강의시간만 제외하면 상당히 자유로웠다. 72학번 문리대 동문이 4명이 있었고, 상대와 법대 출신들도 많았는데, 선후배들도 구성이 비슷하였다. 나를 포함하여 대부분 결혼 전인 교관들이 미혼자숙소(B.O.Q)에서 보냈는데 '문리대체질'을 유지하면서 군대생활을 하는데 문제는 없었다.

진주에 가면 學林이 또 나온다

군대 생활을 마치고 경제기획원에 발령을 받아서 근무하게 되었다. 내가 "문리대 체질"을 크게 개선하지 않으면 경제관료로 배겨내기는 어렵다고 생각하고 있던 차에, 마침 경남 진주에 있는 경상대학교 행정학과에 전임자리가 나게 되어 1년 만에 미련 없이 사표를 쓰고 1982년 가을 진주로 내려갔다. 내가 주동이 되어 진주에서 문리대 동문회를 결성하게 되었다. 지금은 타계한 김호길 전 포항공대 학장(당시 진주 연암공전 학장)이 초대회장으로, 내가 간사로 있었는데, 동문회의 이름은 "학림"으로 명명하였다. 서울대 출신은 어디 가나 총동문회는 잘 안 되고 단과대학 동문회가 중심이 된다. 당시 문리대 선배님들이 15분 정도 계셨다.

이 모임은 한 학기에 두 차례, 즉 중간고사와 기말고사 기간에 개최되었는데, 모임이 있는 날은 으레 3, 4차에 포장마차까지 들렀다가 집에 들어오고, 집에 들어온 후 하루 이틀은 술병을 앓았다. 그래도 그것이 '문리대 체질'이고 낭만이라는 억지주장에는 선배들의 고집이 더욱 심하였다. 한번은 겨울모임에서 몇 차례 차수를 바꾸어 술을 마셨는데, 술을 마시다보니 오징어 굽는 냄새가 진동하였다. 알고 보니 73학번의 한 후배교수가 자기 손을 연탄난로 위에 올려놓고, 손이 타는 줄도 모르고 술을 마셨던 것이다. 이 사건은 진주의 '학림' 모임에서는 전설로 남아 있는데, 그 후배는 한 달여 병원에서 치료를 받아야 했었다. 이 모임은 지금까지 성황리에 이루어지고 있으며 문리대를 계승한(?) 사회대, 인문대, 자연대 출신을 회원으로 받다보니, 회원의 수가 40여 명으로 늘어났다. 「한국사회의 이해」라는 출판물로 국가보안법 위반으로 제소되어 곤욕을 치른 경제학과 장상환 교수(69학번)과 사회학과 정진상 교수(78학번)도 학림 회원으로 절친하게 지냈다. 한가지 아쉬웠던 것은 다른 학번은 2, 3명이 있었는데 우리 72학번은 나밖에 없어서 외로웠다는 점이다.

경상대 재직중 나는 가족과 함께 진주에 살면서 학회모임이 아니면 서울에는 잘 나타나지 않는 생활을 오랫동안 해왔다. 재직 중 박사학위 때문에 미국 피츠버그대학에 다녀왔고, 연암해외연구교수로 미국 버클리대학에 다녀왔던 때문이기도 하지만 우리 마당모임 회원 중에는 학교관계로 가끔 만났던 박찬욱 교수와 이종구 교수외에는 거의 만날 수 없었다. 그런 와중에서 타향인 진주에는 '학림' 모임 외에는 갈 곳도 없어서 책도 몇 권 쓰게 되었고, 그 중에는 한국행정학회의 저술상을 받는 책도 쓸 수 있었던 것 같다.

나이 들어 다시 하는 운동

마음속에는 늘 학창시절에 운동에 헌신했던 친구들에 대한 원죄의식이 늘 남아 있었다. 그러다가 3년 전부터 현재 (주)바이오 콘 사장으로 있는 신대균이 결성하여 사무총장으로 일하고 있었던 행정개혁시민연합(www.ccbg.org)에 참여하여 정책위원장의 일을 하고 있다. 우리나라의 시민단체라는 것이 겉보기에는 그럴듯하지만 경비조달도 어렵고 자원봉사자를 구하기도 매우 어려운 형편인데 신대균이 엄청난 고생을 하였다. 나도 개인적으로 시간을 쪼개서 행정개혁시민연합 일을 하고 있다. '행개련' 정책위원회에서는 매월 1회씩 정치개혁, 정부개혁, 행정개혁과 관련된 정책토론회를 개최하고 있다. 이 정책토론회에는 마당모임 간사를 맡고 있는 김일 부장이 몇 차례 토론자로 참여하는 등 상당한 도움을 받고 있다. 우리가 내놓는 개혁방안들은 정치와 행정의 민주화에 관련된 문제들로 특별검사제 도입, 정치자금 투명성, 공천제도 개선, 인사청문회 확대, 정보공개제도 확대, 행정절차법 강화 등이 포함되어 있다. 이러한 방안들은 국회의원 등과 정부의 고위관계자의 이해관계와 상충되는 것들이 많다. 그러므로 때로는 옛날 운동권의 전투적 방식을 활용해야 할 때도 있다.

나는 최근 2~3년 동안에 직장을 공릉동 캠퍼스로 옮기고, 행개련 일도 시작하였고, 무엇보다도 마당친구들이 너그럽게 참여를 받아주면서 생활패턴이 상당히 바뀌게 되었다. 요즘의 내 생활은 상당히 자유분방해졌고, 정부를 향하여 개혁도 주장하면서 마치 옛날 문리대 시절로 되돌아간 듯하다. 그리고 앞으로 당분간은 그렇게 살아야 할 것으로 생각하고 있다.

행정대학원과 사무관 시절 /3

서울대학교 행정대학원

행정대학원 입학　　1976년 정치학과를 졸업한 이후 행정대학원에 입학한 계기와 행정대학원에 재학시절의 소회는 서울대학교 행정대학원 50년사에 게재된 '나의 인생을 결정한 행정대학원'에서 밝힌 있으므로 여기에서는 그 글에서 쓰지 않은 몇 가지 이야기만 간단하게 보완하기로 한다.

행정대학원에 재학하면서 학교수업에 충실하게 따라가는 한편, 수업이 없는 경우에는 행정대학원 도서관과 중앙도서관에서 공부하였다. 중앙도서관에서 공부한 이유는 당시 여자 친구였던 집사람이 취업차 함께 공부하였기 때문이다.

행정대학원 1학년 2학기에 재학 중이던 1976년 제19회 행정고시에 합격한 이후에는 비교적 편안하게 학교생활을 할 수 있었다. 행정고시에 합격한 후 고시잡지사인 「고시계」의 부탁을 받고 1977년 6월호에 '어느 여로'라는 제목으로 합격기를 게재하였다. 지금 읽어 보면 어색한 부분이 많지만 당시 느낌을 살리기 위하여 원문 그대로 게재하였다.

여의도 아파트 당첨해프닝과 아버님의 교훈 1976년 가을에 행정
고시에 합격한 이후에 비교적 시간적 여유를 가지고 여러 가지 생각
을 하게 되었다. 그 가운데 하나가 주택문제였다. 나는 당시 신림동
에서 하숙생활을 하고 있었는데 비용이 만만치 않았다. 당시에 단독
주택 집 값이 400만원 내외였던 것으로 기억한다. 당시 시골의 전답
을 일부만 처분하여도 그 정도의 단독주택이나 아파트를 구입할 수
있었다. 나는 둘째 동생부터 아래로 세 동생들이 곧 서울에 소재한
대학에 진학해야 하므로 주택을 구입하여 함께 살 수 있도록 미리 대
비하는 것이 좋겠다고 생각하였다. 이러한 상황에서 하숙집에 함께
거주하던 대학원 동기인 복학생 선배로부터 분양 중인 여의도 미성아
파트에 신청해 보자는 권유를 받았다. 나는 무주택 세대주로 주민등
록이 되어 있는 상황이라서 신청자격을 가지고 있었다. 나는 일단 26
평형을 신청한 다음, 당첨되면 아버님께 구입해 달라고 설득하기로
마음먹고 신청하였다. 당시 아파트는 새로운 주거형태로 도입되기 시
작하였는데 청약 열기가 뜨거워서 경쟁률이 상당히 높았고 당첨된다
는 보장도 없었다. 그런데 처음 신청한 아파트 청약에 덜컥 당첨되었
다는 연락을 받았다. 나는 즉시 고향에 내려가 아버님께 전후 사정을
말씀드리고 일부 재산을 처분하여 600만원 정도를 마련하여 아파트
를 구입해 주셨으면 좋겠다고 부탁드리면서, 나머지 비용은 건설회사
에서 융자를 해 주는데 나도 공무원이 되었고, 결혼을 전제로 만나고
있는 여자 친구도 좋은 직장에 다니고 있으므로 융자비용을 상환하는
데는 큰 문제가 없을 거라고 말씀드렸다. 나는 아버지께서 허락해 주
실 것으로 기대하였는데 당시 고등학교에 재학하던 둘째 동생이 함께
있는 자리에서 아버님께서는 완강하게 반대하셨다.
아버님께서 반대하신 요지는 두 가지였다. 첫째, 아버님이 가지고
있는 재산은 할아버지가 물려주신 재산인데, 더 불리지는 못할지라도
끝까지 가지고 있어야 한다는 생각이 확고하셨다. 나는 아버님의 어

깨를 무겁게 하였던 할아버지가 물려주신 재산에 대한 생각을 확실하게 알게 되었다. 우리 할아버지는 삼형제 가운데 둘째였다. 선대에 상당히 재산이 있었지만 장자상속으로 대부분의 재산을 큰 할아버지가 물려받았고, 할아버지는 일부만 물려받았다고 한다. 이를 토대로 할아버지께서는 자수성가하셔서 상당한 재산을 마련하셨다. 아버지께서는 동생을 대학까지 진학시키고 8남매를 키우면서도 할아버지께서 물려주신 재산을 지켜야 한다는 강박관념을 가지고 계셨던 것이다. 둘째, 아버지 생각에는 장남인 내가 고시에 합격하는데까지 뒷바라지 하셨으니, 이제부터는 물려받은 재산을 동생들에게 써야 한다고 생각하고 계셨다.

이 사건은 내가 재산과 돈에 관한 생각을 가다듬는 계기가 되었다. 첫째, 재원이 투입되는 행위를 결정하려면 사전에 철저한 준비가 필요하다는 점을 확실하게 인식하게 되었다. 아버지를 설득할 수 있으리라는 막연한 기대를 가지고 저질러 아파트 당첨이라는 행운을 얻었지만 결과적으로는 설득에 실패하면서 난처해지는 상황을 되풀이하지 않아야 한다는 것이다. 예를 들어, 나는 유학을 준비할 때, 한 학기 또는 1년만 지나면 장학금을 받을 수도 있으리라는 막연한 기대를 가지고 무작정 떠나서는 안 된다고 생각하였다.

둘째, 아버지가 물려주신 재산은 형제가 공동으로 소유해야 하는 재산이라고 생각하였다. 이러한 맥락에서 장남인 나는 아버님이 남긴 유산의 일부를 어린 막내 동생에게 물려주고, 나머지 대부분을 형제들의 공동명의로 상속하는 것으로 정리하였다. 나중에 형제나 누님 중에 집안사정에 어려워졌을 때 형제들과 상의하여 공동명의의 유산을 처분하여 경제적 어려움에서 빠져 나올 수 있도록 도와주기도 하였다. 오늘날까지 누나와 형제들이 크고작은 어려움을 겪으면서도 화목하게 지낼 수 있었던 것은 아버님께서 당시 말씀해 주신 교훈을 따라 상부상조해 온 덕분이라고 생각한다.

셋째, 여의도 아파트 당첨 건은 주택과 관련한 결정의 타이밍이 매우 중요함을 깨닫게 하였다. 이러한 해프닝이 일어난 지 4년 후에 내가 결혼하고 군복무를 마치고 서울에 돌아오자 아버지께서는 재산의 일부를 처분하여 전세자금으로 600만원을 보내 주셨다. 둘째와 셋째 동생도 서울의 대학에 진학하였으므로 같이 산다는 것을 전제하여 보내 주신 것이다. 시골의 땅값은 4년 전과 비슷한데, 서울에서는 주택가격이 폭등하여 4년 전에는 동일한 재산을 처분하여 마련할 수 있었던 단독주택이나 아파트는 꿈도 꾸지 못할 정도로 값이 3~4배나 올라 있었다. 이런 경험은 후일 내 집을 마련해야 했을 때 어떻게 해야 할지에 대한 생각에 영향을 미쳤다. 즉, "집값이 오르는 상황에서는 내집 마련을 위하여 근검절약하여 저축하는 액수보다 집값 상승폭이 더 클 경우가 많으므로 융자를 받아서라도 과감하게 구입하는 편이 바람직하다." 그리고 "하나 이상의 집을 투자목적으로 가지고 있을 필요는 없다."는 것이다. 이러한 나의 생각은 진주의 집을 처분하고 85년 유학을 떠난 후 89년 귀국했을 때 집값이 3~4배가 올라 있었기 때문에 한층 강화되었다.

이러한 어려움을 두 차례나 겪었기 때문에 유학에서 돌아온 후 진주에서 아파트를 마련할 때, 서울 잠원동으로 이사할 때, 그리고 잠원동에서 방배동의 넓은 집으로 이사할 때를 포함하여 세 차례에 걸쳐 상당히 많은 액수의 융자부담을 떠안고 아파트를 구입하기로 과감하게 결정하였다. 융자를 상환하느라 집사람이 상당기간 내핍생활을 해야 했지만 내가 과감하게 결단을 내린 덕분에 주택문제에 관하여는 크게 걱정하지 않고 살 수 있었다.

당시 아버지를 설득하는 데 실패한 나는 여의도 아파트 건에 대한 미련을 버렸고, 하숙집 선배에게 처분을 일임하였다. 하숙집 선배는 아파트를 평소 알고 지내는 믿을만한 분에게 처분하였다고 알려주었다. 그 이후 나는 군에 입대하여 훈련을 받고 복무하느라 이 일은 까

마득하게 잊어버리고 있었다. 그런데 나중에 알고 보니 전매로 구입하신 분이 나의 명의로 아파트를 등기하였고, 주민등록도 이전되어 있었다. 우여곡절을 겪은 후에 내가 경제기획원에 근무하던 1982년 초에 명의이전을 해 주어 이 문제는 정리되었다. 그런데 뜻밖에도 이 문제가 30년이나 지난 후인 2011년 내가 우리 대학 총장으로 선출되면서 인사검증과정에서 튀어 나왔다. 당시 검증을 담당했던 분이 나에게 여의도 아파트 건을 물어 왔다. 나는 여의도 아파트 건이 기억에서 완전히 사라졌기에 그곳에 재산을 가진 적이 없다고 답변했더니 전산기록에 있다는 것이다. 기억을 되살려 자초지종을 이야기하자 그분은 "명의신탁을 하셨군요."라고 사태를 파악하였다. 요즘도 대학원 동기 모임에서 가끔 만나는 복학생 선배에게 인사검증과정에서 있었던 일을 이야기했더니, 당시 구입한 분이 바로 명의를 이전해 가는 것을 전제로 처분했었는데, 미안하게 되었다고 사과하기도 하였다. 아무튼 우리나라의 전산시스템 기록의 위력이 대단하다는 것을 새삼 깨닫게 되었다.

1977년 수습사무관 근무와 중앙공무원교육원 교육훈련　2학년 때인 1977년 5월부터 서울시 관악구청에서 수습사무관으로 근무하게 되었다. 대부분의 동기생들이 일선지방행정을 경험하라는 취지에서 일선 시와 군에 배치되어 근무하였다. 서울시내의 구청에는 나중에 상공부에 근무하다가 교수가 된 최병선 교수와 이홍규 교수, 재무부에 근무하다 퇴직한 변양호(동기 가운데 수석합격)와 경제기획원에 근무했던 정병태, 그리고 내가 배치되었다. 우리들끼리 한 달에 한 번씩 만나서 정보를 교류하기도 하는 등 비교적 자유분방하게 지낼 수 있었다. 함께 설악산과 만리포 해수욕장에 놀러 가기도 하였다.
　1977년 가을에는 대전시 괴정동에 자리잡은 중앙공무원교육원에 단체로 입소하여 2개월 간 행정사무관으로 근무하는 데 필요한 교육훈련을 받았다. 교육내용 가운데 하나로 타자 자격증을 의무적으로 따야 되었다. 중앙부처에는 전문 타자요원이 배치되어 있었지만 이들의 업무가 지나치게 과중하게 되어 사무관들도 스스로 타자를 칠 수 있어야 한다는 취지가 반영되었다. 당시 중앙공무원교육원에서 함께 교육받은 동기들은 행정고시 19회와 20회가 주축이 되었고, 몇 분의 선배들이 합류하였다. 1977년 가을에 함께 교육받은 동기들끼리 결성한 77행시 동기모임이 여전히 활발하게 운영되고 있다.

  행정대학원 주간부 수석 졸업　당시 학교 측에서는 주간학생이 직장을 가지게 될 경우에 야간과정에서 수업을 들을 수 있도록 허락해 주었다. 나는 서울 시내에서 그것도 학교와 가까운 관악구청에서 수습사무관으로 근무하였으므로 2학년에는 야간과정에서 수업을 받을 수 있었다. 2학년 1학기까지 졸업에 필요한 학점을 모두 이수하였으므로, 2학년 2학기에는 석사 논문만 제출하면 졸업할 수 있었다. 나행히도 중앙공무원에 입소하여 교육받는 시기가 학교에 출석하지 않고 논문을 쓰는 시기이었으므로 중앙공무원 교육원에서도 일과 후에는 석사논문과 씨름했던 기억이 난다.
　석사 논문의 내용은 국가형성 시기의 이승만 대통령과 근대화 시기의 박정희 대통령의 리더십 스타일을 대통령연설문 내용분석 등을 통하여 비교하는 것으로 논문 제목은 "한국의 근대화와 대통령의 리더십 비교연구"였다. 졸업 시에 주간과 야간에서 각각 1명씩 졸업성적이 가장 좋은 학생에게 수석졸업자로서 상장을 주었는데, 내가 영광스럽게도 그 영예를 차지하여 당시 행정대학원장을 맡고 계셨던 유훈 원장님으로부터 상장을 받았다.
　돌이켜 보면 행정대학원 재학 중에 행정고시에 합격하였고, 영예롭게 수석 졸업까지 할 수 있어서 나는 동기생들 가운데 행정대학원의 혜택을 가장 많이 학생이라고 생각하고 있다.

나의 인생을 결정한 행정대학원

출처: 「서울대학교 행정대학원 50년사 1959-2009」, 서울대학교 행정
대학원, 2009, 제3부 우리들의 이야기, 417-420쪽.

1976년 1월 대학졸업을 앞둔 나는 한동안 극도의 방황 속에 빠져있었다. 당시 18회 행시 2차 시험에 실낱같은 희망을 가졌는데 낙방한 것이다. 그나마 평균점수는 상당히 웃돌았지만 행정법 과목에서 과락이 나오는 바람에 떨어졌다는 것이 위안이 되었다. 상당기간 고민 끝에 행정대학원에 진학하여 군대 가기 전에 행정고시를 합격해야 한다고 생각했다. 즉, 공무원이 되기 위해서 1976년 3월에 행정대학원에 입학한 것이다.

그런데 행정대학원 재학 중에 현재 나의 직업인 행정학 교수가 되는 계기를 얻었고 배우자를 만났으니 내 인생의 거의 전부가 당시 결정되었다고 할 만하다. 행정대학원 은사님들의 영향과 도움을 받아 짧은 공무원 생활을 거친 후에 교수가 되었다. 당시 몇 년 동안 행정고시를 1년에 두 차례 시행해 왔는데 내가 입학한 1976년부터 한 차례 가을에 시험을 치르는 것으로 제도가 변경되었다. 그러므로 입학 후 첫 학기는 시험 부담을 비교적 느끼지 않고 학업에 충실할 수 있었다. 유신시절 대학 4년을 보내는 동안 일상적으로 되풀이 된 휴교 등으로 제대로 된 공부를 할 수 없었는데, 대학원에서 교수님들께서 매우 충실하게 강의를 해 주셨기에 푹 빠져 들게 된 것이다. 당시 가장 흥미있게 수강한 과목이 강신택 교수님의 "행정이론"이었다. 후일 「사회과학연구의 논리」라는 저서로 출간된 내용을 가르치셨는데, 당시에는 교과서가 없었고, 여러 가지 최신 자료를 많이 내 주셨다. 동급생들은 고시준비를 하느라 교수님들의 열성에 따라가기 힘들었던 것 같았다. 나는 행시가 가을로 미루어져 시간 여유가 있다고 생각하여 열심히 공부하는 척 했더니 첫 학기 성적이 모두 A가 나왔다. 당시 강신택 교수님께서는 기특하게 여기셨는지 공부를 계속하여 교수가 될 것을 권유하시기도 하였다.

그러나 나는 당시 행시에 합격하여 공무원이 되겠다는 결심이 확고했던 터라서 그 말씀을 수용(?)하기 힘들었다. 첫 학기를 그렇게 보낸 후 가을에 있었던 19회 행시에 합격한 후 한동안 교수라는 직업은 나의 생각에서는 멀어졌다. 그러나 돌이켜 보면 내가 교수가 되어 현재 관심을 가지고 있는 연구방법론과 정책학 분

야는 그 당시 강신택 교수님으로부터 받은 가르침의 영향이 가장 큰 것이었다고 생각한다.

첫 학기에는 학업 외에도 신나는 일이 많았다. 출신대학, 학과, 연령 등 다양한 배경과 특기를 가진 동급생들과 어울려 지내는 일이 많았다. 나는 축구와 배구 시험, 야유회, 미팅, 술자리 등 노는 일에도 거의 빠짐없이 참여하였다. 첫 학기 봄에 야유회를 가게 되었는데, 직장을 가진 야간학생들도 함께 가게 되어 부부동반 또는 파트너 동반으로 간다는 것이었다. 여자 친구가 없으면 미팅을 통하여 단체로 파트너를 주선한다는 것이 당시 학생대표의 아이디어였다. 나는 여자친구가 없었다. 그런데 대학 졸업 즈음에 얼굴만 익혀 둔 지금의 아내에게 연락하여 상당히 오랫동안 사귄 연인인 것으로 가장(?)하고 참가하는 조건으로 동반하였다. 아내가 학창시절 연극반 활동을 했던 터라 제법 연기를 잘 해서 첫 미팅으로 온 친구들은 모두 깜빡 속아 넘어갔다. 야유회에는 작고하신 김해동 교수님께서 지도교수로 동행하셨는데, 평소 근엄하셨던 교수님께서 청바지에 청재킷 차림으로 나타나셔서 모두들 놀랐던 기억이 새롭다. 당시 청와대에 근무했던 야간 대표가 박정희 대통령이 즐겨 마시는 막걸리를 주문하여 가져왔는데 도수가 매우 높아 많은 학생들이 취하였고 나도 그 가운데 하나였는데, 지금의 아내가 술주정을 잘 받아 주었다. 그 일을 계기로 아내와 교제를 계속하다가 결혼하였으니 첫 학기 행정대학원이 맺어 준 인연임에 틀림없다.

첫 학기말로 기억되는데 고 최종기 교수님께서 주도하신 국제학술행사에 요즈음 말로 하면 행사 '도우미'로 참가했었다. 서툰 영어로 외국인 학자들을 안내해 본 것은 소중한 경험이었다. 그 때 호텔의 중국식당에서 코스요리를 처음 먹어보았는데 초기에 나온 요리를 너무 많이 먹다보니 배가 불러 나중에는 요리를 먹지 못했던 기억이 난다.

두 번째인 가을 학기에 19회 행시에 합격한 이후에는 공부보다는 대학원 친구들과 어울려 노는데 더욱 바빴던 것으로 기억된다. 당시 대학원 교수로 갓 부임하신 노화준 교수님의 방에 소위 '방돌이'로 잠시 지냈다. 안해균 교수님께서 교육부로부터 당시로서는 매우 큰 프로젝트를 따 오셔서, 노화준 교수님과 고려대 백완기 교수님, 한양대 김영섭 교수님(작고) 등 여러 교수님께서 공동연구원으로 참여하셨는데 현재 전북대에 계신 신무섭 교수님과 함께 연구프로젝트의 조교로 일했

넌 것이 기억에 남는다. 석사과성 2년차에는 관악구청에서 수습사무관으로 일하면서 학교에 다녔다. 수습사무관으로 근무하면서 2년만에 석사학위를 취득하였으니 교수님들께서 배려해 주시지 않았더라면 불가능했을 것이다.

후일 대학교수가 된 것은 박동서 교수님과 유훈 교수님의 배려가 결정적으로 기여하였다. 박동서 교수님과 인연을 잠시 이야기 하고자 한다. 당시 박동서 교수님은 총무처의 자문교수단으로 일하셨는데, 자문교수가 몇 명의 학생들을 데리고 부처를 방문하면 부처의 국장들이 업무현황을 설명하고, 그에 대하여 자문교수가 여러 가지 조언을 해 주셨다. 나는 박동서 교수님의 조교로 총무처 방문에 참관하였는데, 인사 관련 업무에 관하여 조목조목 조언해 주셨던 교수님의 모습이 여전히 인상깊게 남아 있다. 당시에는 석사논문 지도교수를 강제 배정하였던 것으로 기억되는데 나는 박동서 교수님의 지도학생으로 배정되었다. 자상하신 박 교수님께서는 석사논문 원고를 몇 차례 전반적으로 검토해 주셨고, 이를 수정하여 좋은 논문을 쓸 수 있었다. 졸업 후 군복무를 하기 위해 육군 3사관학교 교관으로 지원하여 3년간 정치학 및 행정학을 가르치는 교관으로 군 생활을 마쳤다. 3사관학교에서도 행정대학원 동기생인 송희준(현재 이화여대 교수)과 같이 비교적 자유로운 생활을 할 수 있었다.

군대에서 제대한 1981년에 경제기획원에 발령받아 근무하였는데, 공무원 생활에 적응하기도 전에 뜻밖에 대학교수로 나갈 수 있는 기회를 얻게 되었다. 1982년도에 당시 모교 대학원장을 맡고 계셨던 유훈 교수님께서 연락을 주셨는데 경남 진주의 국립 경상대학교에서 고시반 지도를 담당할 교수를 구하는데 의향이 있는지 타진하는 내용이었다. 경남 진주는 대학원 수학 여행 때 동급생들과 함께 처음 가본 곳으로 남강변의 수려한 풍광이 기억에 남아있던 곳이었다. 무려 한 달 정도 진로를 고민한 후 공무원을 사직한 후 교수가 되기로 결심을 굳혔다. 당시 소지한 학위는 석사학위였지만 군복무시 3사관학교 교관 3년 경력을 인정받아 특채로 교수를 시작했으니 지금으로는 상상하기 어려운 일이다.

교수로 재직하던 중 1985년에는 미국 피츠버그대학 박사과정으로 유학을 떠났다. 이 때에도 은사님들께 무작정 RA를 받게 해달라는 추천서를 부탁드렸다. 아마도 오석홍 교수님께서 역사와 전통을 자랑하는 타자기로 직접 써 주신 추천서가 잘 통했는지 Pittsburgh대학에서 full scholarship을 받고 공부하게 되었다.

당시에는 모두 가난했던 시절이라 현직 교수였더라도 장학금을 받지 못했다면 나도 유학을 가지 못했을 것이다.

돌이켜 보면 행정대학원에서 대학교수라는 직업과 아내를 얻게 되었고, 그렇게 된데에는 모교 교수님들의 자상한 배려가 밑바탕이 되었던 것이다. 이 기회에 다시 한번 오늘의 나를 키워주신 모교 교수님들께 깊이 감사드리고자 한다.

행정고시합격기

이 글은 행정고시합격 직후에 쓴 글이라 지금 보면 어색한 표현이 많지만, 원문 그대로 게재하기로 하였다.

출처: 「고시계」, 1977년 6월호 게재.

제목: 어느 여로
1) 글머리에
한 차례 격한 파도가 밀려왔던, 짤막한 환희의 시간이 흘러갔습니다. 하늘로 치솟던 하얀 포말에 가려 모든 것이 아름답게만 보였던 그 순간이 지나가고 합격의 실체를 겸허한 자세로 반추해 봅니다. 모든 것은 순간입니다. 그 순간을 위해 그토록 많은 과정이 필요했던 것입니다.

수험공부 시절엔 그렇게도 멀어 보이던 기항지를 찾아 망망한 대해에서 표류하는 자신이 너무나 어리석어 보였던 비장함과 치기어린 오만함의 감정이 교차하는 가운데 맞이한 합격!

합격이란 하나의 직업인으로서 출발이라는 것 외에는 특별한 의미를 부여하고 싶지 않았습니다. 다만 한국 특유의 고시문화에서 그 준비과정에서 숱한 애환을 경험해야 함은 고시지망생에게는 당연한 일이지요.

길지도 짧지도 않았던 이년여의 시험 준비기간을 솔직하게 기록하는 것이 이 글을 읽어 주신 동도제현에 대한 예의인 것으로 알고 있습니다. 그러나 숱한 사소한 일상을 희미한 기억에서 찾아내어 정리한다는 것은 항상 무리와 과장이 따르는 것 같습니다. 독자들께 무의미한 너설한 이야기들이 포함돼 있음을 먼저 사과 드리겠습니다.

2) 고시전사(Pre-History)

(1) 교양과정부 시절

72학번을 받고서 공릉동 서울공대 캠퍼스에서 보낸 Freshman 시절은 퍽 자유분방했습니다. 막연히 생의 목표를 언론계, 정계, 학계로 설정했기 때문에 대학생활의 시작은 이러한 목표들을 추구하는 가운데 전개되었습니다. 지극히 평범한 대학생들이 경험하는 일상들 중에서 특이한 것이 있다면 정다운 고교시절 친구들인 'Rex'와 '석정'의 정기적인 만남, 대학 교우들과 독서 클럽에서 사회과학의 기초분야 서적을 읽으며 의견 교환과 진지한 토론, 크리스천이기를 거부했지만 C교회의 벗들과의 대화, Ross목사 사모님과 Bible study group에서 친숙해질 기회 등이 있었습니다.

모두가 호기심의 충족이라는 한계에서 벗어나지 못했던 것에 불과했지만, 잠재능력의 개발이라는 미명하에 대학생활의 자유를 최대한으로 이용하여 많은 것을 경험하려 노력 했었습니다.

(2) 문리대 시절 – 동숭동 캠퍼스

대학천변의 노오란 개나리 꽃에서부터 무성한 마로니에의 그늘, 그리고 교정에 가득 흩날리는 은행잎들로 이어지는 동숭동 캠퍼스 시절엔 불완전하지만 전형적인 문리대인을 닮아갔습니다. 부모님의 정성과 아르바이트에서 얻은 금전적 여유로 서적의 구입과 여행·영화·주점도 남들만큼은 찾을 수 있었습니다.

미라보 다리 아래 세느 강이 흐르고
우리들의 사랑도 흘러간다.
허나 괴로움에 이어서 오는 기쁨을
나는 또한 기억하고 있나니……

학교다방의 커피내음과 주변의 주점에서의 대화와 각종 축제 등의 낭만과 가슴 아픈 상흔들로 얼룩져 있는 대학가의 불행을 체험하면서 창백한 지성인의 고뇌 등등이 교차되었습니다. 한 가지 더 고향 학우회인 '청목'의 회장직을 맡아서 전체적으로 분주한 일상들이었지만 이 시절은 인생에서 가장 보람 있었던 것 같고 다시 갖고 싶은 황금기라고 규정하고 싶습니다. 이러한 생활은 3학년 1학기까지 계속되었지요.

3) 고시역정

(1) 갈등과 목표수정

자유분방한 생활을 계속하면서 3학년 봄부터인가 장래에 대한 불안의식이 언뜻언뜻 머리를 스쳐갑니다. 하나의 직업인을 의식하면서 인간에게 자유와 동시에 불안과 고독이 주어졌다는 Fromm의 기본적 명제의 타당성을 실감하게 된 것입니다. 당시 언론계는 위상 저하에다 군필 만을 받아들이는 그들의 충원(recruitment) 방식은 매력을 상실케 했고, 정계는 내 눈에는 너무 지저분해 있고, 접근가능성은 영(zero)에 가깝다고 생각했습니다. 정치학자가 되는 것이 어렴풋한 꿈이었지만 내 능력의 부족을 절실하게 실감했고, 위험부담이 큰 험난한 미래에 인생을 걸어버릴 용기도 없었습니다. 2년 정도면 승부가 분명해질 행정고시를 의식하기 시작했지만 방향의 전환 작업은 큰 고통을 수반했습니다. 헨더슨이 지적한 'vortex to power' 즉, 권력을 향한 소용돌이에 깊숙이 빠져버리는 것이 아닌가? '자유에서의 도피'가 아닌가?

5월의 어느 날, 문리대 교정에 라일락 향기 그윽하던 화창한 오후에, 남들에게 주워들은 짤막한 지식으로 10권 정도의 기본서와 고시계 한 권을 구입했고, 그날 민법총칙을 뒤적거려 보았지만 멀찌감치 밀어 두었습니다. 당시의 생활과 환경은 소위 '고시문화'에 너무나 이질적이었기 때문입니다.

여름 방학에 나의 방랑벽에다 등반대장을 시켜 준다는 유혹에 빠져 8박 9일의 제주도 여행에서 돌아온 후 헌법과 민법총칙을 1회독 할 수 있었습니다. 3학년 2학기에는 문리대인인가 고시준비생인가 하는 identity crisis 속에서 아무것도 할 수 없었습니다. 참으로 행동이 사유의 그늘아래 창백했던 햄릿의 독백과 같았습니다.

10월에 설악산 수학여행을 다녀오던 바로 그날 문리대의 데모사태로 휴교령이 발해졌고, 한 달 가량을 숱한 만남을 중지하고 술에 취해 있었습니다. 정리 안된 부끄러운 심정으로 지인들을 대할 낯이 없었고 철저히 혼자이고 싶었기 때문입니다.

이미 행정고시 준비에 상당한 시간을 투자해 왔던 L군과 장기간 토론이 있었고, 나도 행성고시를 진정한 목표로 하시고 결심할 수 있었습니다. 인생은 선택의 과정이며 선택엔 불가피한 희생이 수반된다는 평범한 진리, 사실상 아끼던 몇 개의 생활들, 여행과 대화, 술 이런 것들을 과감히 포기해야 하고, 학계에 대한 동경도 철저히 잊어버려야 했습니다. 고시라는 측면에서 보면 너무나 사치스러운 외도였기 때문입니다.

고시공부 중에서 가장 어려웠던 것은 고시라는 목표를 완전한 운명으로 받아들이는 자기 확신의 과정이었습니다. 법대생들처럼 입학하면서 고시를 인생의 일부로 운명지워진 사람들에 비하여 왜 고시를 해야 하는가에 대한 회의를 거친 후에만 효율적인 공부가 가능하다는 것을 지금도 확신하고 있습니다.

(2) 출발

자기 확신이 확고한 이상 합격자들이 겪어왔던 고통과 아픔만큼은 견디어 내야 했습니다.

자네보다 먼저 그런 것들을 겪은 모든 사람들을 생각하게, 그리고 "다른 사람들이 성공한 것을 누구나 언제든지 성공할 수 있을 것이다." 이렇게만 생각하게. 쌩 떽쥐베리(인간의 대지).

12월 한달 동안 잠적해서 조순 경제학 2회독과 TOEFL 문제집을 절반 정도 읽을 수 있었습니다. 1월에 눈이 유난히도 많이 내렸던 그 겨울에 보름 정도 강의와 시험을 끝으로 동숭동 캠퍼스와 이별했고, 문리대인의 생활도 막을 내리고 완전한 고시인이 되었습니다. L군과 같이 관악법우회관에 입관해서 외시준비를 하던 P군과 본격적인 고시공부에 들어갔습니다. 하루 12시간 정도 확보하면서 소위 우회전략이라고 명명했던 경제학과 행정법부터 독파해 냈습니다.

(3) 17회 1차 합격

선배 합격자 중에서 평범한 사람이 택한 깃을 따르고 싶었기에 1차에 많은 시간을 투입하고 싶지는 않았고 L군이 2차 준비를 하고 있는데 일찍부터 1차 준비를 한다는 것은 자존심이 허용하지 않았습니다. 약 30일을 정말 미련하게 공부했습니다. 처음 보는 시험의 경우라 시간부족을 통감했습니다. 국사, 헌법은 별로 어렵지 않았고 영어엔 약간 자신이 있었지만 민법총칙은 회관 내 사법시험 동료들을 짓궂게 물고 늘어졌습니다.

시험장에서 헌법, 국사, 민법총칙의 답안작성과 검토까지 여유있게 끝내고 지독하게 어려운 영어문제를 50분 동안 풀다가 5문제 정도는 그냥 지나쳐 버리는 실수를 저질렀습니다.

낙방을 확신하고 고향에 내려가 쉬면서 다음 기회를 기대하겠다고 몇 번이고 결심했습니다. 이미 고시는 내 운명의 일부였고, 어머님과 오동도 여행 이후 합격이 부모님에 대한 효도의 길임을 자꾸만 의식했기 때문이죠.

신문 한 구석에 내 이름이 있었다는 것 때문에 2차 시험장에도 가보았지만 행정학 시험을 본 후 학교로 돌아와 버렸습니다. 17회에서는 1차 합격보다는 고시에 대해 많은 것을 배웠다는 것이 더 귀중한 소득이었습니다.

(4) 18회 2차 낙방과 졸업

(가) 준비과정

노량진에서 재수하는 동생과 하숙을 하며 관악캠퍼스에 다니고 있었습니다. P군의 외시합격은 큰 자극제였고, J군과 학교 중앙도서관에서 낮에 공부하고 밤엔 하숙방을 이용했지만 학교수업과 겹쳐 7~8시간 확보가 어려웠습니다.

여름 방학을 맞아 시간의 자유가 확보됐고, 전 과목 윤곽은 파악하고 있었으므로 4개월 정도의 집중적인 공부로 합격은 가능하다는 신념을 가졌습니다. 그 무더운 여름에 산이나 바다가 못 견디게 그리울 때도 있었습니다만, 울릉도, 제주도, 설악산, 지리산, 속리산 등등 무수한 옛 기억을 생각해 내곤 곧바로 지워버릴 수 있었습니다. 외출은 거의 없었고 가끔 친지들이 찾아주어 영양보충과 술에 취함을 경험한 것 외엔 계획은 대체로 지켜진 편이었습니다.

세월은 빨리 흘러가더군요. 어느덧 창문을 열어둠만이 능사가 아니게 됨을 피부로 느꼈던 9, 10, 11월이 가고 있었습니다. 추석, 친구들의 1차 시험 등 감정이 울적해 있던 때엔 한 번씩 지독하게 취해 보거나 멍하니 책상 앞에 앉아있던 때를 제외하고는 공부는 진행 됐습니다.

중간 중간에 학교 축제라든가 하는 유혹이 있었지만 과감하게 외면했었고, 시험 2주 전쯤엔 한 과목당 이틀씩 역순으로 정리한 중에 2차 시험을 맞이했습니다. 각 과목 공히 일정 수준에는 올라와 있었고, 중요문제에 대해선 철저히 대비했으므로 약간의 승산은 있었습니다.

(나) 시험당일

전날에 좀처럼 잠이 오지 않았습니다. 처음 대하는 2차 시험이었기에 4시까지 뒤척이다 3시간 쯤 눈을 붙이고는 시험장에 나갔습니다. 점점 무거워지는 머리를 식히기 위해 밖을 나온 나는 근처 약국에서 신경안정제 2알을 먹고 행정법 시험에 겨우 응할 수 있었습니다. 시험문제인 '행정지도', '공물의 성립과 소멸' 공히 예상 외의 문제였고 희미한 기억 속에 뭔지 모르는 것을 썼다 지웠다 하는 가운데 신경안정제는 어김없이 그 효과를 발휘해서 스스로 잠이 오는 가운데 두 시간이 흘렀습니다.

참으로 허무했습니다. 정성스런 준비가 이 짧은 순간에 박살나다니. 마지막 날 조사방법론과 국제법 시험답안을 너무 잘 썼다는 기막힌 아이러니 속에서 친구·후배들이 사주는 고량주 5병 정도를 마신 후 자정이 넘은 때 한번 청승맞게 울어대고는 깨끗한 패배를 자인했습니다.

(다) 패배와 졸업, 그 의미

행정법이 과락을 넘어준다면 하는 막연한 바램도 있었지만, 내 패배를 동생의 대입합격으로 보상 받고 싶었기에 대입 본고사 2일을 앞두고 동생이 홍콩 A형인가 하는 독감에 걸려버린 충격은 더욱 컸습니다. 비틀거리는 동생을 시험장에 보내고 난 후 구입해 본 조간신문엔 당연히 내 이름이 없었습니다. 며칠 후 그 높은 예비고사 점수를 자랑하던 동생의 S대 불합격도 알게 되었고, 행정학(73.66), 행정법(37.33), 경제학(52.66), 재정학(58.33), 국제법(67.33), 조사방법론(71), 평균 60점을 상회하면서도 과락으로 떨어진 행정법 점수도 알아냈습니다.

오기 어린 마음으로 행정법을 선택해서 행정대학원 입학시험을 친 후에 20여 일간을 또 술과 여행으로 보냈습니다. 생애 최초로 공식시험의 패배와 졸업 이런 것들이 복합작용을 했던 것입니다. 이미 정치학자를 포기한 내게는 정치학과 수석 졸업은 무의미했기에

"한잔의 술을 마시면서
버지니아 울프의 생애와
목마를 타고 떠난 숙녀의 옷자락을 이야기한다."

를 읊으며 술을 마셨던 것입니다.

4) 19회 1, 2차 합격

(1) 행정대학원 입학

착잡한 심정은 행정대학원 개강으로 깨끗이 정리되었고, 연기된 19회 행시에는 충분한 시간을 가지고 준비할 수 있었습니다. 1차를 다시 해야 하기 때문에 3월엔 법철학, 헌법, 민법총칙, 행정법의 순서로 철저한 세부전략을 마련했습니다. 시간적 여유와 자신감을 인해서 약간의 외도를 즐겼던 때문에 시험준비가 부차적이 되고 대학생활이 주가 된 느낌이 있습니다(meeting, E대학 축제, H와의 만남, 학교공부, 옛 친구들과의 만남 등).

(2) 본격적인 준비

1학기엔 스트레이트 A학점을 기록했고, K교수님, R교수님 권유로 학문에 대한 집착도 다시 있었습니다만 7월 초 C교수님의 국제학술세미나의 보조원으로 참석한 것을 마지막으로 본격적인 준비에 돌입했습니다. 조용한 R교수님의 연구실을 사용할 수 있었고, 행대 도서실의 친구들과 공동보조를 취했습니다. 1차 준비 30일을 뺀 80일간의 계획은 아주 타이트했고, 대체로 지켜지고 있었습니다.

(3) 1차 시험준비

30일을 할애해서 가급적이면 문제집 중심의 공부였는데, 중앙도서관에서 민법총칙 교과서와 문제집을 분실한 일이 있었을 뿐 순항이었습니다. 동국대 1차 시험장에서 모 회사 체육대회가 시끄러워 5분전 쯤 답안을 제출하고, 걷기를 무척이나 좋아하는 H와 하루 종일 걸었습니다.

(4) 2차 시험준비와 시험당일

괜시리 일주일 가량 쉬다가 2차 준비를 시작했습니다. 독서량에 약간 자신이 있었으므로 주로 기술적인 문제인 답안작성요령을 2차 시험답안지를 구해서 연구했고, 건강에 신경을 써서 불고기를 자주 먹었다는 것 외엔 특기사항은 없는 것 같습니다. 매일 9시 등교에 10시 귀가의 도서관 생활과 옆엔 항상 J와 H가 있었던 단조로운 생활이었지요.

그러나 최후의 시련은 건강이었습니다. 시험이 다가오면서 악화된 건강은 직전의 불규칙한 날씨에다 비를 맞았기 때문에 능률이 오르지 않았습니다. 시험을 앞두고 병원에 가서 영양주사를 맞는다거나 한약을 달여먹는다는 것은 커다란 불안이었습니다.

시험전날엔 신경안정제를 먹어두었고 매일 목욕탕에 들러 몸을 푼 다음 서브노트를 읽는 것에 그쳤고 무리하지는 않았습니다. 충분한 수면을 취하는 것이 필요하다는 것이 내 생각입니다. 시험문제는 몇 개를 수필로 쓴 것을 제외하고는 대체로 최선을 다했다는 느낌이었습니다.

(5) 발표와 합격

발표 전일에 이상빈, 정기언군과 같이 합격을 알아냈고, H와 시원스레 맥주를 마실 수 있었습니다. 합격이 주는 의미는 그 이튿날부터 축하전화, 전보 인사에서 느낄 수 있었다는 것도 합격생의 공통된 심정일 것입니다.

1차시험성적: 헌법(38) 민총(38) 국사(36) 영어(26)이었고 2차시험성적은 행정학(68), 행정법(64.33), 경제학(55.66), 재정학(61.00), 국제법(67.66) 조사방법론(71.66) 평균 64.71이었습니다.

5) 드리는 글

한 평범한 인간이 걸어온 길을 지루하게 읽어 주신 독자 여러분께 보답드리는 의미에서 제 경험을 중심으로 몇 가지 말씀드리겠습니다.

(1) 확고한 목적의식

고시를 시작하시는 분은 철저한 회의 속에서 얻어진 무한한 자기확신이 있어야 하며 해도 그만 안해도 그만이라는 안이한 정신자세를 가지고는 승산은 제로입니다. 고시가 자기생활화되어 운명의 일부로 받아들이고 타 생활은 희생시키는 슬기와 예지가 선행조건입니다.

(2) 속전속결의 전략

고시는 수단가치이며 인생의 궁극적인 목표는 아닙니다. 고시공부가 도를 닦는 것이 아닌 바에야 한정된 인생에서 많은 시간을 소비할 필요는 없을 것입니다. 신은 인간의 수명 중에서 고시준비기간을 따로 계산해 두지는 않았습니다. 필자의 경험으로 보통의 머리를 가지신 분은 2년이면 충분할 것 같으며 대학 3년쯤에 본격적 공부를 시작하여 재학중 합격하는 것이 가장 이상적인 것 같습니다.

(3) 계획적인 공부

철저한 계획보다는 그 실천이 더 중요한 과제입니다. 계획이란 하나의 자기약속이라 볼 수 있으며, 계획의 불이행은 커다란 자기모독입니다. "자신에 대한 약속을 이행돼야 한다(pacta sunt servanda)." 결국 고시는 철저한 자기투쟁의 과정입니다.

6) 맺으면서

2년여의 동면에서 벗어나 지금을 비교적 자유로운 생활, 지인들과의 만남을 되찾고 있습니다. 수습사무관 발령을 기다리면서, 마지막 학기의 강의를 들으면서 석사학위논문을 준비하고 있습니다. 남들처럼 이 지면을 빌어 감사드릴 분이 많습니다. 성장과정에서 도움을 준 것보다는 받은 것이 훨씬 더 많은 것을 느끼면서 이젠 서서히 빚을 갚아 나가야 하겠습니다.

먼저 고향의 부모님을 생각하지 않을 수 없습니다. 그간의 정성과 염려와 노고! 당신들의 그 은혜를 어찌 몇 마디 말로 표현하겠습니까? 한때는 당신들의 교육열과 과다한 부담을 자식으로서 당연히 차지하는 권리인 것으로 생각했던 불효를 용서하여 주십시오. 권리에는 당연하게 의무와 책임이 뒤따른다는 것을 제가 잘 알고 있습니다. 그리고 저의 합격을 기대하시다가 2차 시험 마지막 날 타계하신 작은 할아버님께도 이 작은 정성을 드립니다. 일일이 열거하지는 못하지만 여러 가족들과 친지들도 빼 놓을 수는 없습니다.

그 다음엔 가정을 떠나 18년간 학교에 몸담아 오면서 수많은 은사님들 중에서 고교의 J은사님, 대학의 K, B교수님, 대학원의 K, R, C교수님을 특별히 기억하고 있습니다. 마지막으로 몇 명의 친구들(이름을 밝히면 좋지 않다고 협박한 바로 그 녀석들)의 합격을 진심으로 바랍니다.

3사관학교 교관 군복무

군입대 1978년 2월 행정대학원을 졸업하면서 행정고시 준비 때문에 연기해 둔 군복무를 해결하는 것이 급선무가 되었다. 방위복무나 군면제는 한 번도 생각해 본 적이 없었다. 복무기간이 짧은 사병으로 군복무도 생각해 보았지만, 그보다는 장교로 복무하는 것이 좋을 것 같았다.

행정고시 합격자에게는 공군장교 또는 해군장교 선발시험의 필기시험이 면제되었고, 체력검정과 면접시험을 통과하면 소위로 임관할수 있었다. 공군장교의 경우 4개월 훈련에 4년 동안 의무복무를 마쳐야 하였다. 나는 해군에 지원하여 체력검정을 거쳐 합격통지서를 받았다. 해군장교의 경우에는 원래 3년 복무로 공고되었으나 응시과정에서 1년 연장근무를 서약하도록 요청하여 공군과 마찬가지로 4년동안 복무하여야 했다.

한편 선배로부터 3사관학교에서 교관으로 근무할 소수의 교수요원을 모집한다는 것을 알게 되었다. 합격할 경우 4개월 훈련에 3년간의무적으로 복무하며, 중위로 임관하여 2년 복무한 후 1년은 대위로복무하게 되어 있었다. 나는 정치학 분야에 지원하여 필기시험과 체력검정 및 면접시험을 거쳤는데 다행히 합격하였으므로, 해군장교 복무를 포기하고 3사관학교 교관으로 군복무하기로 결정하였다. 광주상무대에서 16주 동안 훈련을 받았으며, 함께 훈련받은 교육생이 소수라서 훈련강도는 상당히 높았지만, 동기생들보다 상대적으로 체력이 좋았던 덕분에 임관할 때 육군참모총장상을 받았다.

당시 3사관학교는 고등학교를 졸업한 생도들을 선발하여 2년 동안교육시켜 육군 소위로 임관시켰다. 그런데 군복무 중에 학교방침으로생도들에게 2년 교육과정을 마친 후에 전문대학을 졸업한 것과 동등한 전문학사를 수여하기로 하고 행정학 전공과 경영학 전공과정을 설치하게 되었다. 교양과목인 정치학 개론을 가르치고 있던 나는 갑자기 행정학 전공의 주임교수에 해당하는 반장이 되었다. 행정학 분야강의과목이 늘어나 후배 교관을 한꺼번에 5명이나 뽑게 되었다. 당시선발된 후배 교관 가운데에는 현재 경남대학교에서 행정학 교수로 재직 중인 송병주 교수와 공직에 근무하다가 국회에 진출한 이명수 의원 등도 있다. 내가 군복무를 마친 후에 3사관학교는 전문대학 졸업자 또는 4년제 대학 2년 이상 이수자를 대상으로 생도를 선발하여

3. 행정대학원과 사무관 시절 • 53

소위 임관과 동시에 4년제 학사학위를 주는 것으로 제도를 바꾸었다.

교관의 주된 임무는 교수요원으로서 생도들에 대한 강의이었고, 강의시간 이외에는 강의준비를 포함하여 비교적 자유롭게 생활하였다. 나는 3사관학교 근무 중에 정치학을 함께 가르치던 1년 선배인 이춘근 교수와 둘이서 1980년에 번역서인 『개발도상국정치론』(원저: von der Mehden, Fred R., *Politics of the Developing Nations*, Prentice-Hall, 1969)을 평민사에서 출간하기도 하였다. 또한 육군제3사관학교 논문집에 "발전과 참여의 연관성 소고"와 "정치사회화 과정 고찰: 태도·행태의 학습시기를 중심으로"라는 제목으로 두 편의 문헌검토 논문을 게재하기도 하였다.

학교당국에서는 교관들에게 일주일에 다른 대학에 한 과목 정도의 출강을 허용하기도 하였다. 나도 대구대학에서 한 학기 외래강사로 강의를 담당하기도 하였다.

내 동기생들은 군복무를 마치고 소정의 준비과정을 거쳐 대부분 교수가 되었다. 사회과학 계열에서는 행정학 분야의 이화여대 송희준 교수, 경제학 분야의 이화여대 윤정열 교수, 경북대 김형기 교수, 교육학 분야의 서울교대 송광용 교수(총장 역임), 부동산학 분야의 한성대 안정근 교수, 이공계에서는 KAIST 장기주 교수가 있다.

결 혼 미혼인 교관들은 3사관학교 영내의 미혼자숙소(BOQ)에 거주하였다. 장교의 경우에 일과시간이 종료된 후, 그리고 주말에는 통제를 받지 않고 자유롭게 생활할 수 있었다. 나는 주중 근무를 마치고 주말에는 서울에 올라와 지금의 집사람과 데이트를 즐기다가 일요일 밤 야간열차를 타고 내려와 월요일 아침에 출근하는 경우가 많았다. 행정대학원 1학년 때부터 사귀고 있었던 집사람은 동급생으로 당시 대학을 졸업한 후에 시중은행에 입사하여 근무 중이었다. 지금에는 믿기 어려운 이야기이지만 당시에는 여성 은행원은 결혼하면 당연히 퇴직한다는 규정이 있었고, 따라서 여성은 고졸자만 선발하였고, 대졸자는 아예 선발하지 않았었다. 이러한 규정이 위헌이라는 판결이 내려지면서 1976년부터 시중은행에서 대졸 여행원을 따로 선발하기 시작하였는데 집사람이 모 시중은행의 1기 대졸 여행원으로 합격한 것이다.

이렇게 데이트를 하다가 나는 군복무 2년차인 1979년 12월 1일 서울 명동성당에서 결혼식을 올렸다. 그런데 결혼하기 직전인 1979년 10.26 사태가 발생하였다. 10월 26일 당일에 나는 당직 장교로 근무하였는데 새벽에 대통령 유고라는 심상치 않은 뉴스가 나오더니 곧 김재규 중정부장이 쏜 총탄에 대통령이 사망했다는 소식이 나왔다. 그 사태 이후 한동안 외출이 금지되었다. 당시에는 전화로 연락을 주고 받는 것이 매우 불편하던 시절이었다. 외출 금지로 결혼 준비차 부모님이 계신 전북 익산과 처가인 서울을 다녀올 수 없게 되어, 준비하는데 상당한 차질을 빚기도 하였다.

결혼과 함께 집사람은 은행에서 퇴직하였고, 3사관학교의 관사인 아파트에서 살게 되었다. 1980년 9월에는 큰 딸도 태어났다. 동료 교관들이 대부분 국내 대학원 진학 준비 또는 유학 준비를 했던 것과 달리 나는 군복무를 마치면 공무원 생활을 해야 할 것으로 생각하고 있었으므로 비교적 느긋하고 여유롭게 생활하였다. 내가 받던 장교 월급이 집사람이 은행원으로서 받던 보수의 절반밖에 되지 않았지만 무척 행복하던 시절로 기억한다.

경제기획원 사무관

1981년 6월말 군복무를 마치고 공무원으로 복귀하고자 가족과 함께 서울로 올라 왔다. 부처배정이 초미의 관심사였는데, 나는 해군과 공군장교로 4년간 군복무를 마치고 복귀하는 1년 선배 30여명과 함께 부처 배정을 받게 되었다. 당시에는 오늘날과 같이 재경직, 일반

행정직, 교육직과 같은 직렬 구분이 없이 합격자들이 모든 부처에 갈 수 있었다. 그런데 선호도가 높은 부처에는 제한된 인원밖에 갈 수 없는 상황이었다. 그러므로 부처별로 지원가능한 인원이 파악되면, 성적이 높은 순서로 희망부처를 선택하는 방식으로 부처를 배정하였다.

나의 경우에는 함께 부처를 함께 배정받을 사람들이 모두 1년 선배이므로 나에게 맨 마지막에 선택권이 주어지지 않을까 우려하기도 하였다. 당시 배치를 주관하는 총무처에서 기수를 고려하지 않고 성적순으로만 순서를 배정받을 수 있도록 조치하여 나는 두 번째로 부처를 선택할 수 있었는데, 경제기획원(오늘날 재무부와 통합되어 기획재정부)에 가기로 결정하였다.

당시 경제기획원 청사는 광화문에 위치하였는데, 현재 국립 역사박물관으로 쓰이는 건물로 미국대사관과 쌍둥이 건물이다. 1981년 8월에 경제기획원에 배치를 받고 출근하니, 19회 동기생인 정병태와 김병일이 반갑게 맞아 주었다. 이들은 방위 또는 사병으로 군복무를 마친 후에 일찍 배치 받아 근무하고 있었다. 또한 방위로 군복무를 마친 몇몇 후배 기수 출신들도 어엿하게 근무하고 있었다. 경제기획원에서 2개월 정도는 수습사무관의 연장선상에서 경제기획국, 예산실, 심사평가국 등 경제기획원 내 각 실·국을 1~2주 돌면서 업무를 익혔다. 당시 경제기획원은 엄격한 계층구조의 상명하복의 조직이 아니라 사무관들도 자연스럽게 자기의견을 말할 수 있는 분위기여서 다른 부처와는 상당히 달랐다. 경제분야의 싱크탱크인 한국개발원(KDI)의 박사급 연구원 또는 경제학과 교수를 초청한 세미나가 가끔 열리기도 하였다.

수습사무관의 일정을 마치고 당시 경제기획원의 외국이었던 조사통계국 유통통계과에 발령을 받았다. 당시 경제기획원에 배정받은 신임 사무관들은 반드시 조사통계국을 거치도록 하였다. 경제정책 수립의 기초가 되는 통계를 알아야 한다고 여겼기 때문이다.

조사통계국에는 통계전문가와 조사실무자들도 근무하여 직원 수가 꽤 많았기 때문에 경제기획원과 별도로 안국동에 위치한 건물을 독자적으로 사용하고 있었다. 경제기획원 조사통계국은 우리나라에 공식적으로 컴퓨터를 최초로 도입한 기관이기도 하다. 1967년 4월 경제기획원 조사통계국이 인구센서스 통계를 처리하기 위하여 IBM의 'IBM 1401' 기종을 도입한 것이다.

유통통계과에서 내가 맡은 주된 업무는 3년 주기의 총사업체통계조사로 전국의 모든 사업체를 전수 조사하여 종업원 수와 매출액 등을 파악하는 업무이었다. 전국의 모든 사업체를 조사하여야 하므로 조사대상사업체의 명단을 사전에 확인하고, 조사요원을 교육시키는 등 업무가 상당히 많았다. 당시에 사무관은 계장이라고 불렀고 나와 함께 7~8명의 직원이 함께 일하였는데, 직급은 나보나 낮았지만 나이는 많았다. 업무가 끝난 후에 동료들과 막걸리 또는 소주를 함께하는 날도 많았다.

당시 조사통계국에는 경제기획원 본청과는 별도의 예비군중대가 편성되어 있었다. 그런데 전임 예비군 중대장이 임기가 만료되어 새로운 중대장이 필요한 상황이었다. 나의 신분이 예비역 보병 대위였으므로, 할 수 없이 내가 예비군 중대장을 겸임하게 되었다. 예비군 중대장의 업무에는 예비군 훈련 뿐 아니라 민방위훈련도 포함되어 있었는데 서슬 퍼런 5공화국 초기여서 업무가 제법 많았다. 한 달에 한번 꼴로 새벽 비상소집이 있었는데 그때마다 나도 일찍 나가야 하는 것도 부담스러웠다. 물론 실무담당자가 거의 모든 것을 처리하였지만 결재는 내가 해야 돼서 스트레스를 많이 받았던 기억이 난다.

이같이 유통통계과의 초임사무관 시절에 맡은 업무를 의욕적으로 처리하는 한편 겸직했던 예비군 중대장으로서 스트레스도 많았지만 보람도 있었다. 돌이켜 보면 후일 나의 전공분야의 하나가 된 연구방법에 관하여 유통통계과의 사무관 시절에 실무 경험을 했던 것이 큰 도움이 되었다.

제2부 | 교수로서의 삶

경상대와 서울과기대 교수 /1

경상대 초임교수 시절

고뇌 끝의 결단　경제기획원 조사통계국에 근무하면서 바쁘게 살아가는 가운데 육군3사관학교 교관으로 함께 근무하던 동료들은 하나 둘씩 유학을 떠나게 되었다고 연락해 왔다. 그런 소식을 들을 때마다 나는 3사관학교에 재직하던 시절이 그립기도 하여 나도 유학을 다녀와 교수가 되는 것이 좋을 것 같다는 생각이 들었다. 그러나 지원서를 제출하는 데 필요한 TOEFL과 GRE 시험을 준비할 시간도 없었고, 설령 준비가 된다고 하더라도 경비를 마련하는 것도 막막한 실정이었다. 한 번은 무조건 TOEFL 시험을 치러 보아야겠다고 생각하여 응시원서를 제출하였다. 잡아놓은 시험날짜가 토요일이었는데 당시에는 토요일에 오전 근무를 해야 하므로 적당한 명분을 둘러대어 직장에는 하루 연가를 냈다. 그런데 시험 전날인 금요일에 과장님과 직원들의 회식이 있어서 빠져 나오지 못하고 밤늦게까지 술을 마셨다. 술이 깨지 않은 채로 시험장에 가 답안을 작성하다 보니 제대로 답안작성을 할 수 없었다. 결과적으로 형편없는 성적을 받게 되었다.

공무원 생활을 계속하면서 유학준비는 가능하지 않을 것 같았다.

　1982년 7월 초에 서울대 행정대학원 원장으로 계시던 유훈 원장님의 전화를 받았다. 경남 진주의 국립대학인 경상대학교 행정학과에서 공무원 시험 준비를 담당할 교수를 특별 채용하겠다고 적임자를 추천해달라는 연락을 받고 나한테 의향이 있는지 묻는 것이었다. 당시 행정대학원 박사과정에도 상당수의 재학생들이 있었지만 행정고시도 합격하였고, 행정대학원 수석졸업생으로 나에게 상장을 주신 것을 기억하고 계셨기에 나에게 우선 연락하셨다고 한다. 나는 즉석에서 결정하기 어려워 한 달 정도 시간을 두고 답변 드리기로 하고 고민에 들어갔다.

　집에서는 1982년 6월 둘째 딸이 태어나서 어느 덧 두 딸의 아버지가 되었다. 한편 서울사대와 연세대 치대에 재학하는 두 동생도 함께 살고 있었다. 아버지께서는 내가 공직자로서 성공하기를 바라셨던 터라 갑자기 공무원을 사직한다고 하면 어떻게 생각하실지 걱정되기도 하였다. 아버지께 자초지종을 말씀드렸더니 전적으로 나의 판단에 맡긴다고 하셨다. 집사람과 형제들을 포함한 가족들도 나의 판단에 맡긴다는 것으로 의견이 모아졌다.

　나는 지방으로 출장을 가는 길에 진주의 경상대를 직접 방문해 보았다. 경상대는 농과대학과 사범대학을 모체로 출범한 대학인데 종합대학으로 발전하면서 의과대학도 설립되었고 인문계와 사회계열 학과들이 신설되었다. 진주에 들러보니 진주 시내 칠암동 구 캠퍼스에서 가좌동의 넓은 캠퍼스로 이전이 한창 진행되고 있었다. 가좌동의 새 캠퍼스는 넓은 부지에 새로 지은 건물들이 잘 배치되어 있었고 조경도 잘 되어 있었기에 마음에 들었다.

　이같이 가족들의 뜻을 확인하고, 캠퍼스를 방문한 후에 짧은 공무원 생활을 정리하고 1982년 가을학기부터 경상대 행정학과 교수로 가기로 결정하였다. 어차피 교수가 되기 위하여 유학할 것을 생각하였는데, 유학 준비에도 공무원보다는 교수로 재직하는 것이 훨씬 유리할 것이라는 판단도 작용하였다. 사직서를 경제기획원 총무과장에게 제출하였다. 당시 공직사회 분위기는 바짝 얼어붙어 있었다. 제5공화국 전두환 정부 출범 초기에 공직사회 서정쇄신 운동이 강력하게 추진되었고, 부처별로 할당하여 공무원 일부를 강제로 퇴직시키라는 지침이 내려와 있는 상황이었다. 일부 부처에서는 가벼운 징계처분을 받은 공무원을 울며 겨자먹기로 퇴직시키기도 하였다. 이런 상황에서 내가 자발적으로 사직서를 냈으니 총무과 측에서는 내심 무척 반가워했을 것으로 생각된다. 이렇다 보니 일부에서는 내가 경제기획원에서 잘못을 저지르고 퇴출된 것이 아니냐고 의심하기도 하였다.

소장교수로서의 보람　　1982년 가을 학기에 경상대 전임으로 부임하였으니 만 28세라는 젊은 나이에 교수가 된 것이다. 당시 경상대 사회과학대학에는 행정학과 이외에도 법학과, 경제학과, 사회학과, 심리학과가 소속되어 있었다. 모두 신설학과이므로 대부분의 교수진이 젊었고, 박사학위 소지자는 적은 편이었다. 사회과학대학 교수진에 서울대학교 동문들도 상당수가 있었는데 이들 동문들과 얽힌 이야기는 앞에서 소개한 "대학시절의 회고"라는 글에 소개되었다.

당시에 나는 정책학 분야와 정치과정론을 담당과목으로 강의하게 되었다. 담당과목의 강의와는 별도로 행정학과 소장교수들과 함께 책과 논문을 함께 읽으면서 세미나 형식으로 공부하기도 하였다. 당시 행정학 분야에서는 신행정학(New Public Administration)이라는 학파가 등장하였는데, 이 분야의 대표적인 저서인 H. Geroge Frederickson의 저서 *New Public Administration*를 함께 읽고, 내가 내친 김에 번역서를 내자고 주장하여 이를 박영사에서 출간하였다(김영기・남궁근・유낙근・최용부 공역, 「신행정론: 새로운 행정이론의 흐름과 관점」, 박영사, 1993). 당시에 나는 신행정론에서 강조하는 행정이념인 사회적 형평성(Social Equity)에 관심을 가졌고, 한국행정학회보에 "신행정론의 가치지향: 사회적 형평성을 중심으로"(한국행정학보, 84.6)라는 논문을 게재하기도 하였다. 사회적 형평성에 대한 나의 관심은 후일 박사논문 주제를 보건의료정책으로 정하는데 영향을 미쳤다. 국가가 사회적 형평성을 실현하려면 사회보장, 보건의료, 사회복지에 더 많은 자원을 투입하여야 한다고 생각하였기 때문이다. 동료교수들과 함께 하는 공부를 계속하려고 Robert T. Nakamura와 Smallwood의 공저 *The Politics of Policy Implementation*이라는 책을 읽고 토론을 거쳐 공역서인 「정책집행론」(법문사, 1985)을 출간하였다. H. George Frederickson과 Robert Nakamura 교수는 내가 유학하고 돌아온 후에 진주로 초청하여 학생들을 대상으로 강연기회도 가졌고, 숙박도 하면서 진주성과 남강변 경치를 즐기기도 하였다.

나는 강의 이외에도 공무원 시험을 준비하는 고시반 학생들의 지도교수를 맡게 되었다. 진주를 중심으로 함양, 산청, 합천, 고성을 비롯하여 울산까지 경남지역 전역에서 가정형편이 좋지 않았지만 우수한 학생들이 많이 진학하였다. 공부는 어차피 학생 스스로 해야 하는 것이므로, 공부해야겠다는 의지를 가지도록 하는 것이 중요하다고 보았다. 나는 이 학생들을 면담하기도 하고 같이 운동도 하면서 잠재역량이 극대화될 수 있도록 동기를 부여하려고 노력하였다. 서울의 학원가에서 모의고사 문제를 복사하거나 경우에 따라서는 모의고사 문제를 출제하기도 하여 모의시험을 치르기도 하였다. 행시 1차 시험 응시 학생을 격려하기 위하여 부산의 시험장에 간 기억도 있다. 고시반 학생들을 집에 오도록 하여 함께 삼겹살을 구워 먹은 적도 있는데 젊은 학생들이라 엄청나게 많이 먹었던 것 같다.

지도반 학생이 부친상을 당하여 그 학생의 시골집으로 문상을 간 적이 있었다. 당시에는 대체로 집에서 장례를 치렀다. 상가에서 내놓은 돼지불고기에 산초라는 향신료가 양념으로 듬뿍 사용되었는데 향이 너무 강하여 거의 먹지 못하였던 것이 기억이 난다. 서부경남지역에서는 산초나 방아와 같은 향신료를 많이 사용하는데 초기에는 입맛에 맞지 않아 고생하기도 했지만 차츰 익숙해져서 그 맛을 즐길 수 있었다.

학생과 제자의 관계이지만 나이 차이는 많지 않아 더욱 친근하게 지낼 수 있었다. 학계에 진출한 지도학생 가운데에는 경북대 행정학과 교수로 재직 중이며 지방행정연구원장을 역임한 하혜수 교수가 있다. 1기 졸업생 가운데 오시환은 진주전문대 교수가 되었다. 황성태 군은 행정고시에 합격하여 경기도 기획실장을 역임한 바 있으며, 조영진 군은 행정고시에 합격한 후 행정안전부 과장으로 근무 중이다. 최재원 과장처럼 행정고시를 준비하다가 뜻을 이루지 못하였지만 7급 시험 또는 9급 시험에 합격하여 중앙부처와 지방자치단체에 근무하는 제자들은 상당히 많다. 한편 공기업과 민간부문에 진출하여 활동하는 제자들도 있다. 홍성호는 중견기업인 신라교역의 상무로 현역에서 왕성하게 활동하고 있으며, 조창현도 신세계 부사장으로 재직 중이다. 행정학과 출신은 아니지만 법학과를 다녔던 김재경은 사법고시에 합격하였고, 4선 국회의원으로 활동하고 있다. 이들 제자들과는 지금도 연락하면서 상당히 친밀한 관계를 유지하고 있다.

진주는 서울과는 달리 규모가 작아 출퇴근에 많은 시간이 소요되지 않았다. 교수는 공무원과는 달리 시간적인 여유도 많았고, 여름 방학과 겨울 방학도 상당히 긴 편이었다. 시내도 복잡하지 않아 가족들이 생활하기에도 무척 쾌적하였다. 오랜 역사를 가진 진주는 시내 한 복판에 촉석루와 남강으로 둘러싸인 임진왜란 전적지인 진주성, 국립 진주박물관 등이 있어 가볼만한 곳이 많았다. 한 두 시간의 거리에 산청의 지리산 계곡, 사천과 삼천포, 남해 상주 등 경치 좋은 바닷가에 놀러 가기도 하였다. 집사람이 전업주부로 두 아이를 키우면서 무척 행복해 하였던 시절이었다.

유학준비   경성대 교수로 재직하면서 틈을 내어 미국 유학을 준비하였다. 진주에 내려간 지 2년 후인 1984년에는 TOEFL 성적이 만족할 만한 정도가 되었고, GRE도 준비하여 웬만큼 성적이 나왔다. 그런데 극복하여야 할 가장 큰 걸림돌은 유학에 필요한 비용이었다. 당시 교육부가 주관하였던 국비 유학생 선발에 행정학 분야도 포함되어 몇 사람이 혜택을 받았다. 그런데 내가 본격적으로 유학준비를 시작한 이후에는 이공계 학생들에게만 혜택을 주는 것으로 방침이 변경되어 지원 자체가 불가능하였다.

미국의 몇 개 대학에 입학지원서를 제출하면서 재정지원, 즉 장학금을 꼭 받아야 한다는 요청도 함께 하였다. 몇 군데 지원하여 대부분 입학허가서를 받았지만, University of Pittsburgh와 University of Pennsylvania에서만 장학금을 주겠다는 연락이 왔다. University of Pittsburgh는 학비 전액면제와 RA로 매월 생활비 500달러 정도를 지원하는 전액 장학금(full scholarship)을 제안하였고, University of Pennsylvania는 우선 등록금 반액면제로 시작하자는 제안이었다. University of Georgia, Indiana대학, Ohio대학, 그리고 Pittsburgh시에 소재한 CMU(Carnegie-Mellon University)에서는 입학허가서만 받았다. 행정학 분야의 최고 명문대학인 Syracuse대학과 Harvard대학의 경우 장학금을 주지 않는다는 방침을 사전에 알고 지원서조차 내지 않았다. 당시 Syracuse대학의 대학원장님이 서울을 방문하셨는데 은사이신 노화준 교수님과 함께 만나 뵙고 장학금과 관련하여 문의하니 신입생에게는 장학금을 준 적이 없다고 말씀하셔서 아쉽게도 뜻을 접었던 것이다. 당시 국립인 경상대 현직 조교수였지만, 당시 보수수준으로는 유학비용을 감당하기엔 턱없이 부족한 실정이었다. 더구나 집사람과 어린 두 딸을 데려가야 하는 입장에서 당연하게 University of Pittsburgh로 유학하기로 결정하였다.

둘째 동생의 강제입영과 아버님의 타계

둘째 동생의 강제 입영　　내가 경상대학교에 내려간 이후에 둘째 동생이 대학에 다니다가 학생운동에 연루되어 강제로 휴학조치 당한 후 군에 입대한 일이 있었다. 우리 가족이 진주로 이사하기 이전인 1983년 겨울에 서울대학 근처의 신림동의 우리 집에서 발생한 사건이다. 나는 진주에서 근무하다가 주말에는 서울에 돌아오는 생활을 하고 있었다. 당시 서울사대 국어교육과에 다녔던 둘째 동생은 우리 집에서 함께 살고 있었다. 그 당시에는 살기가 어려웠던 때라 주택가에 좀도둑이 많았는데, 어느 날에는 좀도둑이 집에 들어오려고 창문을 열려고 애쓰는 것을 발견하고 쫓아낸 적도 있었다. 나는 집사람이 세 살배기 큰 딸과 돌도 지나지 않은 둘째 아이를 혼자 키우고 있는 것이 신경이 쓰여 내가 없을 때에는 동생에게 밤에는 가급적 외박하지 말라고 부탁해 둔 상태였다.

　둘째 동생은 서울사대 국어교육과에 다니면서 학과의 학생회장을 맡기도 하였는데 대학 동기 및 선후배들과 독서모임을 하면서 소위 운동권 서적을 읽었던 것이 발단이 되었다. 동생 친구들은 학교에서 가까운 우리 집에 놀러 와서 저녁을 먹기도 하였다. 이들은 일본어 운동권 서적을 읽으려고 기특하게도 따로 일본어를 공부하기도 하였다.

　1983년 1월초에 내가 진주에서 집에 와 보니 집사람이 나를 보고 울기 시작하였다. 자초지종을 들어 보니 그 날 꼭두새벽에 경찰에서 찾아와서 동생을 임의동행 형식으로 데려갔는데 어디로 갔는지도 모른다는 것이다. 나중에 알고 보니 새벽에 동생을 연행하기 위하여 경찰차 8대나 출동하여 집 주위를 포위하였다는 것이다. 팬티바람으로 자고 있던 동생을 다짜고짜 연행하려던 것을 집사람이 말려서 옷을 입게 하고 우유도 한 잔 마시게 한 후 데려 갔다고 한다. 1982년 가을에 모 경찰서에서 집에 찾아와 동생과 친구들이 불온서적을 읽고 있다고 조사하고 간 적도 있었기에 예상가능한 상황이기도 하였다. 집사람은 재빨리 함께 언행할 것으로 추정되는 동생 친구에게 전화로 피신하라고 알렸고, 동생 친구는 집에 들이닥치는 경찰을 간발의 차로 따돌리고 피신하였다는 것이다.

백방으로 알아보니, 동생이 남민전 사건 이래 최대 규모의 간첩사건에 연루되어 남영동 대공 분실에서 조사를 받고 있다는 것이다. 남민전 사건은 1979년 11월 발생한 대표적인 공안사건으로 반유신과 민주화, 민족해방을 목표로 결성된 비밀단체인 남민전(남조선민족해방전선준비위원회)을 국가 공안기관이 '북한과 연계된 간첩단 사건'이자 '무장 도시게릴라 조직'으로 취급하여 주모자들이 사형과 무기징역을 선고받은 사건이다. 그러나 노무현 정부 때인 2006년 3월 민주화운동 관련자 명예회복 및 보상심의위원회가 남민전 관련자 29명이 반유신 활동을 했다는 점을 근거로 민주화운동관련자로 인정하였다. 이 사건에 관하여는 훗날, 모 기업의 파견 직원으로 프랑스에 갔다가 이 사건이 알려진 뒤 프랑스로 정식으로 망명한 홍세화 씨의 입장에서 바라본 이야기를 엮은 「나는 빠리의 택시운전사」에 실리기도 하였다.

내 동생이 이근안의 고문 등으로 악명이 높았던 남영동 대공분실에서 조사받고 있다는 정보는 그나마 여러 곳에 퍼져 있는 행정고시 동기생들 가운데 보안사에 근무하던 친구로부터 알아낸 것이다. 아는 사람이 없을 경우에는 어디로 갔을지 전혀 알 수 없는 황당한 상황이었다. 나는 동생이 그러한 어마어마한 사건에 연루되었다고 전혀 생각하지 않았기에 그러한 비밀 정보(?)를 나에게 알려준 보안사 동기생에게 내가 보증하건데 그런 일은 절대 있을 수 없다고 말해 두기도 하였다. 최근 발표된 영화 '1989년'에 그와 비슷한 사태가 적절하게 묘사된 바 있다. 집사람의 기지로 동생 친구가 피신하는 등 혐의를 입증하는 것이 어려워지자 다행히 동생은 누명(?)을 벗었다. 그러나 동생은 집에 돌아와 짐 정리도 하지 못한 채 엄동설한인 2월 중에 사병으로 군에 입대하였다. 1983년 초봄에 부모님께서는 갑자기 군에 입대하여 강원도 인제에서 복무하는 아들을 면회하러 다녀오기도 하셨다.

아버지의 폐암 발병과 타계　　1983년 초여름에 아버지께서 건강 검진을 하는 과정에서 뜻밖에도 폐암 판정을 받았다. 아버지께서는 명예퇴직을 하신 후에 치료에 전념하기로 결정하였다. 초기에 폐암을 발견한 덕분에 서울대학교 병원에서 항암치료를 받은 후 거의 완치되었다는 판정을 받았다. 그러나 아버지께서는 평소 심장이 좋지 않은 등 전반적으로 건강 상태가 나빠졌기에 고향 집에서 요양하면서 집에서 가까운 원광대학교 병원에 정기적으로 다니셨다. 막내 동생은 막 고등학교에 입학했던 터라 가장 충격이 컸던 것 같다. 장남인 나로서는 전북 익산의 집에 자주 찾아가 뵈었고, 아버님 대신 막내 동생이 재학하는 고등학교에 찾아가 상담하기도 하였다. 1984년은 아버지께서 회갑이셨는데 병환 중이라서 누나와 동생들만 모인 가운데 조촐하게 모임을 가졌다.

내가 피츠버그대학에 가기로 된 1985년 여름에는 아버님의 건강이 차츰 악화되는 상황이었다. 아버님께서는 걱정하지 말고 유학을 잘 다녀오라고 격려해 주셨지만 신경이 많이 쓰였다. 나는 일단 혼자서 유학을 떠나기로 하고, 당분간 집사람과 두 딸은 고향 집에서 지내기로 하였다. 돌이켜 보면 남편도 없는데 시골 마을에서 시부모님과 살기로 한 집사람이 고마울 뿐이다. 다행히도 둘째 동생이 군복무를 마치고 복학하기 전이라 고향 집에서 지내고 있었기에 여러 가지로 도움이 되었다.

아버지께서는 내가 유학을 떠난 직후인 1985년 9월 초에 집에서 갑자기 돌아가셨다. 바로 밑의 동생은 이태리로 출장을 떠나는 비행기를 타려고 수하물을 보낸 직후 연락받고 부랴부랴 돌아왔다고 한다. 나는 피츠버그대학에서 오리엔테이션을 마치고 첫 주 수업을 하

던 치인데, 집안에서는 나한테 부담이 될까 뵈 아버지의 타계소식을
알리지도 않았다. 나는 아버님의 임종에 함께 하지 못한 것이 못내
아쉽게 생각하면서도, 집사람과 두 딸들이 아버님의 임종시에 함께
시골에 있었기에 다행으로 생각한다. 내가 부재 중인데도 친구들과
경상대 동료교수와 학부 학생들까지 많이 찾아와 주셔서 지금까지도
감사하게 생각하고 있다.

아버님의 사례에서 나는 정년까지 근무하다 퇴임하는 것이 쉽지
않다는 것을 일찍 알게 되었고, 명예롭게 정년퇴임하는 것이 나의 작
은 소망의 하나가 되었다. 나는 총장 재임 중에 정년퇴임하는 교수님
과 직원들에게 정년까지 건강하게 근무하면서 소임을 다하고 퇴임하
시는 것은 무척 영광스러운 일이라고 축하해 드리곤 하였다.

피츠버그대학 유학

공공정책 전공과 수강 과목   피츠버그대의 행정 · 국제관계대학원
(Graduate School of Public and International Affairs: 이하 GSPIA)은 드
물게도 행정학 분야와 국제관계 분야의 전공이 동시에 개설된 대학원
이다. 내가 선택한 전공분야는 정책전공인데 구체적으로는 정책연구
및 분석(Public Policy Research and Analysis: PPRA) 프로그램으로 불
린다. 오리엔테이션을 받아 보니 수강하여야 할 과목은 세 가지 범주,
즉 정책의 연구 및 분석방법에 관한 과목, 정책관련 이론을 다루는
과목, 그리고 실질적인 연구(정책)분야에 관한 과목으로 구분되었다.

RA로서 등록금을 면제받는 장학금은 2년 동안만 지급되므로 코스
워크는 2년 동안 마쳐야 하였다. 첫 학기인 1985년 가을 학기에 4과
목 12학점을 수강하였다. 1986년 봄 학기 4과목 12학점, 1986년 여
름계절학기 2과목 6학점, 1986년 가을학기 15학점, 1987년 봄학기
13학점을 수강하여 모두 58학점을 수강하였다. 물론 그 가운데에는

석사과정 과목도 많았지만 우리나라 박사과정의 수강학점이 36학점인 것은 지나치게 적은 것 같다.

첫째, 연구 및 분석 방법에 관한 과목으로는 계량분석, 다변량통계분석, 응용조사방법, 관리과학, 정책평가, 통계적 의사결정, 컴퓨터 입문 과목을 수강하였다. 응용조사방법은 W. Dunn 교수께서 담당하셨는데 매주 해결하여야 할 숙제를 상당히 많이 내 주셨다. 부끄러운 이야기지만 내가 행정고시를 합격할 때 선택과목으로 조사방법론을 선택하여 상당히 고득점을 받았기에 꽤 자신을 가지고 있었던 과목이었는데, 통계분석을 제대로 공부하지 않아서 매우 불완전한 지식 밖에 가지고 있지 않다는 것을 깨달았다. 다변량통계분석은 Correa교수가 담당하셨는데 역시 숙제가 엄청 많았다. Pittsburgh 대학에서는 W. Dunn 교수를 포함하여 대부분의 교수님들이 이미 증거에 기반을 둔 연구(evidence-based research)와 증거에 기반을 둔 정책(evidence-based policy)의 중요성을 강조한 것으로 기억된다.

둘째, 정책관련 이론에 관한 과목으로는 조직론세미나, 정책형성론세미나, 공공정책세미나, 사회체계론, 지식활용과 공공정책 등의 과목을 수강하였다.

셋째, 연구주제인 사회보장 및 보건의료에 관한 과목이다. 내가 관심을 가진 연구주제는 사회보장과 의료보험 등 사회복지정책에 관한 것이었다. 나는 이 분야가 신행정론에서 강조하는 사회적 형평성이 구체적으로 적용되는 분야이므로 우리나라에서도 보다 많은 관심을 가져야 한다고 생각하였다. 방법론과 이론에 관한 과목은 행정·국제관계대학원에서 수강할 과목이 많았지만, 실질적인 연구 분야에 관한 과목은 타 학과나 타 대학원에서 수강하여야 한다. 다행히도 같은 건물에 경제학과와 정치학과가 있어서 경제학과에서는 남미의 사회보장정책, 정치학과에서는 비교복지국가론에 관한 과목을 수강하였고, 사회복지학과에서 한 과목, 그리고 보건대학원에서는 미국의 의료제도에 관한 과목을 수강하였다.

이같이 비교적 많은 과목을 수강하였는데 모든 과목에서 A학점을 받았다. 세 과목에서 A⁻, 여섯 과목에서 A⁺, 나머지 과목은 A 또는 S 학점을 받았다. 돌이켜보면 과목마다 최선을 다하였기에 모든 과목에서 A를 받았다고 생각된다.

힘들었던 첫 학기 내가 RA(Research Assistant)로 도와드려야 할 교수님은 Hector Correa라는 분인데 통계와 정책분석방법을 가르치셨다. 첫 학기에 네 과목을 수강하면서 RA로서 일주일에 15시간 정도 일해야 하였다. Correa 교수님은 도서관에서 통계자료를 수집하여 정리하도록 한 다음, 통계패키지인 SPSS 프로그램으로 그 자료를 분석하라는 임무를 부여하셨다. 부끄럽게도 당시 나는 통계학을 잘 모르는 실정이었다.

그래서 첫 학기에 박사과정의 과목인 조직론 세미나와 사회체계론과 함께 석사 과목인 계량분석과 컴퓨터 입문을 수강신청하였다. 컴퓨터 입문에서는 오늘날 정보체계론에 해당하는 컴퓨팅 이론을 조금 다룬 이후 메인프레임 컴퓨터를 활용하여 FORTRAN과 BASIC 프로그램을 사용하여 실습위주로 진행되었다. 컴퓨터실의 터미널에서 숙제를 하다 보면 프로그래밍에서 에러가 발생하는 경우가 많았다. 밤 12시가 되면 컴퓨터실의 문을 닫는데 시간가는 줄도 모르고 앉아 있다 보면 문제를 해결하지 못한 채 집으로 돌아오는 경우도 있었다. 학기 초에 이러한 어려움을 겪은 후인 11월 초순부터는 SPSS 패키지 프로그램을 사용하여 기초통계와 회귀분석을 적용하는 RA로서의 임무도 어느 정도까지는 수행할 수 있었다.

한편 이론 과목인 조직론 세미나와 사회체계론의 경우에는 관련 서적과 논문을 읽은 다음 토론 위주로 수업이 진행되었고 몇 차례 리포트를 제출하였다. 첫 학기에 영어로 진행되는 토론도 쉽지 않았고,

영문으로 리포트를 작성하는 것이 상당한 부담이 되었다. 학기 초에 꽤 비싼 전동타자기를 구입하여 리포트를 작성할 때 사용하였다. 중앙공무원교육원에서 타자 교육을 받은 것이 도움이 되었음은 물론이다. 이같이 공부하는 한편 RA업무까지 수행하면서 지내다 보니 한 학기가 어떻게 지나갔는지 조차 모를 정도로 빨리 지나갔다. 11월 말 Thanksgiving 휴일에야 겨우 숨을 돌렸던 것 같다. 1학기가 끝난 후 성적을 받아보니 기초통계학과 컴퓨터입문 과목은 A$^+$를 받았고, 이론 과목인 조직론 세미나와 사회체계론에서는 A$^-$를 받았다. 첫 학기가 끝나자마자 집사람에게 겨우 생존(survive)하는데 성공했다고 편지를 쓴 기억도 난다.

앞에서 이야기했듯이 아버님께서 투병 중이기도 하여 집사람과 두 딸을 한국에 두고 혼자서 한 학기를 보냈는데, 1학기를 보내고 1985년 크리스마스 직전에 가족이 합류하여 보다 안정적으로 공부할 수 있게 되었다.

컴퓨터를 활용한 공부　요즘에는 너무 당연한 것이지만 1985년 당시 공부를 시작하면서 상당히 충격적인 경험은 학습에 컴퓨터를 사용한다는 것이었다. 당시 우리나라에서 컴퓨터는 컴퓨터 관련 학과에서만 사용되는 것으로 인식되는 시기였다. 미국에서도 PC가 보급되기 시작한 초창기라서 대부분 학생들은 학교의 대형컴퓨터(main-frame computer)를 Lab실에 비치된 단말기(dum terminal)로 접속하여 이용하였다. 통계와 방법론 관련 과목 수업에는 메인 프레임에서 SPSS나 FORTRAN 패키지 프로그램을 이용하여 과제를 해결하기 위한 프로그램을 짜서 실행에 옮긴 다음, 그 결과를 프린트하도록 하여 출력물을 찾아왔다. 출력물에 별도로 비용을 부과하지 않았으므로 비교적 많은 양의 출력물이 나왔다. 어린 두 딸은 프린트 출력물을 이용하여 그림을 그리기도 하였다.

가족이 합류한 이후에는 리포트를 작성할 때 아내가 타자를 도와주었다. 결혼하기 전 직장 생활을 했던 아내가 타자에 익숙하였으므로, 내가 밤새워 리포트 초안을 작성한 후 새벽에 아내에게 주고 잠이 들면, 아내가 타자를 완성하고 나는 이를 제출하였다. 그러다가 곧 개인용 컴퓨터를 사용하기 시작하였다. 나는 PC 초기모델인 8 비트 컴퓨터, 즉 운영체제가 CPM인 컴퓨터부터 사용하다가, 곧 286 XT computer로 바꾸었다. 과제물도 컴퓨터 프린트물로 제출하게 되니 아내 도움을 받지 않아도 되었다. 돌이켜 보면, 컴퓨터 자원을 제한없이 쓰도록 해 준 대학 측에 감사하게 생각한다.

논문자격시험과 정책이슈페이퍼　1987년 봄학기에 코스워크를 마친 후, 87년 가을 학기인 10월 30일에 논문자격시험을 치렀다. 논문자격시험(comprehensive examination)은 우리나라와 마찬가지로 교과과목에서 배운 내용을 제대로 이해하고 있는지 테스트하는 시험이므로 코스워크를 마친 후 가급적 빠른 시일 내에 끝내는 것이 좋다고 생각하였다. 오전부터 오후까지 장장 8시간에 걸쳐 답안을 작성하였다. 컴퓨터나 타자기를 사용하지 않고 손글씨로 답안을 작성해야 하므로, 시험이 끝날 때 쯤에 손목이 무척 아팠던 기억이 난다. 외국 학생들이 손글씨로 쓴 답안지를 교수님들이 잘 읽지 못하는 경우도 있었는데, 나의 경우에는 무난하게 통과되었다.

GSPIA에서는 박사논문자격을 얻으려면 논문자격시험 이외에도 자신의 연구주제에 관한 정책이슈페이퍼를 작성하여 제출한 후 통과되어야 한다. 정책이슈페이퍼는 정책이슈를 해결하기 위한 복수의 정책대안을 비교분석하여 최적대안을 처방하는 것이 주요 골자이다. 석사의 경우에는 정책이슈페이퍼가 석사논문에 해당한다. 학생들은 팬실베니아 주정부에서 현안으로 제기되는 정책이슈의 목록 가운데, 관심을 가진 이슈를 선택할 수 있었다. 예를 들면, 당시 서부 팬실베니아

지역에서는 지방자치단체들의 재정위기 더 나아가 파산이 큰 이슈가 되었는데 이를 정책이슈페이퍼의 주제로 선택한 학생들도 있었다. 외국 유학생들은 미국내 사정을 잘 알지 못하므로 이러한 주제에 선뜻 도전하기 어려웠다.

한편 학생들 가운데에는 논문자격시험을 통과한 이후에도 이슈페이퍼 주제를 정하지 못해 오랫동안 고민하는 학생들도 있었다. 나는 1988년 봄 학기말에 우리나라 지역의료보험제도의 관리제도를 주제로 이슈페이퍼를 작성하여 제출하였다. 당시 우리나라에서는 농어촌 지역에 지역의료보험실시를 앞두고 의료보험관리제도를 시·군별로 조합주의 형태로 추진할 것인지, 아니면 전국적으로 통합주의 형태로 추진할 지 논쟁이 뜨거운 상황이었다. 조합주의란 지역의료보험조합을 신설하여 시·군별로 조합을 관리하자는 것으로 지방분권과 지역실정에 부합하는 의료서비스가 장점이지만, 조합의 운영비로 과다한 비용이 소요되고, 지역별 의료서비스의 격차가 발생할 수 있다는 단점도 있었다. 나는 장기적으로는 조합주의가 장점보다는 단점이 더 두드러지게 나타날 것이라고 보아 통합주의를 채택해야 한다고 주장하였다. 나의 주장을 뒷받침하기 위하여 자료도 나름대로 철저하게 준비하였고, 논리적으로도 문제가 없을 것으로 생각하였다. 실제로 우리나라 지역의료보험제도는 초기에는 조합주의로 출발하였지만 곧 관리주체가 통합되었다. 그런데 이슈페이퍼를 심사한 W. N. Dunn, H. Correa, L. Comfort 교수님은 미국식의 지방 분권에 강한 애착을 가지고 계셔서 예상외로 상당한 논란을 거쳤다. 교수님들을 설득하는 것이 무척 어렵다는 것을 깨닫는 계기가 되었다.

값진 RA의 경험　　코스워크를 하면서 RA를 병행하였던 것이 당시에는 매우 힘들었지만 연구자로서는 값진 경험을 하였다고 생각된다. Correa 교수님께는 거의 매주 한 번씩 만나서 RA로서 일한 결과를 정리하여 보여 드렸다. 교수님이 요구하신 미국의 자치단체에 관한 자료를 도서관에서 수집하면서 2차 자료를 수집하는 요령을 파악하게 되었다. 처음에는 어려웠지만 일단 숙달되고 난 후에는 자료수집에 소요되는 시간이 상당히 절약되었다. SPSS 프로그램을 사용하여 통계분석을 실행하고 그 결과를 요약하여 보고서 또는 논문에 표로 정리하는 방법도 터득하게 되었다. 이러한 노하우는 과목을 수강하면서도 배울 수 있었지만 RA를 하는 과정에서 반복하면서 쉽게 숙달될 수 있었다. Correa 교수와는 공저로 나의 박사논문 주제에 관한 자료를 토대로 학술논문을 작성하여 학술지에 게재(Determinants and Effects of Health Policy, *Journal of Policy Modelling*, 14:1(1992.1), 41-64)하기도 하였다. 미국의 경우에 일반적으로 학술지에 투고한 이후 심사절차를 거친 후에도 최종 게재까지는 많은 시간이 많이 소요된다. 그 논문을 학술지에 투고한 날짜는 1989년 4월 나의 박사학위논문이 통과되기 훨씬 이전인데 최종 게재일자는 1992년 1월로 상당한 시차가 있었다.

코스워크를 마친 후에는 Louise K. Comfort 교수님의 RA를 하게 되었다. Comfort 교수의 연구 분야 가운데 하나가 지진을 포함한 재난관리에 관한 연구였다. Comfort 교수는 지진 발생 직후에 이재민 구호 및 복구활동에 공공부문과 자원봉사조직이 어떻게 관여하는지에 관심을 가졌다. 나는 연구조교로서 1987년 10월 1일 미국 LA 인근 Whittier 근처에서 발생한 진도 5.9 지진의 이재민 구호 및 복구에 참여한 단체 및 활동을 파악하기 위하여 해당지역 신문기사 검색하여 자료를 수집하여 정리하였고, 서베이조사의 자료분석도 담당하였다. 한편 Comfort 교수님은 Louisiana주 정부 산재보험청의 의뢰를 받아 우편서베이 조사를 통하여 산재보험청의 고객집단이 산재보험청이 수행하는 업무의 효과성에 관하여 어떻게 평가하는지 연구하였다. 나는 연구조교로서 회수된 설문지의 코딩과 통계분석을 도와드렸다. 고맙게도 Comfort 교수는 보고서에도 나를 공저자로 넣어 주셨고, 보고서를 토대로 나와 공저자로 논문을 쓰자고 제안하셨다. 그 논문을 1988년 봄 San Francisco에서 개최된 Western Political Science Association의 연례학술대회에서 내가 발표할 기회를 주셔서 무척 떨리는 가운데 발표하였다. 박사과정 학생신분인데도 GSPIA에서는 비행기 왕복 티켓 비용을 지원하였다. 그 논문은 나중에 Berkeley대학교 정부연구소의 Working Paper로 발표되었다(Louise K. Comfort and Keun Namkoong, "Choice vs Control: Increasing Organizational Effectiveness in Interdependent Environments", *UC Berkeley IGS working paper*, 89-19).

당시 학회 참석차 방문한 San Francison의 봄 날씨는 너무 인상적이었다. 미국 동부인 피츠버그의 날씨는 우리나라와 같이 사계절이 뚜렷하므로, 3월이면 아직도 겨울처럼 썰렁한 데 비하여 상록수가 우거진 그곳 날씨는 매우 환상적이었다. 나는 연구년 기회가 주어지면 이 쪽으로 왔으면 좋겠다는 생각을 하게 되었다.

학위논문과 NASPAA 우수박사논문상 수상   여러 과목을 수강하면서 유럽과 북미, 남미의 의료보험제도와 정책을 공부한 것을 토대로 "공공의료프로그램과 정책 발전의 국가간 비교연구"를 주제로 박사논문을 쓰기로 하였다. RA를 하면서 2차 자료의 수집 및 분석방법에 상당히 익숙해져서 자신감도 가지게 되었다. 당시로서는 잘 시도하지 않았던 패널 데이터(전 세계 103개 국가의 1960년부터 1980년까지 5년 단위 6개 시점의 데이터)를 사용하였고, 정교한 LISREL 구조방정식 모형을 적용하여 보기도 하였다.

논문심사위원회는 GSPIA에서 지도교수인 Hector Correa, William Dunn, Alex Weilenmann 교수, 정치학과의 Guy Peters 교수, 경제학과의 C. Mesa-Lago 교수로 구성되었다. 다섯 분 모두 참석할 수 있는 날짜인 1989년 4월 25일에 논문심사를 진행하였다. 논문심사가 끝난 후에 관례에 따라 나는 잠시 심사장 밖에서 대기하였다. 일반적으로 2~3분 정도 대기하면 발표자를 불러서 결과를 알려주는데, 나의 경우에는 상당시간이 흘렀는데도 아무런 소식이 없었다. 나름대로 정성을 기울인 논문이라 큰 문제없이 통과되기를 기대하였는데, 시간이 흐르면서 4년간의 고생이 물거품이 되는 것은 아닌지 온갖 생각에 머리가 아파왔다. 한참을 지난 후에야 심사장으로 들어오라는 연락을 받았다.

알고 보니 논문심사위원들의 협의를 거쳐 GSPIA 원장에게 보내는 메모를 즉석에서 작성한 후, 이를 비서를 시켜서 타이핑하였고, 여기에 심사위원들이 모두 사인하는 데 시간이 걸렸던 것이다. 메모의 주요내용은 심사위원회가 이 논문이 매우 우수한 논문이라고 평가하였고, 후속조치로 이 논문이 출판될 수 있도록 GSPIA가 지원하는 한편, 미국행정대학원연합회(National Association of Schools of Public Affairs and Administration: 이하 NASPAA)의 연례박사논문상 심사에 GSPIA를 대표하는 논문으로 보내 달라고 요청하는 것이었다.

한국으로 돌아온 나는 1989년 9월말에 내 논문이 NASPAA 1989년도 박사논문상 심사에서 우수논문상(Honorable Mention)을 받게 되었다는 편지를 전달받았다. NASPAA의 Alfred M. Zuck 사무국장이 보낸 편지에 따르면 세 명의 심사위원이 12개 대학을 대표하는 논문들을 심사하였는데 내 논문이 2등에 해당하는 우수논문상을 받게 되었고 최우수상은 Syracuse 대학의 Rosemary O'Leary 박사가 받았다는 것이다. 나로서는 너무 과분한 칭찬을 받았다고 생각되었다. 한편 GSPIA는 나의 논문을 피츠버그대학 출판부의 *Pitt Series in Policy and Institutional Studies* 편집인을 맡고 있는 Bert A. Rockman 교수에게 보내서 출판 가능성이 있는지 문의하였다. Rockman 교수는 나의 박사논문이 계량적인 부문이 많기 때문에 서술적인 내용을 추가하여 원고를 다시 제출하면 출간할 의향이 있다는 의견서를 보내 왔다. 그런데 학위를 마치고 귀국하여 경상대 행정학과에 복귀하여 보니 차분하게 원고를 수정할 형편이 되지 않았다. 돌아오자마자 학과장 임무를 수행하면서, 학부, 행정대학원, 대학원의 강의부담 또한 엄청 많았다. 그러한 상황에서 서술적인 내용을 추가하는 일을 진행하지 못하였는데 돌이켜 보면 상당한 아쉬움이 남는다.

가족들의 생활　집사람과 아이들은 첫 학기가 끝난 후인 1985년 크리스마스 직전에 합류하였다. 뉴욕에 집사람의 가까운 친척들이 살고 있어 그곳에서 이틀 동안 머문 다음 피츠버그에 들어왔다. 당시 큰 딸의 나이는 만 다섯 살, 작은 딸은 만 세 살이었다.

1986년 1월부터 큰 딸은 유치원에 입학하였다. 미국의 경우 유치원부터는 의무교육이므로 무료로 교육받을 수 있었다. 영어를 거의 못하는 상태에서 입학한 큰 딸은 한 학기 동안 유치원에서 제공하는 ESL(English as Second Language) 프로그램에 다녔다. 유치원에서는 학부모에게도 ESL 프로그램을 제공하여, 집사람도 그 혜택을 받았다. 학부모 ESL 프로그램은 영어교육뿐 아니라 도서관, 박물관과 같이 지역주민에게 제공되는 공공서비스를 이용하는 방법도 알려 주어, 정착하는 데 큰 도움이 되었다. 한편 나이가 어린 작은 딸은 1986년 9월부터 연방정부가 비용을 부담하는 무료유아원인 Head Start Program에 다니기 시작하였다. 미국에서 유치원부터는 무료교육이지만 유아를 대상으로 하는 교육은 유료이므로 상당한 비용을 부담하여야 한다. 연방정부는 경제적 형편 때문에 사립유아원 교육을 받을 수 없는 빈곤계층 자녀들의 인지적·정서적 능력을 개발하기 위하여 예산을 지원하여 빈곤층 자녀를 대상으로 무료유아원 프로그램, 즉 Head Start Program을 제공하고 있었다.

돌이켜 보면, 미국에서는 유학생의 자녀들에게도 내국인의 자녀와

똑같은 교육의 혜택을 주고 있었다. 당시에는 부모가 합법적으로 미국 내에 체류하는 외국인 자녀뿐 아니라 부모가 비합법적으로 체류하는 경우에도 그 자녀에게는 교육을 받을 권리를 부여하고 있었는데, 이러한 조치가 미국을 지탱하는 원천이었던 것으로 생각된다. 요즘 트럼프 대통령이 불법이민을 방지하기 위하여 부모와 자녀를 강제 격리시키고 그 자녀들에게도 더 이상 교육서비스를 제공하지 않는다는 강경한 방침을 취하고 있는데, 장기적으로는 미국에 어떤 영향을 미칠지 궁금하다.

나는 코스워크를 밟고 있어서 강의실과 도서관, 그리고 전산실에 번갈아 다니느라 딸들을 돌보아 줄 여유가 없었다. 그러므로 아이들 뒷바라지는 집사람이 전담하다시피 하였다. 영어에 서툰 아이들이 처음에는 엄청난 스트레스를 받았으나 학교에 잘 적응하여 학업성적이 꽤 좋았다. 두 딸 모두 초등학교 재학 시에 월반까지 하였는데 큰 딸은 초등학교 2학년을 월반하여 3학년으로 올라갔고, 작은 딸은 1학년을 월반하여 2학년으로 올라갔다.

US Steel 본사 소재지였던 피츠버그는 1960년대까지는 요즈음 우리나라의 포항과 같이 매우 부유한 공업도시이면서 공해가 상당히 심한 지역이었다고 한다. 부유한 지역이었던 덕분에 곳곳에 도서관 시설과 도서들도 잘 구비되어 있었고, 공룡화석이 전시된 카네기 자연사 박물관, 상당히 큰 규모의 동물원, 그리고 놀이공원과 같은 인프라가 잘 갖추어져 있었다. 당시에는 전혀 몰랐었는데 인근에 골프장도 많았고 메이저 대회인 US 오픈이 가끔 열리는 골프장도 있었다.

피츠버그는 미국 철강산업과 제조업의 몰락으로 쇠퇴하다가 1980년대 이후 피츠버그대학교 의과대학 병원이 중심이 되는 보건의료산업과 CMU대학이 중심이 되는 정보통신산업이 발달하면서 공해없는 깨끗한 도시로 거듭 나게 되었다. 그러므로 유학 당시 피츠버그는 미국 전역에서도 가장 살기 좋은 도시 순위에서 최상위권으로 인정받았다. 우리 아이들도 엄마를 따라 인근 도서관에서 책을 마음껏 빌려 보고, 집 근처에 숲이 우거진 쉘리파크에서 즐겁게 뛰놀았고, 자연사박물관의 거대한 공룡의 화석을 보면서 엄청나게 놀라기도 하였다. 아이들은 이렇게 피츠버그 지역사회에서 제공하는 다양한 서비스를 즐기는 혜택을 누렸다.

1989년 4월말 논문심사를 마친 후 졸업식 참석차 어머니께서 오셨다. 우리 가족은 3개월 정도 피츠버그에 더 머무르면서 여행도 다니면서 유학생활을 마무리하였다. 플로리다주의 디즈니월드에 다녀왔고, 워싱턴 DC와 뉴욕에도 다녀왔다. 한편 나이아가라 폭포에 관광차 다녀오기도 하였다. 우리 아이들에게는 어린 시절에 영어공부는 물론이고 더 넓은 세계를 경험하면서 꿈과 창의력을 키우는 기회가 되었던 것으로 생각한다.

담배를 끊음　나는 대학 신입생 시절인 1972년부터 담배를 피우기 시작하였다. 신입생 환영회에서 나누어준 담배를 피우는 것에서 시작하여 선배와 친구들에게 담배를 얻어 피다가 본격적으로 구입하여 흡연하기 시작하였다. 일단 니코틴 중독이 된 후에는 금연이 매우 어렵다. 유학 당시 미국에서는 정부가 금연정책을 본격적으로 시행하기 시작하였다. 국내선 비행기에서는 금연조치가 내려졌고, 도서관에서는 흡연구역이 따로 정해지다가 어느 때부터는 건물 밖으로 나가서 담배를 피워야 했다.

초등학교에서도 흡연의 피해를 알리는 캠페인이 대대적으로 이루어졌다. 집안 곳곳에 두 딸들이 금연 포스터를 직접 만들어 붙여 놓았고 담배를 피우면 아빠가 죽을 수도 있다고 호소하기도 하였다. 나는 당시 '켄트3'라는 브랜드의 담배를 피웠는데, William N. Dunn교수님과 절친했던 동급생인 David Y. Miller(후에 GSPIA 교수가 됨)도 같은 브랜드의 담배를 피웠다. 1988년 가을로 기억되는데 Dunn 교수님과 Miller가 담배를 끊어 버렸다.

나는 학위논문이 통과된 후에 금연하겠다고 생각하였는데, 1989년 정초에 "금연도 못하면서 박사학위를 받아서 무슨 소용이 있는지"라는 생각이 불현듯이 스치고 지나갔다. 그래서 당장 금연하기로 결심하고 담배를 끊었다. 미국에서는 담배판촉을 위하여 때로는 1＋1 행사를 하는데, 집사람이 그때마다 담배를 구입하여 집에는 담배가 많이 남아 있었다. 마침 성당에 함께 나가던 한국인 의사 선생님이 구입해 놓은 금연보조제인 니코틴 껌을 얻어 이를 사용하였다.

이같이 갑자기 담배를 끊고 나니 일주일 정도는 금단현상 때문에 아무 일도 할 수 없었지만 차츰 안정을 되찾아 학위논문작성에 매진할 수 있었다. 논문심사를 마친 후에는 니코틴 껌 씹는 것도 중단하였다. 가끔은 담배를 피고 싶다는 충동을 느끼기도 하였지만 금연 당시의 괴로움을 생각하면 몸서리가 쳐져서 이내 그만 두곤 하였다. 나는 지금까지도 당시 금연한 것이 나의 인생에서 가장 잘 한 일이라고 생각하고 있다.

미국의 고비용 의료시스템　　미국은 병원에 갈 경우에 의료비가 엄청 비싸므로, 의료문제는 미국에 살면서 가장 큰 걱정거리 중 하나이다. 미국은 선진국 가운데에는 공공의료보험제도가 갖추어지지 않은 유일한 나라이다. 내가 Pittsburgh대학의 전액장학금을 받았던 2년 동안에는 대학 측에서 나의 의료보험료를 지원하였다. 코스워크가 끝난 후 Comfort 교수님의 연구조교로 일하게 되자 의료보험을 계속 유지할지 결정하여야 하였다. 납부해야 할 보험료가 월 150달러이므로 만만치 않았지만 아이들이 아플 수도 있기 때문에 의료보험을 유지하기로 결정하였다.

1988년 봄에 두 아이가 엄청 높은 열에 시달렸는데, 며칠째 열이 떨어지지 않아 집 근처 병원의 응급실에 찾아 갔다. 진찰결과는 다행히도 큰 문제는 없었으므로 해열제만 처방을 받고 돌아 왔다. 며칠 후에 진료비 청구서를 받아 보니 일인당 150달러 정도이며, 둘이서 300달러가 나왔다. 우리는 3년 이상 의료보험을 유지하였지만 우리가 가입한 의료보험은 200달러 미만의 소액은 100% 본인 부담하도록 되어 있기 때문에 아이들 의료비 300달러를 전액 부담하여야 하였다. 이러한 일을 겪고 난 후, 큰 병이 날 경우에는 우리나라에 돌아가서 진료를 받으면 되겠다고 생각하여 집사람과 상의하여 의료보험 가입을 중단하였다. 다행히도 그 후에는 병원에 갈 일이 없었지만 미국의 의료시스템이 잘 되어 있다고 생각하지는 않았다. 오바마대통령이 겨우 구축하는 데 성공하여 소위 '오바마케어'라고 불리는 미국의 공공 의료시스템을 트럼프 대통령이 해체하려고 시도하고 있는데 앞으로 어떻게 진행될지 궁금하다.

Pittsburgh에서 맺은 인연들　피츠버그대학과 CMU대학에는 적지 않은 유학생들이 있었다. 이들은 하나의 한인학생회를 결성하여 느슨하지만 함께 활동하였다. 피츠버그 지역에 거주하는 교민은 LA와 New York과 같은 대도시에 비교하여 그리 많지 않은 편이었다. 교민사회의 규모는 작았지만 한인성당 한 곳과 몇 개의 교회를 중심으로 유학생과 교민들이 비교적 친밀한 관계를 유지하였다. 우리 가족은 성당에 다녔는데 일요일마다 함께 미사를 본 후에 친교시간을 가졌던 것도 상당히 기억에 남는다.

귀국한 이후에는 동문회 모임에서 가끔 동문수학한 분들을 만나기도 하였다. Pittsburgh대학 동문에는 행정학 및 교육학 전공자가 상당히 많았다. 행정학의 경우에는 오석홍(서울대), 한영환(중앙대), 김만기(한국외대), 김신복(서울대), 황윤원(중앙대), 김현구(성균관대) 선배와 나를 포함하여 7명의 한국행정학회 전임 회장을 배출하였다. 나는 2013년에 피츠버그한국동문회 회장을 맡아서 봉사하기도 하였다.

귀국한 이후에도 피츠버그 은사님들과의 인연은 계속되었다. 나의 논문지도교수이셨던 Correa 교수님과는 졸업 이후에도 공동연구 프로젝트 한 건을 진행하였고, 그 일과 관련하여 서울과 진주에도 다녀가셨다. Comfort 교수와의 재해관리를 매개로 한 인연은 졸업한 후에도 계속되어, Comfort 교수가 주관하여 열린 1993년 자카르타, 2002년 상해의 재해관리 관련 학술대회에도 논문발표차 참석하였다. 2002년 상해 학술대회에서 발표한 논문은 학술지에 게재("Policy Learning from the Experience of a Neighboring Country: Adaptation of Korean Earthquake management System after the 1995 Kobe Earthquake," Korean Journal of Policy Studies, vol. 17, No.1)되었다. Comfort 교수님은 내가 1996년에 Berkeley대학교 정부연구소에 교환교수로 가게 될 때 주선해 주셨다.

W. N. Dunn 교수님의 세계적으로 널리 알려진 저서인 「정책분석론」(Public Policy Analysis)은 제2판부터 제6판까지 개정판이 출간될 때마다 동문수학한 교수들(제2판의 경우에는 고 나기산 교수님, 김지원, 김선호, 이희선 교수)과 함께 번역하였다. 2017년 제6판 출간 시에는 과분하게도 나에게 추천의 글을 부탁하셔서 "William Dunn은 정책분석의 방법론과 방법들을 지방, 국가, 그리고 세계 수준의 실생활 사례 자료 및 예제를 통하여 효과적으로 설명하였다. 이 책은 여전히 학부생과 대학원 학생들에게 최고의 지침서이다(William N. Dunn effectively illustrates methodology and methods of policy analysis with real-world case materials and examples at the local, national, and international levels. It remains the best guide for both undergraduate and graduate courses outthere)."라는 추천의 글을 써 드렸는데 영광스럽게도 책의 내지와 뒤편 겉표지에 실려 있다. 또한 Dunn 교수님은 내가 2008년 한국행정학회장을 맡고 있을 때 국제학술대회에 참석하여 격려해 주셨다.

Guy B. Peters 교수님은 2003년도 우리 대학 IT정책대학원 개원 기념세미나에 기조발제차 방문하셨고, 그 후에도 우리나라를 여러 차례 방문하셨다. Peters 교수님은 내가 공편저하여 2017년에 영국 Routledge 출판사에서 출간한 *Public Administration and Policy in South Korea*의 추천서를 써 주시기도 하셨다.

나와 GSPIA 박사과정 입학동기생인 David Y. Miller는 재학시절에 우리 가족을 집으로 초대하는 등 각별하게 지냈다. Miller 박사는 후에 GSPIA 교수가 되었고, 부원장 및 원장 대리를 역임하였는데 몇 차례 서울을 방문한 바 있다. 2002년에는 Miller교수와 함께 행정자치부를 방문하여 GSPIA가 우리나라 중견공무원 국비파견 대상 대학원으로 지정되는데 힘을 보탰다. 그 후에 Miller 부부와는 함께 경주 여행을 한 적도 있다.

나는 그간 몇 차례 Pittsburgh를 방문하였는데 그 때마다 Dunn 교수님, Comfort 교수님, Miller 교수와 함께 식사도 하면서 즐거운 시간을 보냈다. 과분하게도 나는 2014년에 GSPIA에서 '올해의 동문상'을 받았다. GSPIA의 John Keeler 대학원장이 나의 총장 집무실을 직접 방문하여 상패를 전달하여 주셨다.

피츠버그대 총장님도 우리 대학을 몇 차례에 걸쳐 방문하였고, 2015년 봄에는 내가 Pittsburgh대학 총장실을 방문하여 서울과기대와 University of Pittsburgh 사이에 교류협정을 체결하기도 하였다. 이같이 피츠버그대학과의 인연은 오래도록 계속되고 있다.

논문 발표차 Pittsburgh대학 방문(2007)
- 2007년 11월 13일자 일기 중에서 -

피츠버그대학 Asian Center의 초청으로 논문 발표차 피츠버그대학에 다녀왔다(2007.11.8~11.13). 나로서는 2001년, 2003년 짧은 방문 이후 세 번째 방문이다. 이번 방문은 아시안 센터에서 야심작으로 김학준 교수님(하용출 교수님이 대신 발표함), 김영식 교육부 차관, 그리로 나를 초청하여 한국의 정치, 교육, 그리고 행정의 현안에 관한 발표를 요청하여 이루어졌다. 세미나 발표는 2007년 11월 10일 오전에 가졌다. 나는 노무현 대통령의 참여정부의 인사개혁에 관하여 발표하였다. 미국 학생들도 상당수 참석하였지만 한국 학생들이 많았다. 특히 정부 각 부처의 공무원 가운데 국비 유학으로 GSPIA 석사과정에서 공부하는 학생들도 10여명 눈에 띠었다. 질문도 꽤 많았는데 나름대로 잘 답변하였다고 생각한다.

GSPIA에 국비로 유학하러온 학생들은 11월 8일(목) 저녁에 피츠버그에 도착하자마자 맥주가게에서 만나서 그들의 학업과 가족에 관한 이야기를 나누었다. 대부분 어린아이를 포함한 가족을 동반한 학생들인데 피츠버그 생활에 만족하고 있었다.

세미나 전날인 2003년 11월 9일(금) 오전 10시에는 B. Guy Peters 교수를 연구실에서 잠깐 만나 뵈었다. Jon Pierre와 함께 편집한 책을 주셨는데, 나는 이 책을 가지고 있었지만 친히 주신 것이라 감사하게 받았다. 점심에는 David Miller 교수가 주선하여 마음씨 좋은 Alex Wielenmann 교수님과 2003년 방문시에 이어 두 번째로 점심식사를 함께 하였다. 마침 Pittsburgh대학교 Nordenberg 총장이 옆자리에서 식사를 하고 계셔서 인사를 나누었다. 한국 방문시 우리 대학에서는 삼청각에서 식사를 대접한 적이 있었는데 강렬한 인상을 받았다고 기억하고 계셨다. 저녁에는 김영식 차관과 함께 Pittsburgh대 교육학 교수님들과 이야기를 나누었다. Adams 교수는 지난 1950년, 1954년 한국 방문시 관찰하였던 한국 교육현장의 참상을 이야기하시면서, 얼마나 격세지감이 있는지 소회를 말씀하시기도 하셨다. 함께 참석한 Weidmann 교수는 내가 진주에 있을 때 경상대에서 강연을 하시도록 주선한 인연도 있어서 반갑게 맞이해 주셨다.

일요일(11월 11일)에는 옛날 다녔던 성당에도 가 보았다. 금년 9월에 아담한 성당을 인수하였다고 하는데 한국에서 신부님이 파견되어 훨씬 안정되어 보였다. 예전 멤버로는 임영규(소아과의사), 백대현(사업)씨를 만났다. 집사람이 잠깐 일했던 Kim's market 주인 김종원 씨는 사업 때문에 나오지 않는다고 한다. 내가 금연할 때 니코틴 껌 처방전을 발행해 주었던 닥터 고는 지난 9월에 작고하였다고 하며, 사모님은 그 후 하와이로 이주했다고 한다. 연세가 많으신 분들보다 젊은 부부가 어린아이들을 데리고 오는 모습이 참 좋아보였다. 우리가 유학 중에 큰 딸과 작은 딸을 데리고 다녔을 때 생각이 난다. 그 때 나보다는 아내가 아이들을 얼마나 정성스레 키웠는지! 물론 그 후에도 엄청나게 많은 시간과 정성을 들였는데 제대로 기억이나 하는지 모르겠다. 나중에 아이들 키울 때쯤이면 다 기억이 날 것으로 생각한다. 늦게 태어난 우리 아들 휴에게는 그만한 보살핌을 하지 못해 안타까운 생각도 든다.

돌아와서 TV 뉴스를 보고 있으니, 피츠버그 동물원에서 사슴이 폴라 베어(Polar Bear)가 있는 곳으로 진입하여 쫓겨났다는 뉴스, 핍스 컨서버토리에서 특별 전시가 있어 엄청나게 인파가 몰린다는 뉴스를 보면서 예전에 애들을 데리고 가 보았던 곳이라 반가웠다. 공룡이 전시된 카네기 박물관도 생각이 났다.

11월 11일 일요일 저녁에는 David Miller 집에서 Miller 부부, 두 딸 캐리와 로라 부부, 아들 DJ, 그리고 W. N. Dunn 교수님 부부와 저녁식사를 함께 하였다. 식사하면서 Steelers의 미식축구 중계방송을 함께 보았는데 아슬아슬하게 Steelers가 승리하였다. Dunn 교수님은 *Policy Analysis* 4판을 가져오셨다. 나는 그 자리에서 한국어판 서문을 써달라고 부탁드렸고, 교수님께서는 나중에 보내주셨다. 내가 집필하고 있던 저서 정책학에 관하여도 말씀드렸는데, 잘 진행하라고 격려해 주시기도 하셨다.

Pitt Magazine 인터뷰 기사 피츠버그대학이 발행하는 Pitt Magazine (https://www.pittmag.pitt.edu/)에서는 2018년 여름호 특집으로 한국 동문 9명을 인터뷰한 기사를 게재하였는데, 다음은 나에 관하여 소개한 기사이다. 함께 소개된 동문은 권병현(전 주중대사), 이상주(전 교육부장관), 김신복(전 서울대부총장), 이승욱(서울대교수) · 문현경 박사부부, 권오준(전 포스코 회장), 임교빈(수원대 교수), 박남기(전 광주교대 총장)이다.

Keun Namkoong (GSPIA '89)
Public service groundbreaker

At Pitt: Namkoong earned a PhD in public and international affairs from GSPIA

In South Korea: He advocated for and instituted changes to how government administrators use research to build better policy; wrote two widely used books on research methods and public policy; and, as the school's president, helped transform Seoul National University of Science and Technology into a globally respected research institution.

"My father always said to move forward. I did not hesitate to go to Pittsburgh, because it meant I could go to a 'rising place.'"

In 1954, Korea had reached a turning point in its history. The war had ended, and thousands were migrating to the cities, looking to outrun the deprivation, destruction, and pestilence wrought by the conflict. They wanted hope. At this moment, a mother in a countryside village, about 200 miles from Seoul, bears her first son.

Keun Namkoong is the fourth of her eight children. His father was a teacher and later a principal at an elementary school. He notices that the world is changing and encourages his children to think ahead. He told his first-born son to go to law school and be a judge.

"My father saw that agrarian people who were rich had lives that were collapsing after the war," said Namkoong. "He saw that farming, the old way of life, was changing and that education would be the way to advance in society."

The father sacrificed to send all of his children to college.

And in the spring of 1972, Namkoong, an excellent student and leader, left for Seoul. In the city, he lived in a private boarding house near Seoul National University, where he studied political science. Campus life was very liberal and he found the freedom to organize a reading club to probe philosophy and political texts, protest regressive political reforms, and consider a career he could enjoy.

He decided to study social science and government, not law. In 1978, he received a master's in public administration, with top honors, and pursued a career as a public servant after passing the competitive entrance exam. He then became a full-time lecturer of political science and public administration at a military academy while completing his compulsory military service. When he completed military duty, he worked for a short term with the Ministry of Finance and Strategy, before leaving to teach at a university south of Seoul.

While Namkoong worked a professor, he also began to look for opportunities to study abroad. In 1984, he was elated to receive a letter of congratulations from Pitt's Graduate School of Public and International Affairs. He knew of GSPIA. It had earned a reputation for elevating Korea public administration staff and had some well-known alumni who worked as professors in Korea. So, when the Pitt scholarship was offered, he accepted it immediately—again, guided by his father's philosophy.

"My father always said the place where you're born is not the place where you're living. The encouragement was always to move forward. I did not hesitate to go to Pittsburgh because I could go to a 'rising place.'"

He knew that he could "rise" at Pitt because the study and training would be an opportunity to learn about the broader world. "To not go was *not* an option," he said.

In the summer of 1985, Namkoong came to Pitt, with his wife. As he had been as a young student, he was the same as a graduate student: disciplined. He would read all night, catch naps in the early morning, and then head to class. For the four years he was at Pitt, he only went to two Pirate games. He bonded with international classmates—from China, Taiwan, and Saudi Arabia. He fit in socially, but he could not hide in the small classes, and to survive his budding English, his strategy was to speak first during a discussion and then listen for the remainder of class.

It worked. He earned all A's on his way to his doctorate in public affairs and wrote a dissertation that earned national recognition. He worked with professors whom he called innovators in public policy: Louise Comfort, William Dunn, and Guy Peters. He strengthened his skills in statistical research. He was awed by the amount of public and historical records in Hillman Library and, when he returned to Korea, inspired to improve his nation's library resources and documents.

"Pitt was very exciting to me. It was a time when computers were not common in Korea, so it was thrilling to do research using the computer."

When he returned home in 1989, the Korean economy, infrastructure development, and education were on the upswing. Namkoong's work would progress society even further. He wrote two books on research methods and public policy that were widely used by students and Korean public service officials. The books emphasized evidence-based research and policy making, both concepts and practices he had learned at Pitt. His work was recognized by the prestigious Korean Association for Public Administration, which honored him with its Excellent Book Award in 1999.

He built an impressive career in educational leadership. He became president of Seoul National University of Science and Technology (SeoulTech) transforming it from a teaching university into a highly esteemed research institution, positioning Korea to remain competitive in science, engineering, and technology.

Namkoong's amazing journey led to Pitt. What he learned on the Oakland campus, he used to shape a new generation of critical scholars and civil servants who practiced reason and analysis to better society.

He's back in the classroom now, but his expertise and high-level work with government officials, reshaped administrative efficiency and paved the way for Korea's more modern system of data sharing, paperless services, and privacy protection.

경상대 복귀와 Berkeley 연구년

경상대 교수로 복귀(1989)　　1982년에 공무원을 이직하고 경상대 교수로 가게 된 전후사정은 이미 밝혔으므로 1989년에 박사학위를 마치고 가을 학기부터 경상대에 복귀한 이후의 이야기를 이어가기로 하겠다. 1985년 유학을 떠날 때와 비교하여 1989년 한국의 상황은 확연하게 달라져 있었다. 1987년 민주화 투쟁이 성공하면서 5년 단임제 직선 대통령을 선출하는 소위 '1987년 체제'가 출범하였고, 대학에도 민주화 열기가 가득하였다. 당시 경상대학교에서도 학생들이 정치 민주화는 물론이고, 학교와 학과의 행정에 침여힐 깃을 깅력하게 요구하여 학교당국 및 교수님과의 갈등도 최고조에 이르고 있었다.

나는 4년간 해외에서 공부한 후에 경상대 행정학과로 복귀하였으므로, 학과와 대학에 기여하여야 한다는 부담을 상당히 가지게 되었다. 복귀하자마자 행정학과 학과장을 맡았는데 학과장으로서 소위 운동권 학생들을 설득하는 데 상당한 시간을 써야 했다. 2년간의 학과장 업무를 마치고 곧바로 사회과학대학의 교무과장(현재 교무담당 학장보)이라는 보직을 2년간 맡게 되었다. 사회과학대학에 재직 중인 교수들을 뒷바라지하는 일이었는데 단과대학 내에 나와 비슷한 연령의 젊은 교수들이 대다수이므로 학내에서 큰 문제는 없었던 것으로 기억한다. 특별하게 기억에 남는 일은 당시 신설 단과대학인 사회과학대학에 필요한 국제관계학과(이후 정치외교학과로 변경)와 사회복지학과를 신설하고, 행정학과의 정원을 40명에서 60명으로 증원하는 데 기여했던 일이다. 당시에는 교육부에서 지방대학의 정원을 소규모이지만 늘려주면서 학과까지 지정해 주었다. 나는 종합대학교인 경상대학교에도 사회과학이 기본이 되는 정치학 및 사회복지학 분야의 학과 신설이 필요하다는 점을 교육부 당국자에게 설득하여 두 학과가 신설되었던 것이다.

강의과목으로 조사(연구)방법론과 정책관련 과목, 복지행정론 과목을 가르쳤는데 학부와 대학원, 그리고 행정대학원에 수업이 편성되어 있어 강의부담도 상당히 많았다. 대학교수로서의 보람은 보직교수로서의 일보다는 교과과정 강의와 비교과과정 활동으로 학생들과 소통하면서 얻게 된다. 경상대로 복귀한 초창기에는 학부 학생들의 분위기가 들떠 있었고, 학사행정 참여 등의 요구사항도 많아서 힘들었지만 점차 안정을 찾아가게 되었다.

대학원에도 나름대로 열심히 공부하는 학생들이 있었기에 나도 의욕을 가지고 가르칠 수 있었다. 대학원에는 학부졸업생들도 있었지만 진주에 소재한 공군부대에 장교로 군복무하면서 석사과정에 입학한 학생들도 더러 있었다. 학부졸업생으로 나의 연구실에서 조교를 하면서 석사까지 마치고 서울로 진출한 학생으로는 과학기술기획평가원에 근무한 오세홍 박사가 있으며, 공군복무와 병행하면서 석사학위를 마친 라영재 박사는 현재 조세재정연구원의 공공정책평가센터장으로 일하고 있다.

이러한 보직과 강의를 담당하면서도 나는 항상 학자로서 연구 활동을 게을리 하지 않으려 노력하였고, 실제로 논문도 여러 편 게재할 수 있었다(저술활동 부문 참조). 중소도시인 진주에서는 집에서 학교 연구실까지 15분 이내에 도착할 수 있으므로 나는 시간적 여유를 가지고 연구에 집중할 수 있었다.

한편 80년대 초반 유학을 떠나기 전에 듬뿍 정들었던 제자들을 다시 만날 수 있었다. 이미 공무원 시험이나 은행공채시험에 합격하여 사회에 진출한 학생들도 많았다. 이들 가운데 주례를 부탁하는 제자도 있었다. 처음에는 내가 주례를 서기에는 너무 나이가 젊으니 원로 교수님께 부탁하라고 돌려보냈다. 그런데 한 졸업생의 경우에는 결혼식 날짜를 너무 급하게 잡게 되어 다른 대안이 없는 상황이라고 간청하여 주례를 서게 되었다. 당시 내 나이는 요즘에는 신랑의 나이에 해당되는 30대 후반이었다. 그 이후 제자들의 주례를 몇 차례 더 맡게 되었다. 당시에는 신랑과 나이 차이가 적어 주례로서는 민망한 생각도 들었지만 요즘에는 오히려 편하게 서로 안부를 묻곤 한다.

이같이 경상대 교수로 복귀한 직후에 강의와 보직 등으로 바쁜 나날을 보냈으므로 박사학위논문을 수정하여 피츠버그대학 출판사로 보내겠다는 계획을 실천하지 못하여 아쉽게 생각한다.

「행정조사방법론」 초판 출간(1994)　　대학교수는 담당강좌의 강의 내용을 어떻게 구성하고 전달해야 하는지 늘 고민하게 된다. 내가 담당하게 된 연구방법 또는 조사방법은 내가 구상하는 수업내용과 순서와 유사한 교과서를 찾기 어려워 스스로 작성한 강의노트에 의존하기 시작하였다. 몇 년 동안 연구방법을 가르치면서 작성한 강의노트를 토대로 1994년에는 「행정조사방법론」(법문사) 초판을 출간하였다. 학생들에게 제대로 가르치려면 내가 가르쳐야 할 내용을 보다 확실하게 알고 있어야 한다. 이는 "가르치는 것이 곧 배우는 것이다(teaching is learning)."라는 말을 생각나게 한다. 중국 오경(五經)의 하나인 예기(禮記)의 〈학기(學記)〉편에 나오는 교학상장(敎學相長)이라는 말도 같은 맥락에서 나온 것으로 생각한다. 교학상장이란 "배워 본 이후에 자기의 부족함을 알 수 있으며, 가르친 후에야 비로소 어려움을 알게 된다. 그러기에 가르치고 배우면서 더불어 성장한다."는 뜻이라고 한다.

연구방법 강의의 내용구성은 Pittsburgh대 유학시절에 W. N. Dunn의 응용조사방법과 H. Correa의 다변량통계분석을 수강한 것이 토대가 되었다. 그런데 이 과목을 학생들이 이해하고 응용할 수 있도록 가르치는 것이 쉽지 않았다. 나는 행정학 및 정책학 분야의 연구사례를 최대한 많이 활용하여 학생들이 이해하는 데 도움을 주려고 생각하였고, 그에 따라 책 이름도 "사회과학연구방법론"이나 "조사방법론"보다는 구체적인 "행정조사방법론"으로 정하였다.

집사람의 변리사 준비와 아들 출산(1995)　　두 딸은 진주의 초등학교로 전학하였다. 미국에서 큰 딸은 4학년을 수료하였고, 작은 딸은 2학년을 수료한 바 있다. 그런데 큰 딸은 3학년, 작은 딸은 1학년으로 학년을 낮추었다. 이러한 결정에는 집사람의 학창시절 경험이 영향을 미쳤다. 집사람은 중학교 2학년 때 검정고시를 거쳐 경기여자고등학교에 입학하였는데, 중학교 3학년 과정을 건너뛰어 고등학교의 교과과정을 따라가는데 벅찼다고 한다. 자신의 나이에 맞추어 학교에 다니는 것이 순리라고 믿고 있었으므로 딸들을 나이에 맞는 학년으로 전입시킨 것이다. 큰 딸과 작은 딸이 처음에는 우리말에 서툴러 고생을 했지만 곧 따라잡아 학교에 잘 적응하였다.

아이들이 학교에 잘 적응하면서 시간적 여유를 가지게 된 집사람은 사회생활에 진출할 방안을 모색하였다. 집사람은 여러 가지 대안을 검토한 후에 변리사 시험을 준비하기로 하였다. 당시 진주에는 변리사 시험과목을 개설한 학원이 없었으므로 독학으로 시험을 준비할 수 밖에 없었다. 다행히도 집사람이 처음 도전한 1993년도에 1차 시험에 합격하였고, 1994년에는 2차 시험을 본격적으로 준비하였다. 1994년 여름은 유난히 더웠다. 2018년 여름의 무더위가 1994년의 더위 기록을 갈아치웠지만 당시에는 집과 학교에 에어컨이 귀했던 시절이라 체감하는 더위는 2018년보다 훨씬 심했던 것 같다. 집사람은 이러한 무더위와 싸워 가며 시험공부에 매진하느라 고생이 매우 심하였다.

이같이 수험준비에 몰두하던 1994년 늦가을에 뜻밖에도 집사람이 임신한 사실을 알게 되었다. 집사람과 상의한 끝에 하느님의 뜻이라고 여기고 셋째를 낳기로 결정하였다. 아쉬웠지만 집사람의 변리사 시험은 포기하게 되었다. 요즘에는 태아의 건강상태를 확인하기 위하여 임신 중에도 태아가 아들인지 딸인지 병원에서 알려 주도록 되어 있지만 당시에는 병원에서 태아의 성별을 알려 주는 것은 불법이었다. 위로 두 아이가 딸이어서 가족과 친지들은 셋째 아이가 아들이기를 기대하고 있었다. 나와 집사람은 어차피 낳기로 결정했으니 아들인지 여부에 연연하지 않기로 하였다. 집사람의 산부인과 주치의는 경상대 의과대학 교수였는데 나와는 교수평의회 위원으로 함께 활동하고 있었기 때문에 친분이 있었다. 진료차 병원에 집사람과 함께 간 적도 있고, 평의원회 활동 때문에 밖에서 만나는 경우도 있었다. 주치의에게 질문하지 않았기 때문이기도 하겠지만 진료과정에서 성별을 알았을 것으로 보이는 주치의는 아무 말도 하지 않았다. 그러므로 우리는 셋째 딸이 태어나는 것으로 예상하고 있었다.

1995년 7월 29일 경상대 병원에서 태어난 셋째는 사내아이였다. 산후조리를 돕기 위하여 진주에 오셨던 어머니께서 무척 기뻐하셨고, 처가의 부모님들도 진주에 오셔서 축하해 주셨다. 나로서는 자녀를 셋이나 기르게 되어 어깨가 더욱 무거워지게 되었다.

여기에서 짚고 넘어가야 할 것이 우리 정부의 인구정책은 환경변화에 대한 대응이 너무 늦었다는 것이다. 1995년에는 이미 출생아수가 급격하게 감소하는 추세였는데도 1960년대부터 시작된 산아제한 정책을 여전히 지속하고 있었다. 산아제한 정책에 따라 셋째 아이부터는 의료보험제도에서 병원비를 부담하지 않았으므로 나도 병원비를 전액 부담해야 하였다. 그 이후에 인구정책이 변경되어 셋째 아이부터는 오히려 각종 혜택을 받을 수 있게 되었다. 예를 들면, 셋째가 고등학교에 입학할 당시인 2011년에는 세 자녀 이상 우대정책에 따라 사회적 배려대상자로 우대받아 자율형 사립고에 입학할 수도 있었

다. 그러나 집사람과 아들과 상의하여 고교입시에서 사회적 배려대상
자 우대를 선택하지는 않았고, 집 근처의 일반고로 진학하였다.

「경상대 장기발전계획」 수립(1995)　　경상대에 복귀하여 학과장,
사회과학대학 교무과장, 교수평의회 의원 등의 행정적인 일을 연속하
여 하게 되는 가운데, 1994년 경상대 총장선거에서 내가 도와드린 법
학과 서영배 교수님이 총장으로 당선되었다. 경상대는 농과대학에 뿌
리를 둔 대학이어서 총장 직선제가 도입된 이후에는 계속 농과대학
교수가 총장에 당선되다가 법학과 교수님이 당선되신 것이다. 서영배
총장께서는 나에게 본부의 보직을 권유하셨으나, 나는 미진하였던 연
구를 보다 열심히 하는데 더욱 뜻을 가지고 있었기에 극구 사양하였
다. 그 대신 1995년에는 경상대에서는 그간 한 번도 만들어 본적이
없었던 「경상대 장기발전계획」(1995~2004) 수립의 책임자를 맡아서
발전계획을 수립하였다. 발전계획 수립 팀에는 인문사회 분야와 이공
계 분야의 소장 교수진이 함께 참여하였다. 이 계획수립은 종합대학
의 교육, 교수 및 연구, 집중육성(특성화) 분야, 사회봉사와 대외협력,
장학 및 복지, 교육 및 연구지원체제, 시설 및 기자재, 행정 및 재정
영역 등을 총체적으로 조망해 보는 귀중한 경험이 되었다. 이 경험은
후일 내가 교육부 자문위원으로 우리나라 국립대학의 전체 발전방안
의 수립 책임자로 일할 때, 그리고 서울과기대 총장으로 재직하면서
발전계획을 수립하고 추진하는 데 큰 도움이 되었다.

연암해외파견연구교수로 선정(1995)　　당시 나의 학문적인 관심은
박사학위논문의 주제인 복지국가의 현재와 미래에 관한 것이었다. 내
가 박사학위논문에서 다룬 연구기간은 복지국가의 태동기, 그리고 발
전기인 1960년부터 1980년까지였다. 1980년대 이후에는 상황이 급격
하게 변화되어 복지국가의 위기 논쟁이 진행되고 있었다. 나는 복지

국가의 위기상황에 유럽과 북미의 선진국이 어떻게 대응하고 있는지 연구하고 싶었다. 어느덧 학위를 마치고 귀국한 후 상당한 시간이 흘렀기 때문에 연구년을 신청할 수 있었다. 나는 "복지국가의 위기에 대한 대응과 구조조정"을 연구주제로 LG연암문화재단에 연암해외연구교수를 신청하였다. LG연암문화재단은 연구년을 맞이한 소장학자들을 대상으로 1년간 해외대학에서 연구년을 보낼 수 있도록 연암해외연구 대상교수를 선정하여 지원하였는데, 연구비를 넉넉하게 지원하기 때문에 경쟁이 상당히 치열하였다. 다행스럽게도 나는 1995년 연구비 수혜자로 선정되어 연간 15,000달러에 4인 가족 왕복 비행기 티켓 비용을 지원하는 파격적인 혜택을 받았다.

1995년 6월 14일 여의도의 LG빌딩에서 수혜자들을 대상으로 수혜증서 기증식을 가졌다. 식장에서 확인해 보니 고려대 이종범 교수님께서 심사위원으로 참여하여 나에게 기회를 주신 것을 알았고 이에 감사드렸다. 당시 LG연암문화재단 이사장은 구자경 이사장이었는데, LG그룹 회장을 물려받은 구본무 회장께서도 함께 참석하셔서 수혜자들을 격려해 주셨다. LG그룹 계열사 사장들도 많이 참석하였는데 회장 근처에는 접근하지 못하는 것을 보고 민간기업의 오너와 전문경영인 사이에는 상당한 거리가 있다는 것을 알게 되었다.

서울로 이사(1996)   연구년을 떠나기 전에 나는 서울로 이사하였다. 집안의 명절과 제사를 주관하는 문제가 고민이었다. 누나 셋과 네 동생들이 모두 서울에 자리 잡고 있었다. 추석과 설날, 그리고 조부모님과 아버님 제삿날에는 집안 식구들이 함께 모여야 하는데 장남인 내가 서울에 와야 해결될 수 있었다. 큰 딸의 고등학교 진학도 고려하였다. 1995년에 중3이었던 큰 딸이 서울의 대원외고에 지원하였다. 큰 딸이 합격하면 대원외고 근처로 이사할 생각도 있었다. 마침 부부교사인 둘째 동생이 그 동네에 살고 있었는데 어머니께서 어린

소카들이 태어날 때부터 돌보아 주고 계셨으므로 친숙한 시억이기도 하였다.

그런데 큰 딸이 대원외고에 불합격하여 고속버스터미널 근처인 잠원동으로 이사하기로 계획을 바꾸었다. 고속버스 편을 이용하여 진주까지 다녀오기 편리하고, 잠원동에 둘째 누나와 두 동생들이 살고 있었기 때문이기도 하다. 당시에도 진주와 서울 잠원동의 아파트 가격이 상당히 차이가 있었기 때문에 융자를 최대한 많이 받아서 그 격차를 메웠다. 연구년을 다녀온 이후 곧 IMF 경제위기가 닥쳐와서 이자율이 18%까지 치솟는 바람에 융자 원리금을 상환하느라 한동안 집사람이 엄청난 내핍생활을 해야 했다.

UC Berkeley 정부연구소 연구년(1996)   연구년을 보낼 곳으로 UC Berkeley의 정부연구소(Institute of Governmental Studies: 이하 IGS)로 정하고 지원서를 보냈다. 1988년 봄 논문 발표차 방문했을 때 환상적인 날씨가 인상적이었던 San Francisco에 인접한 곳이라 꼭 가보고 싶었던 곳이기도 했다. 피츠버그대 은사이자 매년 여름 방학에는 이곳에서 방문학자(visiting scholar)로 연구하는 L. Comfort 교수님이 추천서도 써주셔서 무난히 방문학자로서 초청장을 받았다. 1996년 2월말에 두 딸과 생후 8개월이 지난 아들을 포함한 다섯 가족이 San Francisco공항을 거쳐 Berkeley에 도착하였다. Berkeley에 경상대 교수 두 분이 연구년으로 먼저 와 있어서 거주할 주택을 구하는 일 등 빠른 시일 내에 정착하는 데 큰 도움을 받았다.

IGS는 1919년 행정연구소(Bureau of Public Administration)로 출범하였고 우리에게 잘 알려진 행정학의 거장 D. Waldo 교수가 연구소장(1958~1967)으로 재직하기도 하는 등 행정학 분야의 연구전통이 강하게 남아있는 곳이다. 내가 연구년을 보낸 1996년 당시 IGS 소장은 다원론의 거두로 잘 알려진 Nelson Polsby 교수였다. IGS는 독립된 건물에 상당한 장서를 보유한 자체 도서관도 가지고 있었다. 나는 그곳에서 작은 연구공간을 배정받았다. 연구소에는 상당수의 방문학자들과 대학원 박사과정에 재학하는 연구원들이 머물렀다. 방문학자들 가운데는 USC에서 온 Ann Crigler 교수와 핀란드 출신의 젊은 연구원과 자주 이야기를 나누었다. IGS에서는 매일 오후 3시에 정례적으로 'afternoon tea time meeting'을 가졌는데, Nelson Polsby 소장을 포함하여 방문학자와 대학원생들이 과자와 함께 차를 마시면서 이야기를 나누는 시간이었다. 여기에서 책에서는 보기 어려운 이야기를 들을 수 있었는데, 나는 이들의 대화에서 장차 미국을 이끌어갈 젊은 엘리트들의 자신감과 책임감을 어렴풋이 알 수 있었다.

IGS에 머물면서 정치학과 대학원에 개설된 Polsby 교수의 미국정부론과 정책대학원(Richard and Rhoda Goldman School of Public Policy)에 개설된 Eugene Bardach 교수의 정책분석론을 청강하기도 하였다. 복지국가의 비교연구와 관련하여 이 분야의 대가인 H. Wilensky 교수와 D. Collier에게 따로 면담을 신청하여 대화를 나눌 기회도 가졌다.

UC Berkeley에서 놀랐던 것은 도서관 시스템이다. IGS도 자체 도서관에 상당한 장서를 보유하였지만, 중앙도서관에 소장된 장서는 엄청나게 많았다. 나는 "복지국가 위기에 대한 대응과 구조조정"이라는 주제를 연구하는 한편, 박사학위 논문을 포함한 이전의 연구를 종합하여 비교정책에 관한 단행본 출판 원고를 준비하기 시작하였다. 또한 Berkeley의 풍부한 장서를 활용하여 1994년도에 출판한 행정조사방법론 개정판 원고도 병행하여 준비하기로 하였다. 예를 들면, 1834년에 출간된 John Stuart Mill의 방법론에 관한 책을 대출받아 읽고 인용할 수도 있었다. 한편 당시 우리나라에는 아직까지 본격적으로 도입되지 않았던 전자저널을 본격적으로 활용하고 있었는데 도서관에서는 전자저널 이용자들에 대한 체계적인 교육프로그램도 제공하고 있었다.

1996년에는 미국정치학회 연례학술대회가 San Francico에서 개최되었는데, 여기에서 중진학자들인 E. Ostrom, T. Skocpol, R. Putnam, P. Sabatier 등의 강연도 듣고 인사도 나눌 수 있었다. 무엇보다도 당시 새로운 연구영역으로 등장한 역사적 제도주의, 사회자본, 참여거버넌스 등의 이론에 눈을 뜨게 되어, 귀국한 후에 이 분야에 관한 글을 쓸 수 있었다. 미처 읽지 못한 책은 한국에 돌아가서 차분하게 읽어보겠다는 생각에서 마지막 1개월은 도서관에서 60권 정도의 책을 대출하여 복사하는 데 시간을 많이 보냈다.

가족들도 새로운 환경에 잘 적응하였다. 큰 딸은 고등학교, 작은 딸은 중학교에 전학하였는데, 다행히도 6년 전 피츠버그에서 공부했던 시절에 익혔던 영어를 잊지 않아서 잘 적응하였다. 내가 학교에 가서 연구하는 동안에 집사람은 돌이 채 안 된 아들 돌보느라 많은 시간을 보냈다. 한편 틈을 내어 미국 서부의 유명한 국립공원인 그랜드 캐년, 옐로스톤, 요세미티, 세콰이어 공원에도 함께 놀러 갔었다. 어머니께서 오셔서 그랜드 캐년으로 버스여행을 다녀왔는데, 어머니께서 일행들이 모두 처갓집 사람들과 함께 왔으며, 친가 부모를 모시고 온 사람은 우리가 유일하다고 자랑삼아 말씀하시기도 하였다.

Berkeley에서 보낸 1년은 나에게 학문적으로 재충전할 수 있는 소중한 기회가 되었다. 집사람과 두 딸도 미국 서부의 넓은 세계를 경험할 수 있었는데, 막내인 아들은 그곳에서 보낸 1년이 사진으로만 남은 기억이 되었다.

경상대 도서관장(1997~1998)   연구년에서 돌아오자마자 1997년 3월부터 경상대 도서관장을 맡게 되었다. 본부보직을 고사하는 나에게 서영배 총장님이 임명장을 주시면서 장서가 많은 도서관에서 일하면서 공부하라고 말씀하셨다. 도서관장은 정년퇴임을 앞둔 원로교수들이 맡는 경우가 많았는데 나는 40대 초반의 젊은 나이에 도서관장을 맡게 되었다. 도서관에는 사서직과 행정직원, 아르바이트 학생을 포함하여 일하는 사람들이 상당히 많은 편이었다. 직원들과 족구시합 등 체육활동도 함께 하는 등 소통하는 기회를 자주 가지다 보니 추진하여야 할 업무도 발견되어 몇 가지는 실천하였다.

교양도서 구입을 확충하기 위하여 모금활동을 해 보자는 아이디어를 받아들여 모금활동을 진행하기로 하였다. 출퇴근 시간에 도서관 직원들이 조를 편성하여 자발적으로 모금운동을 전개하였다. 모금활동 소식을 듣고 진주 시내에서 남성당 한약방을 운영하시는 김장하 선생님께서 보자고 하시어 강홍구 팀장과 함께 방문하였다. 김장하 선생님 자신은 무척 검소하게 생활하시면서 평소에도 의미있는 일에 기부를 많이 하셨다. 김장하 선생님을 뵙고 모금의 취지를 말씀드리니 기부금 봉투 하나를 주셨는데, 돌아와서 확인해 보니 3000만 원짜리 수표 한 장이었다. 도서관 직원들은 이에 감명을 받아 더욱 열심히 모금활동을 전개하였다. 보직교수를 포함한 교수들과 직원들이 대거 동참하여 당시로서는 상당히 많은 액수인 1억원 정도가 모금되었다. 이같이 모금한 기금은 정부예산과는 달리 자유롭게 쓸 수 있었으므로 공개경쟁입찰을 통하여 매우 저렴한 가격으로 교양도서를 구입하여 학생들이 이용할 수 있도록 하였다.

한편 UC Berkeley 도서관과 같이 교수와 학생들을 위한 전자저널을 구독할 수 있는지 알아보았는데 예상보다 많은 비용이 필요하였다. 우리 대학 단독으로 구독하기 어렵다고 판단되어 나는 국공립대학이 공동으로 구입하는 것도 방법이라고 생각하게 되었다. 마침 보직 첫 해인 97년 7월 4일 경상대에서 전국 44개 국·공립대학 도서관장 회의가 개최되어 당시 뜨거운 이슈로 떠오른 대학도서관 전산화 운영 활성화 방안 등이 논의되었다. 나는 44개 국·공립대학이 공동으로 전자저널을 구매하는 방안도 생각하였으나 대학별로 재정여건의 격차가 너무 커서 실현되기는 어려울 것으로 보았다. 그 후 별도의 회의체인 10개의 거점국립대학 도서관장 회의에서 전자저널 공동구매를 제안하였고, 나의 제안이 받아들여져 10개 대학이 각각 1억원을 분담하여 전자 저널을 구매했던 것이 기억에 남는다.

당시 도서관에 상당히 많은 종류의 국내외 데이터베이스가 도입되었고, CD-ROM도 많이 구입하게 되면서 교수와 직원, 그리고 학생들에게 이를 이용하는 방법을 알릴 필요가 있었다. 이에 따라 강홍구 팀장을 주축으로 팀을 구성하여 「정보검색이용안내매뉴얼」과 「CD-ROM 검색안내매뉴얼」을 제작하였고, 이를 토대로 각 단과대학별로 찾아가는 이용자 교육을 실시하여, 이용자들이 정보를 쉽게 검색하여 사용할 수 있도록 하였다.

이러한 성과는 도서관 직원들이 일상적인 업무를 수행하면서도 자발적으로 도서확충기금 모금활동과 매뉴얼 제작 및 안내교육에 솔선수범하여 참여하였기 때문에 가능한 일이었다.

「행정조사방법론」 제2판 출간(1998)　　도서관장실은 교수연구실보다 상당히 넓었기에 자료를 펼쳐 놓고 일하기가 매우 편리하였다. Berkeley에서 복사해 온 60여권의 책과 자료들도 정리하면서 「행정조사방법론」 개정 작업과, 「비교정책연구」 원고 정리를 꾸준히 진행하였다.

「행정조사방법론」 초판은 1994년 발간된 후 뜻밖에도 독자들로부터 호평을 받았다. 학부와 대학원의 강의교재로 쓰이는 것과 더불어 행정고시 2차 시험과목인 조사방법론 수험서로 많이 판매되고 있었다. 이와 같은 호의적인 반응은 한편으로는 나에게 미진한 부분을 빨리 보완해야 한다는 압력과 책임감으로 작용하였다. 앞에서 이야기한 바와 같이 제2판의 초안은 Berkeley에서 대체로 완성하였지만 귀국한 후 1년 정도 보완작업을 거쳐 1998년 3월초에 발간하였다. 초판에서는 다루지 않았던 질적 방법을 대폭 추가하였고, 전반적으로 미진한 부분을 보강하다보니 책이 분량이 대폭 늘어나게 되었다.

「비교정책연구」 출간(1998)으로 한국행정학회 저술부문 학술상 수상(1999)　나는 박사논문을 단행본으로 즉시 출간하지 못한 것에 대한 아쉬움을 늘 가지고 있었다. 「비교정책연구」는 그 연장선상에서 출간하려고 시도한 책이다. 즉 내가 박사학위논문에서부터 관심을 가졌던 정책의 '국가간 비교연구' 또는 '지방정부간 비교연구'를 체계적으로 수행하는 데 필요한 방법과 이론을 소개한 후에, 이 분야에서 내가 수행한 경험적 연구사례를 함께 묶어서 책으로 출판하겠다고 생각하였다.

　나는 경상대 행정학과 박사과정에 비교정책론 강의를 개설하였고, 대학동기인 서울대 정치학과 박찬욱 교수(후에 교육부총장 및 총장직무대행 역임)의 요청으로 서울대 정치학과 대학원에서 한 학기 동안 공공정책분식을 강의하기도 하였는데, 강의과정에서 비교정책연구의 절차, 방법, 이론들을 소개하다보니 처음에 의도했던 것보다 전반부의 분량이 상당히 늘어났다. 두 강좌를 수강한 학생들의 피드백도 원고를 작성하는 데 큰 도움이 되었다. 당시 열심히 공부한 학생들 가운데에는 지금은 경상대 전임교수가 된 민병익 교수, 당시 인제대 교수이자 박사학위를 가지고 있음에도 경상대에서 공부하여 지금은 서울대 간호학과 교수가 된 김진현 교수가 있다. 당시 제자였던 하상근 박사는 그 후 한국정책학회 우수논문상을 받기도 하였지만 아쉽게도 전임 자리를 얻지는 못하였다.

　이 책의 전반부는 제1부 서론(제1장 비교정책연구의 의의와 목적, 제2장 비교정책연구의 절차), 제2부 비교정책연구의 방법(제3장 비교정책연구의 방법 개관, 제4장 사례비교방법, 제5장 통계적 방법, 제6장 부울대수방법), 제3부 비교정책연구의 이론(제7장 비교정책연구의 이론, 제8장 참여자와 정책네트워크, 제9장 국가, 제도, 시민공동체와 정책)으로 구성되었다.

한편 이 책의 후반부인 제4부 비교정책연구의 적용에 수록된 여섯 편의 연구사례(증보판 기준)는 박사논문에서 다룬 주제 두 편(제10장 복지국가 프로그램의 태동: 의료보험제도 채택배경의 설명, 제11장 복지국가 프로그램의 성장: 보건의료정책발달의 결정요인)과 Berkeley에서 연구년을 보내면서 새롭게 연구한 주제 두 편(제12장 복지국가의 위기의 대응: 영국과 스웨덴의 비교, 제13장: 복지국가 프로그램의 재편: 복지국가 구조조정의 설명), 그리고 기존 학술지에 게재된 비교정책 논문 두 편(제14장 한국과 미국의 재해관리행정체제 비교, 제15장 정책혁신으로서 행정정보공개조례 채택)이다. 이 책은 1998년 10월에 초판이 발간되었다. 이 책의 발간으로 나는 1989년 단행본으로 출간할 것을 권유한 피츠버그대 박사논문심사위원회의 요청을 뒤늦게나마 실천하여 오랫동안 가졌던 마음의 부담을 덜게 되었다.

이 책으로 나는 1999년 한국행정학회 정기총회에서 저술부문 학술상을 수상하는 영예를 차지하게 되었다. 이 책의 증보판은 1999년 8월에 발간되었고, 2004년 7월에는 증보판 2쇄가 발간되었으나 아쉽게도 그 후에는 추가 발간하지는 못하였다.

서울과기대 교수 시절

서울과기대 교수로 전입(2001) 2000년 늦가을에 서울과기대(당시 서울산업대) 행정학과에 재직 중인 고 하태권 교수와 김상묵 교수로부터 저녁식사를 함께 하자는 연락이 왔다. 광화문의 일식집에서 이야기를 들어보니 행정학과에서 특별채용으로 중견교수 한 사람을 채용하기로 하였으니 승낙해 주었으면 좋겠다는 것이다.

오래전 학위논문을 쓰고 있던 중인 1988년에 E대학에서 당시 학과상황이 어려우니 도와 달라고 요청이 온 적도 있었지만 당시에는 학위논문준비에 푹 빠져 있어서 사정을 설명하고 정중하게 거절하였다. 그 후에도 E대학 등에서 유사한 제안을 받기도 하였지만 구체적인 제안은 아니었다. 그 보다는 모교인 서울대에 지원했다가 실패하였던 것이 마음에 남아 있었다. 서울대에는 1989년 학위를 받고 돌아온 지 4년 후인 1993년에 박동서 교수님을 포함한 1세대 교수님들께서 정년퇴임한 이후에 공고된 교수채용의 '연구방법 분야'에 지원하였으나 실패하였다. 서울대 교수 공채에서 실패한 것은 내가 학자로서 부족한 점이 상대적으로 많았기 때문이었다. 그 후 UC Berkeley 연구년을 다녀오면서 서울대 교수로 지원하는 것은 아예 포기하고 있었는데, 1998년에 서울대에 재직 중인 몇 분의 교수로부터 비교행정/정책 분야의 교수채용 공고가 났으니 지원해 보라고 연락이 왔다. 내가 「비교정책연구」라는 책을 출간하였는데 채용분야가 부합되니 꼭 지원했으면 좋겠다는 것이다. 반신반의하면서 지원서를 제출하였는데 이번에도 성공하지는 못하였다. 다른 이유도 있었겠지만 신임교수가 되기에는 나이가 이미 너무 많다는 점이 고려되었다는 깃이다. "만원 버스의 좌석에 앉거나 대학교수가 되려면 운이 좋아야 한다."라는 옛말이 생각이 났다. 만원버스에서는 앞좌석의 승객이 내려야 자리를 잡을 수도 있고, 학위를 마치자마자 교수 자리가 날 경우에 교수가 되는 데 유리하다는 것이다. 내가 응당 갖추어야 될 자격을 제대로 구비하지 못한 점도 있지만 운도 따르지 않았다고 스스로 위로하면서 마음을 추스린 시점에 서울과기대에서 특별초빙 제안이 온 것이다.

　요즈음에도 마찬가지이지만 당시에 서울과기대 행정학과에는 젊고 실력을 갖춘 교수들이 많았다. 김상묵 교수를 비롯하여 김재훈 교수, 이혁주 교수, 정익재 교수와 같은 젊은 교수들과 윤홍근 교수, 김승현 교수, 조현석 교수, 그리고 고 하태권 교수 등 중견교수들이 회의를 거친 후에 대학본부와 협의하여 특별채용을 위한 정원을 확보하였고, 이를 나에게 제안하였다니 나로서는 너무 고마운 일이었다. 집사

람과 상의하여 서울과기대의 제안을 받아들이기로 하였다. 2001학년
도 1학기부터 전직할 것으로 예상하고 강의를 시작하였으나 행정적
인 처리가 늦어져 한 학기가 지난 2001년 8월초에 정든 경상대를 떠
나 서울과기대로 전입하였다. 돌이켜 보면 나는 1982년 경상대 교수로
임용될 때와 2001년 서울과기대 교수로 전입할 때 모두 공개채용이
아니라 특별채용을 거친 독특한 이력을 가지게 되었다. 또한 내가 재
직하였던 경상대와 서울과기대가 모두 국립대학이라는 공통점이 있다.

　IT정책전문대학원 설립과 대학원장(2003~2005)　　서울과기대 행
정학과 교수들은 각자 탁월한 학문적 역량을 갖추고 있었기 때문에
연구업적도 뛰어난 편이었다. 그런데 국립대학인 서울과기대는 산업
대학의 범주로 분류되어 일반국립대학과 비교할 때 교육과 연구 측면
에서 지원체계를 갖추지 못하고 있었다. 교수들이 가장 불편한 것 가
운데 하나가 박사과정이 설치되어 있지 않아 연구조교를 구하기 어렵
다는 점이었다.
　당시 교육부의 규정에 따르면 산업대학의 경우에는 일반대학원 박
사과정의 설치는 불가능하지만 전문분야에서 석사와 박사학위를 수여
할 수 있는 전문대학원 설치는 가능하였다. 서울과기대에도 철도전문
대학원이 2002년부터 신설되어 석사과정 및 박사과정 신입생을 받고
있었다. 나는 서울과기대에 전입한 다음 해인 2002년 초부터 학과 교
수님들과 논의를 거쳐 전문대학원 신설을 추진하기로 하였다. 행정학
과 단독으로 설립하기보다는 공학 분야의 학과와 힘을 모아 IT정책
분야의 융합대학원으로 추진하기로 하였다. 행정학과의 모든 교수님
이 적극적으로 나서서 헌신적으로 도와주었다. 정익재 교수의 주도로
행정학과에서 담당하는 공공정책 전공에 더하여 매체공학과에서 방송
통신정책 전공을 담당하고, 산업공학과에서 산업정보시스템 전공으로
담당하는 3개 전공으로 IT정책대학원을 출범하는 것으로 관련학과와

합의가 이루어졌다. 김상묵 교수를 중심으로 이 시기에 왜 IT정책분야의 융합교육이 필요한지에 관한 논리를 개발하였고, 3개 전공의 커리큘럼까지 마련하였다. 융합교육을 포함시키고 학생들에게 보다 충실하게 교육을 시킬 수 있도록 최소수강학점을 석사 30학점, 박사 42학점까지 늘리는 등 매우 의욕적인 커리큘럼을 편성하였다. 이혁주 교수는 학부전공을 살려 전문대학원이 신설될 경우에 필요한 강의 및 연구공간을 설계하기도 하였다.

대외적으로는 IT정책대학원이 신설될 경우에 내가 다녔던 Pittsburgh 대학의 행정·국제관계대학원(GSPIA)과 협력하여 교육과 연구를 추진하겠다는 양해각서(MOU)를 체결하여 첨부서류로 제출하였다. 때마침 당시 GSPIA 교수이자 부원장을 맡고 있었던 David Miller 교수가 서울을 방문하는 계기에 전후 사정을 상세하게 설명한 후 양해각서에 서명한 것이다.

교육부에서 소정의 심사절차를 거쳐 2002년 늦가을에 IT정책전문대학원 설립인가를 받았고, 2003년 봄학기부터 신입생으로 석사 30명과 박사 5명을 입학시킬 수 있게 되었다. 행정학과 교수진을 포함한 산업시스템공학과와 매체공학과 교수님들이 일치단결하여 노력한 덕분이지만, 보다 근본적인 것은 서울과기대가 보유하고 있는 전반적인 교육 및 연구역량이 인정받게 된 것으로 생각된다.

IT정책전문대학원은 행정학 분야에 설립된 국내의 전문대학원으로는 서울대 행정대학원(1959년 설립)에 이어 두 번째로 설립된 전문대학원이다. 그 이후 성균관대학교에서 국정관리대학원을 신설(2004년)하였고, 뒤이어 KDI국제정책대학원이 설립(2008)되었다. 서울과기대는 그 후 전문대학원으로 에너지환경대학원과 나노IT디자인대학원을 순차적으로 신설하여 현재에는 철도전문대학원과 IT정책전문대학원까지 네 개의 전문대학원을 운영하고 있다.

나는 IT정책대학원의 초대원장(2003~2005)을 맡아서 대학원의 기초를 다지기 위하여 상당한 노력을 기울였다. 그 이후 교내에서 대학 원간 구조조정으로 입학정원 7명을 보충받아 총입학정원을 42명으로 늘렸고, 그 가운데 석사 21명, 박사 21명을 신입생으로 선발하도록 하였다. 오늘날에는 IT정책대학원에 디지털미디어정책전공이 추가되어 총 4개 전공으로 운영되고 있으며 석사과정 신입생은 27명으로 증가하였다.

IT정책대학원의 학술 세미나 전통　　IT정책대학원장의 보직을 하면서 기억에 남는 일은 개원기념 세미나를 포함한 네 차례의 학술 세미나를 성대하게 개최한 것이다.

제1회 개원기념 학술세미나는 2003년 4월 10일 정부종합청사와 가까운 프레스센터에서 개최하여 정부부처의 관계자들도 많이 참석하였다. 세미나에 앞서 이희범 총장예정자, 변재일 정보통신부 차관, 서석해 IT정책대학원 후원회장이 축사를 해 주셨다.

개원기념 세미나 행사의 사회는 고 박동서 교수님(서울대 명예교수, 전 행정쇄신위원장, 행개련 고문)께서 맡아 주셨다. 내가 "참여정부 어떻게 구축할 것인가?"를 주제로, 송희준 교수(이화여대 교수, 전자정부특위 위원)가 "전자정부, 어떻게 구축할 것인가?: 과거로부터 경험"을 주제로 발표하였다. 지정토론자는 김광호(서울산업대학교 IT정책전문대학원 교수), 박명훈(경향신문 논설위원실장), 박원순(변호사, 참여연대 상임집행위원장), 서삼영(한국전산원장, 전자정부특위 위원), 조남호(서울특별시 서초구청장), 하태권(서울산업대학교 행정학과 교수)으로 모두 중진급 인사였는데, 서삼영 박사와 하태권 교수님은 이미 고인이 되셨다. 한편 박원순 변호사는 현재 서울시장으로 재직 중이다.

두 번째 세미나는 2003년 7월 24일에 세종문화회관 컨퍼런스 홀에서 Pittsburgh대학의 석좌교수인 B. Guy Peters 교수가 기조발제를 해 주셨다. Peters 교수의 세미나 발표주제는 "참여형 행정개혁"에 관한 것으로 당시 노무현 대통령의 참여정부가 추진하는 참여형 행정개혁과 관련된 시의적절한 주제라서 학계는 물론 정부 측에서도 대단한 관심을 가지고 있어서 청중이 컨퍼런스 홀을 가득 메웠다. 세미나의 사회는 김신복 교수(서울대, 전 교육부 차관)님이 수고해 주셨고, 이희범 총장의 환영사에 이어 김병준 정부혁신지방분권위 위원장과 김주현 행정자치부 차관이 축사를 하였다. 지정토론자로는 김충환 강동구청장, 김호영 행정자치부 행정관리국장, 송영언 동아일보 논설위원, 그리고 IT정책대학원장인 내가 참여하였다. 세미나는 K-TV 세미나중계실에서 녹화 중계하였고, 참여형 행정개혁을 주제로 Peters 교수와 내가 대담한 내용이 동아일보에 게재되었다. Peters 교수의 발제논문은 후일 내가 편집한 단행본인 「스칸디나비아국가의 거버넌스와 개혁」이라는 저서에 수록하였다.

문재인 정부가 출범한 직후인 2017년 6월에 Peters 교수는 당시 인수위원회 역할을 담당하였던 국정기획자문위원회의 초청으로 서울에 와서 거버넌스 개혁에 관하여 자문한 바 있으며, 2018년 10월 12일에도 행정연구원의 초청으로 행정연구원 세미나에서 정부혁신에 관하여 기조발제를 한 바 있다. 당시 세미나에서 말씀하신 내용은 2003년 세미나 발제논문의 연장선상에서 파악할 수 있었다. 참여형 개혁의 모델이 되는 나라를 묻는 성경륭 경제인문사회연구회 이사장의 질문에 덴마크가 모델이 될 수 있다고 답변하셨는데, 2003년 동아일보와의 인터뷰에서도 이를 언급한 바 있었다. 한편 Peters 교수님과는 10월 14일 저녁식사를 함께 하면서 여러 가지 이야기를 나누었는데 74세의 나이에 여전히 강의도 하시면서 저술활동도 활발하게 하고 계셔서 나에게도 새롭게 동기부여가 되었다.

제3차 세미나는 IT정책전문대학원 교육연구재단 설립과 IT정책연구소 출범을 기념하기 위하여 "방송통신융합에 따른 IT정책 발전전망"을 주제로 2003년 11월 7일 프레스센터 개최하였다. 공익재단인 서울산업대학교 IT정책대학원 교육연구재단(이사장: 서석해)은 서석해 동화건설 회장이 3억원의 기금을 출연하여 설립하고, 김태유 대통령 정보과학기술보좌관이 축하차 참석한 가운데 지난 10월 9일 그 기념 행사를 가진 바 있었다. 한편 대학원과 연계한 IT정책연구소(소장 김광호 교수)를 설립하여 IT정책분야에 관련된 연구 활동을 활발하게 추진하기로 하였다. 이희범 총장의 환영사에 이어 변재일 정보통신부 차관, 안동수 KBS 부사장, 그리고 서석해 IT정책대학원 후원회장이 축사를 해 주셨다. 세미나 사회는 강현두 서울대학교 명예교수님이 맡았고, 논문발제는 송민정 한국통신 경영연구소 기업전략1부장, 현대원 서강대학교 교수, 그리고 지정토론은 정인학 대한매일 논설위원, 김영욱 한국언론재단 연구위원, 박영석 KBS 뉴미디어국 국장, 최창학 대통령직속 정부혁신지방분권위 전자정부팀장, 이강후 산업자원부 무역조사실장, 그리고 김광호 본교 IT정책연구소 소장이 맡았다.

제4차 세미나는 "차세대IT기술과 시민참여"를 주제로 2004년 11월 11일(목)에 은행회관 2층 국제회의실에서 개최하였다. 김창곤 정보통신부 차관의 축사와 서석해 IT교육연구재단 이사장의 격려사에 이어 제1세션(15:20~16:30): "행정과 시민참여"에서 강신택 서울대학교 명예교수님의 사회로 김상묵 교수팀이 "정책과정과 시민참여", 조현석 교수가 "시민참여모델의 유형화를 위한 시론"을 주제로 발표하였고, 지정토론자로 김국현(행자부 행정혁신국장), 최창학(정부혁신지방분권위원회 전자정부팀장), 권기창(한양사이버대 교수), 서영복(행정개혁시민연합 사무처장)이 참여하였다. 제2세션(16:40~18:00): "차세대IT기술의 현안과 전망"은 윤승금 교수의 사회로 홍정식 교수팀이 "차세대IMT2000＋위성서비스 개발 및 활성화 방안", 변동식(하나로통신 신사업추진실장/방송통신박사과정)이 "휴대인터넷 서비스가 IT산업에 미치는 영향"을 발표하였다. 지정토론자로는 정준(솔리 테크 대표), 박창신(디지털 타임즈 디지털미디어 팀장), 박종봉(애클러스 리서치그룹 대표), 신준일(포스

데이타 상무)이 참여하였다.

IT정책대학원 개원 초기에 네 차례의 학술세미나를 성공적으로 개최하여 단기간내에 공직사회에 우리 대학원의 설립을 홍보하는 효과를 거두었다. 세미나를 개최할 때마다 IT정책을 관장하는 부서의 현직 차관이 직접 참석하여 축사를 하였고, 현직 구청장, 대통령직속 정부혁신지방분권위원회, 행정자치부, 산업자원부의 실장 및 국장급 공무원, 한국전산원장, 박원순 참여연대 상임집행위원장, 신문사 논설위원 및 KBS 국장 등 중진급 인사가 토론자로 참여할 수 있었던 것은 세미나의 주제가 시의적절하였고, 장소접근성이 좋았을 뿐 아니라, 신설된 IT정책대학원에 대한 기대를 반영한 것이라고 생각된다. 나로서는 행정개혁시민연합 정책위원장, 그리고 한국행정학회 연구위원장을 지내면서 수없이 많은 세미나를 기획했던 경험이 큰 도움이 되었다.

이러한 세미나의 전통이 계승되어 IT정책대학원은 매년 한 차례 이상 시의적절한 주제를 선정하여 학술세미나를 개최하고 있는데, 세미나는 광화문 근처의 프레스센터와 같이 정부서울청사에 가까운 곳에서 개최하다가 요즈음에는 국회의원회관에서 진행하고 있다.

한 가지 아쉬운 점은 IT정책대학원 개원 초기부터 IT정책연구소에서 학술지를 출간하여 관련 논문을 게재할 수 있도록 하여야 했는데 그러지 못하였다는 점이다. 개원 초기에 타이밍을 놓치고 난 후에는 중도에 이를 시작하는 것이 어렵다는 것을 실감하게 되었다.

동아일보 ['참여형 행정개혁' 어떻게] 가이 피터스 – 남궁근교수 대담
동아일보가 IT정책대학원의 세미나 발표차 서울에 온 Peters교수와 나와의 대담을 주선하여 동아일보의 한 면에 게재한 내용이다.

동아일보 2003년 7월 27일자

《노무현(盧武鉉) 대통령은 최근 '참여형 행정개혁'을 제창했다. 이는 전임 김대중(金大中) 정부가 내세웠던 '작고 효율적인 시장지향적 정부'와는 맥을 달리하는 것이다. 정부개혁 및 관료제도의 권위자로, 참여형 행정개혁의 전도사 역할을 해온 미국 피츠버그대 가이 피터스 석좌교수와 남궁근(南宮槿) 서울산업대 IT 정책대학원장이 24일 오전 본사 회의실에서 대담을 갖고 이에 관한 의견을 교환했다. 피터스 교수는 이날 서울산업대 IT정책대학원이 서울 세종문화회관에서 주최한 '선진국 참여형 정부개혁의 사례와 교훈'을 주제로 한 국제세미나에 참석하기 위해 방한했다.》

▽ 남궁근 교수＝김대중 정부의 작고 효율적이면서도 공공서비스 기능을 확충한, 시장원리에도 맞는 행정개혁(NPM·신공공개혁) 방향은 대다수 국가가 채택하고 있는 것이다. 그러나 피터스 교수는 참여형 행정개혁이 시장주의적 행정개혁을 대체할 수 있다고 주장해 왔다. 두 접근법의 차이는 무엇인가.

▽ 가이 피터스 교수＝정부의 문제점이 어디에 있느냐를 보는 시각이 근본적으로 다르다. 시장모델에서는 행정력을 독점한 정부가 '정부가 원하는 것'만을 밀어붙이는 바람에 효율이 떨어진다고 본다. 반면, 참여형 모델은 정부조직이 너무 수직적, 계층적(hierarchy)이기 때문에 현장에서 일하는 하급 공직자의 참여의식이 떨어지고, 행정수요의 고객인 시민을 행정에서 괴리시킨다고 본다.

▽ 남궁＝한국에선 노 대통령의 참여형 정책을 사회주의적이라고 비판하는 시각도 있다.

▽ 피터스＝문제점에 대한 접근법을 놓고 어떤 정부를 '시장주의적이다', '사회주의적이다'라고 구분하기는 어렵다. 행정개혁의 요체는 국민이 원하는 것을 찾자는 것이다. 좌우가 그렇게 중요하다고는 보지 않는다.

▽ 남궁＝노 대통령이 최근 부처별 중하위 공직자를 '주니어 보드'로 조직화해 개혁을 주도하도록 하겠다는 구상을 밝히자 야당인 한나라당은 문화혁명을 연상시킨다고 비판했다.

▽ 피터스＝고어위원회(앨 고어 전 미국 부통령이 주도한 행정개혁 조직)도 조직구성원과 시민에 대한 권한위임을 강조하면서 비슷한 일을 했다. 고어위원회에 참여한 이들은 '특정인'을 지지하는 사람이 아니라 조직의 변화를 갈망하는 그룹이었다. 그들은 자신을 '진주조개의 모래'로 불렀다. 모래는 진주조개에 들어가 상처를 내지만 이는 좋은 결실을 위한 것이다. 고어위원회 구성원들은 수많은

문제 제기를 통해 '진주'를 만들어내고자 했다. 이런 운동은 전통적인 수직적 관료
문화에선 어렵지만 행정의 성과를 높이고 구성원의 사기진작을 위해서는 중요
하다.

▽ 남궁＝노 대통령도 최근 민원담당 공직자들에게 행정현장의 변화를 촉구한
바 있다.

▽ 피터스＝국민은 고위 공직자는 선출할 수 있지만, 정작 얼굴을 맞대는 하
위 공직자에 대한 영향력은 갖고 있지 않다. 국민이 하위 공직자를 통해 정부정책
에 영향을 미치는 구조가 대단히 중요하다. 그런 구조가 생겨야 하위 공직자가 자
율성과 함께 국민을 위해 봉사한다.

▽ 남궁＝시장형에서 참여형으로 정책을 바꾼 뒤 성공한 경우는….

▽ 피터스＝미국 인디언이나 알래스카 에스키모를 위한 병원시스템 개혁이 대
표적인 사례다. 인디언이나 에스키모는 환자 가족이 함께 아파하고, 고통을 나누
는 문화를 갖고 있다. 비용감축만을 우선하는 상황에선 병실 내에 환자가족을 위
한 공간을 두는 것은 불가능했다. 그러나 현장공무원이 행정수요자의 문화를 이해
하고 병실규모를 늘리자 완치 기간이 단축됐다.

▽ 남궁＝시장주의적 접근법으론 ㄱ 같은 해결은 불가능한가. 또 좋은 서비스
의 반대급부로 정부예산이 더 들었을 텐데….

▽ 피터스＝'가격－성능'의 비율을 따지는 구조였다면 채택될 수 없는 제도였
다. 하급 공직자들이 고객(국민)에게 변화의 필요성을 물었고, 그것을 실행에 옮
겼다는 데서 의미를 찾아야 한다. 내가 구체적인 숫자를 갖고 있지 않지만, 비용
은 많이 늘지 않았던 것으로 안다. 또 시장형이 언제나 비용절감에 효과적이라고
는 말할 수 없다. 영국 의료시스템(NHS)을 보라. 영국 정부가 의욕적으로 시장
주의적 개혁을 시도했지만 결과적으로 의료비용은 줄지 않았다. 의사한테 갈 돈이
회계사에게 갔을 뿐이다.

▽ 남궁＝정보공개법은 참여형 행정개혁을 위한 밑거름이다. 한국 정부도 최
근 정보공개법, 기록보존법, 행정절차법 등의 법제화작업을 진행 중이지만 국민이
정부업무를 아는 데는 한계가 있을 수밖에 없다.

▽ 피터스＝국민에게 정보를 제공하지 않는다면 효율적인 행정참여는 어렵다.
정부가 일손이 부족해 시민에게 업무를 잘못 알린다는 것은 이해할 수 없다. 물론

큰 비용이 드는 경우에는 수요자가 비용의 일부를 부담하면 된다. 실제로 미국의 큰 정부부처는 정보공개업무 담당자만 70명에 이른다. 물론 국가에 따라 정보공개 정책과 철학이 다르다. 한국과 미국은 공개를 요청받은 자료만 공개하지만 스웨덴에선 총리실을 방문해 총리가 주고받은 편지까지도 열람할 수 있다. 정부의 공식 보존물로 지정됐기 때문이다. 스웨덴은 일찍이 18세기 후반에 이미 정보공개법의 기초를 마련할 정도로 정보공개에 앞선 나라다. 미국에선 40년 전에 법제화됐다. 반면 영국에선 공개가 허용된 정보 이외의 모든 정보를 공개불가로 간주하고 있다. 영국 공직자 출신인 한 대학교수는 내게 "강의실에서 내 경험을 말하면서 매일 불법행위를 저지르고 있다"며 웃기도 했다.

▽ 남궁=노 대통령은 최근 행정개혁의 로드맵을 제시했다. 개혁이란 단숨에 해치우는 것인가, 계획을 밝힌 뒤 차근차근 실행해야 옳은 것인가.

▽ 피터스=작고 효율적인 정부의 모범사례로 꼽히는 뉴질랜드는 단칼에 개혁을 해치웠다. 하지만 영국의 마거릿 대처 총리는 첫 임기 4년반 동안 시동을 걸었고, 전체적으론 10년이 걸렸다. 내 생각에 개혁은 지속적이어야 한다. 뉴질랜드는 공공조직을 줄여서 효율이란 목표를 달성했지만, 보건 교육수준은 나빠진 것이 사실이다. 너무 멀리 나갔고 너무 빨랐다는 느낌이다. 두 방식 가운데 어떤 것이든 우월한 것은 없다. 참여형 정책이 단점이 있듯이 시장지향적 개혁은 효율은 얻지만 서비스 질이 떨어질 수 있다. 결국 고객의 문화와 특수한 요구를 염두에 두고 추진하려는 노력이 필요하다.

▽ 남궁=피터스 교수는 정책 결정에 문화요소를 많이 강조하고 있다. 에스키모 병원 이외에 다른 사례가 있나.

▽ 피터스=얼마 전 나는 덴마크에서 6개월가량 체류한 적이 있다. 그때 아이들이 다닌 학교가 행정당국이나 학교이사회가 아니라 학부모가 운영하고 있는 점을 흥미롭게 지켜봤다. 학부모는 학생과 더불어 교육서비스의 고객이다. 당시 이슬람계 학생에게 학교급식으로 나오는 돼지고기가 문제가 되자 이를 놓고 6개월 동안 진지한 대화를 했다. 덴마크 사람들의 참을성을 높게 평가하고 싶다. 결론은 점심식사 줄을 2개 만든다는 것이었다. 학부모들은 교육청이 개입했다면 분란만 일으켰을 것이라며 구성원들이 참여해 충분한 시간을 들여 내린 결정이 때로는 효율보다 중요하다고 믿는다고 말했다. 나는 참여형 정책의 중요성을 강조하지만,

그것이 만병통치약이라고는 생각하지 않는다. 사람들 생각의 틀을 천천히 바꾸려는 노력이 필요하다.   김승련기자 srkim@donga.com

▼ 가이 피터스 교수(59) 약력 ▼
- 미국 피츠버그대 정치학과 석좌교수
- 미시간 주립대 박사(정부개혁, 관료제도 전공)
- '미래의 국정관리'(1996·한국어로 번역됨) 등 저서 38권(공저 포함)

▼ 남궁근 교수(49) 약력 ▼
- 서울산업대 IT 정책대학원장
- 서울대 정치학과, 미국 피츠버그대 국제행정학 박사
- 경제기획원 사무관(1981~82년)

「행정조사방법론」 제3판 출간(2003)   신설된 IT정책대학원에 입학한 석·박사 과정 학생들은 모두 1학기에 공통과목으로 연구방법을 수강하도록 하였는데, 내가 연구방법을 강의하였다. 한편 고려대학교의 요청으로 한 학기 동안 행정학과 박사과정 학생들을 대상으로 연구방법을 가르쳤다. 두 과목의 수업자료를 기초로 2003년 8월에 행정조사방법론 제3판을 발간할 수 있었다.

동료교수들과 공동연구 자료수집차 북유럽 출장(2004)   학과의 동료교수들과 공동연구를 진행한 것도 기억에 남는 일이다. 2003년에는 학과 동료교수의 대부분이 연구진(연구책임자: 남궁근, 공동연구원: 김상묵, 김승현, 윤홍근, 이혁주, 정익재, 조현석)으로 참여하는 연구과제를 계획하여 '참여형 개혁에 대한 실태조사: 스칸디나비아 국가들에 대한 비교연구'라는 연구주제로 한국학술진흥재단의 연구비 지원(KRF-2003-072-BS2062)을 받았다. 같은 대학에 재직 중인 동료교수들과의 공동연구는 연구과정 자체도 즐거웠다. 2004년에는 6월 22일부터 7월 5일까지 2주에 걸쳐 자료수집차 북유럽국가 현장조사를 다녀오기도 하었다. 이 연구프로젝트에는 참여하지는 않았지만 고 하태권 교수님과 김재훈 교수도 동행하였다.

연구가 종료된 이후에는 연구성과물을 종합하여 「스칸나비아 국가의 거버넌스와 개혁」(한울아카데미, 2006)이라는 단행본으로 간행하였는데, 이 책은 2007년 대한민국학술원 우수학술도서로 선정되었다. 단행본의 원고를 정리하는 과정에서 우리 대학 학부를 졸업하고 IT정책대학원에서 석사학위를 받은 우하린 석사가 북유럽국가들에 관한 기본자료를 정리하느라 수고하였다. 우하린 석사는 그 후 미국으로 유학을 떠나 미주리대학에서 석사학위를 다시 취득하고, 공공관리분야에서 톱클래스 대학인 University of Georgia에서 2017년에 박사학위를 받은 후 귀국하였다.

단과대학 체제에서 종합대학 체제로 개편(2005)   내가 서울과기대(당시 서울산업대)로 전입해 보니 학생수가 15,000명이나 되는 대규모 대학이었다. 대학 내에서는 교육조직을 인문사회자연대학, 조형대학, 생산정보대학, 응용화학대학, 건설대학, 전기전자대학 등 6개의 단과대학을 편성하여 학장도 두고 있었고, 대학본부의 보직교수도 교무처장, 기획처장, 학생처장 등으로 일반대학과 동일하게 부르고 있었다. 그런데 자세히 알고 보니 국립대학설치령의 편제에 따라 대학 전체가 하나의 단과대학 체제로 운영되도록 되어 있었고 법제상으로는 학장이 아닌 학부장, 교무처장이 아닌 교무과장 등이었다. 그러므로 교내에서 생산되는 공문서에는 학장, 교무처장 등으로 표기되고 있었지만, 교육부 등 정부기관에 문서를 보낼 때에는 ○○대학장 대신 ○○학부장, 교무처장 대신 교무과장으로 표기해야 하는 것을 알고 깜짝 놀라게 되었다.

교육부 측에 알아보니 교육부에서도 국립대학설치령이 잘못되었다는 것을 알고 있었고, 매년 관례적으로 행정자치부에 설치령을 개정하여 달라고 요청하는데 받아들여지지 않는다는 것이다. 교육부 행정관리담당자는 행정자치부 담당국장을 포함한 관계자에게 사전에 상황을 설명해두면 쉽게 해결될 수 있을 것 같다고 나에게 부탁하였다. 2003년에 당시 IT정책대학원 세미나의 지정토론자로 참여한 바 있는 행정자치부 담당국장에게 교육부가 이 문제를 제기할 텐데 잘 살펴봐 달라고 부탁하였는데 결과적으로는 그 해에도 설치령 개정이 무산되었다. 나중에 알고 보니 행정자치부는 이 문제를 간단하게 처리하기 어려운 문제로 보고 있었다. 즉, 복수의 단과대학 설치가 주된 이슈는 아니었고, 대학본부에 국장급 부서인 교무처, 학생처, 기획처를 두게 되면 그 밑에 복수의 과 단위 조직을 설치해야 하므로 조직과 소요정원이 고구마덩굴처럼 늘어날 것을 우려하고 있었다. 당시 윤진식 총장님과 상의하여 해결방안을 모색하였다. 결국 윤진식 총장님이 소요정원의 증원을 일체 요청하지 않겠다는 각서를 쓴 후에 국립대학설치령이 개정되었다. 그에 따라 우리 대학은 2005년 7월 1일부터 교육조직을 6개 학부에서 4개 단과대학으로, 행정조직은 6과에서 3처 (교무처, 학생처, 기획처) 1국 8과로 확대 개편하는 한편 3개 행정실이 설치되어 명실상부한 종합대학 체제를 갖추게 되었다. 우리 대학이 주도한 국립대학설치령 개정으로 우리 대학뿐 아니라 다른 국립산업대학들도 혜택을 보게 되었다.

교내에서는 윤홍근 교수가 교내 연구과제를 수행하는 등 헌신적으로 노력하였고, 교육부 관계자와 함께 행정자치부 관계자들에게 상황을 이해시키기 위하여 여러 갈래로 노력한 결실을 맺은 것이다. 당시에 나는 규제개혁위원회 위원, 정부혁신지방분권위원회 위원 등 여러 위원회 회의 참석차 일주일에 한번 이상 정부서울청사를 방문하였는데, 정부청사 방문시에 우리 대학 사정을 행자부 차관을 포함한 관계자에게 설명하는 등 적극적으로 정보를 전달했던 것으로 기억한다.

한국행정학회 차기회장 선출(2006) 2006년 겨울 한국행정학회 정기총회에서 경선으로 이루어진 한국행정학회 차기회장 선거에서 나는 차기회장으로 선출되었고, 2008년도에 회장직을 수행하였는데 이에 관하여는 나의 학회활동에서 구체적으로 다루기로 하겠다.

동료교수들과 EU 공동연구 및 자료 수집차 EU본부 출장(2007~2009) 동료교수들과는 스칸디나비아 국가에 관한 공동연구로 자료수집 여행을 다녀오는 등 좋은 추억을 가지고 있었다. 이번에는 유럽연합의 개방형 정책조정방식(open method of coordination)분석을 연구주제로 선정하여 학술진흥재단에 공동연구를 신청하였다. 김상묵 교수가 연구책임자를 맡았는데, 다행스럽게도 연구재단에서 2년 과제의 연구비를 지원받았다(연구책임자: 김상묵, 공동연구원: 김승현, 남궁근, 김기환, 민병원, 김재훈 교수, 연구기간: 2007.8~2009.7 과제번호: NRF-2007-323-B00047).

연구프로젝트 자료수집차 2008년 6월 23일부터 7월 3일까지 동료교수들과 함께 벨기에 브뤼셀에 소재한 EU본부를 방문하였고, 이탈리아, 그리스 등 EU 회원국가들을 방문하였다. 나는 EU본부 방문시에 회원국가들이 언어장벽 때문에 정치적으로 완전한 통합을 이루기는 어려울 것 같다는 느낌을 받았다. 공용어가 무려 22개나 되기 때문에 EU본부에 외교관보다는 통역관이 더 많이 근무하고 있었다. 나는 고등교육정책분야에서 EU의 개방형 정책조정에 관한 논문을 써서 학술지에 게재하였다. 미국에서 공부한 나는 은연 중에 미국의 고등교육제도가 모범적이라고 생각하고 있었는데, 프랑스, 독일, 그리고 북유럽국가들이 거의 대부분 무상으로 고등교육서비스를 제공하면서도 고등교육의 질이 높은 것을 관찰하면서 유럽의 고등교육제도가 나름대로 장점을 가지고 있다고 생각하게 되었다.

2008년도에 나는 한국행정학회장을 맡고 있었는데, 중진행정학자들 가운데 안병만 교육부 장관, 이달곤 행자부 장관, 정정길 대통령 실장의 임명과 관련하여 국회청문회에서 논문이중게재 또는 표절 문제로 행정학회에 판단을 요구해 와서 답변 자료를 만드느라 신경을 썼다. 자료 수집차 유럽여행 중에 안병만 장관님의 인사검증관련 전화가 몇 차례 걸려 와서 신경을 많이 쓰게 되었던 기억이 난다. 행정학회 내의 윤리위원회 등 관련위원회의 검토를 거쳐 결정할 사안이어서 적절한 절차를 거쳐 잘 정리되었다.

「정책학: 이론과 경험적 연구」 초판 발간(2008)   2006년에는 한국행정학회 회장 선거 등과 관련하여 무척 바쁜 나날을 보냈는데 2006년 동계정기총회에서 차기회장으로 선출된 후 나는 그간 미루어 온 저서인 「정책학」의 본격적인 집필을 시작하였다. 책의 서문에서 밝혔듯이 이 책은 내가 학부의 정책형성론과 대학원의 공공정책 세미나와 같은 과목을 담당하면서 고민을 거듭해 온 내용을 토대로 한 것이다. 이 책을 출판하게 된 또 다른 이유는 내가 저술한 「행정조사방법론」 때문에 외부에는 연구방법 전문가로만 알려지지 않을까 하는 우려도 작용하였다.

관련 과목을 오랫동안 강의해 왔기 때문에 상당히 충실한 강의노트와 틈틈이 쓴 글을 토대로 했지만 집필과 수정에만 꼬박 1년 넘게 걸렸다. 원로교수이신 강신택 교수님, 백완기 교수님, 노화준 교수님, 그리고 김영평 교수님께 출판하기 이전에 원고를 보내 드렸다. 강신택 교수님께서는 세부적인 내용까지 개정방향을 지적해 주셔서 최대한 수용하려고 노력하였다. 백완기 교수님께서는 원고를 읽어 보신 후에 혹시 원고를 졸속으로 쓰지는 않았는지 우려하기도 하셨는데, 그런 우려가 말끔하게 없어졌다고 칭찬하셨다. 학과의 모든 동료교수들이 초안을 읽고 부분적으로 조언해 주셨는데, 김상묵 교수와 김기환 교수는 이 책의 초안 전부를 읽고 세세한 교정까지 보아주셨다.

이 책은 2008년 8월에 출간되었는데 과도하게 신경을 쓴 탓인지 출간 이후에 나는 오십견으로 어깨가 아파 1년 정도 치료를 받기도 하였다.

영광스럽게도 이 책 초판은 2009년도 대학민국학술원 기초학문육성 우수학술도서로 선정되었다.

규정심사위원장(2008~2009)　　2008년부터 2009년까지 나는 우리 대학 규정심사위원장을 맡았다. 규정심사위원회의 역할은 본부 교무회의를 통과한 각종 규정 제정 및 개정안이 다른 규정과 정합성이 있는지, 용어는 제대로 사용하고 있는지 등을 검토하여 필요하면 수정하는 것이다. 나는 예전에 규제개혁위원, 정부혁신지방분권위원회 위원 및 인사개혁 간사위원 등 정부 자문위원회의 일을 많이 해 왔기 때문에 규정을 살펴본 후 잘못된 부분을 비교적 쉽게 파악할 수 있었다. 규정심사위원장은 무보수 명예직이었지만 나로서는 나름대로 학교발전에 기여할 수 있었고, 학교 상황을 파악하는 데에도 도움이 되었다.

교명변경위원회 위원장(2008~2009)과 서울과기대로 교명변경(2010)
우리 대학의 일반대학 전환을 앞둔 시점에서 우리 대학은 서울산업대학교라는 명칭을 더 이상 사용할 수 없게 되었으므로 교명을 바꾸는 작업을 진행하여야 했다. 우리 대학에서는 윤진식 총장 재임시인 2004~5년에도 교명찾기를 통한 교명변경을 시도한 바 있었다(이하, 「교명찾기」 백서 2004-2005 참조). 2004~2005년에는 네이밍 업체에서 제시한 5개안과 공모를 통하여 응모된 6,518건의 후보 가운데 압축과정을 거쳐 한강대학교, 다산대학교, 서울과학기술대학교, 서울테크노대학교, 나라대학교 등 5개안이 압축되었다. 한편 새로운 교명과 관련 교육인적자원부에 의견을 조회한 결과 '한국대학교'는 불가능하다는 통보를 받았다. 후보안에 대한 선호도 조사를 거쳐 최종 후보로 '서울과학기술대학교'가 선정되었다. 최종 단계에서 서울산업대학교와 서울과학기술대학교에 대한 구성원들의 선호도 조사결과 서울산업대학교가 54%, 서울과학기술대학교가 45.6%로 나타나 2005년 당시의 교명변경 추진작업은 무산되었다.

나는 노준형 총장의 요청으로 2008년에 교명변경위원회라는 위원회의 위원장을 맡게 되었다. 그야말로 무보수 명예직으로 교수, 학생, 직원, 동문을 대표하는 위원들로 구성된 위원회를 이끌어가면서 결론을 도출해야 하였다. 위원회의 간사는 기획처장이 맡았고 행정적인 지원은 기획처 직원들이 담당하였다. 교명에 대한 선호가 각자 다르고 갈등이 발생할 경우에 걷잡을 수 없이 확대될 수도 있으므로 나는 최대한 공정하게 회의체를 운영하는 것이 요체라고 생각하였다.

첫 단계에서는 교명후보를 최대한 많이 제안 받았다. 학내구성원들과 동문들이 엄청나게 큰 관심을 보여주어 수많은 교명후보가 제안되었는데, 이러한 폭발적인 관심은 2004~5년 당시와 유사하였다.

두 번째 단계에서는 교명후보들을 대상으로 인터넷 조사를 거쳐 다득표 순으로 우선순위를 정하였다. 인터넷조사 결과를 합산하여 보니 1순위 '한국대학교', 2순위 '서울과학기술대학교', 3순위 '다산대학교'로 집계되었다. 교수님들은 '서울과학기술대학교'에 대한 선호도가 높았고, 학생들은 '한국대학교'에 대한 선호도가 높은 편이었다. 학생들의 입장에서는 종합대학의 이미지가 보다 확실한 대안을 선호하였고, 교수님들은 대학의 특성이 교명에 반영될 수 있는 안을 선호하는 것으로 볼 수 있었다.

교명변경위원회에서는 이러한 결과를 종합하여 대학본부에 보냈다. 대학본부에서는 1순위인 '한국대학교'로 교명을 변경하겠다고 교육부에 신청하였다. 그런데 '한국대학교'라는 교명은 2005년과는 달리 이번에는 사용할 수는 있었으나 공주대학교가 이미 신청한 상태였다.

공주대학교는 천안공전과 예산농전을 통합하는 과정에서 '한국대학교'로 교명을 변경하겠다고 공약하였고, 이 약속을 지키기 위하여 학교당국에서 교육부에 교명변경을 신청하였다. 그런데 공주사대 동문들이 '한국대학교'로 교명변경에 반대하여 교육부에 민원을 제기한 터라 결정을 미루고 있는 상황이었으므로 교육부가 우리 대학의 신청을 받아들일 수 없었다. 이러한 상황에서 우리 대학당국에서는 일정기간이 지난 후에 교내 구성원들에게 양해를 구한 다음 2순위인 서울과학기술대학교로 교명변경을 재신청하여 받아들여졌다. 우리 대학은 개교 100주년을 맞아 새로운 이미지를 구축하고 브랜드 가치를 높이기 위해 2010년 9월 1일자로 서울과학기술대학교로 교명을 변경한다고 공표하였다.

연구년과 벨기에 루뱅대학 방문교수(2010년)　2001년도에 서울과기대로 전입한 이후 학내외에서 상당히 바쁘게 활동하다보니 2010년에야 1년간 연구년 기회를 가지게 되었다. 연구년. 기간 중에 유럽연합의 고등교육정책을 연구하고자 한국연구재단에 연구비를 신청하였다. 내가 연구책임자를 맡았고 우리 대학의 김상묵, 노종호, 김소영 교수, 그리고 손명구 박사가 연구원으로 참여하는 연구과제인데 교육과학기술부 인문사회역량강화사업비로 한국연구재단 2년 연구과제(NRF-2010-32A-B00246)로 선정되었다. 이 연구를 진행하기 위하여 EU본부가 소재한 브뤼셀과 가까운 루뱅대학(KU Leuven)의 공공관리연구소(Public Management Institute: 이하 PMI, 후에 Public Governance Institute로 명칭이 변경됨)에 5월 초순부터 8월 초까지 90일간(5.10~8.6) 연구차 방문하였다. 원래 6개월 정도 방문을 고려하였으나 90일 이상 체류하려면 서류절차가 매우 복잡하여 3개월로 기간을 줄였다.
　사실 나는 다음 해 봄으로 예정된 우리 대학의 총장선거에 출마하기로 마음을 정하고 있었고, 가을로 예정된 큰 딸의 혼사도 앞두고 있던 터라 3개월 동안 학교를 비워야 하는지 고민도 있었다. 그러나 유럽에 다녀오는 것이 연구과제 수행은 물론 고등교육에 관한 지평을 넓히는 데 도움이 될 것으로 판단하여 과감하게 결단하여 다녀오기로 하였다.

KU Leuven의 PMI는 유럽의 행정학 연구에서 중심적인 역할을 하고 있었고 당시 연구소장이자 유럽행정학회 회장인 Geert Bouckaert 교수, 후임 연구소장인 Annie Hondegem 교수, Christopher Pollitt 교수를 포함한 교수진, 연구진, 그리고 직원들이 따뜻하게 맞이해 주었다. PMI에는 김상묵 교수가 2009년 2학기에 6개월간 체재하면서 맺어놓은 인적네트워크가 큰 도움이 되었다. PMI는 미국의 행정학 연구자들이 유럽에 와서 연구할 때 상당기간 머무르는 곳이라서 피츠버그대학의 Guy B. Peters 교수와 인디애나 대학의 Jim Perry 교수도 연구차 방문했던 곳이다. 마침 "유럽연합의 행정"에 관한 연구차 브뤼셀에 머물고 있던 GSPIA 교수이자 전 원장인 Carolyn Ban을 6월 20일 점심에 민나 힘께 식사하면시 여러 가지 이야기를 나누었다. 그런데 약속한 시간이 남아공 월드컵에서 한국과 그리스의 경기시간이었다. Ban 교수가 축구에 관심이 전혀 없었기에 식사하는 중에는 내색도 못하였는데 한국에서 집사람이 경기상황을 문자로 알려 와서 2:0으로 이긴 것을 실시간으로 알 수 있었다.

7월 8일에는 PMI의 교수와 연구원을 대상으로 한국의 "인사행정과 인사행정의 개혁"에 관하여 발표하였다. 그곳 사람들은 우리나라의 국민 대비 공무원의 수가 지나치게 적은 것에 관하여 매우 의아하게 생각하고 질문이 이어졌다. 그 과정에서 우리나라 공무원은 물론 기업체 종사자들이 일상적으로 야근과 초과근무를 한다는 사실을 알고 무척 놀라는 것이었다. 내가 2018년 7월 30일자 내일신문 컬럼 "주 52시간 근무제도 정착되어야"에도 소개한 바 있지만 벨기에에서는 퇴근 시간 이후 직장동료들과 식사한 후에 야근한다는 것은 상상하기 어려운 일이었다. 그 후 당시 연구소 부소장인 애니 혼데겜 교수의 초대로 중산층 거주지역인 단독주택단지에 자리잡은 자택을 방문한 적이 있었는데, 놀랍게도 집에서 말을 기르고 있었다. 평소 허름한 중고차와 대중교통을 이용하며 검소한 생활을 하는 교수 가족이 휴일에는 함께 승마를 즐긴다는 것이다. 가족의 취미생활을 매개로 부부와 자녀 사이에 대화도 많은 편이고 유대도 각별하게 깊었다. 집 안에서 할 일이 많으므로 저녁식사를 밖에서 해결하는 경우는 극히 드물다고 한다. 연구년 기간 중 관찰한 바에 따르면 정시 퇴근하지 않을 경우 직장과 가정생활의 양립이 어려운 상황이므로 근무시간 중에는 사적인 용무를 철저하게 배제하고 업무에만 전념하여 생산성이 매우 높았다. 또 한 가지 짚고 넘어갈 것은 당시 MB 정부가 발표한 국립대 교수들에 대한 성과연봉제 도입 계획을 소개하자 벨기에 교수와 연구원들은 이해할 수 없다는 반응이었으며, 이같은 신공공관리 관점에 따른 혁신에는 매우 회의적인 반응을 보였다.

비록 짧은 기간이었지만 벨기에 루뱅대학에서의 연구년을 보낸 경험은 내가 유럽국가와 유럽의 고등교육을 이해하는 데 큰 도움이 되었다. 특히 EU가 회원국가들에게 대학의 국제교류의 대폭 확대를 추진하면서 2020년까지 유럽고등권역국가(EHEA)의 대학졸업생 가운데 최소 20%가 외국에서 학습 또는 훈련의 기회를 가지도록 해야 한다는 야심찬 목표를 세워 추진하는 것이 인상적이었다. 내가 총장이 된 이후에 우리 대학은 유럽의 많은 대학들과 교류협정을 체결하였고, 우리 대학 학생들을 유럽의 대학에 교환학생으로 많이 보냈을 뿐 아니라 유럽의 대학생들을 우리 대학에 상당히 많이 받아들이고 있다.

내가 벨기에 KU Leuven에 머물던 때에 두 딸이 일주일 정도 다녀갔으며, 집사람과 아들도 한 달 정도 방문하여 함께 지낼 수 있었다. 두 딸은 이미 사회에 진출하였으므로 여름 휴가차 방문한 것이다. 한편 아들은 당시 중학교 3학년이었는데, 한달 동안 아들과 함께

KU Leuven에 머물면서 대학교정도 둘러보고, 벨기에 주요도시와 네덜란드 암스테르담, 이태리 로마에도 함께 가보면서 아들과 대화를 나눌 수 있는 소중한 시간을 가질 수 있었다.

연구년 동안에 한국연구재단의 연구비를 받아 진행한 연구의 연구결과는 내가 총장으로 재직하는 중에 「유럽연합의 대학개혁」(법문사, 2014)과 「볼로냐협약의 집행성과」(법문사, 2014)라는 두 권의 단행본으로 발간하였다. 한편 나는 연구년 기간 중에 2003년 제3판 출간 이후 7년 동안이나 개정하지 못하였던 행정조사방법론의 개정작업을 진행하였다. 루뱅대학에 가기 전에는 집에서 가까운 서초동 지방행정연구원의 연구실을 배정받아 개정작업을 진행하였다. KU Leuven도서관은 세계랭킹 50위권 이내의 대학답게 풍부한 장서를 소장하고 있었다. 예를 들면, 질적 연구의 주요방법론의 하나인 근거이론(grounded theory)의 공동창시자인 B. G. Glaser와 A. L. Strauss가 1967년에 *The Discovery of Grounded Theory*를 발간한 이후 연구절차에 관한 이견이 빌생하여 Glaserian 패러다임과 Straussian 패러다임으로 분화되었는데, 도서관에서 소장한 이들의 저술들을 읽고 그 내용을 정리할 수 있었다. 「행정조사방법론」 제4판의 교정작업은 대부분 KU Leuven에서 이루어졌고, 귀국한 직후인 2010년 8월에 발간되었는데, 겉표지 안 저자 사진은 그곳에서 촬영한 것이다.

서울과기대의 일반대학 전환(2012)에서의 역할　서울과기대로 전입한 이후 나는 우리나라에서 산업대학과 일반 대학의 차이가 거의 없는 상황에서 고등교육법에 (일반)대학과는 구분하여 규정한 산업대학의 범주를 없애야 한다는 생각을 가지고 있었다. 마침 2004년도에 교육인적자원부에서 특별연구과제인 「초·중등교육법령 및 고등교육법령 개편연구」(교육정책연구과제 2004-특-19)의 연구원으로 참여하게 되었다. 연구책임자는 서울대학교 법과대학 박은정 교수(현 국민권익위원장)가 맡았고 공동연구자로 나와 조상희교수(건국대), 조석훈 교수 (인제대), 이희정교수(동국대)가 참여하였다.

초·중등교육법령 및 고등교육법령에서 여러 가지 쟁점이 있었는데 (일반)대학과 구분되는 산업대학이라는 범주의 존치 여부도 쟁점이 되었다. 나는 일반대학이 연구 중심 및 (직업)교육 중심 분야별로 특성화가 추진되는 상황에서 향후 직업교육기능에 초점을 맞춘 일반대학과 산업대학은 그 구분의 의미가 약화될 것이므로 장기적으로는 산업대학의 형태를 폐지하고 이를 일반대학과 통합하여 기능적 특성화에 따라 재구성하는 것이 바람직하다고 주장하였다. 연구책임자를 맡은 박은정 교수는 이에 대한 확신이 없다고 주저하였다. 그래서 나는 이 문제를 몇 개의 쟁점사항들과 함께 교육인적자원부 측에 넘긴 후 부처 자체 의견수렴을 거쳐 방향을 결정하는데 따르자고 제안하였고, 연구책임자를 포함한 연구진에서는 그 방안이 타당한 것으로 동의하였다. 교육부에서는 당시 김영식 차관 주재로 실·국장 및 과장들과의 토론모임을 거쳐서 장기적으로는 산업대학의 범주를 유지할 실익이 없다는 결론을 내렸다고 알려왔다. 이를 토대로 연구과제 최종 보고서에 산업대학의 범주를 없애는 것이 바람직하다고 제안하였다(구체적인 논거는 「초·중등교육법령 및 고등교육법령 개편연구」, 교육정책연구과제 2004-특-19, pp. 153-156.).

보고서에서 제안한 것처럼 산업대학과 일반대학의 구분을 없애려면 고등교육법 개정이 필요하였다. 전국 산업대학 총장협의회가 중심이 되어 국회 교육위원들을 집중적으로 설득하였다. 당시 여당인 열린우리당 비례대표 이은영 의원(한국외대 교수 출신)이 대표로 발제하여 2008년 초에 3년간 한시적으로 산업대학의 일반대학 전환을 가능하게 하는 고등교육법 개정안이 국회 본회의를 통과하였다. 2008년 9월에 대통령령인 대학설립운영규정이 개정되어 산업대학이 일반대학으로 전환하려면 교수확보율이 일반대학의 평균인 61%에 도달하여야 한다는 기준이 설정되었다. 당시 우리 대학을 포함한 산업대학들의 교수확보율은 이에 훨씬 못 미치는 상태였으므로 일반대학으로 전환하려면 불가피하게 입학정원을 감축하여 교수확보율 기준을 충족할 수밖에 없었다.

개정된 고등교육법에 근거하여 해당 대학이 요건을 충족시킨 후에 일반대학 전환을 신청하면 교육부가 행정적인 절차를 거쳐 승인하게 되는데, 최종 단계에서는 대학설립심사위원회의 심의를 거쳐 승인여부가 결정되었다. 나는 당시에 교육부 대학설립심사위원장(2007.8.1~2009.7.31)을 맡고 있었다. 국립대학 가운데 최초로 일반대학 전환을 신청한 충주대학교(현 교통대학교)의 현지 실사날짜는 공교롭게도 고 노무현 대통령의 장례식이 거행된 2009년 5월 29일 오후로 잡혀 있었다. 나는 당일 오전 경복궁 흥례문 앞뜰에서 거행된 장례식에 초청받고 참석한 후 충주로 이동하여 위원회 위원들과 함께 현지 실사를 완료하였다. 충주대학의 일반대학 전환은 현지실사를 거쳐 통과되었다. 다음 해에는 우리 대학이 일반대학 전환을 신청할 예정이었는데, 나는 이해충돌의 상황이 발생할 것을 우려하여 대학설립심사위원장의 연임을 고사하였다.

우리 대학과 한경대학 등은 국토해양부의 수도권정비계획법에 따른 제약 때문에 일반대 전환을 신청할 수 없었다. 이 문제를 해결하기 위하여 정부는 2010년 11월 수도권 산업대의 일반대 전환을 2011년 9월까지 한시적으로 허용해주는 시행령 개정안을 통과시켰다. 이에 우리 대학은 교육부와 조정을 거쳐 일반대학 전환을 신청하였고 대학설립심사위원들이 우리 대학에 현지실사 때문에 방문하기도 하였다. 그런데 대학설립심사위원장이 교육부의 조정안보다 더욱 까다로운 구조조정을 요청하였다. 우리 대학에서는 교육부와 조율을 거쳐 10개 학과를 5개 학부로 조정하기로 협의되었는데 대학설립심사위원장의 요청은 5개 학부를 5개 학과로 조정하려는 것이었다. 관련학과가 이러한 요청을 받아들이지 않으려고 하면서 학내에서는 상당한 진통을 겪었고, 학교당국에서는 통합하는 학과에 학생정원 증원 및 연구비 지원과 같은 파격적인 우대조건을 제시하여 5개 학부를 5개 학과로 조정하기로 하였다. 이러한 우여곡절을 겪은 후인 2011년 3월 31일에 대학설립심사위원회가 우리 대학의 일반대학 전환을 승인하였다. 그 이후 국토해양부 수도권정비위원회 심의를 통과한 후 일반대 전환이 최종 확정되어, 2012년 3월 1일자로 일반대학으로 전환하게 되었다. 그러나 학과통합이라는 과도한 구조조정을 인하여 일반대학 전환 이후 내가 총장으로 재임하는 동안은 물론 그 이후에도 갈등이 지속되고 있다.

돌이켜 보면, 산업대학의 차별을 벗어나고자 하는 우리 대학 구성원의 염원이 달성되는 데에는 상당히 긴 시간과 여러 사람들의 노력이 필요하였다. 나는 2005년 IT정책대학원장의 임기를 마친 후에 우리 대학에서 공식 보직을 맡은 적이 없지만 교육부 정책연구 연구진, 대학설립심사위원장, 교육부 정책자문위원회 위원 등으로 활동하면서 교육부의 일에 계속 관여하고 있었으므로 정부 측에 우리 대학의 입장을 개진할 수 있어서 조금이나마 도움이 될 수 있었던 것으로 생각한다.

「정책학」 제2판 발간(2012)　　치열한 선거운동을 거쳐 2011년 6월 24일에 진행된 우리 대학 총장선거에서 나는 총장후보 1순위자로 선출되었다. 당시 노준형 총장의 임기는 10월 15일까지이므로, 나는 교육부 인사검증을 거쳐 3개월 반 정도가 지난 이후에야 총장에 취임할 것으로 예상되었다. 총장으로 취임한 이후에는 연구에 할애할 수 있는 시간은 전혀 없을 것이므로 그 기간 동안, 2008년에 발간한 「정책학」의 개정판을 준비하기로 하였다. 은사님께서 정책학 초판에 정책분석 및 평가방법에 관한 내용이 제외되어 독자들이 정책학의 영역을 좁게 볼 수 있다는 우려하시는 말씀을 받아들였다. 추가하여야 할 내용은 그간 내가 강의를 담당하여 왔던 정책분석 및 평가론 과목의 강의노트와 은사인 W. N. Dunn교수 저서의 공동번역서인 「정책분석론」, 나의 저서 「행정조사방법론」, 내가 이미 발표한 몇 편의 논문을 상당부분 이용하여 원고를 작성하였다. 제2판의 원고는 내가 총장으로 취임하기 이전에 완료하였으나, 총장 취임 이후 교정 작업이 늦어져 2012년 1월에 발간되었다.

서울과기대 총장(2011~2015)　서울과기대 총장으로 선출되게 된 배경과 총장 재직시에 한 일에 관하여는 별도로 기술하기로 한다.

평교수 복귀와 서울대학교 행정대학원 객원교수(2016)　총장직을 마친 후에는 나는 바로 IT정책대학원의 평교수로 복귀하였다. IT정책대학원으로 복귀한 것은 행정학과 학생정원 감축으로 교수 정원이 이미 100% 충원된 상태라는 점과 내가 주도적으로 창설한 IT정책대학원에 애착이 많았기 때문이다. 내가 IT정책대학원으로 복귀하면서 행정학과 교수진 및 신임 김종호 총장과 협의하여 행정학과에는 2016년 1학기에 신임교수 정원을 1명 더 배정하는 한편 대학본부 소속으로 2012년 충원하여 행정학과의 헌법학과 행정법 강의를 담당하는 강기홍 교수를 행정학과 소속으로 전환하기로 하였다. 행정학과 입장에서는 오랜만에 젊은 피를 받아들이게 되었는데, 연구업적도 뛰어나고 인품도 훌륭한 김태희 교수가 신임교수로 선발되어 학과의 활력을 되찾게 되었다.

2016년 1학기에는 서울대 행정대학원에서 6개월간 객원교수로 근무하면서 재충전의 시간을 가졌다. 행정대학원에서는 강의 담당을 권유하였으나 나는 연구실에서 차분하게 공부하면서 평교수로서 해야 할 일을 정리해 보기로 하였나. 평교수의 입장에서는 4년간의 총장직 수행은 장기간 외도에 해당하는 것이었다. 총장직 수행과정에서 불가 피하게 미루어 둔 과제를 찾아보니, 행정학 분야 영문책자 발간, 「행정조사방법론」 제5판 및 「정책학」 제3판 발간이 시급한 것으로 판단되었다.

행정학 영문책자는 내가 2008년 한국행정학회 회장으로 재직할 때 한국의 행정과 정책을 전 세계에 소개하자는 취지로 기획한 것인데, 내가 총장직을 수행하면서 지지부진하였다. 나는 공개적으로 약속한 것을 지키지 못했다는 자책감 때문에 영문책자 집필 팀을 다시 꾸려서 본격적으로 추진하기로 마음을 굳혔다. 행정대학원의 객원교수 연구실에서 내가 맡은 원고 초안을 2016년 1학기 중에 솔선수범하여 완성하는 한편 집필진을 독려하였다. 「행정조사방법론」과 「정책학」도 새로운 흐름을 반영하여 개정하여야 하였다. 서울대 행정대학원에서 이러한 작업을 수행하는 데 쾌적한 연구실을 제공해 주어 감사하게 생각한다. 서울대 행정대학원에서 매주 1~2회 개최되는 지식포럼, 리더십포럼 등 각종 세미나에 가끔 참석하는 것도 큰 도움이 되었다.

세 권의 단행본 발간(2017)

「행정조사방법론」 제5판   서울대 행정대학원의 객원교수로 1학기를 보낸 후 2016년 2학기부터는 우리 대학에 복귀하여 강의를 담당하게 되었다. 나는 교수의 본분은 강의라고 생각한다. 무려 5년 만에 다시 강의를 하게 되자 마치 신임교수처럼 설레기도 하고 두렵기도 하였다. 나는 2016년 가을학기에는 대학원 '연구방법'과 학부 '정책분석평가' 과목을 담당하였다.

가을 학기에 강의하면서 「행정조사방법론」 원고를 가다듬어 2017년 2월에는 「행정조사방법론」 제5판을 발간하였다. 개정작업의 핵심은 세 번에 걸친 개정작업에서 과도하게 늘어나 독자들에게 부담이 된 책의 분량을 줄이자는 것이었다. 빅 데이터 분석과 혼합방법과 연구내용은 보완하되 중첩되거나 필요성이 적은 내용과 사례들은 과감하게 제외시켜서 결과적으로 책의 판형은 물론 분량도 줄였다.

「정책학」 제3판   2017년 봄 학기에는 대학원의 '공공정책 특강'과 학부의 '정책형성론' 과목을 강의하였다. 대학원 수업에서는 「정책학」에 소개된 이론과 더불어 우리나라의 경험적 연구사례를 지정하여 매주 발표하도록 하였는데, 이러한 연구사례들을 개정판의 본문과 Box에 적절하게 소개하였다. 정책학의 경우에도 초판과 비교하여 제2판에서 분량이 지나치게 늘어났기에 2017년 8월에 발간된 제3판에서는 분량을 과감하게 줄였다.

Public Administration and Policy in Korea   총장직을 마친 후에 우리나라의 행정과 정책을 소개하는 영문책자인 *Public Administration and Policy in Korea*에 가장 큰 관심을 가지고 추진하였으며, 이 책은 2017년 7월에 Routledge출판사에서 출판되었다 (구체적인 내용은 학회활동 참조).

학회 활동 /2

소장학자 시절

한국행정학회 정회원 활동(1978~)   학회활동은 학자로서 학문공
동체에 기여하고 선후배 및 동료학자들과 교류하는 장으로서 의미가
매우 크다. 나는 군복무시에 행정학 전임강사로 육군3사관학교에 재
직하던 1978년부터 한국행정학회에 정회원으로 가입하였고, 기회가
있을 때마다 행정학회 학술대회에 참여하였다. 짧은 공무원 생활을
마감하고 젊은 나이에 경상대학교 교수가 된 후에도 행정학 분야에서
는 유일한 학회였던 한국행정학회의 일반회원으로서 학술대회가 열릴
때 참석하는 것이 주된 활동이었다. 1984년에는 "신행정론의 가치지
향: 사회적 형평성을 중심으로"라는 논문을 한국행정학보(18권 1호)에
게재하기도 하였다.

한국행정학회 편집위원 및 연구위원 활동(1990~)   박사학위를 마
치고 귀국한 후에는 한국행정학회의 연구위원회 또는 편집위원회에
위원으로 활동하기 시작하였다. 소장학자로서 학문공동체에 동향을

파악하려면 학회 활동이 필수적이며, 편집위원회나 연구위원회 등 위원회에 위원으로 참여하는 것이 바람직하다. 또한 한국행정학회의 학술대회에 참석하여 동료와 선배교수님들의 발표를 듣기도 하고, 나의 논문을 발표하기도 하고 토론자로 참여하려고 노력하였다.

한국행정학회 부산 · 경남 · 울산 · 제주 지역학회(1990~2001)　　내가 경상대 교수로 재직하던 시기에는 지역학회인 부산 · 경남 · 울산 · 제주 지역학회에서 활동하였다. 이 지역학회에는 상당수의 4년제 대학교수들이 참여하였는데 부산에는 국립대인 부산대와 부경대, 사립대로는 동아대, 경성대, 동의대가 있었고, 경남지역에는 국립대인 경상대, 창원대, 사립대인 경남대와 인제대, 울산의 울산대학교, 제주의 제주대학교의 행정학과 교수진이 상당히 많은 편이었다. 1년에 한 차례 정도는 1박 2일로 학술세미나 행사를 가졌는데 매우 진지하게 세미나가 진행되었고, 회원들 사이에 친목을 도모하는 뒷풀이 행사도 가졌다. 특히 지리산 중턱의 경남 산청에서 진행된 학술행사와 통영의 바닷가에서 가졌던 학술행사가 기억에 남아 있다. 이 지역학회가 모체가 되어 한국지방정부학회로 발전하였다.

한국정책분석학회 창설에 기여(1991~1993)　　1991년에는 노화준 교수님의 주도로 송희준, 이달곤 교수 등 소장교수들과 함께 주기적으로 방법론에 관한 워크숍을 가지게 되었다. 요즘에는 새로운 방법론과 분석기법의 발전 속도가 더욱 빨라졌지만 당시에도 새롭게 개발된 방법론과 기법을 공유하자는 취지에서 워크숍을 시작하였다. 나는 워크숍에서 패널 데이터 분석과 LISREL을 통한 공분산구조분석 방법에 관하여 발표했던 것으로 기억한다. 1993년에 나는 노화준 교수님과 공동으로 편집한 「공공정책의 결정요인 분석」(법문사)이라는 전문서적을 발간하였는데, 기고자의 대부분은 워크숍에 참여한 학자들이었다. 이 책의 제1편 총론에서 노회준 교수님이 '서론', 정정길 · 김재훈 교수가 '공공정책 결정요인 연구의 전개과정 및 이론적 배경', 내가 '공공정책결정요인 연구에서의 방법론상 쟁점'을 집필하였고, 제2편 사례연구에서 강인재, 김성태, 남궁근, 목진휴, 박광국, 송근원, 송희준, 유금록, 이희선, 황성돈, 황윤원 교수가 각각 국내외 사례연구에 관하여 집필하였다. 한편 방법론 워크숍은 1992년에 정책분석평가학회로 발전적으로 진화되었다.

한국정책분석평가학회 편집위원장(1999)   학술지 편집위원장은 학자로서는 영예로운 자리라고 생각한다. 해당 분야의 학자공동체에서 학술적 업적을 인정받아야만 될 수 있기 때문이다. 정책분석평가학회는 1991년 워크숍을 위주로 활동하는 연구회로 처음 출범할 때부터 노화준 교수님을 모시고 소장학자들과 함께 주도하였기 때문에 애착을 많이 가지고 있었고, 나로서는 논문도 제법 많이 게재하였다. 1999년에 정책분석평가학회 송근원 회장님(경성대)이 편집위원장을 제안하여 흔쾌하게 승낙하였다. 정책분석평가학회 편집위원장으로 일하면서 편집위원회 또는 연구위원회의 위원과 위원장으로 일하는 것의 차이점을 인식하게 되었다. 편집위원장의 주된 임무는 편집위원들과 협업하면서 동료들의 논문심사를 통과한 논문들을 모아 학술지를 발간하는 것이다. 다른 한편으로는 학회장을 중심으로 총무, 연구 등 집행부의 핵심멤버로서 함께 학회운영의 방향을 논의하면서 학회가 어떻게 운영되는지 전반적으로 파악할 수 있었다.

한국행정학회 편집위원장(2000)
한국행정학회 2000년 집행부   2000년도에는 한국행정학회 회장인 박재창 교수님(숙명여대)의 요청으로 한국행정학회 편집위원장을 맡게 되었다. 당시에는 한국행정학회를 포함한 전국규모의 주요 학회는 학회장을 물론이고 총무, 연구와 편집 등 주요 직책을 서울 소재 대학교수들이 독점적으로 맡아 왔다. 당시 나는 경상대 교수로 재직하던 시기였는데 박재창 회장님께서 지방대학에 재직 중인 교수 중에서도 학회 주요 임원을 임명하시겠다는 취지에 따라 총무위원장인 전북대 강인재 교수와 함께 2000년 한국행정학회 집행부에서 일하게 되었다. 당시 연구위원장은 성균관대 박재완 교수와 외국어대 김인철 교수가 맡게 되었다. 박재창 회장님께서는 차기회장 시절인 1999년에 강인재 총무위원장, 연구위원장인 박재완 교수와 김인철 교수, 그리고 편집위원장인 나와 함께 여름 방학 때부터 여러 차례 모임을 가지면서 2000년도 행정학회에서 해야 할 일들을 사전에 치밀하게 기획하셨다.

박재창 한국행정학회 회장은 1999년 동계학술대회에서 취임하셨는데, 신임 편집위원장인 나의 저서 「비교정책연구」가 '한국행정학회 학술상-저술부문'을 수상하게 되어 더욱 뜻 깊은 일이라고 축하해 주셨다.

2000년 경남 산청 삼성연수소 하계학술대회   이 글은 KAPA@ forum 90호(2000년 여름호)에 게재된 글 '하계학술대회 안내: 미리 가본 경남 삼성연수소'를 토대로 재구성한 것이다.

2000년도 한국행정학회 하계학술대회는 6월 23일(금)~6월 24일(토)에 경남 산청의 삼성연수소에서 개최되었다. 하계학술대회 준비를 위해 총무이사인 강인재 교수와(전북대)와 내가 산청 현지를 미리 답사하였다. 하계학술대회가 알찬 행사가 되도록 한국행정학회 부산경남·울산제주 지역학회(회장: 김영기 교수, 경상대)가 도와 주셨고, 하계대회 기간 중 경남도청, 경상대학교, 산청군청 관계자가 지원해 주었다. 특히 당시 김혁규 경남도지사가 23일 저녁식사를 후원하였는데, 산청의 행사장까지 방문하셔서 직접 환영 인사를 하였다.

몇 년 전부터 하계학술대회는 한국행정학회의 가장 큰 행사로서 다양한 학술논문 발표뿐만 아니라 회원들의 친교, 휴식, 그리고 관광을 겸한 다목적 모임으로 자리를 잡아가고 있다. 금년에도 집행부에서는 회원 여러분의 의견을 수렴하여 보다 알찬 행사가 되도록 노력하고 있는데 공교롭게도 작년에는 지리산의 서편에 위치한 구례에서 하계학술대회가 열렸는데 올해에는 지리산의 동편에 위치한 산청에서 학술대회가 개최된다.

금년 하계학술대회에서는 학술행사와 더불어 분과별 토론회, 회원들의 친교를 위한 가든파티, 등산 등 여러 가지 모임이 예정되어 있다. 진주에서 유래한 진주팔검무와 진주오광대놀이에 기대가 큰데, 한 학기동안 연구와 강의에 지친 심신을 물안개가 피어오르는 지리산 산록에서 리프레쉬하기 바란다.

먼저 학술대회가 개최되는 삼성연수소를 소개하고자 한다. 삼성산청연수소는 RESTRA라 하는데 이는 RESORT와 TRAINING의 합성어로 휴양과 교육이 만나는 장소라는 의미이다. 즉, 21세기 정보화 시대에 대비한 첨단 멀티미디어 교육 인프라를 통해 열린 교육을 실현할 수 있는 곳, 지리산 국립공원의 맑고 깨끗한 자연환경 속에서 휴양을 즐길 수 있는 곳으로 교육과 휴양의 조건을 가장 완벽하게 만족시킨 신개념의 '복합 리조트형 연수소'이다.

연수소는 교육동, 후생동, 숙소동으로 구분되는데 교육동은 대강당, 교육실, 각종 첨단 장비가 완비된 멀티미디어실이 여러 개 있으며 후생동에는 식당뿐만 아니라 수영장, 사우나, 당구장, 탁구장 등 각종 여가시설이 완비되어 있으며 야외에는 축구장과 등산로가 개설되어 있다. 숙소동은 특급호텔 수준의 숙소이다. LAN, 위성수신시스템 등 기본적인 정보인프라가 구축되어 있다.

학술대회실마다 멀티 다이렉션 시스템과 독특한 인테리어의 특화된 구조가 가능하기 때문에 단순한 논문발표와 토론이 아닌, 참여자 모두가 참여하는 담론의 장으로 창의적인 아이디어가 산출될 수 있을 것으로 기대해 본다. 각 분과연구회가 기획하고 주관하는 토론모임이 보다 활성화될 수 있을 것이다.

KAPA 2000 집행부에서의 학습

2000년 한국행정학회 집행부에서 일하면서 나는 당시 박재창 회장님의 리더십 스타일에서 많은 것을 배웠다. 박재창 회장님은 집행부의 분과위원장에게 해야 할 미션을 미리 분명하게 제시하였고, 집행부 이사들이 이를 받아들여 실행하였다.

　편집위원회　　내가 맡았던 편집위원회는 집행부와는 독립적인 조직으로 투고된 논문을 소정의 절차에 따라 공정하게 심사의뢰하고 심사자의 판정에 따라 게재 여부가 결정된다. 예외적으로 심사자들 사이에 이견이 발생하는 경우에는 편집위원장이 개입하여 판단할 여지가 있지만 대체로 편집위원회에서 거의 모든 문제가 해결되었다. 1999년 정책분석학회 편집위원회의 경우에는 학회 차원에서 상근간사가 없었기 때문에 편집위원장이 투고자와 편집위원들에게 연락하는 일까지 개인적으로 처리하여야 했다. 그런데 한국행정학회의 경우에는 편집을 담당하는 상근간사를 채용하고 있었으므로 행정적인 업무처리에 소요되는 시간을 줄일 수 있었다. 당시에는 요즘과 같이 인터넷을 활용한 투고와 심사시스템이 정착되지 않은 상태이므로 행정학회보에 투고된 논문들을 대상으로 편집위원들이 한 장소에 집결하여 논의를 거쳐 심사자를 신청한 다음, 심사를 의뢰하는 방식으로 편집위원회 일이 진행되었다.

　집행이사들간의 역할분담　　2000년 집행부의 학회운영으로부터 배운 것은 박재창 회장의 주도로 집행부 이사들이 자주 모여 논의를 거쳤지만 기본적으로는 각자 맡은 역할을 충실하게 수행하였다는 것이다. 박재완 교수와 김인철 교수가 공동위원장을 맡은 연구위원회의 미션은 학술대회개최와 더불어 연구용역을 수주하는 것이다. 2000년도에 춘계, 하계, 추계, 동계학술대회 이외에도 7차례의 기획세미나를 개최한 것이 기억이 남는다. 회장님과 연구위원장이 적극 노력한 덕분에 연구용역의 수주도 많이 증가하였고, 간접비의 비율을 늘려서 학회가 쓸 수 있는 간접비를 많이 남길 수 있었다. 학회살림을 맡은 강인재 총무위원장이 행정학회 사무실로 광화문 쌍용플래티넘 1609

호실을 2억5,160만원에 분양받아 현재까지도 사용하고 있다. 한편 섭외위원회의 공동위원장을 맡은 박종민 교수(고려대)와 목진휴 교수(국민대)가 행정학회 소식지 명칭을 KAPA@forum으로 변경하고 행정학 공동체의 공론장으로 활성화시켰다. KAPA 2000년 집행부 이사들은 임기가 끝난 후에도 지속적으로 모임을 가지고 있으며 친밀한 관계를 유지하고 있다. 나는 KAPA 2000년 집행부에서 일하면서 학회 운영뿐 아니라 조직의 리더가 무엇을 어떻게 해야 하는지 많은 것을 배울 수 있었다.

미국행정학회 초청 62차 연차학술대회 참석 이 글은 2001년 봄 미국행정학회 62차 연차총회 참석기로 한국행정학회 소식지인 KAPA@forum 94호(2001년 여름)에 게재된 글이다. 글의 내용에서 2000년 가을부터 2001년 봄에 개최되는 미국행정학회 연차총회 참석을 미리 준비했음을 알 수 있다.

미국행정학회 초청 62차 연차학술대회를 다녀와서

지난 3월 미국 뉴저지주 뉴욕시에서 '새로운 세기, 새로운 도시, 그리고 새로운 도전(New Century, New Cities, and New Challenges)'이라는 주제로 미국행정학회(ASPA) 62차 연차 총회가 개최되어 각국 행정학자와 공무원들 약 1,500명이 참석하였다. 지난 해 ASPA 측에서는 한국행정학회에 ASPA 62차 연차 총회에 하나의 독립세션을 배정하기로 하고 우리를 초청한 바 있어, 그 과정을 간단하게 소개하고자 한다.

작년 여름 ASPA 측의 초청제의를 받고, 집행부에서는 미국행정학회와 상의하여 독립세션의 주제를 "한국 외환위기 이후 신공공관리론적 개혁(The New Public Management Initiatives in Korea after the Currency Crisis)"으로 정하였다. 주제를 정한 다음에는 회원들에게 참여기회를 주기 위하여 가을 KAPA@forum을 통하여 논문을 공모하였다. 공모결과, 서울대 김준기 교수(논문제목: The Emergence of a Third Party Government in Korea), 성균관대 이명석 교수(논문제목: New Public Management, New Governance and Administrative Reform in Korea), 상지대 김태룡 교수(논문제목: Is the New Public Management Model Appropriate for Korea's Public Sector Reform?), 탐라대 한세억 교수(논문제목: Stepping Stones to the New Public Management in Korea: The Role of Administrative Informatization Policy)가 논문발표자로 선정되었다. 한편 필자는 사회자로 참여하게 되었다.

ASPA에서는 우리 측을 배려하여 개회식 행사가 열렸던 main room을 KAPA 독립세션 세미나 장소로 배당하였다. 당일 동시에 열리는 세션이 너무 많아 방청석에 참석자가 적지 않을까 걱정하였다. 그런데 많은 학자들이 참여하여 발표 후 상당히 열띤 토론이 뒤따랐고, 전체적으로 성황리에 세션을 마무리할 수 있었다. 김태룡 교수는 불가피한 사정으로 참석하지 못하였지만, 미리 준비한 논문을 참석자들에게 배포하였다. 방청석에 참여한 외국인 학자들은 한국에서 IMF 외환관리 체제 이후 진행된 여러 가지 개혁의 내용 및 과정, 그리고 그 성공요인에 관심이 높았다.

이번 ASPA 세미나에서는 모든 세션에 배정된 총시간이 75분으로 짧은 편이며, 지정토론자 제도가 없이 세션을 진행하는 경우가 대부분이었다. 그러므로 발제자의 논문발표가 끝나면, 곧 이어 청중들의 comment와 질의에 따른 발제자들의 답변시간을 갖게 되었다. 대체로 사회자는 세션에 배정된 75분 중 40분 정도에서 발제를 모두 마치도록 하고 나머지 시간을 토론시간으로 배정하였는데, 지정토론자들이 없음에도 불구하고 활발한 질의와 토론이 이루어지는 것이 인상적이었다. 우리 학회에서도 청중석에 토론시간을 많이 배당하는 것이 바람직하다고 생각된다.

미국행정학회 Marc Holzer 전 회장과 Glen Hahn Cope 부회장은 초청경비로 약 2,000달러의 기금을 조성하여 한국측 독립세션 참가자의 등록비와 체재비를 부담하였다. ASPA에서 우리에게 공식적으로 독립세션을 배정하고, 체제비까지 제공한 것은 매우 뜻깊은 일이다. 금년에 시작한 미국행정학회의 초청행사가 앞으로 제도화되었으면 하는 바램이다.

한국에서는 KAPA 독립 세션 참가자 외에도 많은 학자와 실무자들이 참여하였다. 학자들 중에는 2001년 한국행정학회 정용덕 회장, 황윤원 행정연구원장,

그리고 안문석 교수(고려대) 등을 비롯하여 10여 명이 사회, 발제 및 토론자로 참여하였다. 또한 행정학 분야의 BK사업에 참여하고 있는 서울대, 성균관대, 국민대에서는 상당수 대학원생들이 학회에 참여하였다. 실무계에서는 서울시의 행정개혁 사례를 발표한 팀이 눈길을 끌었다. 그 외에도 미국에서 연구년을 보내고 계신 교수님들, 미국에서 박사과정에 재학중인 한국학생들 중에서 참여자도 눈에 띄게 증가한 것으로 보였다. 이번 미국행정학회 연차총회에 참석하면서 한국행정학이 국제화되어가고 있음을 피부로 느낄 수 있었다.

한국행정학회 연구위원장(2002)   2002년에는 당시 학회장인 김영평 교수님의 권유로 한국행정학회 연구위원장을 맡아서 일하게 되었다. 학회의 규모가 확대되다 보니 집행부 이사진들도 복수로 임명되어 중앙대 조성한, 충북대 최영출, 고려대 최흥석 교수와 공동으로 위원장을 맡게 되었다. 김영평 회장님의 리더십 스타일은 권한을 과감하게 위임하고 간섭을 거의 하지 않는 것이었다. 연구위원회와 관련하여 대부분 나에게 권한을 위임하여서 보다 책임감을 가지고 조성한, 최영출, 최흥석 교수와 함께 일한 것으로 생각된다. 연구위원회가 관할하는 일은 연구과제를 수주하고 학술대회를 조직하는 일이었다. 연구비를 지원받기 위하여 여러분을 만났는데 김영평 회장님과 함께 당시 이명박 서울시장을 청사로 방문하여 한국행정학회에 도움을 요청했던 일이 떠오른다. 연구책임자로 연구과제를 몇 건 수행하기도 하였는데 예를 들면, 기획예산처의 연구과제인「공공부문 개혁의 성과평가와 성과에 대한 국민의 인식차이의 원인분석에 관한 연구」(한국행정학회, 2002),「공공개혁의 중장기 비전과 과제」(한국행정학회, 2002)에서 연구책임자를 맡았다.

다음은 KAPA@forum 100호(2002년 겨울)에 게재된 2002년 집행위원회 소식 가운데 연구위원회에 관한 내용을 요약한 것이다.

연구위원회의 임무는 회원들의 연구활동을 토대로 학술대회를 개최하고 회원

들이 각종 연구활동이 원활하게 이루어 질 수 있도록 뒷받침하는 일이다. 2002
년도 연구위원회 활동의 기본목표는 학술대회 개최횟수를 최대한 줄이는 대신, 각
학술대회에 더 많은 회원들이 참여할 수 있는 기회를 제공하고자 하였다. 이러한
원칙 하에 춘계, 추계, 하계 및 동계대회 등 정기학술대회를 모두 이틀간에 걸쳐
개최하도록 하였으며, 필요한 회원들에게는 숙박의 편의를 제공하고자 하였다. 특
히 7개 분과연구회가 정기학술대회를 통하여 분과연구회 중심의 연구결과를 발표
할 수 있도록 최대한 배려하였다. 한편 pre-doctoral students session을 마련
하여 신진학자들이 발표기회를 가질 수 있도록 하였다.

춘계학술대회는 "시민정신과 민주행정"을 주제로 4월 19~20일에 천안 정보
통신공무원교육원에서 이틀간 개최되었다.

하계학술대회는 "행정개혁과 공공영역의 변화"를 주제로 6월 21~22일 전북
삼성생명 전주연수소에서 개최되었다. 월드컵의 열기 속에서 진행된 하계학술대회
종료 직후 모든 참여자들이 대형스크린으로 스페인과의 경기를 관람하였다.

추계학술대회는 "지식정보화와 차기정부의 정책과제"를 주제로 10월 18~19일
에 서울시 공무원교육원에서 개최되었다. 추계대회에는 2개의 기획세미나와 일반
논문 발표로 이루어졌다. 첫 번째 기획세미나는 한국, 미국, 일본 행정학회가 공
동으로 "E-Government for the 21st Century: Strategies, Applications,
and Impacts"를 주제로 하는 국제학술세미나인데, 일본측에서 일본행정학회장을
포함한 6명이 참여하였고 미국행정학회에서 8명의 논문발표자가 참여하여 3개국
의 학자가 공통주제로 토론하는 매우 뜻깊은 학술대회가 되었다. 두 번째 기획세
미나는 "지식정보시대 교육정책의 과제와 발전방향"으로 교육정책의 문제점을 지
식정보사회의 틀 속에서 새롭게 조명하는 논문발표와 토론이 이루어졌다.

동계학술대회는 12월 13~14일 중앙공무원교육원에서 "한국행정과 신뢰"를 주
제로 동계학술대회가 개최되었다.

정기학술대회와 더불어 4차례의 기획세미나를 개최하였다. 5월 2일~3일에는
중앙인사위원회 출범 3주년 기념 국제회의를 "The Person, the Core of the
Future Government"라는 주제로 롯데호텔에서 개회하였다. 8월 13일에는 "고객
가치구현을 위한 우편배달서비스 발전"이라는 주제로 한국언론재단에서 토론회를
개최하였으며, 9월 10일에는 "지식정보화와 미래정부모형"이라는 주제로 롯데호

텔에서 기획심포지움을 개최하였다. 또한 9월 24일에는 "여성공무원 채용목표제"라는 주제로 한국언론재단에서 기획세미나를 개최하였다.

2002년에는 179편의 논문이 발표되었고, 294명의 발표자, 104명의 사회자, 365명의 토론자 등 총 763명의 회원들이 학술대회에 적극적으로 참여하여, 한 해 동안 학회를 중심으로 회원들의 활발한 연구활동이 이루어졌다고 평가된다.

한국행정학회 회장(2008)

한국행정학회장 후보로 나서게 된 배경　나는 행정학 교수가 된 이후 한국행정학회장을 해보는 것이 소망의 하나가 되었다. 학자들의 공동체에서 인정을 받아야만 회장으로 선출될 수 있었고, 회장이 된다면 학회에 나름대로 기여할 수 있다고 생각했기 때문이었다. 나와 같은 또래의 훌륭한 학자들이 많았기 때문에 행정학회장이 되려면 대체로 경선을 거쳐야 하였다.

우리 대학에 재직 중이던 고 하태권 교수가 2004년에 2006년 회장으로 선출되었다. 같은 대학에서 연이어 행정학회 회장으로 선출되기는 어렵기 때문에, 나는 2006년에 회장으로 나가야겠다고 마음을 굳혔다. 2006년도에는 1년 동안 거의 빠짐없이 서울과 지방에서 열리는 학술대회에 참석하면서 회원들을 대상으로 내가 학회장이 되려는 이유를 설명하였다. 나는 지방대학에 오랫동안 근무하였기 때문에 지방대학의 사정을 잘 알고 있다고 생각하였다. 그러나 학술대회가 열릴 때 지방대학의 교수님들, 특히 전문대학의 교수님을 만나보고 현장의 상황을 살펴보니 행정학의 위기가 생각보다 심각하였다. 지금은 상황이 더욱 악화되었음은 말할 나위가 없을 것이다. 다행히도 2006년 동계학술대회에서 차기회장으로 선출되어 2008년도에 한국행정학회 회장으로 일하게 되었다.

　지역구 국회의원들은 비례대표 국회의원이 지역구에서 치열한 선거전을 겪지 않고 국회의원이 되었기 때문에 제대로 인정하지 않으려 한다고 한다. 비유가 적절하지는 않지만 경선을 겪으면서 학회장으로 당선된 경우에는 경선을 거치지 않은 경우보다 현장을 더 잘 이해할 수 있다고 생각된다. 나는 행정학회장을 지내면서 지방의 회원들에게도 최대한 기회를 드리고자 노력하였다.

　2008년 한국행정학회 운영의 회고와 제언　　이 글은 2015년 한국행정학회가 발간한 「한국행정학과 한국행정학회의 발전: 역대 학회장의 회고와 전망」, 274-290쪽에 실린 "한국행정학의 경쟁력과 국제화: 2008년 학회운영 회고와 제언"이라는 글을 그대로 옮겨 놓은 것이다.

Ⅰ. 들어가는 말

　한국행정학회로부터 회장 재직시 경험을 회고하고, 행정학회와 행정학계가 나아가야 할 방향을 제언해 달라는 부탁을 받았다. 다행히도 당시 행정학회 소식지인 kapa@forum과 학술대회 팜플렛을 토대로 회고해 볼 수 있었다. 여기에서는 취임사와 퇴임사를 중심으로 당시 상황을 회고한 다음, 그 연장선상에서 행정학계가 나아갈 방향을 제언하기로 하겠다.

Ⅱ. 학회운영을 위한 준비

1. 임원진 구성

　2006년 정기총회에서 차기회장으로 당선된 후 1년 동안 학회운영을 어떻게 할 지 구상하는 시간을 가지게 되었다. 행정학회라는 대규모 학회를 제대로 운영하려면 임원진을 일찍 구성하고 임원진들끼리 자주 만나서 토론하면서 학회운영 방향을 모색하여야 한다고 보았다. 한국행정학회는 행정학 전공 교수, 연구자, 현직 종사자들로 구성된 학문공동체이다. 임원진을 구성하는 과정에서 학문공동체 구성원의 대표성을 최대한 살려야 한다고 생각하였고, 특히 지방에 계신 회원들을 낳이 모시고사 노력아였다. 지빙대힉 재직교수님 가운데 지역담당 부회장 두 분 외에도 전력담당 부회장도 모시게 되었고, 상임위원장 가운데 국제협력위원장과 교육취업위원장으로 지방대학 재직교수가 일하게 되었다. 학회 임원진은 다음과 같았다.

부회장으로 연구담당: 김인철 교수(한국외대), 지역담당: 강성철 교수(부산대), 오세윤 교수(호남대), 전략담당: 김복규 교수(계명대), 운영: 김영호 차관(안전행정부)을 모셨다. 집행이사로는 총무위원장: 김상묵 교수(서울과기대), 연구위원장: 박흥식 교수(중앙대), 편집위원장: 이승종 교수(서울대), 섭외위원장: 조경호 교수(국민대), 영문편집위원장: 문명재 교수(연세대), 학술정보위원장: 김영미(상명대), 교육취업위원장: 황영호 교수(군산대), 국제협력위원장: 최영출 교수(충북대)를 모셨고, 일반상임이사(무임소이사)에는 권경득 교수(선문대), 강제상 교수(경희대), 오철호 교수(숭실대), 장지호 교수(한국외대)가 합류하였다.

부회장단 및 집행부 이사들과 수차례 토론을 통하여 2008년 한 해 동안 한국 행정학회가 나아가야 할 방향이 무엇인지 진지하게 고민하였다. 가장 중요한 화두는 행정학이 우리나라에 도입된 지 50여년이 넘었고, 한국 행정학이 성숙하여 세계적인 경쟁력을 갖추게 되었다는 것이다. 한편 국내 상황적 요소로는 2008년도가 정권이 교체되어, 이명박 정부가 출범하는 해이며, 또한 1948년 정부수립 60주년이 되는 뜻 깊은 해라는 것이 학회운영에 반영되어야 한다고 보았다.

2. 학회운영의 기본방향: 한국행정학의 경쟁력과 국제화

임원진과 토론을 거쳐 2008년도 한국행정학회 운영의 기본방향을 '한국행정학의 경쟁력과 국제화'로 설정하였다(이하 2008년 한국행정학회 학회장 취임사에서 발췌함. KAPA@forum 121호, 2008년 봄, 4-5쪽). 한국 행정학은 지난 반세기 동안 학문적 성숙과 함께 국가발전에도 크게 기여해 왔다. 우리나라 행정학계는 산업화 시대를 거치면서 행정의 이론적 토대와 발전행정을 심층적으로 다루었고, 민주화 시대를 맞이하여 주민참여와 지방분권 등 참여 거버넌스에 대한 체계적인 연구를 통하여 행정학의 이론적 깊이를 더하는 한편 학문적 외연을 지속적으로 넓혀 왔다.

2008년 학회운영의 기본방향을 "한국행정학의 경쟁력과 국제화"로 설정한 것은 지난 반세기 동안 축적된 한국행정학의 경쟁력을 바탕으로 우리의 독특한 행정경험을 담은 독창적인 행정이론을 연구하고 국내외에 전파하자는 취지를 반영한 것이다. 이러한 기본방향에서 2008년 집행부는 다음과 같은 과제를 중점적으로 추진하고자 하였다.

첫째, 한국 행정과 행정학을 세계에 소개하기로 하였다. 영문홈페이지 확충, 영문 소식지 발간, 영문학술지 IRPA 1회 추가발간(총 3회 발간), 한국행정학에 대한 영문서적발간 등을 통하여 국제화를 체계적으로 추진하겠다는 것이다. 추계학술대회는 국제학술대회와 겸하여 내실을 기하는 학술대회로 준비하기로 하였다. 특히 한국의 행정현상에 대한 심도 있는 연구 결과물들을 정리하여 한국행정학에 관한 영문전문서적을 발간하기로 하였다.

둘째, 회원에 대한 맞춤형 서비스 제공을 위해 노력하겠다고 약속하였다. 소규모 연구모임 활성화, 홈페이지의 쌍방향적 소통기능 강화, Kapa@forum에 정년퇴임 회원들의 소개공간과 원로회원의 활동 코너 마련을 통한 의사소통 강화 등 다양한 맞춤 서비스 방안을 모색하기로 하였다.

셋째, 행정학연구의 지평을 확대해 나가겠다고 약속하였다. 당시와 같은 전환기에 '공공성'의 가치가 진지하게 재검토되어야 한다고 보았다. 행정학의 연구영역을 중앙정부와 지방정부는 물론 넓은 의미에서 공공성을 구현하는 공공기관과 시민사회까지 확장할 필요가 있다고 생각하였다. 2007년 발족한 공공기관 연구회 등을 통하여 연구공백을 채워나가겠다고 약속하였다. 특히 2008년이 정부수립 60주년이 되는 뜻 깊은 해이므로 인접학회 및 관련기관과 공동으로 정부수립 60주년을 되돌아보는 기획세미나를 준비하기로 하였다.

넷째, 지방대학 및 지방학자들의 참여기회를 늘이겠다고 약속하였다. 2008년 춘계와 하계 학술대회를 각각 전주와 부산에서 개최하기로 하였다. 특히 부산 BEXCO에서 개최되는 하계대회는 행정학분야의 많은 학회회원이 참석하여 학술적 토론과 더불어 행정학 공동체의 구성원이 함께하는 축제의 장으로 만들어 가겠다고 약속하였다. 한편 상임위원회에 많이 참여한 지방학자와 함께 '지방공무원 인턴 채용제도'를 포함한 지방행정학의 활성화 방안의 모색도 약속하였다.

다섯째, 우리 학회의 학문적 성취 수준을 대내외에 알리는 얼굴인 '학회보 발간'을 적극 지원하기로 하였다. 행정학회보와 영문학회보 모두 총회에서 직접 선출뇌는 2년 임기의 편집위원장 중심으로 발간되는 상황에서, 자율적으로 발간되는 학회보의 양적·질적 향상을 위해 가능한 한 지원을 아끼지 않겠다고 약속하였다. 한편 표절과 윤리문제는 재발하지 않도록 제도적 장치를 보완해 나가겠다고 밝혔다.

여섯째, 행정학의 교육과정 및 교육방법 개선의 모색을 약속하였다. 대학에 불어 닥치는 변화의 물결 속에, 교육과정 인증에 대비하고 법학전문대학원 도입에 따른 대응책을 마련해야 한다고 보았다. 교육취업위원회를 중심으로 표준커리큘럼 연구 등 이러한 문제에 대처할 수 있는 방안을 모색해 나가겠다는 것이다.

2008년 집행부는 행정학을 연구하고 실천하는 학자들과 정책설계자들의 공동체인 우리 학회가 위와 같은 과제를 실천할 수 있는 충분한 역량을 가지고 있다고 생각하였다. 학회 임원들은 회원들과 함께 이러한 과제를 실천할 수 있는 방안을 다각도로 모색하기로 하였다.

Ⅲ. 학회운영의 회고

2008년 당시 학회운영을 회고해 보려고 당시 발간한 뉴스레터인 kapa@forum 121호부터 124호까지 살펴보았고, 학술대회에 관한 자료도 점검하였다. 2008년도에 학회가 어떻게 운영되었는지가 퇴임사에 정리되어 있기에 이를 중심으로 회고해 보기로 하겠다.

1. 학술대회 개최 상황

한국행정학의 경쟁력은 무엇보다도 회원들이 관심을 가진 다양한 주제에 관한 심도 있는 연구결과를 활발하게 발표하고 토론하는 과정에서 길러진다. 2008년 행정학회는 춘·하·추·동 정기 학술대회만을 개최하는 것을 원칙으로 하며 학회 주도가 아닌 기획 또는 특별학술회의는 가급적 자제하였고, 그 수요를 정기학술대회로 흡수하고자 노력하였다. 네 번에 걸친 정기학술대회 주제와 개최시기, 그리고 장소는 다음과 같다.

춘계학술대회: 이명박 정부의 과제(4월 25~26일), 전주, 전북대
하계학술대회: 새시대 정부과제 실행의 전략(6월 20~21일) 부산, 벡스코
추계학술대회: 세계화와 공공부문의 리프레이밍(10월 16~17일) 서울, 교육문
　　　　　　　화회관

동계학술대회: 정부수립 60년-행정연구의 다원화와 토착화(12월 12~13일), 서울, 광운대

정기학술대회 때마다 논문 섭외를 하지 않더라도 논문발표 신청자 수가 크게 늘어나 한국행정학계의 축적된 연구역량을 실감하게 되었다. 학술대회 발표논문의 수는 춘계학술대회 69편, 하계학술대회 171편, 추계국제학술회의 116편, 동계학술회의 109편으로 집계되었다.

정기학술대회 이외에도 집행부가 주도하여 4차의 기획세미나를 성황리에 개최하였다. 첫 번째는 이명박 정부의 국정운영에 우리 학회의 의견을 선제적으로 투입하기 위하여 1월 24일 개최한 "새 정부의 정부혁신: 계승과 발전" 세미나(서울상공회의소)이다. 이명박 정부의 정부조직개편(안)을 당시 인수위원회 간사인 박재완 교수가 발제하여 학계와 공무원들은 물론 언론의 집중 조명을 받았던 것이 기억에 새롭다.

두 번째는 정부수립 60주년을 맞이하여 한국정치학회와 공동으로 "대한민국 정치·행정의 연속과 변화: 새로운 60년을 향하며"를 개최(출판문화회관)하였다. 이 세미나는 우리나라의 사회과학계를 대표하는 행정학회와 정치학회가 공동으로 개최하였고, 발제와 토론을 교차로 맡아서 뜻깊은 행사가 되었다. 강단에서는 분과학문간 학제적인 연구(inter-disciplinary research)를 강조하면서도 실제로는 학문간 칸막이 현상이 견고한 현실에서 의미 있는 기획세미나였다고 생각한다.

3차 기획세미나는 "중앙행정기관의 지방화와 법인화"(9월 25일, 상공회의소)를 주제로 하였고, 4차 기획세미나는 "소방공무원 3교대 근무 및 소방사각지대 해소방안"(12월 23일, 국회도서관)을 주제로 하였다.

정기학술대회와 기획세미나를 모두 합하게 되면 500편에 가까운 논문이 발표되었다. 그리하여 2008년 당시 1년 동안 발표자, 사회자, 토론자 등으로 학술행사에 공식적으로 참여한 회원은 연인원 1,500여 명이 넘었다.

학술대회에는 지방과 수도권의 학자들이 골고루 참여하여 역량을 갖춘 학자들이 전국에 분포한다는 점도 입증되었다. 상당수의 발표자들이 박사과정이나 박사후 과정에 재학 중인 신진학자들로서 역량을 갖춘 학문후속세대도 길러지고 있어 우리 학회 회원들과 함께 축하해야 할 것으로 생각되었다. 발표논문의 주제도 전

통 행정학뿐 아니라 분야별 정책으로 확산되었고, 인접국가의 행정 및 정책연구까지 증가하여 행정학자들의 연구주제가 다원화되고 있었다. 또한 당시 전 세계가 위기를 겪고 있는 상황이 발생하여 공공성(publicness)의 의미와 공공부문의 역할을 다시 한 번 진지하게 성찰하게 되었다. 이러한 맥락에서 본다면 행정학회 회원의 연구영역이 중앙정부와 지방정부는 물론 넓은 의미에서 공공성을 구현하는 공공기관과 시민사회까지 확고하게 자리 잡게 되었다고 본다.

세미나 개최 시에는 총무위원장이 중심이 되어 회원들이 보다 화기애애한 분위기에서 친목을 도모할 수 있도록, 식사제공과 문화프로그램도 세심하게 준비하였다.

2. 한국행정 및 행정학의 국제화 추진

지난 반세기 동안 행정학회 회원들과 전임회장단의 헌신적인 노력이 기반이 되어 한국행정과 한국행정학은 세계적인 경쟁력을 갖추고 있었다. 그런데 안타까운 점은 한국행정학회의 경쟁력이 외국에는 비교적 덜 알려져 있다는 것이었다. 이러한 현실에서 한국행정학의 국제화를 추진하기 위하여 연구부회장(김인철 교수)을 위원장으로 하는 국제화특별위원회를 구성하여 몇 가지 방향에서 상당한 노력을 경주하였다.

첫째, 영문학술지 IRPA를 기존의 2회 발간에서 3+1 발간체제로 과감하게 전환하였다. 즉, 3회 발간을 원칙으로 하면서 필요시 1회를 추가할 수 있도록 한 것이다. 2008년도에는 special issue 1회를 포함하여 IRPA를 총 4회 발간하였다. 발간회수의 증가와 함께 철저한 질 관리 체제를 갖추어 빠른 시일 안에 IRPA가 SSCI급 논문집으로 격상되어야 한다는 전제에서 그와 같이 결정하였다.

둘째, 한국행정학과 한국행정학회를 외국기관과 외국인에게 영문으로 소개하고자 *Korean Public Administraion and KAPA: Looking Back, Leaping Forward*라는 책자를 기획하고 2008년 말에 발간하여 국내외에 배포하였다. 이 책자 발간을 위하여 많은 대학의 행정학과에서 재정 지원을 해 주었다. 이 책은 후속판이 나오지 않아 현재까지도 외국기관 및 학자들에게 우리나라 행정학회 및 행정학을 소개하는 데 활용되고 있다. 예를 들면, 필자가 2010년 벨기에 캐톨릭 Leuven대학교의 방문교수로 3개월 체류할 때, 이 책자를 선물하였더니 당시 유럽행정학회장인 Boukaert Geert 교수를 포함한 유럽학자들이 한국행정학의 성장에 놀라워했던 기억이 눈에 선하다.

셋째, 미국과 일본행정학회 등 전통적으로 국제교류를 해 왔던 외국학회의 학술대회에 회장단이 직접 참여하는 한편, 대만 행정학회와 MOU 체결, 베트남과의 협력강화 등 국제협력의 다원화를 추구하였다. 당시 미국행정학회(ASPA) 연차총회는 텍사스 주 댈러스(3.7~11)에서 개최되었는데, 여기에 별도의 KAPA 패널을 구성하여, 우리 학회 상임위원장단을 중심으로 논문발표와 토론을 가졌으며, KAPA 추계학술회의 홍보문건을 미리 작성하여 배포하였다. 일본행정학회에는 5.9~10 양일간 개최된 정기총회에 회장단과 임승빈, 소순창 교수가 참여하여 논문발표와 토론에 참여하였다. 대만의 경우 학회장이 대만행정학회(정식명칭, 臺灣中國行政學會) 정기총회에 참석하여 논문 발표하였고, 擔中原(Chung-yang Jan) 회장과 교류협력을 위한 MOU에 서명하였다.

넷째, 이러한 협력 활동을 강화한 결과 "세계화와 공공부문의 리프레이밍(Globalization & Reframing the Public Sector)"를 주제로 개최한 추계국제학술대회에는 30여 명의 외국학자들과 20여 명의 국내학자들이 영문논문을 발표하였다. 추계국제학술대회에는 ASPA Donald Klingner 회장, H. George Frederickson 및 M. L Palley 전 회장, W. N. Dunn(피츠버그대 석좌교수), R. Feiock, D. S. Wright, M. Hill 등 세계적 학자들이 참여하였다. 특히 우리 학회에서는 미국행정학회장을 포함한 9명에 대해서만 이코노미 클래스 항공권을 제공하여 초대하였고 대부분 학자가 자비로, 그리고 자발적으로 참여했다는 점에서 우리 학회의 위상이 상당한 수준으로 제고되었다는 점을 실감할 수 있었다.

마지막으로 학회 홈페이지를 개선하는 과정에서 영문홈페이지를 대폭 확충하여 우리 학회의 Web-site를 방문하는 외국인들에게 상당한 정보를 제공할 수 있도록 하였다. 그럼에도 불구하고 한국의 행정현상에 대한 심도 있는 연구 결과물들을 정리하여 한국행정학에 관한 영문전문서적을 발간하기로 한 약속을 지키지 못하여 아쉽게 생각한다. 1년이라는 짧은 기간에 이러한 일을 추진하는 것이 어렵다는 점을 절감하게 되었다.

3. 행정학의 영역 확장

행정학의 전통적인 영역 이외에도 공공기관과 시민사회에 관한 연구가 본격화되었다. 구체적인 특정분야에 관심을 가진 연구자들이 연구회 모임을 결성하면서 영역 확장이 본격적으로 이루어지게 되었다. 예를 들면, 공공기관연구회, 감사연구회 등이 새롭게 출범하였으며, 대만연구회 등 특정 국가에 관심을 가진 연구자들의 모임도 결성되었다. 이후 이러한 소모임들이 훨씬 많이 등장하는 계기가 되었다. 총무위원회를 중심으로 적극적으로 신규회원을 가입시키려고 노력하였는데, 시민사회단체와 공공부문에 재직하는 분들도 상당수 가입하여, 회원의 다원화에도 기여하였다.

4. 영역별 자율 거버넌스의 정착 지원

행정학회는 기본적으로 학회장을 중심으로 하는 위계적 조직이 아니라 수평적인 네트워크 조직이며 그러한 방향으로 점차 전환되어가고 있었다. 학회 집행부는 영역별로 자율거버넌스가 정착될 수 있도록 최대한 지원하였다. 총회 직선 2년 임기체제로 변모된 행정학회보 편집위원회는 직선 초대 편집위원장이 2년 임기를 마치고 직선 2기 체제로 전환하였다. 영문편집위원회도 2008년부터 총회직선 2년 임기체제로 운영되게 되었다. 행정학회보와 IRPA가 편집위원회 중심으로 자율적으로 발간되어 집행부의 간섭에서 벗어나 학회보가 질적으로 발전할 수 있다고 확신하였다.

한편 사회과학분야에서 어느 학회보다도 먼저 설립된 윤리위원회가 자율적으로 운영되고 있었다. 당시 정무직으로 진출한 원로회원인 정정길 대통령 실장과 안병만 교육부 장관의 검증과정에서 윤리위원회가 독자적으로 적절한 판정을 내린 바 있다.

학문 활동을 하면서 발생할 수 있는 표절과 윤리문제로 회원 사이에 갈등이 야기될 수도 있는 상황에서 행정학회는 학회발표논문에 대하여는 연구위원회가, 학보게재논문에 대하여는 편집위원회가, 일반적인 품위문제에 대하여는 윤리위원회가 각각 담당하도록 역할분담을 분명하게 하였고, 그 내용과 처리절차도 비교적 상세하게 규정하도록 정비하였다.

그 외에도 학술상위원회, 선거관리위원회 등은 오래전부터 자율적 운영이 정착되고 있었다. 이같이 영역별 자율적 거버넌스 체제가 정착되어 학회 집행부가 부담 없이 활동하는 데 큰 도움이 되었다.

5. 회원 중심의 소통체제 강화

회원을 소중하게 생각하며, 회원에 대한 맞춤형 서비스를 제공하겠다는 것도 2008년 집행부가 회원들에게 약속드린 과제의 하나였다. 그런데 소통체제를 강화하기 위하여는 무엇보다도 홈페이지와 kapa@forum을 활용하여야 한다고 판단하여 정비를 시도하였다. 홈페이지를 통하여 쌍방향 소통기능을 원활하게 할 수 있도록 6년 만에 홈페이지를 대대적으로 개편하였다. kapa@forum이 회원들 사이에 소통의 장이 될 수 있도록 정년퇴임 회원들의 소개공간과 학회장을 역임하신 원로회원의 활동 코너를 마련하였고, 회원들에게 다양한 정보를 제공하고자 노력하였다. 이러한 노력이 회원들 사이에 이해의 폭을 넓히고 의사소통을 강화하는 데 조금이라도 도움이 되었기를 바란다. 또한 kapa@forum은 광고수주의 수단으로 잘 활용되기도 하였다. 그러나 보다 신속한 의사소통을 위하여 원래 발간하고자 계획하였던 e-newsletter를 발간하지 못한 점은 아쉬움으로 남게 되었다.

6. 지방대학 회원의 참여 방안 강구

행정학회의 여러 현안 가운데 하나가 지방대학 행정학과의 경쟁력 강화방안, 그리고 지방에 계신 회원의 활발한 학회 참여 문제였다. 앞에서 소개한 바와 같이 지방회원들의 참여와 소통을 강화하기 위하여 네 분의 부회장 가운데 세 분을 지방에 계신 중견학자를 모셨고, 상임위원장 두 분도 지방대학에 계신 분을 모셨다. 지방회원들을 적극 찾아간다는 취지에서 춘계대회는 전주, 하계대회는 부산 Bexco에서 개최하기도 하였다. 한편 우리의 대학, 특히 지방대학에 불어 닥치고 있는 변화의 물결을 헤쳐 나아가기 위하여 행정학 교육과정 및 교육방법 개선을 연구하고자 교육취업위원회를 중심으로 전문대학, 교육중심대학, 연구중심대학, 대학원 별로 표준커리큘럼 연구 등 다양한 대처방안을 모색하였다. 그러나 우리나라 대학과 지방대학의 위기라는 거대한 트렌드 앞에서 이러한 학회 차원의 노력들이 대세를 거스르기에는 역부족이라는 점도 분명하였고, 앞으로 더욱 큰 차원에서 특별한 대책이 마련되어야 한다고 생각되었다.

7. 재정문제 해결

행정학회를 운영하는 집행부의 입장에서는 재정문제가 매우 중요한 관심사일 수밖에 없었다. 오래전부터 kapa@forum의 광고수주와 용역의 오버헤드가 학회 재정의 상당부분을 차지하고 있는데, 그에 대한 비판적 견해를 가진 회원들도 많았다. 그러나 회비수입으로는 경상비도 충당하지 못하는 현실에서 학술행사, 행정학회보 및 영문학보 발간, 그리고 연구회 모임에는 상당한 규모의 예산이 투입되어야만 한다. 2008년 학술행사를 치르는데 1억 6천 만원 정도가 소요되었다. 앞에서 거론한 자율거버넌스 체제가 역설적으로 그 재정을 책임져야 할 회장단에게는 심각한 과제를 제기하고 있는 것도 현실이었다.

2008년 집행부와 회원들의 자발적 노력에 힘입어, 학술행사지원비(총 1억 6천만원), 광고수입(총 1억 여원)과 용역오버헤드(총 2억 여원)를 토대로 학회가 무리없이 운영될 수 있었다. 특히 하계학술대회는 우리 학회 회원인 허남식 부산광역시장이 적극 지원해 주셨고, 추계국제학술회의는 교육부의 국제학술대회 지원금 5,000만원을 지원 받아 큰 어려움없이 개최할 수 있었다.

학회운영에 충당하고 남은 일부의 재원은 장기발전기금에 투입하였다. 향후 국제화를 지속적으로 추진하기 위하여 전임회장단 회의에서 발전기금과 과실을 IRPA 발간에 쓸 수 있도록 허락을 받아냈다. 그러나 2008년 하반기에는 미국발 금융위기에서 촉발되어 뜻하지 않게 전 세계가 위기를 겪고 있는 상황에서 재원 조달이 여의치 않았던 것도 사실이다.

2008년도 당시를 회고해 보면 출범시의 약속을 모두 지키지는 못했지만, 어느 정도라도 약속을 지킬 수 있었던 것은 회원들의 참여를 기반으로 집행부 구성원과 상근 간사들의 헌신적으로 노력했던 덕분으로 돌리고자 한다.

Ⅳ. 행정학 공동체와 행정학회 발전을 위한 제언

필자는 현재 대학행정의 책임을 맡고 있어서 행정학과 및 행정학계에서 잠시 멀어져 있는 실정이다. 필자가 대학행정을 이끌어 가는 데 행정학자 및 행정학 교수로서의 경험이 큰 도움이 된다고 확신한다. 특히 행정학을 전공하면서 체득한 공공성 또는 공익을 중시한다는 원칙을 지키면서 학내외의 첨예한 갈등을 비교적 무리없이 관리하고 해결해 나간다고 생각되어 행정전공자로서 행정학공동체에 감사하는 마음이다. 한편 대학교육을 둘러싸고 국가간 경쟁이 날로 치열해 지는 가운데, 인문사회계뿐 아니라 이공계와 예술분야 학문공동체에서 이러한 경쟁을 헤쳐 나가기 위하여 노력하는 모습들도 관찰하게 되었다. 자연스럽게 행정학 공동체가 다른 학문분야와 비교할 때 가지고 있는 강점과 약점이 무엇인지도 생각해 본다. 여기에서는 국내외 변화의 물결을 헤치고 행정학공동체가 발전해 나가는 과정에서 행정학회가 어떠한 역할을 하여야 하는지 생각해 보기로 하겠다.

1. 한국행정학 국제화의 지속 추진

우리 행정학 분야에서도 그간 지속적으로 국제화를 추진하여 왔다. 그런데 행정학 공동체가 다른 학문분야에 비하여 국제화라는 거대한 변화의 물결에 지나치게 소극적으로 대처한다고 생각된다. 현 시점에서 행정학계가 당면한 다음 두 가지 과제를 특별히 강조하고자 한다.

1) IRPA의 SSCI 등재

2008년부터 IRPA는 연 2회에서 연 3회 발간으로 발간회수가 늘어났다. 그렇지만 우리 행정학계에서 오랫동안 추진하여 온 SSCI 등재는 아직 이루어지지 않았다. 다행스럽게도 2014년 집행부에서 확고한 의지를 가지고 왜 등재가 이루어지지 않는지 그 이유를 종합적으로 파악하고, 등재를 위한 노력을 본격적으로 전개하고 있다. 예를 들면, 금년 1월호부터 출판사를 SSCI 등재 저널을 가장 많이 발간하는 Taylor & Francis로 변경하였고, 영문편집위원장도 2008년도 편집위원장을 역임하였던 연세대 문명재 교수를 다시 모시는 한편 편집위원회도 명망가 중심이 아니라 실질적으로 일할 수 있는 국내외 인사들로 구성하는 등 다각도로 노력하고 있으므로, 그 결과가 기대된다. 우리 행정학자들도 과거에 비하여 영문논문을 훨씬 많이 쓰고 있는데 IRPA에도 관심을 더 가지고 좋은 논문을 투고할 것을 당부하고자 한다.

2) 영어강의교재 공동개발 등 개발도상국 학생 교육 준비

우리나라 대학이 학령인구 감소로 몸살을 앓고 있는 가운데, 신임 황우여 교육부 장관은 교포자녀, 제3세계 학생 등 외국인 학생들을 대거 유치하겠다고 발표한 바 있다. 이러한 학생들을 행정학 분야에서도 받아들여야 한다고 생각한다. 우리나라는 단기간 내에 경제발전과 민주화를 동시에 이룩한 나라로 평가받고 있다. 그 과정에서 공공부문이 매우 중요한 역할을 담당하였다는 섬도 부인하기 어렵다. 개발도상국 학생들에게 우리나라의 이러한 경험을 전파하는 교육을 공무원교육원과 같은 연수기관에서 담당할 수도 있겠지만, 대학의 행정학과와 행정대학원이 보다 적극적인 역할을 수행할 필요가 있다. 대학행정을 담당하면서 느낀 점은 행정학 분야가 경영학 분야 등 다른 학문분야에 비하여 비교적 보수적이며, 변화에 대한 대응이 늦다는 것이다. 우리나라 대학의 행정학과에서 개발도상국 학생 및 공무원을 대상으로 하는 교육이 가능하도록 행정학회 중심으로 분야별로 영어 강의교재를 공동으로 개발하는 등 인프라를 갖출 필요가 있다고 생각한다.

2. 융·복합, 토론 및 사례위주 교육강화

1) 융·복합교육

학문으로서의 행정학은 응용사회과학으로 그 자체가 종합사회과학이라고 볼 수 있다. 행정문제는 특정분야의 전문지식만으로는 해결할 수 없으며, 정치, 경제, 사회, 심리, 문화 등 사회과학 분야의 학문적 배경지식이 깔려 있어야 한다는 게 가장 큰 특징이다. 또한 헌법 및 행정법 등 공법학 분야와의 연관성도 강조되고 있다. 그렇지만 우리 행정학과의 커리큘럼이 행정학 분야의 세부 전공에 치중하는 면이 있어서 융·복합 교육이 요구되는 현실과는 거리가 있는 것 같다. 행정학 분야에서 보다 폭넓은 융·복합 분야에 관하여 가르쳐야 할 것이다.

2) 토론위주의 교육

요즘 초·중·고는 물론이고 대학 교육에도 '역진행 학습', 또는 '거꾸로 학습'이라고 번역되기도 하는 플립러닝(flipped learning)이 소개되고 있다. 이 교육방식은 일방적으로 지식을 전달하는 교육 방식에서, 동영상 강의 등으로 학생들이 미리 예습한 후, 토론이나 문답식 수업을 통해 학생들이 수업에 적극적으로 참여하도록 교육 방식을 거꾸로 뒤집은 것을 말한다. 즉, 수동적으로 듣고 암기하는 공부에서 적극적으로 참여하고 생각하는 공부로 탈바꿈한 것이다.

행정학 분야에도 이러한 교육방식을 도입할 필요가 있는 것 같다. 요즘 학생들은 태어날 때부터 디지털, 컴퓨터가 일상화되어 있고 이러한 현상을 활용하면 훨씬 효과적으로 공부할 수 있을 것이다. 수업 전에 그날 배울 내용을 예습하게 한 후 강의실에서는 문제풀이나 토론식 수업을 진행하는 것이 훨씬 효과적이라는 것이다. 플립러닝은 주입식 강의에서 벗어나 창의적인 수업을 진행할 수 있는 혁신적인 수업 방식으로 알려져 있다.

3) 사례위주 교육

다른 학문분야에서도 유사한 어려움을 겪고 있겠지만 행정학 분야에서도 교과서 위주의 교육, 암기위주의 교육을 비판하는 목소리가 여전히 들리는 것이 현실이다. 토론중심의 교육과 더불어 사례위주 교육이 더욱 중시되어야 한다.

오늘날 우리나라 대학에서의 행정학 교육도 과거에 비하여 많이 나아졌지만, 근본적으로 달라지지는 않은 것으로 보인다. 넓게 공공부문 운영이라는 현실을 비판적으로 살펴보고 개선할 수 있는 방법을 사례를 통하여 가르쳐야 할 것이다. 이를 위하여 적절한 한국의 사례를 수록한 교재개발도 필요하다.

3. 취업분야의 다원화

행정학과에 입학한 학생들은 공무원 시험 준비를 최우선적으로 고려하는 것 같다. 이제는 이러한 생각을 근본적으로 바꾸어야 할 것으로 생각된다. 취업률이 학과 및 학문분야 평가에서 매우 중요한 기준의 하나가 되고 있는데, 전국의 대학에서 행정학과의 취업률은 매우 낮은 편이다. 타 대학 총장들을 만나면 해당대학 행정학과의 취업률이 낮기 때문에 고민이라는 말을 가끔 듣는다. 그 이유는 '좁은 문'인 공무원 시험을 두고 행정학분야 재학생과 졸업생 사이의 경쟁이 너무 치열하기 때문으로 생각된다. 현실적으로 대부분의 행정학과 학생들은 공무원이 되기 어렵다. 학회 차원에서 보다 다양한 취업분야를 찾아서, 학부 저학년 시기에 이를 안내해야 할 것이다.

4. 학회 참여활성화

미국, 일본, 대만 등 외국의 행정학회에 참석하면서 느낀 점 가운데 하나는 백발이 성성한 원로 회원들이 학회가 시작할 때부터 마지막 행사가 끝날 때까지 자리를 지켜주신다는 점이었다. 우리 행정학회도 전임회장님들을 중심으로 애정을 가지고 학회를 사랑하는 원로교수님들의 격려가 학회발전의 밑거름이 된다고 생각한다.

학자들뿐 아니라 정책입안자들인 공무원들도 학술대회에 더 많이 참여하도록 하여 학자들과 학생들이 현장에 관하여 보다 생생한 경험을 할 수 있도록 해야

할 것이다. 요즘 공학분야 뿐 아니라 인문사회계열 학부 재학생들도 현장실습 또
는 인턴을 하도록 권장받고 있는 것이 현실이다. 중앙부처와 지방자치단체, 행정
학 관련 연구기관들에서 우리 학생들이 이러한 기회를 가질 수 있도록 행정학회
가 적극적인 역할을 했으면 좋겠다.

Public Administration and Policy in Korea 발간(2017)   총장직
을 마친 후에 2008년 한국행정학회 집행부에서 회원들에게 약속한
영문책자인 *Public Administration and Policy in Korea*에 가장 큰
관심을 가지고 출간을 추진하였다. 나와 조경호 교수(국민대, 2008
KAPA 섭외위원장), 그리고 김상묵 교수(서울과기대, 2008 KAPA 총무위
원장)가 공동으로 편집자를 맡기로 하였고 집필진을 보완하였다. 공동
편집자 이외의 집필진에는 2008년 한국행정학회 집행부에서 함께 일
했던 김인철 총장(한국외대, 2008 KAPA 연구담당부회장), 최영출 교수
(충북대, 2008 KAPA 국제협력위원장), 박흥식 교수(중앙대, 2008 KAPA
연구위원장), 문명재 교수(연세대, 2008 KAPA 영문편집위원장), 김영미
교수(상명대, 2008 KAPA 학술정보위원장), 황영호 교수(군산대, KAPA 교
육취업위원장), 오철호 교수(숭실대, 2008 KAPA 영문책자발간담당 이사)
와 더불어 정창훈 교수(인하대), 권혁주 교수(서울대), 윤순진 교수(서
울대), 구교준 교수(고려대), 고길곤 교수(서울대)가 추가로 참여하였다.
　세계적으로 알려진 출판사인 Routledge에서 출판을 해 주기로 약
속하여 비교적 순조롭게 원고 집필이 진행되었다. 2016년 1학기에 원
고 초안이 마련된 후에는 집필진 가운데 11명이 태국 치앙마이 대학
의 초청으로 방문(2016.7.13~7.18)하여 공동학술세미나 형식으로 원고
를 상호 검토하였다. 우리를 초청한 치앙마이 대학 오라 학장에게 고
맙게 생각한다.
　이 책은 교정과정을 거쳐 2017년 7월에 출판되었다. Pittsburgh대
은사이자 석좌교수인 B. Guy Peters 교수님과 벨기에 KU Leuven대

학 교수이자 세계행정학회 회장을 맡고 있는 Geert Bouckaert 교수
가 이 책을 review하고 추천의 글을 써 주셨기에 감사드린다.

대만 중국행정학회 연례학술대회 참석소감   이 글은 한국행정포럼
132호(2010 겨울) pp. 115-116에 게재되었다.

　대만의 중국행정학회(Chinise Society for Public Administration)의 초청을
받고 지난 11월 20일(토)에 개최된 연례학술대회에 논문발표차 참석하였다. 필자
는 지난 2008년 연례학술대회에도 참석하여 우리 학회와 중국행정학회 사이에
교류협력을 위한 MOU를 체결한 바 있다. 연례학술대회는 오전에는 국제세션, 오
후에는 국내세션으로 구성되었다. 국제세션에서는 칠레, 한국, 홍콩, 마카오, 대만
의 행정개혁에 관한 논문발표가 이루어졌는데, 필자는 "Government Reform
and Their Sustainablity in South Korea"라는 주제의 논문을 발표하였다. 오후
에는 3개 세션으로 나누어 대만 행정학자들과 대학원생들의 논문발표와 토론이
진행되었다. 학술회의는 시내 중심가에 자리잡은 대만정치대학 시내 캠퍼스에서
개최되었다. 우리 행정학회 학술대회에 참여한 바 있는 대만 학자들을 몇 사람 만
났었는데, 모두 한국행정학회의 양적 규모와 질적 성장을 부러워하였다.
　일요일에는 대만중국행정학회 측의 배려로 臺南(Tainan)을 여행하였다. Tainan
에는 필자와 함께 중국행정학회장 Jan, Chuang-Yuang(擔中原), 대만정치대학
에 재직 중인 Evan Berman 교수 부부, Chile의 Eugenio Guzman 교수, 중국
난징대학과 라요닝 대학 박사과정 학생이 참석하였다. Tainan관광을 통하여 대만
의 역사를 어느 정도 알게 되었다. 타이난은 1600년대 초 스페인과 각축을 벌이
던 네델란드가 승리하여 38년간 대만을 식민지로 지배하면서 대만의 중심지로 등
장하였다. Tainan은 청일전쟁 이후 1895년 천진조약에 따라 대만이 일본 식민지
가 되면서 중심지가 臺北(Taipei)으로 이동하기까지 대만의 중심지로서 상당히 많
은 유적들이 남아 있었다. 그 가운데 예전의 "과거 시험장"으로 쓰였던 건물이 보
존되어 있어서 중국과 한국의 과거 공무원채용제도가 화제가 되기도 하였다.
　앞으로도 우리 학회 대만행정연구회를 중심으로 대만의 중학행정학회와 교류

가 지속석으로 이루어지기 바란다.

　　그 밖의 학회활동　　내가 학회 회장을 맡았던 것은 한국행정학회
가 유일하였다. 한국행정학회장의 후보로 나서기 이전에 정책분석평
가학회와 지역정보화 학회와 같은 규모가 작은 전문학회에서 나에게
회장을 맡아달라고 강력하게 권유받기도 하였지만 고사하였다. 행정
학자로서 한국행정학회 회장직을 할 수 있으면 최고의 영예이며 다른
학회 회장으로 적임자들이 많이 있다고 생각하였기 때문이다. 한국정
책학회의 경우에는 정보통신분과위원장(1998~99)을 맡았었고, 서울행
정학회에서는 학술상 위원장(2005)을 맡은 바 있었다.

학술단체 활동

　　학술단체 및 연구지원기관과 관련한 나의 활동으로는 인문사회연
구회 소관연구기관 평가위원(2002), 한국학술진흥재단 학술연구심사
평가위원(2004~2006), 사회과학협의회 이사(2008~2009), 학술단체연합
회 이사(2008~2009), 아산사회복지재단 학술연구자문위원(2007~2011),
한국행정연구원의 「한국행정연구」 편집위원장(2016~2019), 연구재단
대학특성화사업관리위원장(2016~2019) 등이 있었다. 사회과학협의회는
사회과학의 제 학문분야간 상호협동을 기하고 한국의 정치·경제·
사회·문화 및 교육에 관한 연구를 기획, 조직하고 지원하기 위하여
설립되었다. 내가 협의회 이사로 활동한 시기는 2008~2009년인데
2009년 회장은 정운찬 교수(전 서울대 총장)였다. 한편 한국학술단체
총연합회는 인문학, 사회과학, 자연과학, 공학, 생명과학, 복합학 등
모든 학문분야의 국내 680여개 학술단체가 회원으로 참여한다. 내가
이사로 일한 시기(2008~2009)에는 한민구 교수(서울대 전기·컴퓨터공
학부 교수, 대한전기학회 전임회장)가 회장이었으며, 나는 10명의 이사

가운데 한 사람으로 참여하였다. 여기에는 사회과학 분야뿐 아니라 인문계와 이공계의 학회 회장을 역임한 분들이 함께 이사로 활동하여 이사회의 토론과정에서 나의 시야를 크게 넓힐 수 있었다.

여기에서는 아산사회복지 재단의 학술연구자문위원과 「한국행정연구」 편집위원장의 경험을 간단하게 소개하기로 하겠다.

아산사회복지재단 학술연구자문위원(2007~2011)　　　아산사회복지 재단(이하 아산재단)의 학술연구자문위원을 2007년부터 4년간 맡게 되었다. 아산재단은 주된 사업은 의료사업으로 서울아산병원 등 전국에 걸쳐 8개 병원을 운영하고 있다. 또한 아산재단은 유능한 학자들의 창의적인 연구를 지원하기 위한 학술연구지원 사업을 실시하고 있다. 매년 전문서적의 출간을 원하는 학자들을 심사하여 3000만원 이내의 연구비를 지원하여 사회 발전에 필요한 이슈를 발굴하고 심도 있는 연구가 가능하도록 한다. 학술연구자문위원의 역할은 각 대학을 통하여 지원한 연구과제를 심사하여 연구비 수혜자를 선정하는 것이다. 당시 위원장은 정진홍 교수(서울대 종교학 명예교수)인데 경인여대 관선이사장으로 일할 때 나도 관선이사(2004~2006)로 함께 일한 바 있어서 친분이 있었다. 나와 함께 학술자문위원으로 일한 분 가운데 정갑영 교수(연세대 경제학)와 이철 교수(울산대 의학)는 후에 해당 대학의 총장으로 선임되셨으므로, 아산재단의 학술연구자문위원은 모두 대학 총장급이라고 농담 삼아 이야기하곤 하였다. 한편 같이 일한 조흥식 교수(서울대 사회복지학)는 나와 대학 동기동창으로 절친한 사이인데 2018년부터 보건사회연구원 원장으로 재직 중이다.

나는 소장학자 시절에 LG연암재단의 해외파견 연구교수로 선정되어 연구년을 보람있게 보냈던 것이 생각이 나서, 지원 서류를 꼼꼼하게 살펴보고 최대한 공정을 기하면서 수혜자를 선정하려고 노력하였다. 아산재단의 학술자문위원으로 일하면서 가끔 범 현대가의 행사에 초청을 받기도 하였는데 예를 들면, 고 변중석 여사 빈소 빙문(2007.
8.17) 또는 고 정주영 명예회장 10주기를 기념하여 세종문화회관에서
열린 추도음악회(2011.3.14) 등이다. 그런데 현대가문은 장자를 중시
하는 전통이 매우 강하여 정몽구 현대자동차 회장이 행사를 주도하였
고, 정몽준 아산재단 이사장을 포함한 다른 가족들의 역할은 제한적
이라는 느낌을 받았다.

　한국행정연구 편집위원장(2016~2019)　　　2016년 1월부터 3년간
당시 한국행정연구원 정윤수 원장의 권유로 연구원이 간행하는 학술
지인 「한국행정연구」 편집위원장을 맡고 있다. 나로서는 총장직을 마
친 직후에 맡게 된 등재학술지 편집위원장의 역할이어서 학술연구의
현장에 바로 복귀한 셈이다. 나는 의욕적으로 연구 활동을 펼치고 있
는 소장학자들이 대부분인 편집위원들로부터 많은 것을 배우고 있다.
그런데 2000년 한국행정학회 편집위원장으로 일할 때와는 달리 논문
투고, 심사자 추천, 심사자 선정 등에 이르기까지 거의 대부분의 업무
가 인터넷을 통하여 처리된다. 나는 투고논문들을 모두 읽어 보게 되
므로 그 과정에서 배우는 것이 많다.
　내가 편집위원장을 맡을 때부터 부편집위원장으로 하연섭 교수와
고려대 윤견수 교수가 함께 일하면서 1년에 한 두 번씩 일반투고논문
과는 별도의 기획논문 코너를 마련하여 정부와 정책에 관한 중요한
주제를 다루기로 하였다. 첫 번째 기획논문의 주제는 "정부 전환기의
정책변동과 국정기조의 변화"로 2016년 겨울호(25권 4호)에 게재되었
다. 다가오는 2017년도 정권변동기에 대통령직 인수위원회의 역할이
중요하므로 과거 인수위원회에서 중요한 역할을 담당했던 인사의 경
험을 살려보자는 취지였다. 국민대 김병준 교수가 "정부전환기의 정
책변동과 행정변화: 참여정부 대통령직인수위원회를 중심으로", 성균
관대 박재완 교수가 "정부전환기 국정기조의 형성과정: 제17대 대통

령직인수위원회를 중심으로"라는 주제로 논문을 집필하여 이를 행정
연구원 세미나에서 발표하고 논문심사를 거쳐 게재하였다. 그런데 뜻
하지 않게 박근혜 대통령의 탄핵에 따른 조기 대통령선거가 이루어져
인수위원회를 거치지 않고 문재인 대통령이 취임하게 되었다. 두 번
째 기획논문의 주제는 "공직 가치"로 2017년 여름호(26권 2호)에 게
재되었으며, 김상묵 교수, 심동철 교수, 이창길 교수가 기획논문을 집
필하였다. 세 번째 기획논문의 주제는 "미래행정환경 예측과 거버넌
스 및 재정지출의 변화"로 이명석 교수와 이원희 교수가 집필을 담당
하여 2017년 겨울호(26권 4호)에 게재되었다. 네 번째 기획논문의 주
제는 정부수립 70년을 계기로 본 "행정부와 국회관계의 성찰과 전망"
에 관한 것으로 임도빈, 박정수, 김두래 교수가 집필을 담당하였고,
2018년 여름호(27권 2호)에 게재되었다. 다섯 번째 기획논문의 주제는
"공공리더십과 정부신뢰"이며 김병섭 교수와 박희봉 교수가 집필을
담당하여 2018년 겨울호(27권 4호)에 게재될 예정이다.

　기획논문을 게재하기 이전에 행정연구원에서 세미나를 개최하고
주제발표를 한 후에 토론자의 의견을 반영하여 집필하도록 하였는데,
나로서는 발표 및 토론과정에서 공부를 많이 할 수 있었다.

시민단체 행정개혁시민연합(행개련) 활동 /3

행개련 참여배경

박동서 교수님과의 인연　내가 열성적으로 활동한 시민단체로는 행정개혁시민연합(약칭: 행개련)이 유일하다. 행개련에 참여하게 된 계기는 은사님이신 고 박동서 교수님과의 인연 때문이었다.

행정학계의 원로교수님이신 박동서 교수님은 제자들을 남달리 아껴 주셨다. 나는 행정대학원에 입학한 후에 첫 학기부터 수강과목에 흥미가 있어 착실하게 수업을 받았는데, 첫 학기에 전 과목에서 A 또는 A$^+$라는 좋은 성적을 받았다. 당시 총무처 자문교수이신 교수님께서는 성적순으로 조교를 선발하여 1학년 여름에는 교수님의 총무처 자문에 나도 조교로 참여할 수 있었다.

대학원 1학년인 1977년 가을에 19회 행정고시에 최종 합격되어 2학년 때에는 관악구청에서 수습행정사무관으로 근무하게 되었다. 학교 당국에서 야간 수업을 받을 수 있도록 배려하여 박동서 교수님의 야간 과목을 수강할 수 있었다. 수업이 끝난 후에는 교수님께서 승용차에 태워 주시고 신림동 하숙집 근처에 내려 주시기도 하셨다.

당시 석사과정 학생들의 수가 많아 석사 논문 지도학생을 행정실

에서 임의로 배정하였는데 나는 운이 좋아 박동서 교수님의 지도를
받게 되었다. 교수님께서는 상당히 두꺼운 석사논문을 꼼꼼히 읽고
수정할 부분까지 지적해 주셨다. 그 영향을 받아서 나도 학생들의 학
위논문을 지도할 때마다 끝까지 읽고 지적해 주려고 노력하는 편이
다. 어느 날 교수님께서 지인의 따님을 중매하시겠다고 하셨는데 지
금의 집사람과 만나고 있어서 완곡하게 거절하느라 쩔쩔맸던 기억도
있다.

이러한 인연으로 나는 유학에서 돌아온 후에도 박동서 교수님을
매년 한 두 차례 찾아뵈었는데 뵐 때마다 점심 또는 저녁 식사를 사
주시는 등 늘 과분하게 대해 주셨다.

박동서 교수님의 권유로 행개련 참여(1999)　1999년 봄에 박동서
교수님을 댁 근처에서 뵙고 식사를 함께 할 기회가 있었다. 교수님께
서 행정개혁시민연합(이하 행개련)이라는 시민단체를 창설하여 활동하
고 있으니 참여해 보지 않겠느냐고 권유하셨다. 교수님께서는 문민정
부 시절에 대통령 직속 행정쇄신위원회 위원장으로 일하시면서 우리
나라 행정을 개혁하기 위하여 애쓰셨고 성과도 많이 거두셨다. 그런
데 개혁을 추진하는 과정에서 관료들이 기득권을 내 놓지 않으려고
버티는 경우를 많이 경험하셨다는 것이다. 행정개혁이 성공을 거두기
위해서는 시민들의 진지한 요구와 감시가 절실하다는 문제의식을 가
지고 계셨다. 이러한 취지에서 '더 나은 정부를 만들기 위한 시민의
모임'을 표방한 행정개혁시민연합[행개련]을 창립(1997.12.9)하였다는
것이다.

은혜를 베풀어주신 은사님께서 부탁하신 일이라 모임에 한 번 참
여한 후 결정하기로 하고, 가회동의 사무실에 나가 보았다. 박동서
교수님께서는 고문, 조석준 교수님과 박종규 님(기업인)이 공동대표로
계셨고, 안문석 교수님, 고 서삼영 전산원장, 인명진 목사님, 김종석

교수(현 자유한국당 국회의원), 신대균 사무총장 등 문민정부에서 행정쇄신위원회 위원으로 일한 분들이 대거 참여하고 있었다.

행개련 살림을 꾸려가는 신대균 사무총장은 외교학과 72학번으로 대학 1학년 교양과정부에서 같은 반 친구로 절친하게 지냈다. 독실한 크리스찬인 신대균을 따라 새문안교회에 나가기도 하였다. 그런데 2학년 때 민청학련 사건의 핵심주동자로 지목되어 옥고를 치르기도 하였는데, 그 이후 연락이 끊긴 상태로 지내다가 행개련에서 다시 만나게 되었다. 당시 서영복 사무차장도 근무하고 있었는데 서 차장은 피츠버그대 유학시절에 1년간 같이 공부한 인연도 있었다. 이러한 상황을 알게 된 후 나는 행개련 활동에 참여하기로 결정하였다. 내가 행개련에서 공식 역할을 맡은 것은 제6차 정책토론회(1999.7.8. 행개련 회의실)에서 "행정기관에 대한 고객만족도 조사"에 관한 행정연구원 박중훈 박사의 발제에 토론자로 참여한 것이다.

행개련 주요활동

개방형 임용제도 발전방안 연구(1999) 행개련 병설 정부개혁연구소는 1999년 5월 4일에 창립되었는데 박동서 교수님께서 초대 이사장 겸 소장을 맡고 계셨고, 뒤늦게 합류한 내가 부소장을 맡게 되었다. 1999년 8월 초에 정부개혁연구소는 중앙인사위가 공모한 정책연구과제인 "개방형 임용제도 발전방안" 연구를 하게 되었다. 부소장인 내가 이 과제의 연구책임자를 맡았고 공동연구원으로 박천오 교수(명지대), 황성돈 교수(한국외대), 강제상 교수(경희대), 김상묵 교수(서울과기대)가 참여하였다. 개방형 임용제도는 고위공무원 직위의 적임자를 공직사회 내외의 공개경쟁을 거쳐 선발하는 제도로서, 정부수립 이후 제한적으로 운영되어 왔다. 우리나라에서 개방형 직위제도는 1999년 5월 24일 개정된 정부조직법과 국가공무원법에서 중앙부처

1~3급 직위의 20% 범위 내에서 개방형 직위를 지정하도록 규정하면서 법제화되었는데, 신설된 중앙인사위원회에서 구체적인 직위 선정 및 직무수행요건 등의 작업을 주관하게 되었다. 중앙인사위원회에서는 시민단체인 행정개혁시민연합 병설 정부개혁연구소를 이 정책과제의 수행기관으로 선정하였다.

1999년 8월초부터 12월까지 5개월간 진행된 연구과정에서 연구진은 설문조사 설계, 패널회의 참석 등 거의 매주 회의를 하였는데, 연구과정 자체가 독특한 학습과정이었다. 이러한 과정을 거쳐 각 부처별로 1~3급 직위 중 129개 직위를 개방형 직위로 선정하였다. 이 연구의 수행과정에서 행개련은 제10차 정책토론회(1999.11.14. 행개련 회의실)에서 "개방형 임용제도 발전 방향"을 다루었는데, 내가 발제를 맡았다.

이 연구의 결과는 중앙인사위원회에 보고서로 제출된 이후 수정을 거쳐 『고위공무원 개방형 임용제도: 도입과정과 발전방안』(나남출판, 2000)이라는 단행본으로 발간되었다. 한편 행개련은 개방형 임용제도에 지속적으로 관심을 가지고 행개련 제17차 정책토론회(2000.9.15. 세종문화회관 컨퍼런스홀)의 주제로 "개방형 직위제의 임용실태와 개선방안"을 다루어 내가 발제를 담당하였다. 2001년 행개련 창립4주년 기념 시민토론회(2001년 12월 12일, 세종문화회관 컨퍼런스홀)에서도 "개방형 직위제도의 운영 실태와 개선 방안"을 다루었는데, 박천오 교수가 발제하였다.

행개련 정책위원장으로 활동(2000~2002)   2000년 봄에 나는 행개련 정책위원회 위원장을 맡게 되었다. 정책위원장의 역할은 매월 개최되는 정책토론회를 주관하는 것으로, 상임집행위원회와 정책위원회의 논의를 거쳐 토론 주제를 정하고 발제자와 토론자를 섭외하는 것이 주된 일이었다. 사회는 대체로 박동서 고문님, 조석준 대표님을

포함한 행개련 상집위원 등의 중진인시기 맡았고, 발제자는 해당분야
에서 전문성을 갖춘 학자들, 토론자로는 대체로 해당 부처 국장, 과
장 또는 실무자, 시민단체, 국회, 학계 전문가들이 참여하였다. 사회
자와 발제자 및 토론자 섭외과정에서 실무적으로는 이화여대 행정학
석사출신으로 2000년에 행개련에 합류한 박수정 정책간사(현 사무총
장)와 서영복 차장(현 공동대표)의 전폭적인 도움을 받았다.

　돌이켜 보니, 내가 행개련 정책위원장을 맡고 있던 시기인 2000년
초부터 2002년 말까지 제11차 정책토론회(2000.2.24) "김대중정부 행
정개혁 2년평가와 향후과제(홍사단 강당)"부터 제36차 정책토론회(2002.
12.23) "대통령 당선자의 100일 과제"까지 25번의 정책토론회가 열렸
다. 발제자를 섭외할 수 없을 때에는 전문성이 없는 분야임에도 내가
나서서 발제하는 경우도 있었다. 예를 들면, 제20차 정책토론회(2000
년 12월 14일, 서울 세종문화회관 컨퍼런스홀)에서는 "검찰의 중립화 방
안"을 다루기로 했는데 발제자를 섭외하지 못하여, 내가 "검찰중립화
의 필요성과 방안"에 관하여 쟁점 중심으로 발제하고 전문가인 박상
기 교수(연세대 법학과, 현 법무부 장관) 신석호 기자(동아일보 법조팀),
이주영 의원(한나라당), 차병직 변호사(참여연대 협동사무처장)가 토론하
기도 하였다.

　행개련 창립기념일(1997.12.9) 전후, 그리고 정부개혁연구소 창립기
념일(1999.5.4) 전후에는 보다 큰 규모의 시민토론회를 개최하였다.
예를 들면, 2000년 6월 9일에는 정부개혁연구소 창립 1주년 기념
「시민토론회」 - "개헌문제, 어떻게 할 것인가?"(전경련회관), 2001년
6월 1일에는 정부개혁연구소 창립 2주년 기념 「시민대토론회」 - "정
책 결정 및 조정 체계의 개혁방안"(세종문화회관 컨퍼런스홀), 2002년
6월 11일에는 정부개혁연구소 창립 3주년 기념 「토론회」 - "위원회형
부처조직의 독립성 확보 방안"(세종문화회관 컨퍼런스홀)이 개최되었다.

　정책토론회와 시민토론회를 포함하여 매월 1~2회 정도 개최된 토

론회에서 많은 분들이 사회, 발제, 토론자로 참여하였다. 여기에는 학자들 뿐 아니라 시민단체와 공직사회, 국회의원 등 여러 분야의 인사들이 참여하였다. 토론회 장소는 행개련 회의실뿐 아니라 세종문화회관 소회의실 및 컨퍼런스홀, 프레스센터, 전경련회관, 흥사단 강당, 국회의원 회관 등 다양하였다. 수많은 토론회의 장소 섭외, 발제자 및 토론자 섭외가 순조롭게 진행될 수 있었던 것은 박동서 고문님, 조석준 대표님, 안문석 교수님, 고 서삼영 전산원장을 포함한 중진회원들이 든든한 버팀목이 되어 주셨고, 서영복 차장과 박수정 정책간사의 헌신적인 뒷받침이 있었기에 가능하였다고 생각한다.

한편 정부개혁연구소는 2002년에 교육부가 발주한 「국립대발전계획수립을 위한 국립대학종합진단」 연구과제(연구책임자 남궁근)를 수행하기도 하였다.

행정개혁시민연합 정부개혁총서 1, 2권 발간(2002)   정책토론회와 시민토론회 등을 통히여 개혁에 관련된 디수의 현안과제에 관한 진단과 대안이 제시되었다. 그런데 시간과 장소의 제약 때문에 토론회가 개최되는 현장에는 직접 참석하는 사람들은 많지 않은 편이었다. 나는 행개련에서 논의된 행정개혁과제들을 보다 많은 사람들이 알 수 있도록 전문서적으로 출간할 필요가 있다고 생각하였다. 나는 내가 주 저자로 「전자정부를 통한 부패통제」(남궁근, 권해수, 박흥식, 전태영, 2002)라는 책을 출간한 한울 출판사와 협의하여 행개련 정부개혁총서를 발간하기로 하였다.

「시민과 정부개혁」(2002, 정부개혁총서 1)은 지난 4년간 정책토론회 등에서 발표된 글들을 중심으로 엮은 것이고, 「개혁정책의 평가와 모니터링」(2002, 정부개혁총서 2)은 김대중 정부 행정개혁 평가 토론회에서 발표된 글과 2000년 4·13 총선 이후 여·야 정당의 총선공약과 김대중 정부의 개혁정책에 대한 모니터링 사업으로 조사된 내용을 중심으로 구성하였다.

정부개혁총서 1권과 2권 모두 당시 행개련에서 주최한 각종 토론회의 주제 및 발제자 선정을 위하여 애써주신 박동서 고문님, 조석준 대표님, 인명진 초대 상임집행위원장님과 정책위원장인 나를 포함한 4인이 공동으로 엮은 책으로 출판하였다. 이 책을 출판하는 과정에서 서영복 사무총장과 박수정 정책간사는 2002년 여름 내내 제1권 37명, 제2권 11명의 집필진에게 연락하여 완성된 원고를 받는 한편 이를 정리하느라 엄청나게 수고하였다.

「시민과 정부개혁」 정부개혁총서 1. 한울아카데미, 2002.

서문 중에서

행정개혁시민연합은 일반 시민・시민활동가・학계 인사・기업인・각계 전문가 300여 명이 모여 1997년 12월 9일 창립한 이후 각종 정부개혁 과제와 방안을 공론화하고 그 방안들이 실제로 행정현장에서 구현되도록 압력활동과 감시활동을 전개하여왔다. 이와 관련하여, 행개련 '정책위원회'를 중심으로 매월 한 차례 이상 정책토론회를 열고 정책 평가서 및 제안서・성명서・의견서・논평 등을 발표하고 각계에 전달하는 한편, 각 정당의 공약과 정부의 주요 정책들에 대한 모니터링 사업을 추진하고 있다. 병설기구인 '사단법인 정부개혁연구소'도, 피상적인 문제접근이나 선정주의적인 시민운동 방식을 지양한다는 뜻에서, 각종 정책과 관련한 심층적인 조사연구 사업을 추진해오고 있다.

이 책은 행개련 정부개혁총서의 첫째 권으로서, 지난 4년간 정책토론회 등에서 발표된 글들을 중심으로 엮은 것으로, 5부 31개 장으로 구성되었다. 이 책의 필자들은 행정개혁시민연합의 활동에 활발하게 참여해온 시민활동가・기업인・각계 전문가・학계 인사들로 다양한 분야에서 활약하고 있다. 이들이 학술활동과 일상생활을 통해 경험하면서 제시한 개혁과제와 방안들은 차기 정부가 행정개혁을 추진하는 데 많은 참고가 될 수 있을 것이다.

목 차

「개혁정책의 평가와 모니터링」 정부개혁총서 2, 한울아카데미, 2002.

서문 중에서

이 책은 행개련 정부개혁총서의 둘째권으로 제1부 김대중 정부 정부개혁 평가와 제2부 총선공약·개혁정책모니터링으로 구성되어 있다. 제1부는 지난 4년간 매년 개최하였던 김대중 정부 행정개혁 평가 토론회에서 발표된 글을 중심으로 선정한 것이다. 제1부는 정책평가연구의 새 정향(박동서), 김대중정부 행정개혁 4년 평가(남궁근·황성돈), 김대중정부 정부기구 개편에 대한 평가(이창원), 지방행정개혁의 평가(하혜수), 고위공무원 개방형 직위제도 평가(박천오·남궁근·오성호·박희봉·김상묵) 등 5개 장으로 구성되었다.

제2부는 2000년 4·13 총선 이후 여·야 정당의 총선공약과 김대중 정부의 개혁정책에 대한 모니터링 사업으로 조사된 내용이 포함되어 있다. 행정개혁시민연합에서는 2000년 4월 13일 총선 과정에서 진행하였던 정당 및 후보자별 정책토론회의 후속작업으로 정당별 정책공약에 대한 모니터링을 통하여, 각 정당 및 후보자들이 정책공약의 실천을 위하여 노력하도록 하고, 차기 선거에서 선심성 공약을 남발하는 일을 줄일 수 있도록 주요 정당의 정책공약 모니터링 사업을 시작하게 되었다. 이 책에는 부패방지분야(남궁근), 교육분야(박정수), 농림해양수산분야(이시원), 지방자치분야(하혜수), 과학기술분야(최영훈) 등 5개 분야에서의 모니터 결과가 제시되었다.

이 책의 출간을 계기로 앞으로 정당과 후보자들이 실현가능성을 고려한 선거공약을 제기하게 되고, 유권자들이 공약의 소망성과 실현가능성을 기준으로 투표할 수 있게 되기를 바란다.

시민단체간 연대활동　　행개련이 모든 이슈영역에서 다른 시민단체와 연대활동을 활발하게 전개하지는 않았지만 행개련의 주요관심사 가운데 하나였던 부패방지 문제에는 초창기부터 적극적으로 참여하였다. 시민단체들은 2000년 7월부터 부패방지입법시민연대를 구성하여, 부패방지법과 돈세탁방지법에 대한 공청회를 시작으로 여야 정치인들을 향하여 입법캠페인에 착수하였다. 행개련은 준비모임 단계에서 (가칭) 부패방지 제도입법 시민연대가 2000년 7월 20일 세종문화회관 컨퍼런스홀에서 주최한 시민단체 공동안 공청회, "부패방지 제도입법 어떻게 할 것인가"에 경실련, 기윤실, 참여연대, 한국YMCA전국연맹, 환경운동연합, 흥사단과 함께 참여하였고(부패방지입법시민연대 백서 2000.5-2001.7, 132쪽). 정식으로 발족한 부패방지 제도입법 시민연대에 참여한 38개 시민단체 가운데 하나이다. 시민연대는 경실련, 참여연대, YMCA와 같은 대규모 단체가 주도하였는데, 행개련도 사무처가 중심이 되어 이에 적극적으로 동참하였다. 이러한 노력이 결실을 맺어 2001년 6월 28일에는 부패방지법이, 9월 3일에는 자금세탁방지법이 국회를 통과하였다.

시민단체간 연대활동의 과정에서 당시 참여연대 박원순 사무총장, 경실련 이석연 사무총장, 환경운동시민연합 최열 대표 등 시민사회단체의 여러 인사들과도 교류하게 되었다. 나는 당시의 경험과 자료를 바탕으로 몇 편의 학술논문을 쓰기도 하였다.

시민단체 연대 반부패활동의 성과　　남궁근. "NGO의 반부패활동과 성과", 「한국부패학회보」, 제6호(2002.1) 중에서 요약한 것이다.

1990년대 이후 2001년까지 한국의 시민단체 반부패 활동에서 얻은 성과와 과제는 다음과 같이 요약될 수 있다.

첫째, 반부패관련제도의 정책의제화 및 법제 도입이다. 시민단체는 부패방지법안을 끊임없이 정책의제화하는 데는 성공하였고, 원안대로 통과된 것은 아니지만, 약화된 형태로 2001년 6월 28일에는 부패방지법이, 9월 3일에는 자금세탁방지법이 국회를 통과하였다. 부패기본법과 더불어 자금세탁방지법, 시민감사청구제와 시민감사관제 등의 법제를 도입하도록 한 것은 시민단체 활동의 가장 중요한 성과라 할 수 있다.

둘째, 사안별 고발 및 감시활동이다. 주요 시민단체들은 전직 대통령 비자금,

세부비리, 법조비리, 선거부정, 계약비리, 장관의 적격성 검증 등 특정사안별로 제보를 통하거나 자체 조사하여 파악된 부패와 비리 사건들에 대한 활발한 대응활동을 전개해 왔는데, 그 대응활동은 정책의제화의 계기가 되는 사건(triggering events)으로 전개되는 경우가 많았다.

셋째, 부패지수 발표 및 시민교육운동에 관한 것이다. 부패방지를 위한 관련법규와 제도가 대체로 정비된 후, 중·장기적으로 본다면 시민단체의 반부패활동 중 가장 중요한 활동이 부패지수 조사발표 및 시민교육활동이 될 것이다.

마지막으로 정부와의 관계설정에 관한 것이다. 부패방지법이 통과되어 부패방지위원회가 구성되는 등 정부부문에서의 반부패개혁주체가 형성되었으므로 시민단체는 반부패정책의 입안과정에서 이러한 정부부문의 개혁주체와 일정한 정도의 협력관계를 구축하면서 적극 참여하여야 할 것이다. 그러나 공직자들의 부패행위를 감시하고, 반부패정책 집행의 실효성을 검증하기 위해서는 비판적 평가자로서의 역할을 지속적으로 수행하여야 할 것이다.

청와대 부패방지법 제정 기념행사 참석(2001.7.20) 부패방지법이 국회를 통과한 이후에 청와대에서 김대중 대통령이 주재하여 부패방지법 서명식 및 다과회 행사에 초청받아 참석하였다(2001.7.20). 행정부처의 장관급 및 차관급 기관장, 공기업 및 공공기관 대표, 시도지사 및 시도 교육감 등이 참석하였고, 시민단체에서는 한국투명성기구 김거성 사무총장과 행개련을 대표하여 내가 참석하였다. 이 자리에서 김거성 사무총장은 국제비교를 통하여 본 우리나라의 투명성 실태를 발표하기도 하였다.

김대중 대통령은 참석자들에게 부패방지법 통과 이후에 공직자의 공직윤리 패러다임이 크게 바뀌어야 한다는 취지로 인사말씀을 하였다. "선거가 깨끗하고 공정하게 되어야 합니다. 정치자금이 투명해져야 합니다. 또 공무원들이 청렴결백을 당연한 일로 생각하는 사회가 빨리 와야 합니다. 국민들이 남이 부패했을 때는 비판하면서 자기와 이해관계가 있을 때는 공무원의 소매에 돈을 찔러주는 일도 없어져야

3. 시민단체 행정개혁시민연합(행개련) 활동 • 171

합니다. 총체적으로 노력해야만 성공할 수 있습니다. 부패척결이 얼마나 어렵다는 것은 인간성의 약점, 그리고 역사적인 사실들을 통해 잘 알고 있는 사실입니다"(「김대중 대통령 연설문집」, 제4권, "부패방지법 통과의 특별한 의미," 부패방지법 서명식과 다과회 말씀, 2001.7.20 중에서).

내가 보기에는 부패의 유혹을 가장 많이 받게 되는 정무직 공직자 및 선출직 공직자들에게 크나큰 경종을 울리는 것으로 들렸다. 김대중 대통령은 내가 고등학교 3학년 재학 중에 대통령 선거 유세차 우리 학교를 방문하였을 때 먼발치에서 뵙고 난 후, 가까이에서는 처음 뵙는 자리라서 감개무량하였다. 김대중 대통령은 참석자들과 일일이 악수하면서 사진을 찍었다. 나는 사진을 청와대에서 당연히 보내 줄 것으로 기대하였는데 받지 못하였다. 나중에 알고 보니 사진은 요청해야만 받을 수 있었다는 것이다.

과로로 입원　2002년 11월 말 금요일 저녁에 행개련 상임집행위원회에 참석하여 평소와 같이 가회동 사무실에서 도시락으로 저녁식사를 하면서 회의를 가졌다. 도시락 저녁식사 겸 회의를 마치고 급히 압구정동의 다른 모임 장소로 이동하였다. 모임이 시작되었는데 머리가 어지러워 도저히 회의에 참석하기 어려웠다. 양해를 구하고 근처의 방지거 병원에 갔는데, 의사가 상태가 좋지 않아 빨리 큰 병원으로 가야한다는 것이다. 앰블런스를 타고 강남세브란스 병원에 실려 갔다. 병원에서는 뇌출혈을 의심하여 CT 촬영 등 본격적인 정밀검사를 받았다. 응급실에서 하루를 보내고 입원실로 이동하여 하루를 더 보냈다. 뒤늦게 달려온 집사람의 말에 의하면 검사를 받는 도중에도 잠을 자는 등 2박 3일간 계속 잠을 잤다는 것이다. 다행히도 큰 이상이 없기에 퇴원하였다. 병원 측에서는 과로 때문이라고 추정하였다. 당시에 나는 행개련 정책위원장과 더불어 한국행정학회 연구위원장, 교육부 대학설립심사위원 등 정부 자문 위원, 그리고 서울과기대 IT

정책대학원 설립 준비 등으로 무척 바쁘게 지냈기 때문에 피로가 누적되어 갑작스럽게 입원까지 하게 된 것이다.

행개련 상임집행위원(2003~2015)   나는 2003년부터 정책위원장직을 마치고 상임집행위원으로만 활동하였다. 내가 정책위원장 임기를 마친 후부터 행개련 정책위원회는 분야별 정책위원회로 확대 개편되었고, 총괄기구로 정책협의회 의장을 두게 되었다.

2003년부터 백완기 교수님께서 고 박동서 고문님의 여러 차례에 걸친 부탁을 받고 행개련 공동대표를 맡으셔서 열성적으로 일하셨는데 적극적으로 도와 드리지 못해 죄송하게 생각한다.

행개련 공동대표(2016~현재)   서울과기대 총장 임기를 마친 후인 2016년 초부터 송하중 교수(경희대), 서영복 대표와 함께 행개련 공동대표를 맡게 되었다. 행개련에서는 중견 행정학자들이 분야별 정책위원회와 정책협의회 의장을 맡아서 활발하게 활동하고 있으므로 공동대표인 나는 이들을 격려하고 지원하는 것이 주된 역할이 되었다. 이명박 정부와 박근혜 정부에서는 행개련뿐 아니라 대부분의 시민단체들의 활동이 위축된 상태였다. 다행히도 문재인 정부에서는 시민단체의 활동영역이 확대되었다. 행개련에서는 서영복 공동대표와 박수정 사무총장을 비롯한 시민 운동가들의 역할이 훨씬 커졌다.

행개련 사무국에서는 한국 행정에 관심있는 대학생(청년층)을 대상으로 '행정개혁시민연합 영포럼'을 조직하여 시민참여 활동을 경험하게 하고 나아가 한국행정의 동량적 자질을 갖추는 데 도움을 주기 위하여 세미나, 강연회, 행정현장 방문을 통한 행정실무가와 소통의 장을 제공하고 있다. 소수이지만 우리 대학 학생들도 행개련 영포럼에 열성적으로 참여하면서 많은 것을 배우고 있다면서 만족하고 있다.

정부자문 활동 /4

　행정학자의 입장에서 정부 자문활동은 피하기 어려운 일이다. 연구주제를 행정현상에서 찾아야 하는 행정학자들이 논문을 쓸 경우에 행정부가 생산하는 자료를 이용하거나 또는 공무원과 주민을 대상으로 설문조사를 통하여 자료를 수집하는 경우가 많다.

　이러한 활동과정에서 행정학자들은 자신의 관심분야에서 형성된 정책공동체(policy community)에 자연스럽게 참여하게 된다. 그 과정에서 정책자문 활동을 통하여 관련부처가 필요로 하는 정책의 방향에 관한 의견을 제시하기도 한다.

　그러나 정부자문활동에도 일정한 시간이 소요되므로 자문활동이 지나치게 많아지면 연구 활동이 위축될 수 있다. 나의 소장학자 시절에는 서울에서 멀리 떨어진 중소도시인 경남 진주에서 지냈으므로, 서울의 중앙부처에 관한 자문활동 요청은 많지 않았을 뿐 아니라, 요청이 있는 경우에도 거절하는 경우가 많았다. 당시 교통편이 좋지 않았으므로 서울을 오가는데 시간이 지나치게 많이 소요되었기 때문이다. 돌이켜 보면, 소장학자 시절에 나의 생활 근거지가 서울에서 멀리 떨어져 있었기 때문에 저술과 학술논문발표와 같은 학구적인 일에 보다 집중힐 수 있었딘 깃이 아닌가 생각한다.

경남 지방자치단체 자문활동

경상대 재직시절에는 진주시와 주변인 서부경남 기초자치단체와 경남도청에서 연구에 필요한 자료를 수집하기도 하고, 자문 활동 때문에 가끔 방문하기도 하였다. 서부경남의 자치단체의 경우에는 경상대학교 행정대학원에 재학하는 학생들의 요청으로 자문단에 포함되는 경우가 많았다. 경남도청의 경우에는 당시 행정대학원 석사과정에서 동문수학한 권욱 동기(후일 초대 소방방재청장 역임)가 경남도청과 행정자치부에 교대로 근무하면서 경상남도 기획실장과 행정부지사를 역임하였는데, 그 때마다 나를 자문위원으로 위촉하곤 하였다. 2001년 서울과기대로 전입할 당시에는 진주시청 자문위원을 맡고 있었다.

1990년대에는 우리나라에서 행정전산화가 본격적으로 추진되었기 때문에, 그에 관한 자문요청이 많았다. 1980년대부터 국가정보화는 정부의 최우선 정책으로 추진되었으며, 이에 따라 '행정정보체계론'이 행정고시의 필수과목으로 지정되기도 하였다. 그러므로 1980년대 이후 우리나라 행정학분야에서도 행정전산화, 전자정부에 관한 연구가 많았다. 한국전산원(현재 정보화진흥원)과 정보통신정책연구원과 같은 국책연구기관의 기관장을 행정학자들이 맡기도 하였고, 행정학자들에게 상당히 많은 연구비를 지원하였다. 나의 경우에는 유학시절에 컴퓨터 과목을 수강하였고, 실제로 컴퓨터를 사용하여 자료를 분석하고 논문을 집필하였으므로 정보화의 실천적인 사항들을 상당히 알고 있었기 때문에 자연스럽게 자문활동에 참여하였다. 당시 정부에서는 자치단체가 의무적으로 행정전산화 추진계획을 수립하도록 하였는데, 나는 진주시와 진양군, 산청군 등의 행정전산화 추진계획에 참여하였다. 당시 한국전산원 원장으로 재직하였던 고 서삼영 박사가 고향인 진주의 행정전산화에 깊은 관심을 가지고 나에게 연구용역을 맡기기도 하였다.

그 연구결과를 토대로 "기초자치단체 행정전산화 추진우선순위분석: 경남 진주시와 진양군의 사례를 중심으로"(남궁근·김영기·서삼영·송병주 공저, 「한국행정학보」, 25권 4호, 1992.2)라는 논문을 게재하였다. 한편 나는 "우리나라 행정학교육과정에서 컴퓨터 활용현황과 방향"(「정책분석평가학회보」, 2권 1호, 1992), "기초자치단체 정보화의 방향과 지원체계의 구축"(「사회과학연구」, 16권 1호, 1998.2, 경상대학교 사회과학연구소), "경상남도 도민정보화 교육사업의 평가"(송병주·남궁근 외, 「정책분석평가학회보」, 10권 2호, 2000.2), "행정에서의 다중매체 활용과 전자정부"(남궁근·김대호 2인 공저, 「사회과학연구」, 18권 1호, 2000.3, 경상대학교 사회과학연구소)와 같이 행정정보화 및 전자정부에 관한 논문을 게재하기도 하였다.

교육부 자문활동

돌이켜 보면, 정부부처들 가운데 교육부에 관련된 자문활동이 가장 많았다. 여기에 열거한 바와 같이 2000년부터 시작된 각종 위원회의 위원(장) 위촉 이외에도 정책연구과제 참여와 같은 형태로 교육부의 자문활동에 참여한 경우도 많았다. 그 과정에서 고등교육정책을 다루는 수많은 공무원들과 함께 일하였다. 주무관, 사무관 또는 과장에서 시작하여 과장, 국장, 실장, 차관, 그리고 장관까지 승진한 분들도 있다. 또한 각종 위원회와 정책연구과제에 공동으로 참여한 학자들도 많다. 이들 가운데에는 학자로 꾸준하게 연구 활동을 계속한 분들도 많다. 그 가운데 후일 공적인 직책을 맡게 되어 서울대 총장을 역임한 이장무 교수님, 서울법대 학장을 역임한 안경환 교수님, 현재 국민권익위원장으로 일하고 있는 박은정 교수님, 그리고 이화여대 총장과 한국학중앙연구원 원장을 역임한 이배용 교수님도 기억에 남는다.

여기에서는 국립대 발전계획 수립, 대학자율화 구조개혁 추진, 대학설립심사위원장, 강사제도 정책자문위원장으로 일하면서 겪었던 일을 소개하기로 하겠다.

국립대학 발전계획 수립(2000)　내가 교육부와 정식으로 인연을 맺은 것은 2000년 초에 국립대학발전계획 추진위원회 위원 겸 실무추진반장(2000.3.29~2002.3.28)으로 위촉된 것이 계기가 되었다. 2000년대 초반에는 대학설립심사위원회 위원(2000.9.5~2002.7.31), 국립대학 구조조정평가사업단 평가위원(2000.10.13~2000.12.31), 정책자문위원회 위원(2001.3.30~2003.3.29), 주요업무평가위원회 위원(2002.3.28~2006.3.27), 정보공개심의회 위원(2003.12.28~2007.12.20) 등 교육부의 다양한 위원회의 위원으로 위촉되었다.

그 가운데 가장 기억에 남는 것은 국립대학발전계획 추진위원회 위원 겸 실무추진반장으로 일하면서 「국립대학 발전계획」을 수립한 것이다. 당시 IMF위기 상황에서 김대중 정부가 출범하였고, 위기상황에서 벗어나기 위하여 기획예산위원회가 모든 부처에 대한 경영진단을 실시하면서 교육부 소관의 국립대학에 관하여도 경영진단을 실시하였다. 그런데 1999년까지 교육부와 기획예산위원회가 추진한 국립대 구조조정 방안이 지나치게 예산의 절감과 경영의 효율성만 고려한 계획이며, 대학의 의견수렴이 미흡했다는 비판을 고려하여 교육부는 2000년 2월 '국민의 정부' 출범 이후 추진하여 온 「국립대학 구조조정계획」을 「국립대학 발전계획」으로 변경하고, 국립대학 발전계획 추진기본계획(안)을 수립하였다(2000.2.10).

이에 따라 국립대학발전계획 수립을 위한 종합추진위원회(위원장: 김신복 교수) 및 실무추진반(반장: 남궁근 교수)을 구성하였다. 실무추진반에서는 발전계획을 위한 기초자료를 수집하였는데, 국립대학 전체에 대한 종합적 자료가 부진한 실정이므로 44개 국립대학의 현황을 체계적으로 파악하기 위하여 국립대학 종합진단을 실시하기로 하였다. 실무추진반장인 내가 연구용역의 책임자를 맡았고, 과제는 행정개혁시민연합 부설 정부개혁연구소에서 수행하였다(국립대발전계획수립을 위한 국립대학 종합진단, 2000.12, 연구책임자 남궁근, (사) 정부개혁연구소 참조). 당시 종합진단의 대상은 44개 국립대학이며, 여기에는 일반국립대학 24교, 교육대학 11교, 국립산업대 8교, 그리고 방송대 1교로 구분되었다.

국립대학 발전계획 추진기본계획(안)과 44개 국립대학의 경영진단을 토대로 국립대학 및 관계자로부터 충분한 의견수렴을 거쳐서 2000.12.12. 「국립대학발전계획」이 확정되었다. 이 발전계획에서는 사립대학과 비교하여 국립대학의 역할이 특별히 요구되는 분야를 ① 지역산업에 필요한 인재육성, ② 학문의 균형발전을 위한 기초·보호학문분야 육성, ③ 대규모 예산이 소요되는 등 국가지원이 필요한 특성화 학문분야로 정의하였다. 각 국립대학들이 실정에 따라 이러한 분야별로 연구중심 분야와 교육중심 분야를 발전시킬 수 있도록 특성화 계획을 수립하고 이를 검토하고 평가하여 재정을 지원하자는 것이다. 고등교육정책을 주관하는 교육부가 국립대학을 진단하여 주도적으로 발전계획을 세우겠다는 논리를 내세워 「국립대학 발전계획」을 수립하게 되어 교육부는 예산부서인 기획예산위원회가 추진한 예산의 절감과 경영의 효율성만 고려한 국립대 구조조정에서 벗어날 수 있었다고 생각한다.

「국립대학발전계획」의 기본원칙을 반영하여 전국 44개 국립대학은 각자 자체발전계획을 수립하고, 이를 연차적으로 실천하도록 하였다. 한편 각 국립대학이 독자적인 자체발전계획을 수립하는데 준거기준이 될 수 있고, 국립대학의 설립목적, 역할 및 기능에 부합하는 체제로 국립대학을 유도하고 지원하기 위하여 국립대학 역할분담 가이드라인 설정이 필요하게 되어 「국립대학 역할분담방안 수립」(교육정책연구 2001-특-20, 연구책임자 남궁근)이라는 연구과제를 수행하게 되었다. 교육부는 각 대학의 특성화 노력 등 자체발전추진계획을 평가하여 우수대학에 재정을 지원하였다(2000~2003, 1,178억원 지원). 2000년도에는 서울과기대가 영국 노섬브리아 대학과 복수학위를 수여하는 UNN 프로그램이 특성화 우수사례로 평가받아 상당한 액수의 재정을 지원받았다.

대학자율화 구조개혁 추진(2004~2008)

대학자율화 구조개혁위원회 위원(2004~2005)　　참여정부의 집권시기인 2000년대 중반부터 앞으로 학령인구 감소에 대비하여야 한다는 것이 정책이슈로 대두되었다. 교육부는 대학자율화를 추진하는 한편, 대학입학정원을 감축하기 위한 대학구조개혁을 병행하여 추진하기 위하여 대학자율화·구조개혁추진위원회(위원장: 안경환 서울법대 교수)를 구성하였는데 나는 그 위원회의 위원(2004.3.29~2005.3.28)으로 활동하였다. 원래 자율화위원회로 출범하였는데 곧바로 구조개혁의 중요성을 인식하여 이를 추가하였다.

이 위원회는 여러 위원들이 활발하게 의견을 제시하고 이를 수렴하여 대안을 마련하는 방식으로 진행하였다. 당시 고등교육국장은 기재부에서 교육부로 부처 교류로 파견되었는데 나와는 행정고시 동기라서 대안을 마련하는 과정에서 깊게 논의할 수 있었다. 대학들을 정부가 원하는 정책방향으로 이끌어 가려면 인센티브가 필수적이었는데, 기재부에서 파견된 국장이라서 자율화와 구조개혁에 필요한 예산을 상당히 확보할 수 있었던 것으로 기억한다. 여기에서 국립대학과 사립대학을 대상으로 대학간통폐합과 입학정원 감축 등 다양한 형태의 구조개혁을 추진하기 위한 재정 지원사업을 구상하게 되었다(대학의 규제완화를 통한 자율혁신역량 강화 및 구조개혁 방안 연구, 교육정책연구 2004-특-13, 연구책임자: 남궁근 참조).

대학구조개혁 선도대학 평가위원회 위원장(2006~2008)　　대학구조개혁사업은 2005년부터 국립대학과 사립대학을 대상으로 투 트랙으로 진행되었다. 국립대학의 경우에는 정부의 방침으로 입학정원 10%를 일률적으로 감축하는 한편, 국립대학간 통폐합을 통하여 추가적으로 감축을 유도하기로 하였는데 통폐합시에는 추가적으로 재정지원을 받을 수 있었다. 한편 사립대학의 경우에는 2단계 BK21사업 선정에 상당히 큰 가산점을 주기로 하고 입학정원 10% 감축을 추진하였다. 가산점의 규모가 크기 때문에 구조개혁에 동참하지 않으면 사실상 2단계 BK사업의 사업단에 선정되기 어려운 상황이었던 것으로 기억된다.

　2005년도 대학구조개혁 지원사업 평가에서 교대를 제외한 모든 국립대학이 10%의 입학정원을 감축하기로 하였고, 추가로 전남대(여수대), 강원대(삼척대), 부산대(밀양대), 충주대(청주과학대학) 등 8개 국립대가 4개로 통·폐합되는 것으로 결정되어 대학구조개혁 예산을 지원받게 되었다. 서울대의 경우에는 BK21사업 참여와 연계하여 학부 입학정원을 15%나 감축하였다. 한편 사립대의 경우에는 성균관대, 한양대, 경희대, 인하대, 고려대, 이화여대, 연세대가 입학정원 10%를 감축하고 구조개혁 지원금을 받게 되었다(구체적인 내용은 2005년도 대학구조개혁 지원사업 평가연구, 정책연구과제 2005-지정-40, 연구책임자 장지상 참조).

　2차년도인 2006년부터 2008년까지 내가 구조개혁 선도대학 선정·평가위원회의 위원장을 맡게 되었다. 위원회의 임무는 1차년도인 2005년에 구조개혁선도대학으로 선정된 대학의 계획이행실적을 평가하는 한편, 추가로 신청한 대학을 평가하여 선정 여부를 결정하는 것이다.

2단계에서 신청한 대학 기운데 동국대학교와 중앙대학교가 입학정원 10%를 감축하였고, 2006년부터 2008년까지 3년간 각각 87억 6천만 원과 90억 5천만원의 대학구조조정 지원금을 받게 되었다(2006년도 구조개혁 선도대학 심사·성과평가연구, 대학구조개혁팀 2006-1, 연구책임 자 남궁근 참조). 2007년도에는 구조개혁 선도대학 계획이행실적을 평가하였고, 2008년도에는 연차평가 및 종합평가를 실시하는 정책연구가 이루어졌다.

돌이켜 보면 2005년의 평가에서 입학정원 감축인원이 16개 대학 7,225명(국립 17개 대학 5,017명, 사립 7개 대학 3,132명)이었고, 2006년의 평가에서 2개 대학의 감축인원이 961명으로 총 8,186명의 입학정원이 감축되어 상당한 성과를 거둔 것으로 생각된다. 그런데 이 가운데 국립 대학 정원감축이 5,017명인 것과 비교하여 사립대학 정원감축은 4,093 명으로 오히려 적었다. 선진국인 OECD 국가들과 비교할 때 우리나라 의 경우에는 국가에서 비용을 부담하는 국립대 학생의 비율이 가장 낮은 편이다. 그런데도 정부가 대학통폐합을 시도하거나 입학정원을 감축할 때 이를 국립대학에 우선 적용하여 결과적으로 국립대학의 비중이 더욱 낮아지고 있는데 이는 방향이 잘못된 것이라고 생각한다.

대학구조개혁평가위원장을 맡으면서 생각지도 못하게 2007년 신정 아 사건에 관련하여 참고인으로 조사받는 일이 있었기에 잠시 소개하 고자 한다.

신정아 사건이란 2007년 7월 당시 동국대 교수였던 신정아 씨의 학력 위조 의혹에서 시작된 사건으로, 이후 신 씨와 인연을 맺은 미 술계·대학가·불교계 인사 등으로 여파가 확산되었다. 또 변양균 전 청와대 정책실장과의 스캔들 등 정계로비 의혹도 불거졌다. 신 씨는 예일대 박사학위 학력을 속여 동국대 교수직을 얻고 미술관 공금을 빼돌린 혐의 등으로 2007년 10월 구속기소된 뒤 징역 1년 6개월 선고를 받았으며, 2009년 4월 보석으로 석방된 바 있다. 신정아씨가 동국대 교수로 임용된 배후에 기획예산처 장관을 역임한 당시 변양균 대통령 정책실장이 개입하지 않았는지 전방위적으로 수사하는 과정에서 불똥이 나에게까지 튄 것이었다.

내가 참고인 조사를 받게 된 것은 당시 동국대학교가 2006년 대학 구조개혁 선도대학으로 선정되어 학사과정 학생 정원을 감축하고, 그 대가로 약 87억원 정도의 국고예산을 지원받았는데, 그 구조개혁선도대학 심사·평가위원회 위원장을 맡고 있었기 때문이다.

이 사건은 서울 서부지청에서 담당하고 있었는데, 검찰에서는 변양균 당시 예산처 장관의 압력으로 국고가 지원된 것이 아닌지 의심하는 상황이었다. 이 사업을 맡았던 교육부 실무자들이 수 차례 검찰에 불려나가 해명했는데도 검찰에서 수긍하지 않아서 위원장을 맡았던 내가 출석하여 해명해주면 좋겠다고 연락이 왔다.

나는 이를 받아들이기로 하고 출석일시를 조율하였다. 당시 이 뉴스가 톱뉴스로 신문과 방송의 뉴스를 도배하고 있는 상황이었다. 나의 생각에는 비교적 한가한 토요일 오후에 출석하면 관심이 적을 것으로 생각하고 2007년 9월 15일(토) 오후 4시에 출석하기로 약속시간을 잡았다. 나는 해명을 위한 자료로 2006년 구조개혁선도대학 심사 및 평가결과를 담은 보고서 한 권을 가져갔다. 그런데 오후 4시에 서부지청에 들어가는 순간 뭔가 잘못된 것을 깨달았다. 서부지청의 청사는 모든 방송과 신문사의 카메라와 기자들로 가득 차 있었다. 토요일 오후라서 사건관계자는 일체 드나들지 않는 상황에서 내가 지청에 들어서자 일순 긴장감이 감돌았다. 천천히 진입하는데 기자들이 몰려들어 어떻게 왔는지 질문공세가 이어졌다. 출입문에 진입하면서 교육부 관련하여 해명하러 왔다고 이야기하고 검사실로 들어가서 차분하게 설명을 마쳤다. 담당검사는 의심을 하기는 하였지만, 학생수를 감축한 것도 사실이고 소정의 절차를 거쳤다는 것도 인정할 수밖에 없어서 그냥 보내 줄 수밖에 없었다. 조사를 마치고 보니 여섯 시가 조금 넘은 시각이었다. 창 너머로 마당을 살펴보니 기자와 카메라가 들어올 때와 마찬가지로 그대로 남아 있었다.

이를 어떻게 헤쳐 나가야 할지 걱정이 앞서게 되었다. 담당검사에게 후문이 있는지 문의해 보니, 원래 후문이 있지만 주말에는 닫아 놓는다고 하였다. 그러면서 온 국민이 관심을 가진 문제라서 기자들이 많이 와 있으니 어떻게든지 빠져 나가라고 한다. 운좋게 기자들을 따돌리고 정문을 빠져 나왔다. 서부지청 앞에는 왕복 10차선(?) 정도의 큰 길이 있는데 마침 차들이 없기에 무단횡단으로 건너편으로 건넜다. 그런데 기자 한 사람이 거기까지 찾아와서 질문을 하였다. 들어갈 때에는 서류봉투가 있었는데 나올 때는 가지고 나오지 않았는데 그것이 무엇이냐는 것이다. 참으로 예리한 관찰력을 가지고 있었다. 나는 보고서라고 말하고 그에게 기자로서 성공하겠다고 말해 주었다. 당일 친구들과 저녁약속이 있어서 모임장소에 도착해 보니, 벌써 뉴스에 내 뒷모습과 교육부 관계자라는 멘트가 나왔다. 내 목소리를 알아들은 친구들도 몇 명이서 나에게 전화하기도 하였다. 당시 지인들에게 신정아 사건으로 조사받았다고 말하면 에르메스 넥타이 선물은 받았냐고 되묻곤 하였다.

대학설립심사위원회
대학설립심사위원회 위원(2000~2002) 나는 2000년부터 2년 동안 대학설립심사위원회 위원(2000.9.5~2002.7.31)으로 일한 바 있다. 1995년 문민정부가 추진한 5·31 교육개혁에서 대학설립준칙주의를 도입하여 소위 4대 설립요건으로 불리는 교원, 교사, 교지 및 수익용 기본재산의 기준을 충족하면 대학재단설립과 대학설립이 가능하게 되었다. 대학설립심사위원회는 대학설립 신청주체가 대학설립의 기준을 충족하였는지 판단하는 역할을 담당하였다. 나는 2000년대 초반 대학설립심사위원을 맡았을 때, 설립요건을 엄격하게 해석하여 가급적 설립을 억제하는 방향으로 결정하였던 것으로 기억한다.

대학설립심사위원회 위원장(2007.8~2009.7)   2007년부터 2년간 대학설립심사위원장을 맡게 되었다. 그런데 설립심사위원장을 맡고 보니, 과거에 기준미달이라고 판단하여 심사에 통과되지 않았던 대학 가운데 심사를 통과하여 개교한 대학도 있었다. 이 대학은 부실대학인 상태에서 명맥을 유지하다가 결국 폐교하게 되었다. 구조개혁 선도대학 평가에서 소개한 바와 같이 우리나라 대학 가운데 여건이 가장 양호한 국립대학과 서울소재 명문대학들이 대학입학정원을 감축하는 마당에 대학설립준칙주의에 따라 신규로 대학을 설립하는 것은 모순된 일이었다.

2007~2009년 내가 위원장으로 일할 때 대학설립심사위원회는 신규대학 설립은 최대한 억제하였고 대학 캠퍼스 위치 변경(캠퍼스 일부 이전), 대학간 통폐합, 산업대학의 일반대학 전환과 같은 업무를 담당하였다. 예를 들면, 연세대의 송도캠퍼스 일부이전과 같은 문제를 다루기도 하였다. 한편 산업대학인 충주대학의 일반대학 전환시에 설립심사위원회의 심의를 거친 과정에 관하여는 이미 소개한 바 있다.

통합대학설립심사위원회 위원장(2015.6~2017.7)   내가 총장임기를 거의 마칠 때인 2015년 봄에 교육부 담당과장으로부터 대학설립심사위원장을 다시 맡아달라는 연락이 왔다. 내가 과거에 이미 맡았던 일을 다시 맡는 것이 부적절하다고 완곡하게 거절하였는데, 이번에는 여러 설립심사위원회를 통합하여 통합심사위원회를 발족시킬 예정이므로 다시 맡아야 한다고 간곡하게 다시 부탁하였다. 상황을 파악하여 보니 대학설립심사, 사이버대학설립심사, 사내대학설립심사, 외국기관설립심사를 관장하는 위원회가 별도로 구성되어 있기 때문에 대학설립 판단의 일관성이 없어 이를 통합할 예정이라는 설명을 듣고 이를 수락하여 2년간 위원장을 맡게 되었다(2015.6.1~2017.7.31). 통합규정이 통과될 때까지는 개별위원회의 위원장으로 위촉되었는데 소관부서들끼리 협의하여 회의날짜를 잡아 안건은 한꺼번에 처리하였다.

기존 대학의 입학정원 감축이 대대적으로 진행되는 과정에서 통합설립심사위원들은 일반대학은 물론이고, 사이버대학, 사내대학, 외국대학 분교 등 대학신설이 신청되면 가급적 불허하는 쪽으로 결정하게 되므로 '설립심사'위원회가 아닌 '설립불허'위원회라고 부르기도 하였다. 한편 통합대학설립위원회 규정에 관한 의견수렴과정에서 외국기관설립심사는 외자유치 등과 연관되며 교육부와 함께 산업통상자원부가 관여하므로 위원회를 별도로 구성하기로 하였다.

내가 위원장을 맡으면서부터 고심을 거듭했던 안건 가운데 하나가 애버딘대학교 한국분교 설립에 관한 건이다. 우리나라에서는 1997년 금융위기 이후 외국인투자가 국가경쟁력을 강화하기 위한 핵심 정책으로 인식되면서 교육시장 개방과 해외교육기관 유치도 주목을 받기 시작하였다. 2005년 이후에는 「경제자유구역 및 제주국제자유도시의 외국교육기관 설립·운영에 관한 특별법」 제정(2005.5.31)으로 외국교육기관 설립·운영이 가능하게 되었다. 세계적인 명문대학을 유치할 경우, 중앙정부와 지방자치단체가 보조금으로 설립준비비와 초기운영비를 지원하는 한편 교육시설을 무상으로 임대하는 등 파격적인 혜택을 부여해 왔다. 이 특별법에 근거하여 현재까지 다수의 외국교육 기관이 유치되었다. 예를 들면, 산업통상자원부와 인천시가 송도국제도시에 설립한 글로벌캠퍼스는 2012년 한국뉴욕주립대 개교를 시작으로 한국조지메이슨대, 겐트대 글로벌캠퍼스, 유타대 아시아캠퍼스, 뉴욕패션기술대(FIT)가 차례로 문을 열어 현재 2,000여명이 재학 중이다. 그러나 2007년 우리나라 최초의 외국교육기관으로 전남 광양에 유치한 네델란드 국제물류대학 한국분교는 학생모집의 어려움 등으로 오래 버티지 못하고 철수하는 등 외국대학 분교 유치가 반드시 성공을 보장하는 것은 아니었다.

경상남도는 해양플랜트 전문인력을 양성하자는 취지에서 2013년 애버딘대학교와 하동에 대학원과정의 분교를 유치하기로 협약을 체결하고 캠퍼스를 유치하고자 노력하고 있었다. 영국 스코틀랜드 최북단에 위치한 애버딘대학교는 조선해양플랜트 분야에서 세계 최고수준의 대학이다. 하동군의 현장을 방문하여 살펴보니 경상남도와 하동군은 분교 유치를 위해 교육시설은 물론 기숙사 건립 등에 이미 상당한 재원을 투입한 상황이었다. 그런데 위원회에서는 조선업의 불황으로 강력한 구조조정이 이루어지는 상황에서 대학원 학생모집이 불확실하고, 애버딘대학교가 실제로 분교운영에 재원을 투입할지 불투명하다고 판단하여 수차례 자료 보완을 요청하였다. 2016년 5월에는 위원회 위원들이 스코틀랜드 애버딘대학교를 방문하여 대학당국이 학생모집이 불확실한 상황에서 한국분교에 교수진을 파견하고 재원을 투입할 의지가 있는지 무례할 정도로 집요하게 질문하여 그에 대한 확답을 받았다. 이같은 현장방문절차를 거쳐 대학설립심사위원회에서는 애버딘대학교 한국분교 설립을 승인하였고, 그에 따라 교육부는 2016년 8월 애버딘대학교 한국캠퍼스 설립을 승인하였다.

그런데 최근 신문보도(경남신문 2018년 8월 23일자, 서울신문 2018년 8월 24일자)에 의하면 애버딘대가 해양플랜트 경기침체, 학생모집 애로에 따른 재정적자 등의 우려로 3차례 개교를 연기하였고, 2018년 5월 프로젝트 철회 의사를 통지해 옴에 따라 결국 개교가 무산되었다고 한다. 애버딘대학교는 향후 10년간 200억 원 정도의 운영 적자를 예상하며 이를 보전해달라고 요구하였는데 경상남도 등이 이를 수용하지 않자 포기 의사를 통보했다는 것이다.

나를 포함한 대학설립심사위원들이 우려하였던 사태가 발생한 것이다. 우리나라에서 이공계 석사 및 박사과정은 서울대학교에서도 학생모집에 어려움을 겪고 있는 현실을 제대로 고려하지 않고 경상남도와 하동군이 의욕적으로 추진했던 애버딘대 한국캠퍼스 유치가 결국 무산되면서 설립준비비 12억원과 기숙사 건립에 투입한 79억원을 포함하여 100억 원에 가까운 재정손실을 보게 된 것이다. 현재에도 인천 송도와 세종시 등에서 외국대학의 추가 유치를 추진하고 있는데 애버딘대 한국분교의 실패 사례를 참고하여 보다 치밀한 준비가 필요할 것으로 보인다.

강사제도 정책자문위원장(2016)   2016년 초 교육부 측의 요청으로 나는 강사제도 정책자문위원회의 위원장을 맡게 되었다. 내가 우리 대학 총장으로 일하기 이전부터 소위 "강사법"은 대학사회의 뜨거운 감자로 등장하였으며, 총장 재직 시에도 해결하여야 할 주요 과제의 하나였지만 결론이 나지 않은 상황이라서 위원장의 역할을 기꺼이 받아들이기로 하였다. 여기에서는 "강사법" 제정의 배경과 추진경과를 살펴보고, 강사제도 정책자문위원회에서 마련한 종합대책과 소감을 간략하게 소개하기로 한다.

"강사법" 제정의 배경과 주요내용   2010년 5월 조선대에서 시간강사로 근무하던 분이 논문 대필 문제 등을 지적하며 자살하는 사건(2010.5.25)이 발생하자 당시 대통령 직속 사회통합위원회에서 시간강사를 교원으로 인정하는 등 강사제도 개선방안을 발표하였다(2010.10. 25). 사회통합위원회의 개선방안을 교육부가 받아들여 「고등교육법」 개정안, 소위 "강사법"을 정부입법으로 추진하였는데, 2013년 1월 1일부터 시행예정으로 2011년 12월 30일 국회를 통과하였다. 강사법의 주요내용은 ① 시간강사를 폐지하고, 교원의 한 종류에 '강사'를 신설하여 교원 지위 부여, ② 학교별 인사위원회 임용 동의를 거쳐 학칙·정관이 정하는 바에 따라 계약으로 임용하고 1년 이상 임용, ③ 임용계약 위반·형의 선고 등을 제외하고는 계약 기간 중 의사에 반하는 면직 및 권고사직 제한, 불체포특권 보장, ④ 교육공무원법 적용의 예외(국공립), 사립학교법, 사학연금 적용의 예외(사립) 등이다.

"강사법"(고등교육법 일부개정법률)이 국회를 통과하여 강사에게도 교원지위가 부여되었으나, 이 강사법은 임용기간, 채용절차 등 법령 미비로 강사의 대량해고 우려와 더불어 대학의 행재정적 부담 가중의 우려가 있어 대학 측과 강사 측 모두 반대하는 상황이었다. 이같이 대학과 강사간 입장차이가 크고, 시간강사들의 일자리 축소가 우려되어, 고등교육법 부칙(시행일) 개정을 통해 강사법 시행이 3회에 걸쳐 5년 동안 시행이 유예되었다[1차 유예(유기홍 의원 대표발의, 2012.12. 11 통과, 2014.1.1 시행), 2차 유예(윤관석 의원 대표발의, 2013.12.31 통과, 2016.1.1 시행), 3차 유예(강은희 의원 대표발의, 2015.12.31 통과, 2018.1.1 시행)].

나는 "강사법"(「고등교육법」 개정안) 제정이 논의되던 시기인 2010년에 교육부 자문위원으로 일하면서 대학교육현장에서 받아들여지기 어렵다는 점을 들어 강사법 제정을 반대한 바 있다. 한편 총장 재직 시에는 대학교육협의회 이사 및 부회장으로 일하면서 제2차, 제3차 유예를 이끌어 내려고 노력하였다.

강사제도 정책자문위원회 구성 및 종합대책 수립 배경　　제3차 유예안 처리(2015.12)시 국회 부대의견으로 강사 제도에 관한 총괄 검토를 통하여 대학 강사제도 종합대책 마련이 필요하다고 지적하고 강사단체와 대학이 참여하는 협의체를 구성하여 보완입법 및 강사 처우개선안 등을 마련하여 국회에 제출하도록 요구하였다. 국회의 요청에 따라 강사단체(한국비정규교수노조·전국강사노조) 대표 4명, 대학단체 (대교협·전문대교협·4년제/전문대 교무처장협의회) 대표 4명, 전문가(정부·국회 등 추천인사) 3명 등 총11명으로 강사제도 정책자문위원회가 구성되어 종합대책안을 마련하게 되었는데, 내가 위원장을 맡게 되었다.

강사제도 종합대책 수립과정   2016년 초 위원회 활동 개시 시점에서 운영방안에 관하여 논의하였다. 위원들이 충분한 토론을 토대로 합의하는 것을 원칙으로 하되, 합의에 이르지 못하는 사항에 관하여는 협의안을 마련하고, 단체별로 별도 의견을 제시하기로 하였다. 2016년 2월부터 9월 초까지 14차례의 회의를 개최하여 위원들 사이에 충분한 토론과 협의가 이루어졌고, 전문가 의견수렴(2016.7.12) 및 공청회(2016.7.20) 개최, 대학과 강사의 인식, 입장 등을 알아보기 위해 실시한 설문조사(7.29~8.19) 결과도 참고하여 협의안을 도출하였다.

종합대책의 주요내용   대학 측과 강사 측의 기본적인 입장 차이가 첨예하게 대립되어 기본방향에 합의하는 데 시간과 노력이 필요하였다. 대학 측에서는 강사문제의 본질은 강사 처우개선이며, 강사에게 교원지위 부여는 불가하다는 입장으로 강사법 폐지를 요구하였다. 설문에 응답한 237개 대학(전문대 포함) 가운데 59.6%가 강사법 폐지에 찬성하였다. 한편 강사 대표 측에서는 교원지위 부여가 반드시 필요하다고 주장하였다. 이에 나는 대학 측을 설득하여 강사에게도 교원지위를 부여하기로 하고, 양측에서 수용가능한 대책을 마련하고자 노력하였다.

구체적으로 살펴보면 강사에게 법적인 교원지위를 부여하고 1년 이상 기간을 정하여 임용하는 것을 원칙으로 하는 것은 기존의 강사법과 동일하지만, 법률에 규정된 예외사유에 한하여 1년 미만 임용을 법률에서 허용하여 강사임용의 경직성을 완화하는 등 강사법을 보완하는 방안을 제안하였다.

또한, '강사임용의 공정성'이라는 강사법의 입법 취지는 살리되 현장에서 시행 상 문제를 제기하는 내용을 보완하기 위해, 강사의 채용 절차를 간소하게 할 수 있도록 하는 등 대학의 행·재정적 부담을 완화하고자 하였다.

아울러, 처우수준이 열악한 우수 학문후속세대(석박사 과정 또는 박사 취득후 3~5년 이내에 있는 자를 말하며, 전체 강사 중 3년 기준 약 69.2% 또는 5년 기준 약 75.5%가 학문후속세대로 추정됨)인 강사에게 강의료 등을 지원하기 위하여 추가적인 재정확보가 필요하므로 정부 및 국회 등의 협조를 요청하였다.

후속조치　　나는 대학 강사제도 정책자문위원회 위원장 자격으로 2016년 9월 8일(목) 14시 교육부 세종청사에서 「대학 강사제도 종합대책(안)」을 발표하였고, 종합대책안을 교육부에 제출하였다. 교육부는 이를 국회에 제출하여 입법과정을 진행하였다. 그런데 강사에게 강의료 등을 지원하기 위한 추가적인 재정확보가 이루어지지 않은 상황이라는 이유로 국회는 이를 1년 더 유예하기로 결정하였다. 국회는 1년여 논의를 거쳐 2018년 11월 29일 고등교육법 개정안(일명 '강사법')을 통과시켜 2019년 8월 1일부터 시행하도록 하였다. 이번에는 정부와 국회가 관련 예산을 확보함에 따라 대학의 재정부담 가중과 강사의 대량 해고 논란을 피할 수 있는 보완대책이 포함되어 다행으로 생각한다.

내가 보기에는 2011년에 통과시킨 소위 "강사법"은 우리나라 고등교육정책의 역사에서 최악의 입법이라고 생각한다. 강사법은 조선대학교 시간강사의 자살(2010.5.25)로 정책의제로 촉발된 후 대통령직속 사회통합위원회가 불과 5개월만인 10월 25일에 졸속으로 마련한 강사제도 개선방안을 발표하였고, 이 개선방안이 그대로 고등교육법개정안에 반영되었다. 강사의 처우개선과 신분을 보장한다는 명분으로 대학당국과 강사측이 모두 받아들이기 어려운 개선방안이 법제화된 이후 4차례에 걸쳐 6년 7개월 동안이나 유예되면서 학문후속세대를 포함한 6만여명의 강사가 오히려 대량해고의 위험 때문에 고통을 받아 왔다. 대학의 총장과 교무처 관계자, 학과 및 교수들도 새 학기가 시작될 때마다 강사문제의 대책을 마련하느라 막대한 시간과 행정력을 낭비하였다.

전국에서 6만 명 정도의 강사가 대학교육의 상당부분을 분담하고 있으므로, 대학의 교육과정 운영에서 강사가 담당하는 역할이 매우 큰 것이 현실이다. 강사가 담당하는 대학교육의 질을 보장하려면 강사가 임용기간 동안 신분보장을 받고 현재보다 더 개선된 처우를 받도록 하여야 한다. 한편 강사제도가 지나치게 경직적으로 운영될 경우 학문후속세대가 오히려 피해를 받는 일이 발생할 수 있다. 국회에서 이러한 점도 고려하여 보완입법을 마련하는 한편 처우개선에 필요한 예산을 확보하였으므로 강사들이 혜택을 받고, 대학교육의 질이 높아지는 계기가 되기를 바란다.

강사법 시행과 정부의 재정 부담을 계기로 대학당국은 그간 강사가 분담해 온 교육의 질이 획기적으로 향상될 수 있도록, 강의과목 및 졸업이수학점 축소와 강사 해고 등 강사 구조조정의 관점에서 벗어나 강사들에게도 연구실 등 각종 편의를 제공하여 강사를 보는 패러다임을 획기적으로 전환하여야 할 것이다.

국무총리실 규제개혁위원(2002 ~ 2004)

2002년 12월에 나는 김대중 대통령으로부터 2년 임기(2002.12.7~2004.12.6)의 규제개혁위원회 위원으로 위촉받았다. 규제개혁위원회는 정부의 규제정책에 관해 이를 심의 및 조정하고, 규제의 심사와 정비에 관한 사항을 추진하는 대통령 소속 합의제 행정기관이다. 김영삼 정부에서는 행정쇄신위원회(1993~1998)를 중심으로 약 6,000건의 규제를 개선했으며, 1997년 규제개혁회의가 설치돼 약 100건의 규제개혁 과제를 선정하였다. 그러나 당시의 규제개혁 작업은 구비서류 감축 등 단순하고 지엽적인 불편사항을 해소하는 데 그쳤다는 비판을 받았다.

김대중 정부에서는 이같은 규제개혁 추진의 문제점을 극복하기 위해 1998년 행정규제기본법을 제정하고 같은 해 4월 18일 대통령 소속으로 규제개혁위원회(위원장 국무총리 및 민간위원장)를 발족, 기존 규제의 재검토 및 신설 규제의 사전심사 등을 강력히 추진하여 왔다. 행정규제기본법에 따라 신설되거나 강화되는 규제는 반드시 규제개혁위원회의 심사를 거쳐야 하며, 규제개혁위원회는 필요할 경우 해당 규제의 신설 또는 강화에 대해 이를 철회하거나 개선하도록 권고할 수 있다.

규제개혁위원회는 국무총리(당연직 위원장)와 민간공동위원장, 민간위원 14인, 정부위원 6인 등 총 22인으로 구성되었다. 관련부처의 장관이 정부 측 당연직 위원인데 당시에는 재정경제부 장관, 행정자치부 장관, 산업자원부 장관, 국무조정실장, 공정거래위원회위원장 및 법제처장이 해당되었다. 내가 위촉된 첫 해에는 안문석 교수님이 위원장(2002.2.26~2004.2.25)이셨고, 다음에는 민간기업인 출신으로 존경을 받는 박종규 대표가 위원장(2004.3.25~2006.3.24)이 되셨다. 안문석 위원장은 물론이고 박종규 위원장도 행개련 공동대표를 역임하신 분으로 평소 알고 지냈기 때문에 일하는 데 도움이 되었다. 두 분의 일하는 스타일이 상당히 달랐는데 안건에 확신하지 못할 경우에 안 교수님은 관련서류를 꼼꼼히 챙기셨고, 박종규 위원장님은 현장을 직접 방문하시는 편이었다. 2003년도에 민간 부문에서 나와 함께 위원으로 일한 분은 강응선(매일경제 논설실장), 김완순(외국인 투자 옴부즈만), 김재옥(소비자단체 대표), 김종석(홍익대), 남영숙(한국교원대), 서윤석(이화어대), 이영님(기업인), 제프리 존스(김&장 법률사무소 미국변호사), 징문수(인하대), 조건호(전 무역협회 상근부회장), 최종원(서울대) 등이며, 2004년에 김유한(이화여대) 위원이 합류하였다(2003년 규제개혁백서, 2004년도 규제개혁백서 참조).

나는 보건복지, 노동, 소방 및 안전 등과 관련된 안건을 다루는 행정사회분과에 소속되었다. 분과회의를 통과한 안건은 전체 회의에서 다루었다. 규제개혁위원회의 회의 일정은 분과회의는 2주일에 한 차례, 전체 회의는 월 1회로 예정되어 있었다. 그런데 다루어야 할 안건이 많았으므로 거의 매주 만나야 하였다.

정책학자들에게는 상식적인 이야기이지만 규제정책은 규제로 인하여 피해를 입는 집단과 혜택을 보게 되는 집단이 극명하게 구분되므로 이해집단 사이에 갈등이 심하다. 위원회는 이해관계인이나 공무원의 출석 및 의견 진술을 요구할 수 있고 관계 행정기관 등에 대한 실지조사 등의 조치도 취할 수 있다. 규제개혁위원회는 재적위원 과반수의 찬성으로 의결하는데, 이해관계집단 사이에 입장이 첨예하게 대립되는 경우가 발생하기도 하여 위원회가 이를 조정하여야 하는 경우도 있었다. 규제분야는 행개련에서도 상당히 관심을 가지고 혁신하여야 할 분야라고 여기고 있었기 때문에 나는 안건마다 꼼꼼하게 처리하려고 노력하였다.

2년 임기를 마친 후에는 한 차례 더 연임할 수 있었다. 나는 당시 대통령소속 정부혁신지방분권위원회 인사개혁 간사위원, 그리고 대학에서는 신설된 IT정책대학원장 직을 맡고 있었으므로 업무가 상당히 많았다. 2001년 가을에 일이 겹치면서 과로로 입원까지 했던 기억 때문에 나는 업무를 감당하기 어렵다고 생각하여 연임하지 않겠다고 사의를 표하였다. 담당자는 규제개혁위원을 스스로 연임하지 않겠다고 나선 것은 처음이라고 놀라는 반응을 보였다.

매년 한 번씩 공동위원장인 국무총리가 초청하여 삼청동 총리공관에서 저녁식사를 함께 하였다. 당시 김석수 총리와 고건 총리 재임시에 공관을 방문한 적이 있다. 김대중 정부 마지막 총리인 김석수 총리는 평소 검소하게 생활하시고 소탈한 법조인 출신이다. 한 가지 특이한 점은 '올드 파'라는 브랜드의 위스키를 무척 좋아한다는 것이다. 해외 출장이나 여행을 갈 경우에 '올드 파'를 구입하여 재고를 유지한다고 한다. 한편 노무현 정부 초대 총리인 고건 총리는 행정의 달인이라는 별명을 가진 것처럼 행정문제에는 막힘이 없었던 것으로 기억된다.

대통령 직속 정부혁신지방분권위원(2003~2007)

노무현 대통령의 참여정부가 출범한 이후 나는 정부혁신지방분권위원회 제1기 위원 겸 인사개혁 간사위원(2003.4.9~2005.4.8)으로 위촉되었다. 청와대에서 노 대통령께서 직접 위촉장을 주셨는데 정부혁신에 관한 강력한 추진의지를 말씀하신 것으로 기억한다. 노무현 대통령을 처음 만나 뵌 것은 대통령 선거운동이 한창인 2002년 가을 코리아나 호텔 조찬 모임에서 장·차관 등 정무직 운영과 공무원인사제도에 관하여 자문하는 자리였다. 모임은 고려대 윤성식 교수와 정세균 의원(전 국회의장)이 주선하였고, 나와 함께 몇 분의 교수가 참석하였다. 조찬모임에 참석한 노무현 당시 후보는 아침에 급하게 나오시느라 허리띠를 매지 않은 채 오셨다. "어라? 허리띠를 안 매고 왔네!"라는 말씀으로 시작하여 여러 가지 이야기를 나누었는데 건의 내용을 진지하게 경청하시는 모습이 인상적이었다. 전반적으로 무척 유쾌한 자리였던 것으로 기억된다. 노대통령 당선 이후 대통령직 인수위원회 시기에 나는 정무분과위원회 자문위원으로 위촉받아 인사혁신을 비롯한 정부혁신 전반에 걸쳐 의견을 피력한 바 있다.

노무현 정부가 출범한 직후인 2003년 3월 7일에 행정자치부, 한국행정연구원, 한국행정학회 등 3개 기관이 공동으로 주최한 기획세미나에서 나는 "참여정부 정부혁신의 이념과 목표"를 주제로 발제하기도 하였다. 행개련 정책위원장으로 꾸준히 행정개혁에 관하여 제안한 바 있었고, 2002년도 한국행정학회 연구위원장으로 당시 기획예산처에서 발주한 「중장기 정부혁신의 과제」를 연구책임자로서 수행하였기 때문에 국내외 정부혁신의 상황을 비교적 상세하게 알고 있었다. 내가 정부혁신지방분권위원회 위원으로 위촉된 것은 이러한 경력이 고려된 것으로 생각한다.

위원회의 구성   참여정부 출범 직후인 2003년 4월 9일부터 시작한 정부혁신지방분권위원회는 역대 정부의 개혁추진위원회 가운데 가장 강력한 추진체계를 갖추고 활동하였다. 정부혁신지방분권위원회는 본위원회 아래 행정개혁전문위원회, 인사개혁전문위원회, 지방분권전문위원회, 재정세제전문위원회, 전자정부전문위원회 등 5개 전문위원회로 출범하였다. 2004년 5월 6일에는 혁신관리전문위원회가 설치되어 6개 전문위원회가 활동하였다(이하 「정부혁신, 미래를 향한 힘찬 전진, 2003.5~2004.4」, 4-18쪽, 정부혁신지방분권위원회 활동실적 참조). 위원회를 실무적으로 지원하는 기획운영실에는 실장급(1급) 공무원과 2급 및 3급 공무원을 포함한 전임 공무원들이 근무하였다.

제1기 본 위원회 위원은 모두 29명이었는데 민간위촉직은 18명, 장관급 당연직 7명, 지방자치단체 추천직 4명이었다. 민간위촉위원은 김병준 위원장(국민대), 윤성식(고려대, 2004.6.14 위원장 취임), 김범일(대구시 정무부시장), 김상욱(충북대), 김상희(여성민우회 공동대표), 김효석(17대 국회의원), 남궁근(서울산업대, 인사개혁 간사), 서삼영(한국전산원장, 전자정부 간사), 오재일(전남대, 지방분권 간사), 원혜영(17대 국회의원), 유일호(KDI, 재정세제 간사), 이진순(숭실대), 이행봉(부산대), 장하진(충남대), 정용덕(서울대, 행정개혁 간사), 최영희(내일신문 부회장), 유희열(KISTEP 원장), 오영교(KOTRA 사장, 혁신관리 간사)가 민간위원으로 참여하였다. 한편 당연직 위원은 7명으로 재정경제부 장관(이헌재), 행정자치부 장관(허성관), 정보통신부 장관(진대제), 기획예산처 장관(김병일), 국무조정실장(한덕수), 중앙인사위원장(조창현), 대통령 비서실 정책실장(박봉흠)이었다. 지방자치단체 추천직으로는 시도지사협의회 추천 박맹우 시장(울산광역시), 시도의회의장협의회 추천 임동규 의장(서울시의회), 시장군수구청장협의회 추천 김완주 시장(전주시), 시군구의회의장협의회 추천 이재창 의장(서울 강남구)이 참여하였다.

내가 간사위원으로 일하게 된 인사개혁 전문위원회 위원은 인선에 관한 협의를 거쳐 한 달 후인 2003년 5월 9일에 14명이 위촉되었다. 여기에 민간위원으로 강성철(부산대), 공선표(삼성경제연구원), 박천오(명지대), 서원석(한국행정연구원), 유순신(유앤파트너즈 대표), 이선우(방송대), 임두택(전남대), 조경호(국민대), 홍길표(천안대), 박원우(서울대), 손병옥(푸르덴셜생명보험 부사장), 이근주(이화여대)와 정부측에서 당연직으로 행정자치부 인사국장(김국현)과 중앙인사위원회 인사정책심의관(정진철)이 참여하였다.

인사개혁과 관련하여 당시 박승주 기획운영실장(나중에 여성부 차관이 됨), 김남석 행정개혁 담당국장(나중에 행자부 차관이 됨), 류임철 인사개혁 담당 과장이 헌신적으로 일하였다.

위원회 회의 운영   본 위원회는 매달 두 차례 금요일 오전 10시에 정례회의를 개최하였고, 필요시에는 수시로 회의가 열렸다. 인사개혁 전문위원회는 매달 두 차례 목요일 오후 2시에 개최하였고, 필요시에는 수시로 회의를 가졌다. 내가 위원으로 일했던 기간(2003.4.9~2005.4.8)에 본 위원회가 50회 개최되었다(『참여정부의 혁신과 분권』, 정부혁신지방분권위원회 백서 1, 2005.12.31, 139-141쪽).

인사개혁 전문위원회에는 전문위원뿐 아니라 본위원도 참석하도록 하였는데, 인사개혁에 관심이 많은 장하진 위원(나중에 여성가족부 장관이 됨)이 열성적으로 참석하였고, 최영희 위원(후일 청소년위원장이 됨)이 가끔 참여하였다. 인사개혁전문위원회는 2015년 4월 8일까지 57차 회의가 개최되었다(「참여정부의 인사개혁」, 정부혁신지방분권위원회 백서 3, 2005.12.31, 26-27쪽).

본위원회와 전문위원회 이외에도 중요한 안건에 관하여는 본위원회에 상정하기 전에 위원장 주재하에 간사회의를 가지고 입장을 조율하기도 하였다.

인사개혁의 로드맵 확정과 추진　　정부혁신지방분권위원회의 다섯 개 분과 가운데 인사개혁분과의 로드맵이 제일 먼저 확정되어 발표되었다(2003년 4월 9일). 인사개혁의 비전은 "공정성과 전문성에 기초한 참여형 인사시스템"으로 설정하였고, 인사개혁의 목표는 '자율과 책임에 기초한 인사시스템', '투명하고 공정한 인사운영', '공무원과 함께하는 인사관리', '전문성과 역량을 강화하는 인사제도' 등의 네 가지로 요약된다. 이러한 목표를 실천하기 위하여 참여정부에서 적극적으로 추진한 인사혁신과제는 다음과 같다(「2007 참여정부의 혁신과 분권」, 정부혁신지방분권위원회, 2007, 73-118쪽).

첫째, 인사시스템 구축과 관련하여 ① 국가인사기능의 통합, ② 부처 인사역량 강화와 인사의 자율분권화, ③ 공직분류체계 개선이라는 과제가 추진되었다.

둘째, 투명하고 공정한 임용과 관련하여 ① 사회형평적 인재 등용(여성공무원 임용확대, 장애인 공직임용확대, 지방출신 공직임용확대 포함), ② 과학기술인력 공직임용확대, ③ 민·관 및 정부기관간 인사교류 활성화(개방형 직위제도 개선, 민간근무휴직제도 도입, 정부부처간 인사교류제도 제도화, 중앙-지방정부간 인사교류 확대 포함), ④ 계약직 공무원제도 확대, ⑤ 국가인재 DB 관리조직의 강화가 추진되었다.

셋째, 전문성과 성과지향적 인력개발과 관련하여 ① 보직 및 경력개발제도(CDP) 도입, ② 고위공무원단제도 도입, ③ 직무성과계약제 도입, ④ 근무성적 평정제도 개선이 추진되었다.

마지막으로 공무원 삶의 질 개선(공무원과 함께 하는 인사관리)와 관련하여 ① 가족친화적 근무 및 복지제도 도입 확대, ② 퇴직(예정) 공무원 지원강화, ③ 상생적 공무원 노사관계 구축 등의 과제가 추진되었다.

개혁과제의 실천방안을 모색하는 과정에서 인사개혁과제별로 21개 TF가 구성되어 구체적인 도입방안을 심층적으로 연구(『참여정부의 인사개혁』, 정부혁신지방분권위원회 백서 3, 2005.12.31, 28-30쪽)하였고, 인사개혁분과위원회의 논의를 거쳐 본위원회에 상정하여 확정한 후에 중앙인사관장기관인 중앙인사위원회가 주관하여 전 부처에서 집행하도록 하였다.

인사개혁과제의 내용, 실천과정 및 성과에 관하여는 수많은 보고서와 학술논문이 발표되었고, 나도 여러 편의 논문을 발표하였는데 이 자리에서 구체적으로 논의하는 것은 적절하지 않다고 생각한다. 한 가지 강조하고 싶은 사항은 내가 총장으로 일하면서 우리 대학의 보직교수 및 직원 인사에서 여기에서 논의한 인사개혁 로드맵 과제를 적용하고자 노력했다는 점이다. 특히 공무원의 전문성과 역량강화가 중요하다고 생각하여 보직 및 경력개발제도, 그리고 교육훈련 강화방안을 구체화하려고 노력하였다. 앞으로 총장 재직시의 경험에서 논의하겠지만 이러한 과제를 대학현장에 적용하였을 때 장점도 많았지만 부작용 또한 세심하게 고려하여야 한다는 것이다.

2007년 5월에 집권한 문재인 정부의 국정운영 키워드 가운데 하나가 "사회적 가치 실현"인데 인사운영 측면에서 사회적 가치실현 방안은 참여정부에서 적극적으로 추진한 인사개혁의 방향인 사회형평적 인재 등용을 더욱 강력하게 추진하는 내용이라고 볼 수 있다.

국가인사기능의 통합과 대통령의 조정　개혁과제를 추진하는 과정에서 개혁추진주체가 명확하여야 개혁이 성공할 수 있다. 인사개혁의 경우에도 이를 성공적으로 추진하려면 국가인사기능을 총괄하는 기구가 독립되어야 한다. 우리나라에서는 제3공화국 출범 이후 총무처가 국가인사기능을 담당해 왔는데, 1997년 외환위기를 겪으면서 정부부문의 감축관리가 요구되자 국민의 정부 출범 직후인 1998년 총무처와 내무부를 행정자치부로 통합하였다. 그런데 행정자치부 장관은 중앙인사관장 기관으로서 역할보다는 치안, 재난관리와 같은 긴급업무에 치중하면서 중앙인사기능이 약화되었다.

인사전담조직의 필요성을 인식한 정부는 1999년 대통령직속으로 중앙인사위원회를 설치하여 인사기능을 담당하도록 하였는데, 행정자치부에 여전히 교육훈련, 연금, 복무, 인사제도 관리 등 인사정책기능과 인사집행기능을 남겨 둠으로써 인사기능이 이원화되는 결과를 초래하였다.

노무현 대통령은 2003년 3월 31일 인사혁신을 강력하게 추진할 수 있도록 '인사기능을 중앙인사위원회로 일원화하는 방향으로 기능을 정비'하는 방안을 수립하여 보고하도록 지시하였다. 정부혁신지방분권위원회(이하 '정부혁신위원회')는 대통령 지시에 따라 행정개혁전문위원회와 인사개혁전문위원회의 합동 TF를 구성하여 수차례 논의를 거듭하였으나 행정자치부와 중앙인사위원회 사이의 견해 차이가 너무 크기 때문에 합의에 이를 수 없었다. 인사기능은 물론 조직기능까지 통합을 원하는 중앙인사위원회와 최소한의 인사기능만을 이관하고자 하는 행정자치부의 견해가 대립되었기 때문이다. 합동 TF의 논의를 거쳐 정부혁신위원회에서는 인사와 조직기능을 모두 중앙인사위원회로 이관하자는 제1안과 인사기능만을 이관하자는 제2안 등 두 개의 대안을 마련하여 대통령에게 보고하기로 하였다.

2003년 6월 18일 대통령 주재 하에 행정자치부 장관 및 기획실장,

중앙인사위원장 및 사무처장, 정부혁신위원장, 행정개혁간사, 그리고 인사개혁 간사인 내가 참석한 가운데 조정을 위한 회의가 열렸다. 부처간 기능조정과 관련된 회의에서 부처를 대변하는 직책을 맡고 있을 경우에는 양보하기 어렵다. 내가 관찰한 바에 따르면 행정자치부와 인사위원회가 모두 개인의 견해가 아니라 기관의 입장을 강조하면서 평행선을 달렸기 때문에 회의 분위기는 매우 무거웠다.

기록을 살펴보니 노무현 대통령은 그 회의에서 ① 국정개혁을 추진하기 위한 인사개혁 추진체제를 정비하기 위하여 인사기관은 반드시 통합되어야 하고, ② 제2안(중앙인사위원회로 인사기능만 이관)이 적합한 것으로 보이며, ③ 통합에 대한 결심은 확고하므로 이에 대하여 더 이상 논의하지 말고, ④ 인사기능이 이관되더라도 행자부 조직에 영향이 없도록 새로운 기능을 발굴하여 조직을 정비하는 방안을 마련하여 보고하고, ⑤ 인사기능 통합은 행정자치부 조직정비안을 마련한 후에 추진하는 것 등을 지시하였다(「참여정부의 인사개혁」, 정부혁신지방분권위원회 백서 3, 2005.12.31, 39쪽). ④항과 관련하여 행자부는 인사기능을 중앙인사위원회에 이관하는 대신 전자정부기능을 인수받게 되었다.

이같은 대통령의 조정과 정부혁신위원회의 결정이 있었음에도 불구하고 행정자치부와 중앙인사위원회 사이에 실무차원의 협의과정도 어렵게 진행되어 2013년 9월에 최종협의안이 도출되었고, 이에 근거한 정부조직법 개정안은 2014년 3월 2일 국회 본회의를 통과되어, 2004년 6월 12일에 통합 중앙인사관장기관으로서의 중앙인사위원회가 출범하게 되었다. 이에 따라 중앙인사위원회가 인사개혁을 보다 강력하게 추진할 수 있게 되었다.

중앙인사위원회의 강화는 인사개혁로드맵 과제일 뿐 아니라 고 박동서 교수님을 포함하여 인사행정전공자를 중심으로 하는 행정학계의 입장이었고, 또한 행개련에서도 이를 적극적으로 지지하였기 때문에 나로서도 보람있는 일이었다. 그러나 앞에서도 소개한 바와 같이 노무현 대통령의 강력한 의지와 결단이 없었다면 실현되기 어려웠던 일이기도 하다.

그런데 이명박 대통령 집권 이후 대대적인 부처통폐합이 이루어지면서 중앙인사위원회는 행정자치부에 흡수되어 버렸다. 그 결과 참여정부에서 야심차게 추진하였던 인사개혁과제의 추진도 고위공무원단 제도와 같은 일부과제를 제외하고는 추진동력이 상실되어 아쉽게 생각한다.

아이러니컬하게도 박근혜 정부에서 세월호 사태를 수습하는 과정에서 해양경찰청을 해체하고 국민안전처를 신설하는 한편, 인사혁신처를 신설하여 중앙인사기능을 관장하도록 하였다. 이 당시에도 처음에는 인사기능과 조직기능을 함께 신설되는 인사혁신처에 이관할 계획이었는데, 결국 인사기능만 부여하는 방향으로 역할이 축소되었다고 한다.

국정과제회의 참석　　대통령이 주재하는 국정과제회의에 정부혁신지방분권 관련 안건이 상정될 경우에는 간사위원들도 국정과제회의에 참석하였다. 노무현 대통령은 일상적인 국정운영사항을 다루는 국무회의는 국무총리에게 위임하는 반면, 대통령 소속 국정과제위원회가 제안한 주요안건을 국정과제회의에서 다루면서 직접 주재하였다. 이 회의에는 안건 관련 국정과제위원장과 발제자, 그리고 장관들이 참석하였다. 당시 대통령 소속 국정과제위원회 가운데 가장 중요한 위원회는 정부혁신지방분권위원회와 국가균형발전위원회이며, 그 외에도 동북아시대위원회, 신행정수도건설추진위원회, 고령화 및 미래사회위원회, 지속가능발전위원회, 빈부격차·차별시정위원회, 교육혁신위원회, 농어업·농어촌특별대책위원회, 문화중심도시조성위원회와 같은 다수의 국정과제위원회를 두고 있었다.

2004년 2월 5일에는 제37회 국정과제회의가 사회형평적 인재등용 방안을 주제로 열렸다. 이 회의에서 '지역인재추천채용제도'와 '지방인재채용목표제' 도입이 확정되었다(「제도변화로 본 한국의 정부혁신」, 정부혁신지방분권위원회, 2007, 123-126쪽; 「참여정부의 인사개혁」, 정부혁신지방분권위원회, 2005, 66-67쪽). 지역인재추천채용제도는 대학으로부터 추천받은 우수한 인재를 전국에서 고르게 선발하여 3년간 견습근무 이후 일반직 6급으로 임용하는 제도이다. 2005년, 06년, 07년에 각각 49명, 50명, 50명이 선발되었다. 지방인재채용목표제도는 공직의 지역대표성을 강화하자는 취지에서 5급 공개채용시험에서 선발예정인원의 일정비율, 즉 20%를 지역인재로 선발하는 것이다.

한편 제55회 국정과제회의(2004년 10월 22일)에서는 "교육훈련을 통한 공무원 역량강화 방안"을 다루었는데, 노무현 대통령은 "혁신을 위해서는 리더의 혁신의지가 매우 중요하다.", "각 부처 장차관은 교육을 통해서 모두 혁신전문가가 되어야 한다.", "혁신을 위해서는 교육학습이 중요하며, 교육학습 없이는 혁신도 없다.", "그동안 공무원의 역량 강화를 강조해왔는데 욕심 같아서는 속도를 좀 더 내줬으면 좋겠다.", "강의식, 주입식 교육에서 벗어나 문제해결 교육, 사례교육 중심으로 교육훈련을 해 나갔으면 좋겠다." 등을 주문하였다. 노대통령은 과거 해양수산부 장관을 역임하면서 공무원들의 능력이 매우 중요하다는 점, 공무원 교육훈련을 통하여 능력을 키워야 한다고 확신하였으므로 공무원 교육훈련의 혁신방안을 국정과제 회의까지 격상시켜서 논의를 진전시킨 것이다.

국정운영을 연구하는 학자의 입장에서는 국정과제 회의에 참석하는 것이 참여관찰의 기회였다고 생각한다. 나와 같은 외부 참여자들은 비교적 자유롭게 발언하기도 하였지만 국무위원급 참석자들은 발언을 극도로 자제하는 경향이 있었다. 공직자들은 상급자와 같이 회의에 참석할 때에는 가급적 발언을 하지 않는다. 이는 신임교수와 소

장교수들까지도 자유롭게 발언하는 교수사회와는 사뭇 다른 모습이
다. 그러므로 장관을 포함하여 공직자들이 상급자가 있는 자리에서
발언을 자제한다고 하여 그 사람을 과묵하다고 판단해서는 안 된다.
한편 국정과제 회의는 문서로 출력된 회의 자료는 제공하지 않은 가
운데 컴퓨터 화면에 PPT자료를 보면서 진행되었다. 이러한 방식을
벤치마킹하여 나는 우리 대학에서 교무회의를 포함하여 총장이 주재
하는 각종 회의를 종이없는 회의로 변경시켰다.

   혁신관리위원회 활동   정부혁신위원회에서 설정한 분야별 로드맵
과제를 실천하고자 하는 노 대통령의 확고한 의지는 2004년 5월 6일
에 혁신관리전문위원회를 설치하여 각 부처별로 진행되는 혁신활동을
평가하고 부족한 점을 컨설팅하도록 조치한데서 잘 알 수 있다. 나의
경우에도 혁신관리위원회에서 주관하는 부처 혁신평가에 참여하였는
데 2004년부터 2006년까지 나는 주로 혁신리더십 평가 분야에서 활
동하였다. 매년 11월 또는 12월에 기관장의 리더십을 평가하기 위하
여 현직 장관을 포함한 기관장을 개별적으로 직접 면담하면서 리더십
을 제대로 발휘하고 있는지 점검하였다. 기관장의 리더십에 대한 평
가결과가 대통령에게 직접 보고되며 경우에 따라서는 기관장 인사에
반영되기 때문에 기관장들도 매우 적극적으로 대응하였다.
   장관과 차관급으로 발탁된 기관장에는 정치인, 학자, 관료 등 출신
배경이 다양하지만 여러 사람들을 면담하면서 성공적인 리더의 특징
을 나름대로 그려볼 수 있었다. 특히 부처의 현안문제와 직원의 특성
을 정확하게 파악하고 있어야 내부조직을 장악할 수 있다. 내부에서
승진한 K장관은 이러한 점에서 아직까지도 기억에 남는 기관장이었
다. K장관은 부처의 현안은 물론 직원들의 신상까지 소상하게 파악하
고 있었는데 "예를 들면 △△과의 신임사무관이 성격이 까다로운 부
하 여직원 때문에 어려움을 겪을 것 같다."라는 생각까지 하면서 과

업을 부여한다는 것이다. 외부에서 임명된 경우에도 장관이 현안을
잘 파악하고 있으며, 청와대와 국회 등 외부 네트워크가 확실하면 리
더십이 잘 발휘될 수 있는 것으로 보였다. 비교적 젊은 정치인 출신
인 Y장관의 경우에도 현안문제를 매우 정확하게 알고 대처하여 비교
적 좋은 평가를 받았다. 이러한 관찰결과는 학술적인 측면에서는 물
론이고, 후일 내가 행정학회장이나 대학총장으로 재직할 때에도 큰
도움이 되었다.

위원회 활동에서 배운 점   앞에서 이야기한 바와 같이 정부혁신
위원회의 제1기 본위원 및 인사개혁간사위원을 마친 후에는 자문위
원과 혁신관리위원으로 정부혁신위원회 활동에 관여하였다. 이 위원
회에서 TF회의, 인사개혁전문위원회 회의, 본 회의, 국정과제 회의,
혁신관리 평가, 호주와 뉴질랜드 방문, 정부혁신위원 워크숍, 인사개
혁전문위원 워크숍, 토론회 발제와 사회 및 토론 등 수많은 활동에
참여하면서 배운 짐을 요약하면 다음과 같다.

첫째, 성공적인 회의 운영의 노하우를 축적할 수 있었다. 2년 동안
57차에 걸친 인사개혁전문위원회의 회의뿐 아니라 수없이 많은 TF회
의를 주재하면서 성공적인 회의 운영의 요체는 참석자들에게 골고루
발언기회를 주는 한편, 이들을 잘 종합하여 정리할 수 있어야 한다는
것이다.

둘째, 회의가 형식화되지 않으려면 회의시간이 충분하여야 한다.
본 회의와 인사개혁분과위원회 등 정례회의 시간은 2시간으로 상정
안건을 시간적 여유를 가지고 충분하게 토론할 수 있었다. 인사개혁
전문위원회의 경우에는 민간위원들과 정부측의 당연직인 행정자치부
인사국장과 중앙인사위원회 인사정책심의관 및 위원회의 행정개혁팀
장이 참여하여 안건마다 충분한 토론이 이루어진 후에 결론을 도출
하였다.

셋째, 회의를 통하여 민간위원들은 물론 정부측 위원들과도 인적 네트워크를 형성할 수 있었다. 당연직 정부측 위원의 경우에는 해당 부처 장관이 직접 참석하는 경우도 있었지만 차관이 참석하는 경우가 많았다. 회의가 끝난 후에는 점심식사를 함께 하였으므로 민간위원들 사이에는 물론이고 자주 참석하는 부처인 재정경제부, 행정자치부, 정보통신부, 기획예산처, 중앙인사위원회의 장관(급) 및 차관, 그리고 정부혁신위에 파견된 공직자들과는 친숙하여 질 수 있어 나에게는 귀중한 개인적인 자산이 되었다.

넷째, 혁신관리의 리더십 평가와 장·차관급 공직자들과의 교류를 통하여 리더십의 성공요인을 학습할 수 있는 소중한 기회를 가질 수 있었다.

다섯째, 위원회 활동을 통하여 정부혁신 일반과 더불어 인사개혁 과제에 관하여 개인적으로 학술논문과 일반 논문, 그리고 연구보고서를 쓸 수 있는 자료를 얻을 수 있었다. 바쁘다는 핑계로 수집한 귀중한 자료를 사장시킨 점은 아쉽게 생각한다.

한편 반성해야 할 점 가운데 하나는 전문위원회와 본위원회 모두 회의에 참석한 관계부처 공직자와 민간위원들 사이에 충분한 토론이 이루어졌지만, 주로 위원회 내에서의 토론에 그쳤고 외부 전문가와 시민단체 또는 일반국민들의 참여는 제한적이었던 것으로 생각된다.

대통령 소속 정책기획위원회 위원(2004~2007)

2004년 11월 5일 노무현 대통령으로부터 정책기획위원회 위원으로 위촉되어 위촉장을 받았다. 대통령 직속 정책기획위원회는 위원의 숫자가 100명이나 되는 대규모 위원회이다.

정책기획위원회(http://pcpp.go.kr 참조)는 1989년 노태우 정부에서 장기국가발전목표설정에 관한 사항을 자문하기 위하여 설치한 21세기 위원회에서 출발하였다. 이를 토대로 김영삼 정부에서는 1995년에 국가 중·장기 발전목표 및 정책방향의 설정에 관한 사항 등을 자문하기 위하여 정책기획위원회를 신설하였고, 김대중 정부에서도 유지되었다. 노무현 정부에서는 2004년 정책기획위원회 기능을 대폭 확대하여 국정과제의 종합·관리, 조정 및 국정과제회의 운영에 관한 사항 등을 다루도록 하였다. 이러한 취지를 반영하여 당시 나를 포함하여 다수의 국정과제위원회의 위원들이 정책기획위원회의 위원으로 위촉되었다. 한편 이명박 정부에서는 2008년에 정책기획위원회를 폐지하고, 미래기획위원회를 설치하여 미래사회 전망, 기회요인과 위험요인의 분석에 관한 사항 등을 다루도록 하였다. 2017년 문재인 정부는 정책기획위원회를 부활시켜 국정과제의 조정 등 국정과제 추진 및 국정과제 관련 보고회의 지원에 관한 사항 등을 다루도록 하였다.

나는 정치행정분과에서 활동하면서 「미래의 사회적 가치와 국가의 역할에 관한 시론적 연구」(2005 대통령자문 빈부격차·차별시정위원회 과제)의 연구책임자, 「새로운 거버넌스 패러다임과 국정능력증진」(2005 정책기획위원회 과제)의 공동연구자로서 연구를 진행하기도 하였다. 정책기획위원회는 「사회비전 2030: 선진복지국가를 위한 비전과 전략」이라는 연구프로젝트를 진행하여 노무현 대통령의 임기 후반기인 2006년 8월 30일 발간하기도 하였다.

정책기획위원회 위원 시절의 활동 가운데 금강산과 개성을 방문한 일이 기억에 남는다. 금강산 방문시에 우리 국민들에게 허용되는 금강산 지구 이외에도, 특별히 남한에서 농업기술을 지원하는 마을과 북한의 고성 읍내도 방문할 수 있었다. 북한의 마을은 집이 거의 같은 크기로 지어진 것이 특이하였고, 문외한이 보기에도 북한의 농업기술 수준은 우리나라 6~70년대의 상황인 것으로 보였다. 고성 읍내에는 차편으로만 둘러보았는데 차창가로 스치는 풍경 가운데 단고기(개고기) 집 간판도 보였다. 금강산에서 먹어 본 함흥식 냉면은 감자를 주

원료로 만든 하얀 민밭이 인상적이었다. 개성 방문시에는 개성공단을 벗어나 시내에도 갈 수 있었다. 유명한 선죽교에도 가 보았는데 생각했던 것보다 규모는 작았다. 고려 시대의 성균관 건물을 박물관 용도로 사용하고 있었다. 남한에는 소개되지 않았던 몇 점의 고려청자를 볼 수 있었다. 박물관 내부의 백열등 조명이 너무 어두워 전력사정이 극히 좋지 않음을 알 수 있었다. 남측에서 안정적으로 전력이 공급되는 개성공단에서 일하는 북한 근로자들이 전력사정이 열악한 집으로 돌아가면 그 차이를 실감할 것으로 보였다. 개성에서는 메밀을 원료로 만든 평양냉면을 맛있게 먹었다. 그런데 100명 정도인 정책기획위원회 위원들이 한꺼번에 식사할 수 있는 시스템이 제대로 갖추어지지 않아서 한 쪽에서는 식사가 끝나면서 다른 쪽에서는 식사가 나왔다.

2006년 12월 28일에는 정책기획위원으로 다시 위촉되어 위촉장 수여식이 끝난 후 오찬을 함께 하였다. 여기에서 노 대통령은 특권과 유착구조의 해체가 참여정부가 이룬 민주주의의 진일보라는 취지의 말씀을 하셨는데, 자료를 찾아보니 "특권과 반칙, 특권과 유착의 구조가 가장 확실하게 해체된 것이 언제입니까? 마무리를 언제 지었습니까? 마무리된 것입니다. 적어도 4대 권력기관 정도는 특권과 유착구조가 해체되었습니다. … 반칙이 허용되지 않는다는 점, 다 이해하시지 않습니까? 저는 이것이 특권과 유착의 구조를 해체하는 역사적 과제라고 생각했고, 민주주의의 일대 진보라고 생각합니다."라고 특유의 화법으로 말한 기록을 찾을 수 있었다(「총론/대통령발언록」, 참여정부국정운영백서 1, 국정홍보처, 2008, 206쪽).

나는 2007년 1월 31일에 노 대통령 주재 하에 열린 참여정부 4주년 기념 국정과제 및 자문위원회 합동워크숍에도 참석하였고, 마지막으로는 퇴임을 앞두고 2008년 2월 1일에 열린 정책기획위원회 주재 국정과제보고회에도 참석하였다. 노 대통령의 말씀에서 임기를 마치면서 무거운 짐을 내려놓으면서 후련해 하시는 인간적인 모습을 느낄 수 있었다.

행정정보공유추진위원 및 위원장

행정정보공유추진위원회는 2005년 11월 출범하였다. 원래 행정정
보공유 확대사업은 정부혁신위원회 전자정부 로드맵과제의 10대 의
제의 하나로 채택되어 추진되었다. 그런데 행정정보 공동이용이 전자
정부 구현에서 차지하는 중요성에도 불구하고 진척이 지지부진하자
근본적인 대안을 검토하라는 대통령의 지시(2005.1.12)에 따라 행정정
보 보유기관과 이용기관 간의 합동회의 등을 거쳐 제63회 국정과제
회의(2005.7.20)에서 정부 정책으로 공식 채택되었다(이하 「행정정보공
동이용백서 2007」, 행정정보공유추진위원회, 20-43쪽 참조).

행정정보공유추진위원회는 당연직인 국무총리와 위촉직인 민간위
원장을 공동위원장으로 하고, 위원장 포함 20인의 위원(당연직 13인:
총리, 장관 8, 장관급 4; 민간위촉직 7인)으로 구성하여 행정정보 공동이
용을 확대하기 위한 정책의 수립 및 추진에 관한 사항을 심의·조정
하도록 하였다. 한편 행정정보공유추진단은 행정자치부와 각 부처,
지방자치단체 합동으로 30명으로 구성되어 위원회의 사무를 보조하
고 업무를 종합적으로 추진하도록 하였다. 그러므로 정부혁신위원회
전자정부위원회에서 독립된 별도의 추진체계를 갖추게 된 것이다.

총리를 포함하여 장관(급)을 12명(외교통상부, 법무부, 행정자치부, 농
림부, 정보통신부, 보건복지부, 건설교통부, 기획예산처, 국가보훈처, 대통령
비서실, 국무조정실, 정부혁신지방분권위원회)이나 위촉한 것은 행정DB를
보유한 기관을 공동이용에 동참시키기 위한 것이었다고 생각한다. 민
간위원으로는 정용덕(서울대), 김공진(전국은행연합회 부회장), 김상희
(여성환경연대 공동대표), 김성은(경희대), 이홍(광운대), 임종인(고려대),
그리고 내가 위촉되었다. 민간위원이외에도 자문위원으로 강홍렬(정보

봉신정책연구원), 권해수(한성대), 문녕새(고려대), 문영성(숭실대), 박정훈(서울대), 성선제(영산대), 안재경(서울산업대), 이경전(경희대), 전명식(고려대), 차기환(변호사) 등 10명의 소장학자들과 전문가를 위촉하였다.

정용덕 교수가 초대 민간위원장(2005.11~2007.2)을 맡고 있었는데, 2007년 2월부터 내가 위원장직을 물려받아 2년간 위원장으로 일하게 되었다. 나는 이명박 정부가 출범한 이후인 2008년까지 위원장직을 수행하였다. 2007년 4월에 민간위원으로 서영복(행개련 사무처장)과 이옥화(충북대)교수가 합류하였다. 위원회의 활동 내용과 성과에 관하여는 전자신문인터뷰 기사(2007.2.23)와 「행정정보공동이용백서 2007」 발간사(2007.12.31)로 대신하기로 한다.

전자신문 인터뷰 [사람과 기업]
남궁근 행정정보공유추진위원회 공동위원장

전자신문 2007년 2월 23일자

남궁근 행정정보공유추진위원회 공동 위원장은 "행정서비스 개혁을 위해 좋은 시스템을 구축해 놓고도 이를 효율적으로 사용하지 못한다면 그 또한 낭비가 아닐 수 없습니다. 국민 편에 선 진정한 개혁을 이뤄내겠습니다."고 포부를 밝혔다.

얼마 전까지도 병역미필자인 대학생이 여권을 발급받으려면 주민등록등본·호적등본·병역증명서·국외여행허가서·신분증·사진 등을 직접 챙겨야 했다. 귀국보증인의 인감증명서와 지방세납세증명서도 빠뜨려서는 안 될 중요한 서류였다.

하지만 지금은 아니다. 민원인은 여권발급 신청서와 사진만 구청 등에 제출하면 모든 일이 해결된다. 세상이 바뀌었다. 이 모두가 행정기관들이 민원인과 관련된 각종 증명서와 구비서류를 공유토록 한 행정정보공유서비스가 있기에 가능한 일이다.

정부는 행정기관 간 행정정보 공유를 본격화하기 위해 지난 2005년 11월 행정정보공유추진위원회를 설치했다. 위원회의 장은 역할의 중요성 및 업무의 중대성을 고려해 국무총리와 민간의 행정분야 전문가 등 2인이 맡도록 했다. 바로 공동위원장인 남궁근 서울산업대 교수(54)가 그 중심에 있다.

"국민의 기본정보를 다뤄야 하는 데다 국가 행정정보를 안전하고 효율적으로 공유하는 체계를 구축해야 하는 중차대한 임무를 맡은 만큼 세심하고 책임감 있는 자세로 임하겠습니다."

남궁 신임 공동위원장은 이달 초 1기 공동위원장이었던 정용덕 서울대 행정대학원 교수로부터 위원장직을 넘겨받았다. 지난해가 행정기관 간 정보공유 서비스의 보급단계 수준이었다면 올해는 공유대상 정보 및 대상기관을 본격적으로 확산해 정량적, 정성적 효과를 극대화해야 하는 중요한 시기다. 어깨가 무거울 수밖에 없다.

"정부기관 간 최대한 정보를 공유할 수 있도록 조정자 역할도 해야 하고 시민단체의 사생활 침해 우려도 불식시킬 수 있도록 윤리 및 기술적 신뢰감도 쌓아야 하는 등 대내외적으로 해야 할 일이 많습니다."

하지만 남궁 위원장이라면 정부기관 간의 조정자, 시민단체와 정부의 중재자역할을 충분히 해낼 수 있다는 게 정부와 학계의 공통된 의견이다. 그는 행정고시 19회 출신으로 경제기획원 등에서 공무원 생활도 했고, 행정개혁시민연합 정책위원장직을 수행하며 행정개혁과 관련해 풍부한 활동경험이 있기 때문이다. 공무원으로 출발해 행정학계를 거쳐 세계에서 가장 앞선 전자정부 사업현장으로 되돌아온 셈이다.

아날로그 행정현장에서 시작해 첨단 디지털 행정현장까지 두루 경험한데다 차기 한국행정학회 회장으로 선출된 그의 탄탄한 이력이 위원회를 이끌 적임자임을 잘 설명해 준다.

"지난 한 해 34종의 행정정보를 공유해 연간 약 3000만건의 민원서류를 간소화해 1800억원 규모의 사회적 비용을 절감했습니다. 연간 1억3000만건으로 추산되는 행정기관과 공공기관의 구비서류 발급량의 23%에 해당합니다."

이는 시작에 불과하다. 행정정보공유추진위원회는 현재 34종인 공유대상 정보를 올 상반기에는 42종으로 확대하고, 대상기관도 현 행정기관 및 5개 공공기관에서 행정기관 및 34개 공공기관과 2개 금융기관(우리은행, 기업은행)으로 확대된다. 올 연말에는 공유대상 정보를 70종으로 확대될 예정이어서 국민은 행정정보 공유혜택을 피부로 느낄 수 있게 된다.

이게 끝이 아니다. 종국적으로 연간 행정기관·공공기관·금융기관, 기업체 등에서 사용되는 민원처리용 구비서류 4억4300만건 가운데 최대한 공유할 수 있는 2억9000만건의 서류를 감축해 연간 1조8000억원에 이르는 사회적 비용을 절감하겠다는 게 남궁 위원장의 목표다.

"행정정보 공유 활성화에 못지않게 중요한 것은 민간이 우려하는 개인정보 오·남용 및 유출에 대한 우려를 말끔히 해소하는 것입니다. 안전한 관리, 안전한 서비스에 초점을 맞춰 기술적 지원도 완벽히 해낼 준비가 돼 있습니다."

모든 정보의 열람은 본인의 동의를 받도록 제도화하고, 어떤 용도로 누가, 언제 이용했는지를 개인이 확인할 수 있도록 해 정보의 오·남용을 방지할 계획이다. 이와 함께 모든 정보는 암호화해 전송하고, 전자인증을 통해서만 접근할 수 있도록 하며 파일의 출력·저장을 방지하는 등 기술적·관리적 보안체계도 마련할 예정이다.

정보공유와 공유를 통해 유통되는 개인정보보호를 위한 법적 근거를 마련하기 위해 현재 '행정정보공동이용법(가칭)'을 제정 중이다. 이 법안이 오는 4월 열리는 임시국회에 처리되면 위원회는 공유서비스 활성화는 물론이고 개인정보보호를 위해 중재와 피해 구제에 나설 수 있는 토대가 마련된다.

"개혁의 필요성은 늘 제기돼 왔습니다. 국민의 편의를 증진하고, 사회적 낭비를 줄일 수 있는 있는 행정서비스 개혁을 위해 좋은 시스템을 구축해 놓고도 이를 효율적으로 사용하지 못한다면 그 또한 낭비가 아닐 수 없습니다. 지켜봐 주십시오. 국민 편에 선 진정한 개혁을 이뤄내겠습니다."

변화와 개혁의 중심에 13개 정부부처 29명의 전문가로 구성된 행정정보공유추진위원회가 있다. 이의 구심점은 바로 남궁근 공동위원장이다. 2007년 새로운 변화를 창출할 그에게 거는 기대가 크다.   (최정훈기자@전자신문)

「행정정보공동이용백서 2007」

발간사: 전면적 공동이용을 목표로

안녕하십니까? 그 동안 정부와 민간부문이 협력하여 심혈을 기울여 노력한 결과 우리나라의 정보화 수준은 대단히 빠르게 향상되었습니다. 특히, 전자정부 부문에서는 각 부처들이 최고수준의 시스템을 구축하고 온라인 서비스를 제공하게 되어 세계적으로 인정받는 선진국으로 도약하였습니다. 그럼에도 불구하고 전자정부의 최종적 단계인 부처간 장벽을 넘어선 행정정보의 공동이용단계, 즉 마디 없는 통합에는 아직 미치지 못하고 있는 실정입니다.

행정정보공동이용의 중요성에도 불구하고 부처간 장벽, 개인정보보호 등 여러 가지 문제로 공동이용 확대추진이 지연되고 있으므로 근본적 대안을 검토하라는 대통령의 지시(2005.1)에 따라 여러 차례 관련기관 합동회의를 거쳐 대통령 주재 제63회 국정과제회의(2005.7)에서 「행정정보공동이용 확대사업」이 정부정책으로 채택되었습니다.

이에 따라 "행정정보공유추진위원회"가 행정정보공동이용 확대 사업을 범정부적 차원에서 적극적으로 추진하기 위하여 출범(2005.11.18)하였습니다. 우리 위원회는 그 동안 시민과 전문가를 대상으로 폭넓은 의견수렴과정을 거쳐 이견을 조정하면서 계획을 수립하였고, 이를 성공적으로 집행하여 행정정보공동이용이 정착단계로 진입하는데 크게 기여했다고 생각합니다.

우리 위원회는 추진체계 정비, 행정정보공동이용 시스템 구축, 제도정비 등을 통하여 공동이용 대상정보를 확대(24종 → 42종)하고 이용기관을 공공부문으로까지 확대하였습니다. 앞으로 3단계 사업인 「행정정보공동이용 확대 구축사업」을 2008년 상반기까지 완료하여 대상정보를 66종으로 확대하고 이용기관도 금융기관까지 확대 실시하는 등 전면적 공동이용을 목표로 추진할 계획입니다.

향후 범정부적인 행정정보공동이용 사업의 지속적인 발전에 유용한 자료로 활용하기 위하여 그 동안의 추진과정과 문제점 및 과제 등을 객관적, 사실적으로 정리하여 백서로 제작하였습니다. 백서가 발간되기까지 많은 도움을 주신 편집위원님과 집필진 및 관계자 여러분께 진심으로 감사의 말씀을 드립니다.

2007년 12월 31일
행정정보공유추진위원회 위원장 남궁 근

우정사업운영위원 및 위원장(2003~현재)

우정사업운영위원회는 우정사업 운영의 효율성 및 전문성을 확보하기 위하여 학식과 경험이 풍부한 민간인 등 관계전문가로 1997년 2월에 최초로 구성하여 우정사업의 체계적, 효율적 운영에 관한 중요 사항을 심의하도록 하였다(근거: 우정사업운영에관한특례법 제4조 및 제5조 및 동법 시행령 제3조). 위원회는 임기 2년의 위원장(1인)과 민간위원 8인, 정부위원으로는 기획재정부, 행정안전부, 과학기술정보통신부 장관이 지명하는 국장급 고위공무원 3인으로 구성된다.

우정사업본부가 우편업무는 물론 금융 및 보험업무까지 담당하는 정부기업이므로 행정 및 경영, 금융, 보험, 법률, 소비자, 노무 등 다양한 분야의 전문가들이 민간위원으로 위촉되었다. 나는 2003년부터 2009년까지 6년간 위원으로 일하였다. 당시 위원장은 김영평 교수(고려대)에 이어 국찬표 교수(서강대)가 맡았다. 우정사업본부장은 1급 공무원 개방형 직위로 지정되었는데 당시 본부장은 구영보(2003~2005), 황중연(2005~2007), 정경원(2007~2009), 남궁민(2009~2011)이며, 구영보와 황중연 본부장은 나와 행정고시 동기였다.

우정사업운영위원회는 행정학 분야에서 벗어나 다양한 분야의 전문가들과 교류할 수 있는 기회였고, 여기에서 나는 시야를 크게 넓힐 수 있었다. 여기에서는 회의안건을 다루는 위원회 모임 이외에도 지방우체국 현장방문, 선진우정벤치마킹을 위한 외국방문 등의 기회를 통하여 상당히 깊은 우정(友情)을 쌓게 되었다. 그 과정에서 잊지 못할 에피소드도 있었다. 예를 들어, 독일 방문시에 저녁 식사를 마친 후 구입하여 마시고 남은 포도주 몇 병을 나의 여행용 가방에 넣고 비행기를 타게 되었다. 운송과정에서 포도주 병이 깨져 가방 속의 옷이 모두 레드와인 색깔로 물들어 버렸다. 숙소에서 응급조치로 옷을 세탁하고 여행 가방은 현지에서 구입하여 사태를 해결한 일은 전설적으로 회자되고 있다.

내가 총장직을 마칠 무렵인 2014년 가을에 우정사업본부 간부직원이 나를 찾아 와서 위원장으로 꼭 모시고 싶다고 간곡하게 부탁하였다. 예전에 내가 위원으로 일할 때 합리적으로 판단해 주어 본부에 도움이 많이 되었다는 것이다. 우정사업운영위원회 위원장은 장관의 추천으로 대통령이 임명하는 절차를 거쳐야 하므로 청와대의 검증을 받아야 하였다. 나를 찾아온 간부 직원에게 청와대와 사전에 교감이 있었는지 질문했더니 전혀 없었다는 것이다. 심지어는 장관과도 사전에 이야기가 되지 않았던 것으로 보였다. 나는 당시 청와대와는 인연이 없었으므로 들러리를 서는 것으로 생각하고 있었는데, 2015년 3월 6일에 대통령의 위촉장을 받았다. 6년 만에 다시 위원회와 인연을 맺게 되어 옛 친구를 만난 것처럼 반가웠다. 당시 우정사업본부장은 김준호(2013~2015)와 김기덕(2015~2017)이었다. 김기덕 본부장과 상의하여 우정사업운영위원회 설치 20주년을 맞이하여 과거에 우정사업 운영위원으로 봉사하였던 위원들을 모시고 만찬간담회를 겸한 조촐한 기념행사를 가졌는데(2017.2.24), 오랜만에 만나게 된 위원들끼리 우정을 되새기는 기회가 되었다. 2017년 3월 3일에는 KTV에서 우정사업운영위원회 20주년을 기념하여 "국민 곁으로 더 가까이"라는 주제로 생방송으로 인터뷰를 진행하기도 하였다.

2년 임기를 마친 후 2017년 3월에는 다시 위촉장을 받았는데 이번에는 대통령 권한대행으로부터 받게 되었다. 정치적 격변기의 상황이 가장 비정치적인 분야인 우정사업운영위원장 위촉장에도 반영된 것이다. 문재인 정부가 집권한 이후 부임한 강성주 본부장(2017~)은 집배원의 근무환경 개선, 우편배달용으로 친환경 전기자동차 도입, 드론 택배, 블록체인과 빅데이터 분석과 같은 4차 산업기술을 우정사업분야에 도입하려고 노력하고 있는데, 운영위원회에서도 이를 적극적으로 뒷받침하고 있다.

새만금 관련 위원회

새만금정책포럼 위원장(2013~현재)   새만금사업에 관여하게 된
계기는 상당히 독특하다. 내가 서울과기대 총장으로 취임한지 8 개월
정도가 지난 2012년 초여름에 평소 절친하게 지냈던 강인재 교수와
전북도청 새만금담당과장이 총장실로 방문하였다. 방문 목적을 들어
보니 김완주 전북지사가 서울 권역에서 활동하는 학자들을 중심으로
새만금 사업의 중요성을 환기시킬 수 있도록 가칭 새만금정책포럼을
구성하여 위원장을 맡아 달라고 요청하는 것이다. 이명박 정부 초기
에 종합개발계획(Master Plan, 이하 MP) 수립과 함께 제대로 추진되는
듯 했지만 4대강 사업이 진행되면서 뒷전으로 밀렸다는 것이다. 2013
년 정권 교체 이후 새만금사업이 제대로 추진되려면 새만금개발을 전
담하는 행정부처의 설치가 필요하고 예산도 확보해야 하므로 가급적
전북출신이 아닌 전문가들로 포럼위원을 구성하여 활동해 달라는 부
탁도 곁들였다.

나는 우리 대학문제에 전념하기 위하여 조선대학교 이사직도 사임
하는 등 외부자문 활동을 줄여나가는 중이라서 선뜻 나서기 어려웠
다. 그런데 곰곰 생각해보니 내가 여태까지 고향을 너무 소홀하게 생
각하였다는 자책감이 들었다. 대학에 진학한 이후 고향을 위해 일한
적이 한 번도 없었다. 경북 영천에서 군대 생활을 한 이후, 경남 진
주의 경상대에서 오랫동안 근무하였다. 그러다보니 고교 동문모임에
도 거의 나가지 못하였고, 도민회에는 회비만 가끔 납부했을 뿐 한
번도 참석하지 못했다. 내가 한국행정학회장으로 일했던 2008년 춘계
학술대회를 전북대학교에서 개최할 때 김완주 전북지사의 지원을 받
아 학회 회원들과 함께 막 완공된 새만금방조제를 방문했던 기억도

떠올랐다. 그간 고향을 위해 기여한 바가 없어 부끄럽다는 생각에 전
북도지사의 부탁을 받아들이기로 하여 2012년 8월 8일 전라북도지사
로부터 새만금정책포럼 위원장으로 위촉받았다. 현재 포럼 위원으로
중견학자인 강인재(전북대), 강승호(강릉원주대), 노기성(KDI), 김주찬
(광운대), 염명배(충남대), 이원희(한경대), 임도빈(서울대), 원윤희(서울
시립대 총장), 정창훈(인하대), 조경호(국민대), 최영출(충북대), 하혜수
(경북대)가 참여하고 있다. 한편 공직사회와 현장경험을 가진 인사로
는 권병조(대한건축사협회 상근부회장), 권태균(전 대사), 배국환(전 차
관), 우시언(전 새만금군산경제자유구역청장), 이상호(한국건설산업연구원
장), 손원익(안진회계법인)이 위원으로 활동 중이다.

　2012년 대통령선거를 앞두고 가장 긴급한 현안은 새만금개발청의
설치였다. 후보시절에 박근혜 후보와 문재인 후보가 모두 대선공약으
로 채택하였지만 실제로 차관급 부서를 신설하는 것은 쉽지 않은 과
제였다. 다행스럽게도 대통령 선거 직전인 12월 11일에 여야 합의로
새만금개발청 설치를 위한 새만금특별법이 신규 제정・공포되었다.
여러 부처로 나누어진 새만금개발체계로는 효율적인 사업추진이 어렵
다는 비판을 받아들여 새만금개발청을 설치하기로 한 것이다. 새만금
정책포럼에서는 새만금개발청의 효율적 운영을 위한 조직과 인력운용
체제를 제시하고 중앙 및 지역과의 협력을 위한 거버넌스 구축방안
마련이 필요하다고 판단하였다. 새만금정책포럼에서는 2013년 초에
포럼주제로 한국행정학회와 공동으로 새만금개발청 설치문제를 다루
었고, 우리나라의 행정중심복합도시개발청 또는 미국의 TVA 즉, 테
네시밸리개발청과 같은 형태의 새만금개발청이 설치되어야 한다고 주
장하였다(2013년 1월 16일, 서울프레스센터에서 한국행정학회 기획세미나
개최). 박근혜 정부에서는 2013년 5월 6일에 국토교통부 소속으로 새
만금개발청설립준비단을 설치하였고, 2013년 9월 12일에 국토교통부
의 외청으로 새만금개발청이 설치되었다.

새만금개발청이 설치된 후 포럼의 임무가 완수되었으므로 포럼 해체를 논의하기도 하였다. 그런데 2014년 6월 지방선거에서 당선된 송하진 지사가 새만금포럼을 계속 운영해 줄 것을 강력하게 요청하여 현재까지 포럼이 운영되고 있다. 공직생활 중에도 틈을 내어 고려대에서 행정학박사를 취득하기도 한 송지사와는 예전부터 개인적으로 잘 아는 사이였다. 새만금정책포럼은 1년에 3~4회 포럼을 개최하여, 새만금과 관련된 정책이슈에 관한 정책대안을 제시하면서 이를 중앙정부의 정책의제(policy agenda)로 설정하는 데 주력하고 있다.

새만금정책포럼에서는 전라북도가 새만금지역에 2023년 세계 잼보리대회를 유치하기 위하여 활동할 때 외곽에서 지원하였다.

새만금개발청이 설치된 이후에도 새만금 내부개발은 지지부진하였다. 그 이유는 이명박 정부에서 수립된 종합개발계획(MP)에서 민간사업자를 유치하여 내부수면을 매립한 다음 이를 분양할 수 있도록 하였는데, 초기 투자규모가 지나치게 크고 위험부담이 너무 크기 때문에 국내외에서 선뜻 나서는 민간사업자가 없었기 때문이다. 새만금정책포럼에서는 국회에서 열린 공개 정책토론회('16.12.15)에서 그간 금기시(?)되었던 정부주도 용지 매립 방안을 최초로 공론화하였다. 이를 문재인 정부가 국정과제로 받아들여 2018년 9월 새만금개발공사가 출범하게 되었다.

새만금위원회 위원(2015.7.15~현재)　　전라북도 송하진 지사의 추천으로 국무총리 소속 새만금위원회 위원으로 위촉(2015.7.15~현재) 받아 일하게 되었다. 새만금위원회는 새만금사업의 효율적인 개발, 관리 및 환경보전 등 중요사항을 심의하기 위하여 2009년에 설치된 국무총리 소속의 심의위원회이다. 위원회의 주요기능은 새만금사업 관련 중요 의사결정 사항, 기본구상, 기본계획에 관한 사항 등을 심의하는 것이다. 위원장은 국무총리, 민간공동위원장(대통령 임명)이며,

정부측 당연직 위원(10명)은 기획재정부장관, 교육부장관, 행정안전부장관, 문화체육관광부장관, 농림수산식품부장관, 지식경제부장관, 환경부장관, 국토해양부장관, 국무총리실장, 전라북도지사이다. 민간위원 13명은 총리가 위촉한다.

새만금정책포럼이 정책의제설정을 촉구하는 기능을 담당한다면 새만금위원회는 이를 받아들여 정책형성단계에서 심의기능을 담당한다. 그러므로 국무조정실이 주관하여 정책대안에 관하여 관련부처의 사전협의가 이루어져야 새만금위원회에 안건으로 상정된다. 예를 들어, 정부주도 매립을 위한 새만금개발공사 설립 방안도 위원회에서 심의를 거쳐 의결(2017년 12월)된 것이다.

2018년 5월 2일에 이낙연 국무총리가 주재하는 위원회가 새만금 현장에서 개최되었는데, 2009년 위원회 발족 이후 현장에서 열린 것은 2009년 3월 이후 두 번째이며 국무총리가 직접 주재한 회의로는 처음이라고 한다. 여기에서 새만금공사 설립배경 및 설립진행 상황, 새만금개발청의 현지 이전계획 등이 논의되었다.

새만금개발공사 설립위원(2018)　　새만금개발공사 설립 업무를 담당할 새만금개발공사 설립위원회가 2018년 초에 구성되었다. 설립위원회는 공식 의사결정기구로서 상법상 발기인 역할을 수행하며, 설립등기 후 공사 사장에게 사무 및 재산을 인계한 후 해산한다. 위원장은 국토부 1차관이며, 위원은 관계부처 정부위원 5명, 민간위원 4명 등 총 10명이다. 나는 여기에 민간위원으로 참여하였다. 한편 사장 등 임원인사의 공정성 확보를 위해 별도의 임원추천위원회를 구성하여 후보자를 추천하도록 하였는데, 나는 임원추천위원회의 위원장을 맡았다. 사장 및 임원의 공개모집에 지원자가 상당히 많았는데, 적격자를 선발하여 추천하였다고 생각한다. 새만금개발공사 초대 사장에는 건설교통부 본부장 출신으로 화성도시공사 사장을 역임하면서 역량을 검증받은 강팔문 사장이 임명되었다. 이러한 절차를 거쳐 사장이 선임되면서 새만금개발공사는 9월 21일 설립등기를 완료하였고, 10월 30일에 순조로운 출발을 알리는 설립행사가 개최되었다.

　　새만금 특별행정구역 설치 논의　　새만금의 여러 가지 현안 가운데 내가 특별히 관심을 가진 주제는 행정구역 문제이다. 새만금은 전북의 3개 기초지방자치단체인 군산, 김제, 부안의 연안 해역에 세계 최장의 방조제 33.9km를 쌓아 조성하게 되는 40,100ha(서울면적의 2/3)의 광대한 면적이다. 이같이 조성될 새만금지구에 대하여 지자체들 간의 관할 다툼이 발생할 경우에 내부개발에 악영향을 미치게 될 것이다.

　　새만금포럼에서는 2015년에 행정구역문제를 다루었는데, 다섯 가지 방안, 즉, ① 특별행정구역 "가칭, 새만금시" 설치안, ② 분할후 3개 단체 개별관리안, ③ 분할 후 지방자치단체 조합설립안, ④ 분할 후 3개 시군 통합안, ⑤ 광역특별자치시 설치안이 대안으로 제시되었다. 포럼 위원들은 새만금이 환황해경제권의 중심지로 도약하려면 궁극적으로는 특별행정구역 설치(1안 또는 5안)가 이루어져야 한다는데 공감대가 형성되었다. 나는 몇 차례 이 문제의 공론화를 시도하였는데 지방선거 등 정치상황 때문에 본격적으로 논의되지는 못하였다.

　　새만금위원회 민간위원 간담회에서도 몇 차례 이 문제를 다루었으며, 여기에서는 새만금특별행정구역의 모델로 광역단체인 세종특별자치시와 제주특별자치도, 기초단체인 충남도 직할 계룡시 모델에 관하여 논의하였다. 나는 2009년에 행정자치부의 지방자치단체 자율통합지원위원회 위원장을 맡아보았기 때문에 자치단체간 통합 또는 신설 문제가 얼마나 어려운 문제인지를 체험할 수 있었다.

　　새만금공사가 설립되어 내부개발이 본격화되고 있는 마당에 특별행정구역설치는 더 이상 미뤄서는 안 될 과제가 되었다. 특별행정구역 설정이 미루어져 지자체들 간의 소모적인 관할분쟁이 일어나서는 안 된다고 생각한다.

정부업무평가위원장(2018~현재)

2018년 4월 2일부터 국무총리와 공동으로 정부업무평가위원회 민간위원장을 맡게 되었다. 당연직인 정부측 위원은 기획재정부 장관, 행정안전부 장관, 국무조정실장 등 3인이며, 민간위원 10명의 임기는 2년이다. 정부업무평가위원회는 참여정부 시기인 2006년 4월 제정된 정부업무평가기본법에 따라 구성된 법정위원회이다. 돌이켜 보면 참여정부 정부혁신지방분권위원회 행정개혁분야의 최우선과제가 "국가평가인프라 구축"이었다(「제도변화로 본 한국의 정부혁신」, 정부혁신지방분권위원회, 2007, 20-26쪽). 정부혁신위원회는 「정부업무평가기본법」 제정을 통하여 정부부문과 공공부문의 다기화된 평가제도들을 연계·통합하는 "통합국정평가제도"의 구축을 추진한 것이다.

정부업무평가기본법에 따르면 정부업무평가의 유형은 중앙행정기관 평가, 지방자치단체 평가, 공공기관 평가로 구분된다. 정부업무평가위원회가 직접 평가를 담당하는 분야는 중앙행정기관평가이며, 다른 두 가지 유형의 경우에는 별도의 평가위원회가 구성되어 평가한 결과를 상위평가기구인 정부업무평가위원회가 평가계획(사전)과 평가결과(사후)를 최종 심의한다. 중앙행정기관 평가는 특정평가와 자체평가로 구분된다. 정부업무평가위원회에서는 특정평가를 담당하며 자체평가는 각 부처별로 구성된 자체평가위원회에서 담당한다.

위원장을 맡고 운영상황을 점검해 보니, 이명박 정부와 박근혜 정부에서는 참여정부가 구축한 평가의 기본 틀을 거의 그대로 활용하고 있었다. 특징적인 사항은 정부업무평가위원회가 직접 담당하는 특정평가는 사실상 대통령의 국정과제를 중심으로 추진상황을 점검하고 평가하는 방식으로 운영된다는 것이다. 즉, 우리나라는 대통령 의제를 총리실에서 관리하는 구조인데 2018년 10월 13일 Guy Peters 교수와 만나서 이야기했더니 대통령제 국가에서는 매우 독특한 유형이라고 평가하였다.

위원회의 운영상황을 점검하다 보니, 몇 가지 개선하여야 할 점도 나타났는데, 개선방안을 논의하는 단계이므로 여기에서는 다음 세 가지 사항만 특별히 언급하고자 한다.

첫째, 2018년부터 세부과제의 연차별 목표설정 방식을 개선하였다. 각 부처에서는 관례적으로 연초에 일방적으로 담당과제의 목표치를 설정하고 있었다. 수요자와 평가자의 입장에서는 부처가 설정한 목표가 지나치게 낮다고 볼 수 있고, 경우에 따라서는 과제와 부합하지 않는 지표가 설정되기도 하였다. 이를 개선하기 위하여 국무조정실 담당자를 통하여 각 부처가 제시한 목표를 받고, 정부업무평가위원 및 실무평가위원이 이를 검토한 후 보다 도전적인 목표를 설정하도록 권유한 다음, 면대면 회의에서 평가위원들과 피평가자인 부처 관계자가 합의를 통하여 목표치를 설정하도록 조치하였다. 이런 방식을 통하여 피평가자인 각 부처뿐 아니라 평가 담당자의 입장에서도 수용할 수 있는 세부목표가 설정될 수 있었다.

둘째, 2006년 정부업무평가위원회 출범 이후 정부업무평가위원회와 각 부처의 자체평가위원회 사이에 소통이 부족한 것으로 파악되었다. 국무총리실과 정부업무평가위원회는 자신들의 소관업무인 특정평가에 집중하다 보니 각 부처 자체평가에 방관적인 입장을 취하게 되었다, 그에 따라 일부 부처에서는 자체평가가 활성화되어 있지만, 일부 부처에서는 자체 평가가 유명무실하게 운영되는 경우가 있었다. 이러한 문제를 해결하고자 2018년 6월 15일에 "정부업무평가위원회 위원과 자체평가위원장 합동워크숍"을 개최하여, 자체평가활동이 보다 활성화될 수 있고 있고 정부업무평가와 연계를 강화하는 방안을

4. 정부자문 활동 • 221

모색하기로 하였다.

셋째, 각 부처의 실적설명회 이전에 정책효과 부문의 평가를 담당하는 지원단 참여자들끼리 사전모임을 가지고 보다 내실화된 평가가 이루어질 수 있도록 철저한 사전 준비를 하도록 하였다.

앞으로 보다 면밀한 검토를 통하여 정부업무평가위원회와 자체평가의 연계방안을 포함한 보다 근본적인 문제에 관한 개선방안을 마련하고자 한다.

제 3 부 | 서울과기대 총장

총장이 되기까지 /1

선출 및 임명과정   국립대학의 총장은 해당대학의 추천을 받아 교육부 장관의 제청으로 대통령이 임용한다(교육공무원법 제24조). 즉, 국립대학 총장이 되려면 대학 내부의 추천절차와 정부의 인사검증이라는 두 가지 절차를 거쳐야 한다. 법률 규정에 의하면 국립대학 총장의 임용추천을 위하여 해당 대학에 총장임용추천위원회를 두며, 후보자를 추천위원회에서 선정하거나 해당 대학 교원의 합의된 방식과 절차에 따라 선정할 수 있다. 후자의 방법이 소위 직선제이며, 1990년대 중반 이후 2011년까지 대부분의 국립대학 총장임용후보자 선출은 직선제로 진행되었다. 해당 대학의 전 교수가 투표권을 가지며, 직원, 그리고 대학에 따라서는 학생대표도 제한된 범위 내에서 투표권을 행사할 수 있다. 2012년 이명박 정부가 대학재정지원사업과 연계하여 직선제 방식을 폐지하도록 유도하여 간선제 방식인 총장임용추천위원회에서 선출하게 되었다. 나는 2011년 6월 직선제 선거에서 총장임용후보로 선출되었는데, 우리 대학도 2012년에는 간선제로 변경되었다. 2017년 문재인 정부가 출범한 이후 대부분의 국립대학이 직선제 방식으로 되돌아가는 추세이다.

총장임용후보로 나서기로 결심   내가 2011년 6월에 실시된 우리 대학 총장 후보로 나서게 된 것은 상당한 심사숙고 끝에 내린 결정이었다. 짧은 공무원 생활을 과감하게 마감하고 행정학자의 길로 들어선 이래, 나는 대학의 보직, 그리고 대학 밖의 자문활동은 교육과 연구 활동을 계속할 수 있는 경우에만 맡겠다는 원칙을 불문율로 지켜 왔다. 그런데 앞에서 소개한 바와 같이 2001년 서울과학기술대학교(당시 서울산업대학교)로 전입한 이후 우리 대학의 상황이 너무 열악한 것을 알게 되었다. 정부의 행정 및 재정 지원은 열악하였고, 등록금 수준이 낮아서 자체 재원도 빈약한 실정이었다. 소위 산업대학의 범주에 속하였던 우리 대학은 일반대학과 비교할 때 차별이 너무 많았고, 교수와 학생들의 사기가 매우 낮았다. 국립대학이면서도 학생 대비 교수와 직원의 숫자가 너무 적어서 학생들에게 충분한 교육서비스를 제대로 제공할 수 없었다. 교수들의 강의부담이 과다한 상황에서 실험장비와 지원인력이 형편없이 부족하여 제대로 된 연구를 할 수 없는 실정이었다.

이러한 상황을 개선하고자 하는 열망을 가진 우리 대학 교수들은 정부 장·차관 출신을 다섯 분이나 총장으로 영입하였다. 즉, 대다수의 교수들이 외부에서 영입한 후보에게 투표하여 당선시킨 것이다. 외부에서 영입한 총장 체제에서 우리 대학이 상당히 발전한 것도 사실이지만, 나로서는 영입한 총장이 우리 대학을 '대학다운 대학'으로 만드는 데는 한계가 있다고 인식하게 되었다.

2011년 6월 총장 선출을 앞둔 시점에서 이제 우리 대학 교수 중에서 총장을 선출해야 한다는 의견과 여전히 외부영입이 필요하다는 견해가 공존하는 상황이었다. 당시 우리 대학은 산업대학 체제에서 벗어나 일반대학으로 전환을 앞두고 있는 상황이기 때문에 제대로 된 대학 체제를 구축해야 하는 중차대한 시점이었다. 이러한 상황에서는 대학의 내부사정을 잘 아는 한편, 외부에도 충분한 네트워크가 구축된 사람이 총장이 되어야 하는데, 내가 그 역할을 할 수 있을 것으로 생각하여 전임직책을 맡지 않겠다는 불문율을 깨고 총장후보로 나서기로 결심하였다.

총장후보의 공약과 선거운동 어떤 선거이든 단독 후보가 아닌 경우에는 경쟁을 거쳐야 한다. 총장 후보로 나서면서 경쟁 후보들과 비교하여 나의 강점이 무엇인지, 내가 총장이 되면 다른 후보들보다 더 잘 할 수 있다는 확신이 없으면 선거에 나설 수 없다. 당시 교내 후보는 나를 포함하여 6명이며, 후보 가운데에는 과거에 외부총장 영입에 앞장서 왔던 교수들도 있었다. 학내 후보교수들은 모두 공학 분야에 재직하는 분들이었고, 교내 재직기간이 매우 긴 편이며, 교무처장, 기획처장, 단과대학장 등 보직경험도 풍부한 분들이었다. 이들 후보에 비하여 나는 2001년에 전입하여 재직기간도 짧았을 뿐 아니라, 학내 보직으로는 초대 IT정책대학원장(2003~2005)을 역임한 이후, 무보수 명예직에 해당하는 규정심사위원장, 교명변경위원회 위원장을 맡은 적이 있을 뿐이다.

나는 연구년 기간 중 방문했던 벨기에에서 돌아와서 큰 딸 혼사(2010.9.17)를 치른 후인 2010년 10월부터 교수와 직원들을 만나기 시작하였다. 교수와 직원들을 만나면 내가 우리 대학에 전입한 이후 학교발전을 위하여 기여한 몇 가지 사항과 함께, 학교발전에 관한 나의 구상을 이야기하고, 구성원들이 바라는 바를 청취하였다.

선거운동이 본격적으로 시작되면서 내가 재직하는 행정학과 교수들과 일부 인문사회대학 교수들이 단합하여 도와주었고, IT정책대학원에 참여하는 매체공학과와 산업공학과 교수들이 또한 적극적이었으며, 공과대학 교수들 가운데에도 몇 분이 헌신적으로 도와주었다. 선거운동이 진행되는 과정에서 외부영입을 추진하는 교수들이 전직 장관 출신의 후보 한 분을 모셔 와서 모두 7명이 후보로 등록하게 되었

다. 외부출신 후보는 참여정부에서 장관을 역임한 분으로 나도 알고
있었는데 경쟁을 하게 되니 안타까운 심정이었다. 교내후보와 외부후
보가 치열하게 경쟁하는 상황이 되었다. 그러나 모든 구성원을 면대
면으로 접촉하는 것은 불가능하였다. 나의 강점을 알리는 방법은 선
거공약을 치밀하게 작성하고 이를 투표권을 가진 구성원들에게 알리
는 방법뿐이라고 생각하고 공약을 작성하는 데 심혈을 기울였다.

나는 우리 대학의 발전전략을 ① 일반대학에 걸맞은 연구지원 체
제구축, ② 국립대 최고수준의 직원 복지 달성, ③ 대학재정, 산학협
력 자금 획기적 확충, ④ 공학중심의 동반성장 추진, ⑤ 우수학생 유
치와 취업의 질 향상 선순환구조 정착, ⑥ 국제화를 통한 교육·연구
역량 강화, ⑦ 거점 국립대 수준 행정시스템 구축, ⑧ 교육, 연구지
향의 그린 캠퍼스 조성, ⑨ 소통과 참여의 SeoulTech 공동체 구축의
9가지 범주로 구분한 후 각 범주별로 비교적 상세한 공약과 실행계획
을 제시하였다.

각 공약마다 구체적인 현황분석을 포함한 설명 자료까지 작성하여
이를 구성원들에게 알렸다. 공약을 작성하는 과정에서도 학과 교수들
은 물론 IT정책대학원의 제자로 대학경영컨설팅 회사인 CQI의 송인
택 대표와 손명구 박사도 큰 도움이 되었다. 공약의 내용이 매우 공
격적이어서, 4년 임기 이내에 성취하기가 어려운 과제들도 상당수가
포함되었다.

이러한 공약의 작성과정을 지켜보던 아내가 하루는 정색을 하면서
나에게 "총장 후보로 나가지 않는 것이 좋겠다"고 적극적으로 만류하
는 일이 벌어졌다. 왜 그렇게 생각하는지 묻자, 아내는 "당신의 성격
상 공약을 지키려고 노력할 텐데, 그러다가 과로로 임기 중에 죽을
수도 있을 것 같다"는 것이다. 집사람은 2002년 말 내가 과로로 입원
했던 기억과 한국행정학회장으로 일할 때 공약을 지키기 위하여 애쓰
던 모습을 생각했다고 한다. 그만큼 치열하게 학교발전을 위하여 무

엇을 해야 할지 고민했다는 증거라고 생각된다.

다행스러운 것은 선거운동과정에서 교내후보들끼리 정기적으로 만나서 공정한 선거를 다짐하고 선거가 과열되지 않도록 서로 조심하기로 한 것이다. 기록을 살펴보니 4월 18일, 5월 16일, 6월 3일에 교내후보들이 만났고, 6월 10일에 후보등록을 한 다음에도 6월 13일에 모임을 가졌고 총장선거를 일주일 앞둔 시점인 6월 16일에는 점심을 같이 하면서 공정한 경쟁을 다짐하였다. 이같이 후보들끼리 허심탄회하게 만나서 이야기를 나누는 것은 타 대학에서는 유례가 없는 일이라고 생각한다.

공약집에서의 총장의 역할에 대한 개인적 각오　　후보들의 공약을 취합하여 선거권자들에게 배포되는 공약집에서 내가 분야별 세부 공약을 밝힌 후에 마지막 페이지에 게재한 '총장의 역할에 대한 개인적 각오'를 그대로 옮겨 보았는데, 되돌아보니 사뭇 비장했던 것 같다.

자랑스러운 서울과기대 가족 여러분!

저는 평생 말보다 실천에 앞장 서 왔고, 앞으로도 그럴 것입니다. 우리 대학에서도 2003년 IT정책대학원 창설, 2004년 에너지환경대학원 창설, 2005년 처·실·국 및 단과대학 설치, 2012년 일반대학 전환을 이루기까지 고등교육법 개정 논거개발 및 법개정, 대학설립심사위원회 통과, 수도권 정비법 시행령 개정 등 고비마다 저는 앞장서서 실천에 옮겼다고 자부합니다.

저는 우리 대학이 일반대학으로 전환된 이후 산적한 난제들을 해결하고 서울유일의 국립대학교로 위상을 확립하고 도약하는데 필요한 외부네트워크를 구축하고 있습니다. 행정고시 19회에 합격하여 77행시 동기회(19회 및 20회, 1977년 합격자 모임) 회원이며, 대통령 소속 규제개혁위원, 정부혁신위원, 행정정보공유추진위원장(국무총리 공동)으로 봉사하는 등 교육과학기술부, 행정안전부, 기획재정부, 국토해양부 등 정부 전 부처와 국회에 네트워크가 구축되어 있습니다.

교육과학기술부 고등교육정책 자문위원(장), 평가위원(장), 대학설립심사위원장 등으로 봉사하면서 우리나라 고등교육정책을 선도적으로 추진하여 왔습니다. 저의 이러한 경험은 우리 대학의 전임 교수확보율 획기적 제고, 박사과정 설치, 교수성과급제도 개선, 기성회계 수당문제 해결, 그리고 국립대학법인화 대처 등 수많은 난제를 해결할 수 있도록 할 것입니다.

저는 행정고시 합격 이후 경제기획원에서 짧은 공직생활을 마치고 행정학자로서 30년을 활동하였습니다. 한국행정학회 회장, 사회과학연구협의회 이사, 학술단체연합회 이사로 봉사하면서 인문사회계는 물론 이공계에도 적지 않은 네트워크를 구축했습니다. 우리 대학에 전입하기 전 오랫동안 지방 거점국립대학교의 교수로 봉직했던 터라 거점 국립대학의 여건과 행정지원시스템을 잘 이해하는 바, 일반대학 전환을 기점으로 우리 대학이 거점국립대학과 같은 여건과 체제를 갖추는 데 필요한 요소를 잘 알고 있습니다.

저는 학자로서 꾸준히 교육 및 연구활동을 해 왔으며, 미국행정대학원 연합회 우수박사논문상, 한국행정학회 학술상을 수상한 바 있습니다. 따라서 학생, 교수, 그리고 직원의 애로사항과 성취욕구를 충분히 인식하고 있습니다. 우리 대학에 오랫동안 외부 총장이 재직하면서 외형적 학교발전에 기여를 한 점은 인정받아야 합니다. 그러나 대학교육과 연구를 잘 이해하지 못하여 교수와 직원, 그리고 학생들이 받아야 했던 여러 가지 누적된 문제점들도 반드시 해결해야 할 시점입니다.

저는 전환기의 서울과기대가 요구하는 리더십을 실천하고 봉사하는 총장이 되겠습니다.

서울과기대 가족 여러분의 적극적인 지지와 성원을 부탁드립니다.

감사합니다. (서울과학기술대학교 총장 선거 후보자 남궁 근 올림)

총장임용후보자로 선출   당시 우리 대학 총장임용후보자 선출에 관한 규정 및 시행세칙에 따르면 투표권을 가진 구성원은 교원(전임강사 이상) 331명, 직원 304명, 학생대표인단 39명이었다. 구성원 참여비율은 교원의 경우 1인 1표(100%), 직원의 경우 1차 투표 1인 0.13표(13%), 2차 투표 0.12표(12%), 학생의 경우 1차 투표 1인 0.02표(2%), 2차 투표 0.015표(1.5%)이다(2011 제10대 총장임용후보자 추천

선거 백서, 21쪽). 직원의 경우에는 투표결과에 상당한 영향을 미치지만, 학생의 경우에는 상징적인 의미만 있었다.

당시 우리 대학 총장 선거는 관할구역 선거관리위원회, 즉 노원구 선거관리위원회에 위탁하여 진행되었고, 선거운동 과정에서도 공직자 선출에 준하는 규정이 적용되었다. 그러므로 총장 후보자 선거일 전 180일부터 선거일까지 금전·물품·향응 그 밖에 재산상의 이익이나 공사의 직을 제공하거나 제공할 의사표시 또는 약속을 하는 행위 등 선거운동의 제한규정이 엄격하게 적용되었다.

2011년 6월 23일에는 총장후보자 초청 합동연설 및 토론회가 개최되었다. 6월 24일 오전 9시 30분부터 11시까지 1차 투표가 이루어졌다(이하 2011 제10대 총장임용후보자 추천선거 백서, 130쪽). 1차 투표 개표결과 나는 득표율 23.71%(환산득표수 81.11)로 1위를 차지하였는데, 2위 후보 22.78%(환산득표수 77.91표), 3위 후보 21.58%(환산득표수 73.80표), 4위 후보 17.73%(환산득표수 60.63표)로 초박빙의 결과가 나타났다. 외부 영입후보가 교내 후보들을 제치고 2위를 차지하였는데 1위인 나와의 격차가 환산득표수로 3.2표 밖에 차이가 나지 않았다.

이같이 1차 투표에서 과반수 득표자가 없어 상위 2인을 대상으로 결선투표가 13:00~14:30까지 이루어졌다. 총장임용후보자 2차 투표 결과(1, 2위 결선투표)를 집계해 보니 나는 63.73%(환산득표수 215.85표)를 득표하여 36.27%(환산득표수 122.84표)를 득표한 2위 후보를 비교적 여유있게 제치고 1순위 총장 후보가 되었다. 나는 교수와 직원, 학생대표인단을 포함한 모든 집단의 득표에서 비교적 큰 표 차이로 앞섰다.

내가 우리 대학 총장선출 2차 투표에서 교수, 직원, 학생대표인단으로부터 고르게 지지를 받게 된 것은 오랜만에 외부 총장이 아닌 교내후보에 관한 기대가 있었을 뿐 아니라, 교내후보들끼리 꾸준하게 만나서 공감대를 이루었던 것이 2차 투표에도 반영된 것으로 보인다.

교내후보들과는 7월 13일에 점심식사를 함께 하면서 선거과정과 결과에 관한 이야기를 나누었으며 공정한 경쟁의 결과이기에 누구도 이의를 제기하지 않았던 것으로 기억한다.

인사검증과 대통령의 임명

인사검증의 기준　　국립대학 총장은 대통령이 임명하며, 국무회의를 거쳐야 한다. 일반대학 총장은 장관급 예우를 받으므로, 정무직 공직자에 대한 인사검증과 동일한 인사검증 절차를 거친다.

정부의 인사검증 항목으로는 ① 인품과 덕망, ② 조직운영 역량, ③ 가족관리, ④ 사생활관리, ⑤ 대외활동(청와대 공직기강비서관실 직접조회), ⑥ 부동산, 금융(예금, 보험, 주식, 채권, 채무), 기타자산, ⑦ 연구윤리(연구실적, 논문, 단행본, 연구용역실적, 각종 자문위원 경력, 연설문, 기고문 등) 확인, ⑧ 학력, 경력, 병역, 상훈 사항 등 확인, ⑨ 총장임용후보자 공약사항을 꼼꼼하게 체크하는 것으로 알려졌다. 언론기고문 뿐 아니라 신문기사까지도 모두 검색하여 체크하는데 그 중에는 팩트가 아닌 것도 포함되어 있으므로 해명을 잘 하여야 한다.

역대 정부에서 정무직 인사검증과 관련하여 논란이 많았는데 문재인 정부에서는 2017년 11월 22일 7대 비리 관련 인사검증 기준을 발표하고 7대 비리 가운데 어느 하나라도 해당할 경우 임용을 배제한다는 방침으로 알려졌는데, 참고로 그 기준을 소개하겠다.

첫째, 병역기피는 본인 또는 직계비속이 도망, 신체손상, 입영기피 등 병역법 위반으로 처벌을 받은 경우, 본인 또는 직계비속이 병역회피 목적으로 외국국적을 취득하거나 우리 국적을 포기한 경우, 본인 또는 직계비속이 고의적 또는 불법적으로 병역을 면제받거나 보직 등 복무와 관련하여 특혜를 받은 경우 등;

둘째, 세금탈루는 본인 또는 배우자가 부정한 방법으로 조세를 포탈하거나 조세의 환급, 공제를 받아 조세범 처벌법 위반으로 처벌을 받은 경우, 본인 또는 배우자가 국세기본법 및 지방세기본법에 따라 고액·상습 체납자로 명단이 공개된 경우 등;

셋째, 불법적 재산증식은 본인 또는 배우자가 공직자윤리법 및 자본시장과 금융투자업에 관한 법률 등을 위반해 부동산 및 주식·금융거래와 관련하여 미공개 중요 정보를 이용하거나 타인이 이용하게 한 경우;

넷째, 위장전입은 인사청문제도가 장관급까지 확대된 2005년 7월 이후 부동산 투기 또는 자녀의 선호학교 배정 등을 위한 목적으로 2회 이상 위장전입을 한 경우;

다섯째, 연구 부정행위는 연구윤리 확보를 위한 지침이 제정된 2007년 2월 이후 학위논문(박사), 주요 학술지 논문(해외: SCI 및 SSCI급, 국내: 등재지 이상), 공개 출판 학술저서에 대해 연구 당시 연구자가 소속된 기관에서 표절·중복게재 또는 부당 저자 표시 등 연구 부정행위가 있었다고 판정한 경우, 2007년 2월 이후 연구 부정행위 또는 연구비 부정사용으로 처벌된 사실이 있는 경우 등;

여섯째, 음주운전은 최근 10년 이내에 음주 운전을 2회 이상 한 경우, 최근 10년 이내 음주 운전을 1회 한 경우라도 신분 허위진술을 한 경우 등;

일곱 번째, 성 관련 범죄 등은 국가 등의 성희롱 예방 의무가 법제화된 1996년 7월 이후 성 관련 범죄로 처벌받은 사실이 있는 등 중대한 성 비위 사실이 확인된 경우, 위의 기준에 미달하더라도 각각의 비리와 관련하여 고의성, 상습성, 중대성 등이 있는 경우 임용 배제, 임용예정 직무와 관련된 비리와 관련해서는 엄격한 기준 적용 등이다.

2018년 서울대학교 총장선출과정에서는 5명의 총장예비후보자가 선정되면 이들에게 7대 비리 기준을 포함한 사전질문서를 제공하여 사전적·예방적 자가 검증의 기회를 제공하였다.

인사검증의 결과   나는 2011년 7월 초에 인사검증에 필요한 서류로 약력, 재산현황, 연구실적 목록 등을 제출하였고, 대학 내에서 1차로 연구윤리 검증 절차를 거친 후에 7월 중순에 교육부에 관련서류를 제출하였다. 교육부 주관으로 소정의 인사검증 절차를 거쳐야 하는데 차관이 인사위원회 위원장을 맡고 있다.

나는 당시 교육과학기술부 청렴옴부즈만 등을 맡고 있었으므로 설동근 차관을 쉽게 만날 수 있었다. 7월 초에 설 차관을 면담하였는데 우리 대학의 경우에는 투서와 같은 선거후유증이 한 건도 없다고 하였다. 우리 대학과 비슷한 시기에 총장후보자를 선출한 한 대학의 경우에는 후보자 사이에, 그리고 지지자들 사이에 선거운동과정에서 향응문제로 소송까지 진행하고 있었고, 또 다른 대학에서는 표절을 포함한 연구윤리 문제로 학내에서 내홍을 겪고 있었다. 이 두 대학에서는 우여곡절을 겪은 후에 1순위자가 총장으로 임용되지 못하였다. 우리 대학에서는 전통적으로 선거과정이 과열 양상으로 흘렀던 적이 없었고, 2011년 선거에서도 선출과정이 공정하게 진행되었으므로 내외부 구성원이 제기한 문제가 없었다고 생각한다.

청와대 검증의 최종단계에서 몇 가지 질문이 있었는데, 그 가운데 하나가 제1부 성장과정에서 밝혔던 '여의도 아파트 당첨해프닝'과 얽힌 이야기였다. 요즈음에는 대부분의 기록이 보존되므로 공직에 관심이 있는 분들은 공적인 업무는 물론 사생활까지도 각별히 신경을 써야 한다고 생각한다.

나는 소정의 인사검증 절차를 거친 후, 2011년 10월 15일에 대통령 재가를 받아 임명되었다. 임명장은 2011년 10월 17일(월) 오전 국무총리실에서 당시 김황식 국무총리로부터 전수받았다.

사전준비   6월 23일 우리 대학 총장선출을 위한 선거에서 1순위자로 선출된 이후 10월 15일에 임명받을 때까지 네 달 가깝게 긴 준비시간이 있었다. 교내에서는 시급한 두 가지 현안과제가 우리대학의 '발전계획수립'과 교육과학기술부 재정지원사업인 'LINC사업(산학협력 중점대학사업)' 공모를 준비하는 것이었다. 총장선출과정에서 열심히 노력한 교수들을 중심으로 TF를 구성하여 9월 신학기부터 준비를 시작하도록 하였다.

대외적으로는 다음 해 예산확보, 특히 시설예산 확보와 교원 정원 (TO) 증원 문제가 시급하였다. 정부의 연간 업무 사이클에 따르면 7월 초에는 두 가지 사항 모두 기본골격이 짜여진 상황이었다. 당시 기획재정부 장관은 박재완 장관이었는데 8월초에 한국행정학회 2000년 집행부 모임에서 만나 우리 대학 예산에 신경을 써 달라고 부탁하기도 하였다. 한편 행정자치부 차관은 과거에 정부혁신위에서 행정개혁팀장을 담당하고 있어 친밀한 사이였던 김남석 차관이어서 교원 정원확보 문제를 깊이 논의할 수 있었다.

돌이켜 보면 위와 같은 교내외 준비활동은 검증 절차를 통과하지 못해 임명을 받지 못하는 상황도 고려하여 시기를 늦추어야 하지 않았나 생각한다.

이하 서울과기대 총장의 활동에 관한 기록은 「다 함께 더 높은 꿈을 이루는 대학, 서울과학기술대학교 제10대 총장 재임백서(2011.5.~2015.10.)」을 토대로 하였다.

중장기발전계획 수립과 성과창출 전략

중장기발전계획 수립배경　나는 일반대학 전환 시점에서 우리 대학이 획기적으로 발전하려면 구체적 발전목표와 실행계획을 토대로 하여 발전계획의 체계적이고 전략적 관리가 필요하다고 보았다. 우리 대학은 과거에 몇 차례 발전계획을 수립한 경험이 있다. 가장 최근에 수립된 발전계획은 한국생산성본부에 의뢰하여 작성한 867쪽에 달하는 방대한 분량의 「국립서울산업대학교 경영진단 및 중장기발전계획 수립 컨설팅 보고서」(2009.1.8)이다. 이 보고서는 당시 산업대학 체제에서 우리 대학의 역량을 다각적으로 진단하고, 이에 근거하여 우리 대학이 나아가야 할 방향을 제시하였다. 그러나 발전목표가 모호하고, 실적지표와 전략과제 및 인센티브 시스템의 관계가 분명하지 않아 실행에 한계가 있을 것으로 보았다. 또한 외주를 통하여 작성하였기 때문에 내부 구성원들의 인식이 부족하므로 실행동력 확보가 어렵다고 판단하였다.

나는 최근 국내외 고등교육환경의 급격한 변화와 총장의 공약 실행의지를 반영한 새로운 발전계획의 수립이 필요하다고 생각하였다. 또한 내부 구성원의 자주적 역량을 결집한 중장기발전계획이 수립되어야 내부 구성원들이 실행에 참여하는 동력을 얻을 수 있다고 보았다.

총장 취임 이전에 교수 18명(책임자: 김우제 교수)으로 정책연구진을 구성하고, 총장 취임과 동시에 안재경 기획처장을 중심으로 행정부서에서 전적으로 지원하여 중장기 발전계획 "SEOULTECH DREAM 2020" 수립을 시작하였다. 5개월의 연구기간을 거쳐 개교기념일 행사가 열린 2012년 4월 13일에 최종안을 발표하였다. 우리 대학 발전의 초석이 될 중장기계획의 수립을 외부 전문연구기관에 맡기지 않고 김우제 교수(위원장)를 비롯한 우리 대학 교수 18명이 직접 참여하여 완성하였다는 점에서 큰 의미가 있다.

과학과 인간의 꿈을 실현하는 세계 속의 대학 2012년은 우리 대학이 다른 대학들과 당당히 겨룰 수 있는 장에 마침내 들어선 "일반대학 개교 원년"이다. 이 해를 기점으로 우리 대학의 비전을 "과학과 인간의 꿈을 실현하는 세계 속의 대학"으로 재정립하였다.

SEOULTECH DREAM 2020에서는 구체적인 목표를 설정하여 구성원의 역량을 결집하는 것이 바람직하다고 판단하여, 2020년도까지 우리 대학이 도달해야 할 목표를 국내 10위, 아시아 Top 50, Global Top 300으로 공격적으로 설정하였다. 그 중간단계로 4년 후인 2015년까지는 국내 20위 이내에 진입을 목표로 하였다.

이러한 목표 달성을 위해서 통렬한 자기반성과 냉철한 외부환경 분석을 거쳐 첫째 글로벌 융복합 인재양성, 둘째 세계수준의 응용연구역량 확보, 셋째 수요자 중심의 대학 인프라 구축이라는 3대 전략

방향을 설정하였다. 각각의 영역별로 "맞춤형 교육강화"에서 "구성원 만족도 향상"에 이르는 총 11대 핵심전략을 마련하여 이를 실행할 수 있는 30개 전략과제를 도출하였다. 각 과제의 달성도 여부를 상시로 확인할 수 있는 26개 성과지표를 연계하여 시스템적으로 환류가 가능하도록 치밀하게 설계하였다.

특히 26개 핵심성과지표는 "2020 발전 목표"를 실현시키고 지속시키기 위한 필수적인 도구이다. 따라서 각 성과지표별로 계량화된 산식과 함께 담당부서를 지정하여 전략적으로 책임 관리할 수 있도록 구체화하였으며, QS, THE 세계대학평가, 중앙일보 대학평가 지표 및 각종 교육부 재정지원사업 평가지표와 연동하였다.

또한, 전 부처가 수십 차례의 회의와 토의를 거쳐 연도별 목표치를 도출하는 데 합의하였고, 이를 행정부서평가제도 및 학과평가 제도에 반영하여, 구성원들의 능동적인 참여를 유도하였다. 단순한 모토에 지나지 않는 피상적인 중장기계획이 아닌, 실천할 수 있는 구체적인 실행계획 "SEOULTECH DREAM 2020"을 수립한 것이다.

우리 대학은 중앙일보 대학 평가에 처음으로 참여한 2012년에 32위, 2013년 23위를 거쳐 2014년 평가에서 국내 20위를 달성하여 2015년까지 달성하기로 예정했던 중간단계의 목표를 미리 달성하였다. 한편 QS 세계대학평가에서는 2016년에 세계 랭킹 700권에 진입하였고, QS와 쌍벽을 이루는 THE 세계대학평가에서는 2017년에 세계 800위권으로 진입하였다.

대학체제 정비

일반대학 학칙 제정과 규정 정비　　일반대학 전환을 기술적으로 보면 산업대학은 폐교되고, 새롭게 일반대학이 설립되는 것이다. 총장으로 취임(2011.11.15)한 직후 점검해 보니 일반대학으로 새 출발하는 2012년 3월 1일까지 학칙은 물론 교내 제 규정을 모두 정비하여야 하는데, 총장 교체기라 불가피한 측면도 없지 않았지만 준비는 거의 없었다. 학칙과 규정 제·개정 때문에 교무처, 기획처, 그리고 사무국 등 관련부서의 업무가 2월말까지 폭주하였고, 주요 사항은 총장이 살펴보아야 하므로 총장실 또한 밤늦게까지 근무하였다. 총장 비서실에만 20년 넘게 근무한 전현기 주무관에 따르면 자기가 경험한 중에는 일이 가장 많았다는 것이다.

일반대학 학칙 제정과 아울러 규정, 시행세칙, 지침 등 하위 규정은 규정 소관 부서별로 규정 정비를 체계적으로 진행하여 약 130여개의 규정 등을 제정 또는 개정하여 일반대학 출범에 만전을 기하였다.

교수평의회 출범　일반대학 전환과 더불어 개정된 학칙에 교수평의회가 정식 학칙기구로 규정되었다. 이는 일반대학 전환 후 의사결정구조 선진화를 위한 총장 공약 중의 하나였다. 일련의 준비과정을 거쳐 2013년 4월 22일 교수평의회가 정식 발족하여 명실상부한 심의기구로서의 위상을 가지게 되었다. 이같이 총장 취임 이후 2년이 채 되지 않아 교수평의회가 정식 출범하도록 조치를 취하자 많은 교수들과 비공식기구인 교수협의회에서 놀라는 눈치였다. 교수협의회에서는 총장 임기말이 되어서야 평의회가 출범할 것으로 예상했다는 것이다.

평의회 출범 이후 평의회의 업무범위를 둘러싸고 정성균 교무처장과 안재경 기획처장이 평의회 측과 줄다리기하느라 엄청나게 고생하였다. 핵심 쟁점은 당시 기성회계 예산편성과 심의권한에 관한 것이었다. 교수평의회의 역사가 긴 국립대학 가운데에는 교수평의회가 그러한 권한을 가진 대학이 많았으므로 교수평의회 쪽의 주장도 근거가 없지는 않았다. 그러나 당시 타 국립대학 학생(졸업생)들이 제기한 기성회비 반환소송에서 대학 측이 패소하면서 기성회계를 폐지하고 새로운 재정회계제도를 도입해야만 하는 상황이었다. 내가 판단하기에는 기성회계의 폐지가 뻔히 예견되는 상황에서 심의권한을 내 줄 수

는 없었다. 교수평의회 측과 지리한 줄다리기를 계속한 끝에 다음 해
에 다시 논의하기로 하고 교수평의회 측에서 양보하였다.

국립대학회계법 통과와 재정위원회 구성   2014년에는 국립대학의
기성회계의 중단에 따른 재정운영의 파탄을 막기 위하여 관련법 제정
을 위하여 전력을 다했다. 나는 당시 국공립대학 총장협의회 회장단
(지역중심총장협의회 회장, 전국협의회 부회장)의 한 사람으로 신문컬럼
에도 기고하였고, 국회를 수차례 방문하여 양당 원내대표를 면담하는
등 노력을 기울였다. 2015년 1월 7일에 나는 태범석 총장 및 교육부
간부와 함께 설훈 교문위원장, 이완구 여당대표(주호영 정책위의장, 김
재원의원, 신성범 간사 동석), 김태년 야당 간사, 우윤근 야당 원내 대
표, 이석현 국회부의장을 연쇄 면담하였다. 1월 10일에는 국회 정론
관에서 국립대 총장단의 법안통과촉구 기자회견도 있었다. 그날 오후
대학교육협의회 총회 직전에 설훈 위원장이 2월 임시국회 통과방침
을 알려왔다. 총회에 앞서 회장단과 만난 김무성 여당대표와 황우여
장관도 같은 취지로 이야기하였다. 국립대학회계법(국립대학의 회계 설
치 및 재정 운영에 관한 법률)은 새 학기 개강을 불과 며칠 앞둔 2015
년 2월 24일에 국회 교육문화체육관광위원회를 통과하였고, 3월 3일
에는 본회의를 통과하는 결과를 얻어 내었다.
    이석현 국회부의장이 법안 통과 당시 정의화 의장을 대신하여 사
회를 보았다고 한다. 이석현 부의장이 나에게 전화로 연락하여 내가
몇 차례나 찾아가 사안의 중대성을 설명하고 통과를 부탁했던 사안이
라 그 내용을 잘 알고 있었다면서 축하한다는 뜻을 전해 왔다. 사안
의 시급성 때문에 정부는 3월 13일 법안을 공포(관보 게재)하였다.
    국립대학회계법에 따라 우리 대학에도 재정위원회를 구성해야 하
였다. 국립대학회계는 기존의 기성회계를 대체하는 회계제도로서 법
적인 근거가 미흡했던 기성회비를 사립대학과 같이 등록금의 형태로

2. 발전계획 수립과 체제 정비 • 241

학생들이 국립대학에 납부하는 근거를 마련한 것이다. 3월에 법이 시행되었으나 2015년 예산을 재정위원회에서 심의·의결하지 못하게 되면 제대로 된 집행을 하지 못하고 준예산의 개념으로 소극적 집행만 가능하였기 때문에 재정위원회의 조속한 구성이 절실하였다.

법률에 근거하여 재정위원회는 11명 이상 15명 이하로 구성하게 되어 있는데, 우리 대학의 최초 재정위원회는 13명의 위원으로 구성하고 이중 당연직 6명, 일반직 7명으로 구성하였다. 당연직에는 총장을 제외한 본부보직교수와 사무국장으로 구성하였으며, 일반직은 교수평의회 2명, 직원 2명, 학생 2명과 더불어 전문가 또는 학교발전에 기여한 동문 1명으로 구성 비율을 정하였다. 다른 국립대학들이 이해당사자와의 협의에서 곤란을 겪은 것에 비하여 우리대학은 비교적 원만하게 협의되어 전국의 국립대학들 가운데 최초로 재정위원회를 구성하여 2015년 4월 7일 제1회 재정위원회를 개최하게 되었다. 첫 회의에서 제1대 재정위원장으로 김성관 주식회사 삼진일렉스 대표를 추대하여 예산결정 등 각종 대학의 재정현안을 다루고 있다.

대학원 체제개편과 일반대학원 박사과정 설치

일반대학원 박사과정 설치 배경   서울 소재 국립종합대학교로서 연구 경쟁력을 강화하고 연구 지원체계를 확립하려면 대학원이 제대로 갖추어져야 한다. 우리 대학은 2012년 3월 일반대학으로 전환하면서 석사과정으로만 이루어진 일반대학원이 신설되어, 기존 4개 전문대학원(철도전문대학원, IT정책전문대학원, 에너지환경대학원, NID융합전문대학원) 및 2개 특수대학원(산업대학원, 주택대학원)과 함께 7개 대학원을 보유하게 되었다. 일반대학원 개교와 더불어 대학 구성원들이 기대하였던 일반대학원 박사과정은 교육부의 박사과정 신설 기준인 전임교원확보율 65%을 채우지 못하여 개설하지 못하고, 아쉽게도 석사과정만 개설하게 되었다.

일반대학원 박사과징 신설은 우리 대학의 최우신과제 가운데 하나이자 총장의 주요공약이었다. 교육부의 박사과정 설치 기준인 교수확보율 65%를 달성하려면 교육공무원 23명의 추가배정이 필요한 상황에서 대학본부의 노력에도 불구하고 2012~2013년 2년 합계 전임교원 16명 추가확보에 그쳤다. 교육부를 설득하여 전임교원뿐 아니라 겸임과 초빙교원을 포함한 교원 확보율로 기준을 변경하기로 하여 1차 난관은 통과하였다.

그런데 뜻밖에도 박근혜 정부로 정권교체기에 대학설립운영규정(대통령령)이 개정되어 석사과정 학생과 박사과정 학생의 상호조정을 통한 박사과정 설치 또는 증원은 불가능하게 되었다. 2013년까지는 대학원 총 입학정원 범위 내에서 자체 조정으로 석사과정 정원을 감축하여 1:1로 박사과정 정원을 확보할 수 있었다. 그런데 대통령령 개정으로 박사 1명 감축할 경우, 석사 2명 증원은 허용하지만, 석사 정원을 감축하여 박사과정 신설 또는 증원은 원칙적으로 불가능하고, 예외적인 경우에만 교육부가 박사과정 증원을 승인할 수 있도록 하였다. 당시 부실 박사학위 양산이 사회문제화되면서 그 대응방안으로 박사과정 증원을 원천적으로 차단하고자 하는 정부당국의 의지가 법령에 반영된 것이다.

이에 나는 대학설립심사운영규정 개정의 부당성을 지적하는 총장 명의의 신문컬럼을 게재(내일신문 2013년 5월 1일자, 제목: 창조경제 발목잡는 대학규제)하고, 교육부 담당서기관, 과장, 국장, 실장, 차관과 서남수 장관을 수차례 면담하고 해결방안을 찾아 줄 것을 촉구하였다. 대학설립운영규정상 특례조항에 의하여 전환 신설된 일반대학에 대하여 예외조항을 적용하여 박사과정 신설 및 증원을 요청하는 한편, 장기적으로는 대학설립운영규정 개정을 제안하였다.

일반대학원 박사과정 신설(2014.3.1)　　이태근 대학원장을 비롯한 대학구성원들의 일치된 노력의 결과, 2013년 7월 31일 교육부에서 일반대학원 박사과정 21명, 에너지환경대학원 박사과정 6명을 포함하여 총 27명의 박사과정 입학정원을 순증(석사과정 입학정원 54명 감축 조건부)받아, 3개의 일반대학원 박사과정 학과를 신설하였고, 2014년 3월 일반대학원 박사과정에 입학생을 받게 되었다.

2015학년도에는 일반대학원 박사과정 입학정원 42명이 증원되어, 11개 학과의 박사과정이 추가로 개설되었고, 3월 일반대학원 박사과정은 12개 학과와 2개의 협동과정으로 총 입학정원 63명의 우수한 박사과정 학생들을 모집하게 되었다. 이에 따라 일반대학원과 전문대학원에 거의 모든 학과의 박사과정이 개설되었다. 2015년 3월에는 석사과정 80명, 박사과정 16명의 유학생들을 정원 외로 선발하였다. 이와 같이 일반대학원 박사과정의 설치 운영으로 국내외 대학원생들이 재학하게 되어 교내 교수님들의 연구 역량을 극대화 할 수 있게 되었다.

창조관으로 대학원 통합 이전   그동안 대학원은 100주년 기념관에 대학원장, 행정실 및 일부 강의실이 배치되어 있었고, 교수연구실은 교내 곳곳에 분산 배치된 상황으로 행정라인과 교수 및 학생들 사이에 업무처리 및 소통을 둘러싸고 문제점이 많았다. 이에 과거 조형대학이 사용하였던 창조관을 각 대학원의 교육 및 행정수요를 고려하여 맞춤형으로 리모델링하여 2013년 1월 31일 통합 이전하였다. 독립된 건물에 입주하면서 교수와 학생, 그리고 직원들 사이의 소통이 원활하게 되었다. 동시에 대학원 행정실에 근무하는 직원들의 업무도 재배치하여, 대학원별 전담직원을 두게 되면서 교수와 학생들의 행정서비스 만족도가 크게 증가하였다.

총장직선제 폐지 결정의 배경   이명박 정부는 국립대학의 총장직선제를 폐지하고 간선제로 유도하기 위하여 재정지원사업을 활용하였다. 2012년 2월 교육부가 발표한 2단계 국립대학선진화방안의 골자는 '총장직선제 개선'으로 교육역량강화사업(ACE사업 포함)과 구조개혁중점추진대학 선정에 신규로 소위 '선진화 지표'를 추가한 것이다. '선진화지표'의 값은 2012년 3월 말까지 총장선출관련 학칙개정을 완료하면 5점, 학칙개정 MOU를 교육부장관과 체결하면 4점, 그렇지 않는 경우에는 0점을 부여한다.

그러므로 만약 직선제를 폐지하지 않으면 우리 대학이 받고 있었던 27억 가량의 교육역량강화사업비를 받지 못하게 되며, 구조개혁중점추진대학으로 지정될 경우에는 정원감축, 학과통폐합, 각종 재정지원사업 제한 등 막대한 피해가 예상되는 상황이었다.

2011년말 전국 10개 교원양성대학은 이미 교육부 장관과 총장선출관련 학칙개정 MOU 체결을 확정하였다. 나는 2012년 1월 12일에 이주호 교육과학기술부 장관의 요청으로 단독면담시간을 가졌는데, 그 자리에서 일반대학 전환이 어려워 질 수도 있으니 한경대, 한밭대와 함께 교육부와 학칙 개정 MOU를 체결해 달라고 요청받았다. 나는 우리 대학구성원이 동의하지 않으면 그와 같이 중요한 사항을 결정할 수 없으며, 일반대학 전환 이후 구성원의 의사를 수렴하겠다고 약속하였다.

우리 대학은 2012년 2월과 3월 전체교수회의를 개최하여 이 사안을 논의하였고, "총장임용후보자선출에 관한 규정"을 적용하여 교수, 직원, 조교, 학생 등 모든 구성원이 총장 선출과 동일한 방식의 투표를 실시하여, 그 결과에 따르기로 하였다. 당시 상당히 많은 국립대학에서 구성원의 합의를 얻지 않은 상태에서 MOU를 체결하거나 구성원들의 반대결정에도 불구하고 집행부가 MOU를 체결하여 큰 내홍을 겪고 있었다. 우리 대학은 3월 28일 100주년 기념관에서 실시된 투표결과 아슬아슬하게 과반수를 넘는 구성원이 교육부와 "총장직선제 개선" MOU 체결에 찬성하였다.

따라서 우리 대학은 내부에서 홍역을 치르지 않고 3월 30일(금)에 전국의 국립대학들 가운데 가장 늦게 교육부와 MOU를 체결하였다. 나는 총장직선제를 모범적으로 실시해 온 우리 대학구성원들이 직선제 폐지에 찬성한 것은 신념에 따른 것이 아니라 대학발전을 위하여 어쩔 수 없이 선택한 것이라는 점을 잘 알고 있었다. 만약 부결되었다면 발생할 사태를 생각할 때 나는 현명한 판단을 내린 우리 대학 구성원들에게 진심으로 감사하게 생각한다.

당시 3월말까지 MOU를 체결하지 않고 버틴 부산대, 경북대, 전남대, 목포대 등 4개 대학은 교육역량강화사업 등에서 배제되었으며, 이를 둘러싸고 구성원들 사이에 심각한 갈등을 겪다가 이듬해 모두 MOU를 체결하게 된다.

문재인 정부가 집권하면서 다시 직선제가 가능하도록 학칙을 개정할 수 있게 되었으므로, 우리 대학에서도 민주적인 절차에 따라 신임 총장이 선출될 수 있기 바란다.

하부행정조직 확대　일반대학 전환 이전 우리 대학에는 행정조직으로 8개과 3개 행정실을 두고 있었다. 앞에서 살펴 본 바와 같이 우리 대학은 2005년 7월 1일 국립대학설치령 개정으로 과단위 행정조직이 6개과에서 8개과 3개 행정실로 확대되었다. 우리 대학에서는 일반대학 전환에 따라 신설된 일반대학원 등 새로운 행정수요를 감당하려면 2개과와 2개 행정실의 추가가 필요하다고 판단하여, 이를 교육부에 요청하였다. 국립대학 하부조직의 설치범위는 대통령령인 국립학교설치령에서 규정하고 있으므로, 이를 추가로 설치하려면 국립학교설치령이 개정되어야 한다.

그런데 교육부가 행정자치부와 협의하는 과정에서 행정자치부를 설득하지 못하여 2012년 1월초 입법 예고된 국립학교 설치령 개정안에 우리 대학의 과와 행정실의 추가가 포함되지 않았다. 지난해까지 산업대학에서 일반대학으로 전환된 대학들에는 모두 하부조직이 추가 설치되었으므로 하부조직 추가를 전제로 일반대학 학칙을 구상하고 있었던 우리 대학에는 뜻밖의 사태가 발생한 것이다. 당시 학칙개정을 포함한 학내규정 개정작업 및 2012년 등록금 책정협의 등 업무가 폭주하는 상황에서 설치령 개정상황을 미리 확인하지 못한 것은 나의 불찰이기도 하였다.

　나는 즉시 행정자치부로 업무를 담당하는 심덕섭 조직국장(현 국가보훈처 차관)을 찾아가 긴급 면담하였는데, 입법예고안이 이미 발표되었고 서필언 차관에게도 보고가 완료된 시점이라 내년에나 반영이 가능하다는 것이다. 서 차관은 국회에 출석 중인데 다음 날 업무차 출국할 예정이라고 하였다. 평소에 잘 알고 있었던 담당국장의 말이니 믿을 수밖에 없었다. 나는 다방면으로 시도한 끝에 밤늦게 서 차관과 통화할 수 있었다. 서 차관은 내가 행정정보추진위원장으로 일할 때 추진단장을 맡고 있었기 때문에 개인적으로 잘 아는 사이여서 전후사정을 상세하게 설명할 수 있었다. 상황을 파악한 행정자치부 차관의 조치로 2012년 2월 29일 개정된 국립학교설치령에서 우리 대학은 물론 일반대학으로 함께 전환한 한경대, 한밭대에도 1개과와 1개 행정실의 하부조직이 추가되었다. 이에 따라 2012학년도에 미흡하지만 일반대학에 걸맞게 하부행정조직을 개편할 수 있었다.

교수 배정정원 확보

배정정원 확보 노력　우리 대학의 교육 및 연구역량 강화를 위한 최우선 과제는 대학발전의 견인차 역할을 수행하는 전임교원 정원을 증원하는 한편, 우수교원을 확보하는 것이다.

　일반대학원 박사과정을 설치하려면 교육부 지침에 의거 교원확보율 65%를 달성(교원 23명 추가 배정)하여야 하므로 전임교원정원 증원은 가장 시급한 과제였다. 총장 당선자 신분으로 2011년 7월 중순 공무원 정원을 담당하는 당시 행정안전부(현 행정자치부) 담당자를 방문하여 협조를 요청한 바, 2012년 국립대 전체의 교원 배정 규모가 32명으로 잠정 확정되었으므로, 추가 배정은 불가하다고 답변을 받았다. 당시 김남석 차관, 국장, 과장, 그리고 주무관을 끈질기게 설득한 결과 국고 조교 정원 7명을 감축하고 교원 7명을 증원하는 방안을 찾아낼 수 있었다.

교육부의 대학별 최종 배정단계에서 행정안전부가 원래 우리 대학에 배정하기로 한 순수 증원 분까지 합산할 경우, 다른 대학에 비하여 우리 대학에 배정한 정원이 지나치게 많아지므로 과도한 특혜로 비춰질 것이 우려된다는 이유로 우리 대학에 순수증원은 1명만 배정하여 총 8명의 정원을 배정받았다.

이러한 경험을 토대로 할 때 국립대 교원 배정규모 전체를 확대하지 않고서는 우리 대학 전임교원만 늘리는 것은 가능하지 않다는 것이 분명해졌다. 나는 2012년 초부터는 대학의 교수확보율을 늘려야 국립대의 경쟁력, 특히 이공계 대학의 경쟁력을 확보할 수 있다는 점을 강조하는 총장 명의의 신문컬럼(조선일보 2012년 6월 13일자, 제목: 국립대 경쟁력 높이려면 교원확충부터)을 게재하고, 교육부와 총리실 관계자들을 설득한 결과, 전국 국립대학에 매년 150명 교원정원 추가 배정방안을 포함하는 "지역대학발전방안"이 6월 27일(수) 총리 주재로 열린 '제10차 교육개혁협의회'에서 확정·발표되었다. 이러한 노력을 토대로 행정안전부 관계자와 수 차례 협의한 결과, 2013년에는 국립대 전체의 교원 증원 규모가 100명(국고조교 전환 20여명 포함)으로 늘어나고 우리 대학에는 8명이 배정되었다. 당시 행정안전부는 전임교원 100명을 순증하는 것에 부담을 느껴, 2012년 우리 대학에 적용했던 것과 같이 국고조교 정원과 교환하는 방식을 가미하여 순증규모는 70여명이 되었다.

2014년 정원배정의 경우에는 안전행정부(구 행정안전부)에서 국립대 전체에 45명을 순증하는 것으로 잠정 결정하였는데, 이를 각 국립 대학에 배정하는 기준을 둘러싸고 안전행정부 실무자가 전임교원 충원률이 아닌 겸임·초빙교원 포함 교원충원률을 기준으로 배정하기로 함에 따라 상대적으로 겸임·초빙교원이 많은 우리 대학에는 1명만 배정받도록 되어 있었다. 이에, 교육부 관계자와 더불어 안전행정부 실무자와 기획재정부 관계자를 끝까지 설득하여 마지막 단계에서 우리 대학에 2명이 배정될 수 있었다. 2015년에는 국립대 전체에 44명이 배정되었고 그 중 우리 대학에는 3명이 배정되었다.

총장재임 4년 동안 우리 대학 전임 교원 정원은 348명에서 21명이 증원되어 369명으로 늘어났다. 우리 대학에 배정된 21명은 같은 기간 국립대학 전체에 배정된 교원 228명 가운데 9.21%를 차지하고 있으며, 전국 39개 대학 가운데 가장 규모가 컸다.

여전히 열악한 교수-학생비율　이같은 교수정원 추가 확보에도 불구하고 우리 대학의 교수확보율은 여전히 매우 낮은 편이다. 예를 들어, 2018년 중앙일보의 대학평가에서 우리 대학은 전국에서 19위를 차지하였는데, 교수-학생비율의 지표에서는 평가대상 57개 대학 가운데 55위로 꼴찌 수준이었다. 문재인정부에서는 대민서비스를 담당하는 공무원을 증원하는 정책을 채택하고 있는데 고등교육 분야 역시 여기에 해당된다. 우리 대학을 포함하여 우리나라 대학 교육의 질을 향상시키려면 앞으로 교수-학생 비율이 획기적으로 개선되어야 한다.

참여형 인사제도 도입　2011년 총장 취임 이후, 나는 직원 역량 강화에 각별한 관심을 가졌다. 내가 참여정부의 정부혁신위 인사개혁 간사를 역임하면서 그 중요성을 깨닫게 된 것이다. 나는 그 당시 수립하였던 인사개혁 로드맵 과제들 가운데 일부를 우리 대학 직원들 인사에 적용하였다. 학교 비전과 발전목표에 연계된 직원 인재상을 정립하고, 개인별 자가 및 상사 역량진단을 통한 3년 자기계발계획서를 수립토록 하며, 계획서에 따른 교육훈련을 실시하는 절차를 거쳐 적정한 보직을 부여하는 등의 인사운영을 하고자 노력하였다. 나는 적정한 보직 부여 및 인사운영을 위하여 직원 인사제도를 다음과 같이 개선하였다.

첫째, 인사드래프트제를 도입하였다. 팀장급 정기인사 시 개인의 희망과 부서장의 희망을 조합하여 인사를 실시함으로써 인사관리의 투명성을 제고하였다. 또한, 부서장이 원하고 희망하는 팀장이 같이 근무하게 됨으로써 업무 처리에 열과 성을 다할 수 있다고 보았다. 인사드래프트제는 2012년 3월 1일 실시하였다. 당시 일반대학 전환 시점에서 대대적인 조직개편이 이루어졌는데, 이를 계기로 부서장(보직교수), 행정과장 및 행정팀장에 대하여 순차적으로 드래프트제를 통하여 대대적인 인사이동을 단행한 것이다. 부서장과 희망 팀장 사이에 각각 52.9%(17명 중 9명), 71.4%(14명 중 10명)의 높은 매핑률을 기록하여 부서배치에 대한 만족감을 높였다. 팀원 인사는 최소화하여 팀의 안정을 꾀하였다. 드래프트제도의 부작용은 우수한 인재는 여러 부서장이 원하며, 역량이 부족한 인재는 서로 기피한다는 것이다. 대대적인 인사이동을 시행한 후 앞으로 2년간 인사이동을 하지 않겠다고 약속하였다. 2년 후인 2014년 4월에 또 다시 드래프트제를 적용하여 인사이동이 이루어졌다.

둘째, 주요부서 팀장의 공모제 도입하였다. 주요보직의 경우 팀장의 역할이 상당히 중요하다. 우리 대학에서 팀장은 업무처리의 핵심으로 부서장과 과장의 지휘 아래 팀원들을 이끌고 팀의 업무를 총괄하는 자리이다. 특히, 주요부서의 경우 유능하고 열의가 있는 팀장으로 배치할 필요성이 있기에 2013월 7월 공모제를 통해 인사팀장을 배치하였다.

셋째, 6급 근무평정과 6급으로 승진할 때 기획력 평가를 도입하였

나. 교육부 사무관 승진 심사 시 기획력 보고서 평가가 승진에 많은 영향을 끼치고 있으며, 우리 대학 팀장의 경우 계획 수립이 많기에 기획력은 반드시 필요하다. 이에 6급 근무평정 서열명부 작성 시 기획력 평가 결과 순위를 반영하였으며, 7급에서 6급으로 승진심사에도 승진대상자들의 기획력 평가 결과 순위를 반영하도록 하였다.

끝으로 심층면접을 도입하였다. 모든 승진 및 연봉제직원의 무기계약전환 심사 시 심층면접 평가를 통해 3년 간 본인이 한 업무를 성찰하고 승진 후 업무에 대한 마음가짐을 새롭게 하는 계기를 마련하였다. 또한 공무원 전입 및 연봉제직원 채용 심사 시에도 심층면접 평가를 통해 심사의 공정성을 제고하여 우수 직원을 선발하고 있다.

이와 같이 우리 대학은 팀장 인사드래프트제와 공모제도 시행을 통해 희망하는 부서에 근무하게 되어 업무 시너지를 높였다. 더불어 기획력 평가 및 심층면접 실시는 우수 직원 채용 및 직원들의 역량제고로 이어져 우리 대학이 국내 최고대학으로 발돋움하는 데 기여하고 있다.

공무원 직군체계 개선과 직원 증원 우리 대학에 근무하는 직원의 유형은 공무원, 대학회계(구 기성회계) 정규직 및 연봉제 직원, 수입대체경비 채용 직원, 재정지원사업비 채용 직원 등 다양한 구성을 보이고 있다. 나는 폭증하는 행정수요를 감당할 수 있도록 직군체계를 개선하고 직원을 증원하였다.

공무원 직군체계 개선 우리 대학 공무원 정원은 2011년 4월 1일 현재 159명이었으며, 그 가운데 일반직 공무원은 94명, 관리운영직군은 65명이었다. 관리운영직군은 과거 기능직이었다가 2013년 12월 12일 공무원 직종개편에 따라 일반직으로 전환된 인원을 말하며, 사무운영, 전기운영, 기계운영, 토목, 운전 분야에 종사하는 직원들로 구성된다. 관리운영직군이 담당하는 업무의 상당부분을 외주(outsourcing)

처리해 온 정부의 공무원 관리정책에 따라 이러한 직군의 직원이 정년퇴직하게 될 경우, 원칙적으로 동일직군의 공무원을 채용하거나 그만큼 감축하여야 한다. 우리 대학에서는 증가하는 행정수요에 대처하기 위하여 통합총정원의 범위 내에서 관리운영직군의 정원을 일반 행정직으로 전환시켜서 활용할 수 있도록 노력하였다. 관리운영직군을 감축하고 일반행정직으로 전환시키려면 교육부는 물론 행정자치부와 기획재정부와 긴밀하고 지속적인 협의를 거쳐야 한다.

이러한 협의를 거쳐 2011년부터 2014년까지 관리운영직군 11명의 자연감소분을 일반행정직 6급, 7급, 8~9급으로 적절하게 조정하여 전환하였다.

특기할 만한 사항은 2014년에는 일반행정직 6급 정원을 2명 증원하여 기존 17명에서 19명으로 늘어나게 된 것이다. 이같이 6급 정원을 증원하려면 특히 행정자치부 관계자들을 잘 설득하여야 했다. 나는 2013년 6월 12일에 안전행정부를 방문하여 실무담당 사무관부터, 과장, 국장, 실장들을 직접 만나 적극적으로 설득하였다. 2013년 7월 30일에는 행정안전부 박찬우 차관(현 국회의원)을 우리 대학에 초청하여 당시 정부의 핵심 국정과제인 「정부 3.0」 설명회를 가졌고, 그 기회에 우리 대학 직군체계의 어려움을 설명하고, 해결방안을 찾아줄 것을 요청하였다. 나는 7월 12일에 안전행정부 주관 「정부 3.0 심포지엄」의 사회를 맡았었는데 여기에서 박 차관을 초청하여 우리 대학에서도 「정부 3.0」을 소개했으면 좋겠다고 생각하였고, 이를 페이스북을 통하여 요청하였는데 박 차관이 흔쾌하게 수락하였다. 이러한 노력의 결과 우리 대학의 요구를 관철시킬 수 있었다. 일반행정직 6급 정원이 2명 늘어난 결과 우리 대학에 배정된 사무관 승진시험 대상자가 매년 3명이던 것이 4~5명으로 늘어나게 되었고, 승진시험 대상자가 늘어남에 비례하여 합격자도 늘어나게 되었다. 과거에는 사무관 승진 시험 합격자가 매년 1명 정도였는데, 2014년, 2015년 연속 2

명의 합격자를 배출하게 되어, 직원들의 승진 인사적체를 해소하는 데 큰 도움이 되었다.

2015년에는 56명의 관리운영직군 가운데 32명이 일반직 전직시험에 합격하여 일반직 직원이 크게 증가하여, 장차 필수행정인력을 확보할 수 있는 기초가 만들어졌다.

대학회계 연봉제 직원 증원   정부의 엄격한 공무원 증원 억제방침에 따라 일반직 공무원을 증원하는 것이 불가능하여, 대학회계(구 기성회계) 연봉제 직원을 추가로 채용하였다. 2012년 2명, 2013년 9명, 2014년 5명, 2015년 6명을 순증하여 연봉제 직원의 총원은 2011년 25명에서 2015년 47명(22명 증가)이 되었다. 증원된 직원의 부서 배정시에는 부서별 우선순위를 엄격하게 심사하여, 수요부서 중심으로 배정하였다.

수입대체경비 직원 증원   산학협력단, 발전기금과 같이 자체수입이 있는 부서에는 사업규모를 확대하고, 행정 서비스를 개선할 수 있도록 수입의 범위 내에서 직원 추가 채용을 적극 추진하도록 하였다. 산학협력단의 수주 규모가 크게 확대됨에 따라 산학협력단에 직원 19명이 추가로 채용되었고, 그 밖에도 발전기금 2명, 국제교류본부 한국어 교육담당 2명, 평생교육원 1명 등이 추가로 증원되었다.

재정지원 사업비 직원 증원   정부의 재정지원사업을 수주하는 경우 사업수행에 필요한 인력을 충원할 수 있다. 우리 대학에는 LINC 사업단 22명, 입학사정관 13명, IPP사업단 3명, 로봇사업단 4명, 행정-환경거버넌스 사업단 2명 등 상당한 인력이 추가되었다.

총장직급 장관급 격상   산업대학 시대에 우리 대학이 겪어온 여러 가지 차별 가운데 하나가 일반 국립대학 총장은 장관급인 데 비하여, 산업대학 총장은 차관급으로 예우한다는 것이었다. 우리 대학의 일반대학 전환과 함께 당연히 총장 예우가 장관급으로 바뀔 것으로 예상되었지만 현실은 만만치 않았다. 산업대학에서 일반대학으로 우리보다 먼저 전환된 한국교통대(당시 충주대)와 경남과기대 총장을 장관급으로 예우하면서, 장관급 직위가 늘어나게 되자 행정자치부(당시 행정안전부)가 제동을 걸고 나섰다.

행정자치부는 일반 국립대학을 모두 장관급으로 예우하게 되면, 장관급 직위가 크게 늘어나게 되므로, 학생수 등 일정기준을 충족하는 대학만 장관급으로 예우하는 것으로 대통령령을 개정하였다[대통령령인 공무원 보수규정 [별표 12] 국립대학 교원 등의 봉급표. 비고 1. 국립대학 총장의 봉급은 학생의 정원(1만명을 기준으로 한다), 학교의 종류 등을 고려하여 매년 교육부 장관과 인사혁신처장이 정하되, 고정급으로 다음 각 목에 해당하는 봉급을 지급한다].

이러한 기준에 따른다면 우리와 동시에 일반대학으로 전환한 한경대와 한밭대는 계속 차관급으로 예우받게 되고, 우리 대학만 2012년 초부터 장관급 예우를 받는 대학이 될 수 있었다.

나는 같은 시기에 일반대학으로 전환한 한경대 및 한밭대와 함께 한다는 취지에서 장관급 예우 조정을 유예하고 행자부와 교육부, 그리고 해당 대학들의 협상 추이를 지켜보기로 하였다. 일년 동안 지켜보았지만 상황이 변화하지 않아서 부득이 2013년 1월 공무원보수규정 개정을 통하여 우리 대학만 보수와 차량 등 장관급 예우를 받게 되었다.

보직교수 선정　　보직교수는 총장과 함께 일하면서 고락을 함께 한다. 대학본부 처장단 및 본부장과 같이 헌신적으로 일해야 하는 자리에는 어떤 분을 모셔야 할지 고민도 많다. 한편 대학 교수의 업적평가제도가 강화되고, 평가결과가 성과급은 물론 승진에까지 영향을 미치면서 교수공동체 사이에 보직기피현상이 심화되고 있다. 특히 직원들과 마찬가지로 거의 상근해야 하는 본부 보직의 경우에는 기피현상이 더욱 심하다.

이같이 어려운 상황일수록 나는 보직교수 선정에서도 나름대로 기준이 필요하다고 생각하였다. 교수의 본분은 강의와 연구, 그리고 사회봉사이므로 이들 분야에서 평균 이상의 실적을 낸 분이 주요 보직을 맡아야 한다고 보았다. 강의평가가 나쁘거나 연구실적이 저조할 경우, 교수와 직원, 학생들로부터 신뢰와 존경을 받기 어렵다. 또한 제한된 시간 내에 일을 처리해야 하므로 시간의 소중함을 잘 아는 교수들이 필요하다.

한편 부서간 화합도 매우 중요하다. 예를 들어, 교무처와 기획처, 기획처와 산학협력단 등 업무경계가 애매한 부서의 경우 직원들이 업무 떠넘기기를 하는 경우가 종종 있는데, 부서장들이 화합할 경우에만 일이 잘 처리될 수 있다.

부서장들이 관할할 수 있는 적정 업무량을 부여하는 것도 중요하다. 우리 대학의 경우 교무, 학생, 기획 등 핵심부서의 업무량이 과다한 데 비하여, 다른 국립대학과 비교하여 부처장이 없는 상태라서 부처장 직제를 신설하였다. 또한 업무의 중요성을 고려하여 대학본부에 입학홍보본부, 국제교류본부, 대외협력본부, 산학협력본부를 순차적으로 신설하였다.

대학의 업무도 행정부처의 업무와 마찬가지로 특정 시기에 우선적으로 처리하여야 할 일이 있다. 그러므로 구체적으로 특정 보직부서에서 우선적으로 해결해야 할 과제(task)를 먼저 규정한 다음 그러한 과제를 수행하는 데 적합한 교수를 보직교수로 모셔야 한다. 즉, 적재를 적소에 배치하는 것이 아니라 적소에 적재를 배치하여야 한다는 것이다. 예를 들면, 교류협력대학의 숫자를 대폭 늘리고, 인바운드와

아웃바운드 교환학생 수를 늘려야 하는 국제교류본부의 경우에는 과거 국제교류실을 국제교류본부로 격상시킨 후, 그 일을 수행하는 데 적합한 분을 찾아서 위촉하도록 하였다. 기획처장이 겸직하였던 발전기금 상임이사의 경우는 대외협력본부를 신설하여 본부장과 상임이사를 겸직하도록 하였다. 초대 대외협력본부장은 정년이 1년밖에 남지 않았던 동문교수를 선임하여 일을 맡겼다. 발전후원회를 재구성하고, 발전기금 목표액수를 설정하고 활동방안을 구체적으로 수립하는 등 많은 성과를 거두었다. 도서관의 경우에도 멋진 '북 카페' 공사를 매끄럽게 진행하는 것을 전제로 해당분야의 교수님께 도서관장직을 부탁드려서, 세계적으로도 손색이 없는 북카페가 완성되었다. 총장 재임기간 동안 부서간에 다툼없이 일을 잘 처리하여 준 보직교수들과 그간 성취한 보람을 함께 나누며 감사드린다.

등록금 책정과 장학금 확충

2012년 학기제 등록금 도입　　대학의 등록금은 학생대표들이 포함되는 등록금심의위원회에서 결정하도록 되어 있다. 일반대학 체제로 전환하기 이전 산업대학인 우리 대학은 학점 당 등록금 제도를 채택하고 있었다. 2012년 등록금을 결정하는 시점에서 세 가지 쟁점이 고려되어야 하였다.

첫째, 일반대학으로 전환한 우리 대학이 학점제 등록금을 유지할 것인지 학기제 등록금 제도로 변경할 것인지 결정하는 것이다.

둘째, 사회적으로 이슈로 떠오른 반값등록금 논의를 배경으로 교육부가 요청한 등록금 인하 또는 장학금 확충을 어떻게 수용할 것인지 결정하여야 했다. 교육부가 2012년도에 신설한 국가장학금제도는 대학 등록금 인하에 비례하여 학생들에게 지원되는 국가장학금의 규모가 결정되도록 설계되었으므로 학생들에게 혜택을 주려면 등록금 인하가 불가피하였다.

셋째, 우리 대학은 일반대 진환에 따른 학생입학징원 김축(편제완성년도 기준 총정원의 11%인 1,233명 감축)으로 등록금 수입이 어림잡아 매년 평균 20억원, 4년 편제완성연도 기준 매년 80억 원의 감소가 예상되는데 이를 어떻게 극복할 것인지에 관한 것이다.

등록금심의에 참여하는 학생 대표의 관심은 오로지 첫 번째 쟁점, 즉 학점당 등록금제도를 유지해야 한다는 데 있었다. 학점제 등록금이 합리적이라고 생각하는 일부 졸업 동문들이 은근히 학생대표를 지지하는 상황이었다. 나는 학생 대표에게 수강학점에 따라 등록금을 납부하는 학점제는 사이버대학 또는 야간대학 등과 같이 학교서비스가 수업에만 한정되는 경우에 적합한 제도이며, 국내외 일반대학이 학기제 등록금을 채택하고 있는 이유는 학점 취득을 위한 수강 학점과는 무관하게 학생들에게 도서관, 방과 후 활동, 취업지원, 인턴십, 비교과과정 등 다양한 서비스를 제공해야하기 때문이라고 설득하였다. 그러나 학점제에 집착하는 학생 대표를 설득하기는 어려웠다. 내가 보기에는 신입생과 학부모들은 학기제 등록금을 당연히 받아들일 것으로 보이는데, 학생대표가 신입생을 대신하여 학점제 등록금을 고집하는 것이 안타깝기도 하였지만, 다른 한편으로는 기특하게 생각되기도 하였다. 2012년 등록금 책정에서는 교육부의 등록금 인하 요구와 학생수 감축에 따른 대응방안도 동시에 마련하여야 하였다.

나는 일반대학은 신설되므로 2012학년 일반대학 신입생의 등록금은 새롭게 책정되며, 정부의 "전년 등록금대비 인하" 의무화에 해당되지 않는다는 정부당국의 유권해석을 받았다. 이에 안재경 기획처장 및 배재근 학생처장과 상의하여 재학생(산업대 학생)에게는 학점제를 적용하고, 신입생(일반대 학생)부터는 학기제를 적용하며, 재학생 등록금은 인하하여 국가장학금혜택을 받도록 하면서, 신입생 등록금은 사실상 인상하여 장기적으로 학생수 감축에 따른 재정손실을 최소화하는 안을 채택하기로 방침을 정하였다.

　이러한 안을 토대로 나는 학생대표를 수차례 만났고, 기획처장과 학생처장은 별도로 학생대표를 10여 차례 만나서 끈질기게 설득하였다. 이같이 신입생에게도 학점제 등록금 제도 유지를 강력하게 주장하는 학생대표와 십 수차례에 걸친 토론과 회의 끝에 나는 2012학년도 신입생부터 7학기제(첫 7학기는 학기제, 마지막 학기는 학점제) 등록금을 부과하는 안과 8학기제(등록금 추가인하)안 가운데 선택할 것을 제안하였다. 학점당 등록금제에 집착하는 학생대표들은 8학기 째부터 학점당 등록금 제도를 시행한다는 안을 선택하였다. 일반대학 신입생 학기제 등록금은 학기당 19학점을 기준으로 산정(기존 학생 학기 당 평균 수강학점: 17.4학점)한 후, 여기에서 6.6% 인하하였는데 사실상 9% 정도 인상이므로 장기적으로 학생정원 감축으로 인한 등록금 손실을 상쇄시킬 수 있었다. 여기에서 학생대표들이 학교 측의 재정상황을 이해하고 신입생의 등록금 인상을 받아들여 고맙게 생각한다. 한편, 재학생들의 등록금은 전년 대비 6.6% 인하와 동시에 교내장학금 15억 원을 증액하여 우리 대학 학생들에게 할당된 국가장학금을 100% 지원받을 수 있도록 하였다.

　2013년도 등록금 심의에서 신임 총학생회장은 다시 학점제 등록금제로 환원을 강력하게 요청하였다. 나는 학점제 환원보다는 7학기제＋8학기부터 학점제가 더욱 신경이 쓰였다. 일반대 신입생이 8학기째에 접어들 때 학점당 등록금제가 시행되면 학교재정의 예측도 불안정하고 학기제와 학점제 혼재에 따른 징수업무의 복잡성이 증가하여 후임 총장에게 과도한 부담을 떠넘기는 것으로 생각되었다. 나는 학생대표들에게 2013년 신입생 등록금 책정에서 ① 현행 등록금제도 유지안과 ② 8학기제 등록금을 도입하고 등록금 1% 인하 및 교내장학금 전년대비 5억원을 추가하는 방안 가운데 선택하도록 하였다. 학생중앙운영위원회(각 학과 대표 이상의 학생대표들의 모임)에서 격론을 벌인 끝에 단일안을 채택하지 못하여 총장에게 위임하는 쪽으로 가닥이 잡혔다. 나는 결단을 내려 2013학년도부터 8학기세 등록금 세도를 채택하도록 변경하고 신입생과 재학생의 등록금은 전년대비 1% 인하하며 동시에 교내장학금을 전년 대비 5억원 추가 지급하기로 하였다. 이에 따라 2013년에도 우리 대학 학생들에게 할당된 국가장학금 전액을 지원받을 수 있게 되었다. 결과적으로 학생들은 등록금 인하와 교내 장학금 확충으로 7억원 정도의 초과 혜택을 보게 되고, 일반대학의 편제가 완성되는 시점에서 학교 입장에서도 약 5억원 가량의 수입 증대 효과가 있을 것으로 예상되었다.

그런데 이러한 타협안이 등록금심의위원회를 통과하여 등록금 고지서가 발급된 이후에 2013년도 총학생회장이 학점제 등록금으로 환원을 주장하며 보름 정도 단독으로 삭발 및 단식투쟁하면서 천막농성을 진행하는 뜻밖의 사태가 발생하였다. 나는 단식투쟁을 하는 학생회장의 건강을 배려하여 교내 보건소의 간호직원을 보내서 주기적으로 건강을 파악하는 한편, 학생회장을 여러 각도로 설득하였다. 보름 정도 경과한 후 내가 총학생회장과 단독으로 면담하는 자리에서 일반대학들 가운데 하나의 대학이라도 학점당 등록금제도를 채택할 경우에는 내가 책임지고 우리 대학에서도 학점당 등록금제도로 환원하겠다고 약속한 후에야 단식농성을 중단하였다. 이러한 일이 있은 후에 총학생회와의 대화 채널이 복원되었고, 학교에서는 총학생회의 활동을 적극 지원하였다. 그 과정에서 동문 출신인 배재근 학생처장의 헌신적인 노력이 있었다.

이 같이 우리 대학의 등록금 제도는 약 2년에 걸친 노력과 산고 끝에 다른 대학과 동일한 8학기제 등록금 제도를 정착시킬 수 있었다. 등록금 제도 개선과 더불어 국가장학금제도 및 학점제 등록금 제도로 인한 학교의 재정적 어려움을 경감시킬 수 있었고, 학기제와 학점제 혼재에 따른 학사업무의 복잡성을 줄이는 동시에 예산 집행의 효율성도 기할 수 있게 되었다.

장학제도 확대실시   2011년 내가 총장임기를 시작하면서 대학등록금이 사회적 논란의 대상이 되었고, "반값등록금"이 정책의제로 대두되면서 정부가 대응방안을 마련하게 되었다. 이러한 논란에 대응하여 여야 합의에 따라 국가장학제도가 예기치 않게 2012년부터 시행되었다.

국가장학금제도의 핵심은 학부모의 가계소득을 10분위로 분류하고, 7분위까지는 국가장학금을 지급하되, 세부 시행방법은 대학 자율에 맡긴다는 것이었다. 이러한 방침에 따라 우리 대학은 장학금 지급방안을 결정하고, 학생들의 여타 장학금 수혜와의 중복성을 방지하기 위하여 새로운 장학시스템을 구축하였으며, 학생 개개인의 내외부 장학금 수혜현황을 파악할 수 있도록 체계화하였다.

앞에서 살펴보았듯이 우리 대학에서는 2012학년도 국가장학금 시행 원년에 등록금을 6.6% 인하하고 교내장학금 15억원을 추가로 확충하여 전체적으로 등록금 9.3% 인하효과(교과부 권장 5% 초과)를 가져오도록 하였다. 그 결과 2012학년도에 103.4억원의 국가장학금을 확보하여 학생에게 지급하였다. 전년 대비 등록금 6.6%를 인하한 우리 대학의 2012학년도 등록금 총액은 약 496억원으로 전년보다 약 23억원이 감소되었다. 국가장학금 수혜 규모는 2012학년도 103.4억원 규모에서 2014학년도 160억원 규모로 대폭 증가하여 학생과 학부모의 부담이 경감되었다. 국가장학금에 100억원을 상회하는 교내 장학금을 합산한 장학금 규모는 등록금 총액의 50%를 뛰어 넘어 우리 대학에서는 반값등록금이 사실상 실현된 것이다.

국가장학금과 교내장학금 이외에도 새싹멘토링 봉사단 사업(미래국제재단 운영)을 유치하여 참여학생이 저소득 가정의 중고등학교 학생들을 가르치면서 1인당 연간 7백만원 정도의 장학금(2012년 50명 참여)을 수혜하도록 하는 등 민간부문의 장학금을 추가로 유치하였다. 새싹멘토링은 S-오일 회장을 역임한 김선동 이사장이 자신이 서울공대 재학시절 어려운 가정환경 때문에 괴외 이르비이트로 학업을 마친 경험을 떠올리며 구상한 독특한 장학금지원 사업이다. 서울대에서 시작하여 지방거점국립대로 확대되었는데 우리 대학에도 이를 유치하였다. 여의도에서 김선동 이사장을 만나(2012.4.20) 취지를 듣고 이에 공감하여 우리 대학을 방문(2012.5.7)하여 멘토링 사업이 시작되었다. 그 이후 이공계 대학원생을 대상에게 월 3~40만원을 지급하는 '선한 인재 장학생' 제도로 확대되어 우리 대학 대학원생들도 혜택을 받고 있다.

또한 배재근 학생처장의 아이디어를 받아들여 학생들의 교내활동, 대외활동 참여 횟수 등에 따라 마일리지를 축적시키고, 마일리지에 따라 장학금을 지급하는 드림마일리지 장학제도와 총장장학금제도를 2012학년도에 도입하였고, 2014학년도에는 형제·자매 장학금제도를 신설하는 등 다양한 장학제도를 개발하였다. 장학금 제도 신설에 따라 2015년 7월 말 기준 드림마일리지 장학금은 14,540명, 총장장학금은 3명, 형제·자매 장학금은 33명이 수혜를 받았다.

2018년도 시점에서는 산업대학으로 입학한 학생들은 대부분 졸업하였고, 일반대학 입학생들이 주류를 이루고 있다. 돌이켜 보면 2012년 등록금 책정 당시 일반대 신입생 등록금을 실질적으로 인상하는 한편 장학금을 대폭 확충한 것은 현명한 판단이었다고 생각한다. 신입생 등록금 인상으로 학생수 감축에 따른 등록금 손실을 상쇄시킬 수 있었다. 다른 한편으로는 두 해에 걸쳐 교내장학금 20억원을 추가하여 우리 대학은 등록금 대비 장학금 지급률이 상당히 높은 편이다. 예를 들면 2018년도 중앙일보 대학평가에서 우리 대학의 학부 등록금대비 장학금 지급률은 전국 대학 가운데 7위(교내 및 민간장학금 총액 113.6억, 학부등록금 총액 491.8억, 지급률 23.1%)를 차지하였는데 이러한 순위는 앞으로도 거의 변동없이 유지될 것으로 예상된다.

발전계획 실천과 성과 /3

교수 연구장려제도 개편

나는 '교수 연구역량의 획기적 향상'은 우리 대학의 경쟁력 확보에 가장 중추적으로 기여해야 할 전략 중의 하나라고 생각하였다. 2011년도까지 우리 대학은 상대적으로 열악한 연구 환경에서 교수 연구를 장려하고자 "학술 및 창작 연구장려금 제도(이하 연구장려금 제도)"를 운영하여 왔다. 이 제도는 일반대학원생이 없었던 우리 대학에서 교수들에게 인센티브 제공을 통하여 국내외 학술잡지 및 전시에 연구결과물을 공표하도록 동기를 부여하는 역할을 충실하게 수행해온 것으로 판단되었다. 그러므로 "SEOULTECH DREAM 2020"의 목표 달성을 위해서는 이 제도를 발전적으로 확대·개편하여야 한다고 보았다.

기존 사후지급제도의 문제점   2011년까지 우리 대학에서 운영해온 "연구장려금 제도"는 사후지급제도였다. 즉, 논문, 창작, 특허 등의 성과물에 대해 가중치를 고려한 편당 지원 정액을 사전에 설정하고, 이를 기준으로 장려금을 지급하였다. 예를 들어, 국제저명학술지

(SCI, SSCI, A&HCI) 게재시 500만원, 국제비엔날레급 개인전/단체전 500만원, 국외등록 특허 300만원 등이다. 우리 대학의 연구장려금 지출은 2008년 8억원 규모에서 2010년 11억원으로 증가하였다. 그런데 이 제도를 면밀하게 검토한 결과 다음과 같은 세 가지 문제점이 파악되었다.

첫째, 연구 실적이 집계되지 못한 상태에서 미리 연구실적 규모를 예측하여 예산을 편성·확정해야 하므로, 예상보다 연구 실적이 크게 늘어날 경우 대응이 어려웠다. 내가 총장 임기를 시작한 2011년의 경우 우리 대학 교수진의 연구 실적이 크게 증가하면서 본 예산에 편성한 12억원의 연구장려금 예산은 일찌감치 소진되었다. 두 차례에 걸쳐 추가경정예산을 편성하여 지원했음에도 불구하고 여전히 부족한 실정이었다. 이러한 실정을 잘 모르는 교수들은 논문게재 증빙서류를 제출하였는데도 학교당국에서 장려금 지급이 늦어지는 것에 관한 불만이 팽배하였다. 회계연도말에 새로운 회계연도 예산편성에 분주한 사무국 직원들에게 세 번째 추경예산을 편성하라고 부탁하기에는 총장으로서도 부담이 되었다.

두 번째 문제점은 교육부의 회계감사에서 우리 대학의 연구장려금을 인건비성 경비로 간주하면서 인건비성 연구장려금 지급의 제한을 지속적으로 요구하는 상황에서 마땅한 해결방안을 찾아야 하였다.

세 번째 문제점으로는 우리 대학이 매년 연구 장려금으로 상당한 예산을 투입함에도 불구하고 사후지급방식의 장려금은 대학 평가지표 중의 하나인 "교수 1인당 교내연구비 수준"에 포함되지 않는다는 것이다. 그러므로 우리 대학의 교수 1인당 교내연구비는 2011년 당시 59만7천원에 불과하여 전국 대학 가운데 하위 35%대 수준에 머무르고 있었다.

제도개편 방안　　나는 "SEOULTECH DREAM 2020" 수립팀(위원

3. 발전계획 실천과 성과 • 263

장 김우제) 및 기획처장과 여러 차례 회의를 통하여 이러한 문제점들을 타개하는 방안을 찾아보았다. 그 결과 기존의 사후지급제도를 2012년부터 교내연구비제도(사전계획서 제출)와 연구장려금제도(사후지급)로 이원화하여 시행하기로 하였다. 연구 및 산학협력 활성화의 중요성을 감안하여 총 지원규모를 전년도인 2011년 본예산 12억원보다 대폭 증액한 25억원으로 확대하여 편성하였다. 25억원은 교내연구비 15억원, 연구장려금 7.5억원, 산학협력장려금(마일리지) 2.5억원으로 구분하여 편성하고, 향후 연구 활성화 진전 정도와 산학협력단 간접비 수입 규모를 고려하여 확대 가능한 제도로 정착시키고자 하였다. 한편 연구실적 최상위권의 교원에게는 우수연구교수 포상금을 지급하기로 하였다. 대내외 평가에서 산학협력 실적의 중요성이 강조되고 있었으므로 2012년부터 연구실적과는 분리하여 교원의 산학협력실적에 따라 마일리지 지원금을 신설하기로 하였다. 2013년에는 산학협력 실적 최우수교수에 대한 포상제도를 도입하였다. 한편 2014년에는 신임 김동환 산학협력단장의 건의를 받아들여 연구개발능률성과급제도를 도입하였다.

교내연구비지원제도   교내연구비제도는 교수가 사전에 연구계획서를 제출한 후에 소액의 연구비를 지원받도록 한 제도이다. 학술연구비와 창작연구비로 구분하여 학술연구비는 학술연구논문(저서 포함) 게재를 전제로 하여 연구비를 지원하며, 창작연구비는 조형계열 및 문학 분야의 창작 및 전시회 개최시 지원하기로 하였다. 2012년도 시행초기에는 15억원의 예산 범위 내에서 1회 당 300만원의 연구비를 지급하며, 교수 1인당 600만원까지 지원 가능하도록 설계하였다. 연구결과의 질 보장을 위해서 국내 등재후보지 이상의 게재를 전제로 하였다.

2014년도에는 1회 당 350만원, 교수 1인당 700만원까지 지원액을 상향 조정하였다. 2015년도에는 3번째의 논문연구의 경우 200만원을 추가 지급하여 교수 1인 당 900만원까지 3편 이상의 결과물을 산출하도록 발전시켰다. 학술연구비 제도를 통하여 2012년도 413건의 교내연구에 11.9억원, 2013년에는 462건의 연구에 16.1억원, 2014년도에는 529건의 연구에 16.7억원이 지원되었다.

창작연구비의 경우 2012년에 197건 1.3억원, 2013년도에 263건에 2.0억원이 지원되었다. 2014년도에는 전시회를 여러 차례 개최할 경우 교수 1인당 통합하여 지원(최대 1,100만원)하도록 제도를 변경하여 건수는 68건으로 축소되었지만 지원액수는 2.8억원으로 증가하였다.

요약하면 학술연구비와 창작연구비로 2012년 13.2억원, 2013년 18.2억원, 2014년에는 19.5억원이 지급되었고, 이에 따라 교수 1인당 교내연구비는 약 500만원 이상으로 증가한 것으로 집계되어 2011년 일인당 59.7만원보다 지표값이 10배 정도 상승하는 효과가 나타나게 되었다.

연구장려금 포인트 제도   연구장려금 제도는 국제학술지 SCI급 이상의 연구실적을 거둔 교원에게 지원하는 사후 인센티브제도이며, 포인트 시스템으로 설계하였다. 2012년도에는 7.5억원의 예산을 배정하였으며, 기준 포인트는 SSCI 800, SCI 600, SCIE 400, SCOUPUS 300이다. 대학 전체의 논문수가 늘어나면 편당 지원액수가 감소되도록 설계되었다.

2012학년도에는 7.5억원의 예산을 편성하였다. 연도말 집계결과 123명의 교수가 286편의 논문을 게재하였고, 총 포인트는 74,496점이 되었다. 포인트 단가 10,000원을 적용하여 7.45억원이 지급되었다. 2013년도에도 7.5억원의 예산을 편성하였는데, 집계결과 175명의 교수가 561편의 논문을 게재하였고, 총 포인트는 134,834점으로 전년 대비 2배 가깝게 증가하였다. 이에 포인트당 단가를 5,587원으로 낮추어 7.53억원이 지원되었다. SSCI 논문 한편을 게재한 교수님은 800만원의 인센티브를 받을 것으로 기대하였는데, 실제로는 446.96만원을 받게 된 것이다. 이러한 방식으로 별도의 추가경정예산을 편성하지 않고 연구장려금 제도를 시행할 수 있었다.

이에 2014년도에는 예산규모를 8.8억 원으로 늘렸다. 집계결과 160여명의 교수가 487편의 논문을 게재하였고, 총 포인트는 118,789점에 달하였다. 이에 포인트당 단가를 7,440원으로 책정하여 8.83억원을 지원하였다.

우수연구교수 포상제도 도입　2011년도 이전에는 논문의 등급 및 유형별 가중치 산정 방법에 제한을 두지 않아 2011년도 최고 실적 교수에게 1억 5천만 원에 가까운 인건비 형태의 인센티브가 지급된 바 있었다. 2012년부터 적용되는 개선방안에서 연구장려금 지급시 유형별 상한 및 구간별 인정 기준을 고려하여 지급 한계를 두어 지급하기 때문에, 최우수 실적 교수가 상대적으로 손해가 발생할 수도 있었다. 이러한 상황을 보완하기 위하여 2012년부터 우수연구교수 포상제도를 도입하였다.

이 제도는 연구실적 최우수교수에게 지급되는 인센티브 총액에는 지급상한을 설정하면서도 우수교수 표창으로 자긍심을 심어주고 동료 교수들에게도 그 실적을 알려서 벤치마킹하도록 하자는 취지에서 도입한 것이다. 분야별로 매해 최고의 연구 성과를 낸 10명 내외의 교수를 선정하여 포상하기로 하였다. 2012년도에는 6명, 2013년도에는 15명이 포상을 받았으며, 선정 분야는 인문 및 문예창작 계열 분야, 조형계열 분야, 전체 연구실적 분야, SCI, SSCI(A&HCI), 연구실적 분야 등이다. 이중 최고 득점자에게 연 1회 1인당 500만원이 지급되었다.

신임교수 연구정착금 상향 조정　우수한 신임교수가 어려움 없이 연구를 지속할 수 있도록 연구정착금을 2013년부터 기존 700만원에서 1,000만원으로 상향 조정하였으며, 승진제도 개선을 통해 연구를 장려하고 있다.

연구개발능률성과급 도입   2014년부터 대학의 연구역량을 강화하고 교외연구과제 수행을 장려하기 위하여 우수한 연구성과를 낸 연구자 및 지원인력에게 성과급을 지급하는 연구개발능률성과급 제도를 도입하였다. 평가대상 실적은 당해 연도 실적으로 교외연구비, 간접비 수주실적, 수행 논문, 수행 특허로 평가항목별 점수를 산출하여 지급되며, 지원액은 정부연구과제는 해당 연도 간접비 총액의 10% 이내, 산업체 연구과제는 간접비 20% 이내로 지원되며, 2014년 3월에 연구개발능률성과급 관리지침을 제정하여 2014년 7월 처음 지급되었다.

연구지원제도 개편의 성과   연구장려제도를 대폭 개편하고 연구실적에 상응하여 지원금을 확대한 결과 우리 대학 교수진의 연구실적은 비약적으로 증가하였다. 국내 등재지 논문 수는 2010년 182.1편에서 2014년 344.4편으로 89% 증가하였다. 국제 학술지(SCI, SCOPUS급) 논문 수는 2010년 125.1 편에서 2014년 199.3편으로 59% 증가한 것으로 나타났다. 국내외 논문을 합산한 총논문수는 2011년 332.3편에서 2014년에는 557.4편으로 68% 증가하였다.

이러한 노력의 결과 2014년도 중앙일보 평가에서 우리대학은 교수연구부문에서 11위를 달성하였으며, 특히 인문사회체육 교수 당 국내논문은 1위, 교수 당 국제학술지 논문은 17위로 다른 대학에 비해서턱없이 부족한 박사과정 대학원생 및 연구여건을 슬기롭게 극복하고있음을 알 수 있다. 또한, 2015년도 연구재단에서 발표한 「2014년도전국대학 대학연구활동 실태조사 분석 보고서」의 교수 1인당 논문게재실적 순위에서도 1위로 등극하는 놀라운 성과를 보였다.

돌이켜 보면, 2012년 제도개편을 논의할 때 이렇게 놀라운 성과가 나타날 것으로 확신하지는 못하였다. 개편된 제도를 교수들이 어떻게 이용할지 예측하기 어려웠기 때문이다. 그런데 비록 적은 액수의 교내연구비이지만 이를 종자돈으로 아이디어를 연구논문으로 발전시키고, 대학원생의 석·박사 논문을 지도하면서 공저로 학술논문을 게재하는 교수들이 많아진 것이다. 이러한 제도를 정교하게 설계한 기획처장과 발전계획팀 교수님, 그리고 이 제도를 잘 활용하여 논문게재 실적을 거둔 여러 교수님들께 감사드린다.

이러한 성과는 꾸준히 지속되어 2018년도 중앙일보 대학평가에서 우리 대학의 계열평균 교수당 교내연구비는 29위(57개 대학 중)로 중간수준이었으나, 계열평균 국제학술지 논문게재 16위, 인문사회 국내논문게재 12위, 국제논문 피인용순위 4위로 괄목할 만한 성과를 거두었다. 다만 국내논문 피인용, 저역서 발간 및 피인용은 낮은 순위에 머물러 이에 대한 대책이 필요한 것으로 보인다. 그러므로 우리 대학의 연구지원 제도는 변화하는 연구실적 지표와 성과에 상응하여 적절하게 수정하여 발전적으로 보완하여야 할 것이다.

글로벌 교육시스템 강화

그 동안 우리 대학의 국제화 부문은 주요 경쟁대학에 비해 매우 열악한 영역이었다. 나는 글로벌 융복합 인재양성이라는 SEOULTECH DREAM 2020의 첫 번째 핵심전략을 실현하기 위해서는 국제화 부문의 역량 강화가 시급하다고 보았다.

조직체계 정비   우선 국제교류 기반 구축을 위한 조직 체계를 정비하였다. 일반대학 전환을 계기로 국제교류실을 국제교류본부로 격상시켰다. 국제교류업무 효율성 제고를 위해 국제교류본부와 어학원을 통합하였으며, 외국인 유학생 유치·관리 업무의 효율성 및 전문성 확보를 위해 외국인특별전형 업무를 국제교류본부로 이관하였다. 뿐만 아니라 외국인 유학생 유치·관리 인증기관 지정, GKS학부 정부 초청 장학생 수학대학 선정, 외국인 학생을 위한 글로벌 라운지 구축 등을 통해 국제화를 위한 토대를 마련하였다.

국제화부문의 역량을 강화하기 위하여 국제화 부문에서 뚜렷한 성과를 보이는 중앙대학교의 홍준현 국제교류처장을 2013년 가을에 초청하여 국제교류 확대전략에 관한 발제를 듣고, 우리 대학 주요 보직교수들이 참석하여 이를 어떻게 벤치마킹할지에 관하여 진지한 토론의 기회를 가졌다. 나는 국제교류의 확대는 국제교류본부 뿐만 아니라 입학본부, 교무처, 기획처, 학생처, 그리고 기숙사에 이르기까지 학내의 거의 모든 부서가 협력하여야 시너지 효과가 발생한다는 점을 깨닫게 되었다. 또한 매년 정기적으로 각 대학의 국제교류본부 관계자들이 북미권과 유럽권, 그리고 아시아권의 컨퍼런스를 개최하는데 여기에 참석하여 교류희망대학과 서로 정보를 교환하면서, 교류 준비가 이루어진다는 것을 알고 출장 여비 확보 등 필요한 조치를 취하였다. 나는 이 행사가 우리 대학의 국제교류 부문을 강화하는 데 결정적으로 기여하였다고 믿고 있다.

국제 교류 활성화의 기반이 되는 글로벌 협력 네트워크를 대폭 확대하여야 하였다. 교류협정의 양적 증가뿐만 아니라 세계적인 대학과의 협력을 체결함으로써 해외 우수대학과 교류할 수 있는 기반을 마련하여 질적 향상을 추구하는 것도 중요한 과제였다.

명문대학 방문 교류협정 체결 우리 대학은 산업대학 체제에서 QS평가 등 세계대학평가를 받지 않았기 때문에 세계적인 명문대학과 교류협정 체결에 어려움이 있었다. 이러한 상황에서 명문대학과 교류협정 체결을 촉진하려면 치밀한 사전준비가 필요하며, 총장이 직접 방문하는 등 특별한 노력이 필요하다고 보았다. 그러므로 총장이 직접 방문하는 대학은 QS Ranking(여기에서 QS Ranking 표기는 2015년 기준임)이 높은 대학을 위주로 선정하되, 쌍방향 학생교류가 이루어질 수 있도록 전략적으로 교류지역과 대학을 선정하기로 방침을 세웠다. 총장이 직접 방문하지 않을 경우에도 국제교류본부장이 방문하거나 상대 학교가 우리 대학을 방문하여 교류협정을 체결할 수 있으며, 사전협의가 이루어질 경우에는 국제우편을 활용할 수 있었다. 내가 총장 재임 중에 직접 방문하여 명문대학교와 교류협정을 체결한 사례는 다음과 같다.

　모스크바 3개 대학 교류협정(2012)　　2012년 봄(4.25~26)에 내가 처음으로 방문한 대학은 모스크바 바우만공과대학(Bauman Moscow State Technical University, QS 세계랭킹 322위), 고등경제대학(National Research University Higher School of Economics, QS 랭킹 501-550위), 국립모스크바철도공과대학(Moscow State University of Railway Engineering) 등 세 대학이었다. 당시 러시아 주재 위성락 대사는 중학교때부터 절친한 친구인데 러시아 대사로 부임하기 이전에 모스크바의 명문대학을 교류대학으로 선정해 달라고 특별히 부탁하여 성사된 것이다. 러시아 대사관의 교육담당주재관인 신미경 서기관의 남편인 윤영기 박사가 정성균 교무처장의 제자이므로 사전에 교류예정 대학을 몇 차례 방문하는 등 조율이 원만하게 이루어졌다. 대사관에서 차량까지 제공해 주어 나와 정성균 교무처장이 3개 대학을 방문하여 교류협정을 무사히 체결할 수 있었다. 바우만 공과대학은 제2차 대전을 전후하여 첨단무기를 개발하고 우주선 설계와 우주비행사 양성 등 러시아 과학기술을 선도한 대학이었다. 캠퍼스에는 아직까지도 보안상 외국인 출입금지구역을 두고 있었다. 고등경제대학은 사회과학분야의 신흥 명문대학으로 부상하고 있있다. 바우만공대와 고등경제대학의 학생들은 교환학생으로 우리 대학을 꾸준히 방문하고 있다. 특히 고등경제대학의 경우에는 매년 우리 대학이 주최하는 여름학교에 상당히 많은 학생들이 참여한다. 한편 국립모스크바철도공과대학은 우리 대학의 철도전문대학원과의 교류를 염두에 두고 협정을 체결하였는데 대학원생 교류와 연구부문에서 협력을 논의하였다. 부총장이 오찬을 주최하였는데, 총장단의 전속요리사를 두고 있었으며 집무실 근처의 전용식당을 이용한 것이 인상적이었다. 철도공대 학생들도 우리 대학의 여름학교에 꾸준히 참여하고 있다.

하와이주립대 교류협정(2012)　　2012년 가을(11.14~16)에 하와이를 방문하였다. 그 이유는 매년 10~15명의 우리 대학 학생들이 이미 교류협정을 맺고 있는 하와이의 커뮤니티 컬리지인 카피올라니대학(University of Hawaii at Kapiolani Community College, 이하 UH-KCC)에 교환학생으로 가는데, 이를 명문대학인 하와이주립대(University of Hawaii at Manoa)로 유도하자는 의도였다. UH-KCC를 방문하여 현지에서 우리 대학의 교환학생들을 면담하면서 상황을 파악해 보니, 이 대학은 등록금이 매우 저렴하여 1학기 동안 교환학생으로 방문하기에는 무리가 없어 보였고, 졸업하면 하와이주립대 본교로 편입할 수 있었으므로 만족도가 높은 편이었다. 하와이주립대(QS 324위)를 방문하여 등록금 15% 할인조건으로 학생교류협정을 체결하였다. 미국의 명문대학이 모두 마찬가지이지만 하와이주립대의 등록금은 상당히 높은 편이므로 우리 대학 학생들이 하와이주립대에 교환학생으로 가는 경우는 드물고, UH-KCC 교류학생이 여전히 많은 편이다.

몽클레어주립대, SVA, 알바니뉴욕주립대 방문(2013)　　2013년 가을(9.23~26)에 우리와 이미 교류협정을 체결한 미국 동부 뉴저지 주의 몽클레어주립대(Monclair State Univserity, 이하 MSU), 뉴욕 시내에 자리잡은 신흥명문 디자인 대학인 SVA(School of Visual Arts), 그리고 뉴욕의 주도인 알바니에 소재한 알바니뉴욕주립대(University at Albany, SUNY; QS 601-650위)를 방문하였다. MSU는 우리 대학의 조형대 및 경영대와 2+2 공동학위 프로그램을 운영하고 있었다. MSU의 Susan Cole 총장은 신경숙의 '엄마를 부탁해' 영문판을 감명깊게 읽었다고 책을 가져왔다. MSU에는 우리 대학 GTM학생 5명이 복수학위 이수차, 조형대학생 2명이 교환학생으로 수학중이어서 면담하였다. MSU는 맨하탄에서 지하철로 50분 거리에 자리잡고 있으며 생각보다 시설도 좋았다. 맨하탄 중심가에 위치한 SVA의 총장과는 조형대학과 2+2 공동학위 프로그램 학생 3명과 학기단위로 교환학생을 보내기로 합의하였다. 알바니뉴욕주립대는 행정학과 학생들을 중심으로 교류가 이루어지고 있었으므로 Robert Jones 총장 취임식을 계기로 교류를 확대하고자 방문하였다. 세 대학 모두 입지조건, 교육시설과 교육프로그램에서 강점이 뚜렷한 대학이므로 우리 학생들이 교환학생으로 방문하면 혜택을 볼 수 있을 것으로 생각되었다. 이들 대학에는 학생 수가 많지는 않아도 우리 대학 학생들이 꾸준하게 방문하고 있다.

대만과기대 교류협정(2013)   2013년 가을(10.7~9) 대만을 방문하게 된 계기는 특별하다. 국립대만정치대학(National Chengchi University, Taiwan)의 교수이며 대만행정학회장을 지낸 행정학자이자 장관급인 대만인사원 위원으로 일하는 Jan Chuang-Yang 교수가 대만 인사원(NACS) 주관 워크숍 기조연설과 대만개방대학의 국제세미나 특강을 해달라고 요청해 왔다. 나는 대만과기대(National Taiwan University of Science and Technology, NTUST)나 국립대만정치대학과 같은 명문대학교와 교류협정 체결을 주선할 경우에는 방문하겠다고 답변하여 동의를 얻어냈다. 대만의 운림과기대(National Yunlin University of Science and Technology)와 카이난대학(Kainan University)과는 이미 교류협성이 체결되어 우리 대학의 많은 학생들이 교환학생으로 가는 곳이다.

10월 7일이 월요일이었는데 10월 10일은 대만의 국경일이어서 9일까지 사흘 동안 빡빡한 일정을 소화하여야 하였다. 더구나 태풍 때문에 일요일 오후 비행기가 결항되어 7일(월) 오전에 대만으로 떠났으므로 일정이 더욱 빠듯해지게 되었다. 다행히도 7일 오후 대만정치대학 총장 및 사회과학대학장과 학생교류협의가 잘 이루어졌다. 8일에는 대만 인사원 주관 국제인력개발 워크숍 기조연설, 대만개방대학 주관 국제행정학회 세미나 기조연설(TV 녹화중계)로 바쁜 하루였다. 서진환 본부장과 박윤혜 주무관은 내가 주제발표를 하는 동안에 우리 대학과 교류하는 운림과기대에 다녀왔다. 9일에는 카이난대학 방문 및 학생교류방안 협의, 대만과기대 방문 및 국제교류 협의일정을 소화하였다. 점심에는 카이난대학교 구내식당에서 총장이 주관하는 점심식사를 함께 하였고 우리 대학의 교환학생들도 만나 보았다. 카이난대학에 호텔관광학과가 있어서 유명 관광호텔 출신 쉐프를 채용했다고 한다.

첫날 저녁 인사원 주최의 '타이페이 101' 86층 중국식당의 만찬, 둘째 날 저녁 개방대학이 주최한 만찬은 모두 진수성찬이었다. 아직도 중국에서는 건배하는 전통이 여전히 남아 있어서 술도 많이 마시게 되었다. 국제학술회의에 함께 참석한 홍콩대 사회과학대학장 Burns 교수는 이러한 전통을 아직까지도 이해하지 못하는 듯 했다. Burns 교수는 나의 피츠버그대학의 은사인 Guy Peters 교수와 무척 가까운 사이였는데 지난주에 홍콩에 다녀가셨다고 한다.

9일 저녁에는 성공적인 대만방문을 자축하는 의미에서 개방대학 기조연설로 받은 사례비로 '타이페이 101'의 86층 식당에서 서진환 본부장과 박윤혜 주무관에게 저녁식사를 대접하였다. 한국에서는 공휴일이므로 쉬어야 하는데 일을 시킨 데 따른 격려이기도 하였다.

우리는 대한항공을 이용하여 월요일 점심 무렵 타이페이에 도착하였는데, 공항에 엄청난 인파가 몰려왔고, 상당히 많은 언론사 카메라가 자리잡고 있었다. 상황을 파악해 보니 아이돌 그룹인 '동방신기'가 공연차 방문한 것이었다. 돌아올 때도 우연히 같은 비행기를 이용하였는데 역시 수많은 인파가 몰려들어 '한류'의 열기를 실감할 수 있었다.

대만과기대(QS 371위)와 교류협정을 논의하는 과정에서, 우리 대학에 관한 정보가 부족하고 사전에 협정준비가 이루어지지 않았으므로 부총장이 곧 우리 대학을 방문하여 협정을 체결하기로 하였다. 대만과기대 부총장은 11월 1일 우리 대학을 방문하였고, 우리 대학의 현황을 파악한 후에 흔쾌하게 학생교류협정을 체결하였다. 한편 이 시기에 국립대만정치대학, 국립중흥대(National Chung Hsing University), 타이페이국립기술대(National Taipei University of Technology, NTUT), 용화과학기술대(Lunghwa University of Science and Technololgy)와 추가로 학생교류협정을 맺었다. 이로써 대만을 대표하는 명문대학인 대만과기대와 대만정치대학, 그리고 국립중흥대, 타이페이국립기술대, 용화과학기술대는 기존의 교류대학인 카이난 대학과 운림과기대에 이어 우리 대학 학생들이 교환학생으로 선호하는 대학이 되었을 뿐 아니라 이들 대학에서도 우리 대학에 상당히 많은 학생들을 파견하고 있다.

캘리포니아공과대 포모나(2014)　　2014년 초(1.24) 미국 캘리포니아주 LA 인근에 소재한 캘리포니아공과대 포모나(California State Polytechnic University at Pomona, Cal Poly Pomona)을 방문하여 교류협정을 체결하였다. Cal Poly Pomona와 교류협정은 UC리버사이드 방문교수인 산업정보시스템공학과 이강원 교수와 국광호 교수가 주선하여, 나는 동행하는 국제교류본부 직원이 없이 혼자서 방문하였고 Cal Poly Pomona 총장실에는 이 교수와 국 교수가 동행하였다. Cal

Poly Pomona는 설립 75주년이 된 공과내학 위주의 대학으로 재학생수는 2만 1천명이었다. 1:1 학생교류 조건으로 등록금을 자신의 대학에 내도록 하여, 우리 학생들이 비교적 저렴한 비용으로 미국의 캘리포니아 주립대에서 공부할 수 있게 되었다. Cal Poly Ponoma 학생들이 얼마나 우리 대학에 오게 될지가 문제인데 1월 23일에 있었던 우리 대학 이강원 교수와 국광호 교수가 주관한 사전 설명회에 60명이 넘는 학생들이 참석하여 관심이 매우 높았다고 한다. 내가 우리 대학의 국제여름학교와 영어강의 프로그램을 소개하여 Cal Poly 총장은 물론 국제교류본부 쪽에서도 적극 주선하겠다고 약속받았다. LA 중앙일보와 한국일보에 우리 대학과 Cal Poly Pomona 교류에 관한 인터뷰기사가 크게 게재되어 귀국 후에 여러 명의 LA지역 동문들이 총장실로 연락해 오기도 하였다. 3박 4일의 짧은 LA 방문이었지만 활발한 학생교류가 이루어져 방문한 보람이 있었으면 좋겠다고 생각하였다. 이를 계기로 캘리포니아공과대 포모나는 단일 학교로는 미국 내에서 가장 많은 교환학생들이 파견되는 대학이 되었는데 2015년 15명, 2016년 14명, 2017년 6명이 한 학기 동안 다녀왔다. 한편 Cal Poly Pomona에서도 2014년부터 매년 1명씩 교환학생을 우리 대학에 파견하고 있다.

핀란드-독일-프랑스-스페인-포르투갈(2014.6.2~12)   2014년에는 유럽 대학과의 교류를 집중적으로 확대하기로 방향을 정하였다. 나는 2010년 유럽의 고등교육에 관하여 연구한 바 있었고 벨기에 루뱅대학에 교환교수로 체류한 적이 있었기에 유럽 대학의 사정을 비교적 잘 알고 있었다. 유럽 대학의 학비는 무료이거나 저렴하여 우리 대학 학생들은 미국보다는 유럽을 선호하였다. 또한 볼로냐 협약의 연장선상에서 유럽의 대학들은 자국 학생들을 적극적으로 해외대학에 교류학생으로 보내고 있었으므로, 기숙사와 교육시설이 잘 갖추어진 우리 대학도 유럽의 대학생들을 수용할 수 있다고 보았다.

신임 조남욱 국제교류본부장과 최예림 주무관이 매년 여름 방학중에 유럽 대학에서 강의를 담당하는 고찬 정보통신대학장과 함께 사전에 교류가능대학을 치밀하게 검토하여 6월 2일부터 12일까지 5개국 8개 대학을 방문하는 계획을 수립하였다.

가장 먼저 방문한 곳은 핀란드(6월 2일)이다. 헬싱키메트로폴리아 공대(Helsinki Metropolia University of Applied Sciences)는 이미 교류협정이 체결되어 우리 학생들이 교환학생으로 방문하는 학교인데 추가 교류협력 분야를 논의하였다. 알토대학(Aalto Univ)을 방문하여 교류에 관하여 논의하였다. 알토대학에서는 허름한 건물 한 동을 통째로 창업을 준비하는 학생들이 창업아이템을 실험할 수 있도록 제공하는 것이 인상적이었다.

4일에는 독일의 울름공과대학(Ulm University of Applied Science)과 5명의 학생교환교류를 골자로 하는 MOA를 체결하였다. 울름공과대학생들은 인근에 소재한 아우디 자동차 공장 등에서 실습하고 있었다. 울름은 과거에 엄청나게 부유했던 지역이라 유럽에서 가장 높은 성당이 있었고, 유럽 다른 국가로 기차 여행하는 데 좋은 조건을 갖춘 도시이므로 우리 대학 학생들의 선호도가 높을 것으로 생각되었다. 6일에는 프랑스 ESIEA대학(École supérieure d'informatique, électronique, automatique)과 학생교류 MOA를 체결하였는데 정보통신 특성화대학이면서 Paris 근교에 자리잡고 있어 우리 대학의 정보통신대학 학생들이 매력을 느낄 것이라고 생각하였다.

9일에는 스페인 알칼라대학(University of Alcala, QS 651-700위)을 방문하여 교류협정을 체결하였다. 알칼라대학은 수도인 마드리드에서 30분 정도 떨어진 옛 수도에 자리잡은 종합대학인데, 스페인의 문호 세르반테스가 박사학위를 받은 대학이며 여전히 세르반테스 문학상을 이 대학에서 수여하고 있었다. 10일에는 스페인 마드리드공과대학

(Polytechnic University of Madrid, Universidad Politecnica de Madrid: UPM, QS 385위)과 MOU를 체결하였는데 과거 광산대학에서 출발한 유서깊은 대학으로 유명화가의 그림 등 다수의 예술작품을 소장한 대학박물관에서 대학관계자와 오찬을 함께 하였다.

12일에는 포르투갈의 포르토대학(University of Porto, QS 293위) 및 포르토공과대학(Polytechnic of Porto School of Engineering, Instituto Superior de Engenharia do Porto: ISEP)과 MOU를 체결하였다. 포르토대학은 포르투갈 최고의 명문 국립대학이며, 포르토공과대학은 과학기술특성화 대학이었다. 협정 체결이 이루어진 12일 저녁에 마침 2014년 브라질 월드컵 경기가 있는 날이어서 포르토공대 관계자와 함께 TV를 시청하였다.

상당히 빡빡한 일정이었지만 포르투갈 방문으로 5개국 8개 대학을 방문하는 일정이 마무리되었다. 한편 시간이 부족하여 직접 방문하지는 못하였지만 그 이후 네델란드 암스텔담공대(Amsterdam University of Applied Sciences), 한즈공대(Hanze University of Applied Sciences), 헤이그공대(The Hague University of Applied Sciences), 노르웨이 스타방게르대(University of Stavanger), 덴마크 덴마크북부대(University College of Northern Denmark), 오르후스대(Aarthus University), 독일 아우그스부르크공대(Augusburg University of Applied Sciences), 잉골슈타드공대(Ingolstadt University of Applied Sciences), 칼스루헤공대(Karlsruhe University of Applied Sciences), 콘스탄츠공대(Konstanz University of Applied Sciences), 함부르크공대(Hamburg University of Applied Sciences), 벨기에 비베스대(VIVES University College), 호웨스트대(Howest, University College West Flanders), 스위스 제네바경영대(The Geneva School of Business Administration, HEG), 취리히공대(Zurich University of Applied Sciences), 핀란드 라펜렌타공대(Lappeenranta University of Technology), 미켈리공대(Mikkeli University of Applied

Sciences), 카렐리아공대(Karelia university of Applied sciences), 투르크공대(Turku University of Applied Sciences, TUAS), 하가헬리아공대(Haaga-Helia University of Applied Sciences), 하메공대(HAMK University of Applied Sciences) 등과 교류협정을 맺었다. 돌이켜 보면 이들 대학들과 지금까지도 양방향 교류가 활발하게 이루어지고 있어 보람을 느낀다.

중국 시안-난징-상해-대련(2014)   중국의 명문대학들과 교류협정을 체결하기 위하여 2014년 가을 중국(10.24~29)을 방문하였다. 이번 방문일정도 조남욱 본부장이 전략적으로 수립한 것이다. 10월 24일에는 시안의 서북대(Northwest University)와 서안외사대(Xian International University)와 교류협정을 체결하였고, 25일에는 서안번역대(Xian Fanyi University)와 교류협정을 체결하였다. 26일에는 난징의 동남대(Southeast Univrsity, QS 551-600위)와 교류협정을 체결하였다. 27일에는 상해교통대와 교류협정 체결을 논의하였는데 상해교통대 쪽에서는 학부교류에는 관심이 없었고, 대학원생을 중심으로 교류를 제안하여 아쉽게도 합의에 이르지는 못하였다. 28일에는 대련에 소재한 대련이공대(Dalian University of Technology, BRICS 75위)와 교류협정을 체결하였다.

대만과 마찬가지로 중국의 대학에서도 오찬과 만찬에 건배주를 많이 마셨다. 국가주석인 시진핑이 낮에는 금주령을 내렸는데 국립대학인 서북대, 동남대, 대련이공대는 이를 엄격하게 지키고 있었지만, 사립대학인 서안외사대와 서안번역대에서는 낮에도 여전히 술을 마셨다. 오찬시에 국립대학에서는 우유로 건배를 대신하였다.

이들 중국의 대학들에는 우리 대학 학생들이 교환학생으로 갈 뿐아니라 우리 대학에도 상당수의 학생들이 방문하고 있다.

미국 피츠버그-스토니부룩(2015)   2015년 봄(3.26~30)에는 피즈버그대학(University of Pittsburgh, QS 111위)과 스토니부룩 뉴욕주립 대학(State University of New York at Stony Brook, 이하 스토니부룩대학. QS 352위)을 방문하였다. 3월 27일(금)에 미국 대학건물 가운데에는 가장 높다는 Cathedral of Learning 건물의 피츠버그대학 총장실을 방문하여 신임 총장인 패트릭 갤러거(Patrick Gallagher)와 학생교류협 정을 체결하였다. 피츠버그대학은 내가 박사학위를 받은 대학인데 총 장이 되어 방문하니 옛 은사인 William Dunn, Louise Comfort, Guy Peters 교수, 친구이자 교수인 David Miller, John Keeler 행정 대학원장 등이 따뜻하게 맞이해 주었다. 내가 졸업한 행정국제대학원 (GSPIA)의 이사직도 맡고 있어서 이사회에도 참석해 보았다. 28(토) 일에는 뉴욕의 SVA에 교환학생으로 체류 중인 두 명의 우리 대학생 을 면담하고 격려하였는데 학교는 물론 뉴욕생활에 만족하고 있었다. 30일에는 스토니부룩대와 학생교류협정을 체결하였다. 스토니부룩대 학은 인천 송도에 한국뉴욕주립대 캠퍼스를 운영하고 있기 때문에 한 국사정에 비교적 정통하였다. Samuel Stanley 총장은 딸이 우리나라 걸그룹인 소녀시대의 팬이라며 신기하게도 멤버들을 모두 알고 있었 다. 피츠버그 대학과 스토니부룩대학은 모두 미국의 명문대학이지만 학생교류협정에도 불구하고 등록금과 생활비 부담 등 걸림돌 때문에 우리 학생들 가운데 극소수만이 교환학생으로 방문하고 있는데 앞으 로 더 많은 학생교류를 기대한다.

외국대학의 우리 대학 방문　　많은 외국대학의 총장, 부총장, 국제 교류처장 등 관계자가 우리 대학 총장실을 방문하였다. 그 가운데에 는 새롭게 교류협정을 체결하기 위하여 방문하는 경우도 있었고, 교 류협정을 맺고 있는 대학에서 교류학생을 격려하고자 방문하는 경우 도 있었다.

총장 재직기간 중에 우리 대학 총장실을 방문하여 신규로 학생교류협정을 맺은 대학으로는 연변과기대(Yanbian University of Science and Technology, 2012.8.24), 일본 동경전기대(Tokyo Denki University, 2012.10.22), 하얼빈원동이공대학(Harbin Far East Institute of Science and Technology) 총장(2012.11.20), 몽골 울란바타르대학(Ulaanbaatar University) 총장(2013.10.16), 대만과기대 부총장(2013.11.1), 우즈벡 타쉬겐트정보통신대학(Tashkent University of Information Technologies: TUIT, 2013.12.18, 부총리, 정통부차관, TUIT 이철수 부총장 참석), 말레이시아 세디아국제대학(University College Sedaya International: UCSI) 부총장(2014.2.11), 태국 카셋시르트대(Kasetsart University, 2014.5.29), 대만 토고대학(Toko University, 2014.5.29), 중국 서북대학 총장(2014.9.16), 하와이 웨스트오하오대학(University of Hawaii-West O'ahu, 2014.12.8) 등이다.

기존 교류대학 또는 교류협력을 논의하기 위하여 총장 등이 방문하는 경우가 더욱 많았다. 대표적인 경우가 알바니뉴욕주립대(2012.10. 19, 2014.5.27, 로버트 존스 총장, 레이 브롬리 부처장, 존 퍼머로이 국제입학처장 방문), 미국 그랜드밸리주립대(Grand Valley State University, 2012.3.8, 2013.5.1), 영국 노섬브리아대학(University of Northumbria, Newcastle, 2012.4.7, 2013.4.9, 2014.4.8), 미국 로즈홀만공대(Rose-Hulman Institute of Technology, 2013.3.23, 2013.11.26, 2015.4.3), 미국 피츠버그대(2013.10.25, 2014.12.12, 2015.6.1), 러시아 고등경제대학(2012.7.17, 2012.10.22, 2013.12.3) 호주 시드니대학교 조형대학장(2011. 11.18), 러시아 태평양국립대학교(구,하바로보스크대학) 부총장 일행(2012. 6.1), 일본 가나자와공대(Kanazawa Institute of Technology) Fudano Jun 국제교류처장(2012.8.29), 독일 마인츠공대(Mainz University of Applied Sciences) 총장(2012.10.16) 미국 노던미시간대학(Northern Michigan University) 총장, 교무처장, 주지사자문위 의장(2012.10.29), 미국 몽클레어주립대 Labrent Chrite 학장(2012.10.30), 뉴욕 SVA 아시아프로그램 담당자

(2012.11.12), 광저우 미술대(Guangzhou Academy of Fine Arts; GAFA) 부총장(2012.11.12), 오만 Middle East College 대표단(2013.3.18), 캐나다 센테니얼칼리지(Centennial College) 방문단(Brad Chapman 부총장, Virginia 국제교육 이사, Jin Li 국제교육 처장, Daniel Yoon 국제교류팀 매니저 2014.2.11), 미국 SVA 앤드류 장 교수(2014.3.18), Macao Polytechnic Institute(2014.9.11), 독일 울름공과대 Dr. Klaus Peter Kratzer 부총장(2014.10.24), 하얼빈원동이공대 이사장(2015.9.3) 등이다.

내가 총장으로 재직하는 동안 우리 대학과 특별한 관계를 맺은 대학은 우즈베키스칸 타쉬겐트정보통신대학이다. 이 대학은 행정자치부 차관으로 재직 중에 우리 대학에 큰 도움을 준 김남석 차관이 우즈벡 정보통신부 차관으로 재직하면서 특별히 소개하여 교류협정을 맺었다 (2013.12.18). 이 대학 부총장은 우리나라 전산원장을 역임한 이철수 교수인데 우리 대학에 타쉬겐트정보통신대학 교수진 양성을 부탁하여 단기연수를 받도록 하였고, 일부는 박사과정에 입학시켰다. 장차 이 대학의 총장이 될 중견교수들이 우리 대학에 한 달 이상 체류하면서 대학의 학사운영 전반에 관하여 연수받기도 하였다. 그 과정에서 이철수 부총장을 포함한 수많은 교수와 학생들이 우리 대학을 방문하였다.

2014년 9월에는 나와 우리대학 방문단이 우즈베키스탄 타쉬겐트정보통신대학을 방문하였다. 아울러 우즈베키스탄 철도청(State Joint Stock Railway Company)을 방문하여 우리 대학 철도대학원과 MOU를 체결하였는데, 이는 다음 해에 우즈베키스탄을 포함한 중앙아시아 철도공무원들이 우리 대학의 석사학위를 받는 프로그램을 개설하게 되는 기초가 되었다.

국제화 지표 향상　　국제화를 위한 다양한 노력의 결과는 지표의 향상으로 나타났다. 누적교류기관수는 2011년까지 23개국 64개교 3기관이었는데, 2015년 7월 기준 36개국 135개교 7기관으로 2배 이상 확대되었다. 해외파견(outbound) 교환학생의 수는 2011년 80명에서 2015년 285명으로 크게 증가하였다. 우리 대학으로 초청되는(inbound) 교환학생의 수도 2011년 15명에서 2015년 146명으로 대폭 증가하였으며 외국인 학위과정생도 2011년 91명에서 2015년 180명으로 증가하였다. 이러한 증가세는 꾸준하게 지속되어 2017년의 경우 해외파견 교환학생수 285명, 초청학생수 215명, 외국인 학위과정생수 368명이 되었다.

2011년 교육생 수가 3명에 불과하여 유명무실하던 한국어 교육과정의 경우 교육생 수가 2015년 기준 681명으로 증가함으로써 한국어 교육과정이 정상궤도에 진입하였다. 한국어 교육과정 학생은 2016년 1,189명, 2017년 1,690명으로 폭발적으로 증가하였다.

2014년 중앙일보 대학평가 외국인 유학생의 질을 나타내는 다양성 지표도 향상되어 유학생 다양성 분야에서 7위를 차지했다. 내가 총장으로 재임하는 4년간 국제화 노력의 결과 우리 대학은 명실상부한 "세계 속의 대학"으로 발돋움할 수 있는 기틀을 마련했다. 2018년 중앙일보 대학평가에서 우리 대학의 국제화 수준에서는 유학생 다양성 지표에서 전국 9위를 차지하였으며, 교환학생수는 전국 26위를 차지하여 중상위권 수준으로 도약하였다.

우리 대학은 2014년부터 QS 세계대학평가에 참여하였는데 2016년에는 세계 랭킹 700권에 진입하여 QS가 발간하는 Top Universities Guide에 게재되어 전세계 교육기관에 배포되고 있다. 한편 QS와 쌍벽을 이루는 2017 THE 세계대학평가에서도 세계 800위권으로 진입하였다.

주요 재정지원사업 선정

대학 등록금이 동결되면서 대학으로서는 재정지원사업의 유치가 더욱 중요해졌다. 내가 총장으로 재임하는 동안 상당히 많은 대형 정부재정지원사업에 응모하여 선정되었다. 예를 들면, 산학협력 선도대학 육성사업(Leaders in INdustry-university Cooperation, 이하에서는 LINC사업), 고교교육 정상화기여대학 지원사업, 수도권대학특성화(CK II)사업, BK21플러스사업, 실험실습실 안전환경기반 조성사업, 고용부 IPP형 장기현장실습사업, 국립대학혁신지원사업 등이다.

여기에서는 이 가운데 내가 준비 및 선정과정에서 각별하게 관심을 가졌던 LINC사업, 고교교육정상화 사업, CK II 사업에 관하여 간략하게 소개하고자 한다.

LINC 사업

LINC 사업 유치 공약

2011년초 당시 교육과학기술부(교과부)와 지식경제부(지경부)는 전국 44개 대학에서 운영해 오고 있던 대학중심의 산학협력 사업인 광역권 선도산업 인재양성사업, 산학협력 중심대학 육성사업, 그리고 지역거점 연구단 사업 등이 안고 있는 문제점을 해소하고, 사업성과를 극대화시키기 위하여 이들 사업을 대형 산학협력 사업으로 통합시킨 산학협력 선도대학 육성사업(LINC사업) 기본계획을 공동으로 수립하였다.

이 사업은 지역대학과 지역산업의 동반성장을 위한 다양한 산학협력 선도모델을 창출·확산하여 산업체 수요에 부응하는 우수인재 양성과 기술혁신 지원을 목표로 하였다. 나는 공학계열이 중심인 우리 대학이 도약하려면 대형국책사업인 LINC 사업을 반드시 유치해야 할 사업이라고 생각하였다. 2011년 상반기의 총장선거과정에서도 나는 LINC사업을 유치하겠다고 강력하게 공약하였다.

LINC 사업 준비과정

LINC 사업추진단 구성 나는 2011년 6월말 총장 후보자로 선출된 후 10월 15일 취임을 앞두고 9월 초부터 15명의 교수로 구성된 LINC사업 추진단(단장 이태근 교수)을 발족시켰다. LINC사업 유형에는 기술혁신형과 현장밀착형이 있었다. LINC사업 추진단에서는 현장밀착형이 유리한지 아니면 기술혁신형이 유리한지에 대하여 많은 고민과 토론을 하였다. 추진단은 우리 대학의 역량을 감안하고 사업선정 확률이 높은 현장밀착형에 지원하여야 한다고 제안하였다.

우리 대학이 현장밀착형을 선택한 이유는 다음과 같다. 우리 대학은 2005년부터 시작된 1단계 '산학협력 중심대학 육성사업'에 선정되었으나, 2010년에 시작된 2단계 사업에는 진입하지 못하는 바람에 2년간 산학협력 성과지표가 매우 좋지 않았다. 아울러 일반대학으로 대학운영 체제가 바뀌는 과도기의 상황이었다. 일반대학으로는 신생대학이나 다름이 없어서 수도권의 40여개 대학과 경쟁하기에는 우리 대학의 기본역량과 산학협력 성과지표 등 모든 면에서 절대적으로 불리하였다. 이러한 어려운 상황에서 LINC사업에 선정되려면 2단계의 관문을 통과하여야 했다. 1차 심사에서는 포뮬러 지표 평가로 2배수인 10개 대학을 선정한다. 만약 1단계를 통과할 경우 2차 심사에서 사업계획서 심사 70%, 산업체 설문조사 30%를 반영하여 선정 대학을 최종 결정한다. LINC사업에 선정된 대학에는 2년간 사업비를 지원한 후 재평가하여 2단계 진입여부를 판단하며 진입할 경우에는 3년간 추가로 사업비를 지원한다.

1차 포뮬러지표 점검   서울에서 우리대학과 경쟁하는 대학은 모두 쟁쟁한 사립대학이었다. LINC사업 기본계획에 따르면 1단계 포뮬러 평가는 대학 기본역량 포뮬러 지표 30%와 산학협력 특성화 역량 포뮬러 지표 70%로 설계되어 있었다. 교과부가 예고한 13개 포뮬러 지표를 적용하여 우리 대학 상황을 점검한 결과 '취업률' 지표에서만 우리 대학과 경쟁하는 수도권의 사립대학들과 비교하여 강세를 보일 뿐 '교원확보율'과 '학생 1인당 교육비' 지표에서는 절대 약세였다. LINC 사업추진단에서 시뮬레이션을 해 보니 우리 대학이 1단계 평가를 통과하기 어렵다는 것이다. 그런데 '일인당 교육비'는 학생 일인당 등록금이 비싼 대학에 절대적으로 유리한 지표로서 반값등록금이 이슈화되면서 등록금 동결 또는 인하를 유도하고자 하는 당시 정부의 정책과도 부합되지 않는 것으로 판단되었다.

나는 교육부를 수차례 방문하여 국장, 과장, 실무자들에게 교육부의 반값등록금 정책과 부합되지 않는 불합리한 '일인당 교육비' 지표의 시정을 건의하였다. 교육부는 의견수렴기간 중 제기한 우리 대학의 건의를 정당한 것으로 받아들여 '일인당 교육비' 지표를 없애는 대신 '교육비 환원율' 지표로 대체하고, 교원 확보율과 취업률 지표의 가중치를 일부 수정함으로써 우리 대학이 1단계를 통과하는 데 희망이 보이기 시작하였다.

2차 사업계획서 작성　　LINC사업 추진단의 15명 교수는 LINC사업 계획서 작성을 위하여 매주 미팅을 가지고 토론을 거듭하면서 사업의 기본 골격을 만들었다. LINC사업 추진단 교수들은 학기 중인데도 시간을 쪼개어 사업계획서 작성에 최선을 다하였다. 특히 기억에 남는 일은 논리모형(logic model)에 관한 것이다. 교육부의 사업계획서 작성지침에는 세부사업계획을 논리모형(logic model)에 따라 작성하라고 명기되어 있다. 그런데 문제는 추진단의 공학전공 교수들이 논리모형이 무엇인지 잘 몰랐다는 것이다. 나는 추진단 교수들에게 논리모형이 무엇인지 설명하는 시간을 가지기도 하였다. 논리모형이란 사업의 성과를 명확하게 나타내기 위하여 성과가 발생하는 데 필요한 요소들을 논리적으로 배열한 모형으로, 그 주요요소는 투입(자원), 활동, 산출, 성과이다(남궁근, 「정책학」, 법문사, 2007, 656-660쪽). 즉, 프로그램을 추진하여 산출물을 도출하는데 필요한 모든 인적, 물적, 기술적 자원과 활동을 구체적으로 기술하라는 것이었다.

　이러한 과정을 거쳐 어렵게 작성된 LINC사업 계획서의 완성도를 높이기 위하여 외부 전문가를 투입하여 LINC사업 추진단이 작성한 LINC사업 계획서에 대한 모의평가를 수차례 실시하였다. 모의평가 결과를 바탕으로 LINC사업 계획서를 완성할 수 있었다. 그 과정에서 당시 산학협력단의 모든 구성원과 기획처, 교무처, 그리고 학생처 직원까지 일치단결하여 지원하였다.

　LINC 사업 선정　우리 대학은 2012년 1월 27일 LINC사업 1단계 포뮬러 평가지표를 담은 계획서를 제출하였고, 2012년 2월 중순경에 발표된 1단계 심사를 통과하였다. 2단계 평가는 사업계획서 심사평가 70%, 산업체 설문조사 30%를 반영하였다. 산학협력단에서는 30% 반영될 산업체 설문조사에 만전을 기하는 한편, LINC사업 계획서를 2012년 2월 말 한국연구재단에 제출하였다. 2012년 5월 중순 발표된 LINC사업 최종 선정 대학에 우리 대학이 당당히 포함되었다. 1차년도 사업비로 31억 2천만원을 교육부로부터 지원 받았다.

　LINC사업 1단계 평가와 2단계 진입　LINC사업단장은 이동훈 산학협력단장이 겸직하였다. 1차년도 LINC사업의 빠른 확산과 원활한 추진을 위하여 13개 사업분과를 구성하여 13명의 교수를 분과장으로 임명하였다. LINC사업 운영위원회를 구성하고 총장이 운영위원장을 맡아 사업을 직접 챙겼다. LINC사업단 직원 10명을 채용하였고, 행정팀장은 산학협력단에서 장기간 근무경험을 가진 이정희 팀장이 맡았다.

　1차년도 사업시작과 함께 LINC사업단과 창업교육센터 그리고 현장실습지원센터를 정식 대학기구로 신설하고 2012년 7월에 서울과학기술대학교 LINC사업단을 발족시켰다. 1차년도 LINC사업에서 산학협력 선도모델 기반조성과 내실화를 위하여 모든 구성원들이 열정적으로 사업을 추진한 결과, 1차년도 사업평가에서 "매우 우수" 등급의 평가를 받았고, 교육부로부터 2차년도 사업비 43억을 지원받았다.

2차년도는 2단계 LINC사업의 진입 여부가 걸린만큼 매우 중요하였다. 2차년도 사업부터는 서울시로부터 지자체 대응지원금으로 LINC 사업비의 10%인 3억 9천만원을 별도 지원받아, 총 사업비 47억 1천만원으로 추진하였다. 2단계 진입 여부는 2년간 수행한 LINC사업 실적보고서를 평가하여 결정되었다. 우리 대학은 최선을 다하여 노력한 결과 "우수" 등급의 평가를 받아 2단계 LINC사업에 성공적으로 안착하였다. 수도권에서는 인하대학교가 탈락되고, 국민대와 중앙대가 현장밀착형 대학으로 신규 진입하였다. 우리 대학은 3차년도 사업비 39억 3천만원을 지원받았다. 2단계 LINC사업에 진입한 우리 대학은 LINC사업이 마무리되는 5차년도 즉, 2016년도까지 5년에 걸쳐서 사업비를 지원받게 되었다.

LINC사업 성과   우리 대학의 LINC사업은 다른 대학과는 달리 대학의 전 학과가 참여하는 사업이었다. 즉, 공학계열뿐 아니라 거의 모든 학생들과 교수들이 이 사업에 참여하여 그 혜택을 볼 수 있었다. 그러므로 우리 대학 구성원들은 LINC사업이 우리 대학 발전에 크게 기여한 것으로 확신한다. 나는 5년간 대략 200억원 정도의 사업비를 지원받은 LINC사업은 우리 대학의 산학협력분야는 물론 대학 전체가 한 단계 업그레이드하는 과정에서 매우 중요한 역할을 하였다고 본다.

고교교육정상화 기여대학 사업(입학사정관제 우수대학지원사업)

2012년 선정배경   입학사정관제 우수대학 지원사업은 교육부(구 교육과학기술부)가 2007년부터 시작한 사업으로 첫 해 10개 시범대학 선정 이후 매년 60개 내외의 대학이 교육부(당시 교육과학기술부)의 재정지원을 받았다. 우리 대학은 이전에도 몇 차례 지원했으나 산업대학에 대한 차별 등의 이유로 아쉽게도 탈락하였다.

나는 우리 대학이 명문대학으로 도약하려면 입학사정관제 우수대학 지원사업에 신규 진입하는 것이 필수적이라고 판단하였다. 교육과학기술부의 2012년의 입학사정관제 우수대학 지원사업은 지난해와 같이 지원액수의 규모에 따라 10억 전후를 지원 받는 '선도대학', 5억 전후를 지원을 받는 '우수대학', 1억 전후를 지원을 받는 '모집단위 특성화대학'의 3개 범주로 구분하여 선정하였다. 신규 진입을 시도하는 대학은 일반적으로 '모집단위 특성화대학'에 지원하고 선정될 경우, 이를 통해 입학사정관제에 대한 기초 능력을 입증 받은 후, 다음 해에 '우수대학'으로, '우수대학'은 '선도대학'으로 진입하는 단계를 거쳤다.

나는 우리 대학은 입학사정관제 전형을 조기에 정착시키려면 두 번째 단계인 '우수대학'에 선정되어야 한다고 판단하여, 첫 단계인 '모집단위 특성화대학'을 거치지 않고 '우수대학'에 지원하도록 하였다. 나는 당시 입학홍보본부(본부장 최성진 교수)를 중심으로 입학사정관 전형 수시모집인원 대폭 확대, 입학사정관 신분안정화 계획 등 입학사정관제가 조기 정착될 수 있도록 치밀한 사전준비와 지원 사업 평가 경험이 많은 분들을 직접 찾아가 자문을 구하도록 하였다. 나는 입학홍보본부장과 함께 교육부 관계자를 찾아가 조언을 듣는 등 철저한 준비를 거쳐서 지원하였다. 교과부의 2012년도 선정결과 발표에 따르면 최종선정 58개교 가운데 신규 선정된 대학은 2개교에 불과하고, 56개교는 계속 선정된 대학이었다. 우리 대학은 2012년 '우수대학'의 범주에 당당히 신규로 진입하여 4.1억원의 예산을 지원받았다. 2012년 최종 선정 58개교를 범주별로 구분하면 선도대학 30개교, 우수대학 20개교, 특성화대학 8개교였다.

신규 진입을 원하는 대학은 대부분 2~3년간의 준비과정을 통해 지원하더라도 털락되는 경우가 많았던 것에 비하면, 우리 대학은 비교적 짧은 기간 내에 준비하고 그것도 '모집단위 특성화대학'을 거치지 않고 '우수대학'으로 선정되었다. 우리 대학이 최종 선정되었을 때 계속 지원을 받았던 대학들의 놀라움과 2~3년 이상 준비 후 탈락한 대학들의 부러움을 받기도 하였다.

4년 연속선정(2012~2015)　　우리 대학은 2012년에 처음으로 신규지원 대학으로 선정되어 58개 지원대학에 포함되었다. 2013년에는 우리 대학을 포함한 66개 대학이 선정되었다. 2014년부터 교육부는 새 정부의 고등교육철학을 반영하여 '입학사정관제 우수대학지원사업'에서 '고교교육 정상화 기여대학 지원사업'으로 사업명칭을 변경하였다. 고교교육 정상화 기여대학 지원사업은 대학의 입학전형이 고교교육에 미치는 영향을 평가, 바람직한 전형을 운영하는 대학을 선정·지원하는 사업이다.

2014년에는 133개 대학이 '고교교육정상화 기여대학 사업'에 신청하여 우리 대학을 포함한 65개 대학이 최종 선정되었다. 2015년에는 112개 지원대학 가운데 60개 대학을 최종 선정하여 선정대학의 숫자가 전년 대비 5개교 감소하였으며, 교육부의 총지원금액은 2014년 600억원에서 2015년에는 500억원으로 축소되었다.

우리 대학은 2012년 신규지원 대학으로 진입한 이래 4년 연속 지원대학으로 선정되어, 고교교육정상화 기여대학으로서의 우수성을 인정받았다. 우리 대학의 지원금액은 2012년 4.1억원, 2013년 5.6억원, 2014년 9.2억원으로 매년 증가하였다. 2015년에는 교육부의 총 지원금액이 600억원에서 500억원으로 감소한 데 기인하여 우리 대학은 8.1억의 예산을 지원받게 되었는데, 이는 국립대 가운데 지원액수가 두 번째로 큰 규모이다.

사업선정의 성과　　고교교육 정상화(입학사정관제 우수대학)지원사업에 선정된 것을 계기로 우리 대학의 입학전형도 주요 대학과 비슷하게 학생부종합전형(입학사정관전형)을 신설·유지하게 되었고, 수시모집인원이 크게 확대 되었으며, 우리 대학 개교 이래 논술전형이 처음 도입되었다.

　교육부의 지원사업비는 대입전형운영 역량강화, 입학사정관 전문성 향상, 전형 개선연구, 전공소개 캠프, R&E 프로그램, 고교－대학 연계 활동, 신입생들에 대한 추수지도, 신입생 전공역량평가와 면접고사를 위한 교수위촉사정관 운영 등 학교교육 정상화에 기여할 수 있도록 사용하였다. 이를 계기로 우리 대학은 전국의 고등학교와 연계가 쉬워졌고, 고등학교 교사 및 학생·학부모에게 본교를 적극적으로 알릴 수 있게 되어, 상위권 대학과 동등한 조건에서 당당히 경쟁하게 되었다.

수도권대학 특성화(CK II)사업

CK사업과 제1주기 대학구조조정 평가의 연계

　CK사업 개요　　대학 특성화사업은 교육부가 2014년부터 도입한 5개년 사업으로 지역사회의 수요와 특성을 고려하여 강점 분야 중심의 대학 특성화 기반을 조성하고, 대학의 체질 개선을 유도하고자 하는 사업이다. 이 사업은 2014년에 지방대학 특성화사업(CK I) 2,031억원, 수도권대학 특성화사업(CK II) 540억원을 지원한 대형 국책사업이다. 교육부가 이 사업을 도입하면서 기존 교육역량강화사업은 폐지하였는데, 우리 대학은 2013년까지 4년 연속 교육역량강화사업에 선정되어 25억원 내외의 사업비를 지원받았던 터라, 그 후속사업인 수도권대학 특성화사업 선정이 절실하게 필요한 실정이었다.

　대학구조개혁 추진계획과 연계　　교육부는 대학 특성화사업과 대학구조개혁을 연계시키겠다고 공표하였다. 교육부가 2014년 1월 발표한 대학구조조정 추진계획에 따르면 대학 입학자원 규모 변화를 고려하여 2023학년도까지 총 16만명의 입학정원을 감축하겠다는 것이다. 감축목표는 1주기(2014~16) 4만명, 2주기(2017~19) 5만명, 3주기(2020~22) 7만명으로 설정되었다. 이를 위하여 2014년부터 모든 정부 재정지원사업 평가에 구조개혁계획(실적)을 반영함으로써 자율적 정원 감축도 병행한다는 것이다. 2014년 2월 중순에 발표된 대학특성화사업 공모에서는 대학의 자율적 정원감축계획을 평가에 반영하여 가산점을 주기로 하였다.

내가 내일신문 컬럼(2014년 3월 25일자)에서 밝혔듯이 구조개혁은 대학입학정원을 감축하여 입시지원자 감소에 따른 혼란상황에 미리 대비하자는 취지이고, 특성화사업은 각 대학들이 그동안 백화점식으로 운영해 온 방만한 전공분야들 가운데 집중 육성분야를 선정하게 하여 이를 지원하겠다는 것이다. 학령(學齡)인구 감소라는 위기의 극복은 물론 특성화를 통하여 대학교육의 질과 경쟁력 제고라는 두 마리 토끼를 잡겠다는 야심찬 계획이었다. 대학 특성화 사업은 그동안 잘하고 있는 학과나 학문분야를 지원하는 기존의 재정지원사업과는 달리 미래의 산업수요에 대응할 수 있는 융합학문의 활성화를 촉진할 수 있는 좋은 기회이기도 하였다.

우리 대학의 대응방안 모색의 쟁점 우리 대학에서는 수도권 특성화 사업 선정을 위하여 노력하는 한편 제1단계 구조개혁평가에 대비하면서, 감축계획을 수립하여야 하는 상황이었다. 우리 대학 전체의 미래에 미칠 영향을 고려하면 총장으로서도 초미의 관심사였다. 나는 CK사업과 대학구조개혁평가가 우리 대학에 미칠 영향이 LINC 사업이나 고교교육정상화사업보다 더 크다고 보았다. 이같이 중요한 과제이므로 나는 총장명의로 두 차례의 신문컬럼을 게재하기도 하였다(내일신문 2014년 3월 25일자 – 대학특성화 지원사업 성공하려면; 내일신문 2014년 5월 17일자 – 대학특성화 사업에 수도권 대학도 동참하여야).

나는 다음과 두 가지 같은 쟁점에 관하여 학내구성원의 확실한 동의절차를 거쳐야 사업에 선정되더라도 무리없이 진행될 수 있다고 보았다.

첫째, 사전에 우리 대학의 정원감축계획을 수립하고 구성원 동의를 받아야 하였다. 교육부의 제1주기 대학구조개혁평가 계획에 따르면 대학평가 결과에 따라 대학은 1그룹(A, B, C등급), 2그룹(D, E등급)으로 구분되며, 2그룹에 속하는 대학은 2016년 정부 재정지원 사업에 제한을 받게 된다. 대학별 등급에 따른 입학정원 감축권고비율은 A등급 자율감축, B등급 4%, C등급 7%, D등급 10%, E등급 15%로 설정되었다. 그러므로 우리 대학으로서는 자율적인 정원감축의 범위, 즉 0%, 4%, 7%, 10%, 15% 가운데 선택하여야 하였다.

둘째, 교육부의 특성화 평가에 응모하여야 할 사업단을 교내에서 선정하여야 하였다. 교내에서 대부분의 학과가 특성화사업에 관심을 가지고 지원할 예정이어서 평가의 객관성과 공정성에 각별히 관심을 가져야 하는 상황이었다. 자칫 상황을 잘못 관리할 경우에 총장을 비롯하여 본부 보직교수가 소속한 학과에 대한 특혜시비에 휘말릴 수도 있었다.

나는 이러한 절차를 안재경 기획처장의 후임인 김진욱 기획처장의 주도하에 면밀하게 추진할 수 있도록 하였다.

CK사업 준비과정
학생정원 4% 감축계획 수립　　특성화 사업의 가산점 기준 충족을 위해 2017년까지 학생정원 4%를 감축하기로 결정하였다. 국립대학인 우리 대학으로서는 정부의 제1단계 구조개혁평가에 동참해야 하였는데, 대다수의 국립대학들이 7% 감축계획을 선택하였고 일부

대학은 10% 감축계획까지 선택히는 상황이었다. 나는 기획처징을 포함한 본부 보직교수와 협의를 거쳐 우리 대학에서는 4% 감축방안을 선택하기로 하였다. 이러한 정원감축 계획은 학내 구성원의 합의 과정을 통해 확정(전체교수회의 심의, 2014.4.28)되었는데 절대 다수의 교수님들이 우리 대학이 처한 상황을 이해하고 동의하였다. 이는 일부 대학에서 정원감축과 관련하여 대학본부와 교수들 사이에 불협화음을 보였던 것과는 대조되었다. 우리 대학은 2014년 8월 31일에 최종 확정된 제1주기 구조개혁평가에서 1그룹의 B등급으로 평가받아 4% 감축계획이 적절한 선택이었음을 확인할 수 있었다.

교내사업단 공모와 외부전문가 평가　　우리 대학은 철저한 준비를 토대로 특성화 사업단을 공정하게 선정하기 위하여 교내 사업단 공모와 외부전문가 평가방식을 채택하였다. 14개 사업단이 교내 공모에 응모하였고, 외부전문가 8명을 포함한 총 10명의 사업단선정평가위원회를 구성하여 발표평가 및 서류심사를 거쳐 9개 사업단을 선정하여 교육부에 사업계획서를 제출하게 되었다. 우리 대학은 중장기발전계획에 명기된 특성화 분야(실버복지로봇, IT/NT융합, Green 에너지 환경, 디자인+공학 융합, 첨단 지능 건설, 응용 디자인)를 꾸준히 육성해왔으며, 이러한 기반을 바탕으로 대학 특성화 사업단이 선정된 것이다. 가장 비중이 큰 '대학자율' 유형에는 2개 이상 학과들이 융합하여 공모에 지원하였고, 자체 선정된 사업단도 대부분 융합사업단이다. 기계계열과 전기전자계열이 융합한 로봇사업단, 건축학부와 디자인학과의 융합사업단이 그 사례이다.

특성화 사업단 선정　　교육부와 한국연구재단이 2014년 7월 1일자로 발표한 수도권대학 특성화사업에 우리 대학은 대학자율유형에 「21세기 다빈치형 인재양성 사업단: 인간중심 스마트로봇과 기기융

합」(단장 김영석)이 선정되었고, 또한 공학과 인문학의 창의융합인재
양성을 목표로 하는 「환경관리 및 정책 거버넌스 융합인재양성 사업
단」(단장 이수구)도 선정이 되어 1차년도(2014년) 지원금액 24.24억원을
확보하는 성과를 거두었다. 미래의 유망 산업분야를 발굴하고, 복수
의 학과가 연계한 융복합 사업단을 구성함으로써 기존 학문의 울타리
를 넘어 새로운 창조형 분야를 시도했다는 평가를 받았다. 아쉽게도
건축학부와 디자인학과의 융합사업단은 좋은 평가를 받은 것으로 알
려졌음에도 불구하고 탈락하였다. 우리 대학의 대형사업단인 로봇사
업단이 선정되었는데, 디자인 융합사업단까지 선정되면 우리 대학이
받게 되는 사업비 규모가 워낙 크기 때문에 탈락된 것으로 생각된다.

우리 대학이 지원받은 사업규모는 1차년도 기준 24.24억원으로 수
도권 소재 대학 중 6위에 해당하는 규모이다. 이러한 성과는 수도권
소재 주요 사립대학과 경쟁에서 거둔 결실이라는 점에서 그 의의가
더욱 크다고 하겠다. 아쉽게도 환경 거버넌스 사업단은 2016년 2단계
진입을 위한 재선정평가에서 실패하여 탈락하였다. 다빈치형 인재사
업단은 2단계에 진입하여 2018년까지 5년간 사업비를 지원받았다.

특성화 사업의 성과   나는 평교수로 복귀한 이후 교육부와 한국
연구재단의 위촉으로 대학특성화사업 사업관리위원회 위원장(2016.11.
28~2019.2.28)을 맡게 되었다. 위원장으로서 우리 대학뿐 아니라 전대
학 모든 사업단의 사업성과를 살펴볼 수 있었다. 우리 대학의 다빈치
형 인재양성 사업단은 대형사업단 가운데 최고수준의 성과를 나타낸
사업단으로 평가받고 있었다. 김영석 사업단장이 5년 동안 일관성을
가지고 사업을 헌신적으로 관리해 왔기 때문이라고 생각한다. 로봇
사업단에 소속한 학생들은 일산 킨텍스 또는 코엑스에서 개최된 한국
최고의 전자 국제전시회인 한국전자전에 참여하여 작품을 전시하기도
하고, 미국 가전협회가 주관하는 세계 최대 규모의 전시회인 CES

(Consumer Electronics Show, 국제전자제품박람회)에 국내 대학 최초로 학부생만으로 이루어진 팀이 직접 제작한 작품을 전시하였고, 일본 현장실습에도 다녀왔으며 창업에도 성공하는 등 이루 열거할 수 없는 성과를 거두었다.

한편 이 사업은 대학 전체의 입학정원 감축을 포함하는 대학구조 개혁사업과 연계된 사업이므로 총사업비의 30%를 대학본부에서 사용 하여 정부의 특성화사업에 선정된 분야 이외의 학과에서도 사업비를 지원받았다.

그러나 돌이켜 보면, 교육부가 세운 학령인구 감소라는 위기의 극 복은 물론 특성화를 통하여 대학교육의 질과 경쟁력 제고라는 두 마 리 토끼를 잡겠다는 계획이 성공했다고 보기는 어려울 것이다. 우리 대학을 포함한 대부분의 대학에서 특성화 사업단이 선정된 이후 이에 대한 대학본부의 관심은 현저히 약화되었고, 사업의 성과는 오로지 사업단에만 의존하는 결과가 나타났기 때문이다.

그러므로, 문재인 정부에서 추진된 2주기 대학구조개혁평가인 2018 년 '대학기본역량진단' 평가에서는 이를 특성화사업과 연계시키지 않 아서 대학 특성화사업은 2018년을 마지막으로 종료되게 되었다. 한편 대학기본역량진단평가 결과는 자율개선, 역량강화(10% 감축권고) 재정 지원제한 I 유형(15% 감축), II 유형(35% 감축) 등으로 나뉘는데, 우리 대학은 당당하게 자율개선대학으로 선정되었다.

통학 대중교통 편의 증진

13번 마을버스 교내운행
학생회의 셔틀버스요금 인하요청　2012년 1월초에 총학생회장 과 학생대표가 공릉역-대학구내를 운행하는 셔틀버스 요금을 지하철 환승요금과 동일하게 낮출 것을 요청해 왔다. 학생대표들의 요청을 받고 상황을 보다 구체적으로 파악해 보았다. 우리 대학은 대형버스 3대를 대학구내에서 공릉역까지 운행하고 있었다. 재학생의 약 10%가 셔틀버스를 이용하고 있었는데 편도 요금 400원을 징수하여 총수입은 1억원 정도에 불과하였다. 대학에서는 버스기사 보수 및 감가상각비를 포함하여 연간 1억원 이상 보조하는 상황이었다. 더구나 학기 중 셔틀버스 운행시간은 오전 8시 20분부터 오후 9시까지만 운행하였고, 방학 중에는 운행시간이 훨씬 짧았다.

나는 셔틀버스 요금인하보다는 석계역–공릉역–하계역을 운행하는 03번 마을버스의 캠퍼스 경유를 추진하는 것이 더 나은 대안으로 생각하였고, 총학생회와 협의하여 셔틀버스 요금 인하문제는 마을버스 학내 진입 여부가 결정될 때까지 유보하기로 하였다.

주민 반대로 마을버스 대학구내 경유 좌절   나는 이 문제를 담당하는 학생처장과 총무과장을 통하여 03번 버스사업자와 노원구청 담당자 및 구청장과 의견을 교환하였다. 03번 버스사업자는 몇 차례 직접 만나보았는데 마을버스 교내 경유를 적극적으로 원하는 입장이었다. 노원구청 측에서도 이에 찬성하는 입장을 보였다.

이에 우리 대학에서는 2012년 1월 중순 노원구청에 공문으로 03번 마을버스 노선 인허가변경을 신청하였다. 노원구청에서 버스노선 변경을 승인할 것으로 기대하고 있었는데, 2월 중에 뜻밖에도 부결통보를 받았다. 지역주민의 의견을 수렴한 결과 공릉2동 주민의 반대가 압도적으로 많아 부결되었다는 것이다. 공릉2동 주민대표, 지역구의원을 만나 상황을 청취해 보니, 주된 반대 이유는 공릉2동 주민이 수십년째 제안한 교통민원이 해결 안 된 상태에서, 서울과기대 민원에 찬성하기 어렵다는 것이다.

주민요구 수렴 거쳐 재신청   나는 공릉2동 주민대표들을 몇 차례 학교로 초청하여 주민요구를 수렴하였다. 주민대표들을 초청하고 설득하는 과정에서 우리 대학출신 지역구 시의원인 문상모 의원 등 동문들이 적극 협조하였다. 주민들의 의견을 수렴한 결과 학내에는 03번 버스 경유, 공릉2동 지역에는 04번 버스가 경유하는 방안을 동시에 추진하기로 의견을 모았다. 우리 대학에서는 두 노선버스의 경유방안을 노원구청에 공문으로 재차 신청하였다. 그리하여 2012년 6월 2차 주민수렴 투표의 기회를 얻게 되었다. 나는 총무과, 학생과 직원들을 중심으로 동장, 통장, 지역의원들을 개별적으로 접촉하면서 당위성에서 대해 설득하도록 하였다. 2차 주민투표에서 97%의 찬성을 얻어 마을버스의 교내 운행가능성이 열리게 되었다. 노원구청에서는 주민들의 의견이 반영된 마을버스 노선변경안을 서울시에 제출하였다.

서울시의 부정적 의견과 설득   그런데 이번에는 서울시 교통담당부서에서 부정적인 의견을 보내왔다. 마을버스노선이 신설될 경우, 마을버스가 수송하는 승객만큼 지선버스의 승객 감소가 예상되며, 지선버스에 대한 서울시의 보조금이 증가하기에 승인할 수 없다는 것이다. 나는 교통담당부서 담당자를 총장실로 초청하여 서울시 담당자가 민원을 파악하기 위하여 현장을 찾아온 것에 감사하면서 우리 대학의 경우 마을버스가 캠퍼스에 진입하면 그간 운행되던 스쿨버스 운행이 중단되므로 기존버스 수요와는 무관하다는 점을 설득하였다. 담당자도 우리 대학의 설명에 수긍하는 것으로 보였다. 담당자의 직급이 주사였으므로 서울시의 행정은 '주사행정'이라는 말이 실감났다.

서울시 노원 13번 버스노선 신설 중재안 결정   우여곡절을 거친 후에 서울시는 중재안으로 기존 마을버스 노원 03번 버스 7대 가운데 3대를 기존노선에서 분리하여 석계역에서 학교 붕어방까지 운행하도록 하는 노선 변경(노원 13)안을 제안하였다. 서울시의 중재안이 더욱 바람직한 것이라고 판단하여 이를 우리 대학이 받아들여 13번 마을버스의 운행을 승인(2012.10.22)받게 되었다.

13번 마을버스는 시험운행을 거쳐 2012년 11월 1일부터 교내 운행을 시작하였다. 또한 마을버스 이용이 많은 시간대(08:30~11:00)에는 예비차량을 2대 증차하여 학생들의 불편함을 최소화하도록 하였다. 그 과정에서 마을버스 사업자는 우리 대학에 마을버스 차량 주차공간을 요청하였으나, 나는 이를 받아들이지 않았다.

마을버스 교내운행의 성과　　마을버스 학내 경유로 학생과 대학, 버스사업자 모두가 혜택을 보게 되었다.

학생들은 마을버스 교내운행으로 대중교통 환승제도를 이용할 수 있어서 400원의 셔틀버스 요금을 절약할 수 있게 되었다. 기존 셔틀버스의 운행시간은 학기 중 오전 8시 20분에서 오후 9시까지였으나, 마을버스는 방학 중에도 첫차가 오전 5시 30분, 막차가 자정까지 운행하므로 이용가능 시간이 대폭 늘어났다. 스쿨버스는 7호선 공릉역까지만 운행하였으나, 마을버스는 공릉역과 석계역을 경유하여 지하철 1, 6, 7호선과 환승할 수 있게 되었다.

학교에서는 마을버스의 교내운행으로 3대의 스쿨버스 운행비용을 줄여 연간 1억원 정도의 예산이 절감되었고, 이를 학생교육환경개선에 투자할 수 있게 되었다. 학내 셔틀버스는 3대 중 2대를 매각 처리하였고, 남은 38인승 버스 한 대를 좌석공간을 넓혀서 30인승 구조로 변경하여 각종 교내행사에 사용하고 있다. 한편 2명의 버스기사를 더 이상 고용하지 않아도 되게 되었다. 버스 사업자는 마을버스 학내 진입으로 승객 수가 대폭 증가하여 수입이 늘어났다. 또한 공공재 성격의 마을버스가 교내로 운행되는 사례는 전국적으로 희귀하다는 점에서 우리 대학의 또 다른 자랑거리가 되었다.

놀이켜 보면 학생대표의 셔틀버스 요금 인하요구에 대한 대안으로 떠오른 마을버스 교내 운행방안이 마침내 현실화된 것이다. 2012년 1월초 임기를 시작한 학생대표가 셔틀버스 요금인하를 요청한 이후, 10월 초까지 해결기미가 보이자 않자 나는 학생대표와 약속을 지킨다는 차원에서 셔틀버스 요금인하 문제를 재고하려는 시점에서 13번 버스 교내 운행이 결정된 것이다. 총학생회, 학생처, 총무과가 주도하여 지역주민들과 관계기관 담당자들을 오랜 기간 설득하였고, 공릉1, 2동, 하계1, 2동 주민대표, 아파트입주자 대표, 구의원과 시의원, 구청장 및 교통담당부서 관계공무원, 서울시 교통담당 부서 관계자들을 대상으로 끈질긴 대화와 설득을 통하여 문제가 원만하게 해결된 것이다. 나는 그 과정에서 문상모 의원 뿐 아니라 노원구청과 서울시청에 재직하는 동문들이 드러나지 않게 도와준 것에 고맙게 생각한다. 한편 공릉2동 주민들과 함께 추진하였던 04번 버스노선 변경요청은 다른 이유 때문에 승인되지 않아 안타깝게 생각한다.

창의문 버스 정류장 신설 및 횡단보도 설치

2012년 첫 번째 시도와 실패   우리 대학에서는 학생들의 통학 불편 민원을 해결하기 위해 2012년 초에 마을버스 교내운행을 추진하면서 창의문 버스정류장 신설을 동시에 추진하였다. 마을버스 노선 변경은 노원구청과 서울시청의 관할인 반면 버스정류장은 노원경찰서와 서울시경의 관할이었다. 그런데 창의문의 버스정류장은 노원경찰서와 서울시경의 반대로 무산되었다. 반대 이유는 "공릉터널을 통과한 후 내리막길이 이어지는 데다, S자 코스까지 있어 사고 위험이 크다"는 것이었다.

2014년 원자력병원과 공동추진 실패   2014년에는 우리 대학과 원자력병원이 함께 버스정류장 신설을 추진하였다. 원자력병원과는

2013년에 MOU를 체결하고 여러 가지 프로젝트를 함께 추진하고 있었다. 원자력병원은 외래진료환자가 많은 편인 데다, 장례식장 이용자도 증가하여 대중교통편 확충이 절실하게 요청되는 실정이었으므로 공동으로 추진하기로 하였다. 그러나 노원경찰서와 서울시경에서는 위와 같은 이유를 들어 또다시 반대하였다.

  2015년 세 번째 추진과 성공 2015년 초 우리 대학은 창의문 앞 버스정류장 설치를 세 번째로 추진하기로 하였다. 나는 두 번에 걸친 실패 경험 때문에 반신반의하였으나 이번에는 조봉래 사무국장의 지휘 하에 총무과가 적극적으로 움직였다. 나는 사무국장과 함께 신임 노원경찰서장 및 담당과장과 점심모임을 가졌는데 덕담이 오가는 가운데 앞선 두 번의 실패와는 달리 가능성이 있는 것으로 느끼게 되었다. 우리는 앞선 두 번의 시도에서 학생 수 증가, 테크노파크 방문자 증가, 병원 방문객 및 장례식장 방문자 증가 등 대중교통 이용자 편의를 주된 이유로 내세웠는데, 허가관청의 입장에서는 안전을 더욱 중시한다는 것이다. 안전문제의 해결방안이 제안될 경우에 경찰 측에서 반대할 이유가 없었다.
  두 번의 실패에서 얻은 교훈은 정류장이 설치되려면 사고위험 감소방안을 찾는 것이었다. 사고위험을 줄이기 위하여 정류장 위치를 원자력 병원 방향으로 약간 이전하는 방안을 제안하였다. 나는 우리 대학 담당자 및 노원경찰서 관계자들과 합동으로 새롭게 제안한 버스정류장 위치를 검토해 보았는데, 실무자들은 변경된 버스정류장 위치가 사고위험을 현저하게 줄일 것으로 판단하여 긍정적인 검토의견을 받아낼 수 있다고 전망하였다. 사무국장의 지휘 하에 총무과에서 노원구청, 서울시청, 서울시 북부도로사업소, 노원경찰서, 서울지방경찰청 등 다양한 관련부서를 직접 찾아가서 사전 협의 및 설득 작업을 추진하였다.

이를 바탕으로 우리 대학에서는 2015년 3월 버스정류장 및 횡단보도설치를 세 번째로 공식 요청하였다. 이 안건이 5월 7일 서울지방경찰청 규제위원회심의를 통과하여 창의문 근처에 건널목(횡단보도) 및 U턴 구간을 설치하기로 결정됐다. 서울특별시 교통운영과 심의를 거쳐 2015년 6월 18일에 창의문 주변에 횡단보도 설치를 완료하였다. 또한 신호등·표지판 등 교통시설물도 전면 교체하기로 하였다. 이를 토대로 서울시에서 변경사항을 반영한 설계를 완료하여, 7월 초에 공사가 시작되었고, 2015년 8월 28일 버스정류장 신설로 우리 대학의 숙원이었던 교통 불편문제를 일시에 해결하게 되었다.

버스정류장 신설의 성과   끈질긴 노력 끝에 창의문에 버스정류장이 신설되어 학교에서 노원역으로 바로 갈 수 있는 노선이 생겼고, 특히 7호선 태릉입구역과 1호선 석계역과도 연결되어 학생들이 통학하는 데 선택의 폭이 넓어졌다. 우리 대학의 무궁관, 혜성관, 미래관 등의 건물을 이용하는 학생과 직원, 서울테크노파크 입주기업, 원자력병원 및 장례식장 이용자의 대중교통 이용편의가 대폭 증대되었고 버스 이용객을 통한 간접적인 홍보효과도 기대된다.

아름다운 캠퍼스 조성과 시설 확충

시설분야 중장기계획 수립

시설부문 마스터플랜 수립   나는 대학발전을 추진하려면 교육·연구분야의 발전계획을 뒷받침하는 시설부문의 중장기계획이 필요하다고 보았다. 이에 2012년 「SEOULTECH DREAM 2020」 중장기발전계획과 더불어 「시설부문 마스터플랜」(연구책임자: 박병규 교수)을 수립하도록 하였다. 이 계획은 2012년 6월 전북 무주리조트에서 열린 교수연수회에서 의견수렴을 거쳐 확정되었다. 여기에는 우리 대학의 전반적인 배치계획의 일관성을 유지하면서 종합운동장에 민자유치시설, 공간사랑채 지역에 교양교육을 담당하는 건물 이전 등 캠퍼스의 중심축 이동을 담고 있다.

「2012 마스터 플랜」에는 교육연구와 상업시설(BTO), 산학협력연구동, 제4기숙사, 기숙형고시원, 창의융합연구동 등이 포함되어 있다. 앞으로 구체적으로 살펴보겠지만 나는 마스터 플랜을 바탕으로 재임 기간 중에 산학협력연구동, 제4기숙사, 기숙형고시원, 창의융합연구동 예산을 확보하여 착공할 수 있도록 하였다. 그런데 공간사랑채에 재건축되는 창의융합동의 면적이 협소하여 아쉽게도 교양교육 강의실은 수용할 수 없었으므로 차후에 다른 방안을 찾아야 할 것이다. 종합운동장의 BTO시설 유치는 한 업체와 실무적인 논의를 해 보았으나 구체적으로 진척되지는 못하였다.

조경환경부문 중장기계획 수립　나는 우리 대학의 아름다운 캠퍼스를 더욱 아름답게 조성하기 위하여 조경환경부문의 중장기계획(캠퍼스 환경마스터 플랜)을 반도이앤씨(주)에 의뢰하여 수립하였다. 이 계획에는 어의천과 산책로 개선, 캠퍼스 휴식공간과 조경계획 등이 담겨있으며, 이 계획에 포함된 어의천 정비계획은 2014~2015년에 실행되었다.

서울시 도시계획시설 조성계획 수립　서울시 '대학 세부시설조성계획 수립·운영에 관한 기준'에 따르면 5개년 시설계획 및 도시계획시설(학교) 세부시설 조성계획을 수립하도록 하고 있다. 이러한 절차는 우리 대학 산학협력동의 인허가 과정에서 처음으로 적용되었고, 서울소재 대학 가운데에는 서울대학교에 이어 두 번째로 중장기계획을 수립한 사례가 되었다. 또한 위원회의 학교방문, 도시계획위원회 사전심의 이행 등 여러 복잡한 질차와 재계획 등을 거치면서 2015년에야 확정되었고, 이로 인해 산학협력연구동의 인허가과정이 늦어지게 되었다.

본 계획에 따라 우리 대학은 2020년까지 신축하고자 하는 건물로서 기존의 제4기숙사 2개 동과 산학협력연구동, 창조융합연구동 이외에 (가칭) 디지털복합문화센터(디지털도서관), (가칭) 글로벌미래발전연구센터, (가칭) 사회공헌과학연구동, 2개의 기업연구동, (가칭) 엔지니어하우스, 직장어린이집에 관한 도시계획시설의 위치와 면적에 대한 계획을 승인받았다.

계속시설사업 완공

다빈치관 완공   2011년 총장 취임 당시 우리 대학의 계속시설사업은 다빈치관과 무궁관이었다. 다빈치관은 총사업비 235억 원(국고 131억 원, 기성회계 104억 원) 가운데 2009년 1월부터 2011년까지 국고예산 94억 원을 포함하여 155억 원의 예산이 투입되었다. 2012년 이후 반영되어야 할 국고예산 잔액은 37억 원이었다. 나는 총장 임용 후보자 시절인 2011년 8월 한국행정학회 2002년 집행부와 저녁식사를 하는 자리에서 만난 박재완 기재부 장관에게 우리 대학 시설예산에 관심을 가져 달라고 부탁하였다. 당시 박 장관은 취임 이전에 부탁한 것은 나의 공로로 인정되지도 않으니 내년에 부탁하라고 농담을 주고받은 적이 있었다. 그런데 당시 정부의 반값등록금 정책에 따라 예산당국자의 입장에서는 1조원 규모의 국가장학금 예산을 갑자기 마련하느라 이미 편성되어 있었던 국립대학 시설예산을 대폭 삭감하였다. 8월말에 우리 대학 시설과장이 급하게 연락해 왔는데 다빈치관 잔여사업비가 일부만 반영되었다는 것이다. 나는 만약 37억원 잔여사업비 전액을 국고에서 확보하지 못하면 다빈치관 완공이 1년이나 늦어지게 되어 교육에 막대한 지장을 초래한다는 점을 당국자에게 설득하여 우여곡절 끝에 잔여사업비를 모두 받을 수 있게 되었다. 물론 당시 기재부 출신인 노준형 총장이 별도로 노력한 결과이기도 하다. 2011년 10월 중순 노준형 총장과 업무인수 인계차 만나서 이런 이야기를 꺼냈더니 깜짝 놀라는 눈치였다. 이에 따라 다빈치관이 2012년 1학기에 예정공기를 6개월 단축하여 완공되어 9월 학기부터 사용하게 되었다.

다빈치관은 지하 1층, 지상 7층, 연면적 16,501㎡의 규모로 조형대학만의 창조적 특성을 반영할 수 있는 공간을 구현하였고, 국제적 경쟁력을 갖춘 디자인과 예술분야 인재 양성의 요람으로 자리매김하고 있다.

무궁관 완공　　무궁관은 총사업비 276억원(국고 166억원, 기성회계 110억원) 가운데 2013년 국고예산에서 잔여사업비 108억 원을 전액 확보함에 따라 순조롭게 공사가 진행될 수 있었다. 당시 예산당국으로서는 잔여사업비 108억원 전액을 한꺼번에 편성하는 것에 부담을 가지고 있었는데 나는 당시 김재학 시설과장과 함께 예산관계자를 끈질기게 설득하여 이를 반영시켰다. 사실상 내가 총장으로 취임한 첫 해여서 예우를 해 준 것으로 생각되었다.

이에 따라 2014년 4월에 무궁관이 지하 1층, 지상 9층의 고층동과 지하 1층, 지상 4층의 저층동, 2개 동으로 연면적 17,854㎡의 규모로 완공되었다. 에너지 소모와 환경에 미치는 영향을 최소화한 시설로 그린 캠퍼스 환경 구축의 랜드마크로 자리 잡고 있다.

신규 시설사업

산학협력연구동 신축예산 확보

교육부 신축시설예산 불허방침　　교육부와 기재부를 설득하여 2012년 다빈치관, 2013년 무궁관을 각각 예정보다 1년이나 앞당겨 완공하게 되자, 우리 내학에는 2015년부터 더 이상 신축시설 사업이 없어지게 되었다. 교과부는 당시 이주호 장관의 방침으로 수년간 국립대학 신규시설 사업의 설계비 예산을 일체 반영하지 않았다. 국립대학들, 특히 거점국립대학들이 4~5개, 심지어는 8개의 시설사업을 벌여 놓고 있는 실정이라 착공 후 10년이 지난 후에도 완공되지 않는 시설이 많은 것이 현실이므로 신규시설사업을 억제하려는 교육부의 방침도 충분히 이해할 수 있다.

그런데 신규시설 사업이 아예 없을 경우, 정부에서 배정받는 시설예산이 대폭 삭감될 수 밖에 없다. 특히 우리 대학은 교육시설 확보율이 다른 국립대학과 비교하여 낮은 편이며, 그 동안 정부방침에 순응하여 건물을 순차적으로 완공하여 왔으므로, 신규 시설사업이 절실한 상황이었다.

나는 시설부문 마스터 플랜에 따라 산학협력을 이끌어 갈 산학협력연구동을 신축한다는 방침을 세워두고 2013년 정부예산에 반영할 계획이었다. 이러한 상황을 교육부 시설업무 관계자들과 차관까지 만나 수차례 설득하여도 장관의 확고한 방침을 뒤집기 어렵다는 답변만 되풀이 하였다. 기재부 관계자들을 설득하려고 시도하였으나, 주무부서인 교과부에서 요청하지 않은 예산을 기재부에서도 반영할 수 없다는 것이다.

국회 예산심의과정에서 반영   이러한 상황에서 산학협력연구동 설계예산을 국회 예산심의과정에서 반영하기로 내부 방침을 결정하고 국회 교과위 위원(장), 국회 예결위 위원(장) 등에게 우리 대학의 사정을 설명하기 시작하였다. 2011년말 국회 예산 심의과정에서 창학관 리모델링 예산으로 20억 원을 증액할 때 국회 예산심의 프로세스를 상세하게 알게 된 것이 큰 도움이 되었다. 국회 상임위 위원들은 예산소위와 법안소위로 나누어져 각각 활동영역이 다르므로 예산소위

위원들의 역할이 결정적이다. 국회 교과위원회 예산소위 위원들을 1:1로 만나서 설득하였고, 노원구의 지역구 의원들도 만나서 도움을 요청하였다. 교과위의 차원에서는 우리 대학을 포함하여 전국 21개 대학의 민원요청이 받아들여진 것으로 알려졌다.

그런데 상임위 차원에서 반영된 증액예산을 큰 의미가 없으며, 국회 예결위의 결정이 가장 중요하다. 또한 국회에서 예산 증액이 이루어지려면 행정부의 동의가 필요하다. 행정부의 경우에 주무부서인 교육부와 예산부서인 기재부가 협의하여 동의 여부를 결정한다. 나중에 알게 된 것인데 교과부 담당과장 및 국장, 기재부 담당과장 및 국장, 그리고 실무자들이 협의하여 교과위를 통과한 21 건 가운데 우리 대학 산학협력연구동을 포함하여 4건만 행정부에서 동의하였다고 한다. 그 과정에서 국회 여·야 예결소위 위원들도 권역별로 총괄하는 의원들이 있으며, 예결소위 위원들을 각각 담당하는 기재부 과장들이 배정되어 소통을 원활하게 진행하는 창구로 활용한다는 점도 알게 되었다.

이와 같이 국회에서 예산증액요청이 반영되는 과정에서 거쳐야 할 단계가 많고 각 단계마다 복수의 행위자가 참여하기 때문에 결과를 예측하기 어렵다. 정책결정이론의 용어를 빌리자면 거부점(veto-point)이 많고, 복수의 행위자들 가운데 주도자가 있어야 하며, 또한 반대의 목소리도 없어야 하므로 예산증액의 성사여부는 마지막 단계까지 예측하기 어렵다. 이러한 과정을 거치는 단계마다 도움을 준 여러분들에게 감사드린다. 교내에서도 본부의 정성균 처장과 배재근 처장이 열심히 참여하여 큰 소득을 올리게 되었다. 정책학 전공자로서 예산을 둘러싸고 국회와 행정부 사이의 의사결정의 흐름을 소상하게 알게 된 것도 커다란 소득이다.

산학협력연구동(Techno Cube) 완공　　산학협력연구동은 후임 김종호 총장이 명칭 공모를 거쳐 Techno Cube동으로 명명하였다. 이 건물은 지하 1층, 지상 12층, 연면적 15,500㎡ 규모로 총사업비 260억원이 투입되어 건축되었다. 2015년 9월 기공식을 가졌고, 2017년 12월 준공되었다. 건물 내에는 Capston 디자인랩, Post-Doc 연구실, 기업·대학 공동연구소, 유료실험실, 컨벤션센터 등 대학과 기업·기관이 공동으로 연구할 수 있는 산학협력시설과 각종 편의시설이 들어서게 되어, 향후 국가·민간 대형연구소와 센터를 유치, 국가기간사업, 전략사업에 기여할 것으로 전망된다.

창조융합연구동 신축예산 확보

예산확보과정   나는 마스터 플랜을 기초로 산학협력연구동 예산이 반영된 지 2년 후인 2015년 정부예산에 "창조융합연구동" 신축설계예산 반영을 추진하기로 하였다. 새 정부의 조직개편으로 과거 교과부는 교육부와 미래창조과학부로 분리되었고, 교육부 장·차관과 주요간부가 새로운 진용으로 구성되었다. 나는 2014년 초부터 대학별로 배정된 시설예산규모 내에서 신축, 리모델링 등 용도는 대학 자체에서 결정해야 한다고 교육부 시설예산 관계자 및 담당과장, 기획관리실장, 장·차관에게 설득하였다. 합리적 판단을 내리는 것으로 평가받고 있는 교육부 간부진들도 나의 견해에 동의하였다. 그 과정에서 우리 대학 시설과장을 역임한 후 당시 교육부 시설과장으로 근무한 김재학 과장, 박백범 기획관리실장(2018년 현재 교육부 차관)의 합리적 판단이 크게 도움이 되었다. 그러므로 교육부가 편성한 예산에 포함된 2015년 창조융합동 설계예산은 아무런 문제없이 기재부에서 받아들였고, 정상적으로 국회를 통과하게 되었다.

이같이 산학협력연구동과 창조융합동의 설계예산이 반영된 과정은 극명하게 대조된다. 전자가 국회의 증액과정을 거치면서 수많은 난관을 극복해야 했다면, 후자는 미리부터 관계자들을 설득했기 때문에 순조롭게 반영된 것이다.

  창조융합동 수용시설   창조융합연구동은 기존 공간사랑채 부지에 지하 1층, 지상 8층, 연면적 15,000㎡ 규모로 총사업비 318억원이 투입되어 건축된다. 2015년 9월부터 기초공사를 시작하였다. 원래 2018년 12월 준공될 예정이었으나, 예산확보가 여의치 않아 2020년 여름에 완공될 것으로 보인다. 이곳에는 창조융합 연구 클러스터, 연구개발 통합 클러스터, 건축 및 공간연구 클러스터, 인문융합 클러스터 등 융합교육과 연구를 위한 공간이 마련되어 국내 융합연구의 발전에 기여하게 될 것이다. 인문융합 클러스터에는 문예창작과, 영어영문과, 행정학과가 입주할 예정으로 인문사회과학과 공학의 융합교육과 연구가 활성화되기를 기대한다.

제4기숙사(누리학사, 수림학사) 신축
  제4기숙사 신축예산 신청   나는 우리 대학이 글로벌 대학으로 발전하려면 기숙사 추가확보가 필수적인 과제라고 보았다. 취임 첫해인 2012년 초 900명 수용규모의 제4기숙사 신축을 추진하기로 교육부와 협의를 마쳤다. 원래 교육부 담당과장이 300명 규모를 제안했으나 나는 900명 정도는 되어야 한다고 본 것이다. 국립대학 기숙사는 민간자본을 유치하는 BTL 사업으로 진행되므로 국고예산이 투입되는 시설예산과는 별도로 신청할 수 있었다. 교육부는 우리 대학을 포함한 6개 국립대학 기숙사 건립의 타당성을 받아들여 기획재정부에 요청하였다.

  기획재정부의 반대 극복   그런데 기획재정부가 우리 대학 기숙사 신축에 제동을 걸었다. 기재부 교육문화담당관실에서 기숙사 수용률 20% 이하, 입사경쟁률 2:1 이상인 경우에만 신축을 허가하는 것으로 내부기준을 설정하였는데, 우리 대학의 수용률은 13.7%이지만, 입사경쟁률이 1.7:1이라는 이유로 승인불허 방침을 정했다는 것이다. 우리 대학은 기숙사 입사경쟁률이 너무 높았기 때문에 무분별한 신청을 억제하려고 신청자격을 학점 3.5 이상으로 제한하여 경쟁률이 낮았다. 나는 기재부 관계자에게 사정을 설명하면 쉽게 이해할 수 있을 것으로 생각하고 시설과장과 생활관장을 보냈다. 그런데 기재부의 반대가 완강하다는 것이다.

나는 8월 중에 직접 기재부로 찾아가 교육문화예산 담당 주무사무관, 담당과장, 국장을 만나서 사정을 설명하였다. 기재부 측에서는 사정을 충분히 이해하였지만 기재부가 방침을 결정하여 외부로 통보한 사항이라 번복할 수 없으며, 내년에 반영하겠다는 것이다. 더 이상 교육문화예산 담당 부서와는 논의를 진행시킬 수 없었다. 나는 다시 기재부에서 BTL 사업을 주관하는 민간투자 담당부서의 사무관, 과장, 국장을 면담하여 핵심쟁점인 기숙사의 유효경쟁률 문제를 다시 거론하였다. 그 과정에서 평소에 기획재정부의 자문위원으로 활동하는 우리 대학 김재훈 교수와 기재부 국장 출신인 한경택 교수가 도와주었다. 같은 기재부 내이지만 민간투자 담당부서에서 교육문화예산 담당 부서로 우리 대학 기숙사 신축이 타당하다는 의견을 보내주어 신축이 허가될 수 있었다. 교육부가 최초 신청한 6개 국립대학 가운데 우리 대학을 포함한 2개 대학만이 타당성을 인정받았다. 결과적으로 우리 대학은 2012년도에 수용규모 900명, 268억 원의 사업예산을 확보하게 되었다.

기숙사 부지 무허가건물 철거　　사업예산 확보와 병행하여 기숙사 신축부지를 확보하고 서울시의 허가를 받아야 하였다. 나는 부서장과 협의를 거쳐 제4기숙사를 캠퍼스 다빈치관 북측에 위치한 무허가주택 점유지역에 신축하기로 결정하고, 후속조치를 취하기 시작하였다. 이 부지는 경성제대 이공학부시절부터 다섯 동의 무허가주택이 70여년 이상 무단으로 점유하고 있었다. 우리 대학에서는 과거에도 무허가주택의 철거를 시도하였으나 번번히 실패했었다. 이번에는 입주자들에게 몇 차례 기숙사 신축계획을 설명하고 입주자들과 합의하여 다섯 채의 무허가주택을 2012년 말까지 이주시킬 수 있었다. 일부 입주자의 반대에 부딪혀 이를 해결하느라 재무과 직원들이 엄청나게 고생하였다.

무허가 주택을 철거시키면서 이사비 명목으로 발전기금에서 소액의 경비를 지원하였다. 그런데 뜻밖에도 후일 감사원 감사에서 재무과장과 직원들이 발전기금에서 지출한 경비가 징계사유에 해당한다고 지적받았다. 불법 점유자에게 경비를 지급할 근거가 없었다. 나는 감사관에게 직원들이 총장 지시사항을 이행했을 뿐이라는 점, 적극행정을 추진하는 과정에서 발생한 잘못이라는 점을 설득하여 다행히 징계처분을 막을 수 있었다.

서울시 조례변경과 주민동의 확보　　이 부지는 비오톱 2급지로 묶여 있어서 서울시의 조례로 신규건물 건축을 허가할 수 없었고, 기숙사를 신축하려면 관련조례의 개정이 선행되어야 하였다. 서울시에서는 대학기숙사를 서민주택으로 간주하여 2013년 5월 비오톱 2급지를 해제하여 기숙사 신축이 가능하도록 조례를 변경하였다. 여기에는 서울시 도시계획위원회의 자문을 거쳐야 한다는 조항이 있었지만 당시에는 이를 대수롭지 않게 생각하고 무허가 주택을 이주시켰다.

한편 주택가에 인접한 녹지지역에 기숙사를 신축하려면 지역주민의 프라이버시와 일조권 등 여러 가지 문제 때문에 지역주민들의 동의가 필수요건이다. 우리 대학은 2013년 8월과 10월, 2회에 걸쳐 노원구청장이 참여한 가운데 하계동 주민설명회를 개최하여 당초 12층 높이의 계획을 10층으로 변경하였고 이를 토대로 지역주민들의 동의를 이끌어내었다. 노원구청장은 높이 제한을 요청하였고, 주민들은 후문(협동문)에 유모차를 가지고 학교에 왕래할 수 있는 보행로 설치와 기숙사 주차공간 공유를 요청하여 모두 수용하였다. 나는 이임 직전 약속대로 보행로(두레길)를 설치하였고, 기숙사 완공 이후 주차공간도 공유하고 있다. 두레길은 주민들보다 학생과 직원들이 무척 선호하는 통행로가 되었다.

서울시 도시계획위원회 1차 상정안 부결   우리 대학은 지역주민 동의를 반영한 제4기숙사 건립계획을 서울시 도시계획위원회의 안건으로 상정하였다. 그런데 11월 20일 서울시 도시계획위원회는 우리 대학의 당초 신축계획안이 불암산으로 이어지는 녹지축을 훼손하고 녹지면적을 과도하게 사용한다고 제동을 걸었다. 도시계획위원회가 자문에 그친 것이 아니라 사실상 부결시킨 것이다. 또한, 서울테크노파크 건설 당시 이와 창의문을 연결하기 위해 도시계획에 없던 도로를 만든 것도 문제가 됐다. 이 때문에 서울시에서는 미승인 도로를 추인하는 대신 원안을 수정해 운동장 등의 대체 부지에 기숙사를 지을 것을 학교 측에 요구했다.

서울시 도시계획위원회 분동안 상정 통과   우리 대학으로서는 2013년말까지 부지가 확정되지 않으면 업체선정 공고를 할 수 없으며, 배정된 예산이 국고로 환수되는 상황이었다. 우리 대학에 현지답사를 나온 서울시 주무관은 운동장 왼쪽의 아파트에 가까운 위치에 기숙사를 지을 것을 제안하였다. 그런데 그쪽에는 이미 종합스타디움 공사가 진행 중이었다.

우리 대학은 녹지면적의 사용을 대폭 축소하여 450명만 녹지에 배치하고 450명은 학생회관 주변에 배치하는 분동안을 제안하여 12월 18일 열리는 그 해 마지막 도시계획위원회에 재상정할 것을 요청하였다. 단기간에 분동(안)을 반영한 설계도면을 작성하는 데 우리 대학 건축학과 학생들이 크게 기여하였다. 이때 열린 위원회는 당해년도의 마지막 회의로 사실상 기숙사 건립의 분수령이었다. 우리 대학에서는 서울시 부시장, 과장, 주무관은 물론 28명의 도시계획위원들을 개별적으로 직접 만나 설득한 결과 서울시 도시계획위원회가 우리 대학의 A, B 분동(안) 요청을 승인하여 제4기숙사 건립위치를 확정짓게 되었다. 신축기숙사의 2개동 분동에 따라 캠퍼스 북측 녹지축의 연속성을 유지하면서 기숙사를 건축할 수 있게 되었다.

서울시도시계획위원회 결정의 또 다른 성과는 서울테크노파크에서 창의문에 이르는 도로를 사후적으로 추인받은 것이다. 그동안 해당 도로의 불법판정으로 캠퍼스 내에 건물을 신축할 때마다 건축허가과 정에서 적지 않은 애로점이 있던 점을 비춰볼 때 매우 큰 성과였다.

업체선정과 서울시 환경보전 방안 심의　　서울시의 결정에 따라 2013년 12월말 업체선정 공고를 히게 되었다. 공고결과 삼호 콘소시움인 (가칭) 미래드림(주)이 사업자로 선정되었다. 다음 단계는 서울시의 환경보전방안 심의를 거쳐야 한다. 서울시 관계자들과 환경위원회 위원들이 대학을 방문하였고, 2차에 걸쳐 수정보완을 거쳐 환경보전방안 심의를 통과하였다(2015년 8월 12일). 환경보전방안 심의결과를 토대로 2015년 8월 18일 사업자인 (가칭) 미래드림(주)과 우리 대학이 최종협상을 완료하고 2015년 9월 17일 실시협약을 완료하였다.

노원구청의 건축허가　　마지막 단계로 노원구의 건축허가를 획득하여야 한다. 그런데 공릉동 주변의 일부 원룸업자들이 기숙사 신축을 반대하는 민원을 노원구청, 노원갑 국회의원실 등에 제기하고, 우리 대학에도 민원을 제기하였다. 이 문제는 2013년 8월과 10월 하계동 주민설명회 개최시에도 제기된 문제였으며, 당시 민원을 제기한 원룸

사업자들과 협의하여 캠퍼스 주변 빈방과 기숙사에 입주하지 못한 학생들을 연결할 수 있는 교외거주정보시스템을 우리 대학에 구축하여 운영한다는 전제에서 해결된 사안이었다. 이번에 민원을 제기한 원룸 사업자들은 그 이후 원룸을 구입하거나 신축한 사업자들이다. 이러한 문제를 원룸사업자들과 대화는 물론 신문컬럼 게재(내일신문 2015년 6월 30일자), 구청장 면담 등을 통하여 해결방안을 찾았다. 내가 이임한 직후에 노원구청의 건축허가를 받아서 2016년 기숙사 신축에 착공하였다.

기숙사 완공   2017년 말 완공된 제4기숙사는 캠퍼스 북측 불암산 자락에 자리잡은 수림학사(450명 수용)가 지하 1층, 지상 7층, 연면적 7,902㎡ 규모이며, 학생회관 옆의 누리학사(450명 수용)는 지하 1층, 지상 10층, 연면적 8,325㎡ 규모이다. 이는 기존의 13.7%의 수용률에서 6%포인트 정도 뛰어오른 것이며, 다른 국공립대와 비교해도 모자람이 없다.

제4기숙사는 예산확보에서, 무허가주택 철거, 2차에 걸친 주민공청회를 통한 하계동 주민 및 구청장과의 합의 도출, 두 차례 서울시도시계획위원회 안건 상정 및 통과, 환경보전방안 심의를 토대로 2차에 걸친 보완작업, 노원구청의 최종허가에 이르기까지 모든 과정에 우리 대학 보직교수와 직원, 학생, 동문들의 진한 땀방울이 스며있다. 우리 대학의 교무처장, 학생처장, 기획처장을 포함한 보직교수들도 합심하여 맡은 바 역할을 다했다는 것이 자랑스럽다.

직장어린이집과 인재원 신축

영유아법 개정(2014년 5월 20일)으로 2014년에 국고예산으로 직원을 위한 직장어린이집 신축을 추진하였다. 법정시설로 예산확보에는 문제가 없었으나 부지 선정에서 어려움이 예상되었지만 공대학장의 중재로 인근 프론티어관 교수들이 원만하게 동의하였다. 어린이집은 정문 옆 주차장 부지에 어린이 49명을 수용할 수 있도록 지상 3층, 연면적 480㎡ 규모로 13억원을 투입하여 2016년 10월 준공되었다. 인재원에 관하여는 발전기금 확충에서 다루었다.

기존건물 리모델링

창학관 리모델링   창학관은 다산관과 함께 1943년 완공된 경성제대 이공학부 건물로 문화재로 지정된 건물이다. 창학관은 연면적 8,853㎡(지상 4층)에 총사업비 46억원(국비 20억원, 기성회계 26억원)을 투입하여 2013년 6월 리모델링을 완료하였다. 국비 20억 원은 국회 예산심의과정에서 증액되었다. 2011년말 국회예산심의과정에서 창학관 리모델링 예산을 확보하기 위하여 국회 교문위와 예결위원들을 설득한 결과 받게 되었다. 리모델링은 단년도 사업이므로 설계예산이 아니라 신청액을 모두 반영해 주도록 요청하였고, 최종 단계에서 20억원이 전액 반영되었다.

창조관 리모델링   창조관은 예전 조형대학이 사용하던 건물로 다빈치관이 완공됨에 따라 대학원 전용건물로 사용하도록 하였다. 총사업비 33억원(국고 30억원, 기성회계 3억원)을 투입하여 2012년 12월 리모델링을 완료하였다. 대학원 전용건물이 지정됨으로써 우리 대학의 일반대학원, 4개 전문대학원(철도, IT정책, 에너지환경, NID), 2개 특수대학원(산업대학원, 주택대학원)이 비로소 독립된 공간을 가지게 되었다.

청운관 리모델링   청운관은 1966년 준공된 지하 1층, 지상 4층, 연면적 7,430㎡ 규모의 건물로 주요 구조부는 양호하나 마감재 및 전기·설비시설 등이 노후되어 개선이 필요하였다. 이에 총사업비 61억원(국고 24억원, 기성회계 37억원)을 투입하여 청운관 내부 인테리어 및 외부마감을 변경하여 리모델링을 진행하였고, 내진보강 및 단열보강, 전기·설비를 최신 시설로 개선하였다. 교수와 학생들의 의견을 수렴하여 2014년 9월 완료되었다.

혜성관 외관 리모델링　혜성관은 지하 1층, 지상 5층, 연면적 7,900㎡ 규모의 건물로 외관개선을 위해 총사업비 7억원을 투입하여 2014년 8월 완료하였다. 이 건물은 노원로에 인접하여 창의문과 함께 학교 이미지 형성에 중요한 역할을 하고 있다. 또한 페인트로 된 외벽 마감을 석재 및 아연도금판 등을 사용하여 현대적 이미지의 건물로 외관을 변경하여 학교 이미지 개선에 기여하였다.

체육관 출입구 리모델링　체육관은 1991년 준공되어 지하 1층, 지상 2층, 연면적 3,281㎡ 규모의 건물로, 주출입구와 현관, 홀 등이 협소하고 노후되어 이를 개선하고자 리모델링을 실시하였다. 총사업비 2억원을 투입하여 주출입구를 건물규모에 맞게 넓게 확장하고, 체육관 진입시 깨끗한 느낌이 들도록 새롭게 인테리어를 반영하여 2013년 4월 완료하였다.

환경 및 복지시설 사업

종합스타디움 신축

신축배경　우리 대학은 서울 시내에서 가장 규모가 큰 운동장을 보유하고 있었지만, 나는 학생들이 모래와 먼지바람 투성이의 운동장에서 뛰놀던 모습을 보며 마음이 아팠다. 학생들이 "우리 대학은 언제 잔디구장을 가지게 되나요?"라고 질문할 때마다 마음이 무거웠다.

잔디구장을 마련하기 위하여 외부후원자를 물색하는 과정에서 처음 접촉한 후보는 FC서울이었다. 그런데 FC서울은 잔디구장 마련후 자신들이 일정시간을 써야 한다는 조건을 제시하여 논의를 중단하였다. 나는 기재부 복권과장으로 근무하는 후배인 김형광 과장으로부터 복권사업기금으로 잔디구장 건설을 지원하는 기금이 있다는 정보를 입수한 후 신청하여 3억 5천만 원을 지원받게 되었다.

동아리실과 관중석   잔디축구장을 마련하는 차에 교비 32.5억 원을 추가로 투입하여 2면의 농구코트, 2면의 테니스코트, 최신시설의 8레인 국제규격 육상트랙, 그리고 관중석 아래 20개의 동아리실을 갖춘 종합스타디움을 건설하기로 하였다.

종합스타디움 완공과 활용   2014년 9월 종합스타디움이 15개월 동안에 걸친 공사를 마치고 완공되었다. 친환경 인조잔디축구장, 육상트랙, 농구장과 테니스장을 설치하여 서울시민 누구나 이용할 수 있도록 개방하여 서울동북부지역의 새로운 스포츠문화를 선도하고 있으며, 특히 육상트랙은 육상 경기연맹의 공인을 받은 국제규격의 시설로써 국제경기에 활용이 가능하도록 하였다.

어의천 환경개선   어의천 환경개선은 '캠퍼스환경 마스터플랜' 사업의 하나로 총사업비 10억원을 투입하여 2015년 5월 완공하였다. 총 473m 길이에 산책길 조성과 어의천을 따라 중간에 데크와 폭포 조성 등 녹지공간과 휴식공간을 확보하여 학생과 인근주민에게 자연 힐링 공간을 제공하는 등 캠퍼스 환경개선을 개선하였다.

풋살장 및 다목적 작은 운동장 조성   풋살장 및 숲속의 다목적 작은 운동장 조성사업은 재학생들의 여가 활동 증진 및 생활관 관리 지역 학생들의 건강증진을 위해 추진되었다. 총사업비 2억원을 투입하여 종합 스타디움 인근에 551㎡ 규모의 풋살장과 붕어방 광장 동편 숲속에 400㎡ 규모의 '숲속의 다목적 작은 운동장'을 2015년 5월 20일 착공하여 8월 7일 준공하였다. 이로서 우리 대학은 실내 체육

관, 국제 규격의 8레인 육상트랙 종합스타디움(축구장, 농구장), 테니
스장, 풋살장, 다목적 운동장 등을 보유하게 되어 학업과 여가·체육
활동을 고루 증진하는 명품 교육시설과 환경을 갖추게 되었다.

소통과 참여 확대

소통채널 다양화　급변하는 외부환경에 대처하는 한편 학생, 교
수, 직원, 동문 등 구성원의 역량을 결집하여 전체 구성원이 대학발
전이라는 하나의 방향으로 다 함께 나아가도록 하려면 끊임없이 소통
하고 대화하는 것이 필요하다. 나는 대학구성원 및 동문과의 원활한
소통을 통하여 공동체 역량을 결집하는 것이 우리 대학의 비상을 위
한 초석이 된다고 확신하였다.

2011년 말부터 2012년 초까지 일반대학 체제로의 전환기에 교내
외에서 엄청난 변화가 계속되었기 때문에, 어느 때보다 집행부와 대
학구성원이 대학운영의 방향에 관한 공감대를 형성할 필요가 있었다.
총장 취임 초기부터 부서장, 대학(원)장 모임은 물론 전체 학과장 회
의를 수시로 개최하여 교수 그룹과의 소통을 원활하게 하고자 하였
고, 팀장 회의 등 여러 가지 방법을 활용하여 직원들과도 접촉을 확
대하였다.

그러나 이러한 방법만으로는 긴급 현안 사항을 전 구성원들에게
신속하게 알리는 데는 한계가 있었고, 특히 방학 중에는 정례회의도
가능하지 않았다. 그러므로 2011년 12월말과 2012년 상반기에는 중
요한 현안 사항이 발생할 경우 교내 전체 교수와 직원들에게 총장 명
의로 이메일을 보냈다. 예를 들면, 일반대학 전환준비상황(2012.2.7),
일반대학 개교 상황(2013.3.5), 산학협력선도대학 선정(2012.3.28), 총
장직선제 변경 투표 안내(2012.3.20), 일반대 비전 선포식과 홈커밍데
이(2012.4.13) 등에 관하여 전 구성원들에게 총장 명의로 이-메일을

발송하였다. 한편 매 학기 초에는 15분 내외의 영상메시지를 제작하여 홈페이지에 올리기도 하고, TV 방송출연 영상(KTV, 2012년 11월; T-Broad, 2013년 1월; 산업방송 <정한용 이성미의 쉘 위 토크>, 2014년 4월 등)도 홈페이지에 탑재하여 관심을 가진 구성원들이 볼 수 있도록 하였다.

웹진, SeoulTech News 발간 구성원들에게 직접 메일을 보내는 방법은 현안사항을 신속하게 알린다는 장점이 있지만 재학생과 동문들에게 직접 메일을 보내는 것은 쉽지 않았다. 2011년말 모든 학생들에게 학교 현안사항을 알리는 총장 메시지를 보내달라고 비서실에 부탁했더니 밤을 새우면서도 발송하는데 힘들어 하였다. 상황을 확인해 보니 우리 대학 메일서버 용량이 한번에 2,000통밖에 보낼 수 없어서 그룹별로 나누어 보내야 하였고, 이메일 주소의 오류가 있는 학생들이 많아 반송되기 때문에 메일서버가 다운된다는 것이었다.

이러한 상황을 타개하기 위하여 메일서버를 별도로 구입하고, 뉴스레터를 제작하여 2012년 5월부터 월간 e-뉴스레터를 발간하기 시작하였다. 발송대상은 직원, 재학생, 동문 그리고 진로진학교사와 주요기업 인사담당자 등 외부 여론주도집단이며 2012년 5월 제1호 뉴스레터 발송대상으로 6만 5천여명의 메일링 리스트를 확보하였다. 일반적으로 기관, 기업의 대량발송 이메일의 개봉률은 4~5%대에 머물고 있는데 비하여, <SeoulTech News> e-뉴스레터는 평균 개봉률 15%(최고 22%)를 훌쩍 넘고 있다. 이는 대학의 성과와 현안에 대한 정보를 교내외 구성원들의 수요가 크며, 이를 뉴스레터를 통하여 어느 정도 충족된다는 것을 의미한다.

모바일과 웹으로 다변화되는 미디어 환경에 대응하고자, e-뉴스레터 고도화 작업을 실시하여 2014년 8월부터 휴대폰을 통해서도 간편하게 e-뉴스레터를 받아볼 수 있도록 하였다. 또한 e-뉴스레터 수요층을 확대하여 수험생, 예비인, 학부모, 동문 등이 웹/모바일을 통해 간편하게 구독신청을 할 수 있게끔 구독신청 페이지를 구축하여 실시간으로 메일링 리스트를 확대해 나가고 있다. 2015년 9월 현재 총 40호 발행에 구독자수는 7만 9천여명에 달하고 있다.

Facebook을 통한 소통　　SNS를 활용한 소통이 증가하면서 나는 총장 개인의 페이스북을 활용하기 시작하였다. 2011년 총장 취임 직후 시작한 페이스북에 학내의 주요현안 사항에 관하여 매주 서너 차례씩 사진과 글을 올렸다. 친구가 점차 늘어났으며, 학생들과 교수님, 직원들은 물론 동문들을 포함한 외부 인사들도 댓글을 올리는 경우가 늘어나게 되었다.

예를 들어, 2014년 8월 25일 당시 총학생회장 이기원 군의 지명으로 아이스버킷 챌린지에 동참한 동영상과 짤막한 기사를 올렸는데 많은 구성원들이 좋아요, 공유, 댓글로 참여하였다.

교수 그룹과의 소통

보직교수회의 정례화　　대학 교수들이 교수로서의 역할을 수행하는 과정에서는 젊은 조교수나 노년의 정교수나 모두 평등한 것으로 여겨진다. 평교수들이 강의와 전념할 수 있도록 지원하기 위하여 보직을 맡은 교수들도 있지만 평교수와의 관계를 계층 구조라고 규정할 수는 없다. 교수 그룹은 각자 홀로 사용하는 연구실에서 강의준비와 연구에 전념하도록 해야 하므로, 전체 교수회의를 자주 가질 수도 없으며, 따라서 교수 그룹과 소통하는 것이 결코 쉬운 일은 아니다.

나는 교수 그룹과의 소통에서는 보직교수 라인을 통한 공식 의사소통채널이 가장 중요하다고 생각한다. 그러므로 총장이 직접 참석하는 정례 보직자회의를 비교적 빈번하게 개최하기로 하였다(교무회의: 매주 1, 3주 월요일, 확대 교무회의: 2, 4주 월요일, 주요 보직자회의: 매주 목요일, 학장 간담회: 매월 1회, 대학원장 간담회: 매월 1회, 전체 교수회: 학기당 2회). 방학 중이나 외국 출장 등 특별한 사유가 없을 경우 정례회의를 개최하였다.

보직교수들과 쉽게 소통할 수 있도록 회의실의 자리배치도 변경하였다. 장방형 회의실의 좁은 쪽 끝에 총장 좌석이 배치되어 먼 쪽에 앉은 교무위원들은 잘 보이지 않았기에 총장 좌석을 보다 많은 위원들과 가까운 위치인 길다란 쪽의 중앙으로 이동시켰다.

종이 없는 E-Meeting 도입　　　보직교수 회의 때마다 회의자료 분량이 많아서 매번 회의 참가자 전원에게 복사하여 나누어 주어야 했다. 일반대학 전환을 준비하는 시점에서는 학칙개정안 등 안건마다 분량도 많아 회의자료가 2~300쪽이 넘은 경우가 많았다. 교무회의 경우에는 일요일마다 교무회의 담당직원이 출근하여 한나절 이상 회의자료를 복사하는 것이 일상화되어 있었다.

취임 직후부터 주요보직자 회의는 "종이없는 회의"로 진행하기로 하였다. 회의가 열릴 때 마다 보직자들이 노트북 컴퓨터를 가지고 와서 자료파일을 공유하는 방식으로 회의를 진행하였다. 2012년 2월부터는 아이패드를 구입하여 노트북 컴퓨터를 대체하였다. 이는 내가 정부혁신위원일 때 참석해 보았던 노무현 대통령의 국정과제 회의의 포맷을 응용한 것이다.

궁극적으로는 교무회의를 포함한 모든 회의를 "종이없는 회의"로 진행하기로 하고 여러 가지 대안을 검토한 끝에 E-meeting용 갤럭시 노트 10.1을 구입하기로 하였다. 갤럭시 노트를 E-meeting용으로 사용하는 경우는 우리 대학이 최초이었기 때문에 삼성전자 본사에서도 몇 차례 우리 대학을 방문하여 우리 대학 실정에 맞추어 소프트웨어를 수정하기도 하였다. 테스트를 거쳐 2012년 10월부터 교무회의를 포함한 모든 보직자 회의는 종이없는 회의가 정착되어, 회의자료 복사 때문에 일요일에 담당직원이 출근하는 관행도 사라지게 되었다.

교수평의회 및 단과대학 교수회 제도화　　전체 교수회의를 자주 개최하는 것이 어렵기 때문에 개정 일반대학 학칙에 대의기구인 교수 평의회와 단과대학 교수회를 제도화하였다. 전체 교수들이 모두 참석 하는 전체 교수회보다 소규모이고, 동질성이 강한 단과대학별로 교수 회를 개최할 수 있도록 하고, 필요한 경우 총장은 물론 교무처장과 기획처장 등 본부 보직교수들이 찾아가서 소통할 수 있도록 하였다.

단과대학 교수회는 학사조직개편, 재정지원 사업, 입시제도 개편 등 현안과제가 대두될 경우, 단과대학 측 또는 본부 측의 요청에 따 라 여러 차례 개최되었다. 총장이 직접 참석하기를 원하는 경우도 있 었지만 현안의 성격에 따라 대학원장, 기획처장, 교무처장, 산학협력 단장, 국제교류본부장, 입학홍보본부장 등이 적절하게 대응하였다.

예를 들면, 통합학과의 학사관리 문제를 교무처장과 기획처장을 중심으로 해당학과 교수진과 여러 차례 회의를 거쳐 합의에 도달하였 다. 일반대학 전환시 학사구조개혁으로 통합된 5개 학과 가운데 전기 정보공학과(전기공학과와 제어계측학과 통합)를 제외한 기계시스템디자 인공학과, 기계·자동차공학과, 전자IT미디어공학과, 디자인학과는 전 공별 교과과정, 2학년 진입시 입학정원 배정 등에 관하여 통합 이전 학과들 사이에 이견이 큰 상황이었다. 당시 교무처장과 기획처장을 중심으로 학과 교수님들과 여러 차례 회의를 거쳐서 진통 끝에 합의 를 이끌어냈던 것이 기억에 새롭다. 대학원장은 일반대학 박사과정 신설에 관한 학과 의견을 청취하기 위하여 학과별로 모든 학과 교수 들을 만났다.

직원과의 소통　　교수 그룹과는 달리 대학의 직원은 정부부처나 민간회사와 같이 계층구조를 이루고 있다. 국립대학인 우리 대학의 경우, 행정부서는 행정직 부이사관인 사무국장 아래 총무과, 재무과, 시설과를 두고 있으며, 교무처, 기획처, 학생처 등 본부조직과 도서관 등 부속기관은 보직교수가 직원들을 지휘·통솔하는 구조이다. 상하관계가 비교적 분명하므로 소통이 비교적 쉬울 것으로 여겨지지만 현실은 전혀 그렇지 못하다.

대학, 특히 국립대학에서 근무하는 직원들의 유형이 매우 다양하다. 지휘통솔의 상층부에는 국가 교육공무원이 자리잡고 있다. 국가공무원만으로는 부족한 인력을 메우기 위하여 대학회계(구 기성회계)에서 채용한 정규직원과 연봉제 직원, 수입대체경비로 채용한 직원, 재정지원사업으로 채용한 직원 등 다양한 유형의 직원이 함께 어울려 일하고 있다. 그 밖에도 청소와 방범 등의 업무는 외주(outsourcing)를 두어 처리하기 때문에 외부용역업체에 소속된 직원들도 있다. 국가공무원들은 직장협의회, 기성회계 정규직과 외부용역업체 직원들은 각각 노조에 가입하고 있는데, 민주노총과 한국노총 소속으로 소속노조가 복수인 상황이다.

대학행정을 책임지고 있는 직원들도 대학현안에 관한 정보공유가 필요하므로, 매주 월요일 열리는 교무회의에 사무관 이상 과장들이 배석하도록 조치하여 학교 운영상황을 알 수 있도록 하였다. 그 밖에도 팀장 회의는 물론 격려 차원에서 팀별로 점심 또는 저녁 식사를 함께 하면서 직원들과 소통기회를 많이 가질 수 있도록 최대한 노력하였다. 매년 개최되는 전체 직원 연수회에도 총장이 동행하여 대학현안과 발전성과에 관한 정보를 공유하고자 하였다.

직원들과의 소통기회는 대학현안에 관한 의견교환뿐 아니라 직원들의 애로사항과 문제점을 청취하고 해결방안을 함께 찾아보는 자리이기도 하다.

직원 기성회 수당(구 기성회계에서 지급되었음)문제는 임기초부터 마지막까지 씨름하여야 했던 직원들의 애로사항이다. 2011년말과 2012

년 초 낭시 감사원, 국민권익위원회 등에서 제기한 '국립대학 교·직원 기성회계 수당' 존속 여부에 관하여 교과부 "국립대학발전추진위원회"에서 논의가 한창 진행되고 있었다. 나는 총장 취임과 동시에 '국립대학발전추진위원회' 위원으로 위촉되었는데, 이 문제에 관한 우리 대학의 입장 정리가 필요하였다. 2011년 12월 13일과 14일, 그리고 2012년 1월 10일과 11일 양일간에 걸쳐 행정과·실장과 팀장을 두 그룹으로 나누어 의견을 수렴한 결과, 대학에 근무하는 직원과 중앙부처 근무 공무원들 사이에는 승진기회, 자부심, 업무 성취감 등에서 차이가 크다는 점, 대학 직원의 기성회 수당은 60여년 넘게 지급되어온 생활급의 일부라고 인식한다는 점을 확인하였다. 국립대학발전추진위원회에서 직원들의 입장에서 의견을 개진하였고, 결국 차기 정부에서 해결하여야 할 사안으로 넘겨지게 되었다.

기성회 수당문제는 2013년 새 정부 출범과 함께 다시 의제로 제기되었다. 2013년 7월 중에 교육부는 새 정부가 추진하는 "비정상의 정상화" 차원에서 일반직 직원의 기성회 수당은 2013년 9월 1일 폐지할 예정이라고 발표하였다. 이러한 발표 이후 우리 대학을 포함한 전국의 국립대학 직원들이 거세게 반발하였다. 우리 대학은 총장실을 개방하여 직원대표들과 대화의 채널을 열어놓는 한편, 국공립대 총장협의회 회장단에 적극 참여하여 교육부 장관을 포함한 정부 당국자들을 설득하고자 최대한 노력하였다. 그럼에도 불구하고 교육부는 8월 26일 "비국고회계관리규정"을 개정하여 직원기성회수당 지급을 중단시켰다.

우리 대학은 보직교수와 직원대표를 중심으로 TF를 구성하고 대학 차원에서 대응책을 마련하도록 하였다. 2013년 8월 이후 10월 초순까지 직원들의 동요가 매우 심하였고, 같은 시기에 교수평의회가 정식 출범하면서 교수평의회의 업무범위를 둘러싼 협의가 난항을 겪으면서 기획처장과 교무처장이 임기종료를 앞두고 힘든 시기를 보냈다.

총장으로서도 가장 힘든 시기였음에도 직원들과 대화 창구는 항상 열어놓는 한편, 직원의 신분은 반드시 보호하고자 하였다.

기성회 수당문제는 2015년 통과된 국립대회계재정법에 직원 교육·연구·학생지도 비용을 지급할 수 있도록 규정되면서 어렵지만 해결방안을 찾아가고 있다. 돌이켜 보면, 총장 임기 내내 우리 대학을 포함한 전 국립대학 직원들의 현안문제였던 기성회 수당 문제를 파국없이 대처할 수 있었던 것은 소통과 대화를 통하여 쌓아온 신뢰를 바탕으로 원칙을 지키면서 문제를 해결해 나가자는 데 전 구성원들의 공감대가 형성되었기 때문이다.

학생과의 소통　학생들은 제자이기 이전에 우리 대학의 주인이며 장차 대학과 국가의 미래를 이끌어 갈 주역들이다. 재임기간 동안 학생들과 다양한 방법으로 소통하기 위하여 노력을 기울였다. 그들이 총장과 학교에 원하고 바라는 것이 무엇인지, 어떠한 생각들을 하고 있는지, 학생과의 소통은 또 다른 과제였다.

2013년 이후 우리 대학의 총학생회는 소위 운동권 학생회에서 비운동권으로 전환되었다. 비운동권으로 전환되면서 학생회는 물론 학생들의 학교 참여와 소통 필요성이 더욱 증가되어 왔다. 학생들의 건전한 요구를 수용하고 총장을 비롯한 교수와 직원들의 참여와 배려가 더욱 필요한 시기가 도래하게 된 것이다. 그 동안 학생과의 대화 경험에서 학생들의 자부심과 자긍심이 계속 높아지고 있으며, 강한 자신감을 가지고 있음을 알 수 있었다. 학생들의 입장에 귀를 기울이면 우리 대학이 학생들의 만족도를 높이고 상위권 대학으로 발돋움을 할 것이라는 확신을 가지게 되었다.

학생대표와 면담기회 확대　학생 대의기구인 총학생회, 동아리연합회, 단과대학 학생회 대표들과 주기적으로 면담 기회를 가지고

이들이 원하는 바를 파악하고자 하였다. 총학생회장단(회장과 부회장)
은 학생대표로서 등록금심의위원회(이하 등심위) 위원으로 참여한다.
2015년 국립대재정회계법이 통과됨에 따라 학생대표가 재정위원회
위원으로 참여하기 시작하였다.

2011년과 2012년 등록금 심의의 경우 소위 '운동권' 출신 학생회
장이 당선되어 일반대학 신입생들에게도 학점당 등록금 제도를 유지
해야 한다고 강경하게 주장하여 합의하기 어려웠다. 십여 차에 걸쳐
공식·비공식회의를 가지고 일반대학 신입생의 학기제 등록금 도입
을 설득하였으나, 학생대표들은 과거의 관례대로 등심위 최종 결정에
는 불참하여 기권하는 방법을 선택하였다.

등심위의 공식 결정이 이루어진 후에도 총장 직권으로 조정할 수
있는 절차가 있었다. 이러한 절차를 활용하여 학생대표들의 모임인
학생중앙위원회에서 신입생 등록금 학기제와 등록금 인하안을 결합한
두 가지 대안을 제시하고 선택할 수 있도록 하였다. 2011년의 경우
학생중앙위원회 대표들이 신입생에 대하여 "7학기제＋마지막 학기(8
학기) 학점제안"과 "8학기제＋등록금 추가인하안" 가운데 표결을 거
쳐서 전자를 선택하여, 대학본부에서 이를 받아들였다. 2012년의 경
우, 신입생에 대하여 2011년 결정된 "7학기제＋마지막 학기(8학기)
학점제＋등록금 동결안"과 "8학기제＋등록금 1% 인하＋교내장학금
5억원 추가안"에 대하여 학생중앙위원회 대표들이 표결한 결과 과반
수를 얻은 안이 없어서 대학본부에 일임하였기에 8학기제 등록금을
도입하게 되었다. 이러한 절차를 거쳐 결국에는 학생대표들이 동의한
결정안을 채택할 수 있었다.

인내와 끈기를 가지고 학생대표와 대화를 통하여 동의를 이끌어낸
당시 기획처장(안재경 교수)와 학생처장(배재근 교수), 그리고 해당부서
직원들이 엄청나게 고생하였다. 2012년 등록금심의가 끝난 후 당시
학생회장이 "학점당 등록금제도로 환원"을 주장하며 2주간 단식농성

을 하였는데, 학생회장에게 "만약 일반대학 가운데 학점당 등록금 제도를 채택한 학교가 하나라도 있으면, 우리도 되돌리는 것을 검토해 보겠다."고 설득하기도 하였다. 2011년과 2012년의 경우에도 학생대표들과는 등록금심의 안건심의가 완료된 이후에는 우호적인 관계를 유지하였다.

2013년과 2014년 등록금심의에서는 학생대표가 학교 측의 등록금 동결(안)에 동의하여 쉽게 합의가 이루어졌다. 2014년 등록금심의에서는 학생대표가 "우리 대학 학생들이 제공받는 서비스 수준과 비교하여 등록금이 저렴하며, 우리 대학이 더욱 발전하려면 등록금을 인상하는 것이 타당하지만, 대학당국에서 등록금 동결방안"을 제시하여 고맙다는 취지로 발언하여 심의위원으로 참여한 외부위원이 놀랍다는 반응을 보이기도 하였다.

학생임원과 간담회는 필요시 수시로 개최하며, 학생들에게 학교의 발전상을 공유할 수 있도록 기회를 제공하였다. 학생대표가 면담을 요청할 경우, 최우선적으로 면담을 가지는 등 학생대표단과 소통기회를 가지고, 건의사항은 최대한 수용하려고 노력하였다.

동아리방 건물신축과 체육시설 확충 요구 수용　　총학생회장단과 동아리연합회의 대표적인 건의사항인 동아리방 건물을 신축하고 체육시설을 대폭 확충하였다. 제1학생회관의 동아리방이 모자란 상황에서 프런티어관 뒤편에 가건물에 동아리를 수용하고 있었는데, 환경이 열악한 것은 물론이고 안전에도 문제가 있었다. 2014년에 종합운동장 인조잔디구장과 8레인 트랙을 조성하면서 본부석 하단에 동아리방 건물을 신축하여 동아리방 20개가 입주할 수 있도록 하였다. 2015년 8월에는 총학생회의 요청을 받아들여 '풋살장'과 '숲속의 다목적 작은 운동장'을 조성하여 학생들이 마음껏 뛰놀 수 있도록 하였다.

핫메일을 통한 신속한 민원 처리 홈페이지 총장 핫메일을 운영함으로서 메일을 통한 민원 사항을 신속하게 해결하고 학생들과의 직접 소통하는 창구로 활용하였다. 대학 직원들이 미처 파악하지 못한 내용을 보내주기도 하고 제도적인 건의사항, 시정사항, 시설물 파손 및 오손 등 연중 학생, 학부모 심지어 지역주민들까지 다양한 내용을 신청하고 있다. 특히 생활관 입사시기, 장학금 지급시기, 수강 신청 기간, 그리고 전과 관련 민원이 다른 분야보다 많은 부분을 차지하고 있다. 2012학년도 일반대 전환 직후에는 민원 폭탄이라 할 만큼 총장 핫메일 접수 민원사항이 많았다. 학사제도를 비롯한 대학체제가 정착되고 직원들의 역량이 크게 강화되면서 신속하고 정확한 업무처리가 이루어지는 것과 비례하여 민원이 현격하게 줄어 들었다.

홈페이지 총장란 핫메일을 통하여 민원이 제기된 경우 ① 접수 사항 수시 확인, ② 관련부서 이첩, 검토 후 답변 요청, ③ 관련부서 답변 검토 후 답변 사항에 대해 민원인과 통화 또는 e-mail로 답변, ④ 제기된 민원사항에 대해 개선방향과 감사 인사를 전달한다.

처리상황을 색깔별로 태그 지정(녹색: 민원사항 관련부서 전달, 붉은색: 진행 중, 회색: 답변, 청색: 완료)하여 제기된 민원상황의 진행과정을 쉽게 파악할 수 있도록 하였다. 재임기간 중 매월 평균 20여건, 연평균 250여건 정도의 민원이 접수되어 처리되었다.

총장과 함께 하는 독서토론회 분기별로 도서관에서 개최하는 "총장과 함께 하는 독서토론회"는 다양한 학생들을 만나고 대화할 수 있었던 학생들과의 소통의 장이었다. 이 모임을 통해 학생들과 격의 없는 토론과 의견을 주고 받으면서 자연스러운 대화의 장을 펼칠 수 있었으며, 학생들에게 인문학에 대한 관심을 가지게 하는 동기부여가 되었다.

입학식 댄스 공연　　학생들에게 친밀한 총장이 되고 그들과 진솔한 소통을 하고자 몇 가지 새로운 시도를 하였다. 그중 하나가 2013학년도 입학식 2부 축하공연에서 동아리 '아이엠 댄스동아리'와 함께 춤을 춘 것이다.

당시 유행하던 '라 송'을 각색하여 동아리 단원들, 학생처장(박태순 교수), 비서실장(조귀형 실장)과 함께 2주 정도 연습 후 입학식에서 음악에 맞춘 댄스공연에 참여하였다. 이 댄스공연은 학내에 화제가 되어 이후 단대 O.T와 M.T와 같은 모임이 있을 때마다 공연 요청을 받기도 하였다. 학생들과 함께 춤을 연습하고 같이 무대에 선다는 것은 어색하고 어려운 일이었지만 지금도 신선한 기억으로 남아있다.

축제 퍼레이드 참가　　대학축제는 학생들의 축제이자 우리대학의 문화 콘텐츠를 대내외에 알릴 수 있는 좋은 행사이다. 그러나 대학축제가 인기 연예인 공연과 음주가 중심이 되어 그 본질이 왜곡되고 있다는 비판의 목소리도 높았다. 그리하여 2015학년도의 축제는 학생들과 소통하면서 문화적 축제로 유도하기 위하여 교수님과 보직자들이 함께 참여하는 축제를 준비하였다.

축제 첫날(2015년 5월 14일) 주요보직자, 직원, 총학생회 간부학생들과 함께 모여서 축제를 알리는 퍼레이드를 실시하였다. 퍼레이드에 우즈베키스탄 방문시 기념으로 기증받은 전통복장을 입었다. 캠퍼스를 한 바퀴 순회하였는데 자발적으로 모인 학생들의 숫자는 300여명이나 되었다.

저녁에는 인기연예인의 초청이 아닌 학과별 장기자랑 행사를 가졌으며, 주요보직자들과 함께 각 학과의 주점을 방문하였다. 장기자랑에서는 학과의 교수와 30여명 학생들이 화음을 보여준 GTM의 합창이 1등상을 수상하였다. 학과 주점마다 각자 기발한 의상과 문화적 테마를 구상한데 신선한 감동을 받았는데 이를 통해 학생들의 참신한 아이디어와 끼를 발견할 수 있었다.

　　동문들과 연계, 소통채널 다양화　　우리 대학은 105년의 역사를
가지고 있으며, 경기공업고등학교, 경기고등전문학교, 경기전문학교,
경기공업개방대학, 서울산업대학 등 교명을 달리하면서 현재의 서울
과학기술대학에 이르고 있다. 학제가 다양하게 변화되면서 발전하여
왔으나, 동문들이 대학발전의 경험을 공유하고 대학에 기여할 수 있
는 채널이 부족하였다. 대학의 발전에는 총동문회의 역할이 중요하다
고 인식하여 총동문회가 활성화될 수 있도록 지원하였으며, 동문 행
사와 학교행사에 교차 참석하는 등으로 다음과 같은 다양한 프로그램
을 개발하고 대학당국과 총동문회가 함께 참여하였다.

　　홈커밍데이 행사　　우리 대학 본부와 입학 30주년이 되는 1982
학년 입학 동문 및 총동문회가 공동주관하여 전체 동문들을 초청하는
형태의 제1회 홈커밍데이 행사를 2012년에 개최하였다. 제1회 홈커
밍데이는 개교 102주년, 4년제 승격 30주년, 그리고 일반대학 전환
원년을 기념하여 개최한 것이다.

　　제1회 행사 준비과정에서 동문회 측의 명단 파악 등 행사에 필요
한 준비가 부족하였기 때문에 당시 학생처(처장 배재근 교수)에서 준비
작업을 주도하였다. 행사 날짜는 대학 자체 휴무일인 개교기념일(4월
15일) 하루 전 개최하는 것으로 결정하였다. 2012년에는 개교기념일
이 일요일이므로 4월 13일(금)에 체육관에서 행사를 개최하였다.

　　홈커밍데이 행사 이전에 중장기발전계획 "SEOULTECH DREAM
2020"선포식, 일반대 개교기념 음악회(초청가수: 이은미) 등 축제분위
기가 이어지는 가운데 학과별로 교수님과 동문들이 골고루 참석하여
모두 550여명이 대학의 발전상을 공유하는 한편, 재학생 동아리가 펼
치는 흥겨운 공연을 즐기는 시간을 가졌다.

제2회 홈커밍데이 행사는 1983학년 입학생들이 주축이 되어 2013년 4월 12일(금) 체육관에서 개최되었다. 2014년 제3회 홈커밍데이 행사(4월 14일, 100주년 기념관)는 1984학년 입학생들이 주도하였는데, 대학당국에서는 대외협력본부(초대 본부장: 조선규 교수)가 학생처를 대신하여 행사를 지원하였다. 2015년 제4회 홈커밍데이 행사(4월 14일, 100주년 기념관)도 성공리에 개최되었다.

네 차례에 걸쳐 개최된 홈커밍데이 행사는 입학 30주년이 되는 동문들이 주축이 되어 모교를 방문하여 대학의 발전과정을 공유하고, 동문으로서 자부심을 되새김하는 자리로 정착되고 있다.

자랑스러운 서울과기대인 선정   2014년부터 "자랑스런 서울과기대인"을 선정하고 있으며, 그 대상은 사회의 여러 분야에서 훌륭한 활동을 통해 국가와 사회 발전에 기여함으로써 본교 후진과 동문에게 귀감이 되는 동문이다. 선정절차는 기획처 주관으로 '자랑스러운 서울과기대인 선정위원회'(교내외 인사로 구성)를 개최하여 후보추천 공고 후, 다시 선정위원회와 교무회의를 거쳐 대상을 확정하도록 하였다. 2014년 제1차로는 공공분야에 최창식 서울시 중구청장과 경제분야에 김성관 주식회사 삼진일렉스 대표이사가 선정되었고, 2015년 제2차에는 정·관계분야에 박덕흠 제19대 국회의원이 선정되었다.

시상식은 홈커밍데이에 개최하여 참석 동문들이 모두 알 수 있도록 하는 한편, 수상자의 인물사진을 부조로 제작하여 100주년 기념관 수산갤러리 벽면에 전시함으로써 후배들이 본받을 수 있도록 배려하였다.

총동문회 산악회, 골프대회 참여   동문들의 참여와 유대가 공고화될 수 있도록 총동문회의 다양한 활동을 지원하였다. 총장을 비롯한 보직교수들이 정기적으로 산행을 하는 산악회 모임, 총동문 골프

모임 능에도 석하여 자리를 빛내고 동문들과 유대를 강화하였다. 총 동문 골프대회는 2013년부터 실시하여 2013년 40팀 160명(10월 31일, 포천 배어크리크 C.C), 2014년에 60팀 240명(2014년 10월 29일, 리베라 C.C)이 모여서 기량을 발휘하였다. 이러한 모임을 통하여 재학생들을 위한 장학금을 모금하였으며, 그 뜻을 학생들에 전달하였다.

동문초청음악회 개최　　대외협력본부에서 주관하는 동문초청 음악회를 2차에 주최하였다. 2013년 11월 15일 100주년 기념관에서 오페라 카르멘 공연, 2014년 11월 19일 100주년 기념관에서 클래식 및 가요 공연이 있었다. 이러한 활동이 대학 내의 구성원 및 이해관계자 간에 이해와 소통을 원활히 하여 대학 발전기금 모금에도 기여했다.

발전기금 확충

발전기금 공약　　발전기금 모금은 우리나라 대학총장들이 스트레스를 상당한 겪는 업무 가운데 하나이다. 발전기금 모금에서는 명문대학과 그렇지 않은 대학 간의 격차가 엄청나게 크다. 내가 2018년 서울대학교 총장선거관리위원회 위원으로 참여하면서 후보의 공약을 살펴보니 후보별로 4년 동안 적게는 2,000억원에서 많게는 2조원의 모금을 공약하였다. 후보 입장에서는 표를 얻기 위하여 가능한 최대로 잡았겠지만 우리 대학과는 단위가 크게 달랐다.

2011년 선거 당시 나의 공약집을 되돌아보니, "2010년 현재 45억 수준인 발전기금(2009년 23개 국공립대학 중 13위)을 2015년까지 150억원 이상 확보, 발전기금 조성 전문성을 강화하여 매년 30억 내외 기금확보"라고 공약하였다. 나로서는 야심찬 공약이었지만 명문대학에 비하면 그야말로 소박한 공약이었다. 여기에서는 소박한 공약을 달성하기 위하여 재임기간 중 진행한 활동과 성과를 있는 그대로 기록하기로 하겠다.

발전기금 모금활동

기부자 명패 설치　 2012년 초 그 동안 우리 대학 발전기금에 기여한 기부자의 자부심과 뜻을 기리기 위해 100주년 기념관 1층 로비에 기부자 명패(2012년 4월 13일)를 설치하였다. 기부자 명패는 컴퓨터 화면으로 처리되도록 하여 기부자 명단과 기부금 액수를 주기적으로 업데이트할 수 있도록 하였다. 2012년 4월 13일은 우리 대학의 일반대학 전환 기념식수, 중장기발전계획인 'SEOULTECH Dream 2020' 비전선포식 및 개교기념음악회, 제1차 홈커밍데이 등 동문들을 초청하여 다양한 행사가 펼쳐진 뜻깊은 날이었다. 이날 행사에 참석한 동문들의 기금모금 참여를 유발하려는 의도가 포함되었다.

KB국민은행 유치, NH농협은행과 양대 은행시대로　 우리 대학 구내에는 2005년부터 농협이 입주하고 있었으며, 대학본부 인근 제2학생회관 및 테크노파크 등 두 곳에 점포를 두고 있었다. 규모가 큰 대학들은 대학 구내에 복수의 은행이 입주하여 대학 구성원들을 대상으로 선의의 금융서비스 경쟁을 하도록 한다. 나는 우리 대학에도 복수의 은행이 필요한 시점이라고 판단하고, 2012년 상반기에 KB국민은행과 협의를 시작하였다.

KB국민은행과 협의하여 상당한 발전기금을 납부하고 입점하기로 하였다. KB국민은행은 다기능학생증 카드를 발급할 수 있도록 할 것, 제1학생회관에 농협과 동일규모의 면적을 사용할 수 있도록 요구하였다. 그러나 다기능학생증 카드는 농협에서 이미 발급하고 있으므로 안 된다고 설득하였고, 점포의 위치도 100주년 기념관에 작은 규모로 입점하기로 합의하였다.

KB국민은행을 유치하는 데 가장 큰 걸림돌은 농협의 강력한 반대였다. 당시 농협 지점장이 여러 차례 면담을 요청하여, 우리 대학에 입점한 농협 점포가 적자인 상황이며, 만약 KB국민은행이 입점한다

년, 자신은 인사상 불이익을 받게 되어 퇴직할 수 밖에 없다고 하소
연하였다. 나는 농협고위층을 만나서 우리 대학 농협점포의 적자는
지점장의 능력문제가 아니라 대학의 특성이라는 점을 설득하였고, 농
협 정기인사이동에서 당시 지점장이 영전하면서 해결되었다. 이와 같
은 정지작업을 거쳐 2012년 8월 22일 KB국민은행과 업무제휴 협약
식, 9월 18일에는 입점 협정식을 체결하고, 우리 대학에 정식으로 입
점하게 되었다.

한편 NH농협은행과 기존 업무협약이 만료됨에 따라 2013년 12월
27일 새롭게 업무제휴협약을 체결하고 발전기금 전달행사를 가졌다.
당시 은행권의 실적이 전반적으로 악화되어 어려운 상황임에도 불구
하고 NH농협은행이 상당한 액수의 발전기금을 출연하였다.

대외협력본부와 제2기 발전후원회 출범   나는 발전기금 모금을
체계화하고 우리 대학의 대외 협력을 촉진하기 위하여 총장 직속 기
구로 2013년 4월 대외협력본부를 신설하였다. 또한 그간 기획처장이
겸직해 왔던 발전기금 상임이사를 대외협력본부장이 겸직하도록 하여
기금모금이 용이하도록 조치하였다. 초대 본부장 겸 발전기금 상임이
사에 동문교수인 조선규 교수를 임명하여 대외협력의 기틀을 마련하
였다. 한편 전담직원 2인을 충원하여 대학직원을 발전기금 법인에 파
견하는 문제점을 해소하고 재단 업무추진에 효율성을 기하도록 하였다.

우리 대학 발전후원회는 95주년을 기점으로 박덕흠 국회의원을 회
장으로 하는 제1기 발전후원회가 구성되어 의욕적으로 활동하였으나,
2009년 100주년 기념사업 이후 활동이 저조한 상황이었다.

나는 발전후원회의 역할이 중요하다는 인식하에 발전후원회를 재
구성하기로 방침을 정하고, 2013년 6월 당시 최창식 중구청장(전 서
울부시장)을 회장으로 하는 제2기 발전후원회를 발족시켰다. 발전후원
회는 정기총회, 이사회, 워크숍(2013.10.12~10.13 강화도 라르고빌 리조

트) 등을 개최하여 기부금 유치, 홍보, 모금계획 등의 사업을 본격적으로 진행하였다. 나는 강화도 워크샵을 포함한 발전후원회의 주요행사에 빠짐없이 참석하였다.

홈페이지 개편과 E-News 레터발간　대학의 상황에 맞춰 발전기금 홈페이지를 두 차례에 걸쳐 개편(2012년 6월 30일 및 2014년 2월 28일)하였고, 홈페이지 관리에 대한 수정보완과 새로운 디자인개편을 통해 대내외적으로 발전기금 업무효율성 및 시스템을 향상시켰다. 매달 발간되는 교내 웹진, Seoultech News 등의 기사에 발전기금 전용공간을 만들고 홍보동영상을 제작하는 등 전자매체를 이용하여 지속적으로 홍보하였다.

서울과기대 후원의 집 캠페인　대외협력본부가 출범한 이후 서울과기대 후원의 집 캠페인을 도입하여 학교 주변의 상점, 기관들이 우리대학의 인재들을 위한 기금을 후원하는 프로그램을 실행하여 왔다. 2013년 7월 2일 발전후원의 집 1호점(북한강 매운탕)에 명패를 전달한 이후 2015년 9월 현재까지 총 23개 업체(5,200만원 약정)가 후원의 집 협약을 체결하였다.

인재원 건립 발전기금 특별 모금 캠페인　행정고시, 기술고시, 공인회계사, 변리사 등 국가고시 준비생들의 학습 및 생활 전용공간 확보를 위하여 발전기금 특별모금 캠페인인 인재원(기숙형 고시원) 건립 기부금 모금을 진행하였다. 대외협력본부 제2기 박병규 본부장을 중심으로 고시원 건립 릴레이 기부(1,000만원 이상) 운동을 전개하였다. 릴레이 기부에는 ㈜KB국민은행(2012.12.24), ㈜NH농협은행(2014.12.11), 총장 남궁근(2012.2~2014.4), ㈜투비소프트 최용호(2015.5.8), ㈜삼진일렉스 김성관(2013.10~2014.4), ㈜새로운교육 임상빈(2013.9~2014.3),

㈜삼일오토모빌 최남수(2014.2~2014.9), 문엔지니어링 문헌일(2014.2.28), 발전후원회장 최창식(2014.2.10), ㈜고덕건설 나기선(2014.4.10), 동해엔지니어링㈜ 이병식(2014.10.7), 에스큐엔지니어링㈜ 이래철(2015.1.28), 도일상사㈜ 유병찬(2015.2.11), ㈜사라토가 도용복(2014.12.15), ㈜KT (2014.3.5), 그라시아 리조트 여명주(2015.3.10), 경기자원 박윤호(2015. 2.2), 기성회이사회 일동(2015.1.13), 산학협력중점교수 교수일동(2014. 1.3), 동문교수회 일동(2015.3.19)이 동참하였다. 이 기회에 모금에 동참한 모든 분들에게 감사드린다.

한편 두 차례의 동문초청음악회 개최(2013년 11월 15일 및 2014년 11월 19일, 100주년 기념관 대강당), 동문 및 직원을 대상으로 100주년 기념관 혼인예식장 운영(5회), 외부설계평가위원회 운영(14회) 등 다양한 프로그램을 개발하여 발전기금을 모금하였다. 나는 100주년 기념관에서 진행된 첫 번째 결혼의 주례를 맡기도 하였다. 다각적으로 노력한 결과 2015년 9월 현재 모금된 인재원 모금 기부금은 21억원가량이었다.

발전기금 성과　이러한 노력의 결과로 우리 대학의 발전기금 총액이 2010년 45억 원에서 2015년 7월 110억 원으로 크게 증가하였다. 그렇지만 '2015년까지 150억원 이상 확보'하겠다는 공약은 지키지 못하게 되었다. 한편 '매년 30억 내외 모금' 공약 달성 여부를 점검해 보니 2012년 30.7억원(559건), 2013년 31.1억원(703건)으로 두 해만 공약을 지켰을 뿐 2014년과 2015년에는 이에 미치지 못하였다. 모두 나의 노력이 부족했던 탓이라고 생각한다. 한편으로는 발전기금 모금이 그만큼 어렵다는 증거이기도 하다. 동문 가운데에는 상당히 오랫동안 접촉하여 적지 않은 액수를 발전기금으로 기탁하기로 결심하였는데 가족들의 반대로 뜻을 접은 경우도 있었다.

발전기금을 통하여 매년 장학금 등으로 지급하는 기금지출 총액은

2011년 16억 원에서, 2014년 26억 원으로 상당히 증가하였다. 무엇보다도 인재원(기숙형 고시원) 건립 기부금 모금을 진행하여 모금된 기부금을 토대로 인재원 건립을 실현한 것을 보람있는 성과라고 생각한다.

'서울테크(SeoulTech) 인재원'은 캠퍼스 외곽 하계동 부지에 지상 4층, 연면적 872㎡ 규모로 총사업비 23억원이 투입되어 2016년 9월 1일 준공되었다. 인재원은 강의실과 정보검색실, 기숙실, 체력단련실, 세미나실, 독서실 등을 갖추고 있다. 2인 1실의 고시준비실(14개실)에는 28명의 우수한 장학생들이 생활하면서 집중적인 학습이 가능하도록 세탁실과 샤워실 등 편의시설을 함께 갖추었다. 인재원에는 기부자의 소중한 뜻을 기리기 위하여 인재원의 강의실, 열람실, 정보검색실, 세미나실, 그룹스터디실, 고시준비실에 각각 기부에 동참한 인사들의 이름을 새긴 동판을 부착하였다. 인재원에서는 각종 국가고시(행정·기술 5급 공채) 및 변리사, 공인회계사(CPA) 등의 전문자격 지망생 60여명에게 체계적이고 전문적인 교육을 제공하고 있다. 개원한 지 2년이 지난 2018년 현재 인재원에서는 공인회계사 2명, 변리사 1명, 세무사 7명을 배출하였다.

총장직의 마무리 /4

2015년 7월초에 차기총장 후보로 김종호 교수가 선출되었고, 총장직을 마무리 하는 단계에 접어들었다. 이를 계기로 학내에서 마무리 해야 할 인재원과 신축기숙사 건을 점검해 보았다.

인재원 건축허가와 착공 기숙형 고시원은 나의 공약사항도 아니었는데 배재근 학생처장을 포함한 동문교수들과 협의하여 2013년 초부터 추진한 것이다. 무(zero)에서 시작하여 모금액이 21억 원을 넘었으므로 임기 내에 완공할 수 있을 것으로 예상하였는데 건축허가가 늦어졌고, 이를 해결하는데 시간이 걸렸다. 인재원의 위치는 우리 대학 신축기숙사인 수림학사 뒷편 공릉터널 교차로 부근의 학교소유 부지인데 오랫동안 공터로 비워두어 기획재정부가 주기적으로 환수하겠다고 공문을 보냈던 지역으로 결정하였다. 실무적인 문제와 정무적인 문제가 발목을 잡았다.

설계업체에서 구체적인 설계작업을 하는 과정에서 예정부지의 일부가 녹지, 즉 그린벨트인 것으로 드러났다. 이에 따라 건축규모를 예정보다 축소해야 하였고, 건물성격을 둘러싼 논란, 즉 1~2층 교육용 시설과 3~4층 숙소로 구성되므로 기숙사라고 볼 수 없다는 유권 해석을 받아 설계를 완성하는 데 상당한 시간이 소요되었다. 정무적으로는 신축기숙사에 대한 원룸사업자의 민원이 제기된 이후 노원구청에서 기숙사 건축허가와 연계하여 허가를 늦추고 있었다. 나는 노원구청 측에 인재원 건축허가를 신축 기숙사 허가 건과 분리하여 처리해 줄 것을 요청하여 건축허가를 받았다.

이러한 절차를 거쳐 10월 2일에 인재원 착공식을 가졌다. 노원구청 김성환 구청장, 발전후원회장인 최창식 중구청장, 김성관 재정위원장, 문상모 시의원, 김종호 신임 총장 당선자를 포함한 다수의 내외빈이 참석하였다. 행사 도중에 뜻밖에도 김성관 재정위원장이 나에게 감사패와 행운의 열쇠를 선물하여 감격스러웠다.

협동문 오솔길(두레길) 준공행사　　인재원 착공식에 이어 협동문의 오솔길 준공행사를 가졌다. 2년 전인 2013년 8월과 10월 제4기숙사(현 수림학사) 신축에 따른 주민설명회 때에 주민과 약속한 오솔길을 만든 것이다. 노원구청장과 지역 주민 150여명을 초청하여 다과회를 겸한 행사를 가졌다. 지역주민과의 약속을 이임 이전에 지켜 뿌듯하게 생각한다. 이 오솔길은 지역주민 뿐 아니라 우리 대학 학생들과 교수, 직원들이 매우 좋아하는 통행로가 되었다.

이임을 앞둔 단상　　통상적으로 공직을 마칠 때 "공직을 대과없이 마친 점에 감사의 의사표시"를 한다. 평소에는 '대과없이'라는 말이 의례적이라고 생각했는데 총장직을 마치면서 되돌아 보니 무사히 총장직을 마칠 수 있도록 도와준 많은 분들에게 진심으로 감사드려야 한다는 생각이 들었다. 국립대 총장의 경우에도 총장직선제 파동과 구조조정평가의 후유증으로 거점 국립대 총장 두 분이 임기 도중 사퇴하였고 대학 구성원이 총장을 선출하였음에도 불구하고 정부가 임명을 보류하여 총장부재 상태가 장기화된 대학도 네 곳이나 있있다. 국립대학이 이 정도이니 사립대학의 경우에는 구조조정 평가의 여파 등으로 중도하차하는 총장이 더 많았다.

우리 대학의 경우에도 감사원 감사와 교육부 감사의 후유증이 상당하였고, 기성회수당 지급 중단에 따른 직원들의 동요로 상당한 혼란이 있었다. 평소 신뢰가 깊었던 직원들이 기성회비 수당 지급 중단 문제로 거칠게 항의하여 나로서는 상실감도 컸지만 내가 문제를 해결해 줄 수 있을 것이라고 과대평가하면서 요청하는 것이라고 생각하니 위안이 되었다. 돌이켜보면 나는 이 문제로 교육부 장관 면담과 청와대 교문수석 면담까지 요청하여 따져 보았으나 소위 '비정상의 정상화'라는 국정과제 수준의 결정이라 되돌릴 수 없다는 답변을 들었던 기억도 생생하다. 또한 뜻하지 않게 청소용역 근로자들 사이의 내분 사태로 대학본부가 상당기간 커다란 홍역을 치르기도 하였다. 시간이 제법 걸렸지만 이런 문제들도 무리없이 해결되었다. 모두 혼자서는 감당할 수 없는 문제였으나 많은 사람의 도움을 받아 해결된 것이다.

학교 내부에서는 본부 보직교수들과 직원들, 그리고 가장 가까운 거리에서 보좌한 비서실 조귀형 실장, 전현기, 이경미, 김성준 주무관의 헌신이 큰 힘이 되었다. 재임백서인 「다함께 더 높은 꿈을 이루는 대학」의 원고 집필과 자료수집 등으로 이들은 총장 재임 마지막 날까지도 자기 일처럼 최선을 다하여 도와주었다.

나는 학회장이든 총장이든 직책을 맡는다는 것은 그 위치에서 무엇인가 할 수 있는 기회를 부여받은 것이라고 생각하였고, 그 기회를 살려서 조직과 기관의 발전에 기여해야 한다고 믿는다. 나는 실수와 실패도 있을 수 있지만 이를 두려워하지 않고 약속을 실천하려고 노력하였다. 2015년 10월 15일 열린 이임식의 '이임사'에는 이러한 소회가 담겨 있다.

이임사 전문

사랑하는 동료 교수 · 직원 · 학생 여러분! 이처럼 영광스럽고 귀한 자리를 마련해 주신 우리 대학 가족 여러분께 머리 숙여 깊이 감사드립니다. 그리고 존경하는 총동문회장님을 비롯하여 오늘 이 자리에 참석해주신 모든 분들께도 진심으로 감사드립니다.

저는 오늘 우리 대학 제10대 총장으로서의 소임을 마치며, 4년 전 취임 당시 여러분께 약속 드렸던 세 가지 주요 공약의 실천을 상기해 봅니다. 첫째, 우리 대학 비전 재정립 및 중장기 발전계획 "SEOULTECH DREAM 2020"을 수립하여 최상위권 대학으로 힘찬 비상을 시작하였습니다. 둘째, '참여와 소통'을 통해 학생 · 교수 · 직원 · 동문 · 지역주민을 포함한 모든 구성원의 역량을 최대한 결집하고자 노력하였습니다. 셋째, 교육 · 취업 · 연구 · 산학협력 · 국제협력 등 모든 영역에서 구체적 '성과창출'을 이루고자 하였습니다.

뜻밖에도 재임기간 중 우리에게 닥쳐온 대내외 상황은 애초 예상보다 훨씬 심각하였습니다. 총장 취임과 동시에 반값 등록금 이슈에 따른 등록금 인하, 학생수 감축으로 인한 재원 감소, 직원 기성회수당 폐지 등 심각한 재정적 위기에 직면하였습니다. 그밖에도 법원의 기성회비 위법판결, 국립대 교원 성과연봉제 대응, 국립대 회계재정법 제정, 직원 교육 · 연구 · 학생지도 경비문제, 총장직선제 문제, 대학구조개혁평가, 7년만의 교육부 종합감사 등 감당하기 벅찬 현안들이 끊임없이 제기되었습니다.

산 넘어 산의 난관을 극복하기 위해 대학구성원들의 지혜를 모으는 것은 물론 동병상련의 상황에 처한 대학들, 특히 국공립대학들과의 공동대응이 어느 때보다 절실하게 요구되었습니다. 제가 지역중심국공립대 총장협의회 회장, 대교협 부회장으로서 국공립대학 및 고등교육의 당면 문제들을 해결하는 동시에 우리 대학 발전에도 기여할 수 있었던 것은 매우 소중한 경험이었습니다. 돌이켜 보면, 우리 대학구성원들이 기꺼이 고통을 분담하면서 대학 발전을 위해 개인적인 희생을 감수하였기에 숱한 난제들을 잘 극복하며 오늘에 이르렀습니다.

재임기간 중의 성과 가운데 특히 다음과 같은 일들이 기억에 남습니다.

첫째, 중장기발전계획인 "SEOULTECH DREAM 2020"을 수립하여 2020년까지 국내 10위, 아시아 50위, 글로벌 TOP 300위 진입이라는 우리 대학의 꿈을 현실화하였습니다. 논어에 이르길 "덕이 있으면, 반드시 함께 참여하는 사람이 있다 (德不孤, 必有隣)"고 합니다. 저는 드높은 이상을 품으면서 우리 대학구성원 모두가 이를 달성하기 위해 합심할 것을 믿어 의심치 않았습니다.

둘째, 일반대학 학칙제정 및 규정 정비, 교수평의회 출범, 일반대학원 박사과정 개설 등 국립 종합대학으로서 대학체제를 본격적으로 정비하였습니다. 특히 박사과정 개설은 우리의 소중한 인재들에게 최종학위까지 수여할 수 있다는 점에서 참으로 뜻 깊은 일입니다.

셋째, 글로벌 교육시스템을 강화하여 세계 각 지역의 교류대학, 인바운드 및 아웃바운드 교환학생, 외국인 입학생, 한국어 연수생의 숫자를 작게는 2배에서 많게는 60배까지 늘렸습니다. 반값 등록금을 실현한 장학제도의 안착, 취업 및 창업 지원체제 강화 등으로 우리 대학이 원대한 꿈을 실현할 수 있는 튼실한 교육시스템을 갖추고자 노력하였습니다.

넷째, 교원의 연구 및 산학협력 역량을 획기적으로 강화 시킬 수 있도록 연구지원제도를 전면 개편하였습니다. 그 결과 2014년에 교수 1인당 연구논문 수 전국 1위, 중앙일보 대학평가 교수연구분야 11위라는 쾌거를 이루었습니다.

다섯째, LINC사업 등 교육부의 4대 재정지원사업에 선정되었고, 산학협력단의 규모는 2011년 400억원에서 2015년에 850억원으로 성장하였습니다. 발전기금도 2011년 57억에서 2015년 110억원을 돌파하였습니다.

여섯째, 웹진 발간 등을 통해 대학구성원과의 소통채널을 다원화하였고, 홈커밍데이와 '자랑스러운 서울과기대인상'을 연례행사로 정착시켜 동문과의 연대를 강화시켰습니다.

일곱째, 최첨단 교육시설 확충과 아름다운 캠퍼스 조성에 힘을 기울였습니다. 다빈치관과 무궁관을 조기 완공하였습니다. 산학협력연구동과 창조융합연구동 신축예산을 확보하여 장차 연구공간이 획기적으로 늘어나게 되었습니다. 신축예산을 확보한 900명 수용규모의 제4기숙사(수림학사와 누리학사)와 직장어린이집은 내년 초에 착공합니다. 발전기금을 재원으로 30여명의 학생들이 국가고시 준비에 전념할 인재원은 얼마 전에 착공하였습니다. 창조관·창학관·청운관의 전면 리모델링, 혜성관과 체육관 외관 리모델링 등으로 건물들이 한결 쾌적하면서도 멋스런 자태를 지니게 되었습니다. 종합스타디움 신축, 어의천 정비, 북카페 조성 등은 우리 대학의 학업 분위기를 더욱 건강하고 명랑하게 뒷받침해주고 있습니다. 13번 버스의 대학 내 진입과 창의문 버스정류장 신설로 대중교통도 한층 편리해졌습니다.

여덟째, 신입생의 입학성적이 대폭 상승하였습니다. 2014년 중앙일보 대학평가에서 전국 20위, 2015년 한국경제신문 이공계 대학 평판도 순위에서 전국 15위에 오르는 기염을 토했습니다. 2020년 국내 10위권 진입이라는 "SEOULTECH DREAM 2020"의 목표는 이제 목전의 현실로 다가오고 있으며, 이미 우리 대학은 최상위권의 대열에서 인식되고 있습니다.

옛말에 "깊이 생각하지 않으면 얻지 못하고 도전하지 않으면 성취할 수 없다"(不慮胡獲 不爲胡成 〈書經〉)고 했습니다. 재임기간 동안 우리 대학은 거대한 프로젝트에 수없이 도전하였습니다. 아쉽게 이루지 못한 것도 있지만 대부분 큰 성과를 얻었습니다. 그 하나하나의 성취에는 우리 대학 구성원들의 눈물겨운 헌신과 노고가 알알이 깃들어 있습니다.

놀라운 결과가 입증하듯이 늘 열정적으로 연구와 교육에 매진하신 교수님들, 이를 뒷받침하느라 수고하신 직원과 조교선생님, 성실하게 면학에 열중한 재학생들, 모교발전에 열성적으로 동참해 주신 동문 여러분, 모두 정말 수고 많으셨습니다. 재임기간 동안 분에 넘치는 사랑과 성원을 받았기에 저는 힘들면서도 늘 행복하였습니다. 여러 가지로 부족한 제가 총장직을 커다란 과오 없이 수행할 수 있도록 도와주신 여러분께 다시 한 번 충심으로 감사드립니다.

저는 내일부터 원래 자리인 우리 대학 교수로 복귀하여 교육과 연구에 전념하면서 미력이나마 우리 대학 발전을 위해 계속 헌신하고자 합니다. 우리대학 교수 출신 총장으로서 마지막까지 학교의 명예에 누가 되지 않도록 삼가 조심하며 최선을 다하겠습니다.

여러분, 사랑합니다. 감사합니다.

(2015년 10월 15일, 서울과학기술대학교 총장 남궁 근)

평교수로 정년퇴임　　평교수로 복귀한 이후에는 교수 출신 총장으로서 학교의 명예에 누가 되지 않도록 최선을 다하겠다는 약속을 지키고자 하였다. 평교수로서 강의에 충실하면서 정부자문위원으로 일

하고 있다. 몇 군데에서 상근직으로 초청하겠다는 제안이 들어오기도
하였다. 의례적인 제안이라고 생각되는 곳도 있었지만 진지하게 요청
하는 경우도 있었다. 나는 적어도 정년을 마칠 때까지는 우리 대학에
서 일해야 한다는 생각에 이들을 정중하게 거절하였다. 학교의 명예
에 누가 되지 않으면서 평교수로 정년퇴임을 맞이하게 된 것을 기쁘
게 생각한다.

제4부 | 저술활동

저술활동 개관 /1

정년을 계기로 그간 발표한 글들을 저서와 역서, 논문과 기고문, 그리고 신문 기고로 범주화하여 모아 보았다. 저서와 역서의 경우에는 서문을 게재하였다. 서문에는 책의 내용뿐 아니라 책을 쓰게 된 계기와 저술당시의 상황과 도움을 주신 분들에 대한 감사의 말씀을 담고 있어서, 저술의 내용을 이해하는 데 도움이 될 것으로 생각한다. 논문과 기고문 가운데 학술논문의 경우에는 초록, 요약 또는 논문개요를 함께 게재하여 논문의 내용을 파악하는 데 도움이 될 수 있도록 하였다. 1990년대 중반 이전에는 학술지에서 초록을 따로 게재하지 않거나 목차로 대신하는 경우가 있었는데, 그러한 경우에는 논문개요를 간략하게 소개하였다. 학술논문의 형식을 갖추지 못한 기고문은 제목과 출처만 표기하였다. 신문 기고는 전문을 그대로 게재하였다.

저서와 역서

학위논문　　누구에게나 학위논문(thesis, dissertation)은 학자로서 출발점이라는 점에서 각별한 의미가 있다. 나의 서울대학교 행정대학원의 석사논문 제목은 "한국의 근대화와 대통령의 리더십 비교 연구"
(1978.2)로, 이승만 대통령과 박정희 대통령의 리더십을 비교하였는데
대통령연설문집의 내용분석과 대통령이 임명한 장관급 엘리트의 특성
을 분석하여 두 대통령의 정책정향과 정책우선순위 등을 비교하였다.
당시 서울대 행정대학원에서는 석사논문 심사에서 A 등급을 받은 졸
업생 가운데 학점이 가장 높은 졸업생을 수석 졸업생으로 선정하였는
데 나는 영광스럽게도 수석졸업생으로 상을 받았다.

피츠버그대학교 박사논문 제목은 *A Cross-National Study on
Public Health Program and Policy Development: Comparative
Analysis of Alternative Perspectives*(April 1989)이다. 이 논문은 크게
두 파트로 이루어져 있는데, 하나는 국가적 차원의 보건의료정책의
발달 또는 변화에 영향을 미친다고 생각되는 요인들의 상대적 영향의
중요도와 요인들 상호간의 인과관계의 구조를 경험적으로 검증하는
것이며, 다른 하나는 보건의료분야에의 국가개입을 나타내는 국민의
료보험제도(NHI) 채택의 시기(timing of adoption)와 그 채택의 배경을
살펴보는 것이다. 첫째 파트는 "국가보건의료 정책 발달의 결정요인
에 관한 연구: 경쟁적 제 관점의 비교평가", 「한국행정학보」(24:3,
1990)에 소개하였고, 둘째 파트는 "국민의료보험제도 채택의 배경에
관한 국가간 비교연구", 「사회과학연구」(13:1, 경상대학교사회과학연구
소, 1995)에 게재하였다. 두 논문은 「비교정책연구」(1998)에도 수록하
였다. 박사학위논문으로 나는 1989년 미국행정대학원연합회(NASPAA)
우수논문상을 받았다.

단독저서   단독저서는 학술활동의 결과물로 가장 애착이 많이
가는 저술이다. 내가 단독으로 저술한 학술서적은 세 권에 불과하였
다. 「행정조사방법론」은 1994년 초판 발간 이후 개정을 거듭하여
2017년에 제5판을 발간하였다. 초판 발간 이후 24년이 흘렀지만 여

전히 독자들이 꾸준히 찾고 있다. 「비교정책론: 방법, 이론, 적용」은 1998년 발간하였고, 1999년에 증보판을 발행하였다. 1999년 '한국행정학회에서 저술부문 학술상'을 수상하는 영예를 차지하였지만 아쉽게도 절판되었다. 「정책학: 이론과 경험적 연구」는 한국행정학회장으로 일하던 2008년에 초판을 발간하였는데 2009년 대한민국 학술원의 기초학문육성 우수학술도서로 선정되는 영광을 누렸다. 2012년 제2판에 이어 2017년에 제3판을 발행하였다.

공저서 및 역서　여기에는 내가 연구책임자를 맡거나 출판과정에서 주된 역할을 담당한 저서 및 역서만 포함시켰다. 여기에 소개된 9권의 공저서는 「유럽연합의 대학개혁」(남궁근, 김상묵, 김소영, 노종호, 손명구, 법문사, 2014.2), 「볼로냐협약의 집행성과」(남궁근·김상묵·김소영·손명구, 법문사, 2014.8), 「한국정부론」(윤태범, 남궁근 공저, 2010, 한국방송통신대학교출판문화원, 1개정판, 2015), 「스칸디나비아 국가의 거버넌스와 개혁」(남궁근, B. Guy Peters, 김상묵, 김승현, 윤홍근, 이혁주, 정익재, 조현석 지음, 한울아카데미, 2006.5), 「시민과 정부개혁」(박동서, 조석준, 인명진, 남궁근 엮음, 한울아카데미, 2002, 행정개혁시민연합 정부개혁총서 1), 「정부개혁평가와 공약모니터링」(박동서, 조석준, 인명진, 남궁근 엮음, 한울아카데미, 2002, 행정개혁시민연합 정부개혁총서 2), 「전자정부를 통한 부패통제: 이론과 사례」(남궁근, 권해수, 박흥식, 전태영 지음, 한울아카데미, 2002), 「고위공무원 개방형 임용제도: 도입과정과 발전방안」(남궁근, 박천오, 황성돈, 강제상, 김상묵, 나남출판, 2000), 「공공정책의 결정요인분석」(노화준·남궁근 공편, 법문사, 1993) 등이다.

번역서는 University of Pittsburgh 은사인 W.N. Dunn 교수의 「정책분석론」, 제6판(남궁근, 김지원, 김선호, 이희선 공역, 법문사, 2018. 원저: *Public Policy Analysis: An Integrated Approach*, 6th edition, Pearson, 2017. 1994.12.20. 번역서 제2판 발행, 2005.3.4. 제3판 발행,

2008.9.20. 제4판 발행, 2013.2.25. 제5판 발행(2016.6.10. 2쇄 발행), 「정책집행론」(김영기 · 남궁근 · 유낙근 · 최용부 역, 법문사, 1985. 원저: R. T. Nakamura & Frank Smallwood, *The Politics of Policy Implementation*. 1980, St. Martins Press, Inc.), 「신행정론: 새로운 행정이론의 흐름과 관점」(김영기, 남궁근, 유낙근, 최용부 공역, 박영사, 1983. 원저: H. Geroge Frederickson, New Public Administration, The University of Alabama Press, 1980), 「개발도상국 정치론」(이춘근, 남궁근 옮김, 서울: 평민사, 1981, 정치외교학총서 3. 원저: Fred R. von der Mehden, *Politics of The Developing Nations*, Englewood Cliffs, N.J. Prentice-Hall, 1964) 등 네 권의 책이다.

영문편저　　영문으로 쓴 공편저에는 *Public Administration and Policy in Korea: Its Evolution and Challenges*(co-edited by Keun Namkoong, Kyung-ho Cho and Sangmook Kim, London: Routledge, 2017)와 *Korean Public Administration and KAPA: looking back, leaping forward*(edited by Keun Namkoong, Seoul: Korean Association for Public Administration, 2009)가 있는데 모두 2008년 한국행정학회 회장으로 일하면서 기획한 책이다.

논문 및 기고문

　논문의 경우 세부 범주를 국내외 전문학술지 게재논문, 국내외 전문학술지 서평 및 논문비평, 대학학술지 게재논문, 일반지 게재논문, 단행본 게재논문으로 구분하였다. 국내외 전문학술지 게재논문은 심사자의 엄격한 심사절차(peer-review)를 거쳐야만 게재가 확정될 수 있다. 국내외 전문학술지에 게재된 서평과 비평논문은 해당 학술지 편집자의 의뢰를 받은 후에 작성한 원고이지만 엄격한 심사절차를 거치지는 않는다. 교내학술지 게재논문은 일반적으로 심사절차를 거치지 않으므로 엄격하게 따질 경우 연구업적으로 인정되지 않는다.

2000년 이전에는 교내학술지에 게재된 후에 이를 다시 전문학술지에 투고하는 것이 관행적으로 용인되었다. 일반지 게재 논문의 경우에도 논문의 형식은 갖추지만 교내학술지와 마찬가지로 심사절차를 거치지 않으므로 연구업적으로 인정되기 어렵다. 단행본 게재논문 또한 연구업적으로 인정되지 않는다.

돌이켜 보니 나는 국내외 전문학술지에 36편의 논문(공저 포함)을 게재하였다. 가장 먼저 발표한 논문은 1984년 4월 「한국행정학보」에 게재된 "신행정론의 가치지향: 사회적 형평을 중심으로"이었는데, 2011년에 제자인 정황모 박사와 공저로 "정부출연 연구기관 연구자의 성과가 연구환경 만족 및 성과의 가치인식에 미친 영향"(한국정책과학회보 15:4)을 게재한 이후 서울과기대 총장직을 수행하면서 더 이상 전문학술지 논문을 쓰지 못하여 아쉽게 생각한다. 대학학술지에는 모두 28편의 논문을 게재하였는데 세 편(서울과기대 1편, 육군제3사관학교 2편)을 제외하고는 모두 경상대 교내 학술지에 게재한 논문이었다. 일반지에는 세 편의 논문을 게재하였다. 단행본에 게재된 글은 모두 21편이었다. 여기에는 논문형식을 갖춘 글도 있지만 그렇지 못한 글도 있다. 은사님의 정년기념논문집에 게재된 글은 논문형식을 갖추었지만 대부분 기존에 발표된 논문을 보완한 것이다.

에세이 형식으로 일반잡지 및 소식지에 게재한 글은 34편이었다. 한국행정학회, 한국정책학회, 한국행정연구원, 중앙인사위원회 등의 소식지에 실린 글, 지방자치, 자치발전, 지방행정, 감사 등 공무원을 독자로 하는 잡지에 게재된 짧은 글, 그리고 「고시계」라는 행정고시 수험생이 구독하는 잡지에 정책학 및 행정학의 쟁점을 소개하는 글 등이었다.

그 외에도 16권의 연구보고서의 목록을 수록하였는데, 내가 연구책임자를 맡은 과제 가운데 중요하다고 생각되는 주요 연구과제만 선별하였다. 연구책임자를 맡은 과제 가운데에도 지나치게 실무적이어서 중요성이 떨어지거나 공동연구자로 참여한 과제는 제외하였다.

한편 국내외 학술대회에서 발표하였지만 학술지 게재논문으로 발전시키지 못한 논문은 제외시켰다. 학회 발표논문 가운데 일부는 학술지에 게재하였고, 일부는 저서 및 공저서에 포함시켰다. 정교수가 된 이후에는 국내외 학술대회나 연구기관에 초대받아 발표한 논문을 바쁘다는 핑계로 학술지 논문으로 발전시키지 못하고 사장시킨 경우도 많았는데 이러한 논문은 아쉽지만 포함시키지 않았다.

신문 기고

2000년대 이후 신문에 기고한 글들을 모아서 소개하였다. 2004년 2월 11일, 서울신문에 게재된 시론 "지방인재 채용목표제 위한 변론"에서부터 2018년 7월 30일 내일신문 신문로 칼럼에 게재된 "'주52시간 근무제도' 정착되어야"까지 39편의 칼럼을 기고하였다. 돌이켜 보니 우리 대학총장으로 재직할 당시에는 주로 고등교육에 관련된 쟁점을 다루었고, 총장직에서 물러난 이후에는 국정운영과 정부혁신에 관련된 주제들을 다루고 있는 칼럼이 대세를 이루었다.

신문 기고는 총장에 취임한 이후에 많이 쓰게 되었는데, 「내일신문」의 칼럼 정기 필진으로 위촉되기도 하였지만 그보다는 고등교육정책과 정부혁신에 관련된 시급한 현안과제들이 많았기 때문에 그에 관한 나의 의견을 제시하는 창구로 활용하였다. 내가 쓴 신문 기고를 읽은 후에 그에 관련된 의견을 피력하는 분들도 많이 있었다. 나는 교육부와 행정안전부를 포함한 정부당국자들과 국회의원과 보좌관 등 정책결정에 영향을 미치는 집단이, 내가 생각했던 것보다 신문칼럼, 사설을 포함한 오피니언 부문을 더 많이 참고한다는 것을 알게 되었다. 학자의 입장에서 본다면 신문칼럼보다는 학술논문을 더 많이 쓰면 좋겠지만 대학을 운영하거나 국정운영에 관한 의견이 있을 경우에 칼럼이 자신의 입장을 반영할 수 있는 보다 빠른 방법이라고 생각한다.

저서와 역서 /2

학위논문

박사논문

A Cross-National Study on Public Health Program and Policy Development: Comparative Analysis of Alternative Perspectives, A Dissertation Submitted to the Faculty of the Graduate School of Public and International Affairs, University of Pittsburgh, April 1989.

Abstract

This dissertation research examines the cause and the consequences of the development of national health policy efforts by comparing the experience of 73 countries that have a national health insurance or a National Health Service System. The research is based on the belief that alternative explanations should be brought together into the analysis, and that explanatory power of a theory should be determined in open competition with the others. Seven types of explanation are elaborated and tested in the analysis. They are (1) economic development, (2) social mobilization, (3) political democracy, (4) social democracy or working-class strength, (5) state power, (6) dependence or world system position, and; (7) diffusion and global integration or openness of society.

Empirical analyses are performed to test the relative adequacy of those explanations in accounting for the *changes* over time rather than for the level of health policy efforts. Panel regression model is used to analyze the causes of changes over time using pooled panel data of 73 nations collected for every fifth year from 1960 to 1980. The impacts of health policy efforts on the health conditions are analyzed using the same pooled data set. In addition, to test the alternative theories in the context of the adoptions of health insurance program, we examined the data around the time of adoptions for 63 countires which adopted the program as politically independent nations.

Recognizing importance of proper measurement instruments and the large degree of measurement errors in cross-national indicators, we employed multiple indicators or a composite index to represnet each of the explanatory concepts. Thus we examined a fairly large number of explanatory variables, totaling 30 in the pooled data set, to represent the seven explanatory concepts. A series of explanatory or confirmatory factor analyses is performed to asses the validity and reliability of measurement instruments, and to construct statistically weighted composite indices. These composite indices are used in the final analysis of structural equations. In addition to this two-step sequential procedure, we used LISREL which permits the simultaneous estimation of both the parameters of the measurement equations and of the structural equations.

The findings of this research are contrasted with the previous studies in several aspects. (1) In contrast to most studies which confined themselves to an analysis of internal, domestic, or within-nation causes of public policy, the findings of this research show that transnational factors have as much influence as domestic factors in shaping public health policy efforts. The empirical evidence suggests that 'semi-diffusion' process may operate in the adoptions of health insurance program within the international system of communication and influence. This research also reports that the composite index, which we denote, for lack of a better name, global integration or openness of society has a significant influence on the expansion of both the population coverage and the health expenditure ratio. Trade dependence exerts indirect negative impacts on the development of health policy efforts. (2) The evidence shows that economic development and social mobilization have impacts on different aspects of health policy efforts: while the former affects the growth of public health expenditures, the latter exerts a significant impact on the expansion of population coverage. In addition, the empirical evidence indicates that social mobilization vastly overshadows the direct influence of economic development on the health conditions, (3) The findings of this research indicate that various political factors such as political democracy, social democracy and state power do make *differences* in the national health policy efforts. This effect of politics has rarely confirmed in quantitative studies with a wider sample. (4) The evidence indicates that population coverage of national health insurance and National Health Service, although secondary to the level of social mobilization, is a significant explanatory factor of the health conditions.

Acknowledgements

I wish to acknowledge, with sincere appreciation and gratitude, my indebtedness to a number of individuals who have rendered me direct and indirect assistance in the preparation of this dissertation research. I am particuarly grateful to my committee chairman, Dr. Hector Correa, not only for his generous confidence in me and continuing encouragement throughout the dissertation research, but also for acquainting me with empirical research as a research assistant for several projects. Sincere appreciation is extended to my dissertation committee for their guidance and constructive criticism: Professors, William N. Dunn, Alex Weilenmann, Guy B. Peters, and Carmlo Mesa-Lago, all of whom have been generous to share their expertise and precious time with me. I am also indebted to Dr. Louise Comfort who gave me financial support and intellectual insight when I needed it most. Needless to say, I am solely responsible for the errors, omissions, misinterpretations or imperfections that still may remain.

Gyeongsang National University, Korea and the University of Pittsburgh have provided financial assistance without which I would not be able to have the opportunity to do my doctoral study. I owe special thanks to Dr. Chung-Han Lee, the president, Dr. Hyun-Chun Shin, ex-president, and my colleagues of Gyeongsang National University. Their generosity and sacrifice made it possible for me to complete my doctoral study. I am also grateful to my special friends in Pittsburgh, Ji-Won Kim, Dr. David Y. Miller, Andrea Hegedus, and Jan Jerigan for their invaluable intellectual and social support. Particularly, to the family of Dr. David Y. Miller, I owe an unforgettable debt for sharing enjoyable and comfortable family life with ours.

I wish to express my special thanks to parents and parents- in-law, all of whom have expressed pleasure in my academic achievement. My deepest appreciation goes to my wife Jeong-ok for everything she sacrificed for me. I trust that my daughters, Sun and Hyun, who have undergone and endured hardships, will understand their undutiful student-father.

석사논문

"한국의 근대화와 대통령의 리더십 비교 연구", 서울대학교 행정대학원, 1978.2.

요 약

이 논문에서는 해방 후 한국의 근대화과정을 고찰하고 이 과정을 담당하였던 정치지도자의 역할을 비교·분석하였다. 근대화에서 정치지도자의 관건적 역할을 가정할 때 한국의 근대화 과정에서 가장 큰 역할을 한 지도자는 이승만 대통령과 박정희 대통령이다. 양 대통령의 1) 사회적 배경에서 나타난 성격, 2) 정치이념과 정책정향, 3) 근대화 문제해결의 기본전략, 4) 엘리트 충원방법을 비교함으로서 한국 근대화과정에서 나타난 특징을 설명하고자 하였다.

연구의 시간적 범위는 해방과 6·25 동란의 혼란기를 지나서 어느 정도 안정적인 정책의 추구가 가능하였던 1954년부터 1976년까지를 대상으로 1960년대 이전과 '60년대 이후를 비교하였다. 대통령의 리더십 역할의 비교 방법으로는 기존자료 이용, 대통령 전기나 관계문헌조사, 대통령 연설문의 내용분석(content analysis) 등을 사용했다.

이대통령과 박대통령의 리더십을 비교한 결과 다음과 같은 결론을 얻을 수 있었다.

1) 이대통령은 경제발전보다는 통일, (반공) 민주주의, 사회복지를 정책적으로 강조하였다. 경제발전 전략으로서 경제계획을 통한 방법을 거부하고 자유경쟁에 의한 자율적 발전의 원리를 택하였기 때문에 경제정책은 비효율적이었다. 통일전략으로서 대미외교교섭 등 우방과의 협력을 강조하였고, 거액의 원조자금을 대부분 군의 유지에 사용하여 경제발전에의 사용이 상대적으로 등한시 되었다. 이대통령이 실제 추구한 민주주의는 관념적인 서구식 민주주의로 반공이라는 개념을 통하여 반사적으로 규정된 것이었으므로 현실과의 갭은 4·19 혁명이라는 결과를 초래했다. 그가 추구한 사회복지의 이념을 실현하기에는 우리의 경제규모는 너무 약소하였다.

73세에 대한민국의 초대 대통령에 취임한 이박사의 리더십과 당시의 과업엘리트들은 근대화의 **목표, 전략, 수단**을 체계적으로 제시하여 국가발전을 효율적으로 추진하는데 실패하였다. 그러나 이대통령은 독립운동의 지도자로서 한국정부의 수립에 결정적인 공헌을 하였고, 탁월한 외교역량을 발휘하여 신생한국의 대외적인 관계유지에 성공하였다.

요컨대 이대통령의 리더십은 건국초기단계의 국가건설(state-building)에는 적절하였으나 그 이후 국민형성(nation-building)과 경제발전 단계에는 부적합하였다. 한편 이대통령이 추구한 정책의 결과는 '60년 이후 근대화에 중요한 잠재력을 형성하였다. 첫째, 대규모 군의 유지는 많은 근대화의 역군을 배출하였다. 둘째, 서구식 자유민주주의의 추구는 해방 후 교육받은 많은 국민에게 자유와 민주의 가치를 교육시켰고, 이 교육받은 인력은 60년대 이후 정치·경제발전에 영향을 미쳤다. 셋째, 그가 이상으로 제시한 사회복지는 계속하여 정치체제에 대한 투입으로 나타나고 있다.

2) 박대통령은 경제발전을 국가발전의 목표로 설정하고 계획경제의 방법을 택하여 산업화를 성공적으로 추진하였다. 박대통령의 경제발전을 수단으로 하는 사회 통합전략이라는 기본입장은 그 정책정향에서나 과업엘리트 충원에서 일관적으로 나타난다.

민주주의에 관해서 박대통령은 한국의 현실에 적합한 민주주의, 즉 민주주의를 토착화하려는 시도를 계속하였다. 북한과 대처한 현실과 경제발전의 능률적 추구를 위해서 자유의 일부를 유보하여 참여를 제한하는 방향에서의 토착화를 강조하고 있다. 분배와 복지에 관해서는 경제발전이 충분히 이루어진 후에야 추구할 수 있다는 입장으로 나타난다.

박대통령과 과업엘리트들이 제시한 근대화의 목표·수단·전략은 한국의 발전단계에 적합한 것이었다고 평가할 수 있다. 60년대에 경제발전이라는 목표를 설정하고 발전계획을 수립하여 이의 효율적인 달성을 위해 노력한 결과 발전시기를 단축할 수 있었다. Lipset이 말하는 정통성과 능률성의 모델에 비추어 볼 때 능률성을 극대화하여 취약한 정통성을 합리화하여 정치체제의 안정성을 유지하였다. 그러나 경제발전 일변도의 정책을 추구하는 과정에서 참여와 배분의 문제가 지나치게 소홀히 되었다. 당면한 근대화의 과제를 경제발전, 민주적 국민국가 건설, 사회복지의 실현으로 요약할 때 경제발전은 필요조건이기는 하지만 충분조건은

되지 못한다.

경험적 연구에 의하면 안정적 민주주의는 경제수준과 밀접한 상관관계를 가진 다는 사실이 입증되었지만 민주주의는 결코 산업화의 결과는 아니다. 또한 경제발전이 자동적으로 분배의 문제를 해결해 주는 것은 아니다.

그러므로, 한국의 정치적 리더십의 미래 과제는 경제발전을 계속 추구하는 과정에서 건전한 중산층을 육성하며, 국민의 참여를 유도하여 안정적 민주주의의 제도화를 기하고, 경제발전의 성과를 국민에게 골고루 배분하는 사회복지정책의 추구하고 할 수 있다.

단독저서

1. 행정조사방법론, 법문사.

초판 발행 1994년 3월 20일 / 7쇄 1997년 3월 28일
제2판 발행 1998년 3월 10일 / 8쇄 2002년 1월 30일
제3판 발행 2003년 9월 15일 / 12쇄 2010년 1월 20일
제4판 발행 2010년 8월 30일 / 9쇄 2016년 1월 5일
제5판 발행 2017년 2월 25일 / 3쇄 2018년 6월 25일

〈좌로부터 제2판, 3판, 4판의 표지 이미지〉

초판 서문

본서의 목적은 행정학 및 정책학분야에 초점을 맞추어 경험적 조사연구의 설계

원리와 분석방법을 제시하여 독자들이 경험적 연구의
수행능력과 경험적 연구문헌의 해독력을 기를 수 있도
록 하는 것이다. 조사방법론을 공부하는 목적은 실제로
경험적 연구를 수행할 수 있는 능력을 습득하는 것이
다. 경험적 연구를 수행할 수 있으려면 경험적 연구의
핵심적인 논리를 이해하고, 연구의 각 단계마다 적절한
분석기법을 선택하여 적용할 수 있어야 한다. 조사방법
론을 공부하는 또 하나의 목적은 경험적 연구문헌의 해

독력을 갖추는 것이다. 행정학도와 실무자들은 스스로 경험적 조사연구를 설계하
고 수행할 수 있는 능력뿐 아니라, 경험적 연구문헌을 읽고 이해할 수 있는 능력,
즉 해독력을 갖추기 위해서는 그 연구에 사용된 기법과 그러한 기법을 사용하게
된 맥락을 이해하여야 한다. 이러한 지식을 갖출 때 다른 연구자들이 수행한 연구
결과의 중요성과 의미를 제대로 평가할 수 있게 된다.

본서는 독자들이 경험적 연구의 수행능력과 경험적 연구문헌의 해독력을 갖추
는 데 도움이 될 수 있도록 내용을 구성하고 사회과학 연구방법론의 일반적인 설
계원리와 분석기법을 충실하게 따르는 한편, 주로 행정학 및 정책학 분야의 사례
를 통하여 원리와 기법을 설명하려고 노력하였다.

본서의 제1장에서 과학적 연구의 의미와 논리, 제2장에서 과학적 연구의 목적
과 유형을 살펴본 다음, 제3장에서 과학적 조사연구의 과정을 개관하는 틀을 제시
하였다. 이어서 경험적 조사연구의 각 단계별로 제4장에서는 연구문제선정, 개념
적 틀의 구성, 가설 설정, 제5장에서는 기존연구문헌의 검토, 제6~8장까지는 조
사설계, 제9~10장에서는 개념 정의 및 측정, 제11장은 표본추출, 제12장은 자료
수집, 제13장에서 15장까지는 자료분석방법, 제16장에서는 연구논문 및 보고서 작
성 및 활용방법에 관하여 다루었다.

그러므로 본서는 행정학과, 그리고 정치학과와 사회복지학과 등 인접학과에서
대학원 및 학부의 조사방법론, 조사설계론, 또는 연구방법론의 교재로 사용될 수
있을 것이다. 또한 학부와 대학원에서 강의교재로 사용할 수 있도록 기초적인 내
용과 전문적인 내용을 모두 포함하고 있으므로, 개설강좌의 수준에 따라 선택적
으로 강의하는 것이 바람직하다고 생각된다. 학부학생과 공무원시험에서 조사방

법론 과목의 수험생은 제3장 4절, 제5장 3절 및 4절, 제13장 4절, 제14장 3절, 그리고 제15장 등은 생략하여도 무방하다. 특히 제15장 공분산구조분석은 매우 전문적인 분석방법이므로 필요한 독자들만 따로 공부하면 될 것이다.

본서는 여러 은사님의 가르침, 그리고 연구방법론 분야의 기존 저서와 문헌에 크게 의존하여 쓰여졌음을 분명하게 밝힌다. 저자가 방법론 분야에 관심을 갖게 된 것은 서울대학교 행정대학원 재학시절 은사님이신 김해동, 강신택, 김광웅 교수님으로부터 가르침을 받은 것이 계기가 되었다. 행정고시를 준비할 때 은사님들의 저서와 강의 노트를 거의 암기하다시피 했던 것이 기억에 새로우며, 은사님들로부터 강의와 저서를 통하여 받은 가르침이 이 책의 밑바탕이 되었다.

그리고 University of Pittsburgh 유학시절 W. N. Dunn의 응용조사방법과 H.Correa의 다변량 통계분석으로 수강하고, H. Correa와 Louise K. Comfort의 연구조교로 일했던 경험이 본서를 구상하게 된 직접적인 계기가 되었다. 경험적 연구의 수행능력을 갖추려면 조사설계뿐만 아니라 분석기법을 선택하여 실제로 적용할 수 있어야 한다는 점을 절실하게 느끼고, 조사설계와 분석방법을 결합한 본서를 구상하게 되었다.

또한 90년부터 행정학 분야의 소장학자들을 중심으로 방법론의 지식과 기법을 공유하자는 취지의 워크숍을 시작하였는데, 일련의 워크숍에서 발표하고 토론한 내용과 초창기에 워크숍을 주도한 서울대 노화준, 외국어대 김명수, 국방대학원 나기산 교수님, 그리고 워크숍을 활성화하기 위해 함께 노력한 이화여대 송희준, 서울대 이달곤, 숭실대 이윤식, 서울시립대 박용치, 국민대 목진휴, 아주대 김준한, 건국대 이성복, 경성대 송근원, 목원대 김병섭, 경남대 송병주, 동국대 박병식 교수 등 여러 분들과의 대화 및 토론이 본서를 구성하는 데 도움이 되었다.

이와 같이 많은 분들의 도움으로 본서를 쓸 수 있게 되었지만 저자의 역량부족으로 처음에 구상했던 것과는 달리 미진한 점이 상당히 많다. 혹시나 여러 은사님과 선배교수의 기존저서에 오히려 누를 끼치지 않을까 우려되면서도, 미진한 부분은 다음 기회에 보완할 것을 다짐하며 책을 내기로 하였다. 앞으로 많은 분들의 충고와 비판이 있기를 기대하며 그 내용은 본서를 보완하는 데 반드시 고려할 것임을 약속드린다.

이 기회를 빌어 석사논문지도를 시작으로 늘 관심을 가지고 격려해 주시는 박동서 교수님, 대학 강단에 서게 도와주신 유훈 교수님, 그리고 김해농, 안해균, 조석준, 최종기 교수님의 가르침에 감사드리며, 항상 학문적 지도와 함께 인간적 정의를 베풀어 주시는 강신택, 오석홍 교수님을 비롯하여 김광웅, 노화준, 정정길, 김신복 교수님 등 여러 은사님들께 진심으로 감사를 드린다.

본서의 통계관련부분 초고를 읽고 나서 여러 가지 조언을 해 준 경상대 통계학과 서의훈, 울산대 김재홍 교수, 여러 가지 자료를 제공해 주고 격려를 아끼지 않은 최용부, 이시원 교수를 포함한 동료교수들, 필자와 함께 교정에 애써준 제자 하혜수, 오세홍, 하상근, 강호규 군과 정정숙 양에게도 감사드린다. 본서를 발행해 주신 법문사의 배효선 사장님과 편집부의 최복현 이사님, 예상보다 길어진 출판과정에서 수고를 많이 한 김제원 선생께 깊은 사의를 표한다. 마지막으로 집필과정에서 조교의 임무까지 성실하게 수행해 준 아내와 바쁜 아빠를 이해하고 격려해 준 두 딸 선과 현에게도 고마움을 표한다. (1994년 2월)

제5판 서문

제5판에서는 빅 데이터 분석을 추가하였고, 혼합방법과 연구윤리에 관한 내용을 보완하였다. 한편 세 번에 걸친 개정과정에서 책의 분량이 과도하게 늘어나 독자들에게 지나친 부담이 되었기에, 제5판에서는 중첩되거나 필요성이 적은 내용과 사례들은 과감하게 제외시켰다.

초판에서 의도하였던 "독자들이 경험적 연구의 수행능력과 경험적 연구문헌의 해독능력을 기를 수 있도록한다."는 목적에는 변함이 없다. 개정판을 거듭하면서 일관되게 연구방법의 최근 흐름을 반영하는 한편 신세대 독자들이 보다 쉽게 내용을 이해할 수 있도록 배려하고자 노력하였다. 예를 들면, 사례, 그림, 도표를 추가하여 시각적 이해를 돕고자 하였고, 각 장별로 복습과제를 제시하여 학습자들이 응용능력을 키울 수 있도록 하였다. 복습과제는 학사과정 학생들에 해당되는 문제뿐 아니라 학위논문을 작성하는 대학원 학생들에게만 해당되는 문제도 포함되어 있으므로 담당교수님의 지도를 토대로 학습자들이 자신의 수준에 맞게 활용하면 될 것이다.

저자가 재직 중인 서울과학기술대학교에서 4년간 총장직을 수행한 후 2016년 1학기에 연구년을 보내게 되었는데 이 기간 중 서울대학교 행정대학원의 객원교수로 초빙되어 연구실과 여러 가지 편의를 제공받았다. 이 기회에 연구에 집중하면서 제5판 개정작업을 준비할 수 있도록 도움을 준 서울대학교 행정대학원 당국에 감사드린다. 기회가 될 때마다 조언을 아끼지 않고 격려해 주신 Pittsburgh대학의 W. N. Dunn 교수, L. Comfort 교수, D. Miller 교수, 그리고 J. Keeler 행정대학원장에게도 감사드린다.

돌이켜 보면, 이 책을 수 차례 개정하는 과정에서 여러 기관과 개인들의 도움을 받았다. 제2판은 저자가 LG연암재단의 해외연구교수로 선정되어 UC Berkeley 정부연구소에서 연구년을 보내면서 준비하여 1998년에 발간하였고, 제3판은 저자가 서울과학기술대학교 IT정책대학원장 재직 당시인 2003년 발간하였다. 제4판은 저자가 벨기에 루뱅대학(KU Leuven) 공공관리연구소에서 연구년을 보내면서 준비하여 2010년에 발간하였다. 제2판의 경우 지금은 고인이 된 Berkeley대 정부연구소장 Nelson Polsby 교수, 그리고 David Collier 교수와 Harold Wilensky 교수와 토론했던 기억이 새롭다. 제4판의 경우 당시 루뱅대학 공공관리연구소장 Geert Bouckaert 교수, 그리고 Annie Hondegem 교수의 도움을 잊을 수 없다. 국내에서는 제2판 출간시 저자가 재직하였던 경상대학교 강수택, 박재흥 교수가 질적 연구방법에 관한 원고를 읽고 귀중한 코멘트를 해 주셨고, 제4판 출간시에는 서울과기대 김상묵 교수가 AMOS 집필에 도움을 주었고, SPSS 패키지 사용절차에 관하여는 경상대 민병익 교수와 하상근 교수가 도와 주었다. 편집과 색인작성에도 여러 분이 도와주었는데 제2판에는 하상근 교수와 강혜정 조교, 제3판에는 박다진 석사, 박정미 조교, 윤범찬 군, 제4판에는 윤정수 박사가 수고하였다. 집안에서는 아내 정옥이 초판부터 독자의 입장에서 원고를 읽고 교정을 해 주었다. 초판 출간시 중학생과 초등학생이었던 두 딸 선과 현은 이제 결혼하여 애 엄마가 되었고, 초판 발간 후 태어난 아들 휴는 어엿한 대학생이 되었다. 제3판 발간시 큰 딸 선은 표지 디자인을 선물하였고, 작은 딸 현은 상당량의 자료를 타이핑해 주었다. 큰 사위인 조태상 Byul & Associates 대표는 제4판에 이어 제5판 표지 디자인을 선물하였다. 법문사 편집부에서는 김제원 부장이 초판과 제2판 편집에 애써 주었고, 제3판부터 깔끔한 편집을 위해 수고해 주신 예상현 과장에게도 감사드린

다. (2017년 1월)

2. 비교정책연구: 방법, 이론, 적용. 법문사.

초판 발행 1998년 10월 31일 / 1999년 한국행정학회 저술부문 학술상 수상
증보판 발행 1999년 8월 / 2쇄 2004년 7월 23일

머리말

오늘날 빠른 속도로 세계화가 진행되고 있다. 지금 우리가 겪고 있는 국가적인 곤경은 비로 이러한 세계화의 추세를 정확하게 판단하여 능동적으로 대처하지 못한 국가 정책의 책임이 크다. 세계화의 추세를 정확하게 판단하려면 세계화의 방향을 주도하는 여러 국가들의 정책을 체계적으로 비교분석할 수 있어야 한다. 이를 바탕으로 국가정책을 수립하고 집행할 때 진정한 대응능력을 갖추게 될 것이다. 그런데 다른 나라의 정책

과 제도는 상식적으로 접근하기 보다는 과학적으로 접근하여 증거를 바탕으로 연구하여야 한다. 그러므로 학술적인 관점에서는 물론 실용적인 필요 때문에 다른 나라의 정부정책을 체계적으로 비교 연구할 필요성이 점차 커지고 있다.

이 책은 정책의 국가간 비교연구 또는 지방정부간 비교연구를 체계적으로 수행하는데 필요한 방법과 이론, 연구사례를 포함하고 있다. 이 책의 내용은 서론, 방법, 이론, 적용사례 등 4부로 구성되어 있다. 제1부에서는 비교정책의 의의와 목적(제1장) 및 절차(제2장)를 다루고 있다. 제2부에서는 방법 전반의 개관(제3장), 사례비교방법(제4장), 통계적 방법(제5장), 부울대수방법(제6장) 등 구체적 방법과 적용절차를 다루고 있다. 제3부에서는 비교정책연구 분야의 최근 이론들을 적용사례와 더불어 소개하였다. 제7장에서는 이론 전반을 개관한 다음, 제8장에서는 정책 네트워크의 특징적 유형인 하위정부모형, 정책공동체모형, 이슈네트워크 모형을 고찰하였고, 제9장에서는 비교적 최근에 대두한 국가중심적 이론, 신제도론, 그리고 Putnam의 시민공동체론을 다루었다. 제4부는 필자의 연구 중 비교정책연구에 관한 논문을 골라서 고쳐 쓴 것이다. 필자의 관심분야인 보건의료와 복지정책에서

복지국가프로그램의 태동(제10장 의료보험제도 채택배경), 성장(제11장 보건의료정책발달의 결정요인), 위기와 대응(제12장 영국과 스웨덴의 비교) 등 세 편을 골랐고 한국과 미국의 재해관리행정 비교(제13장), 정책혁신으로서 정보공개제도 채택(제14장)을 선정하였다. 방법의 측면에서 보면 사례비교연구가 두 편(제12장과 제13장), 통계적 방법을 적용한 연구가 세편(제10장, 제11장, 제14장) 수록되었다. 처음 네 편은 국가를 분석단위로 한 연구이며 마지막 제14장은 분석단위가 지방정부이다.

그 동안 정부정책의 국가간 비교연구를 수행하고 대학원에서 비교정책론을 강의하면서, 비교정책연구를 제대로 수행하려면 연구대상국가의 정책분야는 물론이고, 그 바탕이 되는 이론과 비교연구방법을 잘 알아야 한다고 생각하여 왔다. 오늘날 우리나라에서 급격하게 수요가 증가하고 있는 지역연구(area study)분야에서도 그 필요성은 마찬가지라고 생각한다.

필자는 1996년 LG연암재단의 연구비를 지원받아 버클리대학교에 머물면서 이러한 생각을 정리하여 이 책의 초안을 완성하였다. 이 기회를 빌어 LG연암재단에 감사드린다. 당시 지역연구와 비교연구방법의 유사점과 차이점에 관하여 필자와 토론하고 귀중한 자료를 복사해 준 버클리대학교의 D. Collier교수와 USC의 Ann Crigler 교수에게 감사드린다. 원고를 부분적으로 타이핑해 준 큰 딸 선, 열심히 자료를 복사해 준 둘째 딸 현에게 고마움을 표한다. 두 딸은 색인작성 작업까지 도와주었다. 원래 이 책은 작년에 출판할 예정이었으나 필자의 게으름 때문에 늦어진 것을 부끄럽게 생각한다. 오랫동안 책 대신 컴퓨터 프린트물로 열심히 공부하면서 귀중한 코멘트를 해 준 경상대 비교정책론 수강생들과 서울대 정치학과 공공정책분석 수강생들에게도 감사드린다. 어려운 사정에도 불구하고 출판을 허락하신 법문사 배효선 사장님과 최복현 상무님, 그리고 편집과 교정에 애써 준 김태우 선생에게도 진심으로 감사드린다. 늘 아빠를 찾는 아들 휴와 항상 고생을 같이 하는 아내 정옥에게 고마운 마음을 전한다. (1998년 10월 6일)

증보판 서문

증보판에서는 9장 3절을 전면 수정하고 13장을 추가하였다. 9장 3절에서는 Putnam의 사회자본과 시민공동체론과 이를 이탈리아 지방정부의 제도적 성과를 설녕하는데 석용한 비교연구, 그리고 미국에서 지난 한 세대 동안 사회자본의 감소경향과 그 원인을 규명한 연구를 보완하였다.

제13장에서는 1980년대 이후 서구 복지국가의 위기에 대응한 국가복지 프로그램 재편 또는 구조조정 결과를 기술하고, 그 차이에 대한 설명을 시도하였다. 제13장의 내용은 기존의 제10장 의료보험제도 채택배경의 설명, 제11장 보건의료정책발달의 결정요인, 제12장 복지국가의 위기와 대응 등 3개 장에 연결되는 후속연구의 결과이다. 제13장을 제10장 및 제11장과 대조할 때 방법의 측면에서는 계량적 방법이 아닌 사례연구방법을 사용한 이론검증의 시도라는 점에서 차이가 있고, 내용의 측면에서는 채택배경 및 성장의 결정요인과는 달리 제도화된 프로그램의 특징들이 재편의 차이를 설명한다는 점에서 역사적 제도론의 설명력을 확인할 수 있었다.

대표적인 국내학술지에 게재된 정책분야의 국가간 비교연구논문을 검색하여 수록하고자 하였으나, 엄격한 비교연구의 기준에 적합한 논문 편수는 의외로 적었고, 느슨하게 정의할 경우 논문편수가 상당히 많아서 포기하였다. 독자들은 한국정치학회보, 한국행정학회보, 한국정책학회보, 정책분석평가학회보 등에서 각자 관심을 가진 분야에서 정책의 비교연구 논문을 참조하면 도움이 될 것으로 생각한다.

어려운 사정에도 불구하고 1년 만에 증보판의 출간을 허락해 주신 법문사 배효선 사장님, 그리고 교정에 애써 준 편집부의 이재필 부장께 감사드린다. (1999년 7월 14일)

3. 정책학: 이론과 경험적 연구, 법문사.

초판 발행   2008년 9월 15일
          (2009년 대한민국 학술원 기초학문육성 우수학술도서로 선정)
제2판 발행 2012년 2월 15일 / 4쇄   2016년 1월 5일
제3판 발행 2017년 8월 25일

초판 서문

　대학교수의 가장 큰 고민은 담당강좌의 수업내용에 관한 것이다. 저자는 오랫동안 학사과정의 정책형성론, 대학원 과정의 공공정책세미나 과목을 담당해 왔다. 학사과정의 경우 정책학개론을 수강한 상급학년 학생을 대상으로 정책형성과 관련된 주제를 다루면서 별도의 과목으로 편성된 정책분석 및 정책평가와는 차별화하여야 했다. 대학원 과정의 경우에는 학생들이 정책과 관련된 다양한 이론을 이해한 후 이를 토대로 각자 연구주제에 적용하여 경험적 연구논문을 작성할 수 있도록 훈련시킬 필요가 있었다.

　이 책은 저자가 위의 과목을 담당하면서 오랫동안 고민을 거듭해온 내용을 토대로 쓰게 되었다. 이 책에서는 공공정책 분야에서 그동안 개발된 이론과 경험적 연구결과를 분야별로 정리하여 소개하고자 하였다. 이 책은 제1부 정책연구의 기초, 제2부 환경과 제도, 제3부 행위자와 네트워크, 제4부 정책과정으로 구성되었다. 제1부 정책연구의 기초에서는 정부와 정책을 정의한 다음, 정부가 개입하거나 개입하지 않아야 하는 논리와 정부개입의 수단 및 유형을 다루었다. 제2부 환경과 제도에서는 거시수준에서 정책에 영향을 미치는 요인에 관한 이론과 경험적 연구를 살펴보았다. 제3부 정책행위자와 네트워크에서는 정책과정에 참여하는 행위자 집단과 이들 사이의 동태적 관계를 고찰하였다. 제4부에서는 정책과정의 각 단계별로 관련 이론과 경험적 연구를 고찰하였다.

　이 책을 통하여 학사과정 학생들이 정부가 왜 민간부문에 개입하거나 개입하지 않아야 하는지, 개입할 경우 활용가능한 정책수단과 정책유형이 무엇인지, 정책을 채택한 배경은 무엇인지, 정책 채택에는 어떠한 행위자들이 관여하는지, 정책채택 이전과 이후의 정책과정은 어떻게 진행되는지 이해하는데 도움이 될 수 있도록 하였다. 대학원 학생들이 경험적 연구를 진행하고자 할 경우에는 이 책뿐만 아니라 각 장 마지막 부분에 제시된 주요추천문헌을 읽고 이를 응용할 수 있어야 한다. 또한 각자 연구주제와 관련된 실질적 정책에 관한 지식을 해당 학문분야에서 찾아야 하며, 연구방법론 또는 조사방법 및 분석방법에 관한 별도의 훈련이 필요하다.

　이 책을 내면서 특별히 감사드려야 할 분들이 많다. 미국 유학시절 정책학 분야에 눈을 뜨게 해 주신 Guy B. Peters 교수님과 William N. Dunn 교수님에게 특별히 감사드린다. Peters 교수는 만날 때마다 항상 신간 저서를 한두 권씩 선물로 주셨다. 이 책에 Peters 교수가 주도적으로 연구한 분야인 정책수단, 뉴 거버넌스, 그리고 신제도주의를 소개하였다. 이 책을 집필 중이던 지난 해 11월 Pittsburgh 에서 Peters 교수님, Dunn 교수님과 진지하게 토론한 내용도 이 책에 반영되었다. 국내에 계신 원로교수님 가운데 강신택 교수님, 백완기 교수님, 노화준 교수님, 그리고 김영평 교수님께 특별히 감사드린다. 네 분 원로교수님께서는 바쁘신 가운데 이 책의 초안을 꼼꼼히 검토하시고 장절 편성과 수정해야 할 내용을 지적해 주셨다. 특히 강신택 교수님께서는 세부적인 내용까지 개정방향을 지적해 주셔서 최대한 수용하려고 노력하였다. 국내외에 훌륭한 은사님을 가깝게 모시고 있는 저자는 참 행복하다고 생각한다.

저자가 재직하는 학과의 동료교수님들도 많은 도움을 주셨다. 모든 동료교수들이 초안을 읽고 부분적으로 조언해 주셨는데, 특히 김상묵 교수와 김기환 교수는 이 책의 초안 전부를 읽고 세세한 분야의 교정까지 보아 주었다. 학과 동료교수들과는 공동연구 수행과정에서 자료 수집차 여러 차례 해외여행도 다녀오게 되었다. 저자는 동료교수들과 화목한 가운데 연구생활을 즐길 수 있어 더욱 행복하다고 생각한다.

저자가 1980년대 초반부터 발표한 저서와 논문, 그리고 번역서가 이 책의 기초가 되었다. 특히 「비교정책연구: 증보판」(법문사, 1999)과 김세균・박찬욱・백창제 편, 「정치학의 대상과 방법」(2005)에 게재된 "공공정책연구"의 내용이 이 책에 많이 포함되었다. 제2부 4장 사회자본은 원래 "사회자본의 형성과 효과에 관한 경험적 연구의쟁점"이라는 제목으로 「정부학연구」, 2007, 13(4): 297-325에 게재된 논문이다. 그밖에도 여러 곳에 게재했던 글은 출처를 소개하려고 최대한 노력하였다. 관련 과목을 오랫동안 강의해 왔기 때문에 상당히 충실한 강의노트와 틈틈이 쓴 글을 토대로 했지만 본격적인 집필과 수정에만 꼬박 1년 넘게 걸렸다. 참고문헌 정리에 연구조교인 김지은 양과 유학준비중인 김예림 양이 수고하였고, 우하린 석사가 마지막 교정작업을 도와주었다. 처음 예상보다 오래 걸린 출판과정에서 수고를 아끼지 않은 법문사 영업부 고영훈 과장, 편집부 예상현 과장님, 표지디자인을 위해 수고한 김현영 부장님, 그리고 어려운 여건에서 이 책을 발행해 주신 배효선 사장님께도 깊이 감사드린다.

마지막으로 필자의 소홀함을 늘 대신하는 아내와 사랑하는 두 딸 선과 현, 그리고 막내아들 휴에게 고마움을 전한다. 아내는 형제가 많은 집안의 장남과 결혼하여 30년 가까이 자녀들을 돌보는 일은 물론 대가족이 화목하게 지낼 수 있도록 늘 희생하면서 생활하고 있다. 아내의 희생 덕분에 매년 여러 차례 30명에 가까운 가족들이 늘 화기애애한 모임을 가질 수 있어 모두 행복하다고 생각한다. 저자가 이 책을 집필하는 동안 매듭이 풀리지 않는 어려운 문제에 대하여 아내와 틈틈이 토론시간을 가졌는데, 아내의 제안으로 문제가 의외로 쉽게 풀리기도 하였다.

이 책의 집필기간 중 저자가 한국행정학회 회장직 수행 등 외부 일정이 많아 주말과 방학 중에 집중적으로 일해야 했다. 이러한 실정에서 가족을 돌보는 일은 모두 아내의 몫이 되었다. 지난 30년 가까이 내조하면서 자신의 재능을 희생해 온 아내가 없었다면 이 책은 나올 수 없었을 것이다. 결혼 30주년을 앞두고 아내의 헌신적인 희생에 조금이나마 보답하고자 이 책을 사랑하는 아내, 한정옥에게 바치기로 하였다.

많은 분들의 배려, 조언과 도움에도 불구하고 필자의 역량이 모자라 여전히 부족한 부분이 많은 채로 책을 내기로 하였다. 독자 여러분의 충고와 비판을 기다리며 미진한 부분은 다음 기회에 보완할 것을 다짐한다. (2008년 8월 18일)

제2판 서문

제2판에는 초판에서 다루지 못한 정책분석 및 평가에 관한 내용을 추가하였다. 정책학의 창시자인 Lasswell은 정책결정에 필요한 지식인 정책분석과 정책평가의 방법에 관한 교육과 연구가 필요하다고 주장하였다. 은사님께서 정책분석 및 평가방법을 전적으로 제외할 경우, 독자들이 정책학의 영역을 좁게 볼 수 있다고 우려하시는 말씀도 받아들였다.

정책분석 및 평가는 정책과정 안에서 이루어지는 분석적이며 지적인 활동이다. 정책분석 및 평가의 주된 행위자들은 구체적인 정책사례에 관하여 정책결정자에게 정보와 조언을 제공할 수 있는 전문가들이다. 이들에게는 정책과정의 초기 단계인 정책의제실정에서부터 정책형성, 정책집행, 정책평가 및 변동단계에 이르는 정책과정 전반에 걸쳐 활용할 수 있는 방법 및 기법에 관한 지식이 필요하다.

이 책 초판의 장절 편성은 그대로 살리기로 하고, 제5부에서 정책분석 및 평가에 관한 내용을 별도로 다루었다. 제5부 1장은 정책분석과 문제구조화 방법, 제2장에서는 목표설정과 대안분석 방법, 제3장은 정책평가연구의 방법을 다루었고, 마지막으로 제4장에서 정책분석과 윤리를 고찰하였다. 저자의 공역서 「정책분석론」(W.N. Dunn 저)과 저서 「행정조사방법론」, 저자가 이미 발표한 몇 편의 논문을 상당부분 인용하였고, 본문의 해당부분에 출처를 밝혀 두었다. 초판에서 다루었던 내용도 대폭 보완할 생각이었는데 시간부족으로 자구수정에 그치게 되었다.

제2판 원고작성과정에서 서울과기대 IT정책대학원에서 학위를 받은 윤정수 박사와 석사과정 정서화 양이 자료수집에 애써 주었다. 연구년으로 미국에 체류 중인 본교 김기환 교수와 조카인 한혜연 양이 원고를 읽고 귀중한 조언을 해주었다. 본교 정소영 석사가 색인작업을 위해 수고하였다. 멋진 표지 디자인을 선물한 조태상 군에게도 감사의 마음을 전한다. 제2판은 원래 저자가 총장으로 취임하기 이전에 발간할 계획이었으나 총장 취임 이후 교정작업이 예정보다 상당히 늦어지게 되었다. 깔끔한 편집과 교정에 애써준 법문사 편집부 예상현 과장과 영업부 전영완 대리에게도 고마움을 표하고자 한다. (2012년 1월)

제3판 서문

제3판에서는 Lasswell의 창도 이래 정책학의 영역으로 자리잡은 정책과정에 관한 이론과 정책과정에 필요한 정책분석 및 평가의 방법들을 골고루 다루고자 노력하였다. 각 장별로 심층적인 이해가 필요한 이론과 자료 및 연구사례를 그림, 도표, 그리고 Box 형태로 제시하여 독자들의 이해를 돕고자 하였다. 특히 우리나라 정책현상을 대상으로 이루어진 다수의 경험적 연구사례를 소개하였다. 제2판에서의 5부 18장을 제3판에서는 4부 14장으로 재편성하여 전반적으로 상당한 분량을 줄였다. 독립된 장이었던 '역사적 제도주의'와 '사회자본'은 제2부 제1장 '환경, 제도와 정책'에 요약하여 소개하였고, '새로운 거버넌스'는 내용상 관련성이 큰 정책네트워크와 하나의 장으로 묶어 편성하였다. 한편 '정책분석과 윤리'의 주요내용은 제4부 제1장에 요약하여 소개하였다. 각 장별 주요추천문헌은 생략하고 참고문헌을 충실하게 소개하는 것으로 대신하였다.

제3판의 내용을 재구성하는데 저자가 담당한 학부 정책형성론 및 정책분석평가론 과목과 대학원 공공정책특강 과목의 강의 경험이 큰 도움이 되었다. 학부 정책형성론의 경우 제1부 정책연구의 기초, 제2부 환경, 제도와 행위자, 그리고 제3부 정책과정에 소개된 이론 중심으로 강의를 진행하였고, 정책분석평가론의 경우 제1부에 이어 제4부 정책분석 · 평가방법의 내용을 토대로 하면서 별도 실습 자료를 추가로 활용하였다. 대학원 수업에는 이 책에 소개된 이론과 더불어 우리나라의 경험적 연구사례를 지정하여 학생들이 매주 발표하도록 하였다. 본문과 Box, 그리고 참고문헌에 제시된 연구사례들을 학습에 적절하게 활용하기 바란다.

제3판 원고작성과정에서 본교 도서관 조귀형 사서가 최신 연구자료를 수집하는데 헌신적으로 도와주었고, 조태상 대표는 제2판에 이어 멋진 표지 디자인을 선물하였으며, 편집부 예상현 과장이 초판부터 계속하여 편집과 교정에 애써 주었기에 특별히 고마움을 표하고자 한다. (2017년 7월)

공저서

연구책임자를 맡은 공저서를 중심으로 선정하였다.

1. 유럽연합의 대학개혁

남궁근, 김상묵, 김소영, 노종호, 손명구, 법문사, 2014.2.25.

서 문

이 책은 유럽연합(EU)과 회원국가들이 21세기에 접어들면서 야심차게 추진하고 있는 유럽고등권역 구축과 그에 따른 대학개혁을 소개한 것이다. 유럽에서 교

육 분야는 전통적으로 국가별 다양성이 정낭화되는 영
역으로 간주되어 왔으므로, 유럽 통합 초기과정에서 교
육분야의 통합은 그다지 관심을 끌지 못하였다. 교육은
국가형성 또는 국민형성과 밀접하게 관련되어 있기 때
문에, 각국의 역사적 전통을 반영하여 유럽 국가들의
교육시스템은 구조와 내용 면에서 상당한 다양성을 지
니고 있었다. 그러나 전세계적인 경쟁의 심화, 지식기반
사회로의 변화 등 사회경제적 압력 때문에 EU 및 회원

국가들은 교육분야의 근본적인 변화와 개혁 없이는 유럽의 국가경쟁력을 확보하기
힘들다는 절박한 상황을 인식하게 되었다. 특히 대학의 경쟁력이 국가의 경쟁력을
좌우한다는 점에서 유럽연합 회원국가들은 긴밀하게 협력하여 대학의 경쟁력을 제
고하는 데 초점을 맞추고 있다.

1998년 소르본느대학 개교 800주년을 기념하여 프랑스 파리에서 유럽의 주요
4개국(프랑스, 독일, 영국, 이태리) 교육부장관이 유럽지역의 지식기반경제를 발전
시키려면 미국과 경쟁할 수 있는 고등교육권역을 구축할 필요가 있다는 데 합의하
였다. 이러한 합의를 토대로 1999년 볼로냐 선언이 발표되었는데, 여기에 주요 4
개국 이외에도 25개 국가들이 동참하여 모두 29개 국가가 참여하였다. 이 선언에
서 2010년까지 유럽고등교육권역(EHEA)을 구축한다는 정책목표를 설정하고, '교
육품질보장', '3단계 학위구조(학사/석사/박사) 도입', '학점교환시스템 채택', '학생
과 직원 교류 확산'을 주요 과제로 추진하기로 하였다. 볼로냐 협약은 EU의 이해
관계와 대체로 일치하였지만, 출발 당시에는 유럽연합 거버넌스의 틀 외부에서 전
개된 자발적인 국제협약이었다. 볼로냐 협약의 회원국가와 그에 따른 유럽고등교
육권역은 계속 확대되어, 2009년에는 46개 국가, 5,600개의 공립 및 사립대학,
1,600만명이 넘는 대학생이 포함되었다. 2010년에는 카자흐스탄이 47번째 회원
국가로 가입하였다. 이같이 유럽고등교육권역에는 러시아와 남동부 유럽 국가들이
포함되어 유럽연합보다 회원 국가들이 훨씬 많다. 대학교육에 대한 EU의 기본 입
장은 "대학의 경쟁력 제고가 국가 경쟁력 및 EU 경쟁력의 원천"이라는 것이다.
지식과 정보가 가치의 원천인 지식기반경제에서 새로운 지식이 창출되는 대학이
변화와 개혁의 핵심이 되어야 한다고 보는 것이다. 지난 10여년간 EU의 대학개혁

을 위한 노력은 우리나라에도 상당한 교훈과 시사점을 줄 수 있을 것으로 예상할 수 있다.

이 책은 한국연구재단의 2010년 기초연구 인문사회 일반연구지원사업의 연구비지원 과제인 '경쟁력 제고를 위한 유럽연합(EU)의 대학개혁정책 평가'(NRF-2010-32A-B00246)의 연구결과를 토대로 한 것이다. 이 연구과제의 연구진으로 연구책임자 남궁근(행정학)과 공동연구원 김상묵 교수(행정학), 김소영 교수(교육학), 노종호 교수(행정학), 손명구 박사(정책학)가 참여하였다. 본 연구과제는 2년 과제(2010.5.1~2012.4.30)로 1차 년도에는 교육과정 개혁, 2차 년도에는 거버넌스 개혁을 중점적으로 연구하였다. 이 책은 3부 13장으로 구성되었는데, 제1부와 제2부는 1차 년도 연구결과, 제3부는 2차 연도 연구결과를 위주로 편성하였다.

제1부 유럽의 대학개혁에서는 볼로냐 선언에서 추구하는 핵심과제들을 5개 장에서 다루었다. 제1장 대학개혁정책의 역사적 배경과 현황에서 볼로냐 협약 이후 유럽연합 고등교육정책의 전개과정을 개관하고, 현재 시점에서 유럽고등교육권역의 학생규모, 고등교육기관 및 고등교육 공공지출의 현황을 간략하게 살펴보았다. 제2장 학제개편에서는 볼로냐 협약에서 추구하는 3단계 학제체제의 구조를 살펴본 다음, 프랑스와 독일 등 국가별 학위체제 개편, 그리고 분야별로 의학, 법과대학, 공과대학, 교육대학, 인문사회대학의 학제체제를 살펴 본 후, 노동시장과의 연계성 및 향후과제를 고찰하였다. 제3장 교육의 질 관리에서는 유럽 고등교육 질 보장 기준과 지침을 살펴본 다음, 질 관리의 이행실적을 외부 질 보장과 내부 질 보장으로 구분하여 살펴본 후 이들을 종합적으로 평가하였다. 제4장 학생 및 직원 교류에서는 교류 활성화를 위한 제도적 장치를 고찰한 이후, 독일, 영국, 스웨덴 등 주요국가의 대학교육정책과 학생교류 현황을 살펴본 후, 학생교류를 위한 재정지원방안과 직원 교류에 관하여 살펴본 다음, 우리나라를 포함한 아시아권 국가에 주는 함의를 살펴보았다. 제5장에서는 학제개편, 교육의 질 관리, 학생 및 직원 교류의 세 영역에 관한 대학개혁 정책의 성과를 종합하여 고찰하였다.

제2부 유럽고등교육 개혁 사례연구는 3개의 장으로 구성되었다. 제1장 유럽의 고등교육평가에서는 고등교육 질 관리의 구체적인 방안의 하나인 고등교육기관 평가사례를 중점적으로 고찰하는데, 영국, 프랑스, 독일, 스웨덴의 사례를 구체적으로 다루고 있다. 제2장에서는 학문분야별 인증제도의 사례로 유럽연합의 행정학

교육인증 사례를 살펴본 후 우리나라에 주는 시사점을 모색히였디. 제3장 유럽대
학간 협력을 통한 공동교육프로그램의 사례로 벨기에 KU Leuven이 중심이 되고
유럽의 11개 대학들이 상호협력을 통하여 교육과정을 운영하는 유럽정책학 석사과
정(MEPP) 교육프로그램을 소개하였다.

　　제3부 유럽의 고등교육 거버넌스 개혁은 5개의 장으로 구성되었다. 제1장 유럽
고등교육 거버넌스 분석틀과 범위에서는 유럽 고등교육권역 거버넌스 차원, 국가
거버넌스 차원, 개별대학 거버넌스 차원의 세 가지 차원을 구분하고, 국가역할에
관한 관점을 소개한 다음, 3장에서 5장까지 국가별 사례연구에서 살펴보게 될 대
학 거버넌스 주요행위자를 고찰하였다. 제2장 유럽고등교육권역의 개방형 정책조
정에서는 유럽 차원의 거버넌스를 다루고 있는데, 교육정책 분야에서의 개방형 정
책조정(Open Method of Coordination)의 집행성과를 평가하고 그에 관한 이론
적 설명을 시도하였다. 제3장에서 5장까지는 각각 영국, 프랑스, 독일의 거버넌스
개혁을 다루고 있다. 이들 3개국은 각각 오랜 역사와 전통을 자랑하는 독자적인
대학교육시스템을 가지고 있으면서도, 유럽고등권역의 창설을 주도한 소르본느 선
언의 당사자들이다. 이들 3개 사례국가에서 고등교육분야에서의 국가역할의 변화,
그리고 대학거버넌스 주요행위자의 역할과 그 변화를 살펴보았다. 제3장에서 다루
고 있는 영국에서는 전통적으로 중앙정부가 고등교육재원을 대부분 부담하면서도
제3의 재정지원기관을 활용하여 국가간섭을 최소화하는 방식을 취해 왔는데, 최근
국가재정압박 및 신공공관리정책의 영향으로 1980년대 이후 대학자치 또는 자율
규제는 지속적으로 위축되면서, 재원배분기관 및 고등교육 질 관리 기관을 통한
간접규제방식이 도입되었다. 또한 대학 간 교육과 연구의 질의 관리를 명분으로
대학 간 경쟁을 강화시키는 방향으로 국가의 역할이 변화되었다. 한편 개별대학
거버넌스는 1960년대까지의 대학평의회(Senate) 중심의 교수 자율거버넌스가
1980년대 재정위기 이후 대학평의회와 대학이사회가 긴밀하게 협력하면서, 이를
총장 중심의 집행부가 조정하는 공유거버넌스(shared governance)로 변화하였
다. 제4장 프랑스의 경우, 고등교육 정책결정 시스템의 특징은 프랑스 혁명기간에
형성된 나폴레옹식 모델에 기원을 둔 중앙집권적 행정체제이며, 대학 리더십의 역
할은 미미하였는데, 최근 대학 자율권이 강화되고 중앙정부는 사후평가와 간접규
제를 강화하는 방향으로 변화되었다. 한편 개별대학 거버넌스는 전통적으로 중앙

2. 저서와 역서 • 373

정부가 주도하면서 학문분과별 학술단체를 대표하는 교수진이 강력한 영향력을 행사하는 시스템이었으나, 최근 총장중심 모델이 출현하였고, 의결 및 심의기관으로서 관리평의회가 일정한 역할을 담당하고 있으며, 지방정부 당국도 예산지원 역할에 참여하는 등 대학거버넌스에 영향을 미치는 행위자가 다원화되었다. 그러나 총장과 관리평의회가 실제로 행사하는 권한은 대학에 따라 다르다. 제5장에서 다루고 있는 독일의 경우, 대학교육은 원칙적으로 州 정부의 권한으로 되어 있지만, 전통적으로 주정부와 연방정부, 학술협의회와 각주 교육장관회의, 독일연구재단(DFG), 독일대학총장협의회(HRK), 독일고등교육연합(DHV) 등 다수의 행위자가 관여하는 네트워크 거버넌스가 이루어져 왔다. 그러나 1990년대 중반부터 NPM 개혁요소들, 즉 수월성 확보사업과 엘리트대학 육성, 쥬니어 교수제도와 교수성과급제, 평가제도, 재단형 대학, 등록금 징수와 같은 조치들이 도입되었다. 한편 개별대학 거버넌스의 전통적 모형은 19세기 독일에서 형성된 국가의 정치적 통제와 정교수 중심의 자율통제 결합모형이다. 그러나 1960년대 이후 교수집단 이외에도 조교, 직원, 학생이 참여하는 대학평의회의 형태로 보강되면서, 총장단과의 견제와 균형의 원리가 적용되고, 외부인사가 대학이사회 또는 재단이사회를 통하여 영향력을 행사하며, 州 정부의 감독권한이 행사되는 공유 거버넌스로 변모하였다.

이 책 제2부 제2장은 2012년도 한국정책과학학회 동계학술대회(2012. 12. 26.)에서 "유럽의 대학개혁정책과 행정학 교육인증제도에 대한 고찰"(남궁 근·김상묵·손명구 공동)이라는 제목으로 발표되었으며, 제2부 제3장은 한국행정학회 소식지(KAPA@포럼, 128호, 2009년 12월 30일 발행)의 '나누고 싶은 이야기' 코너에 "유럽 대학간 협력을 통한 공동교육프로그램"(김상묵)이란 제목으로 소개된 내용을 수정·보완한 것이다. 제3부 제2장은 정책분석평가학회보(20권 1호)에 "EU 교육정책 개방형정책조정(OMC)의 영향: 담론형성과 정책학습"(남궁 근)이라는 제목으로 게재된 논문을 토대로 하여 일부 보완한 것임을 밝혀 둔다.

볼로냐 협약은 초 EU적 성격과 범 유럽적 규모에도 불구하고, EU와 회원 국가들이 전폭적으로 협력하고 지원하여, 국가적으로 매우 민감한 영역에서 이룩한 유럽통합의 성공적이고 예외적인 사례이다. 미국식의 대학교육제도에 익숙한 고등교육정책 결정자들과 독자들은 이 책을 통하여 유럽연합과 회원국가들의 고등교육제도와 개혁정책을 이해할 수 있게 되기 바란다. EU 차원의 대학개혁정책은 우리나라 대학교육정책의 발전을 모색하고 대학교육의 경쟁력 제고를 위한 다양한 정책대안을 마련하는 데 다음과 같이 기여할 수 있다고 생각한다.

첫째, 유럽연합 및 회원국 차원의 대학개혁정책을 둘러싼 의사결정방식이 우리에게 주는 시사점이다. 고등교육분야에 관하여 다양한 회원국가간의 이해관계 조정, 여러 이해집단간의 상이한 주장과 의견의 조정이 강제적 정책수단의 사용이 아닌 개방적이고 상호적인 개방형 정책조정(OMC)을 통해 이루어짐으로써, 여러 이해집단간의 갈등과 주장이 첨예한 우리나라 교육정책과정의 개선과 발전을 위한 정책적 시사점을 얻을 수 있을 것이다.

둘째, 유럽연합의 대학개혁정책의 내용인 대학교육의 품질 보장, 대학교육 인증과 평가, 국제교류 확대와 같은 정책을 벤치마킹하게 되면 우리나라 대학교육 발전을 위한 정책적 시사점을 얻을 수 있을 것이다. 최근 우리나라는 낮은 출산율과 학령(學齡)인구 감소에 따라 대학입학정원을 감축해야만 하는 상황에서 대학구조개혁이 최대의 정책과제가 되고 있다. 정부는 대학정원과 대학의 수를 감축하는 데 그칠 것이 아니라, 대학시스템을 개편하여 이를 고등교육의 국제경쟁력을 제고할 수 있는 기회로 전환시켜야 한다. 국가의 미래가 대학교육의 질에 달려 있기 때문에, 젊은 세대의 인구가 줄어들수록 대학 교육의 경쟁력이 더욱 중요하다. 대학경쟁력의 핵심은 우수교원과 충분한 교육시설 확보를 통한 교육의 질 개선이다. 대학의 자구노력도 필요하지만 국가가 이를 분담하려는 계획과 노력이 병행되어야 하는데, 전통적으로 고등교육재원의 대부분을 국가가 부담하여 온 유럽 국가들의 사례를 참고할 필요가 있다. 또한 대학교육의 질을 개선하려면 엄정하고 공정한 평가시스템이 작동하도록 하여야 한다. 대부분의 유럽국가들이 대학기관평가는 물론 프로그램 평가를 담당하는 평가기구를 최근 설치하고 있다는 점도 벤치마킹하여야 할 것이다. 유럽국가들은 일찍이 고등교육의 국제교류를 강조하여 최소 20%의 대학생들이 국제교류 경험을 쌓을 것을 요구하고 있는데, 우리나라의 경우에도 뒤늦은 감이 있지만 적극적으로 이러한 정책을 도입하여 우리 학생들이 세계무대에 진출할 수 있도록 하는 한편, 많은 외국 학생들이 우리 대학에서 공부할 수 있도록 지원하여야 할 것이다.

이 기회에 2년에 걸쳐 귀중한 연구비를 지원해 준 한국연구재단에 감사드린다. 연구책임자인 남궁 근이 이 연구과제의 자료수집차 2010년 여름 벨기에 KU 루뱅대학 공공관리연구소(KU Leuven, Public Management Institute: PMI)에 3개월 동안 머무는 동안 편의를 제공해준 당시 연구소장이자 유럽행정학회 회장인 Geert Bouckaert 교수, 현 연구소장 Annie Hondeghem 교수, Christopher Pollitt 교수를 포함한 교수진, 연구원 및 직원들에게 감사드린다. 벨기에는 네델란드어, 프랑스어, 독일어 등 3개 국어를 공용어로 사용하고 있는데 이 대학에 머물면서 복수의 공용어를 사용하는 국가에서 대학 및 연구소가 어떻게 운영되는지 관찰할 수 있었다. 한편 PMI에는 김상묵 교수가 2009년 2학기에 6개월간 체재하였는데, 이 책 제2부 제2장 및 제3장을 집필하는 데 큰 도움이 되었다. 강기홍 교수가 독일에 대해, 김동현 박사는 영국에 대해, 은재호 박사는 프랑스의 고등교육제도에 대해 본인의 유학 경험을 기초로 조언을 해주고, 해당 국가 관련 부분의 원고를 꼼꼼하게 검토하고 수정해 주신데 대하여 감사드린다. 한편 최용선 박사는 정책학의 관점에서 원고를 전체적으로 읽고 필요한 사항을 교정해 주었기에 감사드린다. 표지 디자인을 해 준 Byul & Asociates 조태상 대표에게도 고마움을 전한다. 일상적인 편집업무 이외에도 본문에 삽입된 여러 장의 지도와 도표를 확인하는 수고를 아끼지 않은 법문사 편집부 예상현 과장과 영업부 정해찬 선생에게도 감사드린다. (2014년 2월)

2. 볼로냐협약의 집행성과

남궁근 · 김상묵 · 김소영 · 손명구, 법문사, 2014.8.20.

서 문

이 책의 목적은 1999년 유럽연합 29개 국가가 참여하여 2010년까지 유럽고등교육권역(EHEA)을 구축하고자 한 볼로냐 협약의 집행과정과 성과를 살펴보는 것이다. 이 책에서는 1단계 목표 기간인 2010년이 경과한 시점에서 협약의 주요 영역별로 집행과정과 성과를 점검하고 평가하고자 한다. 볼로냐 협약 이후 매 2년 마다 교육부장관 회의가 개최되어 볼로냐협약의 집행성과

를 점검하는 한편 새로운 과제들이 추가되었다. 즉, 소르본 선언(1998년)과 볼로냐 협약(1999년) 이후 프라하 회의(2001년), 베를린 회의(2003년), 베르겐 회의(2005년), 런던 회의(2007년), 루뱅 회의(2009년)에 이르기까지 유럽고등교육권역 국가의 교육장관 회의에서 기존과제들의 집행과정을 모니터링하고 새로운 의제가 추가되었다. 2012년에 발간된 집행보고서에서는 볼로냐 협약의 주요과제를 학제개편, 고등교육의 질 보장, 고등교육 기회균등, 고등교육 성취수준과 취업, 평생학습, 국제교류 등 여섯 가지 범주로 구분하였다.

이 책은 제1부 볼로냐 협약의 맥락과 제2부 영역별 집행성과 분석으로 구성되었다. 제1부에서는 제1장 볼로냐 협약의 추진과정, 제2장 집행성과 분석의 틀을 다루었다. 제2부는 제1장 학제개편, 제2장 고등교육의 질 보장, 제3장 고등교육 기회균등, 제4장 고등교육성취수준과 취업, 제5장 평생교육, 제6장 국제교류, 제7장 분야별 성과요약 및 향후과제 등 7개 장으로 구성되었다. 즉, 2012년에 발간된 집행보고서의 여섯 가지 범주 구분에 따라 각 장별로 영역별 집행성과를 분석하였고 마지막 7장에서 집행성과를 종합적으로 요약하고 향후과제를 간략하게 제시하였다. 유럽의 고등권역을 하나의 지식공동체로 통합하고자 하는 볼로냐 협약의 목표는 분야별로 차이는 있지만 일정한 성과를 거두었다. 볼로냐 협약의 집행을 통하여 유럽고등교육의 매력은 상당히 증가하였지만 볼로냐 선언에서 명시한 목적들이 완전히 달성될 수 있도록 앞으로도 협약과제들이 지속적으로 추진되어야 할 것이다.

이 책은 한국연구재단의 2010년 기초연구 인문사회 일반연구지원사업의 연구비지원과제인 '경쟁력 제고를 위한 유럽연합(EU)의 대학개혁정책 평가'(NRF-2010-32A-B00246)의 연구결과를 토대로 한 것이다. 연구결과의 일부는 '유럽연합의 대학개혁'(법문사, 2014.2.25 출판)으로 이미 발간되었으므로, 이 책은 그 후속편에 해당한다. '유럽연합의 대학개혁'에서는 대학개혁과 고등교육거버넌스 개혁에 초점을 맞추어, 주요국가의 사례를 심층적으로 다루고자 하였다. 이와 대조적으로 이 책에서는 유럽고등교육권역(EHEA) 전반에서 이루어진 볼로냐 협약의 집행성과를 점검하고 평가하고자 하였다. '유럽연합의 대학개혁'과 이 책의 내용이 중복되지 않도록 최대한 노력하였으나, 독자들이 볼로냐 협약의 맥락을 이해할 수 있도록 돕기 위하여 불가피하게 겹치는 부분이 있으므로 양해를 구하고자 한다.

이 책의 집필진은 연구과제의 연구책임자 남궁근, 공동연구원인 김상묵 교수,

김소영 교수, 그리고 손명구 박사이다. 공동연구자 가운데 노종호 교수가 개인적인 사정으로 최종집필과정에 참여하지 못하여 아쉽게 생각한다.

　이 기회에 2년에 걸쳐 귀중한 연구비를 지원해 준 한국연구재단에 다시 한번 감사드린다. 이 책의 출판과정에서 도표작성 및 교정 작업에 도움을 준 총장 비서실의 전현기 선생과 이경미 선생에게 감사드린다. 깔끔한 편집을 위하여 애써준 법문사 편집부의 예상현 과장과 영업부 장지훈 부장 및 정해찬 선생에게도 감사드린다. (2014년 8월)

3. 한국정부론

윤태범 · 남궁근 공저, 한국방송통신대학교 출판문화원, 초판, 2010. 1개정판, 2015.

초판 개요

　이 책은 한국방송통신대학교 행정학과 학생들을 위한 강의교재로 저술하였다. 1, 2장을 통하여 정부의 개념 등 기본적인 내용을 정리할 수 있도록 하고, 이에 기초하여 3장에서는 한국정부가 그동안 어떻게 변화해 왔는지를 정리하였다. 정부는 다양한 참여주체들의 활동을 통해 작동하는 것이므로 4,5장을 통해 장관과 정책결정자들에 대한 논의를 정리하였다. 특히 우리나라의 특성상 장관의 역할이 중요하기 때문에 장관을 중심  으로 논의하였다. 정부가 의미있는 것은 정부가 국민과의 관계 속에서 작동하고 국민의 기대를 충족할 때이므로, 이 교재에서는 거버넌스, 정부와 시민사회, 정부혁신 등의 주제를 통해 이를 정리하였다. 모든 정부가 그런 것은 아니지만 많은 정부들이 국민들의 기대를 저버리는 경우가 많다. 정부의 본질, 존립의 정당성이라는 측면에서 정부실패, 정부윤리, 정부혁신과 관련된 내용들을 정리하였다.

4. 스칸디나비아 국가의 거버넌스와 개혁

남궁근, B. Guy Peters, 김상묵, 김승현, 윤홍근, 이혁주, 정익재, 조현석 지음.
한울아카데미, 2006.5. 2007년 대한민국 학술원 우수학술도서로 선정.

서 문

이 책은 스칸디나비아 국가들을 중심으로 지난 20
여년간 진행되어온 거버넌스 개혁사례를 소개한 것이
다. 스칸디나비아(Scandinavia) 국가는 노르웨이, 덴마
크, 스웨덴 3국을 일컫는 말로서, 일반적으로 핀란드는
제외된다. 여기에 핀란드를 포함한 4개국을 함께 묶어
북유럽국가(Nordic Countries)로 부르기도 한다. 여기
에서는 이들 4개국을 국내에 널리 알려진 대로 스칸디
나비아 국가라고 부르기로 하겠다.

스웨덴, 노르웨이, 덴마크, 핀란드로 이루어진 스칸디나비아 국가들은 발트해
(Baltic Sea)와 북해(North Sea) 주변 국가들로서 나름대로 독자적인 문화와 역사
를 공유하고 있다. 1980년대 이후 전세계적으로 거버넌스 개혁이 추진되어 왔는
데, 세계 각국에서 개혁을 추진하게 된 배경 즉 경제위기, 세계화 추세, 정보화 등
배경요인이 유사하기 때문에 개혁의 방향에서도 유사한 측면이 많다. 그러나 스칸
디나비아 국가들은 세계적인 추세에 따르면서도 나름대로의 독자적인 개혁 방식을
채택해 왔다. 이들 국가의 개혁방식은 영미식의 신자유주의적인 이데올로기를 반
영한 '작은 정부'론과는 상당한 거리가 있다. 이들 국가들은 정부가 교육, 사회복
지, 보건의료서비스 등의 분야에 적극적으로 관여하여 일자리를 제공해 왔다. 한
편 공공부문에서의 고용과 서비스는 중앙정부가 아닌 지방정부가 중심이 되어 시
행하고 있다. 이들 국가의 거버넌스 특징은 시민참여형 거버넌스, 그리고 지방분
권형 거버넌스라고 할 수 있을 것이다. 한편 우리나라에서는 참여정부 출범 이후
국정운영의 방향은 과거 문민정부와 국민의 정부에 이르기까지 이상형으로 추구해
온 신자유주의 방식과는 차별성이 나타나고 있다. 최근 참여정부는 심화되고 있는
양극화를 해소하는 방법으로 일자리 창출이 최우선 과제라고 밝히고 있다. 그런

일자리의 상당 부분은 공공부문에서 제공해야 할 것으로 생각된다.

　이같이 정부가 민간부문의 중소기업을 중심으로 하는 일자리를 창출하기 위하여 적극적으로 노력하고, 공공부문에서도 상당수의 일자리를 창출하는 국정운영방식의 원형은 스칸디나비아 국가에서 찾을 수 있을 것이다.

　우리는 오랫동안 영·미식의 신자유주의적 개혁만이 국가경쟁력을 강화시킬수 있을 것이라는 잘못된 믿음을 가지고 있었다. 그러나 스위스 제네바 소재 비영리연구기관인 세계경제포럼(WEF)이 발표한 2005년 국가별 경쟁력 평가보고서에 따르면 117개 조사대상국 가운데 스칸디나비아 국가들 가운데 핀란드는 3년 연속 1위를 차지했고, 스웨덴은 3위(2년 연속), 덴마크는 전년도 5위에서 4위로 순위가 상승하였다. 한편 영·미계 국가들의 경우 미국이 2위, 호주 10위(지난해 14위), 영국 13위(지난해 11위), 뉴질랜드 16위(지난해 18위)를 기록하였다. 그러므로 국가경쟁력의 순위에서 스칸디나비아 국가들이 영연방 국가들보다 순위가 높다는 것을 알 수 있다.

　이 책에서는 북유럽국가의 인문사회, 지리적 환경, 정치행정체제 전반을 소개한 후 각 분야별로 진행되어 온 거버넌스 개혁사례를 소개하고자 했다. 이 책은 2003년 한국학술재단의 연구비 지원(KRF 2003-072-BS2062)으로 이루어진 "참여형 개혁에 대한 실태조사: 스칸디나비아 국가들에 대한 비교연구"의 연구결과를 토대로 한 것이다. 이 책은 4부 11개 장으로 구성되었다. '제1장 서론: 북유럽국가의 거버넌스와 개혁'에서는 본서의 내용을 간략하게 요약하여 소개했다. 제1부는 2개의 장으로 구성되었는데 북유럽국가들의 인문사회, 지리적 환경, 정치행정체제 전반을 소개(2장)하고, 정책협의제의 변화(3장)을 다루었다. 제2부 정부부문의 개혁은 4개 장으로 구성되었는데, 참여형 정부의 구축(4장), 정부혁신의 전략과 결과(5장), 인사개혁전략의 특징과 결과(6장), 전자정부 개혁(7장)을 다루고 있다. 제3부 복지제도의 개혁은 2개 장으로 구성되어 있으며, 사회서비스 부문의 개혁(8장), 사회보장제도 개혁(9장)을 다루고 있다. 제4부는 산업정책과 공기업개혁으로 산업정책의 변화(10장)와 전력산업의 구조개편(11장)을 다루고 있다.

　이 책은 공공부문에서의 정부혁신, 거버넌스 개혁, 사회복지 개혁 등에 관심있는 학자와 공무원, 그리고 개혁에 관심을 가진 일반독자들이 반드시 읽어야 할 것이다. 영·미식의 신자유주의적 개혁만이 국가경쟁력을 제고하는 유일한 방식이라는 편견을 가진 독자들은 반드시 읽어 보고 균형감각을 찾아야 할 것이다. 그러므로 이 책은 행정학, 사회복지학, 정치학 분야에서 정부와 기업관계, 거버넌스, 사회복지개혁, 규제개혁 등 관련강의에서 참고교재로 사용할 수 있을 것이다.

이 책의 제5장은 〈한국행정학회보, 39권 3호〉에 '북유럽국가 정부인사개혁의 전략과 특징'이라는 제목으로, 제8장은 〈한국행정학회보 39권 4호〉에 '사회적 서비스 부문의 신공공관리개혁: 스칸디나비아 사례연구'라는 제목의 논문을 토대로 하였다. 한편 한국학술진흥재단의 연구비 지원과는 별개로 2개의 관련논문이 추가되었다. 제4장은 피츠버그대학교 석좌교수인 피터스(B. Guy Peters)가 2003년 7월 24일 서울세종문화회관에서 개최된 서울산업대학교 IT정책대학원 세미나에서 발표한 논문이다. 제8장은 〈정책분석평가학회보, 9권 1호〉에 '후기산업사회에서의 복지정책의 다양성'이라는 제목으로 발표되었다. 두 편의 논문은 이 연구프로젝트와 관련성이 높아 수록하였다.

이 기회에 연구비를 지원해 준 한국학술진흥재단에 감사드린다. 또한 2003년 7월에 서울을 방문하여 참여형 국정개혁에 관하여 발표하고 동아일보의 인터뷰에도 참여해 준 피츠버그대학교 피터스 교수에게도 감사드린다.

같은 대학에 재직 중인 동료교수들과 함께 한 연구는 그 성과는 물론이고 연구과정 자체가 즐거움이었다. 본 연구에 참여하지는 않았지만 2004년 6월말부터 자료수집 차 2주에 걸쳐 북유럽국가 현장 조사에 동행하였던 본교 행정학과 하태권 교수와 김재훈 교수에게도 감사드린다. 연구과정에서 공동연구원으로 참여하여 자료 수집을 맡아 준 한국외대의 이교헌 박사와 김상철 박사에게도 감사드린다. 북유럽 4개국의 현황에 대한 자료수집과 원고교정에 애써 준 서울산업대학교 IT정책전문대학원 석사과정 우하린에게도 고마움을 전한다. 나날이 어려워지는 여건하에서 출판을 맡아주신 도서출판 한울 김종수 사장님과 꼼꼼하게 교정을 보느라 수고해 주신 편집부에 심심한 감사의 말씀을 드린다. (2006년 2월)

5. 시민과 정부개혁 행정개혁시민연합 정부개혁총서 1

박동서, 조석준, 인명진, 남궁근 엮음, 한울아카데미, 2002.

머리말

경제발전과 산업화를 견인해왔던 우리 정부의 행정
도 이제는 지식정보화·국제화·지방화·시민 중심화
같은 새로운 21세기적 변화들에 대처하여야 한다. 이에
따라 우리 정부는 한층 더 근본적이고 총체적인 행정개
혁을 통해 과거와 전혀 다른 새로운 행정부를 만드는
작업을 필요로 하게 되었다. 그 같은 행정개혁이 성공
을 거두기 위해서는 이를 위한 시민들의 진지한 요구와
감시가 절실한 실정이다.

행정개혁시민연합은 이러한 문제의식 아래 일반 시민·시민활동가·학계 인
사·기업인·각계 전문가 300여 명이 모여 1997년 12월 9일 창립한 이후 각종
정부개혁 과제와 방안을 공론화하고 그 방안들이 실제로 행정현장에서 구현되도록
압력활동과 감시활동을 전개하여왔다. 이와 관련하여, 행개련 '정책위원회'를 중심
으로 매월 한 차례 이상 정책토론회를 열고 정책 평가서 및 제안서·성명서·의
견서·논평 등을 발표하고 각계에 전달하는 한편, 각 정당의 공약과 정부의 주요
정책들에 대한 모니터링 사업을 추진하고 있다. 병설기구인 '사단법인 정부개혁연
구소'도, 피상적인 문제접근이나 선정주의적인 시민운동 방식을 지양한다는 뜻에
서, 각종 정책과 관련한 심층적인 조사연구 사업을 추진해오고 있다.

이 책은 행개련 정부개혁총서의 첫째 권으로서, 지난 4년간 정책토론회 등에서
발표된 글들을 중심으로 엮은 것으로, 5부 31개 장으로 구성되었다. 제1부 "행정
개혁의 기본방향"에서는 한국의 행정개혁의 기본방향과 차기정부 개혁방향을 다룬
4편의 글, 제2부 "분야별 행정개혁 과제"에서는 정부조직, 인사행정, 정부회계제
도, 규제개혁, 사법행정 분야에서 구체적 개혁과제를 다룬 9편의 글, 제3부 "행정
민주화와 국민권리구제 강화"에서는 행개련이 큰 관심을 가지고 추진하고 있는 옴
부즈맨제도, 행정절차법 및 정보공개법의 개선안을 다룬 4편의 글, 제4부 "시민참
여와 주민자치 확대"에서는 시민의 정치·행정참여와 지방자치의 문제를 다룬 7
편의 글을 수록하였다. 한편 제5부 "행정개혁의 체험과 교훈"에서는 행정개혁과
관련하여 6명의 필자들의 진솔한 경험으로부터 얻은 제안들을 수록하였다. 몇 편
의 글에서는 독자들의 이해를 돕기 위하여 필자의 발제문과 더불어 토론자의 지정

토론문 또는 보론을 수록하였다.

　이 책의 필자들은 행정개혁시민연합의 활동에 활발하게 참여해온 시민활동가 · 기업인 · 각계 전문가 · 학계 인사들로, 다양한 분야에서 활약하고 있다. 이들이 학술활동과 일상생활을 통해 경험하면서 제시한 개혁과제와 방안들은 차기 정부가 행정개혁을 추진하는 데 많은 참고가 될 수 있을 것이다. 이번 기회에 평소 행개련의 활동에 열성적으로 참여해주신 필자들과 원고를 수집하고 정리하는 데 애쓴 행개련 사무처의 노고에도 감사드린다. 그리고 이 책의 출판을 위하여 애써주신 한울출판사에도 감사드린다.

6. 정부개혁평가와 공약모니터링 행정개혁시민연합 정부개혁총서 2

　　박동서, 조석준, 인명진, 남궁근 엮음. 한울아카데미, 2002.

머 리 말

　경제발전과 산업화를 견인해 왔던 우리 정부의 행정도 이제는 지식정보화 · 국제화 · 지방화 · 시민 중심화와 같은 새로운 21세기적 변화들에 대처하여야 한다. 이에 따라 우리 정부는 한층 더 근본적이고 총체적인 행정개혁을 통해 과거와 전혀 다른 새로운 행정부를 만드는 작업을 필요로 하게 되었다. 그 같은 행정개혁이 성공을 거두기 위해서는 이를 위한 시민들의 진지한 요구와 감시가 절실한 실정이다. 행정개혁시민연합은 이

러한 문제의식 아래 일반 시민 · 시민활동가 · 학계 인사 · 기업인 · 각계 전문가 300여 명이 모여 1997년 12월 9일 창립한 이후 각종 정부개혁 과제와 방안을 공론화하고 그 방안들이 실제로 행정현장에서 구현되도록 압력활동과 감시활동을 전개하여 왔다. 이와 관련하여, 행개련 ‘정책위원회’를 중심으로 매월 한 차례 이상 정책토론회를 열고 정책 평가서 및 제안서 · 성명서 · 의견서 · 논평 등을 발표하고 각계에 전달하는 한편, 각 정당의 공약과 정부의 주요 정책들에 대한 모니터 사업을 추진하고 있다. 병설기구인 ‘사단법인 정부개혁연구소’도, 피상적인 문제접근이나 선정주의적인 시민운동 방식을 지양한다는 뜻에서, 각종 정책과 관련한 심층적

인 조사연구 사업을 추진해 오고 있다.

이 책은 행개련 정부개혁총서의 둘째권으로 제1부 김대중 정부 정부개혁 평가와 제2부 총선공약·개혁정책모니터링으로 구성되어 있다. 제1부는 지난 4년간 매년 개최하였던 김대중 정부 행정개혁 평가 토론회에서 발표된 글을 중심으로 선정한 것이다. 제1부는 정책평가연구의 새 정향(박동서), 김대중정부 행정개혁 4년 평가(남궁근·황성돈), 김대중정부 정부기구 개편에 대한 평가(이창원), 지방행정개혁의 평가(하혜수), 고위공무원 개방형 직위제도 평가(박천오·남궁근·오성호·박희봉·김상묵) 등 5개 장으로 구성되었다. 제2부는 2000년 4·13 총선 이후 여·야 정당의 총선공약과 김대중 정부의 개혁정책에 대한 모니터링 사업으로 조사된 내용이 포함되어 있다. 행정개혁시민연합에서는 2000년 4월 13일 총선 과정에서 진행하였던 정당 및 후보자별 정책토론회의 후속작업으로 정당별 정책공약에 대한 모니터링을 통하여, 각 정당 및 후보자들이 정책공약의 실천을 위하여 노력하도록 하고, 차기 선거에서 선심성 공약을 남발하는 일을 줄일 수 있도록 주요 정당의 정책공약 모니터링 사업을 시작하게 되었다. 정책공약 모니터링을 체계적이고 종합적으로 수행할 경우, 정당별 공약이행의 차이, 분야별 이행정도의 차이 및 그 원인, 객관적 자료를 통해 파악된 공약이행의 정도와 관련 집단에 의해 인식된 공약이행 정도의 차이 등이 규명됨으로써 이 분야에 대한 이론의 축적에도 상당한 도움을 줄 것이다. 또한 유권자들로 하여금 합리적 투표행위 즉, 지연이나 혈연, 학연 등의 요소보다는 정당이나 후보자가 제시한 공약의 소망성과 실현가능성을 기준으로 투표행위가 이루어질 수 있는 유용한 정보를 제공하게 될 것이다. 이 책에는 부패방지분야(남궁근), 교육분야(박정수), 농림해양수산분야(이시원), 지방자치분야(하혜수), 과학기술분야(최영훈) 등 5개 분야에서의 모니터 결과가 제시되었다.

이 책의 출간을 계기로 앞으로 정당과 후보자들이 실현가능성을 고려한 선거공약을 제기하게 되고, 유권자들이 공약의 소망성과 실현가능성을 기준으로 투표할 수 있게 되기를 바란다. 이번 기회에 평소 행개련의 활동에 열성적으로 참여해 주신 필자들과 원고를 수집하고 정리하는 데 애쓴 행개련 사무처의 노고에 감사드린다. 그리고 이 책의 출판을 위하여 애써 주신 한울출판사에도 감사드린다.

7. 전자정부를 통한 부패통제: 이론과 사례

남궁근, 권해수, 박흥식, 전태영 지음, 한울아카데미, 2002.

서 문

최근 일부 벤처사업가의 부패와 대통령의 친인척까지 연루된 고위공직자의 이권개입 등 각종 '게이트' 사건들이 커다란 정치문제가 되고 있다. 현정부는 출범 초기부터 강력한 부패방지정책을 추진하여 부패방지법과 자금세탁방지법 등 관련법률을 제정하고 대통령직속 부패방지위원회를 출범시켰지만, 소위 권력형 비리를 통제하는 데에는 한계가 드러나고 있다. 문제의 심각성을 인식한 정부는 2002년 대통령의 연두기자회견과 국무총리의 국정보고에서 "부정부패야말로 국가발전과 국민통합을 가로막는 최대의 장애요인임을 깊이 인식하고, 범정부적인 반부패 노력을 기울여가겠다."고 밝히고 있다. 그런데 부패행위는 당사자간에 은밀히 진행되기 때문에 밝혀지기 쉽지 않고, 밝혀지지 않는 한 사건이 되지 않는다는 속성을 가지고 있다. 미국 언론사가 유력 정치인에 대한 전방위 로비활동을 통하여 눈앞에 닥친 파산을 막아보려고 했듯이 부패의 가능성은 전세계 어느 나라에서나 존재한다. 그러므로 가장 핵심적인 부패방지전략은 부정·부패를 포함한 모든 거래행위가 투명하게 드러날 수 있도록 하고, 불법행위가 드러날 경우 적발하여 처벌할 확률을 높이는 것이다.

부패방지전략으로서 전자정부에 주목하는 이유는 전자정부의 투명성 제고효과 때문이다. 전자정부는 전자민주주의(e-democracy), 전자상거래(e-commerce), 전자서비스(e-service), 전자행정관리(e-administration)를 포함한다. 투표, 상거래, 서비스, 행정관리가 전자적인 방식으로 이루어지면 관련정보가 모두 기록으로 보관되고 공개될 수 있다. 관련정보가 공개되면, 투명성이 제고되고 행위당사자의 자유재량권은 축소되며 결과적으로 부패는 크게 감소될 수 있다. 즉, 전자정부 하에서는 업무 처리가 공개되고 국민감시와 디지털 증거의 확보가 가능하여 부패가 감소될 수 있다는 것이다. 다행스럽게도 한국은 전자정부의 기초인 PC 보급이나

인터넷 이용률 등에서 세계 최고 수준이다. 2002년 1월 정부 통계에 의하면 인터넷 이용자는 2,438만 명, 초고속망 가입은 780만 가구로 세계 최고 수준의 지식정보화 사회 기반 형성에 성공하였다. 반면에 부패문제는 가장 심각한 나라 중의 하나이다. 국제투명성기구(TI)가 91개국을 대상으로 조사한 2001년도 부패지수 발표에서 한국은 42위를 차지했다. 이것은 정보화 수준은 물론 국민소득 수준이 한국에 크게 못미치는 나라들보다 낮은 평가이다.

연구진들은 한국에서 인프라가 이미 구축된 전자정부를 통하여 반부패정책을 추진할 필요성이 매우 높고, 또한 실질적인 효과를 가져올 수 있을 것이라는 전제 하에서 본 연구를 진행하였다. 이 책에서는 전자정부를 통한 부패방지전략에 관한 이론적 논의를 토대로 민원처리, 전자조달, 전자세무신고 등의 분야에서 개혁 사례와 부패통제효과를 고찰하고, 시민단체들이 정부부문의 투명성 제고를 위하여 전개한 부패방지법, 자금세탁방지법 등의 입법활동을 포함한 각종 활동을 분석하고 있다. 이 책은 모두 7개의 장으로 구성되어 있다. 제1장 "전자정부, 정보화와 부패(권해수, 남궁근)"에서는 이 연구의 범위와 방법을 포괄적으로 소개하고 있다. 제2장 "전자정부를 통한 부패의 통제: 논리와 방법 및 한계(박홍식)"에서는 전자정부의 부패통제에 관한 이론적 배경과 논리를 토대로 반부패 디지털 행정의 사례를 살펴본 다음, e-정부 부패통제의 과제와 조건에 관한 정책적 시사점을 도출하고 있다. 제3장 "민원처리 온라인공개시스템 사례(박홍식)"에서는 서울시의 민원처리 온라인공개(OPEN) 시스템 개발배경의 내용을 간략하게 살펴보고 부패통제의 효과를 평가한 다음, 그 함축적 의미를 고찰하고 있다. 제4장 "전자입찰과 조달부패의 통제(권해수)"에서는 정부조달의 의의와 규모를 살펴본 다음, 전자상거래의 확산과 반부패효과를 분석하고 전자입찰 등 조달개혁을 평가하였다. 제5장 "전자신고와 세무부패의 통제(전태영)"에서는 전자신고의 도입실태와 효과를 살펴보고 세무부패에 관한 이론을 고찰한 다음, 전자신고가 세무부패를 통제하는 효과가 있는지를 이론적 측면과 설문조사자료를 이용하여 고찰하고 있다. 제6장 "시민단체의 반부패활동과 성과(남궁근)"에서는 부패방지와 시민단체의 역할을 고찰하고 한국에서의 시민단체 반부패활동을 분석한 다음, 그 성과와 과제를 제시하고 있다. 제7장 "결론"에서는 본문에서 분석한 사례연구의 성과와 한계를 종합한 다음, 향후 연구과제를 제시하였다. 부록에는 2001년 6월 국회를 통과한 "부패방지법"과 동법 시

행령, 그리고 2001년 9월 국회를 통과한 자금세탁방지법, 즉, "특징금융거래정보
의보고및이용등에관한법률"과 "범죄수익은닉의규제및처벌등에관한법률"을 수록하
였다.

이 책은 한국학술진흥재단의 2000년 협동연구지원사업의 특별정책과제, "전
자정부를 통한 행정부패감소방안"(KRF 2000-044-C00018)의 연구결과물이다.
이 기회를 빌려 연구비를 지원해준 학술진흥재단에 감사드린다. 연구기획단계에서
는 본 연구진과 더불어 충남대학교 윤태범 교수와 서울시립대학교 반부패시스템연
구소의 김택 박사가 공동으로 작업하였다. 그러나 윤태범 교수는 학진의 다른 과
제 수행 때문에, 김택 박사는 박사후과정으로 미국 아메리칸대학에 파견되어 공동
연구에는 참여하지 못하였다. 이 기회에 연구기획단계에서 좋은 아이디어를 내주
신 윤태범 교수와 김택 박사에게 감사드린다. 이 연구과제는 연구책임자 남궁근이
경상대학교 재직중에 경상대학교 사회과학연구소를 통하여 기획된 것이다. 연구책
임자가 연구과제 수행중 서울산업대학교로 전직하게 되었으나, 원래 계획대로 "경
상대학교 사회과학연구소 사회과학 연구총서 6"으로 출간하게 되었다. 연구기획단
계에서부터 연구의 종료에 이르기까지 여러 가지로 편의를 제공해준 경상대학교
사회과학연구 소장 정선진 교수, 박창제 교수, 김인수 박사와 관계자들에게 감사
드린다. 지난 1년 동안 경상대학교 행정학과 박사과정 민병익 군과 서울산업대학
교 행정학과 조교 임지현 양이 연구과제를 수행하는 데 여러 가지로 보조해주었
다. 출판을 위해 애써주신 도서출판 한울의 담당자에게도 감사드린다.

끝으로 오늘날 우리나라에서 오랫동안 핵심적인 정치사회문제로 대두 되고 있
는 공직부패문제의 본질을 이해하고 그 해결방안을 모색하는 데 이 책이 보탬이
되기를 바란다. (2002년 2월)

8. 고위공무원 개방형 임용제도: 도입과정과 발전방안

남궁근, 박천오, 황성돈, 강제상, 김상묵, 나남출판, 2000.

머 리 말

이 책은 중앙인사위원회가 1999년 공모한 정책연구과제인 〈개방형 임용제도
발전방안〉의 보고서[CSC 정책연구보고서 99-9]로 제출된 내용을 수정·보완한

것이다. 개방형 임용제도는 고위공무원 직위의 적임자
를 공직사회 내외의 공개경쟁을 거쳐 선발하는 제도로
서, 정부수립 이후 제한적으로 운영되어 왔던 것이다.
최근 개방형 임용제도의 한 형태로서 개방형 직위제도
가 새롭게 도입되었는데, 우리나라 공무원 인사제도를
혁명적으로 변화시킬 것으로 기대된다. 개방형 직위제
도는 1999년 5월 24일 개정된 정부조직법과 국가공무
원법에서 중앙부처 1~3급 공무원의 20% 범위 내에서

개방형 직위로 지정하도록 규정하면서 법제화되었는데, 신설된 중앙인사위원회에
서 구체적인 직위 선정 및 직무수행요건 설정 등의 작업을 주관하게 되었다. 중앙
인사위원회에서는 시민단체인 행정개혁시민 병설 정부개혁연구소를 개방형 직위
선정 및 직무수행요건 설정방안에 관한 정책과제의 수행기관으로 선정하였고, 이
에 따라 필자들이 1999년 8월부터 12월까지 이 과제를 수행하게 되었다.

　이 책은 개방형 직위제도 도입과 관련하여 각 부처별로 1~3급 직위 중 129개
직위가 실제로 선정되기까지의 실무과정, 선정된 직위에 대한 직무수행요건 설정
방안, 그리고 개방형 직위제도의 발전과제 등을 비교적 상세하게 기술하고 있다.
2000년 초 특정직인 국방부 정보화기획관(3급 상당)이 개방형 직위에 추가 지정
되어 개방형 직위는 현재 130개로 늘어났다. 2000년 7월 현재 22개 직위에 공직
내외의 경쟁을 통하여 적격자가 선발되었다. 이들 중 민간 출신 임용자는 4건(18%)
으로 공무원 출신보다 훨씬 적게 임용되어 기대에 못 미치지만, 공직사회 내부에
비로소 경쟁개념이 싹트고 있어 공무원사회에 획기적인 변화의 바람이 나타나고
있다. 필자들이 행정학자들과 시민단체 대표자들을 대상으로 조사한 바에 따르면
개방형 임용제도의 도입은 김대중 정부에서 채택한 여러 개혁조치들 가운데 가장
성공적인 개혁사례인 것으로 파악되고 있다.

　돌이켜 보면, 필자들은 개방형 직위선정에 관한 설문조사를 설계하고, 패널회
의에 참여하는 등 과제수행 기간 중 거의 매주 미팅을 하였는데, 이러한 과정은
그 자체가 하나의 독특한 상호학습과정이었다. 이러한 학습과정에는 본 연구진뿐
아니라 정부개혁연구소 박동서 이사장님, 행정개혁시민연합 조석준 대표님, 신대
균 사무총장, 그리고 서영복 사무차장과 간사들이 참여하였다. 또한 본 연구진의

과제수행과정에서 중앙인사위원회의 김광웅 위원장님, 최석충 사무총장님, 박기준 직무분석과정, 조소연 서기관을 비롯한 직무분석과 직원들, 그리고 패널위원으로 참여하신 분들로부터 큰 도움을 받았다. 이 모든 분들에게 감사드린다.

앞으로 고위직 개방형 임용제도가 중앙부처는 물론, 지방자치단체, 공기업 등에 계속 확대될 전망이어서, 해당 기관의 관계자에게 이 책에 제시된 내용이 도움이 되었으면 하는 바람이다. 이 책은 행정학을 전공으로 하는 학도들뿐 아니라 공직 내외에서 개방형 직위에 응모하고자 하는 분들에게도 도움이 될 것으로 기대된다. 이 책의 부록에는 2000년 2월 28일 대통령령 제 17229호로 공포된 〈개방형 직위등의 운영등에관한 규정〉과 중앙인사위원회 직무분석과에서 작성한 〈개방형직위 운영지침〉을 수록하였다. 독자들은 이 책의 본문에 제시된 내용과 중앙인사위원회에서 확정한 규정 및 지침이 부분적으로 다를 수 있음에 유의하기 바란다. 앞으로 기회가 있으면, 이 책의 내용을 보완하여 개방형 직위제도에 대한 실무지침서로서의 역할을 더욱 충실하게 할 수 있도록 하고자 한다. 어려운 여건에서도 이 책의 출판을 허락해 주신 나남출판사와 교정에 애써 주신 편집부 김꽃님 과장께 감사드린다. (2000년 8월 1일)

9. 공공정책의 결정요인분석

노화준 · 남궁근 공편,
강인재, 김성태, 김재훈, 남궁근, 노화준, 목진휴, 박광국, 송근원, 송희준, 류금록,
이희선, 정정길, 황성돈, 황윤원, 법문사, 1993.

머 리 말

정책학을 연구하는 연구자들의 층이 두터워지고 정책학에 대한 사회적 수요가 증가해감에 따라 학계와 정책실무계에서 정책학 분야의 전문서적에 대한 수요도 높아지고 있다. 본 「공공정책의 결정요인 분석」도 이와 같이 점증하고 있는 수요에 부응하기 위하여 편집된 것이다.

공공정책의 결정요인에 관한 연구는 미국에서는 이

2. 저서와 역서 • 389

미 1960년대부터 활발하게 진행되어 많은 연구논문들이 발표되었고, 이에 따라 이론적·방법론적으로 정치해지고 세련되어 왔으며, 이론상 및 방법론상의 수많은 논쟁들을 통하여 정책학의 연구를 촉진시키고 발전시켜 왔다.

우리나라 학자들의 공공정책의 결정요인에 관한 관심도 점차로 높아져서 그 동안 많은 논문들이 발표되어 왔고, 국내 관련학과들의 대학원 과정을 통해서도 많은 석·박사 학위 논문들이 작성되어 발표되고 있다.

이 책은 그 동안 우리나라 학자들이 국내외의 학회지나 전문서적을 통하여 발표하였던 공공정책의 결정요인 분야의 논문들을 편집한 것으로 앞으로 이 분야를 깊이 공부하고자 하는 대학 및 대학원 학생, 정책학 분야 연구자, 정책결정에 참여하는 정책분석가나 정책결정자들의 이해를 높이고 이 분야에 대한 논문을 작성하는 데 실질적인 도움이 될 수 있도록 편집하였다.

이러한 편집의도를 실현할 수 있도록 다음과 같은 다섯 가지 점에 특히 유의하여 편집하였다.

첫째, 공공정책 결정요인 연구에 있어서의 이론상 및 방법론상의 쟁점들을 종합적이며 체계적으로 이해할 수 있도록 독립된 장들을 신설하여 정리하여 소개하도록 하였다.

둘째, 공공정책 결정요인 연구의 다양성을 이해할 수 있고, 연구자들의 다양한 연구관심에 부응할 수 있도록 하기 위하여 어떤 규격화된 틀에 따라 논문들을 편집하지 않고 하나하나 독립된 논문들이 그대로 살아있는 형태로 논문들을 편집하였다.

셋째, 공공정책의 연구 분야를 정부예산, 사회복지정책 및 통일·국방정책 분야별로 분류하여 수록함으로써 연구자들의 분야별 관심을 충족시킬 수 있도록 하였다.

넷째, 각 논문들을 관련된 분야의 쟁점, 논문작성 절차와 방법, 분석결과의 해석 등을 포함하도록 함으로써 이를 참조하여 논문을 작성하는데 도움이 될 수 있도록 하였다.

다섯째, 여기에 수록된 각 논문들의 참고문헌들을 종합적으로 정리하여 수록함으로써 공공정책 결정요인 연구분야 문헌의 데이터베이스 역할을 할 수 있도록 하였다.

　　이러한 의도에 의하여 편집된 이 책이 공공정책 결정요인의 이해와 앞으로의 연구에 큰 도움이 될 수 있었으면 하는 마음 간절하다.

　　이 책을 편집하는데 있어서 편집에 흔쾌하게 응해 주시고 연말연시의 바쁜 와 중에서도 교정에 협조해 주신데 대하여 저자 여러분들에게 감사드리며, 아울러 이 책을 출판하여 주시고 교정에 수고하여 주신 법문사의 배효선 사장님, 최복현 편 집이사님, 그리고 편집실의 여러분들에게도 심심한 사의를 표하는 바이다. 그리고 이 책을 편집하는 과정에서 자료정리와 교정에 수고하여 준 서울대학교 대학원 박 사과정의 박영미 양과 김용훈 군, 그리고 행정대학원 석사과정의 이준희 군에게도 감사를 표한다. (1993.1 편집자 노화준・남궁근 씀)

공 역 서

1. 정책분석론, 제6판

남궁근, 김지원, 김선호, 이희선 공역, 법문사, 2018.

원저: William N. Dunn, *Public Policy Analysis: An Integrated Approach*, 6th edition, Pearson, 2017.

1994.12.20. 번역서 제2판 발행, 2005.3.4. 제3판 발행, 2008.9.20. 제4판 발행, 2013.2.25. 제5판 발행(2016.6.10. 2쇄 발행).

〈좌로부터 제2판, 3판, 4판, 5판 표지 이미지〉

저자의 한국어판 서문

대학교수의 생애에서 자신의 저서를 제자들이 기억하는 것보다 더 기분 좋은 일은 별로 없을 것이다. 이러한 맥락에서 본인은 정책분석론의 한국어판 서문을 쓸 기회를 가지게 된 것을 영광으로 생각한다.

본인은 많은 한국의 동료, 친구, 그리고 이전 제자들의 활동으로부터 이 책의 번역을 떠나서 큰 도움을 받았다. 이들은 특히 공공정책결정과 정책분석에 관하여 본인이 생각하는 방법에 영향을 미쳤다. 본인은 정책분석론 번역자를 포함하여, 이전 제자들로부터 많은 것을 배웠다. 이들에게서 얻게 된 교훈들 — 때로는 이들에게 배웠다는 것을 알아차리지 못할 경우도 있지만 — 가운데 하나는 경험적 데이터를 포함한 여러 가지 유형의 증거가 1981년 본인이 이 책의 초판을 저술할 당시 생각했던 것보다 훨씬 중요하다는 것을 깨닫게 된 것이다.

지금은 동료교수와 친구가 된 한국 학생들은 미국 학생들과 비교할 때 체계적으로 수집된 데이터를 토대로 정책 주장을 검증하는데 더욱 큰 관심을 가졌다. 오늘날에는 소위 '증거에 기반을 둔 정책'(evidence-based policy)이 전 세계적으로 정부와 대학의 정책분석가들 사이에 상당히 유행하는 아이디어가 되었지만, 본인의 생각에는 피츠버그대학교 행정·국제대학원(Graduate School of Public and International Affairs: GSPIA)에서 공부한 한국 학생들은 오래 전부터 이 방향을 지향했다고 믿고 있다. 이것이 많은 GSPIA 박사들이 한국의 대학에서 가르치고 연구하는데 성공한 이유 가운데 하나라고 생각한다.

본인은 여러 제자들 가운데 이 책을 공동으로 번역한 남궁근, 이희선, 김선호, 김지원 박사에게 특별히 감사를 표하고자 한다. 이들 제자들은 서울과학기술대학교 전임 총장인 남궁근 박사의 주도로 본인의 저서를 한국의 독자들이 기억할 수 있도록 하는 영예를 본인에게 안겨주었다.

William N. Dunn
Graduate School of Public and International Affairs
University of Pittsburgh

역자 서문

이 책은 미국 피츠버그대학교 교수로 재직 중인 던 (William N. Dunn)의 저서 *Public Policy Analysis: An Integrated Approach*, 6th edition을 완역한 것이다. 이 책은 1981년 초판 출간 이후 미국과 해외에서 널리 교재로 사용되고 있는데 2018년에 제6판이 나오게 되었다. 역자들은 피츠버그대학교 박사과정에서 저자로부터 직접 지도받을 기회를 가졌다. 제4판 및 제5판에 이어 한국어판 번역을 격려해 주신 교수님께 감사

드린다. 2008년 서울에서 열린 한국행정학회 국제학술대회에 참석하셔서 발표도 해 주셨는데, 1980년대 중반 강의실에서 처음 만났을 때와 마찬가지로 건강하시고 제자와 진지한 담론을 즐기시는 모습도 여전하셨다. 연로하심에도 불구하고 거듭 수정판을 내면서 정책분석 분야에서 새로운 학문적 조류를 개척해 나가시는 교수님의 열정이 제자들에게도 큰 자극이 되었다.

역자들은 공동으로 제2판, 제3판, 제4판, 그리고 제5판을 번역한 바 있다. 이번에도 공동수정작업을 거쳤기 때문에 번역본을 읽기가 상당히 쉬워졌을 것으로 기대하지만, 여전히 미진한 부분이 있을 것으로 생각된다. 저자의 의도가 잘못 전해진 부분은 모두 옮긴이들의 공동책임으로 돌려야 할 것이다. 번역권 문제로 수고해 주신 법문사 정해찬 과장님, 편집을 위해 수고하신 예상현 과장님, 멋진 디자인을 위해 애써 주신 조태상 대표, 어려운 여건에서도 출판을 허락해 주신 법문사 사장님께 감사드린다. (2018년 2월)

추천의 글

교과서 가운데는 독창적으로, Dunn은 문제구성과 문제구조화를 각 분야 정책분석 영역의 주된 동인으로서 중심적 단계에 두었다. 이전과 같이 Dunn은 (사회)과학적 통찰력, 인식론적 이론, 방법론적 정교함, 그리고 실제적 지식을 능숙하게 융합시켰다. — 로버트 호페, 네델란드 트웬테 대학

이 새로운 개정판은 이전에 확립된 수월성의 전통을 계속하고 있으며, 오늘날 정부 부문, NGO, 그리고 민간부문 정책분석의 세계에서 적합성을 지속적으로 확보하기 위하여 본문, 참고문헌, 그리고 사례를 업데이트하였다. – 마이클 하우렛, 캐나다 사이몬 – 프레이저 대학

William Dunn은 정책분석의 방법론과 방법들을 지방, 국가, 그리고 세계 수준의 실생활 사례 자료 및 예제를 통하여 효과적으로 설명하였다. 이 책은 여전히 학부생과 대학원 학생들에게 최고의 지침서이다. – 남궁근, 서울과기대 전 총장 및 한국행정학회 전임회장

매우 중요한 교과서이며, 존경받는 정책분석가가 되려는 열망을 가진 나의 학생들에게 필독서로서 계속 사용할 것이다. – 소피안 에펜디, 인도네시아 가쟈 마다 대학

2. 정책집행론

김영기 · 남궁근 · 유낙근 · 최용부 역, 법문사, 1985.
원저: R.T. Nakamura & Frank Smallwood, *The Politics of Policy Implementation*, St. Martins Press, Inc., 1980.

옮긴이의 말

본서는 나까무라와 스몰우드가 공저한 *The Politics of Policy Implementation*(St. Martin Press, 1980) 을 우리말로 완역한 것이다. 라스웰(H.D. Lasswell)과 드로어(Y. Dror) 등 선구적인 학자들의 업적으로 시작된 미국의 정책연구는 1970년대에 다수의 정책연구학술지 발간 및 정책대학원의 설립으로 단기간 내에 학문분야의 하나로 정착되고 있다. 그러나 미국에서도 정책형성 및 평가분야에 관한 연구에 비해 집행연구는 가장 늦게 시작된 분야이다. 이러한 사실은 1975년 하그로브(Erwin C. Hargrove)가 집행과정에 관한 연구가 정책연구에서 '빠져버린 연계부문'(missing link)이라고 표현하면서 정책의 성패와 직결된 집행영역에 대한 정책학자의 관심을 촉구한 데에서 적

절이 시적되었다.

주지하는 바와 같이 프레스맨(J. L. Pressman)과 윌다브스키(A. Wildavky)의 오클랜드 지역에서의 경제개발처(EDA) 사업집행에 관한 사례연구(1973)를 기폭제로 하여 정책집행연구가 본격화되었다.

본서는 그간의 집행연구의 관점과 사례연구를 요약한 정책집행론의 개론서로서, 그 내용을 소개하면 다음과 같다.

첫째, 제1부 1장에서 정책집행연구의 관점변화와 집행연구의 현황을 간략히 소개하고, 2장에서는 본서의 개관으로서 정책집행을 정책형성, 집행 및 평가라는 세 가지 정책환경과 관련시켜서 분석하려는 저자의 의도를 간명하게 제시한다.

둘째, 제2부는 정책환경론으로서 3, 4, 5장에서 정책형성, 집행, 평가라는 세 가지 정책환경에서 활동하는 행위자, 활동영역 및 내부의 커뮤니케이션 문제 등을 중심으로 분석한 다음에, 6장에서 위의 논의를 도입하여 사법부의 정책집행의 여러 가지 사례를 분석하고 있다.

셋째, 제3부에서는 집행을 중심으로 정책환경간의 연계문제를 다루고 있다. 제7장에서는 집행자와 정책형성자가 행사할 수 있는 상대적인 권력자원에 따라 달라질 수 있는 연계관계의 유형을 다섯 가지로 구분하고 각 유형의 사례를 제시하고 있는데, 연계관계의 유형에 따라 정책의 집행에 차질이 발생할 가능성을 지적함으로써 고전적 집행관의 문제점을 적절히 설명하고 있다. 8장에서는 집행과 평가의 연계를 다루고 있는데 상이한 평가기준에 따라 집행성과의 측정이 달라질 수 있다는 사실을 지적하면서 집행평가의 몇 가지 어려움을 지적하고 있다.

넷째, 제4부의 9장은 본서의 결론에 해당하는데, 최근 미국대통령의 리더십 유형에 따라 달라지는 집행유형을 고찰하고 있다.

최근에 우리나라 행정학계에도 정책학 개론서 및 정책형성에 관한 서적뿐 아니라 정책평가론의 역저도 출간되어 활발한 정책연구의 분위기가 반영되고 있다. 그러나 정책집행에 관하여는 학생들이 접할 수 있는 우리말 서적이 없는 실정이기 때문에 역자들은 본서의 소개가 균형있는 정책연구의 발전을 위해 도움이 된다고 판단하였다. 본서는 정책집행에 관한 개론서이면서 동시에 정책형성 및 정책평가를 포함한 전 정책과정을 연결시켜서 고찰하고 있기 때문에 정책분석기법에 관한 내용만 보완되면 정책학 개론서의 역할을 겸할 수 있으리라 생각된다.

본서는 역자들의 「신행정론」(H. G. Frederickson 저) 번역·출간에 후속하는 두 번째 공동작업의 결과이다. 「신행정론」에 관하여 부산대, 서울대, 연세대의 여러 은사님께서 과분한 격려를 해 주셨고 행정학계의 선배, 동료교수들께서도 많은 충고와 조언을 해 주셨다. 이 기회를 빌어서 모든 분들께 심심한 사의를 표하고자 한다. 한국방송통신대학 조교로 재직 중인 이준 석사가 본서의 1장에서 5장까지 원고정리를 위해 수고해 주었고, 경상대 대학원에 재학 중인 하혜수 군이 6장의 원고정리와 교정을 위해, 조창현 군이 원고교정에 많이 수고를 해 주었다. 또한 공동작업에 따르는 어려움으로 약속보다 1년여 늦어진 원고를 출판해 주신 법문사의 후의에 고마움을 표한다. 위 모든 분들의 도움에도 불구하고 번역상의 오류나 문제점은 역자들의 공동책임임을 분명하게 밝히고자 한다. (1985년 2월 옮긴이 일동)

3. 신행정론: 새로운 행정이론의 흐름과 관점

김영기, 남궁근, 유낙근, 최용부 공역. 박영사. 1983.
원저: H. Geroge Frederickson, *New Public Administration*,
The University of Alabama Press. 1980.

옮긴이의 말

이 책은 H. Geroge Frederickson의 New Public Administration(The University of Alabama Press, 1980)을 우리말로 완전히 옮긴 것이다. 저자는 1977년 미국행정학회(ASPA)회장을 역임한 바 있고 현재는 이스턴 워싱턴대학(Eastern Washington University)의 총장으로 재직 중인 행정학계의 중진학자이다. 특히 그는 1960년대 후반부터 전통적인 행정이론에 대한 비판과 반성에서 시작된 '신행정학 운동'(New Public Administration Movement)을 왈도(D. Waldo), 마리니(F. Marini) 등과 더불어 주도하고 있다.

신행정학운동은 정치학에서의 '신정치학운동'의 대두와 맥락을 같이 하는데, 양자 모두 소장학자들이 주도하였고, 기존이론에서의 지나친 행태주의(behaviorism)

및 기법적 측면의 상조(technical emphasis)에 반발하여 규범의 측면을 강조하고 있다. 신행정학이 전통적 행정이론과 구별되는 가장 큰 특징은 규범적 이론 (normative theory), 철학(philosophy) 그리고 행동주의(activitism)에 관심을 가진다는 점이다.

신행정학운동은 70년대에 내용과 형식을 충실히 하면서 80년대 미국 행정학 흐름의 주류로 등장하고 있다. 또한 미래의 행정이론 및 행정실무에서 따라야 할 방향을 제시하고 있기도 하다.

신행정학의 관점에서 씌어진 주요 문헌으로는 본서 이외에도 마리나가 편집한 「신행정학의 모색」(Toward a New Public Administration), 왈도가 편집한 「소용돌이 시대의 행정학」(Public Administration in a Time of Turbulence), 프레데릭슨의 「70년대의 주민통제」(Neighborhood Control in the 1970s) 등을 들 수 있다. 이러한 문헌들 중 본서가 가장 짜임새 있게 신행정학의 내용을 담고 있다고 평가받고 있다.

본서의 내용을 간단히 소개해 보면, 제1장 서론에서는 행정학의 90여 년의 역사(W. 윌슨의 유명한 논문 The Study of Administration, 1887을 기점으로 할 때)를 평가한 다음, 신행정학의 중심내용으로 사회적 형평, 가치중립적 행정이론에서의 탈피, 변동, 참여 등의 문제를 제기하고 있다. 제2장에서는 기존행정이론의 전개과정을 5개의 기본모형(고전관료제모형, 신관료제모형, 인간관계모형, 공공선택모형)을 설정하여 각개 모형의 가치전제, 특성, 분석단위 등을 중심으로 비교·논의하고 있다. 제3장에서는 신행정학이 추구하여야 할 기본적 가치인 사회적 형평을, 특히 1970년대 모든 사회과학분야에 커다란 영향을 미쳤던 로울즈(J.Rawls)의 「정의론」(A Theory of Justice)을 원용하여, 정의한 다음 사회적 형평을 실천에 옮길 수 있는 구조적·관리적 방법을 논하고 있다. 제4장에서는 오늘날 급격히 변동하는 사회적·정치적·경제적 환경 속에서 이에 대응하는 행정의 대응성 (responsiveness), 행정적 합리성(administration rationality) 그리고 관리자와 직원 및 관리자와 시민간의 바람직한 관계설정을 모색하고 있다. 제5장에서는 신행정학이 주장하는 가치·규범들을 실행할 수 있는 새로운 조직구조로서 분권화모형, 주민통제모형, 연합모형 등과 같은 동태적 조직구조를 제시하고 있다. 제6장에서는 신행정학의 입장에서 교육제도, 교과편성 등 행정학교육 및 공무원교육에 관한 전망과 그 방향을 제시하고 있다. 제7장은 결론으로서 다시 조직과 개인 간의 문제를 거론하고 있는데, 점차 조직화되어 가고 있는 시대에 조직의 생산성과 개인(조직구성원 및 시민)의 권리, 가치의 양립문제를 검토하고 있다.

옮긴이들은 같은 대학교 행정학과에 재직하면서 지난 겨울방학 중 본서를 선택하여 세미나형식으로 토론을 진행한 것이 계기가 되어 우리말로 옮겨 출간하자고 뜻을 모았다. 원래 부분별로 작성했던 초고를 바탕으로 한 학기 동안 틈틈이 모여 공동으로 수정·보완작업을 계속하였으나 옮긴이들의 능력부족으로 원저자의 의도를 잘못 옮긴 부분도 있을 것으로 생각된다. 이는 모두 옮긴이들의 공동책임으로 돌리고자 한다. 이제 부족하나마 공동작업의 첫 결실을 내놓으면서, 앞으로도 공동연구의 폭을 넓히고 미력하나마 학계에 보탬이 되었으면 하는 의도에서 이와 같은 작업을 매년 계속하기로 하였다. 끝으로 이 책의 발간을 도와준 박영사 여러분께 감사드린다. (1983년 6월)

4. 개발도상국 정치론 정치외교학총서 3

이춘근, 남궁근 옮김, 서울: 평민사, 1981.
원저: 「Fred R. von der Mehden, *The Politics of Developing Nations*,
Englewood Cliffs, N.J. Prentice-Hall, 1964.

옮긴이의 말

제2차 세계대전의 종결과 더불어 과거 서구제국주의의 식민지였던 지역에서 수 많은 국가들이 탄생하였다. 신생국가, 저개발국가, 제3세계 국가 등 다양한 이름으로 불리워지는 이들 국가의 수는 100여개가 넘는다. 개발도상지역의 국가들은 서구의 식민지배에 대한 반발에서 강렬한 민족주의를 특징으로 하며 동시에 경제적·사회적 후진성에 고민하고 있다. 이들은 자유진영과 공산진영의 대결에서 어느 한 편에도 가담하지 않는 비동

맹주의를 채택하여 국제무대에서 현실의 국력 이상의 실력을 발휘하고 있다. 개발도상국가들의 역할이 증가함에 따라 이들 지역의 정치·경제·문화 등 제 분야에

대한 이해가 필요함은 두말할 나위가 없다.

특히 이들 지역의 정치문제를 정확히 이해한다는 것은, 80년대에 접어들면서 새로운 정치발전의 상황이 전개되고 있는 시점에서 매우 중요한 일이다. 그러나, 점증하는 관심에도 불구하고 현재까지 일반대중과 전공분야의 학생들이 쉽게 접할 수 있는 개발도상지역의 제반 정치문제에 대한 개설서가 없었던 것 같다. 이에 역자들은 적은 분량이면서도 중요한 내용이 모두 설명된 Medhen교수의 *The Politics of Developing Nations*을 번역·소개하기로 하였다.

개발도상국의 정치발전에 관하여 초기 서구의 학자들은 소박한 낙관주의에 사로잡혀 있었다. 즉, 정치적 후진성의 원인은 사회·경제적 낙후에 있으며 사회·경제적 발전에 따라 자동적으로 정치적 안정과 서구식 자유민주주의가 가능하게 되리라는 것이다. 그러나 개발도상지역의 정치현실은 이와는 달리 전개되었다. 사회·경제적 발전과정에서 내란, 군부구데타, 독재 등 정치적 불안과 민주주의의 퇴화현상이 나타났던 것이다.

메덴교수는 정치발전에 대한 기존의 연구가 서구적 규범을 기반으로 한 가치중심적인 것이었고, 후진세계의 정치과정의 본질에 대한 지식이 부족하기 때문에 비현실적인 결론을 유도하였다고 비판한다. 그는 중남미, 아시아·아프리카 전역의 100여개 국가를 대상으로 정치과정상의 특징을 추적하고, 각자의 문제점에 대한 개료를 실증적 자료를 통하여 제시하고 있다. 이와같은 접근방법에 따라서, 개발도상지역에 관한 식민체제의 유산, 국가적 통일을 추구하려는 노력, 정당제도, 정치 엘리트, 군부의 정치개입, 정치 이데올로기의 문제를 다루고 있다.

메덴교수는 개발도상지역의 정치적 경험에 관한 광범한 논의를 토대로 하여 수입된 서구적 민주주의제도의 유명무실화, 경쟁적 정치제도의 감소 경향, 군부의 영향력 증가, 경제발전의 저해요인으로서 훈련된 인력의 부족 등을 개발도상지역 정치과정의 특징으로 들고 있다.

본서의 변역은 1～4장까지 이춘근이, 5～8장을 남궁 근이 번역하고 상호 토론하여 보완하였다. 역자의 능력부족으로 인한 오역이나 난해한 문장에 대하여는 독자 여러분의 비판과 조언이 있기를 바란다.

영문 편저

1. *Public Administration and Policy in Korea: Its Evolution and Challenges*, co-edited by Keun Namkoong, Kyung-ho Cho and Sangmook Kim, London: Routledge, 2017.

Preface

Korea has experienced rapid transition from the desolation of the Korean War in 1950–53 to the political turmoil of democratization in 1987. While the Nobel Economic Prize Laureate, Robert E. Lucas and a considerable number of scholars frame the Korean model as a developmental state and emphasize the strong government and technocratic bureaucracy as key factors in the

success of Korea, few books attempt to explain how the Korean policy community has been transformed since the democratization. As a result, public policy and administration students interested in Korean public policy and administration after democratization are rarely able to find relevant academic textbooks.

This book consists of three parts: (1) historical context of Korean public administration and policy, (2) key dimensions of Korean public administration, and (3) key dimensions of Korean public policy.

In Part I, we have chosen three key issues characterizing Korean public administration and policy: (1) changes of political structures and public policy actors, (2) changing characteristics of policy objectives, policy priorities, tools and achievements, and (3) the characteristics of presidential leadership. Democratization in 1987 resulted in an expansion in the number of participants in administration and policymaking. No single actor can dominate the policy process, although bureaucrats and presidents still play significant roles. Korea's high level of economic development has been achieved through an evolutionary process of public administration and policy. The role of public administration has been historically analyzed with particular reference to economic development processes. Presidential leadership characteristics were analyzed in terms of zeitgeist, driving force, ability to respond to crisis, integration and communication, personnel management capacity, cooperation with the nation and the National Assembly, and morality. Part I reviews these historical and contextual issues.

Part II addresses the status and challenges of governmental and public organizations, the civil service system and personnel administration, public finance and financial administration, administrative culture, performance management and evaluation, and public sector reform. After democratization, the Korean government initiated successive administrative reforms, which in turn have changed government and public organizations, civil service management, and financial administration. At the same time, administrative culture has also changed significantly during the post—democratization period. As performance management theory has been a significant influence in other countries, the comprehensive institutionalization of a performance management system is prominent in Korea. NPM and Post—NPM reform measures have been actively adopted in the public sector. Part II reviews these changes in the 21st century and explains the current status of and challenges to the Korean public administration system.

Part III reviews the key policy areas including health and social policy, environmental policy, informatization policy, and regional development and urban policy. Unprecedented rapid economic development results in negative byproducts; a poor health and social safety net, environmental pollution, information gap, and regional economic inequality call for active government interventions. These social issues turn into policies after going through intense political debate. Part III provides the description on how public policy in different areas has evolved through active discourse between a variety of key actors.

This book is distinct from other available academic textbooks on Korean public policy and administration in the following respects. First of all, instead of dichotomizing policy and administration, this book integrates two fields to provide a more holistic view on the Korean public sector. Second, many international students, who want to learn about the experience of Korean development and the role of administration and policy, can utilize this book as a primary textbook. Finally, this book attempts to overcome simplified explanations on the developmental state theory. The Korean public administration and policy system has changed very significantly compared to what it was in the 1970s. We aim to explain who are the key actors during the post-democratization period, how administrative systems have been reformed, and what kinds of social problems are transformed into public policies. This explanation suggests that the role of government has shifted from that of being the dominant actor to that of being an actor within a complex network of governance.

Acknowledgements

We would like to share our excitement upon the publication of this edited volume where carefully selected chapters are collected. This publication was not possible without gracious financial support from the Korean Association for Public Administration(KAPA). This book originally arose from discussions among 2008 KAPA executive board members when they participated in the annual conference of the American Society for Public Administration(ASPA) which was held in Dallas. Under the leadership of then KAPA president Keun Namkoong, executive board members including In Chul Kim, Kyung-Ho Cho, Sangmook Kim, Heungsik Park, Youngmi Kim, M. Jae Moon, Young-chool Choi, Young-ho Hwang, Cheol H. Oh agreed to launch a couple of book projects aiming to introduce Korean public administration to the international public administration community. The first edited volume, *Korean Public Administration and KAPA: Looking Back, Leaping Forward* was published in 2008. The first book mainly focused on the evolution of the Korean Association for Public Administration established in 1956 as well as the historical development of Korean public administration.

The original intent of this second volume was to focus on only the key dimensions of public administration in Korea. This original focus was widened because we decided to expand the scope to include key areas of public policy. As a result, we invited more contributors including Changhoon Jung, Huck-ju Kwon, Sun-Jin Yun, Jun Koo, and Kilkon Ko. Meanwhile, in order to review drafted chapters, we organized a seminar entitled "Next Steps for Asian Public Administration: A Comparative Perspective" at Chiang Mai University, Thailand on July 14-18, 2016. We would like to thank, in particular, dean Ora-orn Poocharoen of Chiang Mai University and the professors of her college for their kind support and assistance during the seminar.

At Routledge Publications, we have a considerable debt of gratitude toward Ms. Samantha Phua, senior editorial assistant, and Yong Lin Lam for commissioning this book. They played a valuable role in dealing with the contractual and other administrative components involved in this project. We are very grateful for their assistance and support.

2. *Korean Public Administration and KAPA: looking back, leaping forward*, edited by Keun Namkoong, Seoul: Korean Association for Public Administration, 2009.

Preface

This edited volume introduces the major activities of the Korean Association for Public Administration(KAPA) and the developments of Korean public administration studies in general. This book arose from discussions among KAPA 2008 executive board members. The members agreed that we need a book introducing KAPA and Korean public administration studies for the

international audience. We formed an editorial team to take the project forward.

Founded in 1956, KAPA is the representative academic community in the field of public administration in Korea, with a diverse membership composed of more than 1,600 academic scholars, public officials, quasi-government employees, and institutions. During this past half-century, KAPA has emerged through the efforts and dedication of our members as the focal point for intellectual and professional interactions in Korea. In addition, thanks to a closely networked collaboration with various foreign institutions and scholars as well as domestic and international members, we have aroused keen interest in the pursuit of best research and practices in public affairs not only in Korea, but also around the world.

This book consists of four parts. Part One describes the governance structure and major activities of KAPA from a historical context. Part

Two introduces international activities and cooperation of KAPA in a globalizing world. Part Three summarizes some characteristic features of Korean public administration studies. Part Four introduces public administration education programs in Korea. Several chapters are based on *The Fifty Years of Korean Public Administration, 1959-2006*(in Korean) published by KAPA in 2006.

I would like to express my sincere gratitude to the contributors for their fine work within a relatively short span of time. I would also like to thank the editorial team members: Professors Kyung Ho Cho, Taeyoung Kim, Sangmook Kim, Heungsik Park, and M. Jae Moon. I relied on these members to help me choose appropriate topics and the right contributors. I would also like to acknowledge a number of people for their assistance: Ji Eun Oh, Secretary General of KAPA for collecting and handling manuscripts, Hyun Hee Cha for cover design, Professor Chad Anderson of the University of Incheon for proofreadiing the full manuscripts, Harin Woo of the Seoul National University of Technology for her editorial assistance and for her help in the preparation of the index. Their professional assistance is evident throughout this book. Finally, I would like to thank all the institutions for their help in collection necessary information. Especially I also deeply appreciate the fourteen programs offered financial assistance.

I hope that this book can help an international audience better understand KAPA and Korean public administration studies.

January 2009

Keun Namkoong

학술논문 및 기고문 /3

전문학술지 게재 논문

1. "정부출연연구기관 연구자의 성과가 연구환경 만족 및 성과의 가치 인식에 미친 영향", 정황모·남궁근(2인 공저), 「한국정책과학 학회보」, 15:4(2011.12), pp. 1-31.

초 록   정부출연 연구기관 연구자의 개인 성과평가결과가 연구환경 만족 및 연구성과의 가치인식에 미치는 영향을 산업기술계의 특성을 대표하는 3개 연구기관(산업, 공공, 기술지원) 소속 265명의 연구자를 대상으로 분석하였다. 구조방정식 모형의 분석 결과, 개인 성과평가결과는 연구성과의 가치 인식에 직접 영향과 평정제도의 공정성 인지를 통한 간접 영향을 미치는 것으로 확인되었다. 개인 성과는 연구환경 만족의 세 차원인 팀 만족과 연구자원 만족, 그리고 연구행정 만족에는 직접 영향을 미치지 못하는 것으로 나타났고, 공정성 인식을 통하여 간접적인 영향만 미쳤다. 한편, 평정제도 공정성 인식은 연구성과의 가치 및 연구환경 만족의 세 하위차원에 모두 통계적으로 유의미한 영향을 미치는 것으로 나타났다. 결론적으로 개인 성과평정제도에서는 무엇보다 공정성 인식이 가장 중요한 것으로 나타났는데, 개인 성과평가결과에 따라 엄격한 상벌개념을 적용하기 위한 선결과제로서 공정한 평정제도를 설계하고 이를 연구자들에게 인식시킬 수 있는 기관차원의 조치가 중요하다.

2. "정책분석평가와 윤리", 「정책분석평가학회보」, 20:4(2010 겨울), pp. 37-56.

초 록   정책분석과 평가과정에서 정책분석 공동체 구성원들이 지켜야 할 윤리기준에 관하여 고찰하였다. 정책분석가들에게 요구되는 윤리의 기준은 광범위한 계층적 다원구조(도덕, 규범, 규약, 법률)를 형성하고 있다는 전제하에, 전문가로서의 전문직업윤리, 고객에 대한 책임성, 공공봉사자로서 사회적 책임성으로 구분하였다. 전문직업윤리의 핵심은 연구진실성이며, 정책분석평가 공동체 구성원들에게는 학계 구성원들에게 적용되는 연구윤리가 적용되어야 한다. 고객에 대한 책임성의 구성요소로 신뢰의 원칙, 청렴성과 정직성(이익충돌회피 포함), 중립성, 역량 등이 포함되었다. 사회적 책임성의 구성요소로 공공봉사자로서 공익실현과 참여형 정책분석의 구현을 중요한 기준으로 추가하였다. 정책분석 및 평가활동 수행과정에서 이러한 복수의 윤리기준들이 균형있게 반영되어야 분석 및 평가결과의 수용성이 제고될 것이다.

3. "EU교육정책 개방형정책조정(OMC)의 영향: 담론형성과 정책학습", 「정책분석평가학회보」, 20:1(2010 봄), pp. 217-244.

초 록   EU 교육정책에서 개방형 정책조정(OMC)을 통하여 설정한 목표와 지표체계를 살펴보고 벤치마크 분야에서 그 성과를 평가하였다. OMC는 2000년 리스본유럽이사회에서 제안된 유럽연합 회원국 사이의 정책조정 메커니즘으로 제재가 없는 연성조정방법을 활용한다. 교육정책분야에서는 OMC를 통하여 유럽교육의 현대화를 위한 13개의 하위목표와 그 성과를 모니터할 수 있는 지표들을 설정하고 2010년까지 달성하여야 할 5개의 벤치마크를 설정하였다. EU 전체 및 27개 회원국가들을 대상으로 벤치마크 분야의 2006년 자료를 2000년과 비교한 결과 일정한 성과가 나타났으며, 회원국가들 사이에 수렴현상도 확인되었다. EU가 회원국가의 교육정책에 미친 영향을 하향적 관점에서 보면 벤치마킹을 통한 영향력 행사나 비난회피동기보다는 EU 차원의 담론 형성이 회원국가에서 벤치마크 분야의 성과와 수렴경향을 설명하는 것으로 볼 수 있다. 상향적 관점에서는 OMC를 통하여 회원국가들이 다른 국가 교육정책의 정보에 대한 접근가능성이 매우 커졌으며 이를 토대로 정책학습이 이루어졌을 것으로 추론되었다.

4. "정부의 연구기반 구축사업이 교원의 연구성과에 미친 영향: 1단계 BK21사업 물리학 분야 SCI급 연구성과의 사례", 최인엽·남궁근(2인 공저), 「한국정책과학학회보」, 14:3(2010.9), pp. 1-28.

초 록 정부의 연구기반구축사업인 BK21 사업이 참여교원 및 전체교원의 연구성과에 미친 영향을 물리학 분야를 사례로 분석하였다. 1998년부터 2005년까지 8년간 4년제 물리학과 전 교원(n=916)의 SCI급 논문수 및 IF값에 계층적 다중회귀분석을 적용하여 분석한 결과 BK21사업은 교원의 개인 특성변수(과거연구실적, 연령, 성) 및 소속기관 특성변수(대학명성, 학과규모, 국·사립)를 포함하는 통제변수의 효과를 제거한 후에도 참여교원의 양적, 질적 논문실적을 향상시켰다. BK21사업의 효과는 2년의 시차를 두고 나타났으며, 참여교원 논문실적은 누적적으로 증가하였다. BK21사업은 비참여교원을 포함한 전체교원의 논문실적의 증가에도 기여하였다. 그러나 BK21사업은 참여교원에게 누적적인 이점으로 작용하는 반면 식섭 경쟁관계에 있는 차상위십단에게는 불리하게 삭용하였다.

5. "사회자본의 형성과 효과에 관한 경험적 연구의 쟁점", 「정부학연구」, 13:4(2007.12), pp. 297-325, 고려대학교 정부학연구소.

초 록 이 논문에서는 행정학 및 정책학 분야의 국내외 경험적 연구들에서 제기된 사회자본의 개념, 그 형성 및 효과에 관한 쟁점을 정리하고자 하였다. 사회자본의 핵심적 구성요소를 사회적 신뢰, 협력적 네트워크, 호혜의 규범으로 보는 데에는 어느 정도 합의가 이루어지고 있다. 사회자본에 관한 경험적 연구는 개인을 분석단위로 하는 미시적 맥락의 연구와 분석단위가 공동체, 국가 등 집계단위인 거시적 맥락의 연구로 구분된다. 두 가지 유형의 경험적 연구는 사회자본의 조작적 정의와 측정, 그 증가 또는 감소의 원인, 그리고 그 효과에 관한 연구방법과 강조점 또한 상당히 다르다. 거시적 단위에서 사회자본을 측정할 때 하위단위인 개인에 대한 측정결과를 단순 집계할 수 있느냐의 문제가 제기된다. 한편 사회자본의 형성원인과 그 효과에 관한 연구는 공동체나 국가의 속성인 사회자본을 원인인 동시에 결과로 본다는 소위 "순환성(circular)"의 문제가 있다는 비판도 제기되고 있다. 사실상 사회자본의 연구는 정연한 선형인과관계의 논리로는 파악하기 어려운 이슈들을 다루고 있다. 한편 국내에서 이루어진 사회자본에 관한 대다수의 경험적 연구는 미시적인 맥락에서 개인에 대한 설문조사를 토대로 이루어진 것으로 그 연구결과를 거시적 맥락의 관점에서 추론하고 해석할 때 소위 "환원주의적 오류(reductionism)"를 범할 가능성이 있다. 그러므로 국내 연구에서도 거시적 맥락의 연구가 보완되어야 할 것이다.

6. "행정학자의 시민단체 참여활동 성과와 한계: 경실련, 참여연대, 함께 하는 시민행동, 행개련을 중심으로", 「한국행정학보」, 41:4 (2007 겨울), pp. 45-66, 한국행정학회.

초 록   우리나라 행정학자들이 시민단체 활동을 통하여 추구하고자 했던 행정개혁의 성과와 한계에 관하여 살펴보았다. 행정학자의 시민단체 참여 배경으로 우리나라 시민단체 현황을 개관하고 이론적 근거로 시장실패와 정부실패의 보완논리, 그리고 참여 거버넌스론을 살펴보았다. 행정학자의 시민단체 참여 현황을 대표적 시민단체인 경실련, 참여연대, 함께하는 시민행동, 행개련의 사례를 통하여 살펴보았다. 행정학자의 참여를 형성단계에서의 참여, 조직의 거버넌스 참여, 그리고 정책 활동 참여로 구분하여 살펴 본 후, 그 특징을 분석하였다. 행정학자들은 시민단체 활동에 참여하면서 반부패개혁, 인사개혁, 예산개혁과 감시, 지방자치, 정치와 행정의 민주화 등 행정개혁을 추진하는데 일정 정도 기여하였다. 한편 시간적 제약 등으로 지속적으로 시민단체 활동에 참여하기 어렵다는 점, 과격한 개혁대안이나 개혁방법을 선호하지 않는 경향 등이 그 한계로 지적되었다.

7. "Civil Service Reform in Participatory Government: Civil Service System in Transition", *The Korean Journal of Policy Studies.* 22:1(Aug. 2007), pp. 19-45, Seoul: Graduate School of Public Adminstration, Seoul National University.

Abstract   This paper analyzes the recent reform initiatives of the civil service system in Korea. The modern civil service system was

founded during the Park Jung-Hee Administration. The major charac-
teristics of the system can be summarized as a merit-based, rank-
oriented, closed career, and centralized managemetn system. The Korean
civil service system was instrumental during the period of government-
led growth. However, the 1997 financial crisis and the ensuring economic
recession instigated the Korean government reform program, including
civil service reform. As the package of civil service reform policies has
been formulated and implemented during the Kim Dae-Jung and Roh
Moo-Hyun administrations, the Korean civil service system is experiencing
a paradigm shift from a rank-oriented, closed career, seniority-based,
and centralized management system to a job-oriented, open-career,
performance-based, and decentralized system. This article outlines three
factors explaining the transformation. For Korean civil service reform to
be successful, implementation is required for a certain period of time.
The article discusses several tasks that are necessary for fully achieving
the reform goals of the participatory government.

8. "팀제와 참여정부 인사개혁의 정합성 검토: 팀제, 고위공무원단,
총액인건비, 전보제한 및 경력개발프로그램을 중심으로", 남궁근·서
원석(2인 공저), 「행정논총」, 43:4(2005.12), pp. 437-458, 서울대학
교 한국행정연구소.

초 록　　행정자치부가 도입하여 운영하고 있는 팀제는 그 제도설계와 제도
운영과정에서 참여정부가 도입한 주요 인사개혁 과제들과 정합성을 갖고 시너지
효과가 발휘될 수 있어야 한다. 팀제는 2003년 7월 발표된 참여정부 인사개혁로
드맵에 포함된 과제 중 하나이다. 인사개혁 로드맵에 따라 각 부처의 인사자율성
을 확대하는 취지에서 총액인건비제도가 시범 실시되고 있으며, 전문성을 강화하
는 취지에서 전보제한 및 경력관리제도가 도입되었고, 1~3급 고위공무원 계층의
전정부적인 통합관리와 성과관리를 목적으로 2006년도에는 고위공무원단 제도가
도입될 예정이다. 이 논문에서는 행정자치부가 도입한 팀제와, 관련 인사개혁과제

인 총액인건비, 전보제한 및 경력개발프로그램(보직경로제), 그리고 고위공무원단
제도의 주요내용을 살펴보고, 이들 사이에 정합성이 있는지, 또는 제도 도입의 시
점(timing)과 순서(sequence)가 적절한지 검토하였다. 결론에서는 팀제와 관련제
도들 사이의 시너지 효과를 발휘하기 위하여 팀제의 운영과정에서 유의해야 할 사
항을 지적하였다.

9. "북유럽국가 정부인사개혁전략의 특징과 결과", 김상묵·남궁근
(2인 공저), 「한국행정학보」, 39:3(2005 가을), pp. 229-250, 한국행
정학회.

초 록   이 연구의 목적은 덴마크, 핀란드, 스웨덴 등 북유럽국가들이 1980
년대 이후 추진한 정부 인사개혁 전략의 특징과 그 결과를 분석하는 것이다. 먼저
북유럽국가들의 정부 인적자원관리 개혁정책을 역사적으로 고찰한 후, 전반적인
방향성과 추세에 대하여 논의하였다. 그리고 정부 인적자원관리의 주요 요소를 분
권화와 중앙인사기관의 역할, 공무원의 지위 및 직업 안정성, 공무원제도와 인사
관리의 신축성, 평가와 보상, 노사관계와 파업권 등 다섯 가지 범주로 구분하여,
이들 국가들의 정부 인적자원관리의 특징을 살펴보았다. 이어서 이들 국가의 정부
인사개혁 전략의 특징과 효과가 우리나라 정부의 인사개혁에는 어떤 시사점을 주
는 지를 논의하였다.

10. "공직의 전문성 제고를 위한 보직관리시스템 개선방안", 남궁
근·류임철(2인 공저), 「한국인사행정학회보」, 3:2(2004.12), pp. 93-
120, 한국인사행정학회.

초 록   이 연구는 우리나라 공직의 전문성을 제고하기 위한 방안의 하나로
공무원의 보직 및 경력관리시스템 개선방안을 제시하고자 하였다. 정부혁신지방분
권위원회에서 검토하고 있는 자료를 중심으로 관련 통계자료를 분석하여 현행 공
무원 보직관리 현황과 문제점을 검토하고, 선행연구를 참고하여 보직관리시스템
개선방안을 제시하였다. 구체적 개선방안으로, 첫째, 부처 전체의 조직을 직무의
유사성, 전문화 수준 등을 기준으로 몇 개의 전문분야와 하나의 공통분야로 구분
하고, 개인의 전공, 적성, 희망 등을 고려하여 전문분야를 지정하여 특정 전문분야

가로 양성하는 경력개발프로그램(CDP) 요소의 도입, 둘째, 전보제한기간의 확대 및 사전전보 금지기간의 설정 등을 제시하였다. 장기적 검토사항으로 부처배치방식 및 시보기간 개선, 공직분류체계 개편, 직무등급제 도입, 개방형임용 확대, 민간전문가 촉탁 확대 등과 같은 정책방안을 아울러 제시하였다.

11. "Policy Learning from the Experience of a Neighboring Country: Adaptation of Korean Earthquake Management System after the 1995 Kobe Earthquake", *Korean Journal of Policy Studies*, 17:2(2003), pp. 13-26. Seoul: Graduate School of Public Adminstration, Seoul National University.

Abstract   This article reviews the adaptation of the Korean earthquake management system after the 1995 Kobe earthquake with special reference to the Seoul Metropolitan Government. The Kobe earthquake was a turning point for the earthquake management system in Korea. From a theoretical point of view, social learning and policy diffusion, and adaptation of disaster management system occurred after the Japanese experience of 1995 Kobe earthquake. Section II reviews seismic activities and damages in Korea; Section III discusses reframing governance system for earthquake response in Korea; Section IV covers public policy initiatives for earthquake management in Korea; Section V introduces a preliminary assessment of Seoul Metropolitan Government's earthquake management system from an international standard, and finally Section VII summarizes and makes some recommendations.

12. "An Evaluation of the Results of Open Competitive Position System Program Implementation in Korea", *International Review of Public Administration*, 8:1(2003), pp. 53-66.

Abstract   This paper evaluates whether the Open Competitive Position System (OPS) program introduced in May 1999 by the Kim

Dae-Jung Administration has achieved the initial goal. To evaluate the performance of the OPS program, two criteria were drawn from legislative intents. Primary purpose was recruiting competent personnel through open competition, and secondary purpose was to prevent frequent transfers. To evaluate open competition effects, the degree of competition for the OPS positions and the degree of personnel exchanges were examined. To assess the increasing the term of services effects, average lengths of service in a position above grade 3 level before and after the introduction of the OPS program were compared. In addition, a survey data to find out the concerned groups' expectation and evaluation of actual performance of the OPS program were analyzed. Compared to former closed government of which officials within the Ministry always filled positions, the institutionalization of OPS program is a great change towards an open government. However, government needs to revise the system to recruit more civilians and public officials from the other Ministries at the OPS positions.

13. "DEA에 의한 공공서비스 투입자원 재배분방안 연구: 경기도의 소방서비스를 중심으로", 남궁근·하혜수(2인 공저), 「한국조직학회보」, 1:1(2004.6), pp. 1-24, 한국조직학회.

초 록   이 논문은 상대적 효율성 또는 비효율성을 평가하는 DEA 분석기법의 논리를 적용하여 투입 대비 산출로 측정되는 효율성(또는 능률성)의 지수를 파악하여 소방서비스수행에 소요되는 투입자원의 재배분방안을 연구하는데 목적이 있다. DEA 분석결과 기술적 효율성(CRS)은 0.845, 기술적 순효율성(VRS)은 0.930으로서 25개 소방서의 상대적 효율성은 다소 낮은 수준으로 나타났다. 이러한 분석에 기초하여 소방서비스 투입자원의 재배분을 위한 기준을 도출하고, 향후 투입자원의 재배분을 위한 구체적인 대안을 제시하였다. 2005년 경기도내 소방인력이 2,056명으로 증대될 것이라는 가정하에 25개 소방서의 투입자원 재배분방안을 제시한 결과 CRS와 VRS가 각각 0.997과 0.999로 나타나 상대적 효율성의 격차가 최소화됨을 알 수 있다. 이 논문은 DEA를 통하여 상대적 효율성의 상태를 측정할 수 있을 뿐만 아니라 투입자원의 재배분을 위한 기준을 도출할 수 있다는 사실을 시사하고 있다.

14. "공무원 이직지원프로그램 구축방안 모색", 김상묵·남궁근· 손명구(3인 공저), 「한국인사행정학회보」, 3:2(2004.12), pp. 65-91, 한국인사행정학회.

초 록   퇴직예정 공무원에 대한 이직지원 프로그램 구축은, 첫째 한국의 고령화 사회 진입에 따른 대안이고, 둘째 공공부문 인력의 특성 변화 추이에 따른 적극적 대응이며, 셋째 정부부문 조기 퇴직자들의 재취업 문제에 관한 대안이 될 수 있다. 이 글은 공무원 이직지원에 대한 필요성, 민간부문 이직지원프로그램에 대한 검토를 바탕으로 우리나라 실정에 적합한 공무원 이직지원프로그램의 구축에 대한 방안을 모색하고 있다. 선행연구 검토를 통하여, 공공부문 이직지원프로그램 도입의 필요성에 대한 근거를 제시한 후, 민간부문을 중심으로 한 연구와 사례를 토대로 이직지원프로그램의 목적, 모델, 도입·운영 시스템에 대하여 논의하였다. 이를 토대로 정부부문에 이직지원프로그램을 도입하기 위한 방안에 대하여, 도입 및 실시 주체, 프로그램 내용 구성, 대상자 범위, 운영 구조 및 유의사항을 중심으로 검토하였다.

15. "참여정부의 공직사회 전문성 제고방안", 「한국인사행정학회보」, 2:2(2003.12), pp. 89-104, 한국인사행정학회.

초 록   참여정부는 인사개혁의 비전을 "공정성과 전문성에 기초한 참여형 인사시스템" 구축으로 설정하여 인사제도와 운영에 있어서 전문성 제고를 핵심과제의 하나로 선정하였다. 공직의 전문성을 강화하기 위해서는 채용에서 보직관리 및 교육훈련에 이르기까지 인사행정의 전분야에 걸친 체계적이고 종합적인 접근이 필요하다. 이 논문에서는 공무원 채용에 있어서 부처별 자율적 채용권한 확대, 전문가 충원방식 다양화, 고위공무원단 도입, 과학기술인력 충원확대 등의 방안을 제시하였고, 보직관리에 있어서 전보제한 강화와 경력개발프로그램 도입을 제안하였으며, 교육훈련에서 분권형 교육훈련 강화, 공무원 교육훈련기관의 특성화, 관리직 전문 교육역량 강화, 국제 전문인력 양성시스템 구축을 제고빙인으로 제시하였다.

16. "학술연구비지원정책의 효과에 관한 실증적 분석: 연구비지원방식과 연구결과물 수준의 관계를 중심으로", 김태일·남궁근(2인 공저), 「한국정책학회보」, 12:2(2003.6), pp. 163-185, 한국정책학회.

초 록 본 연구의 목적은 한국학술진흥재단의 연구비 지원방식과 연구논문 수준과의 관계를 분석하는 데 있다. 이를 위한 연구질문은 다음의 네 가지이다. ① 연구자의 과거 연구업적이 우수할수록 연구결과물의 수준이 높은가? ② 과제당 연구지원금액의 증가는 연구결과물의 수준을 향상시키는가? ③ '다수소액과제' 지원에서 '소수다액과제' 지원으로의 변화는 연구결과물의 질을 향상시키는가? ④ 연구비 규모가 큰 공동연구과제는 규모가 작은 개인연구과제에 비하여 우수한 연구결과물을 산출하는가? 이를 규명하기 위하여 1996년부터 1999년까지 학술진흥재단에서 지원한 자유공모, 선도연구자, 신진연구자, 협동연구, 연구소과제 8,511개 중에서 1,600여 과제를 선정하여 연구결과물 수준, 연구업적, 지원금액 등의 정보를 사용하여 기술통계 및 회귀분석을 실시하였다. 분석결과는 다음과 같다. ① 연구자의 논문실적과 연구결과물의 수준 사이에는 양의 상관관계가 있으며, 이는 공동 연구보다 개인연구에서 더 뚜렷하다. ② 개인과제는 공동과제에 비하여 연구결과물 수준이 대체로 더 우수하다. ③ 개인연구과제의 경우 지원금액과 연구결과물 수준은 별 관계가 없는 것으로 판단된다. ④ 자연·공학 분야 공동연구과제의 경우 지원금액이 많을수록 연구결과물 수준이 높아지는 경향이 있다.

17. "NGO의 반부패활동과 성과", 「한국부패학회보」, 6(2002.1), pp. 105-124, 한국부패학회.

Abstract   The purpose of this paper is to analyze anti-corruption efforts of non-governmental organizations in Korea, and to evaluate their performance during the past 19 years. Since corruption is closely related to the interests of policy-maker and implementers of governmental organizations, NGOs can play an important role in preventing and curing their corruptive behaviors.

During the past 10 yars, major NGOs such as CCEJ(Citizens Coalition for Economic Justice), PSPD(Peoples Solidarity for Participatory Democracy), CCBG(Citizens Coalition for Better Government), Citizens Action Network, TI-Korea have been emerged. Their anti-corruption activities can be grouped into four categories: anti-corruption legislations, inspecting and prosecuting corruptive behaviors, publications of corruption and anti-corruption indices of national and local governments, anti-corruption education for public officials and citizens. Among the four categories, NGOs have been most successful in the anti-corruption legislation efforts forcing the National Assembly to enact the Corruption Prevention Act in June 28, 2001 and Money Laundering Prevention Act in September 3, 2001. However, the impacts of NGO efforts in the other categories have been rather limited because of insufficient trained personnel and budgets.

18. "개방형 직위제도의 제도적 적정성에 관한 실증적 조사연구", 박천오 · 남궁근 · 박희봉 · 오성호 · 김상묵(5인 공저), 「한국행정연구」, 11:2(2002 여름), pp. 162-187, 한국행정연구원.

초 록　본 연구는 현행 개방형 직위제도가 여러 관련자들로부터 본래의 도입취지를 달성할 수 있는 적정한 제도로 평가받는지를 실증적으로 파악한다. 이를 위해 평가모형을 구성하고 이에 입각하여 관련자들을 대상으로 한 설문조사와 면담조사를 실시한다. 설문조사는 중앙정부 39개 부처의 개방형 직위 점직자들과 여타 공무원들, 선발시험위원 및 응시자들, 정부개혁에 관심을 가진 시민단체를 비롯한 민간인 등 900여명을 대상으로 실시되었다. 면담조사는 개방형직위 점직자를 중심으로 하여 상급자. 동료 및 하급자, 선발심사위원, 인사담당관 등 44명을 대상으로 이루어졌다. 본 연구의 조사결과는 민간인뿐만 아니라 공무원들도 개방형 직위제도가 행정의 전문성 제고와 경쟁력 제고에 기여할 수 있는 제도적 적정성을 지닌 것으로 인징하고 있음을 확인해 주고 있다.

19. "개방형 직위제도의 운영 실태에 관한 실증적 조사·평가", 박천오·남궁근·박희봉·오성호·김상묵(5인 공저), 「한국행정학보」, 36:3(2002 가을), pp. 99-128, 한국행정학회.

초   록   본 논문은 그 동안 시행되어온 개방형 직위제도의 중간점검을 통해 제도의 운영실태를 되돌아보고 평가함으로써, 제도가 도입취지에 부응하여 얼마나 잘 운영되고 있는지를 살피고, 현행 제도 운영상의 문제점과 미비점을 파악하고, 제도의 장기적 정착에 요구되는 개선사항을 밝힌다. 본 논문의 경험적 조사는 평가모형을 구성한 뒤, 이를 적용하여 실증조사를 실시하는 방식으로 이루어졌다. 조사의 초점은 2001년 9월 30일 현재 충원이 완료된 36개 부처의 117개 직위에 맞추어졌으며, 직위 충원 등과 관련된 객관적 자료와 개방형직위 점직자를 포함한 공무원을 대상으로 실시한 설문조사 자료를 분석대상으로 삼았다. 분석결과 개방형 직위제도는 아직 만족할만한 수준은 못되지만 대체로 관련규정과 제도의 도입취지 및 장기적 발전에 부응하는 방향으로 운영되고 있는 것으로 파악되었다.

20. "개방형 직위제도 시행의 중간평가", 「행정논총」, 38:2(2000. 12), pp. 253-272, 서울대학교 행정대학원.

요   약   김대중 정부 제2차 정부개혁으로 도입된 개방형 직위제도의 도입배경, 적용범위 결정, 개방형 직위지정과정을 살펴 본 다음, 2000년 9월 현재까지의 충원실태에 관한 중간점검을 토대로 이 제도를 도입하면서 언명한 제도 도입의 이상이 현실에서 어느 정도 실현되고 있는지를 평가하였다. 민간전문가를 채용하여 전문성과 경쟁력을 제고한다는 도입논의 당시의 이상과 목표는 후속적인 정책결정과정에서 관료적 이해관계와 충돌하면서 상당히 축소되거나 형식화되고 있어, 외부로부터 시작된 개혁에 의하여 폐쇄형의 인사관행을 바꾸기 어렵다는 점을 확인할 수 있었다. 한편 개방형 직위제도가 폐쇄적인 관료문화를 바꿀 수 있는 출발점이 되었다는 점은 긍정적으로 평가할 수 있다.

21. "경상남도 도민정보화 교육사업의 평가", 송병주·남궁근·이시화·이인숙(4인 공저), 「정책분석평가학회보」, 10:2(2000.12), pp. 233-260, 한국정책분석평가학회.

논문개요 1990년대 후반의 경남도민 정보화교육사업이 지향한 목적의 달성정도와 그러한 목적을 달성하기 위한 집행과정상의 노력정도를 평가의 초점으로 한 논문이다. 본 연구의 평가대상인 경남도민정보화 교육사업은 2000년 2월부터 9월까지 7개월간의 교육실적이다. 15만명의 교육 목표 중 77%에 해당하는 115,900명을 교육시키는 결과를 얻었고, 범주별 비율은 주부(40.5%), 일반인(39%), 농업인(13%), 자영업(3.8%), 저소득층(1.9%)의 순이었다. 정보화 교육여건이 열악한 소외계층에 대한 교육이라는 측면에서 보면, 연령별로는 30~40대, 농촌보다는 도시에 거주하는 주부계층이 다수를 차지한 것으로 나타나고 있어 의도한 결과 달성에는 미흡하였다. 소외계층에 실질적으로 전달될 수 있는 홍보 계획과 시행, PC 무료공급, 도서벽지에 전산망 연결과 보급을 위한 투자가 뒷받침되어야 한다.

22. "후기산업사회에서 복지정책의 다양성: 미국, 영국 및 스웨덴의 국가복지 구조조정 결과 비교", 「정책분석평가학회보」, 9:1(1999.8), pp. 1-36, 한국정책분석평가학회.

논문개요 서구 복지국가의 위기를 극복하기 위하여 1980년대 이후 국가복지의 축소조정을 지향하는 정책을 채택한 미국, 영국과 국가복지의 유지를 목표로 하였던 스웨덴을 대상으로 핵심적인 복지정책영역인 노령연금, 보건의료(보건의료서비스와 상병수당), 실업보험의 3개 영역에서 국가복지 구조조정을 위한 정책 및 그 성과를 비교하였다. 전반적으로 국가복지의 축소재편이 이루어졌으나 구체적 조정시도나 결과는 국가별, 프로그램별로 차이가 있었다. 후기산업사회론, 권력자원론과 역사적 제도론의 관점에서 그 차이의 설명을 시도하였는데 거시수준의 변수들로는 차이를 설명하는 데 일정한 한계가 있었다. 유사체계설계와 상이체계설계를 적용하여 비교한 결과 프로그램의 특징에 관한 변수들인 성숙도, 표괄성 및 관리체계의 특성이 프로그램별 축소재편 결과의 차이와 상당부분 관련되어 있는 것으로 나타나 역사적 제도론의 설명력을 확인할 수 있었다.

23. "복지국가의 위기 극복을 위한 정책 선택의 비교연구: 영국과 스웨덴을 중심으로", 「정책분석평가학회보」, 8:1(1998.9), pp. 81-110, 한국정책분석평가학회.

논문개요   복지 국가의 위기 극복을 위해 영국과 스웨덴에서 1970년대 중반 이후 1980년대까지 채택한 정책 선택과 그 성과에 있어서의 유사점과 차이점을 비교하고, 1990년대의 정책 변화를 고찰하였다. 1980년대에 영국은 신보수주의 이데올로기에 따라 국가 복지의 근본적 축소와 해체를 지향하였고, 스웨덴은 사회 민주주의 이데올로기를 기조로 현상 유지 내지 공고화를 추구하였다. 정책 선택의 차이에도 불구하고 두 나라 모두 총복지 지출의 삭감 또는 동결에는 실패하였다. 그러나 영국은 민영화로 국가 복지의 기반이 상당 부문 잠식되고, 복지 다원주의와 복지 혼합의 방향으로 나간 반면, 스웨덴은 분권화를 통하여 국가 재정의 위기를 극복하고 핵심적 국가 복지 프로그램을 유지하였다. 1990년대의 영국은 1997년 노동당의 집권에도 불구하고 축소 정책을 대부분 승계하였고, 스웨덴은 1990년대 이후 중도 우파 정부와 사민당 정부에서 축소 정책으로 전환하였다. 이러한 고찰을 토대로 21세기 우리나라 복지 정책에 주는 정책적 함의를 제시하였다.

24. "재해관리행정체제의 국가간 비교연구; 미국과 한국의 사례를 중심으로", 「한국행정학보」, 29:3(1995.11), pp. 957-981, 한국행정학회.

논문개요   미국과 우리나라의 재해관리행정체제를 살펴 본 후, 그 차이점에 관한 분석을 토대로 우리나라 재해관리행정의 개선방향을 제시하였다. 신제도론의 관점에서 재해관리를 담당하는 행정체제의 기능적 성과의 차이를 초래하는 중요한 변수를 제도적 틀(Institutional Framework)이라고 가정하고, 미국과 우리나라의 사례를 중심으로 다정부-다분야 조직들의 네트워크인 재해관리체제에서 주도기관의 성격과 역할, 참여기관들의 연계관계 등 제도적 특징과 예방 및 완화단계, 준비 및 대응단계, 복구단계 등 재해관리의 과정을 살펴 보았다. 미국과의 비교분석을 토대로 우리나라 재해관리행정체제의 개선방향으로 재해관리 전담기구 설치,

자연재해와 인위적 재해의 관리기능의 통합방안, 그리고 예방 및 완화단계, 준비 및 대응단계, 복구단계 등 재해관리 과정별로 기능의 개선방안을 제시하였다.

25. "정책혁신으로서 행정정보공개조례 채택", 「한국정치학회보」, 28:1(1994.11), pp. 101-121, 한국정치학회.

논문개요 본 연구의 목적은 우리나라 지방정부가 채택, 시행하고 있는 행정정보공개조례의 채택현상을 정책혁신 및 그 확산이라는 관점에서 설명하고, 주민에 의한 정보공개 조례의 활용과 관련요인을 분석하는 것이다. 본 연구에서는 지방정부에서의 정보공개조례 채택과정을 외부적 확산모형과 내부적 결정요인모형을 결합한 모형으로 설명하려고 시도하였다. 분석결과 정보공개조례의 채택 및 확산을 설명하는 데 있어서 혁신의 확산이론과 내부적 결정요인 이론이 상호보완적인 설명력을 가진 것으로 나타났고, 판별분석의 적중률이 68.85%로 설명력의 수준이 상당히 높은 편이었다. 주민에 의한 정보공개제도의 활용실적은 시행기간이 지남에 따라 비선형으로 증가하였고, 주민교육수준이 높은 지역에서 증가하는 경향을 보였으나, 전반적으로 주민의 활용이 저조하여 종합적인 활용대책을 수립하여야만 정보공개제도를 통한 행정의 민주화와 지방정치의 활성화가 이루어질 수 있을 것으로 나타났다.

26. "우리나라 지방정부 지출수준의 결정요인 분석: 시·군·자치구의 기초자치단체를 중심으로", 「한국행정학보」, 28:3(1994.9), pp. 991-1,012, 한국행정학회.

논문개요 우리나라 기초자치단체의 총지출 및 기능분야별(일반행정, 사회복지, 산업경제, 지역개발) 공공지출의 수준과 자치단체간 차이를 설명하기 위해서 정책산출 결정요인의 관점과 점증주의적 관점을 하나의 모형에 포함시켜서 종합적인 분석을 시도하였다. 일인당 예산지출수준의 결정에 전년도 예산수준, 사회경제적 환경(자원 및 수요), 자치단체규모, 정치참여, 주민재원부담 및 재정의존도가 직, 간접 영향을 미칠 것으로 분석틀을 구성하였다. 67개 시, 137개 군, 그리고 56개 자치구 등 260개의 기초자치단체에서 1991년 구성된 지방의회에서 최초로 심의·확정한 1992년 예산에 관한 결산 기준 자료와 관련요인에 대한 횡단면적

자료를 수집하여 상관분석, 다중회귀분석, 경로분석을 실시히었디. 지료분석결과, 점증성, 정치참여 수준, 재원부담액, 재정의존도 등의 변수들이 시, 군, 자치구의 표본에서 각각 일인당 총세출예산 차이의 88%, 93% 그리고 96%를 설명할 수 있었다. 그러나 미국이나 영국 등에서와는 달리 사회경제적 변수(자원 및 수요)가 총지출에 미치는 직접 영향은 거의 없었고, 재원부담액, 재정의존도에 대한 영향을 통하여 간접적 영향을 미쳤다. 또한 총지출에서 자치단체규모에 따른 '규모의 경제'효과도 재원조달변수를 통하여 간접적으로 나타났다. 분야별 예산지출의 결정요인은 자치단체 유형별, 기능영역별로 차이가 있었는데 도시지역으로 갈수록 정치적 변수와 사회경제적 변수의 직접적인 영향이 나타났다. 기능영역별 결정요인의 특징으로는 군의 표본에서는 일반행정비지출의 '규모의 경제' 효과, 산업경제와 지역개발비지출에서 상위정부의 보조금 확보의 영향, 시와 자치구 표본에서는 투표율에 따른 사회복지지출수준의 차이가 뚜렷하게 나타났다.

27. "보건의료보장정책의 성과와 개선방향", 남궁근·박창제(2인 공저), 「한국행정연구」, 2:3(1993.11), pp. 92-110, 한국행정연구원.

논문개요　한국의 보건의료보장정책의 역사적 전개과정을 살펴보고, 의료서비스 접근성 보장과 사회보장 효과 평가, 의료보험 관리운영체제의 평가, 의료비 증가추세와 억제방안을 고찰하였다.

28. "다원적 인과관계에서 원인변수의 상대적 영향력 비교방법", 「정책분석평가학회보」, 3:1(1993.12), pp. 39-55, 한국정책분석평가학회.

요　약　본 논문의 목적은 다원적 인과론의 가정하에서 원인변수의 상대적인 영향력을 비교하기 위한 여러 가지 방법을 비교·고찰하는 것이다. 비판적 다원주의(critical multiplism)의 대두, 그리고 인과관계의 추론에서 실험설계나 준실험설계를 활용하기 어렵고 통계적 통제에 의한 비실험설계에 의존하는 것이 불가피하기 때문에 행정현상 연구에서 다변량통계 분석기법을 사용하여 원인변수의 상대적 영향력을 비교·측정할 필요성이 커지고 있다.

원인변수의 상대적 영향력을 비교하기 위한 방법 중 상관분석에서 상관계수 크기 비교, 부분상관분석에서 부분상관계수 크기 비교, 다중회귀분석에서 표준화된 회귀계수의 크기 비교 및 단계별 회귀분석 방법, 경로분석, 공분산구조분석 등의 다변량 통계분석(multivariate statistical analysis)방법에 관하여 각 통계분석에 내재하는 인과적 가정과 장단점을 고찰하였다.

29. "Determinants and Effects of Health Policy", with Hector Correa, *Journal of Policy Modelling*, 14:1(1992.1), pp. 41-64.

Abstract   This article has two purposes: (a) to evaluate the relative importance of socioeconomic development and political conditions as determinants of public health policies and (b) to assess the influence of those policies on the health conditions of the population. The first section of this article includes the conceptual model used as terms of reference and its relation with previous studies. Next the data and the indices constructed from them are presented. The final sections include the results of the statistical analyses. They show that political conditions have as much influence as economic conditions on health policies, and that socioeconomic conditions are the main determinant of the health conditions of a population, with health policies, particularly national health insurance and service, having a significant secondary role.

30. "정책형성에서 사회과학적 지식의 활용방안: 정책결정집단과 학계의 관점차이 완화대책을 중심으로", 「한국행정연구」, 1:2(1992.8), pp. 152-170, 한국행정연구원.

논문개요   정책결정자가 정책결정과정에서 사회과학자들이 생산한 지식을 보다 많이 활용할 수 있는 방안에 관하여 고찰하였다.

31. "기초자치단체 행정전산화 추진우선순위 분석: 경남 진주시와 진양군의 사례를 중심으로", 남궁근 · 김영기 · 서삼영 · 송병주(4인 공저), 한국행정학보」, 25:4(1992.2), pp. 393-420, 한국행정학회.

　　논문개요　　기초자치단체가 수행하는 행정업무들을 대상으로 전산화추진의 우선순위 평가기준을 적용하여 그 순위가 높은 업무를 중심으로 행정전산화의 추진방향을 제시하였다. 경남 진주시와 진양군을 대상으로 지방자치단체 행정업무 전산화의 추진 우선순위를 분석하기 위하여 다양한 지방행정의 기능을 크게 일반관리기능과 전문봉사기능으로 분류하고, 이를 다시 몇 가지로 세분한 다음, 15개의 대표적인 컴퓨터 활용시스템과 연결하여 "행정의 효율화", "주민편의의 제공", "지역개발의 촉진" 등 세 가지 평가기준을 적용하여 평가하였다.

　　32. "우리나라 행정학교육과정에서 컴퓨터 활용현황과 방향", 「정책분석평가학회보」, 2:1(1992.12), pp. 211-224.

　　논문개요　　본 논문에서는 정보화사회의 진전에 따른 행정전산화, 사무자동화의 추세에 대응하여 행정학 교과과정에서 컴퓨터 활용교육의 방향을 제시하고자 하였다. 컴퓨터 활용교육은 행정전산론이나 정보체계론에 한정되지 않고, 행정학 분야의 전과목에서 이루어져야 하는 것으로 파악하였다. 컴퓨터 활용을 포함하는 정보교육의 필요성은 정부관련지식에 능률적인 업무수행의 도구, 대인관계에서의 권력자원, 행정기관의 제도적 자산으로서 활용될 수 있다는 관점에서 파악하였다.

　　33. "의료보험제도의 분배적 효과에 관한 경험적 연구: 지역의료보험 수혜자의 의료이용도 및 비용부담의 공평성 평가 영향요인분석", 「정책분석평가학회보」, 1:1(1991.12), pp. 99-119, 한국정책분석평가학회.

　　논문개요　　본 연구의 목적은 지역의료보험제도의 실시과정에서 1) 「의료서비스에의 접근성 보장」과 「의료이용 및 비용부담의 공평성 확보」라는 목적이 어느 정도 달성되었는가를 평가하고, 2) 수혜자들의 의료이용 정도 및 의료제도의 공평성에 대한 평가에 영향을 미치는 요인들을 식별, 검증하여, 3) 이를 토대로 의료보험제도 개선의 방향을 제시하는 데 있다. 경남 진주시와 산청군 의료보험조합의 조합원 312명을 표본으로 추출하여 의료보험료 및 의료이용기록 등에 관한 객관적인 자료와 의료보험제도에 관한 주관적인 평가자료를 수집, 분석하였다.

34. "의회신뢰의 차원 및 영향요인에 관한 연구: 지역언론인에 대한 태도조사를 중심으로", 남궁근·김영기·이시원·배병룡(4인 공동연구), 「한국정치학회보」, 25:1(1991.10), pp. 189-206, 한국정치학회.

논문개요　　본 연구의 목적은 우리나라에서 의회에 대한 기능적 차원의 신뢰와 규범적 차원의 신뢰가 경험적으로 구분될 수 있는지의 여부를 살펴보고 이들 두 차원의 의회신뢰에 영향을 미치는 요인들을 식별하여 이들의 상대적 영향력을 검증하는 것이다. 전국 시, 군, 구 단위의 지역신문종사자 213명에 대한 설문조사 자료를 분석한 주요결과는 다음과 같다. 규범적인 제도에 대한 신뢰와 의회가 수행해 온 전반적인 기능적 성과에 대한 신뢰의 측정문항에 대한 요인분석의 결과 2개의 요인이 분리되어 의회신뢰가 규범적 신뢰와 기능적 신뢰의 두 차원으로 구분된다는 본 연구의 가설이 경험적으로 지지되었다. 회귀분석 결과, 우리나라 국회에 대한 기능적 신뢰에 통계적으로 유의미한 영향을 미치는 변수는 국회의원의 자질과 국회의원의 지역구 활동성과에 대한 평가였으며, 이들 요인들이 기능적 신뢰에 미친 영향의 정도를 나타내는 R^2 값은 35%로서 상당히 높은 편이었다. 한편 규범적 신뢰에 통계적으로 유의미한 영향을 미치는 변수는 정치적 효능감 뿐이었으며, 모형에 제시된 영향요인들의 설명력을 나타내는 R^2 값도 8% 정도로 비교적 낮은 편이었다. 이같은 분석결과를 기초로 할 때에 우리나라 국회에 대한 기능적 신뢰의 수준을 높이기 위해서는 국회의원의 자질의 향상, 국회의원들이 지역구 활동의 활성화가 필요하며, 정치적 효능감이 높을수록 의회에 대한 규범적 신뢰의 정도(의회의 필요성에 대한 인식)가 높다는 점을 고려해 볼 때, 우리나라 국민들의 높은 정치적 효능감에 부응하는 의회제도의 정착 및 규범의 확립이 시급하다고 볼 수 있다.

35. "국가보건의료 정책 발달의 결정요인에 관한 연구: 경쟁적 제 관점의 비교평가", 「한국행정학보」, 24:3(1990.12), pp. 1399-1420, 한국행정학회.

논문개요　　이 논문에서는 국가적 차원의 보건의료정책의 발달 또는 변화에 영향을 미친다고 생각되는 정치체계의 특성에 관련된 요인 및 국내외의 환경적 요인들의 상대적 영향의 중요도와 요인들 상호간의 인과관계의 구조를 경험적으로 검증하였다. 이 연구의 표본으로는 1985년 현재 사회의료보험 또는 국민보건서비스제도를 채택하고 있는 76개국 가운데 자료입수가 가능한 73개국을 대상으로, 1960년부터 1989년까지의 기간 중 매 5년마다 자료를 수집한 통합시계열자료를 분석에 사용하였다.

경험적 자료분석의 결과에서 추출된 주요 결론은 (1) 보건의료정책의 결정에서 대외개방도라는 설명변수가 의료보험 적용범위와 보건의료비지출의 두 종속변수의 변화에 통계적으로 유의미한 영향을 미치는 변수로 나타나 국제환경적 요인의 영향이 큰 것으로 나타났으며, (2) 국제환경적 요인 이외에 국내의 "정치 vs 경제"의 논쟁과 관련되어 의료보험적용범위의 유의미한 결정요인은 사회적 동원화와 사회민주주의로 나타났고, 의료보험지출 비율의 경우에는 경제발전, 국가권력, 그리고 정치적 민주주의로 나타나 사회경제적 요인(경제발전, 사회적 동원화)과 정치적 요인(정치적 민주주의, 사회민주주의, 국가권력)이 최소한 동등하게 중요한 요인으로 작용한다는 점을 시사한다(이 논문은 박사학위논문의 일부를 요약한 것임).

36. "신행정론의 가치지향: 사회적 형평성을 중심으로", 「한국행정학보」, 18:1(1984.6), pp. 221-241, 한국행정학회.

논문개요   신행정론은 행정학의 진통기에 전통적인 행정이론 및 실무에 불만을 나타낸 소장학자와 실무가들이 주도하여 새로운 관점을 모색하는 하나의 운동으로 출발하였다. 초기에 그들의 주장에서 나타나는 정신, 접근방법 및 관점은 통일되어 있다기보다는 광범위한 다양성을 띠고 있었기 때문에 그것을 포괄적으로 설명하는 것은 곤란한 과제였다. 70년대에 접어들면서 독특한 이론체계를 어느 정도 구축한 신행정론(The New Public Administration)이 하나의 새로운 패러다임으로서 기존이론을 완전히 대체했다고 보기는 어려울지라도, 행정학의 전분야에 강력한 영향을 미치면서 기존이론체계와 융화되고 있다. 이 글의 목적은 개관(review)하는 입장에서 전통이론과 대조되는 신행정론의 특징을 사회적 형평을 초점으로 살펴보고 결론적으로 행정학의 토착화과제를 염두에 두면서 우리나라에의 수용가능성을 논의해 보는 것이다.

학술지 서평 및 논문비평

37. "「한국의 공공부문: 이론, 규모와 성격, 개혁방향」, 안병영·정무권·한상일 공저 서평", 「한국행정학보」, 41:3(2007 가을), pp. 425-427, 한국행정학회.

38. "경쟁과 "파트너쉽: 노화준 교수의 논문에 대한 토론문", 「한국정책학회보」, 11:3(2002. 9), pp. 285-289, 한국정책학회.

39. <서평> "행정개혁의 방향과 점진적 개혁전략", 「행정개혁의 신화와 논리: 점진적 개혁의 지혜」, 김영평·최병선 편저, 「사회과학논평」, 13(1995.1), pp. 161-183. 한국사회과학연구협의회.

개 요   김영평·최병선 편저 「행정개혁의 신화와 논리: 점진적 개혁의 지혜」에 관한 서평 논문으로서 편저자들이 주장하는 행정개혁의 논의배경과 발상전환, 행정개혁의 기본방향, 행정개혁의 대상을 비판적으로 검토하였다.

40. Book Review: *Decentralization in Asia and Latin America: Towards a Comparative Interdisciplinary Perspective*, Paul Smoke, Eduardo J. Gomez and George E. Peterson (eds). Cheltenham, Glos., UK: Edward Elgar, 2007. *Journal of Comparative Policy Analysis: Research and Practice*, 10:2(2008), pp. 207-208.

41. "장관론(박동서·함성득·정광호 공저, 나남출판, 2003) 서평", 「한국행정학보」, 37:3(2003.9), pp. 399-401.

대학논문집 게재 논문

42. "분권-참여형 개혁과 시장지향형 개혁: 북유럽국가와 영연방 국가의 정부혁신 전략과 결과 비교", 남궁근・김상묵(2인 공저), 「서울산업대학교 논문집」, 54:4(2006) - 대학원・자연편・예체능편・인문사회편, pp. 259-277, 서울산업대학교.

초 록   이 연구의 목적은 1980년대 이후 서구 선진국에서 추진해왔던 정부혁신과 정부부문 구조조정 노력에 있어서 영연방 국가의 시장지향적 개혁과 북유럽국가에서 추진된 참여-분권형 정부혁신의 전략과 그 결과를 비교하는 것이다. 비교대상국가로는 북유럽 국가에서는 스웨덴, 덴마크, 핀란드를 선정하였고, 영연방 국가에서는 영국, 호주, 뉴질랜드를 선정하였다. 비교분석 영연방 국가들은 민영화, 시장기제의 활용, 결과지향성과 성과관리 등 시장지향적 거버넌스 모형의 관점에서 강력한 개혁을 추진한 반면, 북유럽국가들은 지방분권화 전략과 전통적인 관리개선에 치중하는 분권-참여형 정부모형의 관점에서 개혁을 추진하였다. 그러나 개혁의 출발점이 되었던 1970년대의 재정위기, 국가경쟁력의 위기는 북유럽국가와 영연방국가에서 모두 효율적으로 극복되었다고 평가된다. 연구결과를 토대로 참여정부 정부혁신에 주는 시사점을 제시하였다.

43. "방송과 통신의 융합: 다중매체 시대의 새로운 패러다임", 김대호・남궁근(2인 공저), 「사회과학연구」, 18:1(2000.3), pp. 5-27, 경상대학교사회과학연구소.

논문개요   방송・통신 융합에 대한 기존의 논의를 고찰한 후, 방송・통신 융합의 전개과정을 살펴 본 후에, 방송・통신 융합의 새로운 패러다임으로 사업자 분류 방향과 새로운 규제체제를 논의하였다.

44. "행정에서의 다중매체 활용과 전자정부", 남궁근・김대호(2인 공저), 「사회과학연구」, 18:1(2000.3), pp. 101-142, 경상대학교사회과학연구소.

논문개요　전자정부의 개념과 구성요소, 전자정부 구축을 위한 국내외 정부의 노력을 살펴 본 후, 정부기관 인터넷 홈페이지의 컨텐츠와 민원서비스 처리 및 홈페이지 자료와 갱신정도를 평가를 통하여 정부기관에서 다중매체 활동의 특성을 분석하였다. 지방정부 PC 보급률, 지방공무원의 컴퓨터 사용능력과 공무원의 PC 통신 및 인터넷의 사용정도를 통하여 지방공무원의 다중매체 활용능력에 대한 평가를 토대로 정책을 제안하였다.

45. "인터넷 이용 현황과 이용자 특성", 강수택 · 남궁근(2인 공저), 「사회과학연구」, 16:2(1998.8), pp. 213-276, 경상대학교사회과학연구소.

논문개요　1,000명의 인터넷 이용자에 대한 전자설문조사를 통하여 인터넷 이용 현황과 인터넷 정보의 유용성, 인터넷 사용확대의 사회적 결과에 대한 전망, 인터넷 이용자의 일상생활의 변화를 파악하였다.

46. "기초자치단체 정보화의 방향과 지원체계의 구축", 「사회과학연구」, 16:1(1998.2), pp. 3-22, 경상대학교사회과학연구소.

논문개요　기초자치단체 행정정보화의 추진과정과 현황을 살펴보고, 기초자치단체 행정정보화의 방향으로 정보화기반시설정비, 지방행정정보화의 추진, 공무원의 수용태세 확립, 인터넷과 웹 등 새로운 환경에 대비 등이 제시되었고, 중앙정부와 지역차원의 지원체계가 논의되었다.

47. "인터넷의 대중화와 활용 유형", 남궁근 · 박재홍(2인 공저), 「사회과학연구」, 16:2(1998.8), pp. 145-170, 경상대학교사회과학연구소.

논문개요　인터넷의 역사와 국내외 인터넷 보급현황을 개관하고 학술연구부분과 행정기관의 인터넷 이용 등 공공적 이용과 인터넷의 상업적 이용을 살펴보았다. 이 논문은 1997년도 한국학술문화재단 인문 · 사회과학분야 중점영역 연구비 지원에 의한 5인 공동연구과제의 일부로 연구된 것으로 공동연구의 전반적인 개관을 포함하고 있다.

48. "국민의료보험제도 채택의 배경에 관한 국가간 비교연구", 「사회과학연구」, 13:1(1995.2), pp. 157-198, 경상대학교사회과학연구소.

논문개요　이 논문에서는 보건의료분야에의 국가개입을 나타내는 국민의료보험제도(NHI) 채택의 시기(timing of adoption)와 그 채택의 배경을 살펴보았다. 1883년 독일에서 세계최초로 국민의료보험제도를 채택한 이래 이를 채택한 국가는 점차 증가하였다. 이 연구에서는 국민의료보험제도를 채택한 64개 국가에 대한 국가간 비교연구를 통하여 각국의 의료보험제도의 채택현상을 설명하는 여러가지 경쟁적 이론들(alternative explanarory theories)을 검증하였다. 경쟁적 이론들은 국내적 상황에 있어서 특정조건이 갖추어져야 함을 강조하는 관점과 혁신의 국가간 전파를 강조하는 관점으로 구분하였다. 자료분석의 결과 의료보험제도의 채택현상은 '준-확산'(semi-diffusion process)의 과정으로 기술하는 것이 가장 적절하다고 판단된다. 즉, 국민의료보험제도는 분기점이 되는 일정한 사회경제적 발전의 수준, 그리고 비교적 높은 수준의 정치적 민주화가 이루어진 국가에서 채택하는 경향을 확인하였다. 그러나, 이러한 국가들 내에서는 초기채택자로부터 이웃지역의 국가들로의 공간적 확산(spatial diffusion) 및 상대적으로 발전수준이 낮은 국가로의 계층적 확산(hierarchical diffusion)현상이 나타났다.

49. "서부경남권 광역행정의 활성화 방안에 관한 연구; 행정협의회와 의회의장협의회를 중심으로", 남궁근·한동효(2인 공저), 「사회과학연구」, 13:2(1995.10), pp. 245-278, 경상대학교사회과학연구소.

논문개요　본 논문은 자치단체장 선거 이후 본격적으로 실시될 지방자치제도가 지역계획제도로 정착하기 위해 필요한 광역행정체제의 접근방식의 하나인 행정협의회를 중심으로 살펴보았다. 먼저, 내무부가 작성·시달한 도시권 행정협의회 설치요강을 근거로 하여 행정협의회의 구성과 운영현황을 중심으로 서부경남권 광역행정협의회와 의회의장협의회의 실태를 파악하였다. 그 결과 1990년 이후 진삼연담권 행정협의회는 정기회와 임시회의의 개최가 미약했고, 합의결과에 있어서도 극히 저조한 실적을 보였다. 의회의장협의회는 개최회수면에서 진삼연담권 행정협의회에 비해 높은 실적을 보였지만 법적 구속력이 없고 지역적 님비(NIMBY)

현상으로 건의안의 합의결과가 불가로 처리되는 사례가 많았다. 그리고 서부경남권 광역행정의 활성화 방안을 분석한 결과, 광역개발 계획수립에 있어 자치단체간의 협조정도가 거의 이루어지지 않았다고 응답했다. 또한 광역개발을 위한 행정협의회를 활성화시키기 위해 지역개발을 위한 전문기획단을 구성하고, 민, 관 단체가 모두 참여하여 시민 전체의 이익이 수반되는 정책수립 및 집행을 강조했다. 이밖에도 행정협의회의 효율적 운영을 위하여는 인원을 확대하고 강력한 정책집행권을 부여하여야 하며 전문가 집단의 협의회를 구성해야 한다는 의견이 제시되었다.

50. "지방정부 예산결정에서의 점증주의와 환경결정론", 「사회과학연구」, 12:1(1994.6), pp. 107-149, 경상대학교사회과학연구소.

논문개요   본 논문의 목적은 지방정부의 중요한 정책산출의 하나인 공공지출의 수준과 내용을 결정하는 데 영향을 미친 요인, 바꾸어 말하면 지방정부에 따라서 지출수준 및 내용에 차이가 나타나는 이유를 규명하는 것이다. 본 연구의 이론적 배경으로 점증주의 이론과 환경결정론(또는 정책산출결정요인)을 검토한 다음, 우리나라 지방정부의 예산자료 및 정치적, 사회경제적 환경에 관한 자료를 수집하여 그 영향에 대한 실증분석을 실시하였다. 먼저 우리나라 지방정부(광역 및 기초자치단체)의 총지출수준 및 기능분야별 지출수준의 결정에서 점증주의적 영향을 분석한 결과, 점증주의 개념의 조작화 방법에 따라 그 설명력에 차이가 있었다. 즉 전년대비 예산의 소폭변화를 의미하는 결과적 점증주의 관점의 설명력은 매우 낮았으나, 금년예산의 수준은 전년예산수준의 영향을 받는다는 예산수준의 점증적 경향성모형은 상당한 설명력이 있는 것으로 나타났다. 그러나, 점증주의적 결정규칙을 구체적으로 모형화한 기초예산모형, 공정배분모형, 고정증가모형의 설명력은 상대적으로 낮았다. 이어서 점증적 경향성 모형을 반영하는 전년도 예산수준, 그리고 사회경제적 환경(자원 및 수요), 자치단체규모, 정치참여, 주민재원부담, 및 재정의존도가 직·간접으로 일인당 예산수준의 결정에 영향을 미칠 것으로 가정한 종합적 분석틀에 대하여 상관분석, 다중회귀분석, 경로분석 등을 실시하였다. 자료분석결과 점증성, 정치참여, 재원부담, 재정의존도 등이 총지출수준의 결정에 직접 영향을 미치는 변수였고, 사회경제적 변수와 자치단체 규모 등은 간접적 영향을 미치는 것으로 나타났다. 분야별 지출수준의 결정요인은 자치단체별로, 기능영역별로 차이가 있었는데 도시 지역으로 갈수록 정치적 변수와 사회경제적 변수의 직접영향이 나타났다.

51. "우리나라 지방정부예산의 변화분석: 지방자치, 정치경제적 환경요인, 점증주의의 설명력 검증", 「지역개발연구」, 4(1993.12), pp. 1-49. 경상대학교 지역개발연구소.

논문개요   지방정부 예산 결정에 관한 이론을 검토하고 경험적 연구의 분석 틀과 개념 정의를 토대로 기초자치단체중 일반 시를 대상으로 자료를 수집하여 지방자치, 정치·경제적 환경요인, 점증주의의 상대적 설명력을 검증하였다.

52. "우리나라 지방의회 정책산출의 결정요인분석: 경상남도 기초의회를 중심으로", 「사회과학연구」, 11(1993.12), pp. 95-135, 경상대학교사회과학연구소.

논문개요   지방정부 정책산출의 결정에 관한 문헌 검토를 토대로 경험적 연구의 분석 틀과 가설을 설정하였다. 지방의회의 정책산출 중 조례제정활동과 예산심의 및 확정과정에서 예산수정액 비율을 살펴보고, 이들에 영향을 미치는 요인을 검증하기 위해서 경남지역 10개 시와 19개 군을 포함한 29개 지방정부를 대상으로 분석하였다.

53. "주민관리전산망의 성과평가와 그 영향요인분석: 진주시와 진양군 읍면동 시스템을 중심으로", 남궁근·오세홍, 「지역개발연구」, 3(1992.12), pp. 1-20, 경상대학교 지역개발연구소.

논문개요   주민관리전산망의 도입에 따른 성과를 평가하고, 지방공무원들을 대상으로 주관적인 성과 평가에 있어서의 차이에 영향을 미치는 요인을 분석하였다.

54. "남북한 통일을 위한 조건과 통일정책의 방향", 「민족통일논집」, 7(1991.12), pp. 3-20, 경상대학교 통일문제연구소.

논문개요   기능주의적 관점에서 남북한 통일의 조건을 도출하고 이러한 조건들을 충족시킬 수 있는 통일정책의 방향을 제시하였다.

55. "다원적 관점의 정책결정이론 및 그 의미에 관한 고찰", 「사회과학연구」, 8(1990.12), pp. 95-108, 경상대학교사회과학연구소.

논문개요   Allison의 다원적 관점 모형을 중심으로 정책결정이론과 그 의미를 고찰하였다.

56. "A Note on the Multiple Perspectives for Decision Making and Implications to the Practice of Policy Analysis", 「사회과학연구」, 8(1990.12), pp. 14-27.

논문개요   정책결정에 관한 기존의 이론모형들을 비판적으로 재검토하고, 정책결정을 위한 다원적 관점을 소개한 후에, 이와 같은 다원적 관점이 정책분석의 실제에 대하여 갖는 의미를 고찰하였다.

57. "The Significance and Methodology of Problem Structuring in Public Policy Analysis", 「사회과학연구」, 7(1989.12), pp. 59-72, 경상대학교사회과학연구소.

논문개요   정책분석에서 문제구조화의 중요성과 방법을 다룬 논문이다.

58. "Politics over national health insurance system in the United States: lessons from the past history", 남궁근·김영기, 「사회과학연구」, 6(1987.12), pp. 125-148, 경상대학교 사회과학연구소.

논문개요   미국에서 국민의료보험제도의 도입에 관하여 도입 찬성집단들과 반대집단의 정치적 동태를 다룬 논문이다.

59. "Problems in the Linkage between the Policy-makers and Social Scientists: Implications for Enhancing Knowledge Use in Public Policy Making", 남궁근·김영기, 「경남문화연구소보」, 9(1986.

12), pp. 111-126, 경상대학교 경남문화연구소.

논문개요 정책결정자와 사회과학자들 사이의 연계와 소통의 문제점과 해결방안을 고찰하였다.

60. "Reagan Administration's Welfare Reform: Focusing on the Policy Making of AFDC Program Change", 「사회과학연구」, 4(1986), pp. 93-105, 경상대학교 사회과학연구소.

논문개요 레이건 행정부의 복지정책개혁에 관하여 AFDC 프로그램 변화를 중심으로 고찰하였다.

61. "정책의제 채택이론에 관한 고찰: 엘리트론과 정책적 다원론을 중심으로", 「경상대학교 논문집: 사회계」, 23:1(1984.6), pp. 187-202, 경상대학교.

논문개요 엘리트론과 정치적 다원론, 그리고 무의사결정론 등 정책의제채택이론을 다룬 논문이다.

62. "행정의 규범으로서 사회적 형평에 관한연구", 「경상대학교 논문집: 사회계편」, 22:2(1983.12), pp. 169-184, 경상대학교.

논문개요 행정의 규범으로서의 사회적 형평을 Rawls의 사회정의론에서 출발하여 고찰하였다.

63. "발전과 참여의 연관성 소고", 「논문집」, 11(1980.3), pp. 159-174, 육군제3사관학교.

논문개요 사회경제적 발전과 정치참여의 연관성에 관한 기존문헌을 고찰하였다.

64. "정치사회화 과정 고찰: 태도·행태의 학습시기를 중심으로", 「논문집」, 12(1980.9), pp. 199-209, 육군제3사관학교.

논문개요   정치사회화의 개념과 과정에 관한 기존문헌을 고찰하였다.

일반지 게재 논문

65. "재정사업 성과평가의 발전과정과 각국의 제도: 미국과 스웨덴의 사례", 「지방재정과 지방세」, 22(2009.10), pp. 20-36, 한국지방재정공제회.

66. "우리나라 대학경쟁력 제고방안", 「정책연구」, 147(2005 겨울), pp. 93-141, 서울: 국제문제조사연구소.

67. "한국 '시민참여'의 과거와 현재", 「시민사회」, 제11호, 중앙일보 시민사회연구소.

68. "국립대학간 역할분담과 특성화 방안", 「KEDI 교육정책포럼」, 2002-5(2002.6), pp. 32-57, 한국교육개발원.

단행본 게재 논문

69. "역대정부의 정부혁신 비교분석", 2018, 제3장, 한국행정연구원 편, 「사회적 가치실현을 위한 정부혁신방안연구」, 경제인문사회연구회 협동연구총서 18-07-01, 경제인문사회연구회.

70. 조경호·남궁근, 2017, "부산의 2050 미래 행정", pp. 10-36. 부산발전연구원 미래전략연구센터 편, 「대한민국이 본 부산의 미래」, 부산발전연구원.

71. "정책혁신으로서 행정정보공개조례 채택", 2015, 제4장, 박순애 편, 「한국행정학 좋은 논문 14선」, 박영사.

72. "행정학의 실천의 한국화: 정책개발과 행정관리", 2013, pp. 557-560, 김현구 편, 「한국행정학의 한국화론: 보편성과 특수성의 조

화」, 파주: 법문사.

73. "행정학 대학원교육을 위한 제도적 구상", 2011, 제6장, 박종민·윤견수·김현준 공편, 「한국행정학의 방향: 교육, 연구 및 제도」, 서울: 박영사.

74. "역대행정체제의 특징과 발전방향", 2009, 제4장 정부기구, 이정복 편, 「21세기 한국 정치의 발전방향」, 서울대학교 출판부.

75. "행정학자의 시민단체 참여를 통한 행정개혁", 2008, 제10장, 오석홍 편, 「행정개혁실천론: 행정학자들의 개혁현장 체험」, 박영사.

76. "한국 인사행정 체제의 특징과 참여정부의 인사혁신", 2007, 제1장, 김영기 편, 「정부인사혁신론」, 대영문화사.

77. "정부참여·자문 및 용역연구", 2006, pp. 663-678, 한국행정학회 편, 「한국행정학오십년, 1956-2006」, 한국행정학회.

78. "외국의 정부혁신과 참여정부의 정부혁신", 2005, pp. 31-57, 「참여정부의 혁신과 분권」, 정부혁신지방분권위원회 백서 1, 대통령자문정부혁신지방분권위원회.

79. 남궁근·이종수·류임철, "공직전문성 제고를 위한 보직관리 시스템 개선방안", 2005, 제2장, 김중양 편, 「참여정부 인사개혁의 현황과 과제」, 나남.

80. "공공정책", 2005, 제15장, 김세균 편, 「정치학의 대상과 방법」, 박영사.

81. "반부패 NGO활동의 국내사례분석", 2000, pp. 234-267, 박재창 편, 「정부와 NGO」, 법문사.

82. "정당별 정책공약의 비교: 16대 국회의원선거 행정·자치분야", 2000, 제5장, 「위대한 사회를 향하여: 김영섭교수 정년기념논문집」, 법문사.

83. "행정자치분야 정당별 정책공약 비교분석", 2000, pp. 118-136, 한국정책학회 편, 「제16대 국회의원선거 정견·정책자료집」, 한

국정책학회.

84. "역사적 제도주의론", 2002, 윤영진·김태룡, 공편, 「새행정이론」, 대영문화사.

85. "참여거버넌스와 행정학자의 참여", 2007, pp. 58-83, 「정책연구의 관점과 방법: 노화준교수 정년기념논문집」, 법문사.

86. "Robert D. Putnam의 사회자본과 시민공동체론", 2000, pp. 586-595, 오석홍·송하중·박정수 편, 「행정학의 주요이론」, 제2판, 법문사.

87. "William N. Dunn의 정책문제 구조화의 방법", 2000, pp. 397-414, 오석홍·김영평 편, 「정책학의 주요이론」, 제2판, 법문사.

88. "복지국가 재정위기에 대응한 정책선택의 성과: 영국의 경우를 중심으로", 1998, pp. 115-136, 「한국의 재정과 재무행정: 강신택교수 정년기념논문집」, 박영사.

89. "지역경쟁력 강화를 위한 지방행정 및 지역정보화", 1999, pp. 650-668. 박수영·민말순 편, 「21세기의 지방: 경남이 가는 길」, 경남개발연구원.

90. "우리나라 기초자치단체예산의 결정요인 분석", 1994, 제1편 9장, 「전환기의 정책과 재정관리: 유훈 교수 정년논문집」, 법문사.

일반잡지 및 소식지 게재 에세이

1. "공직가치와 행정윤리 강화방안 소고", 「행정포커스」, 통권 제121호(2016.5/6), pp. 7-15, 한국행정연구원.

2. "실증주의, 주관주의, 규범이론 분야", 「한국행정포럼」, 통권 154호(2016 가을), pp. 36-37, 한국행정학회.

3. "정책논단: 한국의 고등교육정책과 대학경쟁력", 「The KAPS」, 30(2012), p. 4, 한국정책학회.

4. "자유논단: 대만 중국행정학회 연례학술대회 참석 소감", 「한국행정포럼」, 132(2010.12), pp. 115-116. 한국행정학회.

5. "자치단체 자율통합 성공의 조건과 방향", 「지방자치」, 253 (2009.10), pp. 52-55, 미래한국재단.

6. "정부운영과 글로벌 스탠더드", 「행정포커스」, 74:2(2008.3/4) pp. 2-3, 한국행정연구원.

7. "시민참여형 거버넌스로 '함께하는 행정': 정부혁신 패러다임의 방법론적 논의", 「공공정책21: 공공혁신과 지방자치경영을 위한 뉴매거진」, 11(2006.9), pp. 92-93, 한국공공자치연구원.

8. "참여정부 인사개혁 추진실적과 향후과제", 「지방자치」, 211 (2006.4), pp. 65-67, 미래한국재단.

9. "공무원 개혁, 무엇인가: 쏟아낸 정책 잘 꿰야 '일꾼' 만든다", 「NEXT」, 23(2005.9), pp. 2-9. 월간 NEXT.

10. "행정학 실천의 한국화: 정책개발과 행정관리", 「kapa@포럼」, 112(2005 겨울), pp. 36-38, 한국행정학회.

11. "참여정부의 행정혁신전략", 2004, 3장, 국가전문행정연수원 편, 「행정혁신・변화실천」, 국가전문행정연수원.

12. "뉴질랜드 고위공무원 훈련과 고위공무원단 운영", 「인사행정」, 18(2004 Spring) pp. 74-79, 중앙인사위원회.

13. "자율개혁과 공직의 전문성 제고방안", 월간 「자치발전」, 10:3 (2004.3), pp. 16-26, 한국자치발전연구원.

14. "대학구조개혁의 향후 추진방향", 「대학지성」, 20(2004. 가을・겨울), pp. 15-20, 한국대학총장협회.

15. "외국의 재해관리행정 체제", 「지방행정」, 51:588(2002.10), pp. 38-46, 대한지방행정공제회.

16. "ASPA 제62차 총회를 다녀와서", 「한국행정포럼」, 94(2001), pp. 54-55, 한국행정학회.

17. "신관리론의 패러다임과 분석・평가제도의 발전방향", 「감사」, 68(2000.10), pp. 54-59, 감사원.

18. "신공공관리의 패러다임과 공직자의 자세", 2000, pp. 11-27. 「2000 경남연수」, 경상남도 지방공무원교육원.

19. "공직사회의 개혁과제", 「개혁시대」(한실협 계간지), 4(1999년 가을), pp. 68-71, 한국사회발전실천협의회.

20. "공공정책연구와 역사적 제도론", 「고시계」, 484(1997.6), pp. 84-100, 국가고시학회.

21. "정책의 유형 분류", 「고시계」, 481(1997.3), pp. 143-154, 국가고시학회.

22. "행정학 및 정책학 분야 미국 학계 동향", 「고시계」, 479(1997.1), pp. 243-255, 국가고시학회.

23. "정책망(Policy Network)의 유형과 행정관료의 역할", 「고시계」, 469(1996.3), pp. 123-137, 국가고시학회.

24. "기입의 징보화 실태와 과제: 서부경남의 제조업체를 중심으로", 조형래・남궁근, 「경남개발」, 8(1994.5), pp. 1-7, 경남개발연구원.

25. "행정환경의 변화와 정책관리", 고시계, 40:8(1995.7), pp. 39-53, 국가고시학회.

26. "정책의제설정과 정책형성", 「고시계」, 39:7(1994.6), pp. 37-47, 국가고시학회.

27. "지역개발과 지역정보화", 「지방자치」, 59(1993.8), pp. 85-89, 현대사회연구소.

28. "지방행정의 전산화", 남궁근 외, 「자치행정」, 64(1993.7), pp. 5-41, 지방행정연구소.

29. "정책의 미래예측", 「고시계」, 438(1994.9), pp. 166-175, 국가고시학회.

30. "지역정보화의 필요성과 정책방향", 「경남개발」, 3(1993.7),

pp. 34-38, 경남개발연구원.

31. "정책형성의 과정", 「고시계」, 425(1992.7), pp. 15-25, 국가고시학회.

32. "지방행정전산화 추진 우선순위 분석", 「지방자치」, 43(1992. 4), pp. 56-60, 현대사회연구소.

33. "조직효과성의 평가기준", 「고시계」, 415(1991.9), pp. 151-160, 국가고시학회.

34. "높은 기대, 낮은 재정수준, 지방정부의 딜레마", 「지방자치」, 34(1991.7), 현대사회연구소.

35. "정책결정에 관한 이론의 분류 및 다원적 관점의 검토", 「고시계」, 410(1991.4), pp. 93-101, 국가고시학회.

36. "불응과 정책집행", 「고시계」, 417(1991.11), pp. 84-92, 국가고시학회.

37. "정책평가에서 타당성의 종류와 개념", 「고시계」, 407(1991. 1), pp. 174-184, 국가고시학회.

연구보고서

- 연구책임자로 수탁한 주요 연구과제 보고서만 수록 -

1. 기초자치단체 행정전산화의 추진전략에 관한 연구, 연구책임: 남궁근, 공동연구: 김영기, 서삼영, 송병주, 연구기관: 한국행정학회, '91 통신학술연구과제.

2. 지방자치단체 전산업무개발 방향에 관한 연구: 경남 진주시의 행정관리기능을 중심으로, 연구책임자: 남궁근, 1993 한국전산원 과제.

3. 행정부처와 국회의 업무상 상호의존관계에 관한 연구, '97-98 한국의회발전연구회지원 연구논문.

4. 국립대학 역할분담방안 수립, 연구책임: 남궁근, 공동연구: 김재현, 송인택, 안병욱, 장창원, 2001 교육인적자원부 과제, 교육정책연구 2001-특-20.

5. 학술연구 지원체계 개선을 위한 정책연구, 연구책임: 남궁근, 공동연구: 강원, 김태일, 정출헌, 홍성근, 2001 교육인적자원부 과제, 교육정책연구 2001-특-03.

6. 공공부문 개혁의 성과평가와 성과에 대한 국민의 인식차이의 원인분석에 관한 연구, 연구책임: 남궁근, 공동연구: 김영평, 송희준, 윤태범, 이재원, 하혜수, 양기용, 연구기관: 한국행정학회, 2002 기획예산처 과제.

7. 공공개혁의 중장기 비전과 과제. 연구책임: 남궁근, 공동연구: 송희준, 윤태범, 이재원, 하혜수, 양기용, 연구기관: 한국행정학회, 2002 기획예산처 과제.

8. 퇴직예정 공무원에 대한 전직지원 프로그램 구축방안. 연구책임: 남궁근, 공동연구: 김상묵, 손명구, 2004 한국행정연구원 과제.

9. 대학의 규제완화를 통한 자율혁신역량 강화 및 구조개혁 방안 연구, 연구책임: 남궁근, 공동연구: 안경환, 김영철, 우천식, 배득종, 백성준, 이수경, 연구기관: 서울산업대학교, 2005 교육인적자원부 과제.

10. 고위공무원단 도입에 따른 문제점 분석과 개선방안 연구: 주요 국가 사례 연구. 연구책임: 남궁근, 참여연구: 하태권, 박천오, 김영우, 연구기관: 한국행정학회, 2005 한국행정연구원 과제.

11. 미래의 사회적 가치와 국가의 역할에 관한 시론적 연구. 연구책임: 남궁근, 공동연구: 정무권, 김진방, 하연섭, 안상훈, 2005 대통령자문 빈부격차·차별시정위원회 과제.

12. 지속가능경영 도입을 위한 'UN Global Compact' 가입과 공기업의 대응방안, 연구책임: 남궁근, 공동연구: 배득종, 박정수, 이원희, 윤태범, 연구기관: 한국행정학회, 2007 공기업투명사회협약실천협의

회 과제.

13. 대학 설립운영에 대한 제도개선을 위한 정책연구, 연구책임: 남궁근, 연구기관: 서울산업대학교, 2007 교육인적자원부 과제.

14. 소방인력 확보를 위한 중앙정부의 지원방안, 연구책임: 남궁근, 공동연구: 김상묵, 최영출, 하혜수, 연구기관: 서울산업대학교 산학협력단, 2007 소방재난본부과제.

15. 지방소방재정 지원을 위한 특별법 제정 연구. 연구책임: 남궁근, 공동연구: 김상묵, 최영출, 하혜수, 이수경, 장건춘, 송상훈, 연구기관: 서울산업대학교·한국행정학회, 2008 경기도소방재난본부 과제.

16. 과학행정구현을 위한 빅데이터 활성화 방안, 연구책임: 남궁근, 공동연구: 조남욱, 성욱준, 연구기관: 서울과학기술대학교 산학협력단, 2016 정부3.0추진위원회 과제.

신문 기고 /4

신문 기고 목록

'주 52시간 근무제' 정착되어야

내일신문 2018년 7월 30일자 신문로 컬럼

정부가 300인 이상 사업장을 대상으로 주 52시간 근무제를 시행한지 한 달이 되었다. 이 제도의 취지는 우리나라 근로자들의 '일과 삶의 균형'을 맞추어 여가를 보장하는 한편, 일자리를 나누겠다는 것이다.

우리나라 근로자의 노동시간은 경제협력개발기구(OECD) 국가들 가운데 최장 수준이다. 한국의 연간 노동시간은 2,069시간(2016년 기준)으로 OECD 국가 중

멕시코(2,255시간)에 이어 2위이며, OECD 평균(1,763시간)보다 연간 303시간 더 많이 일한다.

세계에서 가장 부지런한 국민으로 인식되고 있는 독일 근로자의 연평균 근로시간은 1,363시간에 불과하여 우리나라보다 700시간 정도가 적다. 이렇게 장시간 근무하다보니 지난 해 우리나라 국민의 '일과 삶의 균형(Work-Life-Balance)', 즉 '워라밸' 지수의 수준은 OECD 38개 국가 중 35위였다.

이러한 상황을 개선하기 위하여 국회는 지난 2월 여·야 합의로 근로기준법을 개정하여 주당 법정근로시간을 최대 52시간으로 제한하고, 300인 이상 사업장에는 이를 7월 1일부터 도입하고, 2021년 7월에는 5인 이상 사업장까지 단계적으로 확대하기로 하였다.

이 제도가 기업의 비용부담을 증가시키고 기업운영을 어렵게 한다는 우려도 제기되고 있다. 노벨 경제학상을 받은 폴 크루그먼 교수는 최근 전경련 주최의 특별대담에서 주당 노동시간 52시간 '단축'에 관한 질문에, "주당 52시간으로 줄인다고 해도 선진국 대비 너무 높은 수치"라며 "'일과 삶의 균형'이라는 측면으로 봤을 때 그렇게 오랜 시간 일할 수 있는지 잘 이해가 되지 않는다"고 견해를 밝혔다.

영화관람 헬스 등 취미활동 늘어

조금 오래된 일이지만 필자가 2010년 벨기에 카톨릭루뱅대학 공공거버넌스센터에서 방문교수로 연구년을 보낼 때 우리나라 공공부문 및 민간부문 종사자의 장시간 근로 관행에 관하여 토론할 기회가 있었다. 벨기에 교수들과 연구원들을 우리나라 근로자들이 직장동료들과 함께 저녁식사를 한 후 야간근무를 하며 때로는 주말에도 근무하는데 어떻게 가정생활과 양립할 수 있는지 이해할 수 없다는 반응이었다.

당시 연구소 부소장인 애니 혼데겜 교수의 초대로 중산층 거주지역인 단독주택단지에 자리잡은 자택을 방문한 적이 있었는데, 놀랍게도 집에서 말을 기르고 있었다. 평소 허름한 중고차와 대중교통을 이용하며 검소한 생활을 하는 교수 가족이 휴일에는 함께 승마를 즐긴다는 것이다.

가족의 취미생활을 매개로 부부와 자녀 사이에 대화도 많은 편이고 유대도 각별하게 깊었다. 집안에서 할 일이 많으므로 저녁식사를 밖에서 해결하는 경우는 극히 드물다고 한다. 연구년 기간 중 관찰한 바에 따르면 정시 퇴근하지 않을 경우 직장과 가정생활의 양립이 어려운 상황이므로 근무시간 중에는 사적인 용무를 철저하게 배제하고 업무에만 전념하여 생산성이 매우 높았다.

　주 52시간 근무제도 시행 이후 영화와 연극관람, 어학 및 요리학원 등 학원수강, 요가, 필라테스, 헬스 등 자기계발과 취미활동시간이 늘었다고 한다. 근로자가 퇴근 이후 자신과 가정을 돌볼 수 있는 여가활동이 늘어나야 가족구성원간의 유대관계가 회복될 수 있고, 직장에서 일에 전념할 수 있는 에너지가 재충전 될 수 있다.

고용절벽해소에도 기여

　주 52시간 근무제도는 일자리 나누기를 통하여 고용절벽 문제를 해소하는 데에도 기여한다. 지난 25일 고용노동부가 국회에 제출한 자료에 따르면 300인 이상 사업장 3,627곳에서 9,775명의 신규 채용이 완료됐고, 20,036명을 채용하는 과정이 진행 중인 것으로 파악되었다고 한다.

　주 52시간 근무제는 장시간 근로에 시달리는 노동자들이 일과 삶의 균형을 되찾아 워라밸 수준을 향상시키는 한편, 일자리를 늘려 고용절벽 해소에도 기여한다.

　돌이켜 보면 지난 2004년 도입된 주5일제 근무제도가 당시 기업의 생산활동 위축을 가져올 것이라는 우려에도 불구하고 오늘날 자연스럽게 자리잡은 것과 같이 주52시간 근무제도 또한 정착될 수 있도록 정부와 사업체는 물론 국민들도 힘을 모아야 한다.　　　　　　　　　　　(남궁 근, 서울과기대 교수, 행개련 공동대표)

청렴한국과 반부패정책의 과제

내일신문 2018년 5월 24일자 신문로 컬럼

　지난 21일 국회에서 강원랜드 채용청탁 및 수사외압혐의를 받는 염동열 의원과 자신의 사학재단을 통해 불법자금을 수수한 혐의를 받는 홍문종 의원에 대한 체포동의안이 부결됐다. 공공기관 채용비리의 상징인 강원랜드 사건에 연루된 의원의 체포동의안 반대에 민주당 의원까지 가세하여 견고한 동업자 의식을 드러낸 것은 매우 충격적이다.

문재인 정부는 공공기관 채용비리에 무관용원칙을 적용하여 원천적으로 차단하고, 공직을 악용한 사익추구행위를 근원적으로 차단하는 등 청렴국가를 실현하여 국제투명성기구의 부패인식지수(CPI) 순위를 현재 세계 51위에서 임기 말까지 20위권으로 진입시키겠다고 발표하였다.

돌이켜 보면 역대정부는 모두 임기초 부패척결을 약속하였지만 그 성과에는 커다란 차이가 있었다. 김영삼 정부는 금융실명제와 부동산실명제를 도입하였고, 자발적인 재산 공개 등 '윗물맑기 운동'을 추진하였다. 그러나 측근정치인이 부정부패로 법의 심판을 받았고, IMF외환위기까지 겹쳐 1999년 부패인식지수는 10점 만점에 3.8점(이하 10점 만점)으로 역대 최저를 기록하였다.

김대중 정부는 1997년 외환위기를 초래한 원인 가운데 하나가 부패라고 인식하여 '부패와의 전쟁'을 선포하고, 부패방지 종합대책을 추진하였다. 2001년 부패방지법이 제정되고 반부패정책의 전담조직으로 대통령 소속 '부패방지위원회'를 신설하여 반부패정책이 체계적으로 추진될 수 있는 토대를 마련하였다. 이러한 노력의 성과로 2003년에 부패인식지수는 4.3점으로 상승하였다.

역대정부, 모두 임기초 부패척결 약속

노무현 정부는 반부패기관협의회를 구성하여 국가적 차원에서 반부패정책을 추진하는 한편, 기존의 법제도에 대하여 부패영향 평가를 실시하여 부패를 사전에 차단하고자 노력하였다. 특히 투명사회협약을 체결하여 공공부문, 정치부문, 경제부문, 시민사회 부문의 지도자들이 부패척결에 동참하기로 협약하였다. 2008년 부패인식지수는 5.6점(180개국 가운데 40위)으로 역대 최고점을 기록하였다.

이명박 정부에서는 부패방지기능을 전담하였던 대통령 소속 국가청렴위원회(전신 부패방지위원회)를 학계와 시민사회의 반대에도 불구하고 국무총리 산하 국민권익위원회에 흡수 통합시키면서 부패방지정책은 크게 후퇴하였다. 투명사회협약에 사용될 정부 분담금 납부를 일방적으로 중단하고 협약을 파기하였다. 부패인식지수는 2013년에 5.5점(177개국 중 46위)에 머물렀다.

박근혜 정부에서 청탁금지법(소위 김영란법)이 제정된 후 중하위직 공직자의 일선 창구 부패는 줄이들었지만 최순실 일당의 국정농단, 권력핵심부의 권력남용과 권력을 동원한 사익추구 등 고위공직자가 연루된 거대 권력형 부패가 연이어 발생하여 부패인식수준이 크게 악화되었다. 2016년 부패인식지수는 5.3으로 추락하여, 176개국 가운데 53위, OECD 35개국 가운데 29위로 하락하였다.

이러한 상황에서 부패인식지수를 획기적으로 개선하고 청렴한 대한민국을 만들려면 가장 우선적으로 역량을 집중하여야 할 지점이 권력형 부패통제이다. 무엇보다도 국회의원 등 권력집단 내부의 제식구감싸기와 기득권층의 부패카르텔이 해체되어야 한다. 지지부진한 공수처 설치와 검찰개혁, 정치개혁 등 권력 기관 개혁이 중요한 이유가 바로 여기에 있다.

권력형 부패 통제에 우선 역량 집중해야

공공부문에서는 정부부처 업무평가, 공기업과 공공기관 평가, 지방정부 평가 등 각종 성과평가에서 반부패정책 분야의 비중을 늘리고, 측정지표를 정교하게 설계하여 각 부처와 기관별 부패방지활동과 성과에 관한 점검·평가의 실효성을 확보하여야 한다.

사회 전반에 청렴문화가 뿌리내리려면 정부의 활동만으로는 한계가 있다. 민간기업과 시민사회의 동참 및 협력이 불가결하다. 기업대표의 갑질행태와 하도급 비리 등 낡은 관행이 청산되고, 청소년층을 포함한 시민의 청렴의식도 향상되어야 한다.

지난 10년간 제자리걸음하던 한국의 청렴수준이 획기적으로 개선되려면 무엇보다도 정치 영역의 부패카르텔 해체가 중요하며, 공공부문, 민간기업과 시민사회를 망라하는 반부패종합대책이 체계적으로 실천되어야 한다.

(남궁 근, 서울과기대 교수, 행개련 공동대표)

대입제도 개편안, 공론화 원칙 지켜야

내일신문 2018년 4월 17일자 신문로 컬럼

대통령 직속 국가교육회의는 16일 교육부가 이송한 2022학년도 대학입시제도

개편안을 공론화 과정을 거쳐 8월말까지 확정하겠다고 밝혔다. 교육부는 세 가지 핵심 쟁점사항인 학생부종합전형(학종)−정시수능전형의 적정 비율, 수시와 정시 대입 선발시기 통합 여부, 상대평가 또는 절대평가의 수능 평가방법을 국가교육회의에서 공론화와 숙의과정을 거쳐 결정해 달라고 요청한 바 있다.

최근 5년간(2015∼2019) 대입전형에서 수능비중은 지속적으로 축소(31.6% → 20.7%)된 데 비하여 학생부종합(학종)비중은 상당히 확대(16.1% → 24.4%)되었다. 문제는 선발방법이 불투명하여 소위 '깜깜이 전형', '금수저 전형'으로 불리는 학종 전형의 신입생 선발 비중이 서울대를 비롯, 서울 주요 대학 11곳의 경우 44.9%에 달하여 학부모들의 반발이 거세다는 것이다.

대입 선발시기와 관련, 수·정시의 통합·실시 여부도 공론화를 통한 결정의 대상이다. 현재 11월 셋째 주에 치르는 수능을 11월 1일로 약 2주 앞당기고, 같은 달 20일쯤 성적을 발표한 후 월말부터 대학들이 원서접수를 시작해 이듬해 2월까지 합격자를 가리는 방안과 지금처럼 수·정시 구분을 유지하는 방안이 선택의 대상이다.

수능 평가방법에 관하여는 전과목 9등급 절대평가 전환방법과 현행 상대평가를 유지하는 방법, 그리고 절충안인 원점수 공개방안 가운데 선택하여야 한다. 이러한 핵심쟁점 이외에도 수능 과목개편안, 수능 EBS 연계율, '학생부 신뢰도 제고 방안' 등도 숙의와 공론화 검토 대상이다. 이러한 쟁점들은 이해당사자들 사이에 견해가 첨예하게 엇갈리는 상황이다.

'신고리 원전' 공론화 과정과 유사

국가교육회의가 공론화위원회를 구성한 후 숙의 및 공론화 과정을 통해 8월까지 결론을 내면 교육부는 이를 전적으로 수용할 예정이다. 그 절차는 신고리 원전 건설 중단 공론화 과정과 유사하게 진행될 것으로 보이는데 단순히 찬반을 가리는 것과 달리 대입정책은 워낙 복잡해 합의까지 난관이 예상된다. 그러므로 다음과 같은 공론화 절차의 기본원칙에 충실하게 진행되어야 그 결과의 정당성을 인정받을 수 있을 것이다.

첫째, 대입제도의 공론화절차에 입시 교육을 담당하는 고등학교, 신입생을 선발하는 대학 및 전문대학 등 대학당국, 그리고 교육정책 전문가들뿐 아니라 학부모와 학생들까지 포힘시커 진문가주의의 한계를 뒤이넘는 협력적 의시결정이 이루어질 수 있도록 하여야 한다. 고교와 대학당국의 경우에는 수도권과 지방, 국립대와 사립대, 대학과 전문대학 등 이해당사자의 견해차이가 매우 크기 때문에 이들을 적절하게 대표할 수 있는 참여단의 선정이 중요하다.

둘째, 찬반의 대립이 첨예한 사안에 대해서는 사전에 규칙을 설정하는 것이 중요하다. 숙의 과정과 절차에 대한 이해당사자 간 합의가 먼저 이루어져야 수용성 제고에 유리하므로, 공론화 과정 운영에 대한 의사결정방식과 공론화 결과에 대한 해석의 규칙을 미리 정하는 작업이 선행되어야 한다.

셋째, 정부당국은 공론화 참여단에게 명확하고 객관성을 갖춘 정보를 제공할 수 있도록 철저하게 자료를 준비하여야 한다. 특히 새로운 대입제도가 적용될 2022학년도에는 대학입학자원이 대입정원보다 약 8만명 정도 부족하게 되는 시점이므로 입시경쟁의 양상이 현재보다는 상당히 완화될 것으로 예상된다. 앞으로 남은 4개월 동안 현황에 관한 자료가 충분하게 제공되어야 참여자들의 상호 학습과 숙의에 따른 의사결정이 이루어질 수 있다.

공론화 과정에 학부모 학생도 포함을

넷째, 정부는 중립적인 입장에서 공론화 절차를 진행하여야 한다. 새로운 대입제도는 현 정부의 임기가 종료된 이후인 2022년부터 적용되므로 정부는 공론화 과정 자체를 투명하게 공개하는 한편 보수–진보의 이념논쟁에 휘말리지 않도록 중립적으로 절차를 관리하여야 장기적으로 지속가능한 개편방안이 마련될 수 있다.

앞으로 4개월 동안 공론화의 기본원칙에 충실한 절차를 거쳐 고교 및 대학당국은 물론 학생과 학부모를 비롯한 국민의 공감을 얻을 수 있는 공정한 대학입시제도가 확정되기를 기대한다. (남궁 근, 서울과기대 교수, 전 총장)

정부혁신 추진계획의 성과관리 시스템 갖추어야

내일신문 2018년 3월 26일자 신문로 컬럼

정부는 지난 19일 '정부혁신 종합 추진계획'을 발표했다. 문대통령은 "정부혁신의 최우선 목표는 정부와 공직사회의 공공성 회복"이라고 밝혔다. 정부혁신의 3대전략으로 정부운영을 사회적 가치 중심으로 전환하고, 참여와 협력으로 할 일을 하는 정부의 구현, 낡은 관행의 혁신으로 신뢰받는 정부의 실현을 제시했다.

첫 번째 전략은 정책과 재원 배분의 우선순위를 공공의 이익과 공동체 발전에 기여하는 사회적 가치 중심으로 전환하고 이를 위하여 정부의 예산, 인사, 조직, 평가체계를 획기적으로 바꾼다는 것이다. 올해부터 사회적 약자 배려 등 사회적 가치 실현을 위해 재정투자를 확대한다. 내년부터 예비타당성조사에 '사회영향평가' 요소를 도입하여 재정사업평가에서 사회적 가치를 구현한 사업을 우대한다. 또한 공공부문 고위직에 여성임용목표제를 도입하여 여성관리자의 비율도 끌어올린다.

두 번째 전략은 참여와 협력을 통해 할 일을 하는 정부의 구현이다. 이는 정책 제안과 결정, 집행, 평가 등 정책과정 전반에 국민을 직접 참여시킴으로써 국민의 뜻이 더 잘 실현되는 참여민주주의를 실현하겠다는 것이다. 예를 들어, 국민참여 예산제도의 경우 국민이 예산편성 과정에만 참여했던 것을 사업진행과 평가까지 참여범위를 확대한다. 한편 정부와 지자체, 공공기관의 회의실과 주차장, 강당 등 정부가 독점하고 있는 공공자원도 국민에게 개방하고 국민과 공유한다는 것이다.

세 번째 전략은 낡은 관행을 혁신해 신뢰받는 정부의 구현이다. 공직자가 개혁의 주체라는 인식을 갖고 정부 신뢰를 저해하는 기존 관행과 일하는 방식을 근본적으로 바꿈으로써 국민이 믿을 수 있는 정부를 만들어 가자는 것이다.

사회적 가치중심으로 전환

특히 과거의 부패 관행을 바로잡는 것이 혁신의 시작인만큼 무관용원칙으로 공공분야 채용비리를 원천차단하고, 성폭력과 성희롱 등 공직사회 내부의 적폐적 관행과 문화에 대한 청산이 대대적으로 추진될 예정이다.

정부혁신의 추진을 통하여 달성하고자 하는 구체적인 목표도 제시되었다. 2022년까지 OECD의 '더 나은 삶의 질 지수' 10위권에 진입(2017년 29위에서 10계단 이상 상승)하고 32위에 불과한 '정부신뢰도' 순위를 10위권에 올려놓고, 51위인 국제투명성기구(TI)의 '부패인식지수(CPI)'를 20위권으로 진입시키겠다는 것이다.

그간 OECD 국가를 중심으로 신자유주의와 신공공관리 패러다임에 따른 효율과 양석 성상 중심의 국정 운영으로 양극화와 불평등이 확대되어 공동체가 와해 되고 시민사회가 파편화되었다는 비판이 제기되었고, 이에 대한 반성으로 학계에 서는 공공가치를 강조하는 신공공거버넌스 또는 공공가치거버넌스가 새로운 패러 다임으로 등장하였다. 새 정부의 정부혁신 방향과 전략, 그리고 세부과제 선정은 대체로 이러한 패러다임에 부합되어 바람직한 것으로 보인다. 결국은 실천이 과제 인데, 차질없이 집행되어 소기의 목표를 달성하려면 다음과 같은 추가적인 보완조 치가 필요하다.

첫째, 정부혁신의 궁극적 목표와 종합계획에 포함된 혁신과제 및 활동들의 연 계관계를 분명히 밝혀야 한다. 그러므로 과제와 활동들이 궁극적 목표의 핵심성과 지표에 어떻게 직·간접으로 기여하는지에 관한 연계체계와 단계별 추진계획 및 중간목표가 담긴 로드맵이 필요하다.

삶의 질도 세계 10위권 안에 진입해야

둘째, 종합계획의 추진상황을 상시 점검하고 성과를 관리하는 시스템이 필요 하다. 대통령 주재 정부혁신 전략회의(연 2회)라는 임시기구만으로는 체계적인 성과관리가 어렵다. 범부처적으로 진행되는 실행과정을 정부 차원에서 점검하여 보완하고 성과를 체계적으로 관리하는 상설기구가 필요하다. 신설이 어려우면 대 통령 또는 국무총리 산하에서 조정 및 평가기능을 담당하는 기존조직을 활용하는 방안도 고려하여야 한다.

정부혁신 종합계획이 말잔치에 그치지 않고 국민과 함께하는 개혁을 대통령의 임기전반에 걸쳐 추진하여 국민에게 신뢰받는 깨끗한 정부를 구현하고 세계 10위 권의 경제규모에 걸맞게 우리 국민의 주관적인 삶의 질도 세계 10위권에 진입할 수 있게 되기를 기대한다. (남궁 근, 서울과기대 교수, 행개련 공동대표)

정부신뢰를 회복하려면

내일신문 2018년 2월 22일자 신문로 컬럼

평창 동계올림픽이 시작되기 직전 여자 아이스하키 남북단일팀이 결정되자,

젊은 세대를 중심으로 급속하게 비난 여론이 조성되면서 2030세대의 대통령과 정부에 대한 신뢰와 지지율이 급락했다.

문제의 핵심은 그 결정이 공정한지에 관한 부정적 인식과 소통의 부족 때문인 것으로 보인다. 젊은 세대는 약자인 일부 선수들이 희생을 감수해야 하는 결정을 사전에 충분한 양해를 구하지 않고 일방적으로 밀어붙인 것이 공정과 정의의 관점에서 옳지 않다고 본 것이다.

이는 지난 정부에서 바닥까지 떨어진 정부신뢰를 회복하고자 노력하는 문재인 정부의 국정운영에 시사하는 바가 크다. 한국행정연구원의 연례 사회통합실태조사에 따르면 2013년부터 정부기관에 대한 우리 국민의 신뢰 수준은 지속적으로 하락하였다. 우리 국민의 정부기관에 대한 신뢰 수준은 100점 만점의 지수(이하 같음)에서 2013년 41.4점부터 지속적으로 악화되어 2016년에는 34.7점에 머물렀다. 이는 가족, 지인, 이웃 등 1차 집단에 대한 2016년 신뢰수준인 68.1점보다 훨씬 낮으며, 교육기관, 의료기관, 종교기관, 시민단체 등 민간기관에 대한 신뢰 수준인 45.5점보다도 낮았다.

단일팀을 둘러싼 논란은 정부에 대한 신뢰는 정부가 공정하고 투명하게 운영되는지에 관한 인식과 더불어 소통을 위해 얼마나 노력하는지와 밀접하게 관련됨을 단적으로 보여주는 사례이다.

정책집행이 공정하다는 믿음주어야

우리 국민이 체감하는 정부기관 운영의 공정성에 관한 인식 지수는 2013년 44.9점에서 2016년 45.5점으로 제자리에 머물고 있다. 한편 2016년 인식 조사에서 취업기회가 공정하다는 응답은 32.1%, 대기업·중소기업관계가 공정하다는 응답은 26.9%, 경제사회적 분배구조가 공정하다는 응답은 27.5%에 불과하였다. 그러므로 정부가 신뢰를 회복하려면 국민에게 정책을 결정하고 집행하는 과정이 공정하다는 확고한 믿음을 주어야 한다. 이 조사에서 우리 국민은 공정한 사회를 만들기 위하여 공직사회의 청렴도 및 행정절차의 투명성을 강화하고, 상류층의 솔선수범이 특히 중요하다고 응답하였다.

그런데도 2016년 조사에서 우리 사회의 청렴 수준에 관한 인식지수는 30점대에 불과하였다. 특히 민간기관에 비해 정부기관의 청렴성에 대한 인식이 10점정

도 낮게 나타났다. 민간 기관 가운데 가장 높은 집단은 시민단체(2013년), 금융
기관(2015년), 교육기관(2014, 2016년)이었다. 국민들이 청렴성을 가장 높게 평
가한 집단도 50점 미만으로 우리 국민은 사회적으로 중요한 기능을 수행하는 여
러 기관들의 청렴성이 매우 낮은 것으로 인식하였다. 그러므로 정부를 중심으로
적극적으로 노력하여 우리 사회의 청렴성이 선진국 수준으로 높아질 때 정부신뢰
가 회복될 수 있다.

문재인 정부는 출범 초기부터 온라인 소통을 강화하는 등 적극적이고 체계적
인 정책소통 노력으로 새 정부의 국정기조와 국정과제에 대한 국민들의 관심과
이해를 높이는 성과를 거두었다. 이념과 세대를 불문하고 모든 계층에서 문재인
정부의 소통노력이 높게 평가받은 것은 소통역량지수가 30점에 불과하여 불통정
부로 불렸던 박근혜 정부와는 가장 차별되는 성과이다.

대통령의 지지도에만 의존해선 안 돼

그러나 남북 단일팀 사례에서 보듯이 상황별로 국민 눈높이와 기대 수준에 맞추
어 소통하는 것은 결코 쉽지 않다. 대통령 한 사람의 지지도에만 의존할 경우 이같
은 긴급한 상황에서의 소통에 실패할 가능성이 높다. 진정한 소통은 이해관계집단과
고객이 정책결정과 집행에 참여하는 쌍방향 소통으로 이루어지므로, 가까운 거리에
서 국민과 직접 소통할 수 있는 일선기관들이 맞춤형 소통의 주체가 되어야 한다.

정부신뢰의 회복은 공정성과 투명성 확보, 더 나아가 소통의 진정성을 포함한
다방면에 걸친 노력이 동반되어야 성공할 수 있으므로 단시일에 달성할 수 있는
목표가 아니다. 문재인 정부가 초심을 잃지 않고 임기 말까지 꾸준하게 노력하여
국정운영의 공정성과 투명성을 획기적으로 제고하고 국민과의 원활한 소통과 참
여기회를 확대하여 신뢰받는 정부로 거듭 나기를 기대한다.

(남궁 근. 서울과기대 교수. 행개련 공동대표)

사회적 가치 중심의 국정운영

내일신문 2018년 1월 29일자 신문로 컬럼

문재인 대통령은 신년사에서 정부운영을 사회적 가치 중심으로 바꾸고, 국민의 참여와 협력을 토대로 할 일을 하는 정부, 신뢰받는 정부로 거듭나겠다고 밝혔다. 이러한 방향에서 2월말까지 '정부혁신 종합 추진계획'을 수립하여 추진하겠다는 것이다.

사회적 가치(social value)에 관한 논의는 민간영역에서 기업의 사회적 책임, 사회적 기업, 사회적 경제와 같은 논의의 연장선상에서 진행되어 왔다. 하버드대 경영대학의 마이클 포터 교수는 2008년 글로벌 금융위기 이후 자본주의 체제의 위기를 극복하려면 기업은 사회적 책임을 부차적인 것으로 여기지 않아야 하며, 기업이 소재한 지역공동체와 공존할 수 있도록 경제적 가치와 사회적 가치를 동시에 창출하여 이윤으로 연결하는 방법을 찾아야 한다고 주장하였다. 우리의 경우 기업운영에서는 사회적 가치가 핵심적인 공유가치로 인식되는 상황인데도, 공공부문에서는 이에 관한 논의가 다소 생소한 편이다.

유럽연합과 영국의 사례가 사회적 가치 중심의 국정운영의 준거가 될 수 있다. 영국의 경우 2012년 소위 '사회적 가치기본법'을 법제화하여 모든 정부기관과 공공기관에 공공서비스 제공과 그 조달 방식이 과연 지역공동체의 경제적, 사회적, 환경적 편익을 증진시키는지 사전에 고려하도록 의무를 부과하였다. 이 법안은 캐머런 수상이 2008년 4월 정부 부처의 정책결정에 사회적 가치 기준을 도입하겠다고 천명한 이후 보수당이 주도하여 여야 합의로 법제화되었기 때문에 매우 순조롭게 집행되고 있다. 그런데 지역공동체에 편익이 되는 사회적 가치가 무엇인지는 해당 지역의 사정과 기관에 따라 달라진다.

영국에서는 사회적가치기본법 법제화

예를 들어, 어떤 지역에서는 청년실업이 심각한 문제인데, 다른 지역에서는 노년층의 의료혜택이 가장 절실한 가치일 수도 있다. 영국에서는 해당기관의 담당자가 무엇이 지역공동체에 가장 필요한 가치인지, 이를 가장 혁신적으로 제공하는 방법은 무엇인지 선택할 수 있도록 자율권을 부여한다.

　우리의 경우에도 중앙정부가 사회적 가치를 미리 정한 뒤 하향식으로 지방의 산하 기관에 내려주는 대신 각 지역에서 해당 기관이 주민들과 협의하여 가장 필요한 가치를 스스로 찾아 나갈 수 있도록 하여야 한다. 사회적 가치의 구체적인 내용과 제공방법은 해당 기관이 고객과 주민의 참여를 바탕으로 상향식으로 결정할 때 지역실정에 가장 부합되는 혁신적인 가치 창출 방안이 나올 수 있다. 북유럽국가와 영국에서 수년간 실천하면서 취합된 모범사례를 참고할 만하다. 정부가 2월말까지 수립하기로 약속한 정부혁신 종합계획은 상향식 접근방법으로 수립될 때 강력한 추진동력을 얻을 수 있다.

　정부와 공공기관이 사회적 가치를 창출하려면 일정한 비용과 노력이 투입된다. 이러한 재원은 귀중한 국민의 세금과 공공재원으로 충당되므로 영국을 비롯한 유럽국가에서는 과연 지출에 상응하는 진정한 가치가 창출되었는지가 관심의 초점이 되었다. 지역사회에 진정으로 필요한 가치와 편익인지, 가장 절실하게 필요한 집단에 제대로 전달되었는지, 수혜자가 얼마나 만족하는지, 서비스 전달과정에서 낭비와 부정은 없었는지 등의 요소들이 쟁점이다.

지방은 스스로 필요한 가치 찾아야

　이러한 사회적 가치는 소프트한 결과이므로 화폐가치로 환산하거나 계량화하기 어렵다. 그러므로 다양한 형태의 기관들이 창출하는 사회적 가치와 편익을 어떻게 측정하고 평가할 것인지가 앞으로 핵심 과제로 떠오를 것이다.

　해당기관에 지나친 부담이 되지 않으며, 이질적인 기관들의 성과를 비교할 수 있고, 표준화가 가능한 사회적 가치의 측정절차와 도구를 찾아야 한다. 여기에서도 해당 기관, 지역주민과 고객, 비영리단체와 전문가를 포함한 모든 이해관계자가 협의하여 구체적 기준을 설정하는 것이 중요하다.

　앞으로 정부와 공공기관이 정책을 결정하고 집행하는 과정에서 사회적 가치 중심의 국정운영을 실천하여 지역주민이 삶의 현장에서 필요로 하는 공공서비스에 예산이 투입되어, 모든 국민이 소득 3만불 시대에 걸맞은 삶의 질을 골고루 누리도록 하여야 한다.　　　　　　　　　　　(남궁 근, 서울과기대 교수, 행개련 공동대표)

취업난 시대의 채용비리 반드시 근절되어야

내일신문 2017년 11월 30일자 신문로 컬럼

졸업을 앞둔 학생들의 취업난을 보는 대학교수들도 우울하다. 금년 10월 기준 청년층(15~29세) 실업률이 8.6%로 전체 실업률 3.2%의 2.5배를 넘고 있다. 잠재적 실업자까지 포함된 체감실업률은 21.7%에 달한다고 한다. 총체적인 청년층의 취업난 속에서 터져 나온 공공기관의 채용비리는 취업스트레스에 빠진 청년들을 더욱 좌절하게 한다.

강원랜드의 경우 내부감사결과 2012년 말, 2013년 초 두 차례 공채로 뽑힌 518명 가운데 493명(95%)이 "내·외부 인사의 지시·청탁"으로 별도 관리된 인원이라고 한다. 강원랜드뿐 아니라 우리은행, 금융감독원을 포함한 공기업에서도 채용비리 의혹이 확산되었다.

공공기관은 보수와 복지수준이 높은 편이고 신분보장도 확실하여 취업준비생 사이에선 '신의 직장'으로 불리는 선망의 대상이다. 2016년 말 현재 우리나라 중앙부처 산하 332개 공공기관이 종사자수는 28만 5천명(현원 기준)으로 경제활동인구 중 1%를 차지하고 있고, 국가 일반 행정공무원 정원 12만 5천명(경찰공무원 15만 5천명, 교육공무원 35만 명 제외)과 비교할 때 2.3배나 된다.

이같이 국민경제에서 큰 비중을 차지하는 공공기관의 채용과정에서 '금수저'를 물고 태어난 이들이 부모 덕분에 좋은 일자리를 쉽게 차지한 것이다. 합격 인원은 한정돼 있는데, 그 자리에 누군가 대신 들어오면 합격될 사람이 떨어지게 된다. 금수저 채용을 위하여 수많은 흙수저 지원자들이 '채용 비리의 들러리'가 된 것이다.

하버드대학의 철학교수인 롤즈는 '기회균등의 원칙'이 정의로운 사회의 기초라고 주장한다. 그 핵심은 신분과 성별 등 사회계층에 따른 차별을 받지 않고 모든 사람들이 직위와 직책을 획득할 수 있는 기회를 균등하게 가질 수 있어야 한다는 것이다.

금수저 채용 위해 흙수저들 들러리

서구 자유민주주의 국가가 빈부격차 등 여러 가지 문제를 안고 있음에도 사회 질서와 경제적 번영이 유지되는 것은 기회 평등의 원칙이 철저하게 지켜지고 있기 때문이다.

공공기관의 채용비리는 기회균등의 원칙을 전면적으로 부정하는 것이다. 기회 균등의 실현은 지위와 부의 대물림과 같은 전근대적인 비합리적인 구습(舊習)과 기회균등 실현에 방해되는 특수한 문화, 제도 등을 없애는 것으로부터 시작된다. 잘나가는 부모를 만나면 취업도 보장되는 세태는 고려·조선 시대에 고위 관리의 자제가 과거 시험을 치르지 않고 관리로 등용되는 '음서제도'와 유사한 구습이므로 반드시 혁파되어야 한다.

이번 기회에 공공기관은 물론 민간기업의 채용에서도 흙수저 출신들에게 기회가 균등하게 주어지고, 채용과정의 공정성과 객관성을 담보할 수 있는 제도적 장치가 마련되어야 한다.

첫째, 채용청탁행위를 강력하게 규제하여야 한다. '청탁금지법'(일명 김영란법)은 공직자에 대한 채용 청탁을 철저하게 규제하고 있다. 공직자 입장에서는 과거에 국회의원이나 권력기관의 청탁을 현실적으로 거절하기가 어려웠지만 이제 김영란법을 이유로 거절할 수 있게 되었다. 이러한 청탁행위 규제를 민간영역까지 확대할 필요가 있다. 공공기관은 물론 민간 영역에서의 채용을 청탁하는 행위도 담당자 신고 의무를 강화하는 등의 지침을 만들고 투명성을 확보하기 위한 감사 강화 방안이 필요하다.

블라인드 채용제도 철저하게 시행을

둘째, 블라인드 채용제도를 철저하게 시행하여야 한다. 입사지원서 항목에 가족관계, 출신지, 학력, 학점 등을 삭제하여 서류전형 단계에서부터 가족 관계 등 사전에 드러낼 수 있는 정보를 최소화하여 오로지 실력과 실적만을 평가하여 능력을 갖춘 지원자를 선발하여야 한다.

셋째, 공정한 채용시험제도를 갖추어야 한다. 우리나라는 고려시대부터 과거시험을 도입하여 시험성적에 따른 채용제도를 일찍부터 발전시킨 나라이다. 이를 교훈삼아 연고관계를 벗어나 능력과 자격이 있는 지원자를 선발할 수 있도록 채용시험제도를 재정비하여야 한다.

이같이 객관적이고 공정한 채용절차에 관한 세부규정을 만들고 이를 관계자들이 철저하게 실천할 때 채용비리가 근절되고, 취업준비생은 물론 국민들도 그 결과를 수용할 수 있을 것이다.　　　　(남궁 근, 서울과기대 교수, 행개련 공동대표)

소방관들 순직 헛되지 않도록

내일신문 2017년 9월 26일자 신문로 컬럼

17일 강릉에서 화재 진압 중 발생한 소방관 두명의 순직사고로 소방관들의 열악한 근무환경이 다시 한번 수면 위로 떠오르게 되었다.

3년 전 세월호 침몰 당시에도 업무지원에 나선 소방헬기가 추락하면서 5명의 소방관이 희생되는 등 지난 10년간 순직한 소방공무원이 51명이나 된다. 이번 순직을 계기로 소방관에게 일방적인 희생과 봉사를 요구해온 후진적 소방행정체제 개혁에 대해 적극적으로 검토해볼 필요가 있다.

전통적으로 소방은 화재를 예방하고 진압하는 업무를 수행하는 것으로 인식되어 왔다. 최근에는 그 외에도 세월호 참사 등 재난 재해현장에서의 인명구조 실종자 검색 및 응급환자에 대한 구조업무와 더불어 응급환자에 대한 상담, 응급처치 및 이송 등의 구급활동 업무가 크게 증가했다. 특히 인구 고령화에 따라 독거노인이 증가하고 이들의 119 긴급구조 및 구호 서비스에 대한 의존도가 높아지면서 화재진압보다는 구조와 구급 쪽에서 소방 수요가 급증하고 있다. 이러한 상황에서 2010년부터 현장 활동요원의 근무가 2교대에서 3교대로 변경되면서 필요한 인력은 보충되지 않아 현장 출동 인력이 오히려 줄어들어 소방업무에 과부하가 걸리고 있다.

지방의 일선 현장에서는 네명은 타야 할 소방 펌프차에 두세명이 타거나 구급차에 단 두 명이 타 한명이 운전대를 잡고 다른 한명이 사고처리를 하는 일이 일상사가 되었다고 한다. 적은 인원 때문에 피로감이 쌓이는 현장대원들의 고충은 곧 사고위험으로 연결된다.

오늘날 전국적으로 현장 소방(3교대) 인력은 정부가 규정한 소방력의 법정 기준에 비해 1만9000여명이나 부족한 실정인데 이를 순차적으로 보충해야 한다.

상당수가 우울증과 수면장애로 고통

소방 장비와 시설확충에 중앙정부의 예산지원이 강화되어야 한다. 현재 소방조직은 광역자치단체 소속으로, 재정 상황이 열악한 지자체는 노후화된 소방청사 시설개선과 소방 장비 확충에 소극적이다. 소방관 개인이 사비로 장갑을 비롯한 안전장비를 구입하는 부조리한 상황도 많은 것으로 알려졌다.

소방관이 현장에서 구조 및 구급 활동에 전념할 수 있도록 소방장비와 시설을 현대화하고 당연히 개인안전장비 구입비용도 100% 정부예산으로 지원해야 한다.

소방관들이 열악한 환경에서 일하다 보니, 사고 피해자들은 구조하면서도 정작 자신들은 심각한 스트레스와 질병에 노출돼 고통을 받고 있다. 소방관의 10.8%가 우울증을 겪고 있는 것으로 조사되었는데, 이는 일반인 우울증 유병률 (2.4%)의 4배를 상회하는 수치다.

소방관 5명 중 1명은 수면장애(21.9%)로 고통받고 있으며, 이 역시 일반인 (6%)의 3배 이상이다. 또한 소방관 3명 중 1명은 업무 중 겪은 트라우마에 따른 '외상후 스트레스 증상'을 경험한 것으로 밝혀졌다.

국군병원 보훈병원 경찰병원은 있지만 소방병원은 없다. 국민을 위해 헌신하는 소방공무원들이 심리적 정신적 질병으로부터 보호받을 수 있도록 저렴한 비용으로 진료와 상담을 받을 수 있도록 하고 소방공무원들에게 특화된 전문병원을 설립하는 것도 필요하다.

더 심각한 문제는 소방관들에 대한 폭행과 폭언이 꾸준히 늘고 있다는 것이다. 지난 2014년 이후 구급대원 폭행 건수가 늘고 있지만 폭행사범 10명 중 5명(622명 중 314건, 50.5%)은 벌금형 이하의 가벼운 처분을 받는 데 그쳤고, 집행유예를 포함한 징역형은 30.7%인 191건에 불과한 것으로 알려졌다.

정기국회에서 인력보강 방안 합의해야

공무를 수행하는 소방관 폭행사범에 대한 엄중한 처벌로 소방관 폭행은 중대한 범죄행위란 사실을 인식하도록 해야 한다.

자신의 안위보다도 국민의 생명과 재산을 지키려고 헌신하며, 전 국민들로부터 가장 신뢰하는 직업 1위, 대학생들이 가장 존경하는 직업 1위인 소방관의 자긍심을 국민이 지켜주어야 한다.

소방관의 죽음이 헛되지 않도록 이번 정기국회에서 여야가 합의해 소방 인력 보강과 장비 및 시설 확충을 위한 논의에 결실이 있어야 한다. 이번 정기 국회에서 구체성을 지닌 조치들에 대한 합의가 이루어지는지 전 국민이 지켜볼 것이다.

(남궁 근, 서울과기대 교수, 행개련 공동대표)

문재인 정부 '열린 혁신'의 과제

내일신문 2017년 8월 16일자 신문로 칼럼

국내외에서 국민이 정치와 행정에 직접 참여하고자 하는 욕구가 증가하고 국민 스스로 사회문제를 해결하려는 추세는 확산되어 왔다. 그럼에도 불구하고 지난 정부의 국정운영은 과거 권위주의적 발전국가 시대로 회귀한 듯 정부의 일방적인 정책 추진과 소통 단절, 국정 농단 사태를 일으키며 정부의 신뢰를 급격하게 추락시켜 많은 비판을 받았다.

2016년 기준 한국 국민의 정부신뢰도는 OECD 35개국 가운데 23위로 바닥이다. 국제투명성기구의 부패인식지수는 176개국 가운데 52위로 전년 대비 15단계나 하락하였다.

문재인 정부는 지난 정부를 반면교사 삼아 국민소통과 참여확대를 통한 열린 혁신으로 정부에 대한 신뢰를 회복하고 운영 동력을 확보해야 한다.

기업 혁신 패러다임의 경우에도 버클리대 체스브로 교수가 2003년 제시한 '닫힌 혁신'에서 '열린 혁신'으로의 전환이 혁신 방법론의 시대적 흐름이다.

즉, 중소기업은 물론 대기업까지 기업 내부 자원에만 의존하는 혁신을 과감하게 버리고, 외부 경쟁업체와 협업하고 고객의 아이디어와 자원을 활용한 혁신적 제품을 선보이고 있다.

그렇다면 외국의 국정 운영 차원에서는 어떨까? 역시 열린 혁신이 대세이다. 유럽연합은 오픈이노베이션 2.0 전략에 따라 정부혁신 주체가 정부-학계-산업계

중심의 삼중 나선모형에서 시민과 이용자가 추가된 사중나선 혁신모형으로 대체되고 있다.

시민과 이용자가 아이디어 제안부터 문제 해결에 이르기까지 능동적으로 참여하고 창조하는 상향적 모형으로 전환된 것이다.

제안창구 상시화 등 열린 혁신 중요

미국의 경우, 연방정부가 각종 난제 해결을 위해 국민의 집단지성을 활용하는 경진대회 플랫폼 Challenge.gov, 오바마 전 대통령이 국민의 의견을 국정에 반영하고자 만든 온라인 청원사이트 Wethepeople, 국민 참여를 통해 시민과학을 촉진하기 위한 웹사이트 Citizenscience. gov 등 다수의 플랫폼을 제공하여 왔다.

문재인 정부도 '광화문 1번가'라는 온·오프라인 국민 정책 제안 접수처와 열린 포럼 상시 진행을 50일간 한시적으로 운영하여 16만 5천 건의 정책제안을 접수하였고 이 가운데 99건이 국정과제로 채택된 것으로 알려졌다. 정부는 이제 이러한 제안 창구를 상시화하고 시민이 주도하는 열린 혁신을 위한 제도들을 갖추어야 한다.

시민제안들 가운데 옥석을 가려내고 실천 가능한 어젠다를 선별할 수 있는 시스템 또한 체계적으로 구축되어야 한다.

바람직한 아이디어를 선별하는 방식으로 제안별 추천버튼 또는 공유 횟수를 기준으로 삼을 수도 있지만 일반 국민들로 구성된 패널이 그 역할을 맡을 수도 있을 것이다.

시민이 제안한 혁신 과제를 관리하고 실행하려면 전문성을 갖춘 유능한 공직자가 꼭 필요하다.

그러나 문제는 OECD 국가 평균보다 턱없이 적은 수의 공무원들을 순환 보직시키는 인사 관행으로는 공직자를 키울 수가 없다는 점이다.

고위직은 물론 대국민 서비스의 접점인 일선 민원공무원에 이르기까지 다양한 통로를 통하여 유능한 공직자를 확보하고 경력이동이 제한되는 전문직위를 확대하는 등 전문성을 강화하는 인사시스템이 중요하다.

공무원을 대폭 증원하면 좋겠지만 현실적 제약이 큰 상황에서 우리는 세계 최고 수준으로 발전한 전자정부와 사물인터넷, 인공지능, 빅데이터를 통하여 스마트

정부를 구현하는 한편 저소득층, 노인, 장애인 등 취약계층에게 개인별 맞춤형 서비스를 제공할 수 있게 만들어야 한다.

유능한 인재 기용과 부처간 협업도 절실

민간부문에서는 치열하게 경쟁하던 기업들도 혁신을 위해 협업한다. 정부 부처에도 이러한 협업 활성화를 위한 인프라가 개선되어야 시대를 따라가는 혁신이 가능해진다.

예를 들어, 다문화가정 관련 업무처럼 여러 부처가 서비스를 제공하는 경우 다문화주민센터(가칭)와 같이 한 곳에서 원스톱으로 일을 처리할 수 있도록 해야 한다.

지금 국민은 믿음이 가는 유능한 정부를 원한다. 문재인 정부가 국민의 신뢰를 회복하고 성공적인 국정 운영 궤도에 들기 위해 해야할 일은 국민과의 소통과 유능한 인재 기용, 그리고 부처간 협업을 통한 열린 혁신이다.

(남궁 근, 서울과기대 교수, 행정개혁시민연합 공동대표)

대통령과 총리의 역할분담

내일신문 2017년 7월 25일자 신문로 컬럼

지난 주 문재인 정부 국정운영 5년의 밑그림이자 나침반이 될 국정운영 100대 과제와 487개 실천과제가 발표되었다. 국민안전처 폐지와 중소벤처기업부 신설을 골자로 하는 정부조직법도 진통 끝에 통과되었다. 국무총리를 비롯한 주요부처 장관의 임명도 거의 마무리되었으니, 이제 문재인 정부가 구상한 국정과제를 본격적으로 실천해 나가야 하는 시점이 되었다.

지금까지는 대통령이 대입전형료와 같은 구체적인 사안까지 정책방향을 제시하기도 하였으나, 앞으로 문 대통령은 후보시절 공약한 바와 같이 분권형 국정운영을 실행에 옮겨야 할 것이다. 즉, 국정과제별로 명시된 주관부처의 장관들과 국무총리가 보다 적극적인 역할을 수행하는 구도로 국정운영이 전환되어야 한다.

헌법에 명시된 "국무총리가 대통령의 명을 받아 국정을 통할"한다는 조항은 다부처가 관련된 복잡한 성책문세의 조정업무를 총리에게 맡겨야 한다는 것으로 이해된다.

국정이 갈수록 전문화되고 복잡해짐에 따라 부처간 정책갈등의 폐해를 최소화하기 위한 정책조정 메커니즘의 구축과 운영은 어느 나라에서나 초미의 관심사가 되고 있다. 각 부처들이 자율적으로 운영되는 과정에서 부처할거주의가 작동되며, 여기에 부처별로 형성된 상이한 정책 지지집단과 수혜집단이 존재하므로, 부처간 정책갈등이 발생할 경우 자율적으로 조정하기가 어려워진다.

학계에서는 정책조정에 대통령이 섣부르게 개입하는 것보다 국무총리가 중심이 되어 조정하는 것이 효율적인 것으로 인정하고 있다. 모든 장관들로 구성된 국무회의가 공식적으로 국가의 주요정책에 관한 부처간 이견을 조정하도록 되어 있지만 그 규모가 너무 확대되어 쟁점이슈들을 실질적으로 토론하고 조정하기 어려워졌다는 점 등의 이유 때문에 실질적인 정책조정기구로서 위상을 상실하였다.

총리주재 관계장관회의 중요

그 대신 논의될 정책이슈와 직접 관련된 장관들로 구성되어 부처 간 합의를 이끌어내는 총리 주재의 관계장관회의가 실질적인 정책조정 기제로 중시되고 있다.

모범적인 사례로 알려진 참여정부 노무현 대통령과 이해찬 총리의 역할 분담을 되돌아 볼 필요가 있다. 당시 노무현 대통령은 국가의 중장기 발전계획과 핵심 정치사회적 현안 과제를 집약한 국정과제에 전념하고, 분권형 국정운영을 통하여 많은 시간과 주의를 요구하는 통상적인 의전과 일상적 조정업무는 이해찬 총리가 주도하도록 하였다. 예를 들어, 공공기관 지방이전 정책은 노무현 대통령과 참모들이 설계하고 계획을 수립한 반면, 그 집행은 이해찬 총리가 주도해서 성공적으로 추진된 대표적인 정책사례이다. 당시 이해찬 총리 주재로 관계부처 장관, 청와대 관련 수석이 참여하는 '국정현안정책조정회의'가 부처간 정책조정의 핵심메커니즘으로 자리잡았다. 이 회의체는 화물연대 파업을 계기로 참여정부에서 도입되어 이명박 정부 초기에 잠시 폐지되었다가 상설기구가 되었다.

문재인 정부에서는 이미 총리 주재로 여러 차례에 걸쳐 국정현안점검조정회의(약칭: '현안조정회의')를 열고 국정과제 실천 사항을 점검하고 있는 것으로 알려졌다. 총리는 현안조정회의 이외에도 각종 관계장관회의는 물론 규제개혁위원회,

정부업무평가위원회, 새만금위원회와 같은 민·관 합동 위원회에도 주도적으로
참여하여 정책조정의 소중한 기회로 활용하여야 한다.

대통령의 전폭적인 신뢰와 지원 필요

　민간부문 인재풀의 확충과 민주화의 진전으로 배타적인 관료 전문성만으로는
더 이상 정책조정이 유효하지 않으므로 민·관 합동위원회는 시민단체와 민간 전
문가의 상향식 참여와 활성화된 공론의 장이 될 수 있을 것이다. 여소야대의 엄중
한 정치상황에서 다수의 국정과제가 입법화되려면 총리와 소관부처 장관의 야당
설득 노력도 필수적이다.

　분권형 국정운영에 성공하려면 제도적 차원도 중요하지만 문 대통령의 전폭적
인 신뢰와 지원이 전제되어야 한다. 문대통령이 자신이 받는 보고내용을 총리가
함께 볼 수 있도록 정보를 공유하고, 다양한 형태로 권한과 업무를 위임하여야 책
임총리제가 작동될 수 있다. 신임총리가 언론, 국회의원, 도지사 등 경륜을 쌓으
면서 축적한 정치적 자산도 분권형 국정운영에 크게 기여할 수 있을 것이다. 분권
형 국정운영을 통하여 문재인 정부가 '국민의 나라, 정의로운 대한민국'의 기틀을
마련하기 바란다.　　　　　　　　　(남궁 근, 서울과기대 교수, 행개련 공동대표)

대통령 자문 정부혁신기구 설치를

내일신문 2017년 5월 30일자 신문로 칼럼

　새 정부의 집권 5년 청사진을 마련하게 될 국정기획자문위원회가 22일 공식
발족했다. 국정기획위는 국정과제의 연도별 목표와 추진시한 등을 정한 '5개년 로
드맵' 등 국정 전반에 대한 운영계획을 수립하고, 7월 초에는 문재인 대통령에게
보고할 것으로 알려졌다. 문재인 정부 집권 5년의 성공은 향후 국정로드맵 과제
를 얼마나 충실하게 실천할 수 있느냐에 달려 있다.

　문재인 대통령은 고 노무현 대통령 서거 8주기 추모사에서 "이명박, 박근혜
정부뿐 아니라 김대중, 노무현 정부까지 지난 20년 전체를 성찰하며 성공의 길로
나아갈 것."이라고 밝혔다. 차제에 민주화 이후 집권한 역대 정부의 국정과제 추

진과 혁신 시스템을 되돌아 볼 필요가 있다. 김영삼 정부는 관료조직 중심의 정부
운영을 혁신하기 위하여 민간전문가 위주의 상시 자문조직인 행정쇄신위원회의
제안을 토대로 정부조직개편과 규제개혁 분야에서 괄목할 만한 실적을 거두었다.
김대중 정부는 민간전문가가 참여한 정부조직진단 결과를 바탕으로 고위공무원단
과 개방형 임용제 도입, 부패방지제도 강화 등 정부운영시스템을 혁신적으로 개혁
하였다. 노무현 정부는 학자 중심의 정부혁신지방분권위위원회를 임기 내내 운영
하면서 일하는 방식과 조직문화 개혁, 사회형평적 인재채용, 자율편성예산제도,
범정부통합전산시스템, 기록관리시스템, 분권형 국정 운영 등 로드맵 과제들을 지
속적으로 실천하였다.

시민단체 전문가 대거 참여해야

이명박 정부와 박근혜 정부에서는 민간부문이 참여하는 정부혁신 추진기구가
사실상 부재한 가운데 이전 정부에서 도입한 정부혁신 시스템들이 제대로 정착되
지 못하고 오히려 후퇴하는 결과가 초래되었다.

새 정부의 국정로드맵 과제들이 성공적으로 추진되려면 다양한 이해관계조직,
시민단체와 전문가들이 대거 참여하는 새로운 거버넌스로 국정운영패러다임이 획
기적으로 전환되어야 한다. 보수성향이 강한 관료제 정부조직만으로는 국정과제가
성공적으로 추진되리라고 보장할 수 없기 때문이다. 새 정부는 정부혁신 기구를
신설하여 대통령 임기전반에 걸쳐 로드맵 과제들을 실천할 수 있도록 지원하고
정부운영 시스템을 지속적으로 혁신하여야 할 것이다. 우리나라에서는 3공화국부
터 행정개혁관련 위원회를 설치·운영하여 온 경험이 축적되었는데 정권담당자의
의지에 따라 위원회의 위상, 민·관위원의 구성 비율, 운영방식 및 활용 정도에
상당한 차이가 있었다. 정부혁신과제는 대통령이 관심을 가질 때 신속하게 추진될
수 있으므로 문민정부의 행정쇄신위나 참여정부의 정부혁신지방분권위와 같이 민
간위원이 주도하는 대통령 자문기구로 설치하는 것이 바람직하다. 참여정부의 정
부혁신위원회는 학자들과 전문가들에게 지나치게 의존하여, 국회와 민간단체의 참
여가 부족했다는 교훈을 남겼다. 새 정부의 정부혁신기구에는 학자와 전문가뿐 아
니라 정치인, 공익단체와 이해당사자 집단이 적절하게 대표될 수 있도록 설계하는
것이 바람직하다. 다양한 집단의 참여, 협력과 소통이 로드맵 과제가 원활하게 법

제화되고 집행되는데 필수적인 요소이기 때문이다. 사무처 기능은 대통령 정책실에서 담당하고, 정부혁신 업무 담당부처에서 실무적으로 지원할 수 있어야 할 것이다.

정권 마지막까지 활동할 수 있도록

대통령직 인수위원회 성격의 국정기획위가 국정로드맵 작성이후 활동이 종료되는 한시기구인 것과는 달리 정부혁신기구는 정권이 종료될 때까지 존속하는 것이 바람직하다. 1~2년차에는 새로운 개혁방안들을 신중하게 검토하여 도입하는데 주력하고, 3~4년차에는 개혁공고화와 사후조치에 매진하고, 마지막 5년차는 개혁을 마무리하고 평가한 다음, 차기 정권을 위한 자료준비기간으로 활용하여야 할 것이다.

정부혁신 기구가 신설되어 국정기획위가 마련한 로드맵 과제들이 차질없이 실천되도록 지원하는 한편 정부운영시스템의 지속적인 혁신을 통하여 문재인 정부가 성공한 정부로 자리매김하게 되길 바란다.

(남궁 근, 서울과기대 교수 행개련 공동대표)

김영란법, 부패창구 닫고 공적 소통창구 열어야

내일신문 2016년 8월 30일자

'부정청탁 및 금품 등 수수금지법(이하 김영란법)'에 대하여 헌법재판소가 합헌 결정을 내려 9월 28일부터 본격 시행을 앞두고 있다. 그간 공직자윤리법, 부패방지법, 공무원윤리강령 등 수많은 법령과 감사원, 총리실, 국민권익위 등 다수의 감시기관이 있음에도 불구하고 국제투명성기구 등 관련기관이 조사하는 우리나라 공직사회의 청렴 또는 부패수준이 제자리걸음을 면치 못한 것은 법과 제도에 허점이 있거나 법적용이 지나치게 관대하였기 때문이다. 예를 들면, 한 검사가 벤츠 차량과 고가의 명품을 받았는데도 대가성이 인정되지 않아 무혐의 판결을 받았으니, 일반 국민들이 이를 어떻게 용인할 수 있었겠는가.

김영란법은 직무 대가성이 없어도 1회 100만원, 연간 300만원을 초과하는 금품을 받은 공직자를 형사 처벌할 수 있게 하였고, 식무와 관련된 경우에도 식비 3만원, 선물 5만원, 경조비 10만원을 초과하면 처벌받는다. 또한 부정청탁을 받고 인·허가, 계약, 징병검사 등 15개 유형의 업무를 수행한 공직자도 형사 처벌대상이다. 이 법이 시행되면 우리 사회의 뿌리 깊은 청탁 관행 및 과도한 접대 문화가 사라지고, 공직사회가 훨씬 투명해질 것이다. 공직자들은 과거에 거절하기 어려웠던 유력한 외부인사나 친·인척과 지인의 부정청탁을 법적 근거와 함께 떳떳하게 뿌리칠 수 있게 되었다.

그러나 김영란법을 핑계로 인-허가업무가 지연되고, 공직사회의 복지부동이 더욱 심해질 우려 또한 커지고 있다. 신분안전을 최우선으로 생각하는 관료사회 특성상, 처벌이나 오해의 여지를 우려해 공무원들이 아예 민원인들과의 접촉을 회피하는 행태를 보일 수 있어, 소통부재로 인한 탁상행정을 심화시키는 방향으로 흘러갈 공산도 있다. 특히 민원 성격이 강한 업무와 인·허가 분야의 공무원이 움츠러들지 않고 적극적으로 업무를 수행할 수 있으려면 반드시 다음과 같은 후속조치가 이루어져야 한다.

첫째, 공직자와 관련 당사자들에게 금품수수 및 부정청탁의 유형에 따른 처벌대상 및 처벌 수위에 관하여 충분히 알려야 한다. 이 법은 공직자 뿐 아니라 일반 국민들의 소비 생활 패턴에도 광범위하게 영향을 미치게 되므로 주무부처인 국민권익위원회와 일선 집행기관이 협의하여 다양한 상황에서의 적용 사례와 구체적 행동수칙을 마련하여 하루 빨리 일선 현장에 배포하여야 한다. 구체적 상황에서 어떤 행위가 부정청탁에 해당되는지 분명하게 판단할 수 있는 세부기준이 없을 경우 일선집행현장의 담당자들과 이해당사자들이 일단 몸을 사리게 되고 업무를 소극적으로 처리할 것이다.

처벌대상 및 수위 충분히 알려야

둘째, 공적 소통의 통로를 제도화하고 정례화하여야 한다. 김영란법은 원활한 직무수행을 위하여 공직자와 접촉을 허용하는 예외규정을 두고 있는데, 공개적으로 특정행위를 요구하거나, 선출직 공직자와 정당·시민단체 등이 공익목적으로 제3자의 고충민원을 전달하는 행위, 질의 또는 상담형식을 통하여 직무에 관한 법령과 제도에 관한 설명이나 해석을 요구하는 행위는 합법적이다. 공식적인 제도의 틀 안에 확실한 소통 인프라를 구축하고, 민원처리과정을 공개하여야 한다. 그간 요식행위에 그쳤던 공청회, 설명회, 간담회를 진정한 소통의 창구로 활용하고, 관련 시민단체 등과 대화의 장을 마련하는 한편, 민원인 상담시간을 정례화하여 거리낌없이 민원을 제기하고 상담할 수 있어야 한다.

공적 소통 통로 제도화 · 정례화하여야

셋째, 공직자들의 이해갈등 조정 및 공익보호를 위한 적극적인 업무처리에 관한 범사회적 지원이 필요하다. 공무원들이 소극적이며 무사안일한 행태를 보일 경우 개인적인 책임을 강력하게 묻고, 공익 실천을 위하여 적극적으로 일하는 과정에서 나타날 수 있는 실수는 '적극행정 면책제도'를 활용하여 보호하여야 한다.

김영란법은 공직자의 공정하고 투명한 직무수행을 담보하는 제도적 장치이다. 그러나 구체적 가이드라인 없이 무턱대고 시행할 경우 공직자들과 민간부문의 소통이 위축, 단절될 수 있는 구조임을 알아야 한다. 오랜 논란을 거쳐 확정된 법이니만큼, 확실하고 구체적인 후속 조치가 필요하다.

(남궁 근, 서울과기대 교수, 행개련 공동대표)

인공지능 시대 대학교육의 방향

내일신문 2016년 3월 29일자

인공지능(AI) '알파고'와 채팅로봇 '테이'의 등장으로 우리 국민들은 인공지능 시대가 당장 눈앞에 다가온 것을 체감하게 되었다. 로봇공학, 바이오 · 나노 등 첨단기술의 융 · 복합이 이끌고 있는 새 혁명이 미래 일자리 지도를 크게 바꿀 것으로 예견되면서 이에 따라 대학교육의 패러다임이 바뀌어야 한다는 자성이 일고 있다.

지난 1월 발표된 '유엔 미래보고서 2045'에서 30년 후 인공지능이 인간을 대신할 직업군은 의사, 변호사, 기자, 통번역가, 세무사, 회계사, 재무설계사, 금융컨설턴트 등이다. 한편, 지난 24일 한국고용정보원의 발표에 따르면, '창의적 지능'과 '사회적 지능'이 필요한 직무, 음악 · 무용 · 미술 등 감성에 기반한 예술 직부는 인공지능과 로봇이 대체하기는 어렵다. 협상 및 설득 과정이 포함된 서비스 지향성이 높은 직무들도 대체가능성이 낮다. 즉, 인간을 직접 대면하거나, 감성, 창의성, 직관이 개입해야 하는 영역은 인공지능이 대체하기 어려운 업무로 분류된다.

대학은 미래 직업구조의 변화에 대비하여 교육내용과 방법 전반에 걸쳐 근본적인 혁신이 필요하다. 즉, 인공지능을 선도할 수 있는 인재를 양성하는 한편 인공지능이 대체하기 어려운 영역의 인재를 키워야 한다. 인공지능시대의 인재는 과학기술 변화의 트렌드 속에서 새롭게 대두되는 문제의 성격을 정확하게 파악하고, 이에 대응할 수 있는 올바른 방향을 설정할 수 있어야 한다.

학과 사이의 칸막이 과감히 없애야

새로운 문제들은 첨단과학기술뿐 아니라 인간의 감정과 복잡한 사회적 관계가 얽혀 있으므로, 관련분야에 대한 폭넓게 이해할 수 있고, 통찰력과 창의성이 뛰어난 융·복합형 인재가 필요하다.

오늘날 대학은 전통적인 학문분야를 중심으로 단과대학간, 학과간 견고한 칸막이 때문에 융·복합형 인재를 양성하기 어렵다. 이러한 칸막이를 과감하게 풀고, 공학, 농학과 예술 및 디자인은 물론, 인문학, 사회과학, 행정 및 경영과 같은 응용사회과학 분야와의 융·복합 교육이 필요하다. 그렇지만 학과 폐지 또는 신설과 같은 급격한 학제개편은 교수진과 학생들의 과도한 저항을 불러일으키고 전환에 소요되는 비용 또한 만만치 않기 때문에 시도하기 어렵다. 그 대신 부전공, 복수전공, 연계전공 및 연합전공 또는 자기설계전공과 같은 유연한 학제를 도입하게 되면, 저항과 비용을 최소화할 뿐 아니라 교육수요의 변화에도 신속하게 대응할 수 있다. 대학내에서 관련분야 교수진이 협력하여 융·복합과정을 설치하고자 할 경우, 대학당국에서는 그 과정의 교수와 학생들이 원활하게 행정 서비스를 받을 수 있도록 지원하여야 한다. 기존의 행정서비스 지원체제에서 협력프로그램은 방치되기 쉽기 때문이다.

교육당국은 대학사회가 이러한 방향에서 개혁이 이루어질 수 있도록 행정·재정적 인센티브를 과감하게 제공하고, 국내외 대학의 성공사례를 학습할 수 있도록 지원하여야 한다. 교육부가 올해부터 시작한 인문학 진흥을 위한 CORE사업과 미래 일자리 수요가 큰 교육 분야 활성화를 지원하는 PRIME사업은 시의적절한 것으로 평가된다. 그러나 CORE사업의 경우 최근 발표된 선정대학이 16개에 불과하고 재정지원규모가 지나치게 작아 사업목표가 제대로 달성될지 우려의 목소리도 높은 실정으로 보다 과감한 지원이 필요하다.

'거꾸로 교실', '집단토론' 도입해야

대학생들이 인공지능을 뛰어넘는 통찰력과 창의력을 발휘하려면 교육방법과 평가방법의 혁신도 이루어져야 한다. 최근 서울대에서 "교수의 말을 토씨까지 적고 답하는 학생들이 A+학점을 받는다."는 보도가 있었다. 주입식·암기식 학습으로 만들어진 능력이 인공지능 시대에 무슨 의미인가. 창의력, 통찰력, 리더쉽 같은 능력들을 키우기 위해 '거꾸로 교실'(flipped learning)이나 집단토론과 같은 새로운 교육방법들을 도입해야 AI를 만드는 인재, AI를 이길 수 있는 인재가 탄생할 수 있을 것이다.

정부당국과 대학이 협력하여 학문의 칸막이를 없애고, 융·복합교육을 활성화하면서, 통찰력과 창의력을 갖춘 인재를 양성하여, 우리나라가 인공지능 시대를 이끌어 갈 수 있도록 대비해야 한다. (남궁 근, 서울과기대 교수, 행정학)

청소년 불법도박 대책 서둘러야

내일신문 2015년 11월 24일자

삼성 라이온즈 주력선수들의 마카오 원정 도박이 파문을 일으키고 있다. 온 국민의 관심이 쏠리는 유명인사의 도박보다 훨씬 심각한 사회문제는 미래를 이끌어갈 청소년 세대의 인터넷 도박중독이다. 청소년들은 도박으로 돈을 잃게 되면 절도, 학교폭력, 금품갈취 등 2차 범죄를 저지를 수 있다.

도박중독은 세계보건기구(WHO)에서도 공식적으로 인정하는 질병으로, 도박중독자는 개인적으로 경제적 파탄에 이를 뿐 아니라 가족과 사회생활까지 파괴하게 된다.

사행산업통합감독위원회(사감위)에 따르면 2012년 우리나라 성인(20세 이상)

인구의 도박중독 유병율은 7.2%로 조사되어, 호주 2.4%(2010), 뉴질랜드 1.7% (2009), 캐나다 1.7%(2005)보다 2.9~5.5배나 높은 수치이다.

국내외 청소년의 유병율은 성인 대비 약 3배 수준이며, 국내에서는 성인 도박중독자의 32%가 15세 이전에 도박을 시작한 것으로 조사되었다.

인터넷 불법도박의 사회적 비용은 2009년 기준 연간 78조원으로 2000년 48조원 대비 68% 증가했고, 합법 사행산업 매출규모 20조원의 4배에 가깝다(이화여자대학교 산학협력단 자료). 이는 GDP의 7.3%, 전체 교육예산 53조원(2015년)의 1.5배, 음주의 사회경제적 비용 3조원의 26배 규모이다. 스마트폰 이용자 수가 급격하게 증가하면서 그 규모가 지속적으로 증가해 2014년 불법 도박규모는 101조~160조원으로 추산된다(형사정책연구원 자료).

인터넷 도박의 단속 및 예방책은 그 확산 속도와 기술을 따라잡지 못하고 있다.

성인인증도 거치지 않고 가입 유도

'바다 이야기'등 불법도박 문제를 해결하기 위해 '사감위'가 설립되었으나, 관리, 감독이 용이한 경마, 복권, 스포츠토토 등 합법사행산업에 대한 규제정책 위주로 운영되기 때문에 아이러니하게도 불법사행산업의 단속 인원은 부족하고 수사권한도 없는 실정이다.

해외에 서버를 둔 불법 사이트 운영자의 적발이 쉽지 않다는 점, 적발될 경우에도 처벌의 수위가 타 범죄에 비해 상대적으로 낮은 것 또한 문제이다. 불법 도박사이트는 청소년들에게 성인인증도 거치치 않고 단순한 절차를 거쳐 가입하도록 유인하므로, 청소년들이 이에 무방비로 노출되어 자신도 모르게 도박중독에 이르게 된다.

정부는 인터넷 도박 문제가 일으키는 실질적인 폐해의 심각성에 상응해 구체적인 현황 파악부터 가능하도록 적극적인 지원책을 마련해야 한다. 사행사업자들과 도박중독의 메커니즘에 관한 조사와 자료부터 갖추지 않고서는 제대로 된 대책을 기대할 수가 없다.

첫째, 인터넷 불법 도박사업자와 피해자에 관한 구체적 자료가 빈약한 실정으로 본격적인 조사와 연구가 이루어져 자료가 축적되어야 한다. 최근 활용도가 높아지고 있는 빅데이터 분석기법을 활용하는 방법도 적극 고려해야 한다. 트위터,

페이스북, 유튜브 등 공유된 해외 소셜 네트워크와 네이버, 다음 등 국내 웹사이트에서 불법 도박관련 데이터를 상시 검색할 수 있는 메타검색엔진을 구축한 후, 메타검색엔진에서 수집한 정보뿐 아니라 관련 학술정보 등 공개된 정보에 대한 패턴분석을 토대로 비정상적인 패턴을 추출하고 그에 관한 지식을 공유할 수 있는 방안을 찾아야 한다.

네티즌 참여형 포털 구축도 고민을

둘째, 국가기관들 뿐 아니라 민간부문 이해관련자들이 참여할 수 있는 불법 도박 감시·통제방안이 마련되어야 한다. 네티즌이 자발적으로 불법도박 현황을 등록, 감지, 통제할 수 있는 참여형 포털 구축 방안도 고려할 수 있다.

셋째, 불법 도박 폐해 방지대책과 함께 합법적인 사행산업의 영역을 점검할 필요가 있다. 합법 사행산업은 국민이 건전한 여가생활을 향유하는 한편 공익사업 기금을 마련하기 위해 양성화되었으며, 동시에 적지 않은 규제가 적용됨으로써 중독으로 인한 피해 발생이 최소화되고 있다.

스마트 폰이 보편화되고 정보기술이 비약적으로 발전하는 상황에서 합법 사행산업에 관한 현행 규제가 적정한지 재검토되어야 한다.

(남궁 근, 서울과기대 교수, 행정학)

대학기숙사와 지역주민 상생방안 찾아야

내일신문 2015년 6월 30일자

대학의 기숙사는 단순 주거시설을 넘어 다양한 전공분야와 성장배경을 가진 학생들이 교류하고 소통하며 폭넓은 교양지식과 융합적 사고력을 체득하는 또 하나의 학습공간이다. 조선의 고등교육기관인 성균관도 강의실인 명륜당과 더불어 동재와 서재라는 기숙사 시설을 갖추었다. 하버드 대학은 20세기 초 전교생이 기숙사에서 생활하는 레지덴셜 컬리지(residential college) 시스템을 도입하여 세계적 명문대학의 지위를 공고히 하였다.

한국의 경우, 올해 전국 대학의 기숙사 수용률은 평균 18%, 수도권은 평균

14%에 불과하다. 기숙사의 중요성을 인식한 현 정부는 기숙사 수용률을 장기적으로 30%까지 끌어올리겠다고 공약하였고, 교육부는 2012년 평균 21.2%인 국립대 기숙사 수용률을 2020년까지 25%까지 확대할 계획이다. 서울시에서도 '희망서울 대학생 주거환경 개선 추진계획'에 따라 기숙사 건축 규제를 상당히 완화하였고, 이에 따라 서울시내 주요대학들이 적극적으로 기숙사 확충사업을 추진하고 있다.

2015 QS 아시아대학 평가에서는 국제화 분야의 격차가 벌어지면서 한국 대학들이 주춤한 사이에 중국 대학의 순위는 일제히 상승했다. QS 아시아 대학 상위 300개 가운데 중국은 110개, 일본은 68개, 한국은 45개이다.

외국학생 유치하려면 기숙사 제공해야

중국의 약진은 외국 유학생 유치를 위한 기숙사 시설 제공 등 국제화 분야에 과감히 투자한 결과이기도 하다.

수준 높은 외국학생을 유치하려면 면학 분위기와 안전이 담보되는 기숙사 또는 캠퍼스 인근 거주시설이 필수적이다. 황우여 교육부장관은 최근 하계대학총장 세미나에서 학령인구 감소 때문에 부족한 16만 명의 대입정원에 외국 유학생을 유치하여 한국 학생들이 세계 각국 학생들과 함께 공부할 환경을 조성하겠다고 밝혔다. 그러나 국내 외국인 유학생 수는 2011년 89,537명으로 정점을 찍은 후 감소하여 2014년에는 84,891명이다. 반면 2013년에 중국으로 유학 온 외국 학생은 35만 여명으로 미국과 영국에 이어 세계 3위다.

상황이 이러한데 대학가 원룸 사업자들은 생존권 위협을 들어 반발하고 있다. 이를 지나치게 의식한 서울시와 해당 자치구가 기숙사 확충과 관련한 인허가를 내주는 데 주저하고 있다. 학생들이 원룸 사업자들의 주요한 소득원인 현실도 무시할 수 없지만, 원거리 통학생들의 시간 손실, 지방학생들의 주거비 고통 해소가 우선 사안임은 분명하다. 주로 부모에게 생활비를 의존하는 청년빈곤층 대학생들을 '질 좋은 수입원'으로 여기는 의식에도 문제가 있다. 지역을 넘어 국가의 미래를 이끌어갈 인재들을 단순한 소비자군으로만 대하는 사업주들의 인식이 아쉽다.

(남궁 근, 서울과기대 총장)

대학특성화 사업에 수도권 대학도 동참하여야

내일신문 2014년 5월 17일자

우리나라 대학사회는 그동안 경험해 본적이 없는 강한 구조개혁의 태풍을 맞이하고 있다. 대입학령인구의 감소와 더불어 지식기반사회의 급변하는 사회적 수요 때문에 대학의 입학정원 감축과 학사조직 재편이 불가피한 상황이다. 이에 대응하여 대학별 입학정원 감축을 전제로 하는 교육부의 재정지원사업, 특히 '지방대학 및 수도권 대학 특성화 사업'의 선정평가가 진행되고 있다. 특성화사업은 각 대학의 강점분야를 중심으로 특성화 기반 구축을 유도하는 재정지원 사업으로, 올해 지방대에 2031억원, 수도권대학에 546억원을 지원하며, 5년간 총 1조 2천억원 가량이 투입될 예정이다. 교육부에 따르면 특성화사업에 신청한 160개 대학 중 147개 대학(91.8%)이 정원 감축안을 제출하였고, 평균 정원 감축률은 수도권 대학 3.8%, 지방대 8.4%이며, 전국 평균은 평균 6.8%로 집계되었다. 여기에는 정원감축 계획없이 특성화사업을 신청한 수도권 7개, 지방 6개 대학도 포함된다. 엄정한 심사과정을 거쳐 6월 중으로 최종 선정되는 특성화 사업단에는 신청 대학의 70% 내외인 수도권 40개교, 지방 70개교 정도가 포함될 예정이다.

그간 교육부의 재정지원사업은 다소 거친 방식으로 추진되어 왔으나, 특성화 사업의 경우는 상당히 세련된 방식으로 진행되었다. 즉, 여러 차례 권역별 설명회를 개최하여 공감대를 형성하려고 노력하였고, 비교적 상세한 사업지침에 관한 정보를 사전에 제공한 후, 사업참여를 원하는 대학들이 감축률을 0%에서 10%까지 자율적으로 선택하도록 한 것이다. 이러한 방식은 유럽연합이 회원국가들에게 강제력을 도구로 사용하지 않으면서도 동참을 유도하기 위하여 벤치마킹, 공적담론 및 설득에 의존하는 개방형 정책조정(open method of coordination)과 유사한 방식이다. 즉, 사전에 충분한 정보를 제공하되 최종적인 선택은 대학 스스로 할 수 있도록 한 것이다.

그럼에도 불구하고 구조개혁을 전제로 한 특성화 사업에 관한 다양한 견해가 표출되고 있다. 예를 들면, "특성화 사업은 지방대학 죽이기이며 수도권 대학과 지역 대학 간의 감축률 양극화 현상은 피할 수 없게 되었다."는 지방대학의 입장과 "지방의 부실대학을 연명시키기 위해 건실한 수도권 대학의 경쟁력을 약화시킨다." 라는 수도권 대학의 관점이 첨예하게 대립되고 있다. 이러한 관점은 다음과 같은 이유에서 납득하기 어렵다.

첫째, 현재 수도권과 지방의 인구 비율은 49% 대 51%인 데 비하여 대입정원 비율은 37% 대 63%로 지방대 입학정원이 과다하다. 이는 상당수 지방대학의 충원율 저조를 초래한 원인의 하나이므로 이러한 현실을 고려하여 지방대학이 더 높은 감축률을 스스로 선택한 것으로 볼 수 있다.

둘째, 수도권 대학의 구조조정과 특성화도 반드시 필요하다. 수도권 대학의 높은 국내경쟁력은 일정부분 한국적 상황에서 입지가 상대적으로 유리하기 때문이며, 반드시 국제경쟁력의 우위를 의미하는 것은 아니다. 수도권 대학도 세계적으로 유수의 대학과 경쟁하려면 선택과 집중을 통한 중점 학문분야의 선정을 비롯한 대학의 특성화가 필요하다. 즉, 모든 대학들이 백화점식으로 모든 전공 분야를 다 잘하려는 전략보다는 각 대학의 특화된 전공에 집중하여 경쟁력을 확보하여야 한다. 대학별로 특성화가 이루어질 경우, 우리나라 대학은 교육시설, 교육과정 및 교수진에서 충분한 여건을 갖추지 못한 개발도상국가의 학생들을 끌어들일 수 있다. 수도권 대학은 오래전부터 입학자원 부족을 겪어온 일부 지방대학이 선도적으로 개척한 개발도상국 학생 대상 교육프로그램을 벤치마킹하여 우리나라 전체 고등교육의 국제경쟁력을 한 차원 끌어올릴 수 있도록 하여야 한다.

이제 교육부는 대학의 명성보다는 특성화의 진정성을 가릴 수 있도록 치밀하고 공정하게 사업단을 선정하여야 한다. 수도권 대학이 특성화사업에 적극적으로 동참할 수 있도록 차후에는 지방대학의 30%에도 못 미치는 사업비를 상향조정하여야 할 것이다. 또한 부실대학 퇴출의 법적 근거를 마련하여 경쟁력 있는 건실한 대학과 학생들이 피해를 겪는 일이 발생하지 않도록 하여야 한다.

(남궁 근, 서울과학기술대 총장)

[기고] 산업계 관점 대학평가 개선해야

한국일보 2015년 4월 14일자

산업분야의 국가경쟁력은 첨단과학기술의 보유 정도에 따라 결정되므로 산업 현장에는 우수한 신규 인력이 끊임없이 공급되어야 한다. 그러나 이러한 인력을 배출하여야 할 대학의 교육내용이 산업현장의 요구를 적절하게 반영하지 못한다는 비판을 받아 왔다.

산업계와 대학 간의 괴리를 해소하려면 대학이 급변하는 산업계의 요구를 수용하고 적합한 교육과정 운영을 통해 산업계에서 필요로 하는 인재를 배출하여야 한다. 교육부는 대학이 산업수요에 맞는 교육체제를 갖추어야 한다는 경제 5단체 등의 요청을 받아들여 2008년부터 산업계 관점의 대학평가를 시행하고 있다. 교육부 주관 산업계 관점의 평가는 여타의 평가와는 달리, 수요자라고 할 수 있는 산업계가 중심이 되어 산업계의 입장에서 대학을 평가하는 시스템이다.

산업계의 인적자원 요구를 분석하고 해당 역량 강화를 위해 대학이 운영 중인 교과목의 내용과 교수 방법에 대해 산업계 인사들이 주축이 되어 평가한다. 또한 산업계의 요구와 대학의 전공 교과목 운영 간 차이를 확인함으로써 향후 산업계의 관점을 반영한 교육과정 개선 및 운영방안을 제시한다.

교육부와 한국대학교육협의회(대교협)가 지난해 실시한 '산업계 관점 대학평가'는 환경, 에너지, 바이오의약, 바이오의료기기 등 4개 분야에서 34개 대학, 51개 학과를 대상으로 진행되었는데, 지난 9일 15개 대학이 최우수대학으로 발표되었다. 예컨대 환경 분야에서 최우수대학으로 선정된 서울과학기술대는 지역산업과 연계한 현장실습, 인턴십 프로그램 등으로 취업 역량을 강화했으며 산업체 경향을 반영한 교육과정도 높은 점수를 받았다.

산업계 관점의 대학평가가 어느덧 7년째에 접어들었음에도 불구하고 그 실효성에 한계가 있다는 지적이 많다. 즉, 대학이 산업 현장의 생생한 목소리를 들을 수 있는 통로는 여전히 좁으며, 이를 교육현장에 반영할 수 있는 시스템도 갖추지 못하였고, 대학 측의 개선 노력도 부족하다는 것이다.

2014년 기준 우리나라 고등학교 졸업자의 대학 진학률은 70%를 상회하는데

이는 산업강국인 독일의 40%에 비하면 매우 높은 수치이다. 이러한 수치만을 보면 대학에서 배출된 고급인력의 산업현장 투입 비율이 높은 것처럼 보이지만 산업 현장의 목소리는 전혀 다르다. 각종 조사에서 대학 졸업 후 신규 입사한 공학 인재의 실무능력에 대해 산업체 관계자들은 부정적 인식을 가지고 있다. 한 조사에 따르면 기업들은 실무에 필요한 인재 확보방안으로 '사내교육을 통해 직접 육성'이 71%, '신입 대신 경력 직원을 채용'이 26%를 차지했다. 결국 대학교육의 문제가 사회적 비용으로 전가되어 기업과 국가의 경쟁력을 약화시키는 것이다.

대학은 현실과 동떨어진 교육을 개선하여 사회가 원하는 인재를 양성해야 할 책임이 있다. 이를 위해 산업계의 관점에서 대학을 객관적으로 평가하고 그 평가 결과가 대학의 교육과정에 반영되도록 실효성을 확보하여야 한다. 대학은 교육내용을 산업계의 요구를 기반으로 개편하고, 계약학과, 후진학 등 연계 교육과정을 지속적으로 개발하며, 대학의 축적된 노하우가 기업의 아이디어로 전환될 수 있도록 상시협력 시스템을 구축해야 한다.

정부는 대학의 산학 협력의 노력과 결과를 객관적으로 평가할 수 있는 평가시스템을 구축하고 산학협력의 선순환 구조가 이루어지도록 대폭적인 재정지원을 통해 대학과 산업현장을 적극적으로 지원하여야 한다.

평가의 신뢰성을 확보하려면 다양한 규모와 종류의 기업들이 대학평가에 적극적으로 참여하여야 한다. 특히 대기업과 공기업이 산업계 관점의 대학평가 결과에 관심을 가지고 수요자 입장에서 대학교육에 적극 참여하고 지원하는 풍토가 조성되어야만 대학이 산업계가 필요로 하는 인력을 배출하여 국가경쟁력 강화에 기여할 수 있을 것이다.

(남궁 근, 서울과학기술대 총장)

대학 신입생 오리엔테이션을 준비하며

내일신문 2015년 2월 2일자

치열한 입시경쟁을 거쳐 합격의 영광을 차지한 대학 신입생들은 이제 설렘 속에서 입학식과 신입생 오리엔테이션(새내기배움터·새터)을 기다리고 있다. 그런데 지난해 2월 경주 마우나리조트 체육관 붕괴사고로 10명의 사망자와 100여명의 부상자가 발생한 사건 등 크고 작은 참사를 계기로 행사기간 중 안전사고 예방이 주요 관심사로 떠올랐다. 교육부는 대학생 집단연수 매뉴얼을 배포하여 신입생 오리엔테이션을 대학 측 주관으로 실시토록 통보하고, 안전점검과 안전교육을 철저하게 실시할 것을 당부하였다. 한편 대학과 무관하게 진행된 행사에서 사고가 발생할 경우 주관한 측에 엄정한 징계를 내리도록 요청하였다. 이에 따라 많은 대학이 신입생 관련 행사를 대학 당국이 주도하는 교내 행사로 치르기로 결정하였는데, 일부 대학의 학생회가 오리엔테이션은 대학생 고유의 자치활동이라고 반발하면서 독자적인 행사를 준비하는 등 대학당국과 학생회 사이에 갈등이 깊어지고 있다.

모든 행사진행에서 안전이 반드시 보장되어야 하지만, 행사가 추구하는 목적을 달성할 수 있는지 또한 중시되어야 한다. 신입생 오리엔테이션은 과거에 소위 운동권 학생들의 '의식화 교육' 장소로 이용되기도 하였지만, 최근에는 대학 및 학과 소개와 더불어 신입생 및 선후배들 사이의 친목도모가 주된 목적이 되고 있다. 다양한 성장 배경을 지닌 신입생들에게 소속 단과대학 및 학과에 관한 충분한 정보를 제공하여, 입학생 스스로 정체성, 자긍심과 소속감을 갖게 하고, 낯선 동급생끼리 서로 친숙해 질 수 있는 기회를 제공하는 한편 선배들과의 대화를 통하여 대학생활에 쉽게 적응하도록 하는 것이 이 행사의 목적이기도 하다.

신입생과 선배들 친목도모가 주목적

안전의 측면에서 교내 또는 교외숙박행사가 유리한지는 대학사정에 따라 달라진다. 기숙사 시설이 완비되어 있을 경우라면 교내행사도 적합할 것이다. 그렇지 않을 경우, 상경한 학생들의 숙박 문제도 골칫거리이고 뒤풀이 행사에서 오히려 안전사고가 발생할 수 있다. 교외 숙박행사로 추진하더라도 행사 시설에 대한 답사, 교통편의 공신력 및 보험가입 여부 확인 등 철저한 사전 점검을 통하여 안전을 확보할 수 있다.

우리 대학에서는 올해 신입생 오리엔테이션 행사의 주관부서, 행사장소 및 일정 등에 관하여 상당기간 동안 여러 가지 각도에서 검토하였다. 안전을 보장한다는 전제하에 행사장소, 행사기간 및 행사내용과 같은 세부사항에 관하여는 단과대학의 장과 학생회가 공동으로 단과대학별 특성을 고려하여 준비하여야 한다는 데 의견이 모아졌나.

대학당국의 역할은 대학 및 학과에 관한 충분한 정보를 제공하는 등 최소한의 역할에 그치고 프로그램의 세부내용은 학생들 스스로 주도적으로 만들게 된다. 오리엔테이션 기간에 낯선 친구들이 짧은 시간내에 친분을 쌓고 인간적으로 가까워질 수 있는 재기발랄한 프로그램들을 발굴하여야 한다. 동급생과 선후배 사이에 진솔한 대화가 이루어지고, 단체 활동을 함께 할 기회가 제공될 때 평생 동안 기억될 수 있는 대학 시절의 추억을 만들 수 있다. 한편 학부모들이 우려하는 과도한 음주 강요, 남학생과 여학생 사이의 지나친 스킨십과 성희롱, 무리한 단체기합 또는 구타와 같은 부작용이 발생하지 않도록 프로그램을 꼼꼼하게 점검하여야 할 것이다.

안전 확보된 가운데 신입생 기대충족을

학생회가 대규모 행사의 프로그램을 직접 기획해 보고, 이를 운영해 보는 학생자치활동의 경험은 그 자체가 대학생활에서 경험하여야 할 학습과정의 일부이다. 매년 시행착오를 거치는 가운데 세부 프로그램들의 장단점에 관한 정보가 축적되면 더욱 알차고 건전한 짜임새 있는 오리엔테이션 프로그램이 마련되게 될 것이다.

대학당국과 학생회가 협력하여 신입생 오리엔테이션 행사가 안전이 확보된 가운데 신입생들의 설렘과 기대를 충족시키고, 대학생활에 쉽게 적응하면서 자기 정체성을 찾아가는 출발점이 되어야 할 것이다.　　　　(남궁 근, 서울과학기술대 총장)

유럽연합 대학개혁의 교훈

내일신문 2014년 12월 14일자

우리나라는 낮은 출산율과 학령(學齡)인구 감소에 따라 대학입학정원을 감축해야만 하는 상황에서 대학구조개혁이 최대의 정책과제가 되고 있다. 정부는 대학정원과 대학의 수를 감축하는 데 그칠 것이 아니라, 대학시스템을 개편하여 이를 고등교육의 국제경쟁력을 제고할 수 있는 기회로 전환시켜야 한다. 국가의 미래가 대학교육의 질에 달려 있기 때문에, 젊은 세대의 인구가 줄어들수록 대학 교육의 경쟁력이 더욱 중요하다.

유럽연합(EU)은 21세기에 접어들면서 야심찬 대학개혁을 추진하고 있는데 지난 10여 년간 대학개혁을 위한 EU와 회원국가의 노력은 우리나라에도 상당한 교훈과 시사점을 줄 수 있다. 1998년 소르본느대학 개교 800주년을 기념하여 유럽의 주요 4개국(프랑스, 독일, 영국, 이태리) 교육부장관이 유럽지역의 지식기반경제를 발전시키려면 미국과 경쟁할 수 있는 고등교육권역을 구축할 필요가 있다는데 합의하였다. 이러한 합의를 토대로 1999년 볼로냐 협약에 동참한 유럽국가들이 2010년까지 유럽고등교육권역(EHEA)을 구축한다는 정책목표를 설정하고, '교육품질보장', '3단계 학위구조(학사/석사/박사) 도입', '학점교환시스템 채택', '학생과 직원 교류 확산'을 주요 과제로 추진하기로 하였다. 대학교육에 대한 EU의 기본 입장은 "대학의 경쟁력 제고가 국가 경쟁력 및 EU 경쟁력의 원천"이라는 것이다. 지식과 정보가 가치의 원천인 지식기반경제에서 새로운 지식이 창출되는 대학이 변화와 개혁의 핵심이 되어야 한다는 것이다.

볼로냐 협약은 초EU적 성격과 범 유럽적 규모에도 불구하고, EU와 회원 국가들이 전폭적으로 협력하고 지원하여, 국가적으로 매우 민감한 영역에서 이룩한 유럽통합의 성공적이고 예외적인 사례이다. EU와 회원국가의 대학개혁정책은 우리나라 대학교육정책의 발전을 모색하고 대학교육의 경쟁력 제고를 위한 다양한 정책대안을 마련하는 데 다음과 같이 기여할 수 있다.

첫째, 유럽연합 및 회원국 차원의 대학개혁정책을 둘러싼 의사결정방식이 우리에게 주는 시사점이다. 유럽연합은 고등교육분야에 관하여 다양한 회원국가간의 이해관계 조정, 여러 이해집단간의 상이한 주장과 의견을 강제적 규제정책수단의 사용하여 조정하는 것이 아니라, 개방적이고 상호적인 개방형 정책조정(OMC)을 통해 조정하고 있다. 우리나라의 경우에도 여러 이해집단의 주장이 첨예하게 대립하여 갈등이 증폭되고 있는데, 협의를 통하여 지침을 제시하는 개방형 정책조정 방식을 도입하면 보다 원만하게 정책목표를 달성할 수 있을 것이다.

둘째, 유럽연합의 대학개혁정책의 주요내용인 대학교육의 품질 보장, 대학교육 인증과 평가, 국제교류 확대와 같은 정책을 벤치마킹하여야 한다. 대학경쟁력의 핵심은 우수교원과 충분한 교육시설 확보를 통한 교육의 질 개선이다. 대학의 자구노력도 필요하지만 국가가 이를 분담하려는 계획과 노력이 병행되어야 하는데, 전통적으로 고등교육재원의 대부분을 국가가 부담하여 온 유럽 국가들의 사례를 참고할 필요가 있다. 또한 대학교육의 질을 개선하려면 엄정하고 공정한 평가시스템이 작동하도록 하여야 한다. 대부분의 유럽국가들이 대학기관평가는 물론 프로그램 평가를 담당하는 평가기구를 최근 설치하고 있다는 점도 벤치마킹하여야 할 것이다. 유럽국가들은 일찍이 고등교육의 국제교류를 강조하여 최소 20%의 대학생들이 국제교류 경험을 쌓을 것을 요구하고 있는데, 우리나라의 경우에도 뒤늦은 감이 있지만 적극적으로 이러한 정책을 도입하여 우리 학생들이 세계무대에 진출할 수 있도록 하는 한편, 많은 외국 학생들이 우리 대학에서 공부할 수 있도록 지원하여야 할 것이다.

(남궁 근. 서울과기대 총장)

인사청문회의 교훈

내일신문 2014년 7월 24일자

세월호 참사 수습과 국정혁신 차원에서 이루어지는 박근혜 정부 2기 내각의 국무위원 후보자 인사청문회는 2명의 총리 후보자와 2명의 장관 후보자가 낙마하면서 여당과 야당은 물론 국민들의 마음속에 깊은 상처를 남긴 가운데 마무리되고 있다. 이를 계기로 청문회 운영절차의 개선이 필요하다는 사회적 공감대가 형성되고 있다. 청와대는 인사수석실을 신설하고, 인사전문가인 정진철 수석을 이미 임명하였다. 인사청문회는 대통령이 고위 공직에 지명한 사람이 해당 공직을 수행하는데 적합한 업무능력과 도덕성을 갖추었는지를 국회에서 검증함으로써 대통령의 인사권을 견제하는 장치이다. 우리나라에 인사청문회가 도입된 역사는 길지 않지만 수평적 정권교체가 이루어진 덕분에 공·수가 교대되면서 매번 날카로운 공방전이 이루어져 왔다. 그 과정에서 고위공직자의 자격에 관하여 국민의 눈높이가 계속 높아져, 이를 낮추는 것은 현실적으로 쉽지 않아 보인다. 그러므로 그 동안의 시행착오를 바탕으로 현 제도를 활용하여 적합한 인재를 찾아내고 불필요한 논란이 최소화될 수 있도록 다음과 같이 운영절차를 개선하여야 한다.

'인재 풀' 작성해 상시 관리해야

첫째, 인사수석실은 고위공직후보자 '인재 풀'을 작성하고 이를 상시 관리하여야 한다. 여기에는 대통령 당선에 기여한 사람뿐 아니라 각 분야별 정책공동체(policy community)의 지도급 인사들, 즉 정치인, 고위공무원, 학자, 시민사회 지도자들이 망라될 수 있도록 발굴하여야 한다. 인재 풀에 포함된 개별인사들에 관하여는 주요 경력 및 저술뿐 아니라 신문컬럼, 발제논문, 공식강연의 주요 요지 등이 주기적으로 업데이트되어, 그 사람의 정책성향과 자질이 쉽게 파악될 수 있어야 한다.

둘째, 공직후보자의 도덕성 기준 및 그 적용시점에 관한 가이드라인을 마련하고, 이에 여·야가 합의할 필요가 있다. 청문회 과정에서 언론과 여·야당이 낙마대상으로 지적한 후보자들의 공통점으로는 재산형성 과정, 자녀 이중국적, 본인과 자녀의 병역문제 등이며, 학자 출신의 경우에는 논문표절 및 이중게재, 법조인과 공직자의 경우에는 전관예우 등이 자주 지적된다. 이러한 항목에 대해서는 엄격한 기준이 적용되어야겠지만, 적용시기별로 어느 정도 융통성을 부여할 필요가 있다. 우리나라에서 인사청문회는 2000년 김대중 정부에서 최초로 도입되었는데, 도입 이전과 이후의 사건에 똑같은 가중치를 부여하기는 어렵다. 예를 들어, 부동산다운계약서는 2000년 이전에는 광범위하게 이루어졌던 관행이라고 보아야 할 것이다. 학자의 경우 논문이중게재 문제는 황우석 파동 이후 엄격한 기준이 마련된 2007년 이전과 이후의 사건에 똑같은 잣대가 적용되어야 하는지도 의문이다.

셋째, 공직 임명시점에서 해당공직 수행에 요구되는 역할이 먼저 규정된 다음, 그에 적합한 후보를 찾아야 한다. 동일부서 장관일 경우에도 시대와 상황에 따라 부여된 역할이 크게 달라질 수 있다. 예를 들어, 교육업무만 관장하는 교육부 장관과 사회부총리까지 겸직하기로 한 제2기 내각의 교육부 장관이 담당하여야 역할은 상당히 다르다. 그러므로 그 해당공직에 요구되는 시대상황적 역할에 적합한 역량이 규정된 이후, 그러한 역량을 갖춘 후보를 찾아야 할 것이다.

'사전 검증' 다면적으로 이루어져야

넷째, 공직후보자의 '사전 검증'이 보다 다면적으로 철저하게 이루어져야 한다.

후보검증괴정에서 대면 인디뷰는 필수적이디. 인재추친부서외 검증부서는 물론이고 필요한 경우 인사위원장과 상위 당국자가 직접 인터뷰를 진행해야 한다. 신임 교수를 선발하는 과정에서도 해당학과 교수는 물론 학내 인사위원, 그리고 교외 인사가 반드시 후보자의 공개발표에 참여하며 총장 면접도 필수적임을 상기할 필요가 있다.

이러한 절차를 제대로 거치려면 상당한 예산, 인력과 노력의 투입이 필요하다. 그럼에도 불구하고 정부가 국회로 청문절차를 요구하기 이전에 다단계의 철저한 사전 검증장치가 제대로 작동된다면, 불필요한 자질 논란 및 정파적 이해관계에 따른 과도한 신상털기식 공격을 차단하고, 직무와 정책이 초점이 되는 청문회가 이루어질 수 있을 것이다.   (남궁 근, 서울과학기술대 총장, 행정학)

국립대 기성회비 법적 근거 6월 이전 합의되어야

내일신문 2014년 4월 25일자

지난해 11월 서울고등법원은 국립대 학생 4,219명이 낸 기성회비 '부당이득 반환소송' 항소심에서 법령상 징수근거가 없어 대학이 부당이득을 반환할 의무가 있다고 판결하였다. 대법원 확정판결을 눈앞에 둔 시점에서 국립대는 초비상 상황에 처해 있다. 국립대 기성회비는 징수 필요성과 지출내역 면에서 사립대학의 등록금과 성격이 동일하다. 기성회비는 국고 지원만으로는 턱없이 부족한 교육시설비, 직원 및 조교인건비, 학술연구비, 장학금 등 다양한 용도에 사용된다. 그럼에도 불구하고 법원은 교육부 훈령만으로는 징수의 법령상 근거가 부족하고, 국립대학생(또는 그 보호자)과 기성회 사이에 합의가 이루어졌다고 볼 수 없다는 것이다. 대법원 판결 이전에 정부와 국회가 법적 근거를 마련하지 못할 경우, 기성회계는 폐지되고, 일반회계로 통합되거나 특별회계 신설이 불가피한데, 이런 경우 국립대는 당장 내년부터 재정회계운영의 자율성을 상실하게 되는 역사상 초유의 사태에 직면하게 된다. 현재 일반국립대학과 교육대학, 체육대학, 해양대학 등과 같은 특수목적대학은 각자 독자적인 기준에 따라 기성회계 예산을 편성하여 특성화 분야를 육성하고, 학술연구비와 학생실습비 등을 신축적으로 운영하고 있다. 그런데 일반회계(또는 특별회계)를 적용할 경우 모든 대학에 획일적인 기준을 적용할 수밖에 없어 대학별 특성과 장점을 살릴 수 없다. 또한 공무원 직원 이외에 이미 채용된 기성회 직원의 신분도 보장할 수 없게 된다.

　이러한 상황을 타개하려면 법적 근거를 마련하여 종전의 기성회는 해산하고, 국고회계와 기성회계를 통합 운영할 수 있어야 한다. 통합회계의 예산편성과 집행의 자율권은 현행 기성회계와 같이 개별 국립대학이 가져야 한다. 국립대학의 자율성과 다양성을 보장하려면 정부회계에서 분리된 대학별 독립 회계운영이 필수적이기 때문이다. 이러한 형태의 해결방안은 2001년부터 국립 초·중·고등학교에 도입된 '학교예산회계제도'에서 찾을 수 있다. 즉, 과거에 국립대학 기성회계와 유사하게 육성회비의 법적 근거 부족, 복수의 회계운영에 따른 회계투명성 결여의 문제가 불거졌던 초·중등학교의 경우 '학교회계' 설치근거를 규정하고, 여기에서 단위학교별로 다양한 유형의 세입을 통합하여 단일 세출예산을 편성하여 집행할 수 있도록 하였다.

　정부와 정치권에서도 국립대 기성회계 문제의 심각성과 시급성을 인식하여 여당의 민병주 의원이 대표 발의한 '국립대학재정회계법안'과 야당의 유은혜 의원이 대표 발의한 '기성회회계처리에 관한 특례법안'이 상임위에 상정된 상황이다. '재정회계법안'은 국가가 국립대학에 필요한 운영경비를 총액으로 출연하며, 그간 국고로 납입하던 사용료, 수업료, 수수료 등을 자체세입으로 편성·활용할 수 있도록 하고, 국고회계와 비국고회계인 기성회계를 통합한 '교비회계'를 설치하도록 하여 대학별 예산편성권을 부여하고 있다. 또한 재정·회계운영의 심의·의결기구로 학내외 인사로 구성하는 재정위원회를 설치하도록 하고, 교비회계 설치에 따른 기성회 직원 승계를 규정하고 있다. 한편 '특례법안'의 핵심은 국립대학의 교육여건 개선을 위해 종전의 기성회회계에서 지출하였던 교육연구 지원 및 교육환경 개선 등의 비용을 연차적으로 국고로 지원하여 국립대학 세출예산으로 계상하도록 하는 방안이다. 이는 부당이득 반환소송당사자들이 의도한 바와 같이 고등교육에 대한 국가의 책임과 교육공공성을 획기적으로 제고하자는 것이다. 대교협 회장단은 두 법안을 병합하여 조속한 시일 내에 제3의 대안을 마련할 것을 강력하게 촉구하기로 하였다. 19대 전반기 국회가 종료되는 6월 이전에 여야합의를 통한 기성회계의 법적 근거가 마련되어 국립대 구성원들이 혼란에서 벗어나도록 하여야 한다.   (남궁 근, 서울과기대 총장, 대교협 부회상)

대학특성화 지원사업이 성공하려면

내일신문 14년 3월 25일자

　　교육부의 대학구조개혁 방안과 지방대 및 수도권 대학 특성화 사업계획이 발표된 후 대학들이 본격적으로 대응방안을 마련하고 있다. 구조개혁은 대학입학정원을 감축하여 입시지원자 감소에 따른 혼란상황에 미리 대비하자는 취지이고, 특성화 사업은 각 대학들이 그동안 백화점식으로 운영해 온 방만한 전공분야들 가운데 집중 육성분야를 선정하게 하여 이를 지원하겠다는 것이다. 학령(學齡)인구 감소라는 위기의 극복은 물론 특성화를 통하여 대학교육의 질과 경쟁력 제고라는 두 마리 토끼를 잡겠다는 야심찬 계획이다. 대학 특성화 사업은 그동안 잘하고 있는 학과나 학문분야를 지원하는 기존의 재정지원사업과는 달리 미래의 산업수요에 대응할 수 있는 융합학문의 활성화를 촉진할 수 있는 좋은 기회이기도 하다.

　　우리 대학에서도 최근 교내 특성화 사업단을 공모하여 자체평가를 실시하였다. 가장 비중이 큰 '대학자율' 유형에는 2개 이상 학과들이 융합하여 공모에 지원하였고, 선정된 사업단도 대부분 융합사업단이다. 기계계열과 전자계열이 융합한 로봇사업단, 건축공학과 디자인학과의 융합사업단이 그 사례이다. 이같이 교수들이 기득권을 버리고 전공분야의 벽을 넘어 융·복합을 논의한 것은 과거에는 생각하기 어려운 획기적인 변화이다. 이번 기회에 기존의 전공 또는 학문영역을 뛰어넘는 융·복합 교육과정을 편성하여 기존의 분과 학문만으로는 대처하기 어려운 복잡한 과제를 해결할 수 있는 창조적 방법을 찾아낼 인재를 양성하여야 한다.

　　그런데 교육현장에서 보면 융·복합 교육의 장애요인 가운데 하나가 공학, 경영학, 건축학, 간호학 등 학문분야별 인증제도이다. 분야별로 차이는 있지만 인증에 필수적인 전공분야 취득학점이 지나치게 많고, 인증기관에서 획일적으로 제시한 지침을 따르다 보면 대학 자체적으로 융합분야의 교과과정을 편성하여 학생들에게 제공하기 어렵다. 그러므로 학문분야별 인증기준을 대폭 완화하여 융·복합 교육이 내실을 기할 수 있도록 하고, 폭넓게 사고할 수 있는 인재를 길러야 한다.

교육의 질을 개선하려면 실험 및 실습장비를 포함한 교육시설도 확충되어야 하지만 소수정예교육이 이루어 질 수 있도록 강의시간이 편성되어야 한다. 따라서 특성화 분야는 교수와 조교진을 대폭 확충하거나 학생수를 감축하여 적정한 교수 –학생의 비율이 유지되어야 한다. 특성화 사업단에 선정될 경우 재정지원으로 신규 교원 및 조교 채용이 허용되지만, 국립대의 경우에는 교육공무원인 교수 정원을 정부가 별도로 추가 배정할 경우에만 가능하다. 그러므로 "입학자원 감소라는 시대적 흐름에서 양적 축소가 불가피하다면, 특성화 분야의 학생수 감축을 통한 질적 개선의 기회"를 마련하는 방안도 대학이 선택할 수 있어야 한다.

특성화 분야와 소외된 분야의 균형도 심각하게 고려하여야 한다. 교육부 지침에 따르면 특성화 분야는 모집단위의 과반수를 넘지 못하므로 대학 내에 특성화 분야와 소외된 분야가 공존할 수 밖에 없다. 과거 정부재정지원사업의 경우에는 특성화 분야에 교내자원을 집중하도록 유도하고 이를 점검하여 평가에 반영하였다. 그러나 이번 정부의 특성화 사업단에 선정될 경우 집중적인 재정지원을 받게 되는데, 교내 자원까지도 특성화분야에 집중하게 할 경우, 특성화에서 소외된 분야, 특히 인문·사회·예체능 분야가 과도하게 위축될 수 있다. 그러므로 교내 자원은 정부의 특성화사업에 선정된 분야보다는 소외 분야에 지원할 수 있도록 교내에서 자율적으로 학과간 균형발전을 도모할 수 있도록 하여야 할 것이다.

정부의 특성화 지원사업이 성공적으로 추진되어 지방대학 및 수도권대학과 더불어 국가 전체적인 대학경쟁력이 획기적으로 제고되기를 기대한다.

(남궁 근, 서울과학기술대학교 총장)

시간강사문제의 해법

내일신문 2013년 8월 1일자

9월 정기국회가 다가오면서 시간강사 대체입법이 대학관계자에게 초미의 관심사가 되고 있다. 지난 2011년 시간강사의 열악한 근로조건을 개선하고자 1년 단위 계약을 통한 직업 안정성과 생계보장의 취지에서 소위 "시간강사법"(고등교육법 개정안)이 국회를 통과하였다. 그러나 입법취지와는 달리 시간강사의 대량해고사태가 예상되면서 대학 당국과 대다수 시간강사가 격렬하게 반대하여, 지난해 정기국회에서 1년 유예키로 결정되었다. 급한 불을 껐지만, 올해 정기국회에서 문제의 해법을 찾아야 한다.

제대로 된 해법을 찾으려면 문제의 원인부터 검토해야 한다. 우리나라 대학의 전임교원 확보율은 국립대는 70%대, 사립대는 60%대에 불과하고, 시간강사를 포함한 비정규직 교원의 강의 부담률이 40%를 초과하는 비정상적인 구조이다. 4만명이 넘는 시간강사가 학기 중에만 생계비에 미달하는 급여를 받는 상황을 개선하자는 취지에서 시간강사법이 졸속으로 통과된 것이다. 시간강사법에 따르면, 시간강사가 사실상 무기계약직 형태로 운영되므로, 젊은 대학원생과 신규 박사학위 취득자의 강의기회가 차단되어, 학문 후속세대 양성도 어려워질 것으로 예측된다. 이에 따라 대학 당국이 시간강사의 수를 대폭 줄일 가능성이 높다. 실제 지난 1년 동안 시간강사 담당 강의비율 평균이 국공립대는 2.1% 포인트, 사립대는 4.8% 포인트 감소하였다. 이는 시간강사 대량해고 사태의 예고편이다. 이런 문제점을 인식한 비정규교수노조에서도 '개정 강사법' 조항을 폐기하고, 경제협력개발기구(OECD) 수준에 걸맞는 고등교육재정 확보와 법정 전임교원을 100% 충원하여 교원지위 부여를 제안한다. 대교협의 1만 여명 강사대상 설문조사에서는 전업강사의 72.1%가 강사법 폐지 또는 수정을 요청하였고, 최우선 개선사항으로 46.6%가 '시간강사료 인상'을 요구하여, 신분보장보다는 실질적 처우개선이 필요하다고 응답하였다.

박근혜 정부는 고등교육예산을 GDP 대비 1% 이상으로 확대하고, 고등교육지원의 효율성을 제고함으로써 대학경쟁력을 제고하겠다고 발표하였다. 이같이 확대되는 고등교육예산의 일부를 시간강사 문제 해법에 투입하는 데에서 해결의 실마리를 찾아야 한다. 정부재정을 투입할 경우, 국공립대와 사립대의 상황이 크게 다르기 때문에 설립유형에 따른 맞춤형 대안이 모색되어야 한다. 국공립대에는 이러한 재원을 과감하게 전임교원 확보에 투입하여 교원확보율을 연차적으로 100%로 확대하여야 할 것이다. 이럴 경우 우수한 시간강사를 전임교원으로 선발하여 대학의 경쟁력도 제고할 수 있을 것이다. 그런데 국공립대의 교수는 공무원 신분이므로 그 증원을 위해서는 정부관련 부처와 국회의 합의가 필요하다.

사립대 전임교원의 보수는 원칙적으로 대학에서 지급하므로, 수년째 등록금이 동결된 현실에서 전임교원 증원을 위한 대학재정확보에는 한계가 있다. 사립대의 경우 시간당 평균 4만 6천원에 불과한 강사보수 수준을 국립대 평균인 6만 9천원 수준으로 인상하고, 그 차액을 정부가 보조하는 방안을 추진하여야 한다. 정부는 이미 사립대 재학생들에게 막대한 재정을 투입하여 국가장학금을 지급하고 있으므로, 대학 교육의 질 확보를 위한 사립대 강사료 보조는 가능할 것으로 본다. 물론 사립대의 경우에도 강사료 지원과 전임교수 확보율과 연계시켜 전임교수 충원을 늘려나가도록 해야 할 것이다.

현재 강사의 52.7%가 2개 이상의 대학에 출강하고 있는 현실에서 4대 보험료를 어느 대학이 부담할 것인지도 첨예한 쟁점이다. 강사의 4대 보험료를 복수의 대학에 전가하는 것은 논리상 부적절하며, 정부가 부담하는 것이 바람직하다. 정부가 중간관리기구를 두어 강사의 4대 보험료를 직접 지급하는 시스템을 구축하여야 한다.

시간강사 문제의 해법이 원만하게 모색되어 학생의 교육받을 권리 보장과 대학경쟁력 강화의 계기가 되기를 기대한다.　　　　　　(남궁 근. 서울과기대 총장)

[기고] '시한폭탄' 국립대 기성회비 해법 시급

세계일보 2013년 12월 31일자

국립대 등록금에 해당하는 기성회비의 법령상 근거 미비를 이유로 정부와 국립대가 재학생과 졸업생의 기성회비 반환청구 소송에서 잇따라 패소했고 10여 건의 소송이 진행 중이다. 지난 11월 7일 서울고등법원은 국립대 학생 4219명이 낸 '부당이득 반환소송' 항소심에서 기성회비 징수의 법령상 근거가 없어 대학이 부당이득을 반환할 의무가 있다는 1심 판결(2012년 1월)을 재확인했다.

유럽에서는 전통적으로 국립대 운영경비의 대부분을 국가에서 부담하지만 우리나라는 국가가 운영비의 50% 정도만 부담하고 있다. 그래서 국립대 기성회비는 국고 지원만으로 턱없이 부족한 교육시설비와 교수연구비, 직원 및 조교인건비, 장학금 등 다양한 용도로 사용된다. 국립대 기성회비의 시초는 1963년 제정한 문교부 훈령을 근거로 대학별로 학부모 모임인 기성회(법인격없는 사적 단체)

를 조직하고 자발적 성격의 회비를 거둘 수 있게 한 것이다. 이를 통해 재정이 열악한 대학이 긴급한 교육시설 확충과 부족한 교수연구비를 지급할 수 있도록 했다. 사립대 기성회비는 등록금으로 통합돼 2000년대 들어 사라진 반면 국립대는 존치돼 왔다. 그러므로 국립대 기성회비는 징수필요성과 지출내역 면에서 사립대학 등록금과 성격이 유사하다.

그럼에도 법원은 교육부 훈령만으로는 법령상 징수 근거가 부족하고, 국립대 학생 또는 학부모와 기성회 사이에 기성회비 납부에 대한 합의가 이루어진 것으로 볼 수 없다고 판결했다. 현재 부당이익 반환소송이 가능한 국립대 기성회비 총액은 약 13조원에 달하는 것으로 알려져 대법원 판결에서 최종 패소할 경우 커다란 파장이 예상된다.

그러므로 어떤 형태든지 법적 근거를 마련하고, 학부모의 수익자 부담금인 등록금 재원으로 특별회계인 대학회계를 신설하는 한편 기존 기성회계는 폐지해야 한다. 그러면 판결에서 부당이득 반환의무의 주체인 기성회가 해산되므로 반환문제가 자연스럽게 해결된다. 다만 신설되는 대학회계의 예산편성과 집행의 자율권은 현행 기성회계처럼 최대한 존중돼야 한다.

또 국가에서 공무원인 교수와 직원의 인건비, 시설비, 실험실습비 등으로 구분해 지원해 온 기존의 일반회계 대학운영 경비를 등록금 재원인 대학회계에 '총액으로 출연'함으로써 대학별 자체발전계획에 따라 재정을 탄력적으로 운용하도록 할 수 있다. 이같이 기존의 국고회계와 기성회계를 대학회계로 통합·일원화하면 예·결산 공개를 통해 국립대 재정의 책무성과 투명성을 동시에 제고할 수 있다. 더 나아가 서울시립대의 사례를 모델로 삼아 현재 50% 내외에 불과한 국가의 국립대 운영비 지원을 점진적으로 확대, 학부모 부담을 대폭 완화시키는 방안도 고려해야 한다.

정부와 정치권도 문제의 심각성을 인식하고, '국립대재정회계법', '국립대 지원법' 등을 포함한 여러 대안을 심도있게 검토하는 것으로 알려졌다. 국립대로선 법안의 명칭보다 그 내용과 입법 시점이 훨씬 중요하다. 대법원 판결을 앞두고 시한폭탄이 터지기 전에 여야는 기성회비의 법적 근거를 조속히 마련해주기 바란다.

(남궁 근, 서울과학기술대 총장)

교수 성과연봉제 개선하여야

내일신문 2013년 7월 2일자

요즈음 국공립대 교수사회는 교수 성과연봉제 문제로 극심한 갈등을 겪고 있다. 대다수 사립대가 국립대의 보수제도를 따르는 것이 현실이므로, 이 문제는 장차 우리나라 전체 교수사회의 문제로 비화될 가능성이 높다.

민간기업은 물론 공무원, 공기업 및 공공기관까지 성과중심 보수체계가 적용되는 현실에서 교수들도 성과에 따른 보수를 받아야 한다는 기본원칙에 반대할 사람은 없을 것이다. 교수의 급여수준을 성과에 따라 차별화시킴으로써 우수한 교수의 연구·교육활동에 인센티브를 부여하고, 이를 토대로 대학의 교육·연구성과는 물론 대학의 국제경쟁력을 제고시켜야 한다는 것이다. 성과중심 보수제도는 성과상여금제와 성과연봉제로 구분된다. 성과상여금은 성과에 따른 보수차별이 해당년도에만 적용되는 반면, 성과연봉은 성과급의 일부가 차년도의 기본연봉에 누적되므로 그 영향이 정년퇴직까지는 물론 퇴직 후 연금급여에까지 미치게 된다. 이러한 차이 때문에 다른 직종의 경우 신입직원을 포함한 중하위직급에는 성과상여금제, 고위직에는 성과연봉제로 이원화하여 적용한다. 공무원의 경우, 전체 공무원의 대다수를 차지하는 9급에서 5급 공무원까지는 성과상여금제, 고위직인 4급 이상 공무원과 고위공무원단에는 성과연봉제가 적용된다. 공기업과 준정부기관에서도 직원들에게는 성과상여금제를 적용하지만, 간부직에게는 성과연봉제가 의무화되었다.

국공립대 교수의 경우 성과연봉제를 지난해 신규 임용 교수 460명에 한정하여 시작하였고, 올해부터 정년이 보장되지 않은 조교수와 부교수 5000여 명에 확대적용하며, 2015년에는 1만4500명 전체 교수에 적용할 예정이다. 교수사회의 불만과 반발의 핵심은 성과연봉제가 신임교수는 물론 정년을 앞둔 교수까지 모두 단일 집단으로 묶어 적용하도록 설계되어 있다는 점이다.

타 직종과의 형평성은 물론 교수사회의 특성을 고려한다면, 정년이 보장되지 않은 조교수와 부교수는 성과상여금, 정년이 보장된 정교수 집단에게는 성과연봉제를 적용해야 마땅하다. 30대 중반 전후에 임용되는 신임교수들은 정교수로 승진하기까지 10여년 동안 보수수준이 상대적으로 낮으며, 부교수 및 정교수 승진 평가는 물론 정년보장 평가를 통과해야 하는 등 이미 치열한 경쟁시스템이 적용되고 있다. 또한 교수의 연구성과는 단기간에 나타나는 경우도 있지만, 상당기간이 필요한 경우가 많다. 당해년도 연구성과의 평가결과가 생애에 걸친 보수총액에 누적 반영될 경우, 소장교수일수록 단기성과에 집착하고 중장기적인 연구를 소홀히 할 가능성이 크다. 그러므로 정년보장이 되지 않은 조교수와 부교수에게는 성과급 비중과 차등폭을 다소 확대하더라도 성과상여금제도가 적용되어야 한다. 정년이 보장된 정교수에게만 성과연봉제를 적용하면 경쟁력 제고는 물론 소위 '철밥통 집단'이라는 비난도 면할 수 있다. 성과연봉제 문제로 교수사회 내부, 교수와 대학당국 간, 교수사회와 정부 간에 소모적인 논쟁이 끊임없이 지속된다면, 창조인력양성, 학령인구 감소에 따른 대학구조조정, 지방대학 활성화 방안 등 박근혜 정부의 보다 본질적인 고등교육 과제를 해결하는 데 걸림돌이 될 것이다.

교육부 당국에서도 성과연봉제 전면시행에 따른 문제를 인정하고, 보다 치밀하게 문제점을 분석하고 우려되는 부작용 차단을 위한 합리적 개선방안을 마련하도록 외부에 연구용역을 맡긴 것으로 알려져 있다. 제도가 개선되려면 교육부뿐 아니라 공무원 보수를 총괄하는 안전행정부, 그리고 예산당국의 이해와 협조가 절대적으로 필요하다. 박근혜 대통령은 정부 출범이후 줄곧 부처간 칸막이 해소를 강조해왔다. 교육부는 물론 안전행정부와 예산당국이 초기 단계부터 함께 참여하여 갈등은 최소화하면서 성과를 극대화할 수 있는 합리적 개선방안이 도출되어야 한다.

(남궁 근, 서울과기대 총장)

대학평가제도 개편방향

내일신문 2013년 6월 4일자 신문로 컬럼

지식자본사회에서 대학은 지식경영의 핵심교두보이며, 대학의 교육(인력양성)과 연구(지식자본생산) 수준이 국가경쟁력을 좌우한다. 대학의 역할이 중요하기 때문에 대학의 질적 수준을 확인하고, 교육서비스의 내용과 성과를 점검하려는 대학평가가 도입되었다.

정부에서는 국가경쟁력 제고의 관점에서 재정지원사업 대상을 선정하는 한편 부실대학을 가려내기 위하여 대학을 평가한다. 대학평가의 종류가 크게 늘어나면서 평가를 받아야 하는 대학의 부담도 가중되고 있으며, 그에 대한 불만과 부작용에 대한 우려도 증폭되고 있다. 대학 측의 불만은 중복평가로 인한 인적·물적 자원 낭비, 논리적 근거가 부족한 평가지표 및 가중치 부여, 평가간 연계성 및 평가의 연속성 부족, 평가결과의 소모적 활용과 관리 소홀, 평가와 대학 질관리 체계의 연계성 부족, 국제적 비교평가 곤란 등이다.

학령인구의 감소로 대학간 경쟁이 더욱 치열해 지는 상황에서 평가결과가 대학의 생존에 미치는 영향은 절대적이다. 실제로 대학은 각자 자신의 교육철학과 이념에 맞추어 장기적 관점에서 교육을 설계하기 보다는 당장 평가점수를 끌어올리기 위해 재정과 인력을 투입하게 된다.

대학이 지표 맞추기에 급급하다 보면 대학교육의 본질이 훼손될 수 있다. 특히 언론사의 대학평가는 전문성과 타당성이 부족하고 대학의 특성을 고려하지 않은 채, 양적인 평가에 치중한다는 비판을 받고 있다. 천편일률적인 양적 잣대로 측정된 서열화된 평가결과가 언론을 통해 대중에게 전달되어, SKY 등으로 이어지는 대학간 위계를 강화시키고 있다.

대학들, 평가지표 맞추기 급급

이러한 서열화는 의·약학계열을 포함하는 백화점식 종합대학에 유리한 반면 공학계열 또는 디자인 계열 위주 특성화대학에는 상대적으로 불리하므로, 정부가 추진하는 대학특성화 정책과도 부합되지 않는다. 무분별하고 불합리한 평가로부터 대학들을 보호하기 위한 정부의 노력이 필요하다. 다행히도 교육부가 대학평가체제 개선과 재정지원사업 재편에 본격 착수할 예정이다. 오로지 경쟁을 강조했던 MB정부와는 달리 교육부는 고등교육정책 전반에 대해 중장기적 미래까지 내다보고 평가제도를 재편하여야 할 것이다.

우리나라 고등교육은 세계 최고수준의 양적 성장에도 불구하고 스위스 국제경영개발원(IMD)과 세계경제포럼(WEF)의 평가에서 그 경쟁력이 OECD 최하위권이며, 세계대학 랭킹 상위권에 진입한 대학도 손꼽을 정도로 적다. 그러므로 각종 대학평가를 대학의 질 향상, 그리고 우리나라 고등교육시스템의 경쟁력 강화에 기여할 수 있도록 다음과 같이 개편하여야 한다. 첫째, 학과(프로그램)평가 및 대학평가의 지표와 충족기준이 국제비교의 측면에서 우리나라 대학경쟁력을 강화할 수 있도록 설정되어야 한다.

예를 들면, 대학경쟁력의 핵심지표인 교수-학생비율은 우리나라 대학이 절대적으로 낮은 수준이다. 둘째, 대학평가의 기초자료로 활용되는 정보공시 항목을 주기적으로 재검토하여 종합적이고 포괄적 지표체계를 구축하여야 한다. 예를 들면, 국제화 분야에서 복수학위 취득학생수가 지표로 포함되어야 할 것이다.

각 대학이 입력한 공시자료를 철저하게 점검하여, 공신력을 제고시켜야 한다. 공시자료 이외에는 언론기관 평가와 각종 인증평가에서 추가 자료를 요청하지 않도록 하여, 대학의 행정적 부담을 최소화시켜야 한다.

대학평가, 질적수준 높이는 계기 되길

셋째, 정부의 재정지원사업 평가에서는 투입-활동-산출-영향으로 연결되는 교육과정의 다양한 국면이 평가지표에 포함되어야 한다. 예를 들어, 교수-학생들 사이의 교육과정 활동에 관하여 수요자인 산업계와 대학이 함께 수용할 수 있는 평가항목을 발굴하는 것도 바람직하다.

대학평가제도 개편을 계기로 평가결과가 피드백되어 대학이 각자 특성화된 영역에서 교육과 연구에 전념하고, 대학의 질적 수준을 제고하는 데 활용되는 선순환구조가 정착되기를 기대한다.　　　　　(남궁 근. 서울과기대 총장. 행정학박사)

새정부 이공계 대학교육환경 개선하여야

내일신문 2013년 1월 30일자

새정부 출범에 과학기술분야 종사자들이 거는 기대와 희망은 특별하다. 박 당선인은 과학기술인 신년하례회에 직접 참석하여 "국가 총연구 개발비를 높여서 고급일자리를 창출하고 안정적 연구 환경을 조성해 과학기술인이 마음 놓고 연구에 전념할 수 있도록 반드시 그렇게 만들겠다."고 약속했다. 과학기술인들은 첫 이공계 출신 대통령을 배출했다는 자부심과 함께 당선인의 과학기술에 대한 남다른 애정에 환호와 갈채를 보냈다.

돌이켜 보면 60~80년대 산업화 과정에서 이공계 우수인재는 일인당 국민소득을 불과 60달러에서 2만 달러로 증가시킨 '한강의 기적'을 이룩한 원동력이 되었다. 그러나 최근 정부에서 과학기술을 선진국 도약의 원동력으로 강조하고 나름대로 과학기술 우대정책을 펼쳐 왔음에도 불구하고 과학기술분야 종사자들의 상대적인 박탈감은 오히려 누적되어 왔다. 정부는 매년 연구개발(R&D)에 많은 돈을 투입하지만, 이공계는 기피대상이 되었다. 자연계 학생의 이공계열 기피현상은 심화되는 반면 의학계열 집중현상은 가속화되고 있다. 국가교육과학기술위원회가 한국갤럽과 공동으로 조사한 자료에 따르면 서울대를 포함한 상위권 대학 이공계열 신입생의 내신 1등급 비율이 대부분의 의과대학보다 낮으며 그 비율은 빠른 속도로 감소하였다. 대학 및 고교 재학생 대상 조사에 따르면, 의사와 비교하여 과학기술자가 '재미/흥미'는 높았지만, '소득,' '직업안정성', '장기근무가능성', '사회적 인정'의 전망은 모두 부정적이었다. 이러한 이공계 기피현상을 일반국민의 70% 이상이 심각한 문제로 느끼고 있다.

이공계 기피 현상은 우리나라의 열악한 이공계 대학 교육 및 연구여건과 무관하지 않다. 우수인재를 양성하려면 교육여건이 뒷받침되어야 한다. 의학분야에 우수인재가 집중되는 이유는 의료인이 정년퇴직 부담이 없는 고소득 직종이라는 장점 외에도 수준높은 의학교육을 보장할 수 있는 우수교수진과 실습시설이 충분히 확보되었기 때문이다. 2012년 기준 의학계열 전임교원 1인당 학생수는 4.1명(법정기준 8명), 전임교원확보율은 194.5%인 반면 공학계열의 교원 1인당 학생 수는 32.4명(법정기준 20명), 전임교원확보율은 61.8%에 불과하다. 또한 이공계 학과의 79.5%가 전임교원 10인 이하, 36.2%가 5인 이하인 소규모 영세학과로서 대형·융합교육을 고려할 때 교육의 질이 보장되기 어려운 형편이다. 한편 주요 대학 이공계 재학생들 가운데 실험 등 대학시설에 만족하는 학생 비율은 50%에도 못 미친다. 이와 같이 공학계열 교수 확보율이 낮고 교육여건이 열악한 실정에서 과학기술 분야의 교육과 실험실습, 산학협력 및 연구가 제대로 이루어질 것으로 기대하기 어렵다.

이공계 기피현상을 해소하려면 이공계 교육여건을 획기적으로 개선하여야 한다. 이러한 측면에서 의학계열의 성공사례를 벤치마킹할 필요가 있다. 의학계열의 경우 훌륭한 교수진과 실습시설을 충분히 갖추고 있기 때문에 국내 모든 의과대학에서 세계 수준의 의학교육이 가능하다. 공학계열의 경우에도 이러한 교육이 가능하도록 법정기준인 교원 1인당 학생수 20명을 100% 충족할 수 있도록 이공계대학교수를 증원하는 것이 교육여건의 획기적 개선의 출발점이 될 것이다. 대학교수직은 국공립 연구소, 기업연구소 연구원과 함께 이공계 박사들이 가장 선호하는 안정적인 고급 일자리이기도 하다. 그러므로 당선인이 창출하기로 약속한 고급일자리의 상당수를 대학에서 찾아야 한다. 현 정부에서는 75.6% 정도에 불과한 국립대 교수확보율을 단계적으로 개선하여 2025년까지 100% 확보하겠다는 로드맵을 발표한 바 있다. 새 정부에서는 그 시점을 앞당기고, 배분의 우선순위를 과학기술분야에 두어야 할 것이다. 이같이 이공계 대학교수들이 증원될 경우, 교수-학습여건이 개선되어 과학기술분야 고급인재 양성에 크게 기여할 수 있을 것이다. 새 정부에서 과학기술인들이 다시 한번 국가발전의 원동력이 되기를 소망한다.

(남궁 근, 서울과학기술대학교 총장)

[기고] 대학교육 · 산학협력 기능 긴밀 연계해야

세계일보 2013년 1월 16일자

지식기반사회에서는 지식과 과학기술이 국가경쟁력의 핵심요소이다. 그러므로 국가경쟁력을 제고하려면 지식 창출과 기술 개발을 담당하는 대학의 역할이 더욱 강화돼야 한다. 오늘날에는 대학이 보다 적극적으로 지역산업과 연계한 산학협력 기능을 담당하도록 요청받고 있다. 미국, 스웨덴, 핀란드 등 선진국에서는 2000년대 초부터 대학과 산업체 간 산학협력 활성화를 위한 다양한 제도들을 도입하고 있다. 최근 핀란드에서는 대학의 역할 가운데 하나로 '경제 발전 기여'를 강조하고 있는데, 이는 '산학협력 수익활동-교육 재투자-산학협력 역량 강화'로 이어지는 선순환 구조를 전제로 한다. 즉 대학의 산학협력이 동력을 확보하고 경제 발전에 기여하려면 고등교육의 인재양성 메커니즘 안에서 작동돼야 한다는 것이다.

우리의 경우에도 선진국의 성공사례들을 벤치마킹해 산학협력을 추진해 왔다. 예를 들면, 창업선도대학 육성, 창업아카데미 등 정부 부처 및 산하기관이 다양한 사업을 추진하고 있다. 이러한 사업이 나름으로 산학협력에 기여했지만, 대학이 적극 수용해 제도화하는 데 한계가 있었다. 이들 사업예산의 대부분이 실질적으로는 중소기업에 지원돼 대학 지원 사업은 아니라는 인식이 강했기 때문이다. 산학협력이 성공하려면 대학당국의 의지와 교수의 역할이 무엇보다 중요하다. 교수가 움직여야 교육과 연구는 물론 산학협력도 활성화될 수 있다.

산학협력 기능이 대학에 제대로 뿌리 내리려면 대학의 교과목에 지역산업과 연계한 특성화 커리큘럼을 제공하고, 교수업적평가에서도 산학협력 실적을 반영해 산학협력을 열심히 한 교수가 불이익을 받지 않도록 해야 한다. 결국 국가의 고등교육 프레임을 변경해 교육·연구·산학협력이 보다 선순환될 수 있는 제도적 장치를 마련할 때, 대학의 산학협력 기능이 제대로 정착될 수 있다는 의미다.

작년부터 추진한 대학재정지원 사업인 '산학협력 선도대학 육성(LINC)' 사업이 위와 같은 취지를 잘 반영하고 있다 교과부 LINC 사업의 평가지표는 대학에서 교수의 산학협력 실적, 학생의 현장실습 참여, 산학협력 가족회사, 특성화 분야 인력 양성, 산학연계 교육과정 운영 등 대학의 인력 양성 구조 및 문화를 산학협력 친화형으로 개선할 것을 강력하게 요구하고 있다.

서울과학기술대에서도 산학협력의 추진 방향으로 단순한 이공계 중심의 인력 양성과 연구개발(R&D)에서 벗어나 비이공계를 아우르는 대학 전체의 구조와 운영 시스템, 교육문화의 변화를 지향하고 있다. 예를 들면, 과거 공학계 학생에게만 이루어졌던 캡스톤디자인(종합설계) 교육을 조형예술 분야와 인문사회 분야로 그 범위를 넓혀가고 있으며, 모든 학과의 교과과정에 6개월에서 1년간 장기인턴 프로그램인 코업-프로그램을 신설했다. 이와 동시에 LINC사업 지침에 따라 산업계의 지식·노하우와 경험을 대학으로 흡수·전달하기 위해 '산학협력중점교수'를 선발했고 '학·석사 통합과정'을 설치해 산학협력과 연계한 인력 양성 시스템의 기반을 확고하게 한 바 있다.

우리 대학뿐 아니라 LINC사업에 선정된 51개 대학 중 약 25%에 이르는 대학이 대학의 제도와 교육 시스템 변화를 핵심으로 비이공계 분야의 산학협력을 위한 새로운 노력과 모델 도입을 시행 중이다. 이렇듯 산학협력은 대학교육을 중심으로 '산학협력'의 유형과 내용을 다양하고 폭넓게 발전시키면서 이를 뒷받침할 수 있는 법·제도·재정지원을 일괄 패키지 방식으로 제공함으로써 대학교육과

문화 자체가 변화하는 추세로 발진하고 있다.

그런데 최근 대학의 산학협력 기능을 연구개발 및 기술이전만으로 협소하게 정의하려는 관점도 대두되고 있어 이에 대한 진지한 고민이 필요하다. 과연 고등교육의 제도적 틀과 분리할 때 대학의 산학협력이 성공할 수 있을까? 대학의 산학협력은 담당교수 강의 감면을 포함한 인센티브 제공, 산학연계형 강좌의 학점 인정, 참여학생 장학금 제공 등 고등교육 인력 양성 메커니즘과 연계되지 않으면 성공하기 어렵다.

지난해 시작된 LINC 사업과 같은 산학협력 재정지원 사업이 뿌리를 내리려면 주관부처와 관련부처는 물론 대학 현장에서 산학협력을 담당하는 당국자, 교수, 학생, 산업체의 의견을 충분히 수렴한 후 후속조치를 결정해야 할 것이다. 특히 학령인구의 급격한 감소에 따른 어려운 여건에서도 산학협력을 통해 인재 양성은 물론 지역경제 발전에 크게 기여하고 있는 지역대학의 위상과 여건, 그 구성원의 의견이 우선적으로 존중돼야 할 것이다.   (남궁 근, 서울과기대 총장)

'아랫돌 빼서 윗돌 괴는' 국립대 성과연봉제

조선일보 2011년 1월 12일자

올해부터 전국 43개 국립대 1만6700명 교원에 대한 호봉제가 단계적으로 폐지되고, 일반직 고위공무원처럼 성과평가 등급에 따라 보수가 차등 지급되는 성과연봉제가 도입된다. 그런데 국립대 교수사회의 반응은 지극히 냉소적이다. 국립대들의 보수 수준은 사립대보다 훨씬 낮은 실정인데도 재정지원 확대 없이, 상대평가로 교수들을 줄 세운 후 '아랫돌 빼서 윗돌 괴는' 제로섬(zero-sum) 방식으로 경쟁력을 높이려는 발상이 교수들을 허탈하게 만들고 있다.

주요 반대 논거는 먼저 공정한 평가가 이루어지기 어렵다는 것이다. 대학 내 학문 분야별 전공 교수가 많지 않아 여러 분야 교수들을 묶어 상대평가 비율을 맞출 수밖에 없다. 이 경우 학문적 특성, 연구환경의 차이가 무시되고, 교수들의 직급·역할의 차이를 고려할 수 없다. 다음은 대학사회가 치열한 싸움판이 될 것이라는 우려. 매년 같은 동료들과 비교평가를 받게 되므로 공동연구나 협력은 줄고 위화감만 증폭될 수 있다. 또 '실적용' 단기적 성과만 양산되므로 장기간에 걸친 질 높은 연구가 나오기 어렵다.

따라서 성과연봉제가 성과를 거두려면 부교수까지는 우수 교원에게 인센티브를 주는 '성과상여금제도'가 보다 적절하다. 4급 이하 일반공무원들도 성과상여금제도를 적용하고 있다. 정교수로 승진 이전까지 교원은 보수수준이 상대적으로 낮고, 정년보장 평가·승진평가 등 이미 치열한 경쟁이 이루어지고 있다. 한마디로 재정지원을 늘려 플러스섬(plus-sum) 방식이어야 반발을 최소화할 수 있다. 그리고 연구실적 평가는 대학 내 경쟁보다는 동일 분야, 동일 직급별로 우리나라 교원 전체의 연구실적이 비교될 수 있도록 해야 한다. 각 대학은 평가대상 교수가 비교 대상 집단의 몇 %에 해당하는지 확인해 이를 실적 점수로 환산하면 된다. 또한 장기간에 걸친 질 높은 연구를 장려하기 위해 평가기간을 기준일 이전 3년 또는 5년 등으로 장기화하고, 질적 평가를 병행해야 한다. 이렇게 설계하면 성과등급이 동료 교수에 의해 결정되는 것이 아니라 다른 대학과의 경쟁에 의해 결정되게 되어, 대학 간 경쟁을 촉진할 수도 있다.

성과연봉제가 성공하려면 평가방식과 그 결과가 공정하리라는 믿음이 전제돼야 한다. 현행 국립대 교원성과연봉제는 당초 의도와는 달리 장기적으로 대학경쟁력을 약화시킬 가능성이 크다. 조속한 시일 내 개선방안을 찾아야 할 것이다.

(남궁 근, 서울과학기술대 행정학과 교수)

위원회는 '새로운 거버넌스'다

국정브리핑 2006년 5월 3일자

21세기에 접어들면서 거버넌스라는 용어는 학자들 뿐 아니라 일반국민들도 알수 있을 만큼 널리 사용되고 있다.

'새로운 거버넌스'가 등장한 이유는 전통적인 정부중심의 국정운영 방식으로는 20세기 말과 21세기 초의 변화하는 국내외 환경에 대처할 수 있는 능력에 한계를 보였기 때문이다. 공공문제 해결에서 정부가 주도적 역할을 수행하는 통치형태를 '구 거버넌스(old governance)'라고 한다면 '새로운 거버넌스'는 정부가 시장·시민사회와 더불어 협의하고 견제를 통해 공공문제를 해결해 가는 과정을 말한다.

OECD는 최근 정부역할의 변화를 설명하면서 정부는 공공서비스를 제공하는 데 있어서 독점적인 행위자가 아니라 그 중 하나이며, 시민사회의 주요행위자들과 함께 결정하지 않으면 안 된다고 밝혔다. '새로운 거버넌스' 모형에서는 전통적인 관료제도 중심의 계층제적이고 하향적인 관리체계가 비효율의 근원이라고 본다. 이를 개선하기 위해서는 정책결정과 집행과정을 공개하고, 시민사회 구성원들과 공무원들이 의사결정과 집행과정에 적극적으로 참여할 수 있도록 하여야 한다는 것이다.

OECD "정부는 공공서비스 제공의 독점적 행위자 아니다."

그렇다면 '새로운 거버넌스'를 실현하기 위한 구체적 수단은 무엇인가? 피츠버그대학 석좌교수인 피터스(Guy B. Peters)는 시민참여 거버넌스의 핵심적 수단을 정책결정과 집행단계에서 위원회를 활용하는 것이라고 본다. 참여형 거버넌스가 가장 잘 이루어지고 있는 스웨덴의 경우 주요 정책에 대한 제안은 왕립위원회 (Statens Offtentliga Utredningar in Sweden: Sou)를 통해 이루어지며, 여기에는 사회 각계각층이 참여하고 있다.

한편 정부 각 부처에서도 자문위원회를 광범위하게 활용하고 있는데, 위원회에는 정부부처의 활동에 의하여 직·간접적으로 영향을 받는 모든 범주의 이해관계자들과 함께 관련 있는 다른 부처들도 참여할 수 있도록 한다. 선진국에서는 시민들이 위원회를 통하여 정책형성뿐 아니라 프로그램 집행에도 관여할 수 있도록 한다.

예를 들면, 교육 분야의 경우 교육위원회가 개별 학교들을 관리하던 것을 각 학교들이 스스로 관리하도록 하고, 다시 그 학교들을 학부모와 교사들로 구성된 위원회 또는 학부모들만으로 구성된 위원회에서 관리하도록 하는 것이다.

우리나라에서도 정부가 전문가와 경제단체, 그리고 시민단체와 공동으로 국정을 운영하는 것이 바람직하다는 주장에 학계뿐 아니라 일반시민 사이에서 어느 정도 공감대가 형성되고 있는 것으로 보인다. 그 이면에는 과거 권위주의 시대의 공무원 중심의 일방적 국정운영에 대한 비판적 인식이 자리 잡고 있다. 이에 따라 실제로 중앙정부와 지방자치단체는 물론 정당운영에 있어서까지 민간전문가들이 참여하는 자문위원회를 구성하여 운영하고 있다.

'새로운 거버넌스'는 과거 일방적 국정운영에 대한 반성적 차원

중앙정부에서는 문민정부가 출범 첫해에 대통령 자문기구로 행정쇄신위원회를 설치하여 임기 말까지 운영하였다. 행정쇄신위원회는 학계・정부산하연구기관・민간기업・노동계・언론계・사회단체 등 각계에서 위촉한 민간위원으로 구성되었는데, 행정쇄신위는 국민제안과 행정기관제출을 통하여 상당히 많은 과제를 처리하였다. 국민의 정부는 김대중 대통령 당선자 시절부터 민간위원 중심으로 정부조직개편심의위원회를 조직하여 행정기구개편 작업을 추진하였고, 2000년에는 대통령자문 정부혁신추진위원회를 설치하여 운영하였다.

참여정부에서는 출범 초기부터 대통령 자문기구로 정책기획위원회를 포함한 12개 국정과제위원회를 구성하여 활발하게 운영하고 있다. 국정과제 위원회에는 대표성과 전문성이라는 기준에 따라 민간위원을 위촉하는데, 여기에 학계전문가, 경제단체 대표, 시민사회단체 대표, 그리고 정부 각 부처 대표들이 참여하고 있다. 한편 주요 정당인 여당과 야당에서도 지난 총선의 후보자 선출을 위하여 민간전문가들이 포함된 공천심사위원회를 구성하여 운영하였다.

이러한 위원회 운영의 핵심은 참여한 민간전문가들과 정부대표들이 활발하게 의견을 교환하고, 토론을 통하여 합의를 이룰 수 있는 여건과 구조가 마련되었는지에 관한 것이다. 만약 위원회를 구성한 다음 개점・휴업하는 경우이거나, 민간전문가의 역할이 단지 들러리에 불과하다면, 과거와 같이 정부 단독의 국정운영이나 정당운영방식과는 다를 바가 없다고 보아야 할 것이다.

다른 한편 민간참여자들의 견해가 지나치게 반영되고 정부 대표들의 정부운영 경험에서 나온 견해가 무시될 경우에는 현실성이 부족한 정책이 나올 수도 있을 것이다. 그러므로 위원회에 참여하는 민간부문의 참여자들이 자신들의 대표성과 전문성을 살려서 의견을 반영할 수 있고, 정부부문 참여자들이 그 실천가능성을 보장할 수 있을 때 진정한 의미에서 '새로운 거버넌스'가 실현될 수 있을 것이다.

〈남궁 근, 서울산업대 교수〉

Government Innovation Makes Big Strides

Korea Herald 2006년 2월 20일자 Korea Policy Review

It is well known that government innovation has been ubiquitous in many countries since the 1980s. In Korea, the 1997 financial crisis and the ensuing economic recession instigated the reform programs of the Kim Dae-jung administration(1998~2003). The Kim administration sought to create "a small and efficient but better serving government," the ultimate goals of which were to raise Korea's national competitiveness.

To achieve these aims the Kim Dae-jung administration introduced extensive reforms embracing the entire public sector including the central government, local governments, state owned enterprises, and government-affiliated agencies. The Kim administration followed the Anglo-American model of a new public management (NPM) reform strategy which concentrated on reducing the size of the public sector and streamlining the bureaucracy through privatization and downsizing.

The Kim administration achieved substantial efficiency gains by reducing the range of activities in which the government is involved, by lowering staff levels, and by reducing operating costs. However, it has been suggested that these reforms have not resulted in a better serving government.

The Kim administration also sought innovation of operating systems through an open recruitment system; greater autonomy for ministries in personnel, organization, budget affairs, and performance-oriented management; and to design a customer-oriented administrative service system using advanced information technologies.

The government innovation of the Roh Moo-hyun administration inherits elements of the previous Kim Dae-jung administration's pursuit of an "efficient and better serving government." But it has several differences from the past. The direction of the innovation distinguishes itself. In the past, the "small government" with minimized government intervention was the main idea. But the Roh administration is emphasizing the active role of the government. In essence, the Roh administration adopted a participatory model of governing rather than the previously sought market model or the new public management model.

In this context, the Roh administration called itself the "Partici-patory Government." It views the civil service as the main partner of the innovation. In other words, it has chosen the strategy to encourage participation from middle and low level public workers. The Roh administration vigorously sought expert and citizen participation in the process of government innovation. In fact, the creation of the Roh government had been based on the power of popular participation. Popular participation continues to play a pivotal role in the operation of the Roh administration, as it did during its birth.

Framework for innovation: A prominent feature of the Roh admini-stration's government innovation is the fact that a presidential committee was set up for the sole purpose of taking charge of government innovation and decentralization. The previous Kim Dae-jung administration had instead relied on an official government organization in the Ministry of Planning and Budget.

Although an official organization has the merit of having legal binding powers to enforce proposed plans, it inherently lacks creativity which is an essential element of the innovative process.

On the other hand, ad hoc advisory commissions of the past, comprising only outside specialists, lacked legal binding powers. The "Presidential Committee on Government Innovation and Decentralization (PCGID)" consisted of both outside specialists and government officials.

It was established in April 2003 shortly after the inauguration of the Roh administration.

The composition of PCGID members has the merits of the creativity of the private sector and the binding powers of a government organization. Many civilian professionals and civic organization representatives have been participating in agenda setting and the policy formation stages.

By August 2003, the innovation road-map was developed based on the opinions of academics and civilian professionals participating in the presidential committee.

According to the road-map, government innovation envisioned a "transparent and competent government" which is to be achieved through improved efficiency, services, transparency, decentralization, and people-centeredness. The road-map provided 150 specific reform tasks in 23 areas covering general administration, personnel management, electronic government operation, finance and tax systems, and decentralization.

Major progress in the past 3 years: During the past three years, the Roh administration has been actively striving to legislate and implement each item of the road-map agenda.

Consensus was also reached through substantive discussions and the participation of civilian professionals and government agencies in the course of promoting the road-map.

According to the PCGID, as of December 2005, 98 out of 150 specific road-map tasks, or 65.3 percent are already in the implementation stages, 36 or 24 percent are in the policy adoption stages, and the remaining 16 or 10.7 percent are still in the policy formulation stages. This means that most of the reform tasks have been legislated or are in the process of legislation. Major achievements of the past three years are summarized below.

Autonomy and decentralization: The Roh administration has actively pursued autonomy and decentralization. Authority is being delegated down the hierarchy from higher to lower institutions, and from central to local governments. The Roh administration is convinced that autonomy and decentralization, deconcentration, private—public partnership, and the networked society drives everyone to their utmost potential while simultaneously increasing the government's capabilities.

Programs that have already been legislated or are in the legislative process include: introduction of the municipal police system(auxiliary to the National Police) for crime prevention, control of food products and law enforcement with community participation; consolidation of the educational autonomy system with local governments; the establishment of the Jeju Special Administrative District as an innovative model of a decentralized government; a total personnel cost system to allow autonomy in organizing government agencies and workforce; the "top—down" system that expands autonomy in the budget allocation of government agencies; and the devolution of the national administrative agencies which transfers functions and tasks to local agencies.

Reform of the evaluation and audit system: Evaluation and audit allow organizations to recognize problems of their own as the process of innovation progresses. In other words, the establishment of an evaluation and audit system ultimately increases an organization's problem identification and problem—solving capacities.

Moreover, providing incentives to members according to an evaluation of their own performance will increase their determination to carry out innovation and also strengthen organizational competitiveness. In this context, a Digital Budget and Accounting system which allocates resources and evaluates policies will be introduced soon.

The Digital Budget and Accounting system is being developed in partnership with the World Bank. Meanwhile, the National Evaluation Infrastructure has been thoroughly reviewed, and a comprehensive system of performance and policy evaluation will be introduced.

Enhancing transparency: Transparency paves the way for a "clean administration," brings to light problems that had been veiled for a long time, and increases opportunities for innovation.

For this, a government achievements management system is being introduced to secure records, public access, and the responsibility for policy formation.

An electronic information system will be introduced, giving access to all public information except national secrets and privacy-related information. The Digital Budget and Accounting system can also be used for enhancing transparency.

On March 9, 2005, some 40 influential persons from the public, political and business sectors and the civil society signed the Korea Pact on Anti-Corruption and Transparency that includes the anti-corruption agendas of Korean society.

The formulation of the K-Pact was a collaborative effort for controlling corruption. The K-Pact, which is a kind of social convention, is different in nature from the anti-corruption campaigns of the past administrations. While most of the past campaigns were attempts by those in powerful positions, this one represents efforts by social leaders to make the nation more transparent and cleaner.

Due to these efforts of innovation, the overall transparency level in Korea has improved remarkably during the past few years. Korea's scoring in the Transparency International's Corruption Perceptions Index was 5.0 out of perfect 10 in 2005, ranked 40th out of 159 countries. This represents considerable progress compared to the 2003 scoring of 4.3.

Openness of government operation: The Korean government continues to reform the previously closed public service system by recruiting competent personnel and professionals from outside. Expansion of the open recruitment system will increase the competitiveness of the public sector. In this regard, the Roh administration is expanding the open recruitment system introduced by the Kim Dae-jung administration, with diverse and open recruitment systems.

A long this line, the Senior Civil Service (SCS) system will be introduced in July 2006 for strategic and systematic management and training of senior civil servants.

Professionalism and efficiency: Increasing the professionalism and efficiency of civil servants will lead to a further improvement of the government's capability. This will enhance the quality of government policies.

For this, a career development plan for civil servants has been introduced, preventing the frequent job rotation practices of the past. The Roh administration has also established systematic procedures for improving the quality of policies and work performance.

The government also promotes a paperless administration through continued digitalization of administrative services and the streamlining of internal business processes.

Education, training and learning organizations: Education and training among civil servants are important factors in elevating the capacity of innovation and government competitiveness.

For this, the government has already innovated the civil servant training system and training institutes. A Knowledge Management System was also introduced to create and share knowledge between members of the Ministries and Agencies.

Future tasks: The legislative efforts are almost complete, but for the government innovation to be successful, implementation studies are required for a certain period. Studies show that the process can easily be delayed and distorted without proper monitoring and evaluation. The experience of other countries has shown that government innovation is a long-term process that requires continuous attention over a number of years in order to achieve the changes in behavior and culture of civil servants needed to serve better government.

Innovation is not an end in itself. As President Roh Moo-hyun said, "Government innovation is the basis for market competitiveness, and ultimately the foundation of national competitiveness." Innovation activities must enable Korean society to meet the new challenges of globalization in the rapidly developing information era.

(By Namkoong Keun, Professor at Seoul National University of Technology)

노 대통령 국정연설을 보고

국정브리핑 2005년 2월 25일자

노무현 대통령은 참여정부 출범 2주년을 맞아 국회에서의 국정연설 형식으로 지난 2년의 국정운영 경과를 보고하고, '선진한국'의 비전과 함께 향후 3년의 정책방향, 국가운영, 현안문제들에 대하여 설명하였다. 여의도 국회의사당을 방문하여 여야의원들이 모두 참석한 가운데 진행된 국정연설은 그 자체가 대통령의 탈권위적인 국정운영의 모습을 보여주고 있다는 점에서 중요한 변화이다.

지난 국정운영의 겸허한 반성

노 대통령은 그간의 국정운영을 반성하고, 참여정부 출범 후 나타났던 국론의 분열모습과 이를 제대로 수습하지 못한 최고통치권자에 대한 비판을 겸허하게 수용하는 자세를 보여 주었다. 또한 지난 2년간의 힘들었던 경험을 앞으로 국정운영을 보다 성숙하게 꾸려갈 수 있는 밑거름으로 삼겠다는 의지도 천명하였다.

특히 노 대통령은 가계신용위기, 빈부격차, 비정규직문제, 경기침체 등 여러 가지 문제로 고통을 겪고 있는 국민들에게 "정부는 최선을 다한다고 했지만 아직 좋은 결과를 내지 못하고 있어 송구스럽기 짝이 없다."고 솔직히 사과하고 위로하였다.

사실상 참여정부는 과거로부터 물려받은 국정운영시스템으로는 해결하기 어려운 여러 가지 난제들과 함께 출범하였다. 이러한 문제들은 새로운 시스템과 해결방식이 도입되고, 당사자들이 함께 머리를 맞대지 않으면 해결하기 어려운 문제들이다. 그러므로 이러한 방향에서의 혁신과 변화가 필연적으로 요청되는 것이다.

선진한국으로 가는 각 분야의 혁신과 변화

국민소득 2만 달러시대의 선진한국으로 가기 위해서는 단순히 경제규모의 양적 팽창뿐 아니라 사회, 정치, 시민사회 등 모든 분야에 걸쳐 이에 상응하는 변화와 혁신이 동반되어야 한다. 모든 주체에게 적용되는 혁신의 새로운 패러다임은 "불법과 반칙, 특권, 특혜가 용납되지 않고, 공정한 규칙에 따라 실력으로 경쟁하는 투명하고 공정한 사회"를 만드는 것이다.

이러한 맥락에서 국정연설에서는 선진한국으로 진입하기 위해 정부를 비롯해 정치, 경제, 언론, 시민사회 등 사회 각 주체들을 향해 시급한 자기 혁신의 필요성을 강력하게 촉구하였다.

투명성과 공정한 규칙에 따른 경쟁은 기업경영, 교육, 의료, 문화, 관광, 레저 스포츠 등 산업분야 뿐 아니라, 언론, 정치 등 사회생활의 모든 분야에서 선진화를 위해서는 반드시 필요한 실천과제이다.

대통령과 정부의 솔선수범

혁신과 변화의 필요성에 공감하면서도 대통령과 정부가 솔선수범하지 않으면 사회의 각 주체들이 이를 받아들이지 않는다. 예를 들면, 과거 정권이 모두 강력한 부패척결의지를 표명하고 대대적인 사정노력을 기울였으나 결국 지지부진하게 된 것도 결국 대통령과 정부지도층이 이 약속을 지키지 못했기 때문이다. 노대통령은 국정연설에서 스스로가 탈권위, 탈권력화에 앞장서서 공직사회를 선도해 나가겠다는 의지를 강력하게 표명했다. 실제로 참여정부 들어와서 정치권과 경제계 및 언론과의 유착문제는 근본적으로 해결된 것으로 평가된다.

또한 정치권과 안기부, 검찰, 경찰 등 권력기관과의 관계도 더 이상 공생관계
는 아니다. 노 대통령이 "세상은 빠르게 변하고 있고, 변화된 세상은 변화된 눈으
로 읽어야 한다."면서 "더 이상 군사독재 시절의 강력한 대통령을 기대해선 안 된
다."고 강조한 것은 이러한 흐름과 인식을 반영한 것으로 보인다.

노 대통령은 참여정부 내에 정부의 투명성과 경쟁력을 세계 20위권 안으로 끌
어올리겠다는 목표를 밝히고 있다. 참여정부 혁신의 목표는 작은 정부가 아니라
일 잘하는 정부, 경쟁력을 갖춘 정부이다. 즉, 국민들이 필요로 하는 서비스를 충
분히 하는 정부, 할 일을 가장 효율적으로 하는 정부를 만들겠다는 것이다.

이러한 방향에서 참여정부 첫해인 2003년에 작성한 정부혁신 로드맵을 바탕
으로 2004년에는 변화관리를 시작하였다면 2005년에는 이들을 제도화한다는 것
이다. 또한 중앙정부의 혁신성과를 토대로 이를 공공기관과 지방자치단체로 확산
시킨다는 의지도 표명하였다. 공공부문의 구성원들은 정부혁신 로드맵 과제들을
이해하고 변화와 혁신을 추진하는 주체로서 적극 동참하여야 할 것이다.

시민사회의 동참과 책임

선진한국으로 진입하는 과정에서 극복해야 할 과제와 갈등은 정부의 노력만으
로 해결할 수는 없다. 이러한 문제들은 민주적인 원칙, 즉 대화와 타협을 통하여
풀어야 한다. 물론 정부측에도 대화와 타협의 장을 제시하는 등 과거와는 다른 보
다 적극적인 역할이 요청된다.

그러나 정치권과 언론, 시민사회단체들도 또한 달라져야 한다. 국정연설에서
노 대통령은 시민사회에 대해서도 변화의 필요성을 강력히 주문하고 있다. 노 대
통령은 "시민사회도 저항적 참여보다는 대안을 내놓는 창조적인 참여에 중점을
두고 활동해 달라"고 부탁하고 있다. 정책결정과정에 시민사회의 참여가 활성화된
참여형 거버넌스에서는 시민사회단체의 참여와 더불어 그 책임도 나누어지는 자
세가 필요하다고 생각된다.

선진한국의 전망과 자신감

노 대통령의 국정연설은 "긍정적 사고와 자신감을 갖고 선진한국을 향해 힘차

게 달려 나가자."고 국민의 자신감 회복을 거듭 촉구하면서 마무리되었다. 참여정
부 출범 후 2년 동안 여러 전문가와 시민사회단체의 참여와 토론과정에서 도출된
각 분야에서의 로드맵 과제들이 제도화되고 착실하게 실천된다면 각 분야에서 선
진한국 진입을 향한 가시적이고 구체적인 성과가 나타날 것이다. 각 분야의 시스
템과 문제해결방식 혁신되어 해방 60주년인 2005년이 모든 분야에서 선진한국
으로 진입하는 해가 되기를 바란다.　　　　　　　　〈남궁 근, 서울산업대 교수〉

[시론] 언제까지 사고를 안고 달릴건가

동아일보 2005년 1월 4일자

　　새해 첫 출근길에 일어난 서울지하철 7호선 객차 방화사건과 그 대응과정을
보면 우리 사회가 과연 과거의 재난으로부터 제대로 학습해 실천하는 능력이 있
는지 의심스럽다. 남아시아 지진해일을 보자. 무수한 사망자를 내며 섬 전체가 폐
허가 된 아체 주가 있는가 하면, 사망자가 거의 없는 섬도 있다. 대대로 전해져
온 "바닷물이 갑자기 빠지면 반드시 큰 해일이 밀려온다."는 가르침에 따라 주민
들이 신속하게 대피했기 때문이다.

　　위기대응 시스템의 부재로 192명이 숨지고 148명이 다치는 끔찍한 참사를 우
리는 불과 2년 전 대구지하철 방화사건에서 경험했다. 이번 사건은 우리 사회가
그 참사로부터 얻은 교훈을 얼마나 실천에 옮겼는지 시험해 본 것과 같다. 대구
참사 이후 서울시는 2003년 4월 지하철 의자를 스테인리스로 교체하는 등 중장
기 지하철 안전대책을 발표한 바 있다. 그런데 이번 화재에 대한 대응시스템은 2
년 전과 비교해 근본적으로 개선된 점이 없어 보이는 것은 왜일까.

　　첫째, 관계자들 사이의 의사소통 시스템이 여전히 많은 문제를 안고 있다. 지
하철 사고의 경우 초기 3∼4분 간 정확한 사태파악과 조치가 대응시스템의 핵심
이다. 그런데 이번 사고에서 승객과 기관사 역무원 그리고 도시철도공사 종합사령
실 사이의 의사소통 시스템은 제대로 구비되지도, 가동되지도 않았다. 기관사는
자신이 통제하는 전동차에 불이 난 것을 오랫동안 모르고 운행했다. 역무원들이
화재 발생 사실을 알렸을 때, 종합사령실은 승강장에서 불이 난 것으로 잘못 알고

기관사에게 현장을 벗어나라는 어처구니없는 지시를 했다. 정보기술 분야에서만큼은 세계 일등이라는 우리나라에서 지하철 관계자들 사이의 의사소통 시스템도 제대로 갖춰지지 않았다는 것은 수치스러운 일이다.

둘째, 전동차 의자 등 내부가 불에 잘 타는 소재로 된 구형 전동차였다. 스테인리스 의자라면 시너를 뿌리고 방화해 봤자 대형 화재로 확산되기 어렵기 때문에 방화시도는 원천적으로 차단될 수 있다. 당국에 따르면 의자를 스테인리스로 교체한 비율은 20%에 불과해 지지부진하다. 이것은 예산상의 문제다. 안전을 지키려면 그에 상당한 비용이 투입돼야 한다는 점을 기억해야 한다.

셋째, 화재를 초기 진압한 후 확인이 제대로 되지 않은 전동차를 출발시켰다. 광명사거리역 역무원 3명은 소화기로 불길을 다 잡았다고 판단했으나 불씨가 살아나 객차 3칸을 모두 태운 것이다. 위기상황에서 "꺼진 불도 다시 보자."는 평범한 상식을 소홀히 한 것이다. 역무원들이 이러한 사고에 대비한 화재진압 훈련을 제대로 받았는지도 의심스럽다.

넷째, 시민의 안전의식도 여전히 문제다. 이번 사고에서도 승객들은 객차에 불이 난 사실을 기관사에게 제때 신고하지 못했다. 광명사거리역에서는 역무원들이 대피명령을 내렸음에도 불구하고 많은 승객들이 대피하지 않았다고 한다.

결국 안전시스템과 시민의 안전의식 모두 크게 달라진 것이 없음이 확인된 셈이다. 언제까지고 과거의 실패를 되풀이할 수는 없다. 의사소통 시스템이 없는 현장에서 신속 정확한 대응조치를 기대할 수는 없다. 당국은 재난대응 시스템에 과감하게 투자하고, 시민의 생명을 책임진 실무자들은 프로정신을 갖고 주어진 역할을 수행해야 한다. 시민들도 당국의 탓만 하지 말고 안전불감증에서 벗어나야 한다.

(남궁 근, 서울산업대 교수 · IT정책대학원장)

[시론] 대학구조개혁에 기대한다

서울신문 2004년 9월 8일자

교육인적자원부의 대학구조개혁 방안은 포화상태를 넘어선 대학의 고질적인 문제를 대대적으로 개혁하겠다는 의지를 담고 있다. 국내 대학과 전문대학은 358

개나 되며, 대학 입학정원이 대학 지원자보다 많은 기형적인 '공급초과현상'이 심화되면서 정원을 채우지 못하고 있는 대학이 늘고 있다.

올 대학입학 정원은 65만명인데 입학자는 57만명에 불과한 실정으로 4년제 대학의 미충원율은 11.7%, 지방 전문대는 28%에 달했다. 상황은 계속 악화되어 2021년에는 대학지원자가 43만명으로 줄어들 전망이다. 전문대를 포함한 대입 정원은 1970년 5만 4,000명에서 1980년 20만 5,000명으로 4배나 증가한 이후 1990년 34만명, 2000년 65만명으로 10년마다 거의 두 배 가깝게 늘어났다.

대학교육의 수요는 20년 정도 장기예측이 가능함에도 불구하고 왜 대입정원은 폭발적으로 증가했는가. 그 이유는 우리 국민의 과다한 대학교육열을 볼모로 한 지방 정치인과 주민의 대학유치경쟁, 대학운영자 등 관련 집단의 이기적 행태가 겹쳐 대학신설 및 증원을 제한없이 허용한 데서 찾아야 할 것이다. 이대로 방치할 경우 입학자원부족으로 대학들이 줄줄이 자연도태하게 될 것은 뻔한 상황이고, 그 일차적 책임과 피해는 해당 대학관계자들이 져야 할 것이다.

그런데 보다 심각한 문제는 부실한 대학교육의 피해를 고스란히 학생들이 보게 되며, 우리나라 대학이 국가발전의 핵심엔진인 인적자원을 제대로 육성할 수 없다는 점이다. 단시일 내에 고무풍선처럼 급팽창한 대학에 내실을 기대하는 것 자체가 어리석은 일로 교수확보율, 장서 수 등 대학경쟁력 지표에서 한국의 대학은 세계에서 꼴찌 수준이다.

그러므로 정부가 대학구조개혁을 통한 대학경쟁력 강화방안을 내놓은 것은 오히려 뒤늦은 감이 있다. 그런데 과거 몇 차례 내놓은 유사한 개혁방안이 대학관계자의 집단적 저항과 당국의 추진력 부족으로 구호로만 그친 전례에 비추어 보면, 종합방안이 성공적으로 집행될 수 있을지 의심스럽다.

이번 구조개혁에서 가장 핵심적 수단은 대학정보공개라고 볼 수 있다. 대학의 주요정보를 상시 공개하는 대학정보 공시제를 도입하고, 학문분야별 대학평가를 활성화하여 그 결과를 공표한다는 것이다.

이 제도가 성공하려면 대학이 제공하는 정보의 공정성과 신뢰도가 전제되어야 한다. 그런데 현재 우리나라는 대학 전체, 그리고 학문분야별로 공정한 정보를 생산하고 평가할 수 있는 평가인프라가 부족한 실정이므로, 빠른 시일내에 평가인프라를 구축하여 정보의 신뢰성과 공정성을 점검하고 평가할 수 있어야 한다.

대학에 강도높은 구조개혁을 요구하는 한편, 대학으로 하여금 자체적으로 특성화를 시도하고 신규 교육수요를 창출할 수 있도록 각종 규제를 과감하게 완화하여야 한다. 예를 들면 대학교육의 장소규제가 완화되어야 한다. 현재 대학캠퍼스는 대부분 교외에 위치하고 있는데, 신규 재교육수요는 인구밀집지역인 도심부에 있다. 대학원의 일부강의를 도심부에서 진행하도록 허용할 경우 신규수요 창출은 물론 직장인 학생들의 통학에 따른 교통체증 유발도 방지할 수 있을 것이다.

아무쪼록 대학구조개혁을 성공적으로 추진할 수 있는 치밀한 후속조치가 마련되어 우리 대학의 경쟁력이 획기적으로 강화될 수 있게 되기를 바란다.

(남궁 근, 서울산업대 IT정책대학원장)

[시론] 지방인재 채용목표제 위한 변론

서울신문 2004년 2월 11일자

최근 3년간 고시 합격자를 보면 대학생 수로는 26%에 불과한 서울소재 대학 출신 합격자가 85%를 차지하고, 지방대 출신 비율이 해마다 1~2%씩 줄어들고 있다.

며칠 전 대통령자문 정부혁신지방분권위원회가 지방인재채용목표제 도입을 발표한 데 대하여 찬반양론이 거세게 일고 있다. 5급 공무원 채용시험, 즉 행정·외무·기술고시 합격자에 서울을 제외한 지방소재 학교 출신자의 비율이 20%에 미달할 경우, 미달한 비율만큼 추가인원을 합격시키는 제도이다.

최근 3년간 고시 합격자를 보면 대학생 수로는 26%에 불과한 서울소재 대학 출신 합격자가 85.6%를 차지하고, 지방대 출신 비율이 해마다 1~2%씩 줄어들고 있다. 이러한 추세를 방치할 경우 서울과 지방대학의 격차가 더욱 심화될 텐데, 이러한 현상을 국가균형발전의 측면에서 바람직하지 못한 것으로 판단한 정부가 지방대 출신 임용확대방안의 하나로 이 제도를 도입키로 하였다는 것이다.

이러한 제도에 대하여 지방에서는 채용목표가 "너무 적다."고 볼멘소리이고 서울에서는 역차별이라고 반대하고 있다. 찬반논쟁의 쟁점은 '평등원칙 위반', '실적주의 원칙 문제', '공무담임권 침해' 여부로 요약된다.

첫째, 지방출신에 일정비율을 할당하는 것은 기회균등, 공정경쟁을 제약하므로 헌법상 평등원칙에 위배된다는 주장이 있다. 그러나 위헌의 소지는 상대적으로 유리한 위치에 있는 집단에 혜택이 갈 경우 발생한다. 예컨대 공무원시험에서 남성에 혜택을 주는 군가산점제도는 99년 위헌판결을 받았지만, 여성들에게 혜택을 주는 여성채용목표제도는 95년 시행 초기에 위헌논란이 있었음에도 불구하고 현재까지 위헌판결을 받지 않았다. 지방대는 서울소재 대학에 비하여 여러 여건상 불리하기 때문에 사회적 약자에 해당되며 이들을 적극적으로 배려하는 것을 위헌이라고 보기 어렵다.

둘째, 이 제도가 실력에 따라 공무원을 채용하는 '실적주의 원칙'에 위배된다는 주장이 있다. 그 예외는 여성, 소수민족, 장애인 등 생래적 조건에 따른 사회적 약자인 경우에만 인정되는데, 지방대 출신이 생래적 조건에 해당되지 않는다는 것이다.

예컨대 모든 나라에서 공무원 채용시 장애인을 우대하고 있으며, 우리나라의 경우에도 장애인에 5%의 정원을 따로 배정하고 있다. 장애인 중 상당수는 교통사고 등 후천적 장애인이 차지하고 있는데, 같은 논리라면 이들에게는 혜택을 주지 말아야 할 것이다. 한편 이 제도를 통하여 다양한 경험과 배경을 가진 여러 지역의 지방대 출신이 공직사회에 유입됨으로써 고위 공직의 다양성과 지역대표성의 제고에 기여할 수 있는데,이러한 가치는 실적주의에 못지않게 중요한 가치로 여겨지고 있다.

셋째, 서울소재 대학 출신자의 공직임용기회를 제한하므로 공무담임권을 침해한다는 의견이 있다. 그러나 이 제도는 일정 인원을 추가로 선발하는 제도이므로 공무담임권을 침해한다고 보기 어렵다. 사실상 5급 공무원 임용은 신규공채 이외에도, 전문가 특채, 6급 공무원의 승진 등 여러 경로를 통하여 이루어지고 있으며 이 중 신규공채의 비율은 30% 정도에 불과하다. 그러므로 이 제도가 반드시 지방대 출신 추가합격자만큼 서울소재 대학 출신의 공채임용을 제한하는 것은 아니다. 빠른 시일 내에 지방대 출신 합격률이 목표비율을 상회한다면 찬반논쟁의 쟁점이 자연스럽게 해소될 것이다. 현재 양성평등 채용목표제의 목표비율은 30%인데 2003년에 여성합격자가 이미 행시 33.5%, 외무고시 35.7%를 차지하여 더이상 추가합격은 필요하지 않게 되었다. 지방인재 채용목표제도와 함께 정부가 추진히는 각종의 지방대학육성대책이 지방대학의 억량 강회로 이이져 삐른 시일 내에 지방대학 출신의 합격자가 채용목표를 초과하기를 기대한다.

(남궁 근, 서울산업대 교수 · IT정책대학원장)

| 남궁 근 교수 약력 |

생년월일 1954.1.30(음 1953.12.26)
출생지 전북 익산시 삼기면 연동리 382
부친 남궁문과 모친 박상의의 5남 3녀 중 장남으로 출생

■ 학력

1961.3~1966.2	삼기초등학교
1966.3~1969.2	남성중학교
1969.3~1972.2	남성고등학교
1972.2~1976.2	서울대학교 정치학과(정치학사)
1976.3~1978.2	서울대학교 행정대학원(행정학 석사)
1985.9~1989.4	미국 피츠버그대학교(행정학박사)

■ 경력

1976.11	제19회 행정고시 합격
1977.5~1978.3	관악구청 수습행정사무관(군입대 휴직)
1978.6~1981.6	3사관학교 교관(육군대위 군복무)
1981.8~1982.9	경제기획원(행정사무관)
1982.9~2001.7	국립경상대학교 행정학과 전임강사-조교수-부교수-교수
1997.3~1999.2	경상대학교 도서관장
2001.8~2019.2	국립서울과학기술대학교 행정학과, IT정책대학원 교수
2003.3~2005.5	서울과학기술대학교 IT정책대학원장
2011.10~2015.10	서울과학기술대학교 제10대 총장

■ 연구년

1996.3~1997.2	연암해외연구교수, 미국 Berkeley대학교 정부연구소(Institute of Governmental Studies, IGS) 방문교수
2010.3~2011.2	지방행정연구원, 벨기에 루뱅대학교(KU Leuven) 공공관리연구소(Public Management Institute, PMI) 방문교수
2016.3~2016.8	서울대학교 행정대학원 객원교수

■ **주요학회 및 학술단체 활동**

1999.1~12	한국정책분석평가학회보 편집위원장
2000.1~12	한국행정학보 편집위원장
2002.1~12	한국행정학회 연구위원장
2008.1~12	한국행정학회 43대 회장
2002.12	인문사회연구회 소관연구기관 평가위원
2008~2009	한국지방행정연구원 이사
2008~2009	한국사회과학협의회 이사
2008~2009	한국학술단체연합회 이사
2007.1~2011.6	아산사회복지재단 학술연구자문위원
2011.9~2013.9	한국장학재단 삼성기부금 운영위원
2016.1~2019.1	「한국행정연구」 편집위원장
2016.11~2019.2	한국연구재단 대학특성화사업관리위원장

■ **고등교육기관 활동**

2004.8~2006.8	학교법인 태양학원(경인여자대학) 관선이사
2010~2012	학교법인 조선대학교 법인이사
2015~2016	학교법인 성신학원(성신여대) 법인이사
2014~현재	학교법인 동원육영회(한국외대) 법인이사
2018	서울대학교 제27대 총장추천위원회 위원
2018.12~현재	국립대학법인 서울대학교 법인이사
2018.9~현재	국립대학법인 성과관리위원장

■ **상훈**

1989.11	미국행정대학원(NASPAA) 연합회 우수박사논문상(honorable mention)
1999.12	한국행정학회 제6회 학술상~저술부문
2005.10	홍조근정훈장
2014.12	미국 피츠버그대 행정국제대학원 2014 올해의 동문상

■ **시민단체 활동**

2000~2002	행정개혁시민연합 정책위원장
2016~현재	행정개혁시민연합 공동대표

■ 자문위원 활동

｜ 대통령 위촉

정부업무평가위원회 위원장(2018.4.2~2020.4.1)
우정사업운영위원회 위원장(2015.3.6~2019.3.5)
행정정보공유추진위원회 위원장(2007.2~2009.2)
정책기획위원회 위원(2004.11.27~2008.2)
규제개혁위원회 위원(2002.12.7~2004.12.6)
정부혁신지방분권위원회 인사개혁 간사위원(2003.4.9~2005.4.8)

｜ 대통령 소속위원회 위촉

지방자치발전위원회 정책자문위원회 위원(2015.12.18~2017.9.23)
사회통합위원회 지역분과 위원(2011.3.8.~2013.3.18)
정부혁신지방분권위원회 수석자문위원(2005.6~2007.5)
대통령직인수위원회 정무분과 자문위원(2003.1.20)

｜ 국무총리 위촉

새만금위원회 위원(2015.7.15~2019.7.14)
행정정보공유추진위원회 위원(2005.11.18~2007.2)
개인정보심의위원회 위원(2005.11.21~2007.11.22)

｜ 중앙행성부처상 위촉

교육인적자원부 국립대학구조조정평가사업단 평가위원(2000.10~12)
교육인적자원부 대학설립심사위원회 위원(2000.9.5~2002.7.31)
교육인적자원부 국립대학발전위원(실무추진반장)(2001.3~2002.3)
교육인적자원부 정책자문위원회 고등교육분과 위원장(2002~2006)
교육인적자원부 주요업무평가위원회 위원(2002.3.28~2006.3.27)
교육인적자원부 정보공개심의회 위원(2003.12.28~2007.12.20)
교육인적자원부 대학자율화, 구조개혁위원회 분과위원장(2003~2005)
교육인적자원부 정책자문위원회 위원(2005.11.23~2007.11.22)
교육인적자원부 교육인적자원평가위원회 위원(2006.5.1~2008.4.30)
교육과학기술부 대학설립심사위원장(2007.8.1~2009.7.31)
교육과학기술부 청렴옴부즈만(2010.9.1~2012.8.1)
교육과학기술부 국립대학발전추진위원회 위원(2011.10.19~2012.10.18)
교육과학기술부 정책자문위원회 위원(2012.5.10~2014.5.9)
교육과학기술부 주민감사청구심의회 위원(2012.3.8~2016.3.31)
교육부 정책자문위원회 부위원장(2013.7.19~2015.7.18)
교육부 갈등심의위원회 위원(2013.7.19~2015.7.18)

교육부 외국기관 설립·심사위원장(2015.6.1~2016.5.31)
교육부 대학설립심사위원장(2015.7.1~2017.7.31)
교육부 사이버대학설립심사위원장(2015.5.29~2016.6.30)
행정안전부 지방자치단체자율통합지원위원회 위원장(2009.8.27)
행정자치부 정부혁신평가단 평가위원 2004.5.17~2007.7.28)
외교통상부 혁신추진위원회 위원장(2006~2007)
국가청렴위원회 자체평가위원회 위원장(2006~2008)
국세청 세정혁신추진위원회 위원(2003.4.8)
국세청 국세행정개혁위원회 위원(2008.4.2)
행정중심복합도시건설청 공동캠퍼스 자문위원(2018.5.31~현재)

| 지방자치단체장 위촉

전라북도 새만금정책포럼 위원장(2012.8.8~현재)
노원구청 노원발전위원회 고문(2014.12.12)
서초구청 사회단체보조금지원심의위원회 위원(2010.1.11)

| 기타 기관장 위촉

UN 거버너스센터 자문위원(2010)
감사원 감사연구원 자문위원장(2010.3.25~2011.3.24)
서울신문사 부설 공공정책연구소 자문위원(2002.2.25~2003.2.24)
한국부품소재산업진흥원(지식경제부 소속) 이사(2008~2009)
한국소방안전협회 경영혁신협의위 위원(2008.12.1~2010.3.1)

남궁 근 교수 정년기념
정책연구와 실천 나의 학문과 삶

2018년 12월 17일 초판 인쇄
2018년 12월 21일 초판1쇄 발행

편 저 남 궁 근

발 행 인 배 효 선

발행처 도서출판 法 文 社

주 소 10881 경기도 파주시 회동길 37-29
등 록 1957년 12월 12일 / 제2-76호 (윤)
전 화 (031)955-6500~6 FAX (031)955-6525
E-mail (영업) bms@bobmunsa.co.kr
(편집) edit66@bobmunsa.co.kr
홈페이지 http://www.bobmunsa.co.kr

정가 20,000원 ISBN 978-89-18-02489-9

불법복사는 지적재산을 훔치는 범죄행위입니다.
이 책의 무단전재 또는 복제행위는 저작권법 제136조 제1항에 의거,
5년 이하의 징역 또는 5,000만원 이하의 벌금에 처하게 됩니다.

※ 저자와의 협의하에 인지를 생략합니다.